Stefan Münz / Clemens Gull

HTML 5 Handbuch

Stefan Münz / Clemens Gull

2. aktualisierte und erweiterte Auflage

HTML5 Handbuch

Mit 141 Abbildungen

Bibliografische Information der Deutschen Bibliothek

Die Deutsche Bibliothek verzeichnet diese Publikation in der Deutschen Nationalbibliografie;
detaillierte Daten sind im Internet über http://dnb.ddb.de abrufbar.

Lektorat: Anton Schmid
Satz: DTP-Satz A. Kugge, München
art & design: www.ideehoch2.de
Druck: Bercker, 47623 Kevelaer
Printed in Germany

ISBN 978-3-645-60151-1

Inhaltsverzeichnis

1 Intro

- Was Sie von diesem Buch erwarten können
- Wie HTML mit dem Gesamtkomplex »Erstellung von Websites« zusammenhängt

1.1 Zum vorliegenden Buch

Das vorliegende Buch vermittelt Ihnen HTML, die Basissprache zum Erstellen von Websites. Der Schwerpunkt liegt dabei auf Anwendern, die bereits früher einmal HTML gelernt haben, aber die neuen Möglichkeiten von HTML5 noch nicht kennen. Selbstverständlich ist das Buch aber auch für Neueinsteiger geeignet.

Dieses Buch behandelt in erster Linie HTML. Es ist daher nicht geeignet, Webdesign zu lernen, denn zum Erstellen von Webseiten-Layouts benötigen Sie heute Cascading Style Sheets (CSS). HTML hat ausschließlich die Aufgabe, Inhalte von Webseiten zu strukturieren. In manchen Beispielen des Buches kommt etwas CSS-Code vor. Dieser ist jedoch nicht der zentrale Gegenstand der Erläuterungen.

Auch Web-Programmiersprachen wie JavaScript/ECMAScript, PHP oder Java werden in diesem Buch nicht behandelt. Nur am Rande kommen einige Programmiersprachenbeispiele vor, da einige HTML5-Elemente nur im Zusammenhang mit Programmierung erklärbar sind.

1.1.1 Zielgruppen und Ziele

Das HTML-Handbuch richtet sich an folgende Zielgruppen:

- Anwender, die eine eigene Homepage oder einen eigenen Webauftritt von Grund auf und »in Handarbeit« erstellen wollen.
- **Webautoren**, die ein zeitgemäßes HTML-Arbeitsbuch für ihre alltägliche Arbeit benötigen.
- **Entwickler und Programmierer**, die Anwendungen im Web-Umfeld erstellen und HTML für dynamische Browser-Ausgaben oder zur Template-Entwicklung benötigen.
- **Blogger, Verkäufer** und andere, die HTML auf webbasierter Ebene benötigen, um Inhalte zu strukturieren.

1.1.2 Aufbau und Vorgehensweise

Das vorliegende Buch ist keine reine Faktenreferenz, sondern legt viel Wert darauf, auch Hintergründe und Zusammenhänge zwischen den beschriebenen Inhalten zu vermitteln. Das Buch folgt jedoch bewusst nicht der aus der amerikanischen Medienwelt stammenden Tutorial-Philosophie. Stattdessen kommt es eher solchen Lesern entgegen, die eine am Inhalt orientierte Systematik bevorzugen.

Das Buch lässt sich durchaus von vorne bis hinten durchlesen. Doch es ermuntert seine Leser an vielen Stellen auch, Teile erst einmal zu überspringen und an anderen Stellen (weiter vorne oder weiter hinten) weiterzulesen. Denn viele Leser möchten die Reihenfolge, in der sie sich Wissen aneignen, nicht vorgeschrieben bekommen. Eigentlich ist der Autor dieses Buches ja auch ein bekannter Verfechter von Hypertext. Und Hypertext bedeutet: Der Anwender bahnt sich seinen Weg selbst, wobei es durchaus erlaubt ist, ihm vorgegebene Wege anzubieten.

1.1.3 Verwendete Symbole

Mit den folgenden Symbolen werden Befehle, Elemente oder Attribute gekennzeichnet, welche ab der angeführten Version zur Verfügung stehen oder eingeführt wurden.

HTML

Version	2.0	3.2	4.0	5
Symbol	HTML 2.0	HTML 3.2	HTML 4.0	HTML 5 HTML

XHTML

Version	1.0	1.1	5
Symbol	X HTML 1.0	X HTML 1.1	X HTML 5

CSS

Version	1.0	2.0	2.1	3.0
Symbol	CSS 1.0	CSS 2.0	CSS 2.1	CSS 3.0

Browser

Mit den folgenden Symbolen werden Befehle, Elemente oder Attribute gekennzeichnet, die von bestimmten Browsern unterstützt werden. Zusätzlich wird die Versionsnummer angeführt, ab welcher die Unterstützung vorhanden ist.

Es werden aber nur die Versionen dargestellt, die noch häufig bei den Benutzern anzutreffen sind.

MS Internet Explorer

Version	alle	7.0	8.0	9.0
Symbol	e	e 7.0	e 8.0	e 9.0

Mozilla Firefox

Version	alle	3.0	3.5	4.0	5.0	6.0	7.0
Symbol		3.0	3.5	4.0	5.0	6.0	7.0

Google Chrome

Version	alle	8	9	10	11	12	13	14
Symbol		8.0	9.0	10.0	11.0	12.0	13.0	14.0

Apple Safari

Version	alle	3.0	4.0	5.0	5.1
Symbol		3.0	4.0	5.0	5.1

Opera

Version	alle	9.0	9.5	10.0	11.0
Symbol		9.0	9.5	10.0	11.0

Hinweise

Diese Symbole verwenden wir für spezielle Hinweise, welche für Sie wichtig sind.

Bedeutung	Neu in HTML5	Neu in CSS3	Semantische Auszeichnung	Zusätzliche Informationen	Weiterführende Hyperlinks
Symbol	HTML	CSS	Semantik	Infos	Links

1.2 Website-Erstellung heute

15 bis 20 Jahre nach den Anfängen des World Wide Webs findet das Produzieren von Inhalten fürs Web auf höchst unterschiedliche Weise statt. Der eine bastelt einzelne Webseiten auf Code-Ebene im HTML-Editor, der nächste entwirft Weblayouts in Photoshop und setzt diese dann mit WYSIWYG-Werkzeugen (What You See Is What You Get) wie Dreamweaver um. Wieder andere editieren online ihre Blogs, erzeugen sogenannten »user generated content« in Foren, Wikis oder Social-Bookmark-Services oder bearbeiten ihre Auktionsseiten bei eBay.

Bei manchen dieser Publikationsformen sind überhaupt keine HTML-Kenntnisse erforderlich. Bei anderen Formen sind solche Kenntnisse zumindest von Vorteil und bei wieder anderen sind sie unabdingbar. Die nachfolgende Website-Typologie gibt einen Überblick über verbreitete Publikationsformen. Dabei wird auch beschrieben, ob und in welchem Umfang HTML-Kenntnisse erforderlich sind.

1.2.1 Website-Typologie

Innerhalb der modernen Website-Landschaft gibt es gewisse Standard-Typen von Websites. Wenn Sie planen, etwas im Web zu publizieren, sollten Sie diese Typen kennen und für sich entscheiden, welchen Website-Typ Sie anstreben.

Homepage

Infos: Eine Homepage ist eine private Website mit persönlichen Inhalten und häufig auch mit eigenen Lieblingslinks.

In den Anfangsjahren des Webs, also in den frühen 90er Jahren, hatte jemand, der Webseiten publizierte, einfach eine Homepage. Der Name war kein Zufall. Denn die entsprechenden Leute waren meist Angehörige von Universitäten, wo sie permanent mit dem Internet verbunden waren. Der Server-Rechner, auf dem sie ihre Homepages speicherten, befand sich im eigenen Universitätsnetz. Die Homepage war einerseits die persönliche Startseite zum Surfen, gleichzeitig aber offen zugänglich für alle anderen Web-Benutzer. Homepages boten inhaltlich eine Mischung aus persönlicher Bookmark-Sammlung und lockeren, mitunter humorvoll gestalteten Informationen über ihren Besitzer.

Noch heute pflegen viele Privatleute eine persönliche Homepage im Web, auf der sie ohne professionellen Anspruch persönliche Inhalte veröffentlichen und ihre Lieblingslinks pflegen.

HTML-Kenntnisse sind zum Erstellen einer Homepage in mehr oder weniger großem Umfang erforderlich. Denn Homepages werden meistens noch mit viel Liebe zum Detail »per Hand« erstellt und in Form statischer HTML-Dateien gespeichert.

Web-Auftritt und Web-Präsenz

Infos: Ein Web-Auftritt, auch als Web-Präsenz bezeichnet, ist eine repräsentative geschäftliche Website mit Inhalten wie Angebots-Portfolio, Referenzen und Kontaktmöglichkeiten.

Die meisten Unternehmen, Agenturen, Organisationen, Vereine, Verbände, Behörden, Anwälte, Ärzte und Notare, Restaurants, Discos, Bars und Kneipen, Handwerker und andere Selbständige bieten längst eigene Websites an. Bei vielen Anbietern beschränkt sich das Angebot auf einige wenige statische Webseiten. Das genügt, um die eigene Angebotspalette ausführlich vorzustellen, um Referenzen zu nennen, um Kontaktmöglichkeiten und Anfahrtsbeschreibungen, Öffnungszeiten usw. mitzuteilen.

Zu einem geschäftlichen, repräsentativen Webauftritt gehört auch ein eigener Domain-Name. Beim Hosting von Web-Auftritten muss auf eine hohe Verfügbarkeit geachtet werden. Namhafte Anbieter (z. B. größere Unternehmen, Behörden mit einer großen Klientel) oder Anbieter, die mit kurzfristig hohen Besucherzahlen rechnen müssen (z. B. Prominente mit Neigung zu Skandalen) müssen beim Hosting ihres Webauftritts darauf achten, dass die Webserver auch größere Besuchermengen verkraften.

HTML-Kenntnisse sind zum Entwickeln aussagekräftiger individueller Web-Auftritte in hohem Maß erforderlich. Denn professioneller HTML-Code sollte möglichst fehlerfrei, semantisch sinnvoll strukturiert und für Suchmaschinen optimiert sein.

Weblog (Blog)

Ein Weblog (Kurzform: Blog) ist eine primär chronologisch organisierte, dynamisch präsentierte Website, die aus vielen Einzelartikeln besteht.

Um Besucher dauerhaft an eine Website zu binden, sind regelmäßig neue, interessante Inhalte erforderlich. Ein Weblog ist eine Website, die auf der Startseite typischerweise immer die neuesten Beiträge (Artikel) präsentiert. Der neueste Beitrag steht ganz oben. Die Startseite ändert sich also bei jedem neu hinzukommenden Beitrag. Diese Form der Präsentation hat heute die klassischen Homepages weitgehend verdrängt. Empfehlenswert ist sie jedoch nur, wenn das Potenzial vorhanden ist, einigermaßen regelmäßig neue, eigene Inhalte in Form mehr oder weniger kurzer oder langer Artikel zu produzieren.

Auch viele Unternehmen leisten sich längst eigene Blogs, da auch sie auf diese Weise Besucher stärker an ihr Webangebot und damit letztlich an das Unternehmen selbst binden können. Im Unternehmensumfeld spricht man von Corporate Blogs. Der redaktionelle Aufwand für Inhalte, die Besucher wirklich interessieren, ist jedoch nicht zu unterschätzen und kann hohe Personalkosten verursachen.

HTML-Kenntnisse sind beim Betrieb von Weblogs von Vorteil. Weblogs werden normalerweise nicht »von Hand« mit einem HTML-Editor erstellt. Stattdessen wird eine web-basierte-Software (Webanwendung, die im Web-Browser läuft) benutzt, die das Speichern von Artikeln, die Aktualisierung der Startseiten usw. automatisiert und zahlreiche, blogtypische Zusatzfunktionen bereitstellt, wie etwa die sogenannte Ping-Funktion, um die Blogosphäre über neue Beiträge zu informieren. Eine bekannte Anwendung dieser Art ist WordPress. Dazu kommen Hosting-Farmen wie *www.blogger.com*, bei denen eine einfache Registrierung genügt, um ohne spezielle Hosting-Verträge sofort webbasiert ein eigenes Blog zu starten. Der Blogger kann sich dadurch auf die redaktionelle Arbeit konzentrieren. Wer sich auf der Code-Ebene auskennt, kann seine Inhalte jedoch auch bei solchen Services vielseitiger, semantisch sinnvoller und interessanter strukturieren.

Web-Shop

Ein Web-Shop ist eine Website, die primär einen Produktkatalog präsentiert und dem Besucher dabei eine Warenkorbfunktion mitsamt Bestellabwicklung ermöglicht.

Das Web ist bestens geeignet, Produkte online zu verkaufen. Auch die Akzeptanz von Online-Shopping in der breiten Bevölkerung wächst ständig. Das Wachstumspotenzial für Online-Umsätze ist immer noch riesig. Verkäufer können im Web überregional agieren, ohne Filialen zu gründen. Anbieter von sehr speziellen oder selten verlangten Produkten können auf teure Geschäftsanmietungen verzichten.

Webshops lassen sich ohne Hilfe von Webshop-Software nicht sinnvoll betreiben. Die Software ermöglicht dem Anbieter, seinen Produktkatalog zu pflegen, also Informationen, Bilder, Preise usw. zu einzelnen Produkten zu speichern. Die Datenpflege erfolgt meist webbasiert, also direkt im Browser, wo die Webshop-Software dem Anbieter ein zugangsgeschütztes Backend anbietet. Das Frontend der Shop-Software arbeitet im öffentlich zugänglichen Shop. Dieser Software-Teil verwaltet, welche Produkte der Anwender einkaufen möchte (Warenkorbfunktion), und übernimmt den sensiblen Bestellvorgang. Sensibel ist dieser Vorgang deshalb, weil der Anwender währenddessen persönliche Daten von der Lieferadresse bis hin zu Kreditkartennummern übertragen muss. Gesetzliche Vorgaben wie die Widerrufsbelehrung usw. müssen softwaretechnisch so umgesetzt werden, dass der Shop rechtlich nicht anfechtbar ist.

Webshop-Software kann je nach Lizenzierungsform sehr teuer werden und muss sich entsprechend rentieren. Um die geeignete Lösung zu finden, lohnt ein Software-Vergleich. Viele Hosting-Provider bieten Komplettlösungen an, bestehend aus Hosting und Shop-Software.

HTML-Kenntnisse sind beim Betrieb eines Webshops ähnlich wie beim Betrieb eines Blogs meist nicht zwingend erforderlich, aber dennoch von Vorteil. Mit entsprechenden Kenntnissen und der Möglichkeit, auf Code-Ebene zu arbeiten, lassen sich beispielsweise Produkte besser präsentieren.

Web-Plattform

Infos: Eine Web-Plattform ist eine Website mit speziellen Zielgruppen, speziellen Funktionen und häufig mit personalisierten Inhalten für registrierte Benutzer.

Im geschäftlichen Bereich werden Web-Plattformen beispielsweise eingerichtet, um webbasierten Kunden-Support zu leisten oder um registrierten Kunden Ergänzungen oder Online-Features zu erworbenen Produkten anzubieten. Auch Social-Networking-Plattformen, Wiki-Farmen oder Wikis und Online-Office-Angebote gehören zu den Web-Plattformen.

Web-Plattformen arbeiten häufig mit registrierten Benutzern, wobei die Möglichkeit der Selbstregistrierung häufig dazugehört. Denn registrierte Benutzer, die sich mit eigenen Zugangsdaten anmelden, sind die Grundvoraussetzung, um personalisierte Inhalte anzubieten.

Auch moderne Intranets werden eher als Web-Plattform konzipiert. Während Intranets früher nur statische, mitunter sehr verklemmte Präsentationen einzelner Abteilungen waren, stehen bei moderneren Lösungen das kollaborierende Arbeiten an gemeinsamem Know-How und der fachliche Austausch im Vordergrund.

HTML-Kenntnisse reichen zum Entwickeln einer Web-Plattform nicht aus. Hierzu sind Web-Entwickler mit viel Know-How in Web-Programmiersprachen gefragt. Eine bereits entwickelte Web-Plattform kann jedoch ganz verschiedene Arbeitsebenen haben. Je nach Art und technischer Realisierung der Plattform können dann HTML-Kenntnisse zum Erstellen redaktioneller Inhalte erforderlich oder von Vorteil sein.

1.3 Web-Technologien

In diesem Abschnitt werden wir die Sprachen und Technologien ansprechen, die typischerweise zum Erstellen von Webseiten eingesetzt werden.

1.3.1 HTML / XHTML

HTML bedeutet **H**ypertext **M**arkup **L**anguage. Als Auszeichnungssprache (Markup Language) hat HTML die Aufgabe, die logische Grob- und Feinstruktur einer Webseite zu beschreiben. HTML geht aus der Familie der SGML-basierten Sprachen (SGML steht für **S**tandard **G**eneralized **M**arkup **L**anguage) hervor.

Vom Web-Gründer Tim Berners-Lee entwickelt, wurde HTML im Zuge des Web-Booms zum erfolgreichsten und am weitesten verbreiteten Dateiformat der Welt. HTML ist eine Sprache zur Strukturierung von Texten, wobei aber auch die Möglichkeit besteht, Grafiken und multimediale Inhalte in Form einer Referenz einzubinden und in den Text zu integrieren.

Mit HTML können Sie Webseiten in Bereiche wie Kopf, Inhalt, Fuß, Navigation und Artikel unterteilen. Weiter können Sie Überschriften, Textabsätze, Listen und Tabellen erzeugen. Sie können anklickbare Verweise auf beliebige andere Webseiten oder Datenquellen im Internet erzeugen. Nicht-textuelle Inhalte können Sie referenzieren. Sie können Formulare in den Text integrieren. Und last but not least bietet HTML Schnittstellen für Erweiterungssprachen wie CSS oder JavaScript an, mit deren Hilfe Sie HTML-Elemente nach Wunsch gestalten oder Interaktionen mit dem Anwender realisieren können.

Das Auszeichnungsschema von HTML geht von einer hierarchischen Gliederung aus. HTML-Dokumente bestehen zunächst aus Kopf- und Inhaltsdaten. Der Inhalt besteht typischerweise aus allgemeinen Elementen für die Bereiche einer Webseite, also z. B. Kopfbereich, Inhaltsspalte, Navigation. Die Inhaltsspalte besteht etwa aus Überschriften 1. und 2. Ordnung, Textabsätzen, Listen, Tabellen und Grafiken. Einige dieser Elemente haben wiederum Unterelemente. So enthält ein Textabsatz zum Beispiel eine als betont oder fett markierte Textstelle, eine Aufzählungsliste besteht aus einzelnen Listenpunkten, und eine Tabelle gliedert sich in einzelne Tabellenzellen. HTML ist so konzipiert, dass sich die gesamte Elementstruktur einer Webseite als **Baumstruktur** mit immer feineren Verzweigungen abbilden lässt.

Infos

HTML-Versionen

HTML 1.0 (ab 1990) war eine reine Internet-Draft und enthielt Auszeichnungen für Standardelemente wie Überschriften, Textabsätze, für Grafikreferenzen und Verweise.
http://www.w3.org/MarkUp/draft-ietf-iiir-html-01.txt

HTML 2.0 (ab November 1995) wurde offizieller Sprachstandard. HTML 2.0 stellt keine wesentliche Weiterentwicklung gegenüber HTML 1.0 dar.
http://www.w3.org/MarkUp/html-spec/html-pubtext.html

HTML 3.2 (ab Januar 1997) ging aus der vorangegangenen Entwicklung zu HTML 3.0 hervor. Letzteres war am Browser-Markt vorbei entwickelt worden. Aus heutiger Sicht stellt HTML 3.2 jedoch ein mittleres Unglück dar. Denn in dieser Version wurde HTML als Sprache für optische Effekte etabliert, was jedoch nicht dem Wesen der Sprache entsprach und auch nur halbherzig implementiert war. Viele Bestandteile von HTML 3.2 wurden später als *deprecated* (missbilligt) eingestuft und wieder aus dem Sprachstandard entfernt.

http://www.w3.org/TR/REC-html32.html

HTML 4.0 (ab Dezember 1997) wurde 1999 von der überarbeiteten und anschließend gültigen Version 4.01 abgelöst. HTML 4.01 stellte den Versuch dar, sich auf die Kernaufgaben von HTML zurückzubesinnen. Gleichzeitig wurden die Cascading Style Sheets (CSS) als HTML-Ergänzungssprache forciert. Um der Praxis entgegenzukommen, gibt es von HTML 4.01 drei Varianten, nämlich:

- HTML 4.01 strict: entsprach dem eigentlich gewünschten HTML.
- HTML 4.01 transitional: erlaubte etablierte physische Textauszeichnungen und war als Übergangslösung konzipiert.
- HTML 4.01 frameset: Spezialfall der Transitional-Variante für Webseiten, die Frames einsetzen.

http://www.w3.org/TR/HTML 401/

HTML5 (seit 2007 in Entwicklung) ist der neue HTML-Standard. In dieser Version wird die Sprache formal nicht mehr als SGML-Dokumenttyp definiert, sondern als Dokument-Objekt-Modell (DOM). Dadurch kommt die Sprache den Erfordernissen der Programmierung stärker entgegen. Es werden zahlreiche neue, an der Praxis orientierte Elemente eingeführt, die es erlauben, Webseiten semantisch ordentlicher zu strukturieren.
http://www.w3.org/TR/html5/

Eine der wichtigsten Eigenschaften von HTML ist die Möglichkeit, Verweise (Hyperlinks) zu definieren. Verweise (Links, Hyperlinks) können zu anderen Stellen der eigenen Website führen, aber auch zu beliebigen anderen Adressen im World Wide Web und sogar zu Internet-Adressen, die nicht Teil des Web sind.

HTML ist ein sogenanntes **Klartextformat**. HTML-Dokumente können Sie mit einem beliebigen Texteditor bearbeiten, der Daten als reine Textdateien abspeichern kann. HTML ist also nicht an irgendein bestimmtes, kommerzielles Softwareprodukt gebunden. Da es ein Klartextformat ist, lässt es sich auch hervorragend mit Hilfe von Programmen oder Scripts generieren. Wenn Sie im Web zum Beispiel einen Suchdienst benutzen und nach einer Suchanfrage die Ergebnisse präsentiert bekommen, dann ist das HTML-Code, der von einem Script generiert wurde. Die Verwendung von HTML ist nicht an Lizenzen gebunden.

XHTML

XHTML löst HTML aus der im Web-Bereich sonst unbedeutenden SGML-Sprachenwelt heraus und bindet die Sprache stattdessen in die modernere und praxisrelevantere

XML-Sprachenwelt ein. XML (Extensible Markup Language) ist wie SGML eine Art Regelwerk zum Definieren von Markup-Sprachen. XHTML kann gegenüber HTML von der XML-Infrastruktur profitieren. Dazu gehört etwa die Möglichkeit, Daten von einer XML-Sprache in eine andere zu übersetzen (mit XSLT) oder Inhalte anderer XML-Sprachen direkt einzubetten (beispielsweise SVG für Vektorgrafiken oder MathML für mathematische Formeln). Die Umsetzung dieser Möglichkeiten ist jedoch bis heute in den Browsern lausig bis gar nicht vorhanden. Wer nicht explizit eine Daten-Anbindung an die XML-Welt benötigt, braucht auch kein XHTML, sondern ist mit HTML besser beraten.

Infos

XHTML-Versionen

XHTML 1.0 (seit Januar 2000) ist eine Reformulierung von HTML 4.01 mit Hilfe von XML. Das bedeutet, XHTML enthält genau die gleichen Sprachbestandteile wie HTML 4.01. Die Unterschiede liegen auf anderen Ebenen und sind durch die Unterschiede von SGML und XML bedingt. XHTML 1.0 übernimmt von HTML 4.01 auch die drei Varianten strict, transitional und frameset.
http://www.w3.org/TR/xhtml1/

XHTML 1.1 (in Entwicklung seit 2001) ist eine XHTML-spezifische Weiterentwicklung. Die Sprachvarianten transitional und frameset entfallen. Die Version 1.1 soll die Basis schaffen für ein modulbasiertes XHTML. Als Module sind z. B. Struktur, Text, Verlinkung, Listen, Tabellen, Formulare usw. vorgesehen. In der heutigen Praxis der Website-Erstellung spielt XHTML 1.1 kaum eine Rolle.
http://www.w3.org/TR/xhtml11/

XHTML 2.0 (in Entwicklung seit 2002) verändert die Sprachbestandteile von XHTML deutlich. Es gibt neue Elemente, etwa für Navigationslisten, und es gibt logische Veränderungen (so kann in XHTML 2.0 jedes Element ein Hyperlink sein, weshalb das herkömmliche HTML-Element für Hyperlinks entfällt). In der heutigen Praxis der Website-Erstellung spielt auch XHTML 2.0 kaum eine Rolle.
http://www.w3.org/TR/xhtml2/

XHTML5 ist die Möglichkeit, HTML5 mit Hilfe von XML-gerechter Grammatik und Notation zu erzeugen. XHTML5 ist nur für das Parsen mit echten XML-Parsern gedacht. XHTML5, das von HTML-Parsern verarbeitet wird, gibt es nicht mehr. Es ist dann einfach HTML5, selbst wenn es die XHTML-typische Notation einhält. XHTML5 ist also keine eigenständige Sprache, sondern lediglich eine sogenannte Serialisierungsform des Dokument-Objektmodells von HTML5.
http://www.w3.org/TR/xhtml5/

1.3.2 CSS

Infos

CSS bedeutet Cascading Stylesheets. Es handelt sich um eine beschreibende Ergänzungssprache für HTML. Sie klinkt sich nahtlos in HTML ein und hat zwei Aufgaben: das Formatieren von Inhalten und das Gestalten von Webseitenlayouts.

Wenn Sie ein HTML-Dokument ohne CSS-Angaben im Browser anzeigen, werden grundsätzliche Strukturen visuell unterscheidbar dargestellt. So werden Überschriften in grafischen Browsern größer und fett angezeigt, Tabellen sind sichtbar, und wichtige Auszeichnungen im Text werden z. B. kursiv, fett oder in nicht-proportionaler Schrift dargestellt. Man spricht in diesem Zusammenhang von einem internen Default-Stylesheet, das Browser verwenden, um HTML-Elemente darzustellen. Die HTML-Spezifikation enthält Empfehlungen für solche Default-Darstellungen.

An diesem Punkt setzen die Cascading Stylesheets (CSS) ein. Mit Hilfe von Stylesheets können Sie beispielsweise festlegen, dass alle Überschriften 1. Ordnung 24 Pixel groß sind, in roter Helvetica-Schrift mit einem Nachabstand von 16 Pixel und einer grünen doppelten Rahmenlinie oberhalb dargestellt werden. Sie können aber genauso gut auch für einen beliebigen Text festlegen, dass nur dieser Text 3 Zentimeter groß sein soll und eine gelbe Hintergrundfarbe erhält.

CSS erlaubt es, zentrale Formate zu definieren, beispielsweise für alle Überschriften erster Ordnung oder für alle Textabsätze mit einem bestimmten Klassennamen oder für hervorgehobenen Text, der innerhalb einer Tabellenzelle vorkommt. Die zentralen Formate können in eine externe Style-Datei ausgelagert werden, die Sie dann in beliebig vielen HTML-Dokumenten einbinden können. So ermöglicht CSS seitenübergreifend einheitliche Layouts und Formatierungen.

CSS ist ebenso wie HTML eine Klartextsprache. Auch für CSS brauchen Sie keine bestimmte Software, es genügt ein Texteditor. CSS ist wie HTML eine offen dokumentierte und vom W3-Konsortium standardisierte Sprache, die Sie frei und ohne Lizenzprobleme verwenden können. Das Standardisierungsverfahren bei CSS folgt den gleichen Regeln wie das von HTML.

Infos

CSS-Versionen

CSS 1.0 (seit Dezember 1996) bietet vor allem Eigenschaften für die Standardformatierung (Schriftformatierung, Abstände, Rahmen, Farben usw.) an.

http://www.w3.org/TR/REC-CSS1/

CSS 2.0 (seit 1998) führte vor allem die Formateigenschaften ein, die CSS als Sprache zum Entwerfen von Webseitenlayouts befähigen. Außerdem wurde die Selektorensyntax zum Ansteuern von Elementen deutlich erweitert.

CSS 2.1 (seit 2007 Kandidat für den offiziellen Sprachstandard) ersetzt CSS 2.0, weshalb CSS 2.0 gar nicht mehr offiziell einsehbar ist. CSS 2.1 entfernt einige Bereiche, die sich in der Praxis als irrelevant erwiesen haben, aus dem CSS-Standard (z. B. Stylesheet-Angaben zum Steuern von Sprechstimmen) und präzisiert verschiedene Details von CSS 2.0.

http://www.w3.org/TR/CSS21/

CSS 3.0 (seit 1999 in Entwicklung) gliedert sich in über 20 Einzelspezifikationen, die jeweils eigene Review-Prozesse durchlaufen, weshalb die Einzeldokumente auch unterschiedliche Entwicklungsstände haben. CSS3 führt etliche Verbesserungen ein, beispielsweise bei der Verwendung von serverseitigen Schriftarten oder bei automatisch generierten Inhalten. Neuere Versionen heutiger Browser übernehmen bereits verschiedene Möglichkeiten von CSS3. Die Implementierungen sind jedoch noch sehr uneinheitlich.

http://www.w3.org/Style/CSS/current-work

Es dauerte eine Weile, bis die Entwicklergemeinde das volle Potenzial von CSS zu nutzen lernte. Das betraf vor allem die Möglichkeiten, mit CSS Elemente zu gestalten, die Behälter für ganze Teile einer Webseite sind. Mittels spezieller CSS-Formateigenschaften zum Anordnen von Elementen, zur Hintergrundgestaltung und zu sichtbaren Rahmen wurden moderne, CSS-basierte, mehrspaltige Website-Layouts möglich. Prinzipiell funktionieren solche Layouts in allen heute verwendeten Browsern. Der Teufel steckt jedoch im Detail, weil nicht alle Browser die CSS-Spezifikation identisch umsetzen, was sich gerade beim Seitenlayout unschön bemerkbar machen kann. So entstand eine ganze Fachliteratur rund um das Erstellen von CSS-basierten Webseitenlayouts.

1.3.3 Clientseitiges Scripting

1996 führte Netscape, der damalige Marktführer unter den Browsern, eine Scriptsprache namens JavaScript ein. Netscape ließ diese Sprache als ECMA-Industriestandard mit der Nummer 262 definieren.

Mit Hilfe von JavaScript konnten Web-Autoren das Verhalten von Webseiten und Browsern bis zu einem gewissen Grad beeinflussen. In HTML können Sie beispielsweise Formulare mit Eingabefeldern, Auswahllisten, Buttons usw. definieren. Der Anwender kann ein Formular ausfüllen und über das Web absenden. Doch HTML erlaubt Ihnen als Formularanbieter nicht, die Eingaben des Anwenders vor dem Absenden des Formulars auf Vollständigkeit und Plausibilität zu prüfen. Mit JavaScript ist das hingegen möglich.

Leider wurden die Möglichkeiten von JavaScript in den Anfangsjahren für allerlei Spielereien missbraucht, die dafür sorgten, dass sich JavaScript einen schlechten Ruf einhandelte. Daran änderte auch Microsoft nichts, das den ECMA-262-Sprachstandard unter dem Namen JScript implementierte und durch eigene Ergänzungen ausbaute.

Später gewann JavaScript seine Reputation durch zwei wichtige Entwicklungen zurück:

- Das W3-Konsortium schuf mit dem **Document Object Model** (**DOM**) ein programmiersprachenunabhängiges Modell für den Programmiersprachenzugriff auf XML-basierte Markupsprachen sowie auf HTML. Browser-Anbieter begannen, das DOM des W3C in ihre Sprachimplementierungen zu übernehmen. Dadurch entstanden viele nützliche, professionellere Anwendungen von JavaScript.
- Ein unscheinbares, spezielles JavaScript-Objekt namens **XMLHttpRequest** (bekannt durch die Verwendung mit **AJAX**, AJAX = Asynchronous JavaScript and XML), das es der Scriptsprache ermöglicht, während eine Webseite im Browser angezeigt wird,

im Hintergrund mit dem Webserver zu kommunizieren, hat das Erscheinungsbild des modernen Web nachhaltig mitgeprägt. Es ermöglicht Webanwendungen, die so flüssig auf Anwender-Interaktionen reagieren wie normale Programme auf dem lokalen Computer.

Wegen zahlreicher Detailunterschiede bei der Implementierung in den einzelnen Browsern halten sich heute viele Entwickler an sogenannte **JavaScript-Frameworks**. Das sind Code-Bibliotheken, die für alle wichtigen und häufig verlangten Aufgaben fertige Funktionen bereitstellen und den Entwickler von Browser-Unterschieden fernhalten.

1.3.4 Serverseitiges Scripting und Datenbankanbindung

Hinter der Mehrzahl der heute im Web aufrufbaren Seiten steckt keine statische, auf dem Webserver gespeicherte HTML-Datei mehr. Stattdessen werden die Seiten beim Aufruf dynamisch generiert. Nicht immer ist das an der URL-Adresse sofort erkennbar. Fast alle Blogs etwa werden mit Blog-Software wie WordPress erzeugt, und die meisten größeren Sites mit Content-Management-Systemen (CMS) wie TYPO3, Drupal oder Joomla!. Das sind Webanwendungen, die auf einem Webserver installiert werden. In der Regel bestehen sie aus einem Backend und einem Frontend.

Das **Backend** ist ein Administrationsbereich mit einer eigenen, öffentlich nicht bekannten Webadresse. Dort eingerichtete Benutzer können sich anmelden und das Backend nutzen. Das Backend ist selbst eine Webanwendung, die vorwiegend aus Formularen besteht. Es ermöglicht das Verwalten und Editieren von Webseiten, aber auch von verwaltungsberechtigten Benutzern.

Das **Frontend** ist eine Webanwendung, die das dynamische Generieren von Webseiten steuert. In der Regel besteht die Aufgabe darin, definierte HTML-Templates zu verwenden und in darin definierten Bereichen Inhalte einzufügen, die aus einer Datenbank oder aus Datendateien geholt werden. Dazu enthalten die HTML-Templates in der Regel Platzhalterzeichenfolgen, die von der Anwendung erkannt und durch generierte Inhalte ersetzt werden.

Backend- und Frontend-Anwendungen müssen programmiert werden. Dazu sind durchaus klassische Programmiersprachen wie C oder Delphi geeignet. Für webtypische Aufgaben besser gerüstet sind jedoch Sprachen wie PHP, Java, Python oder Perl. Die meisten bekannten Blogsysteme und Content-Management-Systeme sind heute in PHP, Java oder Python programmiert. Dabei sind PHP und Python reine Scriptsprachen. Die Anwendungen werden erst zur Laufzeit in Maschinensprache übersetzt. Dank immer schnellerer Rechner und sehr effizienter Script-Interpreter sind Scripts heute im Vergleich zu vorab kompiliertem Code absolut konkurrenzfähig.

Auch wenn Web-Autoren keine eigenen Webanwendungen erstellen, können Kenntnisse in einer webtypischen serverseitigen Scriptsprache wie PHP von Vorteil sein. Viele Aufgaben, egal ob Formular-Mailer, Umfrage, Bildergalerie oder das Ermitteln von Daten aus einer Datenbank, lassen sich damit lösen, auch wenn sonst keine große Webanwendung zum Einsatz kommt.

1.3.5 Flash

Flash bietet die Möglichkeit, Multimedia-Effekte auf Web-Seiten zu bringen, aber auch Anwendungen wie Spiele, Simulationen oder Produkt-Animationen. Im Laufe der Jahre hat es sich zum defacto-Standard für Multimedia im Web entwickelt, und das, obwohl es eine proprietäre Technologie mit einem binären Dateiformat ist, deren Original-Autorensoftware nicht ganz preiswert ist. Zwei wichtige Gründe haben den Erfolg von Flash begünstigt:

- Offene Standard-Alternativen wie SVG (SVG = **S**calable **V**ector **G**raphics) in Verbindung mit SMIL (SMIL = **S**ynchronized **M**ultimedia **I**ntegration **L**anguage) und JavaScript sind letztlich zu komplex konzipiert, gehen an der Praxis von Multimedia-Designern vorbei, und bis heute lässt die Browser-Unterstützung dafür zu wünschen übrig.
- Das Flash-Plugin wurde irgendwann mit jedem Browser von Haus aus mit ausgeliefert, sodass Flash bedenkenlos eingesetzt werden kann und fast überall funktioniert.

Ohne Flash wären erfolgreiche Multimedia-Sites wie etwa YouTube gar nicht denkbar. Insgesamt hängt viel davon ab, **wie** Flash eingesetzt wird. Als Basis für einfach integrierbare Video- oder Music-Player ist es allgemein akzeptiert und beliebt. Nicht durchgesetzt haben sich dagegen reine flashbasierte Websites, also Websites, bei denen der Webserver nicht HTML-Dokumente mit eingebetteten Flashmovies sendet, sondern gleich nur noch Flashmovies.

HTML5 enthält jedoch einige Ansätze, die genau in den Einsatzbereich von Flash zielen. Dazu gehören etwa die neuen Elemente `video` und `audio` oder das Script-gesteuerte Element `canvas`. Diese Elemente könnten dazu beitragen, den Einfluss von Flash in Zukunft zu verringern. Besonders die nicht vorhandene Unterstützung von Flash bei den iDevices des Unternehmens Apple macht HTML5 hier zu einer echten Alternative.

Flash wurde ursprünglich von der Firma Macromedia entwickelt. Heute wird es von Adobe vertrieben.

1.3.6 XML

Infos

XML bedeutet **E**xtensible **M**arkup **L**anguage. Es handelt sich um ein Regelwerk für Markupsprachen.

HTML ist eine Auszeichnungssprache zur Strukturierung gewöhnlicher Webseiten. Es gibt jedoch bereits im engeren Zusammenhang mit Webseiten Daten, die sich gar nicht oder nicht sinnvoll mit Hilfe von HTML beschreiben lassen: Vektorgrafiken zum Beispiel oder in Feedreadern abonnierbare Feeds von News- oder Blog-Artikeln. Dabei ist es jedoch von Vorteil, wenn auch andere beschreibende Sprachen den gleichen syntaktischen Grundregeln wie etwa HTML folgen. Ein Vorteil ist beispielsweise, dass ein Parser, also eine Software, die Markup-Sprachen verarbeitet, immer die gleichen Algorithmen zur Auflösung der notierten Auszeichnungen verwenden kann.

Nun wurde HTML bis einschließlich Version 4.01 mit Hilfe von SGML definiert. SGML ist ein allgemeines Regelwerk zur Definition von Markup-Sprachen wie HTML. Allerdings ist SGML sehr komplex und für die meisten Anwendungsfälle überdimensioniert. Deshalb hatte sich das W3-Konsortium bereits in den 90er Jahren entschlossen, ein leichter zu handhabendes und für die praktische Datenverarbeitung zweckmäßigeres Regelwerk zu entwickeln. Das Ergebnis ist **XML**. XML ist jedoch nichts, was von den Grundregeln von SGML völlig abweicht. Es ist vielmehr selbst ein sogenanntes »SGML-Profil«. Aber ebenso wie SGML ist XML selbst keine Anwendungssprache, sondern eben ein Regelwerk zur Definition von Anwendungssprachen.

Mit Hilfe von XML können Sie also eigene, neue Markup-Sprachen entwickeln, die sich an bestimmte, definierte Muster und Regeln halten. XML ist dabei das »Regelwerk«, das Schema. Beim Definieren eigener Markup-Sprachen mit XML können Sie eigene Namen vergeben. So können Sie zum Beispiel Elemente definieren, um Bereiche eines Dokuments als Lexikonartikel auszuzeichnen, als Musiknote oder als Bestandteil einer chemischen Formel. Sie müssen bei der Definition der Elemente jedoch exakt festlegen, welche Eigenschaften das Element hat, zum Beispiel, innerhalb welcher anderen Elemente es vorkommen kann und innerhalb welcher nicht. Wenn Sie dann ein XML-Dokument mit der Definition einer eigenen Sprache erstellt haben, können Sie Dateien in dieser Sprache erstellen und im Dateikopf angeben, auf welche XML-Definitionen Sie sich in dieser Datei beziehen.

Auszeichnungssprachen, die Sie mit XML definieren, sind zunächst noch nichts, was irgendwelche Dinge auf den Bildschirm zaubert. Dazu ist Software erforderlich, die eine Markup-Sprache parst und aus der daraus gewonnenen Datenstruktur irgendetwas macht, beispielsweise eine Bildschirmausgabe.

XML bietet einerseits die Möglichkeit, eigene Datenformate zu erzeugen, die einem standardisierten Schema folgen und daher Kompatibilität garantieren. Andererseits lassen sich mit XML aber auch Datenformate erzeugen, die für eine breitere Verwendung im Software-Markt geeignet sind. Das W3-Konsortium arbeitet an mehreren XML-basierten Auszeichnungssprachen. Für jede dieser Auszeichnungssprachen gibt es eine eigene Arbeitsgruppe, die sich um eine saubere Spezifikation und eine praxisgerechte Weiterentwicklung der jeweiligen Sprache kümmert. Aber auch andere Hersteller und Anbieter versuchen, XML-basierten Sprachen zu einem Standard-Status zu verhelfen. Die folgenden Sprachen sind Beispiele solcher Standardsprachen.

Bekannte XML-Sprachen

XHTML (Extensible Hypertext Markup Language)

XML-basierte Variante von HTML (siehe weiter oben).

SVG (Scalable Vector Graphics)

Auszeichnungssprache zur Beschreibung zweidimensionaler Vektorgrafik. Damit lassen sich grafische Daten beschreiben, wie sie von Programmen wie Corel Draw erzeugbar sind.
http://www.w3.org/Graphics/SVG/

MathML (Mathematical Markup Language)

MathML hat die Aufgabe, technisch-wissenschaftliche Inhalte, die mathematische Formelsprache zur Darstellung benötigen, abzubilden.
http://www.w3.org/Math/

RDF (Resource Description Framework)

Sprache zur Beschreibung von Metadaten für Dokumente. Metadaten können verschiedene Aufgaben haben: etwa als Input für Suchmaschinen dienen oder Rahmendaten für die Aufnahme des Dokuments in das Katalogsystem einer bestimmten elektronischen Bibliothek liefern.
http://www.w3.org/RDF/

RSS (Really Simple Syndication)

Sprache zur Beschreibung von Feeds für Blog-Artikel oder Newsticker.
http://www.rssboard.org/rss-specification

Atom

Sprache zur Beschreibung von Feeds für Blog-Artikel oder Newsticker.
http://www.atompub.org/

XSLT (Extensible Stylesheet Language, Transformationskomponente)

Ermöglicht das Übertragen von einer XML-basierten Markup-Sprache in eine andere. Dabei lässt sich exakt definieren, welche Elementinhalte und Attributwerte der Ausgangssprache in welche Strukturen der Zielsprache übertragen werden sollen.
http://www.w3.org/TR/xslt

XPath (XML Path)

Ermöglicht das gezielte Adressieren von Daten in einer XML-basierten Markup-Sprache. Wird beispielsweise von XSLT benötigt.
http://www.w3.org/TR/xpath

1.4 Software zum Erstellen von Websites

Das Wichtigste, was es zum Thema Software in Bezug auf das Entwickeln von Webseiten zu sagen gibt, ist, dass es **die Software** nicht gibt und hoffentlich auch nie geben wird. Internet-typische Technologien sind bewusst Software-unabhängig ausgelegt. Das hat gute Gründe. Im Internet treffen alle nur erdenklichen Betriebssysteme und Rechnertypen aufeinander, und Technologien, die für alle verfügbar sein sollen, haben keine großen Chancen, wenn sie systemspezifisch sind oder spezielle Anforderungen stellen, die Teile der Internet-Nutzer ausschließen.

1.4.1 Code-Editoren

Ohne einen guten Code-Editor kommt praktisch kein Webentwickler aus. Ein Universaleditor mit speziellen Funktionen für die Webentwicklung unterstützt gleichermaßen beim Editieren von HTML, CSS, XML, JavaScript oder serverseitigen Sprachen wie PHP. Zu den Eigenschaften, über die ein leistungsstarker Code-Editor verfügen sollte, gehören:

- **Syntax-Highlighting:** Schlüsselwörter, Klammern, Sonderzeichen, Element- oder Funktionsnamen in Sprachen wie HTML und XML, CSS, JavaScript, PHP, Java, Perl, Python, C, SQL sollte ein Editor farblich hervorheben. Dadurch werden Inhalte wesentlich leichter erfassbar.
- **Zeilenkontrolle:** Es sollte je nach Bedarf umschaltbar sein, ob lange Zeilen für die Ansicht umbrochen werden oder nicht. Ebenso sollten Zeilennummern angezeigt werden können. Denn viele Fehlermeldungen von Validatoren oder Programmiersprachen-Interpretern beziehen sich auf Zeilennummern.
- **Code-Folding:** Dieses Feature erlaubt es, strukturierte Codes (z. B. größere Bereiche eines HTML-Dokuments oder Funktionen eines Scripts) nach Bedarf ein- und auszublenden. Bei umfangreicheren Code-Dateien erleichtert das die Übersicht.
- **Code-Editier-Hilfen:** Gute Code-Editoren kennen beispielsweise alle HTML-Element- und -Attributnamen, CSS-Eigenschaften oder PHP-Funktionen. Während des Bearbeitens bieten sie entsprechende Autovervollständigung an. Außerdem existiert eine kontextsensitive Hilfe für Parameter, welche von einer Funktion erwartet werden.
- **Unterstützende Präzisionsfunktionen:** Das betrifft etwa eine ausgereifte Suchen-Ersetzen-Funktion, die auch viele Dateien gleichzeitig durchläuft und beispielsweise die Möglichkeit bietet, reguläre Ausdrücke zu verwenden. Auch sprachentypische Konvertierwerkzeuge wie das Umwandeln von höherwertigen Zeichen in ihre HTML-Entity-Namen oder in numerische HTML-Entities gehören dazu.
- **Flexible Erweiterbarkeit:** Viele Code-Editoren speichern ihre Informationen für Syntax-Highlighting und Code-Editier-Hilfen in eigenen Dateien. Diese Dateien haben ein dokumentiertes Format. Dadurch ist es möglich, Syntax-Highlighting-Anweisungen auch für Sprachen zu erstellen, die der Editor bislang nicht unterstützt.
- **Integration in andere Software-Umgebungen:** Ein guter Code-Editor ermöglicht es, individuelle Hilfedokumente zu integrieren. Für Entwickler ist es sinnvoll, wenn der Editor direkt mit einem Versionenkontrollsystem wie Subversion zusammenarbeitet,

oder wenn er es ermöglicht, Dateien direkt via FTP/SFTP von einem Webserver-Rechner zu laden und wieder dort zu speichern.

- **Zeichenkodierung:** Gute Code-Editoren unterstützen alle verbreiteten Formen von Zeichenkodierung, also z. B. ANSI, ISO-8859-x, UTF-8, UTF-16, Unicode-2-Byte, Unicode-4-Byte, usw. Dazu gehört auch die Fähigkeit, Inhalte von einer Zeichenkodierung in eine andere zu konvertieren.
- **Performance:** Code-Editoren sind Programme, von denen erwartet wird, dass sie die Ressourcen eines Rechners nicht nennenswert belasten, dass sie sehr schnell laden und sehr robust laufen. Sie sind selbstverständliche Arbeitswerkzeuge, die fast ständig geöffnet sind, auch während anderer Arbeiten.

Universaleditoren für MS Windows (Auswahl)

- ***1stPage*** (Shareware)
  http://www.evrsoft.com/
- ***40tudeHTML*** (Shareware)
  http://www.40tude.com/
- ***Boxer*** (Shareware)
  http://www.boxersoftware.com/
- ***CoffeeCup*** (Shareware)
  http://www.coffeecup.com/
- ***EditPlus*** (Shareware)
  http://www.editplus.com/
- ***EmEditor*** (Shareware)
  http://www.emeditor.com/
- ***HTML-Kit*** (Shareware)
  http://htmlkit.com/
- ***Homesite*** (Trial-Ware)
  http://www.adobe.com/products/homesite/
- ***NoteTab*** (Shareware)
  http://www.notetab.com/
- ***Notepad++*** (OpenSource – GNU GPL)
  http://notepad-plus.sourceforge.net/
- ***SciTE*** (OpenSource – Eigenlizenz)
  http://www.scintilla.org/SciTE.html
- ***Scribe!*** (Freeware)
  http://www.scribe.de/
- ***SuperHTML*** (Shareware)
  http://www.superhtml.de/
- ***TSW WebCoder*** (Shareware)
  http://www.tsware.net/
- ***Text Hawk*** (Shareware)
  http://www.texthawk.com/

- ***TextPad*** (Shareware)
  http://www.textpad.com/
- ***UltraEdit*** (Shareware)
  http://www.ultraedit.com/
- ***Weaverslave*** (Freeware – Eigenlizenz)
  http://www.weaverslave.ws/
- ***Webocton Scriptly*** (Freeware)
  http://scriptly.webocton.de/
- ***Zeus*** (Shareware)
  http://zeusedit.com/

Universaleditoren für Apple Mac OS X (Auswahl)

- ***BBEdit*** (nur käuflich zu erwerben)
  http://www.barebones.com/products/bbedit/
- ***Bluefish*** (OpenSource – GNU GPL)
  http://bluefish.openoffice.nl/
- ***Coda*** (Shareware)
  http://www.panic.com/coda/
- ***Expresso*** (Shareware)
  http://macrabbit.com/espresso/
- ***Pagespinner*** (Shareware)
  http://www.optima-system.com/
- ***Smultron*** (Freeware)
  http://smultron.softonic.de/mac
- ***SubEthaEdit*** (Shareware)
  http://www.codingmonkeys.de/subethaedit/
- ***TextMate*** (Shareware)
  http://macromates.com/
- ***TextWrangler*** (Freeware)
  http://www.barebones.com/products/TextWrangler/
- ***skEdit*** (Shareware)
  http://www.skti.org/skedit/

Universaleditoren für Linux (Auswahl)

- ***Bluefish*** (OpenSource – GNU GPL)
  http://bluefish.openoffice.nl/
- ***gEdit*** (OpenSource – GNU GPL)
  http://projects.gnome.org/gedit/
- ***Kate*** (OpenSource – LGPL)
  http://kate-editor.org/
- ***Quanta*** (Freeware)
  http://quanta.kdewebdev.org/

- *SciTE* (OpenSource – Eigenlizenz)
  http://www.scintilla.org/SciTE.html
- *Screem* (Freeware)
  http://www.screem.org/
- *Vi* (Unix-Standardeditor)
  http://de.wikipedia.org/wiki/Vi
- *WebMaker* (OpenSource)
  http://www.pro-linux.de/t_wm/webmaker.html

Plattformunabhängige Universaleditoren (Auswahl)

- *Eclipse PDT* (OpenSource – Eclipse Public License)
  http://www.eclipse.org/pdt/
- *Emacs* (OpenSource – GNU GPL)
  http://www.gnu.org/software/emacs/
- *jEdit* (OpenSource – GNU GPL)
  http://www.jedit.org/
- *Vim* (Charity-Ware – GNU-GPL-kompatibel)
  http://www.vim.org/

1.4.2 Web-Browser

Als Entwickler von Webseiten sollten Sie nicht nur einen Browser auf Ihrem Rechner installiert haben, sondern verschiedene Browser, auch ältere Versionen. Mit welchem Browser Sie persönlich am liebsten surfen, bleibt Ihnen überlassen. Aber die Besucher Ihrer Seiten verwenden nun mal unterschiedliche Produkte, und deshalb sollten Sie Ihre Seiten stets mit mehreren Produkten überprüfen. Denn auch wenn Sie sich an die Webstandards von HTML halten, gibt es leider immer noch viele kleine, ärgerliche Unterschiede zwischen den Browsern und Browser-Versionen im Detail.

Verantwortlich für die Unterschiede ist letztlich die Layout-Engine oder Rendering-Engine des jeweiligen Browsers. Bei allen modernen Browsern ist dieses Software-Kernstück von den übrigen Software-Funktionen (z. B. HTTP-Kommunikation oder Cache-Verwaltung) getrennt. Führende Rendering-Engines, wie etwa die Gecko-Engine oder die Webkit-Engine, werden sogar unabhängig von jeder Browser-Software weiterentwickelt. Die Rendering-Engine ist für das Parsen von HTML zuständig, für das Auflösen von CSS-Definitionen sowie für das Anzeigen von Grafiken.

Web-Browser	*Rendering-Engine*	*Noch relevante Versionen*
Firefox	Gecko	3.5, 3.6, 4.0, 5.0, 6.0, 7.0
Internet Explorer	Trident	7.0, 8.0, 9.0
Google Chrome	Webkit	6.0, 7.0, 8.0, 9.0, 10.0, 11.0, 12.0, 13.0, 14.0
Safari	Webkit	3.x, 4.x, 5.x
Opera	Presto	9.x, 10.0x, 10.5x, 11.0x

Neben modernen grafischen Browsern empfiehlt sich auch die Installation des Text-Browsers Lynx. Wenn Sie Webseiten mit diesem Browser testen, bekommen Sie eher ein Gefühl dafür, wie Webseiten-Inhalte z. B. in Spezial-Web-Clients mit Braille-Zeilen oder mit akustischer Sprachausgabe wiedergegeben werden. Gemeint sind damit Aspekte wie die Wiedergabereihenfolge von Webseitenbereichen oder die Wirkung von Navigationen.

Wichtige Web-Browser

- **Firefox** (OpenSource – MPL/GPL/LGPL für Windows, Mac, Linux)
  http://www.mozilla.org/de/firefox/fx/
- **Microsoft Internet Explorer** (proprietäre Software für Windows)
  http://windows.microsoft.com/de-DE/internet-explorer/products/ie/home
- **Google Chrome** (OpenSource – BSD-Lizenz für Windows, Mac und Linux)
  http://www.google.com/chrome
- **Safari** (proprietäre Software mit OpenSource-Teilen für Mac und Windows)
  http://www.apple.com/de/safari/
- **Opera** (proprietäre Software, Freeware für Windows, Mac und Linux)
  http://de.opera.com/
- **Lynx** (OpenSource – GNU GPL für MS DOS und andere Textumgebungen)
  http://lynx.isc.org/

Browser-Statistik

Eine sehr gute und unabhängige Übersicht über Verbreitung und Marktanteile einzelner Browser bietet die englische Wikipedia. Dort werden die jeweils aktuellen Ergebnisse verschiedener bekannter Browser-Statistik-Anbieter wiedergegeben.

Links

Browser-Statistik von Wikipedia (Englisch)
http://en.wikipedia.org/wiki/Browser_statistics

W3Schools – monatlich aktualisierte Browser-Statistik (Englisch)
http://www.w3schools.com/browsers/browsers_stats.asp

Browser-Marktanteile nach Typ und Version gegliedert
http://www.browser-statistik.de/statistiken/versionen/

1.4.3 Desktop-Tools

Es gibt eine Menge von Programmen und Software-Typen, die Web-Entwickler sinnvoll einsetzen können. Nachfolgend eine Übersicht.

FTP/SFTP/SSH-Programme

Um statische Dateien eines Webprojekts auf einen Server ins Web zu laden, brauchen Sie Software, die das File Transfer Protokoll (FTP) bzw. die Secure-Variante SFTP unterstützt. Mit solchen Programmen können Sie Ihre Projektdateien hochladen und auf dem Serverrechner verwalten (umbenennen, löschen usw.). Für weiterreichende Arbeiten auf dem Server benötigen Sie einen Remote-Zugang. Über einen SSH-Client können Sie eine Remote-Shell auf einem entfernten Rechner starten, sofern dort ein SSH-Server läuft. Auch per VPN getunnelte Remote-Desktop-Verbindungen sind geeignet.

Wichtige FTP/SFTP/SSH-Programme

- **FileZilla** (FTP/SFTP, OpenSource GPL für Windows, Mac, Linux)
  http://filezilla-project.org/
- **PuTTy** (SSH, OpenSource GPL für Windows, Linux)
  http://www.chiark.greenend.org.uk/~sgtatham/putty/
- **SpeedCommander** (Dateimanager mit FTP/SFTP, Shareware für Windows)
  http://www.speedproject.de/speedcommander/
- **Total Commander** (Dateimanager mit FTP/SFTP, Shareware für Windows)
  http://www.ghisler.com/deutsch.htm

Grafikprogramme

Grafikprogramme sind eine wichtige Ergänzung zum Erstellen aussagekräftiger Webseiten. Es gibt unzählige Programme zum Erstellen, Konvertieren und Nachbearbeiten von Grafiken. Auf jeden Fall müssen die eingesetzten Programme die Dateiformate GIF, JPEG und PNG unterstützen, denn das sind die verbreiteten Grafikformate im Web. Zum Entstehungsprozess einer Grafik tragen jedoch häufig auch andere Programme bei, etwa vektororientierte Programme oder Raytraycing-Programme.

Wichtige Grafikprogramme

- **Adobe Photoshop** (Kauf-Software – Windows, Mac)
  http://www.adobe.com/products/photoshop/
- **Adobe Illustrator** (Kauf-Software – Windows, Mac)
  http://www.adobe.com/de/products/illustrator/
- **CorelDRAW Graphics Suite** (Kauf-Software für Windows)
  http://www.corel.com/
- **Gimp** (OpenSource GNU-GPL für Windows, Mac, Linux)
  http://www.gimp.org/
- **IrfanView** (Freeware für Windows)
  http://www.irfanview.com/
- **Google Picasa** (Freeware für Windows, Mac)
  http://picasa.google.de/
- **Ulead PhotoImpact** (Kauf-Software für Windows)
  http://www.ulead.com/pi/

Webserver und Server-Tools

Ein lokal betriebener Webserver ermöglicht es, Webseiten in HTTP-Umgebung am eigenen PC oder im eigenen LAN zu testen. Der Webserver wiederum ist die Voraussetzung für den Einsatz von serverseitiger Software, wie PHP, Datenbankanbindung, etwa mit MySQL, oder den Einsatz von Content-Management-Systemen. Doch selbst wenn Sie nur mit statischen HTML- und CSS-Dateien arbeiten, kann der Einsatz eines Webservers sinnvoll sein – beispielsweise im Hinblick auf die Referenzierung von Grafiken und Multimedia im HTML-Code.

Es ist nicht einmal eine Internet-Verbindung erforderlich, um einen Webserver zu betreiben. Es müssen lediglich TCP/IP-Sockets unterstützt werden, was heute bei jedem Betriebssystem der Fall ist. Auch ein Domain-Name-Service ist für einen lokalen Betrieb eines Webservers nicht erforderlich.

Wichtige Server-Software

- **XAMPP Apache Webserver inklusive PHP u. MySQL** (OpenSource für Windows, Linux und Solaris)
  http://www.apachefriends.org/de/
- **MAMP Apache Webserver inklusive PHP u. MySQL** (Freeware für Mac)
  http://www.mamp.info/de/
- **Apache Webserver** (OpenSource für Windows oder Unix-Sourcen)
  http://httpd.apache.org/
- **LightHTTP Webserver** (OpenSource, Unix-Sourcen)
  http://www.lighttpd.net/
- **Xitami Webserver** (OpenSource für Windows oder Unix-Sourcen)
  http://www.xitami.com/
- **PHP** (Scriptsprache) (OpenSource für Windows oder Unix-Sourcen)
  http://www.php.net/
- **Perl** (Scriptsprache) (OpenSource für Windows, Mac, Linux)
  http://www.perl.com/
- **Python** (Scriptsprache) (OpenSource für Windows, Mac, oder Unix-Sourcen)
  http://www.python.org/
- **MySQL** (Datenbanksystem) (OpenSource für Windows, Mac, Linux)
  http://www.mysql.com/
- **PostgreSQL** (Datenbanksystem) (OpenSource für Windows, Mac, Linux)
  http://www.postgresql.org/

Diverse Tools

Rund um die Realisierung von Webprojekten gibt es, abhängig von Größe, Anzahl und Zusammensetzung der beteiligten Personen, eine Menge anderer Programme und Software-Typen, die Web-Entwickler sinnvoll einsetzen können.

Empfehlenswerte Tools

- **HMTLValidator** (Shareware für Windows)
  Umfassendes Validier- und Webseiten-Check-Tool
  http://www.htmlvalidator.com/
- **XenuLink** (Freeware für Windows)
  Rekursiv arbeitender Link-Checker für ganze Websites
  http://home.snafu.de/tilman/xenulink.html

- **HTML Tidy** (OpenSource für Windows, Unix-Sourcen)
  Tool zur Bereinigung und Optimierung von HTML-Code
  http://tidy.sourceforge.net/

Je nach Art des Webprojekts kann es auch sinnvoll sein, serverseitige Software-Lösungen einzusetzen, da nur so eine effiziente Zusammenarbeit zwischen größeren Teams möglich ist.

1.4.4 Content-Management-Systeme

Fast alle größeren Webprojekte werden heutzutage mit Hilfe von Content-Management-Systemen (**CMS**) erstellt und gepflegt. Die Gründe sind folgende:

- Ein CMS übernimmt die gesamte Datenspeicherung. Redakteure kümmern sich nur noch um Struktur und Inhalte einer Website, aber nicht mehr darum, wo und wie die ganzen Daten gespeichert werden. Server-Zugänge via FTP/SFTP oder SSH entfallen, da die gesamte Bearbeitung der Web-Inhalte webbasiert im Browser erfolgt.
- Ein CMS erleichtert umfangreiche Änderungen und Umstrukturierungen bei Websites. Da solche Systeme mit Templates arbeiten und Inhalt, Struktur und Layout konsequent trennen, sind Änderungen beim Webdesign unproblematisch und wirken sich automatisch auf alle Seiten aus. Das Gleiche gilt für Umstrukturierungen bei der Navigation.
- Ein CMS verfügt in der Regel über verschiedene Berechtigungs- und Freischaltstufen. Dadurch lassen sich Prozesse innerhalb größerer Redaktionsteams abbilden.

Ein CMS hält Redakteure in der Regel von der Code-Ebene fern. Viele Systeme bieten integrierte WYSIWYG-Editoren oder eine vereinfachte Eingabesyntax an. Dadurch werden einerseits Code-Fehler durch ungeübtes Personal vermieden, und andererseits wird das Einschleusen von problematischem Code vermieden, z. B. das direkte Notieren von JavaScript-Code oder gar Steuersequenzen für das CMS.

Auch Blog-Software gehört zur Kategorie der Content-Management-Systeme. Manche Systeme bieten auch eine integrierte Blog-Funktionalität an. Wenn eine Website vorwiegend aus einem Blog bestehen soll, ist eine Blog-Software wie z. B. WordPress in den meisten Fällen die beste Wahl. Anders sieht es aus, wenn z. B. ganz unterschiedliche Sites unter einer einheitlichen Oberfläche gepflegt werden sollen. In solchen Fällen sind allgemein ausgerichtete Systeme wie TYPO3 oder Drupal von Vorteil.

All diesen Systemen ist gemeinsam, dass die eigentliche Bearbeitung in einem sogenannten **Backend** stattfindet. Das bedeutet, es wird in der Regel eine eigene Domain oder Subdomain eingerichtet, die öffentlich nicht bekannt ist und unter der sich Entwickler, Webdesigner und Redakteure in das System einloggen können. Websites, die mit dem System bearbeitet werden, sind unter anderen eigenen Domains oder Subdomains aufrufbar. Anders verhält es sich mit einer Spezialform von Content Management, nämlich mit Wikis. Bei Wikis findet die Bearbeitung der Inhalte innerhalb der Website, also direkt im **Frontend** statt. Das ist Absicht und unterstreicht den Workshop-Charakter von Wikis. Für viele Websites sind Wiki-Systeme durchaus eine geeignete Wahl, vor allem dann, wenn mit weniger Hierarchien innerhalb von Redaktionen gearbeitet wird, und wenn Web-Inhalte häufig geändert, erweitert oder aktualisiert werden müssen.

Content-Management-Systeme müssen in einer Webserver-Umgebung installiert werden und erfordern je nach Produkt Scriptsprachen wie etwa PHP oder Python und möglicherweise Datenbanksysteme wie etwa MySQL oder PostgreSQL. Die entsprechenden Produkte müssen in den meisten Fällen installiert sein, bevor das CMS installiert wird.

Allgemeine CMS

- **Contao** (OpenSource, Script-Sourcen)
  PHP mit MySQL
  http://www.contao.org/
- **Drupal** (OpenSource, Script-Sourcen)
  PHP mit MySQL
  http://drupal.org/
- **Joomla!** (OpenSource, Script-Sourcen)
  PHP mit MySQL
  http://www.joomla.de/
- **Mambo** (OpenSource, Script-Sourcen)
  PHP mit MySQL
  http://mambo-foundation.org/
- **TextPattern** (OpenSource, Script-Sourcen)
  PHP mit MySQL
  http://textpattern.com/
- **TYPO3** (OpenSource, Script-Sourcen)
  PHP mit MySQL und andere
  http://typo3.org/

Blog-Software

- **Serendipity** (OpenSource, Script-Sourcen)
  PHP mit MySQL oder anderen Datenbanksystemen
  http://www.s9y.org/
- **WordPress** (OpenSource, Script-Sourcen)
  PHP mit MySQL
  http://de.wordpress.org/

Wiki-Software

- **DokuWiki** (OpenSource, Script-Sourcen)
  PHP (ohne Datenbank)
  http://www.dokuwiki.org/
- **MediaWiki** (OpenSource, Script-Sourcen)
  PHP mit MySQL
  http://www.mediawiki.org/

- **Wikidot** (OpenSource, Script-Sourcen)
  PHP mit PostgreSQL u. LightHTTP
  http://www.wikidot.org/

Eine umfangreiche Liste von CMS-Produkten, unterteilt nach Software-Umgebung, findet sich in der englischsprachigen Wikipedia unter:
http://en.wikipedia.org/wiki/List_of_Content_Management_Systems

1.5 Backgrounds

Dieser Abschnitt enthält Hintergrundwissen darüber, wie die maßgeblichen Spezifikationen des W3-Konsortiums zu HTML zustande kommen. Entwickler und Webautoren, die intensiv mit HTML zu tun haben, sollten diese Hintergründe kennen, doch nicht nur wegen der Informationen zum W3-Konsortium, sondern auch wegen der Bemerkungen zu weiteren Quellen sowie zum Geben und Nehmen im Internet, was freiwillige Hilfeleistungen etwa in Fachforen betrifft.

1.5.1 Die Arbeit des W3-Konsortiums

Ende 1994 traf ein erstes Beratungs-Komitee zusammen, um die Grundlagen für eine Institution zu schaffen, die sich um die technischen Grundlagen und Standards im Web kümmern sollte. Denn das CERN, die Geburtsstätte des Web, war mit dieser Aufgabe, die nicht seinem eigentlichen Beschäftigungsgegenstand entsprach, überfordert.

Im Sommer 1995 traten namhafte Firmen dem W3-Konsortium bei. Gleichzeitig eröffnete die europäische Präsenz des Konsortiums ihre Pforten. Mitglieder des W3-Konsortiums sind Firmen oder Organisationen, keine Einzelpersonen. Sie unterschreiben einen 3-Jahres-Vertrag und zahlen Mitgliedsbeiträge, aus denen sich das Gremium finanziert. Als Gegenleistung erhalten sie Zugang zu nichtöffentlichen Informationen und können an der Entwicklung der vom W3C betreuten Standards wie HTML, CSS, XML usw. mitwirken.

Die Arbeit des W3-Konsortiums unterteilt sich in sogenannte **Aktivitäten (Activities)**. Es gibt mehrere Dutzend solcher Aktivitäten. So gibt es Aktivitäten für HTML, XML, CSS usw. Für jede der Aktivitäten gibt es **Arbeitsgruppen (Working Groups)** und **Interessensgruppen (Interest Groups)**. Während die Interessensgruppen eher einflussnehmenden Charakter haben, befassen sich die Arbeitsgruppen mit der eigentlichen Ausarbeitung der Inhalte. Beide Gruppenarten setzen sich aus Mitgliedern des W3C zusammen. In den Arbeitsgruppen sitzen also auch viele Vertreter von Software-Herstellern. Das unabhängige Kern-Team des W3-Konsortiums überwacht die Aktivitäten.

Über die Einstiegsseite des W3-Konsortiums können Sie alle Aktivitäten der Organisation mitverfolgen. Es gibt auch ein deutsches Büro des W3-Konsortiums, das in deutscher Sprache über die Arbeit des W3-Konsortiums berichtet.

Recommendations

Recommendations (Empfehlungen) des W3-Konsortiums sind Dokumente mit dem höchsten im Web verfügbaren Verbindlichkeits-Charakter. Es handelt sich um technische Beschreibungen einzelner Web-Technologien wie beispielsweise HTML, CSS oder XML. Recommendations haben die Aufgabe, die jeweilige Technologie vollständig und möglichst unmissverständlich normativ zu beschreiben. Zielgruppen dieser Beschreibungen sind einerseits Web-Autoren, andererseits aber auch Software-Hersteller, z. B. von Webbrowsern, die angehalten sind, diese Standards so genau und vollständig wie möglich in ihren Produkten zu implementieren.

Der Anspruch der Exaktheit und Vollständigkeit macht die Recommendations für Anfänger nicht unbedingt zu einer leichten Lektüre. Denn nicht selten leidet die Allgemeinverständlichkeit unter den Zwängen der Terminologie. Das W3-Konsortium ist sich aber bewusst, dass diese Dokumente zum Teil auch von weniger spezialisierten Leuten und Nicht-Informatikern gelesen werden oder gelesen werden müssen. Die neueren Recommendations sind daher reichhaltiger erläutert als die früheren. Auch mit erhellenden Beispielen wird nicht mehr so gespart.

Review-Prozesse

Jede Recommendation durchläuft ein längeres Verfahren, in dessen Verlauf das Dokument mehrmals von verschiedenen Seiten gereviewt (zu Deutsch: geprüft) wird. Aus losen technischen Notizen entstehen zunächst **Working Drafts** (**Arbeitsentwürfe**), von denen es einen oder mehrere geben kann. Arbeitsentwürfe lassen das geplante End-Dokument bereits gut erkennen. Verbindlich sind sie jedoch noch nicht. Nach diversen Reviews innerhalb der Arbeitsgruppe und nach Abstimmung mit der Interessensgruppe erlangt das Dokument schließlich den Status einer **Candidate Recommendation** (**Empfehlungskandidat**). In diesem Stadium wird noch Feedback aus der Öffentlichkeit erwartet und gegebenenfalls eingearbeitet. Daraus entsteht die **Proposed Recommendation** (**Empfehlungsvorschlag**). Nach einem abschließenden Review erhält das Dokument schließlich den Status einer offiziellen Recommendation.

Die Entwicklung der jeweiligen Technologie ist damit allerdings nicht abgeschlossen. Es handelt sich lediglich um festgeschriebene Entwicklungsstadien, damit Entwickler Fixpunkte haben, an die sie sich halten können. Die Recommendations erhalten aus diesem Grund Versionsnummern, ähnlich wie es bei Software-Produkten üblich. So gibt es beispielsweise HTML 4.01, CSS 2.0 oder XML 1.0. Für neue Dokumentversionen wird das Review-Verfahren ganz oder teilweise wiederholt.

Links

Wichtige Web-Adressen des W3-Konsortiums:

Übersichtsseite aller Technical Reports (technische Berichte, Recommendations und Dokumente auf dem Weg dorthin).
http://www.w3.org/TR/

Übersichtsseite aller Technical Reports, für die Übersetzungen vom Englischen in andere Sprachen existieren.

http://www.w3.org/Consortium/Translation/

Einstiegs- und Übersichtsseite des W3-Konsortiums zu HTML.
http://www.w3.org/MarkUp/

Einstiegs- und Übersichtsseite des W3-Konsortiums zu CSS.
http://www.w3.org/Style/CSS/

Alle wichtigen Recommendations des W3-Konsortiums liegen im HTML-Format vor und können von den Webseiten des W3-Konsortiums in komprimierter Form heruntergeladen werden. Auf diese Weise kann sich jeder Web-Entwickler lokale Kopien derjenigen Dokumente besorgen, die er für seine tägliche Arbeit benötigt. Wenn Sie sich ernsthaft mit HTML, CSS, XML usw. beschäftigen wollen, ist es dringend zu empfehlen, sich diese Dokumente zu besorgen und sich damit zu beschäftigen.

Die Rolle der WHATWG

Was die Entwicklung von HTML betrifft, so hatte das W3-Konsortium keine besonders glückliche Hand: erst eine einseitige Ausrichtung auf wissenschaftlich-technische Dokumente (HTML 2.0, HTML 3.0), dann eine Anbiederung an schlechtes Defacto-Markup in führenden Browsern (HTML 3.2) und schließlich ein komplizierter, für viel Verwirrung sorgender Kompromiss (HTML 4.01 in drei verschiedenen Varianten, plus XHTML, das zudem als separate Sprache weiterentwickelt werden sollte). Das alles führte schließlich dazu, dass sich eine Aktivisten-Gruppe aus dem W3-Konsortium abspaltete und mit der WHATWG ein eigenes Standardisierungsgremium gründete.

Infos

WHATWG steht für Web Hypertext Application Technology Working Group. Die Mitglieder der 2004 gegründeten Organisation sind vor allem Interessensvertreter von Browser-Anbietern, also Angestellte der Mozilla Foundation, von Opera Software, Apple Inc. und Google.

Links

Homepage der WHATWG.
http://www.whatwg.org/

Die Entwicklung von HTML5 geht maßgeblich auf die WHATWG zurück. Allerdings geht es der WHATWG nicht darum, das W3-Konsortium zu unterwandern. Die Organisation versteht sich als Zuarbeiterin für das W3-Konsortium, speziell im Bereich der für die Webpraxis relevanten Technologien. In der Praxis sieht das so aus, dass auf den Seiten der WHATWG immer die neueste HTML5-Spezifikation zu finden ist, während das W3-Konsortium daraus festgeschriebene und definierte Dokumentversionen entwickelt.

1.5.2 Quellen, Dokumentation und Hilfe im Web

Neben den Dokumenten des W3-Konsortiums gibt es zahllose weiterführende Orte im Web, an denen Web-Entwickler und Webdesigner Antworten auf Fragen oder Inspiration finden.

Verschiedene Informationsquellen im Web

Im heutigen Web gibt es ganz unterschiedliche Quellen für fachliche Informationen. Neben systematischen Dokumentationen gibt es auch Online-Magazine und einflussreiche Fach-Blogs, in denen sich Web-Entwickler und Webdesigner informieren. Da diese Publikationen artikelorientiert sind, empfiehlt es sich, die Quellen regelmäßig aufzusuchen oder deren angebotene Feeds in einem Feedreader zu abonnieren.

Links

Bekannte Dokumentationen

SELFHTML
http://de.selfhtml.org

Einführung in XHTML, CSS und Webdesign
http://jendryschik.de/wsdev/einfuehrung/

W3 Schools
http://www.w3schools.com/

Bekannte Magazine und Blogs

Dr.Web
http://www.drweb.de/

A List Apart
http://www.alistapart.com/

Smashing Magazine
http://www.smashingmagazine.com/

WebReference
http://www.webreference.com/

Support im Web

Freie Diskussionsorte im Netz sind vorwiegend für Probleme mit softwareunabhängigen Technologien wie HTML oder für Probleme mit OpenSource-basierten Technologien gedacht. Wenn Sie Software käuflich erworben haben und Probleme mit dem Produkt haben, ist immer noch der Produktanbieter die erste Anlaufstelle für Fragen. So unterhalten beispielsweise große Software-Anbieter wie Microsoft oder Adobe neben den üblichen Call-Centern eigene Diskussionsforen auf ihren Web-Seiten oder in Form von Newsgroups.

Links

Einige für Web-Entwickler wichtige Diskussionsorte

SELFHTML-Forum
http://forum.de.selfhtml.org/

Strohhalm.org
http://www.strohhalm.org/

XHTML-Forum
http://xhtmlforum.de/

Newsgroup de.comm.infosystems.www.authoring.misc
http://groups.google.de/group/de.comm.infosystems.www.authoring.misc/

2 HTML-Dokumente

- *Wie HTML aufgebaut ist und wie es funktioniert*
- *Wie Sie mit bestimmten HTML-Versionen arbeiten*
- *Was Sie beim Editieren von HTML beachten sollten*

2.1 HTML editieren

2.1.1 Grundsätzliche Grammatik von HTML

Die Regeln für syntaktisch korrektes HTML sind durchaus überschaubar. Umso wichtiger ist es aber auch, sie konsequent einzuhalten.

Infos

HTML-Dokument
Im Fachjargon ist von HTML-Dokumenten die Rede. In der Praxis ist ein HTML-Dokument der HTML-Teil einer einzelnen Webseite. Webseiten bestehen darüber hinaus häufig aus CSS-Stylesheets, JavaScripts sowie aus referenzierten Inhalten wie Grafiken, Flash-Movies usw. Wenn Sie Ihre Webseiten direkt in einem Texteditor bearbeiten und als statische HTML-Dateien speichern, dann ist ein HTML-Dokument einfach eine HTML-Datei.

Elemente und Tags in HTML

HTML-Dokumente bestehen aus Text. Zur Textauszeichnung gibt es bestimmte Zeichen aus dem normalen Zeichenvorrat. Der Inhalt von HTML-Dokumenten steht in HTML-Elementen. HTML-Elemente werden durch sogenannte Tags markiert. Fast alle HTML-Elemente werden durch ein einleitendes und ein schließendes Tag markiert. Der Inhalt dazwischen ist der Gültigkeitsbereich des entsprechenden Elements. Tags werden in spitzen Klammern notiert. Ein Beispiel

```
<h1>HTML - die Sprache des Web</h1>
```

Das Beispiel zeigt eine Überschrift 1. Ordnung. Das einleitende Tag `<h1>` signalisiert, dass eine Überschrift 1. Ordnung folgt (h = *heading* = Überschrift). Das abschließende Tag `</h1>` signalisiert das Ende der Überschrift. Ein abschließendes Tag beginnt mit einem Schrägstrich (/).

Bei HTML spielt es keine Rolle, ob die Elementnamen in den Tags in Klein- oder Großbuchstaben notiert werden. So bedeuten `<h1>` und `<H1>` das Gleiche. In XHTML **müssen** Elementnamen dagegen klein geschrieben werden.

Standalone-Tags

Es gibt auch einige Elemente mit Standalone-Tags, d. h. Elemente, die keinen Inhalt haben und deshalb nur aus einem Tag bestehen statt aus Anfangs- und End-Tag. Ein Beispiel

```
Eine Zeile, ein manueller Zeilenumbruch<br>
und die nächste Zeile
```

Am Ende der ersten Zeile signalisiert `<br>`, dass ein manueller Zeilenumbruch eingefügt werden soll (br = *break* = Umbruch).

Wenn Sie XHTML-gerecht schreiben wollen, müssen Sie Elemente mit Standalone-Tags anders notieren: Anstelle von `<br>` müssen Sie `<br />` notieren – also den Elementnamen mit einem abschließenden Schrägstrich. Alternativ dazu können Sie auch `<br></br>` notieren, also ein Element mit Anfangs- und End-Tag, aber ohne Inhalt. In HTML5 ist die XHTML-Notationsform ebenfalls erlaubt, d. h. dort können Sie sowohl `<br>` als auch `<br />` notieren.

Verschachtelung von Elementen

Elemente können ineinander verschachtelt werden. Auf diese Weise entsteht eine hierarchische Struktur. Komplexere HTML-Dokumente enthalten sehr viele und tiefe Verschachtelungen. Deshalb sprechen Fachleute auch von strukturiertem Markup. Ein Beispiel

```
<h1><abbr>HTML</abbr> - die Sprache des Web</h1>
```

Das `abbr`-Element markiert eine Abkürzung. Die Grundregel beim Verschachteln von Elementen besteht darin, dass Elemente in der umgekehrten Reihenfolge geschlossen werden, in der sie geöffnet wurden. Das innerste Element wird also zuerst geschlossen, dann das äußerste.

Eine Sequenz wie

```
<p><span class="important">HTML CSS</p><p>PHP XML</span>
</p>
```

ist nicht erlaubt. Korrekt ist dagegen

```
<p><span class="important">HTML CSS</span></p><p><span
class="important">PHP XML</span></p>.
```

Attribute in Tags

Einleitende Tags und Standalone-Tags können zusätzliche Angaben enthalten. `lang="de"` beispielsweise signalisiert dem interpretierenden Programm, dass der Elementinhalt deutschsprachig ist (lang = *language* = Sprache, de = eutsch):

```
<h1 lang="de">HTML - die Sprache des Web</h1>
```

Es gibt folgende Arten von Attributen in HTML-Elementen:

- Attribute mit Wertzuweisung, wobei es bestimmte erlaubte Werte gibt, z. B. bei `<input type="button">` (Schaltfläche in einem Formular). Das `type`-Attribut bestimmt den Typ des Formularelements. Es gibt eine Reihe erlaubter Werte, etwa `text`, `checkbox`, `radio`, `file`, `submit`, `reset` oder `hidden`.

- Attribute mit freier Wertzuweisung, wobei jedoch ein bestimmter Datentyp oder eine bestimmte Konvention erwartet wird, z. B. `<style type="text/css">` (Bereich für Stylesheets definieren – hier wird ein sogenannter MIME-Type als Wert erwartet, und MIME-Typen haben immer den Aufbau Typ/Untertyp). Oder `<select size="8">` (Auswahlliste, 8 Elemente sichtbar – hier wird eine nummerische Angabe erwartet).
- Attribute mit freier Wertzuweisung ohne weitere Konventionen, z. B. `<p title="Aussage mit Vorbehalt">` – hier kann ein ganzer Text zugewiesen werden.
- Alleinstehende Attribute, z. B. `<input type="checkbox" checked>` (Formular: per Default aktivierte Checkbox). Allein stehende Attribute gibt es allerdings nur in HTML. Wenn Sie XHTML-gerecht schreiben wollen, müssen Sie `<input type="checkbox" checked="checked">` notieren.

Alle Werte, die Sie Attributen zuweisen, sollten in oberen Anführungszeichen stehen. Die meisten Browser nehmen es zwar nicht übel, wenn die Anführungszeichen fehlen, und auch wenn sie im HTML5-Standard anders als bei HTML 4.0 nicht mehr zwingend vorgeschrieben sind, so ist doch **dringend** zu empfehlen, sie **grundsätzlich** zu verwenden. Gründe sind die Rückwärtskompatibilität, Kompatibilität mit der XHTML-Syntax (dort sind sie zwingend vorgeschrieben) und bessere Code-Lesbarkeit. Dies gilt auch für Standalone-Tags. Am Besten werden alle Tags in der XHTML-Notationsform eingesetzt. Dadurch stellen Sie sicher, dass jeder Browser die Auszeichnung korrekt interpretiert.

Wie bei Elementnamen so gilt auch bei Attributnamen: Bei HTML spielt es keine Rolle, ob die Attributnamen in Klein- oder Großbuchstaben notiert werden. In XHTML **müssen** Attributnamen dagegen klein geschrieben werden. Bei den Wertzuweisungen an Attribute kann Groß- und Kleinschreibung, abhängig von der Art des Wertes unterschieden werden oder auch nicht.

Beispiel eines vollständigen HTML5-Dokuments

Zum besseren Verständnis des Gesamtzusammenhangs hier ein einfaches, vollständiges HTML5-Dokument:

```
<!DOCTYPE html>
<html>
  <head>
    <meta charset="utf-8">
    <title>Ein schöner Tag</title>
  </head>
  <body>
    <h1>Ein schöner Tag</h1>
    <p>Ein schöner Tag war der Tag, an dem ich lernte, was ein
    <strong>Tag</strong> in HTML ist.</p>
    <footer><address>Erna Error, ee@example.org</address></footer>
  </body>
</html>
```

Listing 2.1: Ein vollständiges HTML5-Dokument

Auf das Grundgerüst von HTML-Dokumenten und die einzelnen Elemente gehen wir später ein. Wichtig ist zunächst, die Verschachtelungsstruktur von HTML zu verstehen.

Das gesamte Dokument wird in das Tag-Paar `<html>...</html>` eingeschlossen. Die Kopfdaten sind von `<head>...</head>` umgeben, der im Browserfenster sichtbare Dokumentbereich von `<body>...</body>`. Innerhalb des `body`-Bereichs stehen ein `h1`-Element, ein `p`-Element und ein `footer`-Element auf gleicher Ebene. Das `p`-Element enthält neben Text auch ein `strong`-Element. Das `footer`-Element enthält ein `address`-Element.

DOM-Abbildung eines HTML-Dokuments

Die im Dokument notierte Verschachtelungsstruktur wird, wenn das HTML-Dokument vom Browser verarbeitet wird, intern in einer Baumstruktur abgebildet. Die Baumstruktur eines HTML-Dokuments wird als dessen Document Object Model (DOM) bezeichnet. Durch entsprechende Visualisierungs-Tools wie den DOM-Inspector, eine Erweiterung für den Firefox-Browser, oder die Entwicklerwerkzeugansicht des MS Internet Explorers 8 lassen sich solche Baumstrukturen optisch darstellen:

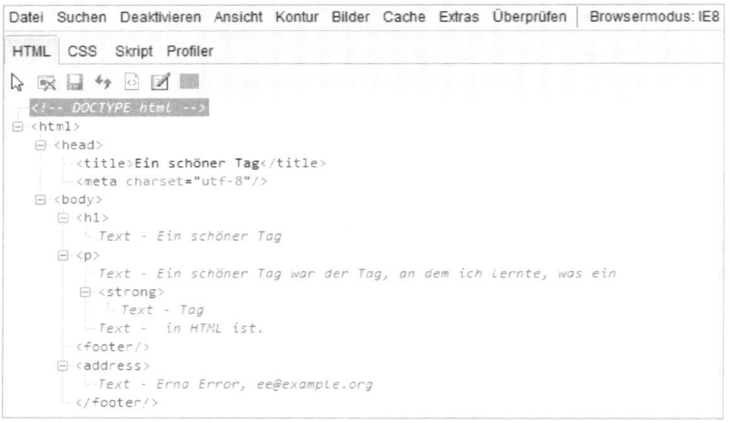

Bild 2.1: Das vollständige HTML-Dokument in der DOM-Ansicht

Jeder Eintrag in dieser DOM-Baumstruktur wird als **Knoten** (englisch: *node*) bezeichnet.

HTML-Parser

Unter einem HTML-Parser versteht man eine Software, die HTML-Auszeichnungen erkennt und die darin ausgedrückte Baumstruktur in eine entsprechende Datenstruktur umsetzt, wie sie von der Software benötigt wird. Jeder Web-Browser verfügt über einen HTML-Parser, um überhaupt mit HTML klarzukommen. Solche HTML-Parser werden nun leider auf den meisten Webseiten mit Syntaxfehlern in der Textauszeichnung konfrontiert. Oft sind es kleinere, nicht allzu tragische Fehler, doch es gibt auch viele Webseiten, deren HTML-Quelltext nur das Prädikat »ungenügend« verdient, weil darin übelste Verunstaltungen der HTML-Regeln vorkommen. Strenge Parser, die die HTML-Regeln genau prüfen, müssten die Umsetzung solcher Webseiten eigentlich abbrechen, und anstelle der Seite würden die Browser dann nur eine lapidare Fehlermeldung anzeigen. Da ein solcher Browser am breiten Markt jedoch keine Chance hätte, weil er kaum eine bekannte Webseite anzeigen würde, sind die HTML-Parser der heute verbreiteten Browser ziemlich gutmütige Wesen, die so ziemlich alles fressen, was ihnen vorgesetzt wird, und irgendetwas daraus machen, meistens sogar durchaus das, was der Autor der Webseite erreichen wollte.

Anders ist es, wenn XHTML, also die XML-basierte Variante von HTML, von einem XML-Parser verarbeitet wird. Solche Parser sind angehalten, die Verarbeitung im Fall von Syntaxfehlern abzubrechen, ähnlich wie der Compiler einer Programmiersprache. Bislang wurden XHTML-Dokumente nur von den HTML-Parsern der Browser interpretiert. Mit HTML5/XHTML5 ändert sich das. Wer XHTML5 schreibt, schreibt Code für XML-Parser, nicht für HTML-Parser. Browser oder andere Web-Clients sollen XHTML5 nur noch mit Hilfe eines XML-Parsers verarbeiten.

2.1.2 Whitespace und interpretierte Bereiche in HTML

Wenn Sie einen Texteditor zur Erstellung von HTML-Dokumenten verwenden, oder wenn Sie mit Hilfe einer Script- oder Programmiersprache HTML-Code generieren, sollten Sie die nachfolgenden Regeln kennen.

Whitespace

Unter Whitespace wird Leerraum verstanden, der in der Regel zur optisch besseren Lesbarkeit des Quelltextes eingefügt wird. Whitespace besteht aus einfachen Leerzeichen, Tabulatorzeichen und den Zeichen zum Zeilenumbruch. Ein typisches Quelltextbeispiel von HTML:

```
<h1>Überschrift</h1>

<p>Hier ein Absatz mit Text</p>

<ul>
  <li>Ein Listenpunkt</li>
  <li>Noch einer</li>
</ul>
```

Das alles könnte man auch so notieren:

```
<h1>Überschrift</h1><p>Hier ein Absatz mit Text</p>
<ul><li>Ein Listenpunkt</li><li>Noch einer</li></ul>
```

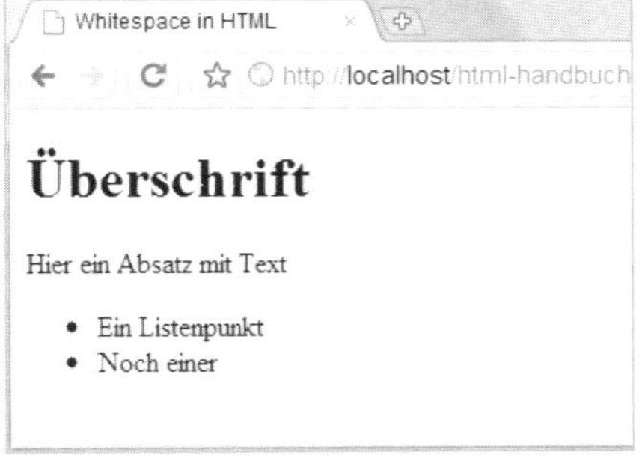

Bild 2.2: Das Beispiel im Browser

Im Web-Browser sehen beide Arten, den Quelltext zu notieren, gleich aus. Die erste Variante ist jedoch für Menschen besser les- und editierbar. Die zweite spart dafür ein paar Bytes. Gewöhnen Sie sich beim manuellen Bearbeiten von HTML aber unbedingt die lesbare Variante an. Zum Einsparen von Bytes gibt es andere, effizientere Verfahren, etwa das gezippte Übertragen von Daten vom Webserver an den Web-Browser.

Die Grundregel für HTML-Parser lautet: Fasse mehrere Whitespace-Zeichen in Folge zu einem Leerzeichen zusammen. Wenn Sie also zwischen zwei Wörtern drei Leerzeichen und drei Absatzschaltungen eingeben, stehen die Wörter bei der Ausgabe im Browser durch ein Leerzeichen getrennt nebeneinander. Absatzschaltungen und Tabulatoren werden in HTML per Default nicht umgesetzt.

Eine Absatzschaltung oder ein Tabulator wird beim Parsen in ein Leerzeichen umgewandelt. Deshalb müssen Sie, um in HTML einen Zeilenumbruch zu erzwingen oder einen neuen Absatz zu beginnen, entsprechende Elemente notieren. Um Absätze im Text zu trennen, notieren Sie sogenannte Block-Elemente (Elemente, die eine neue Zeile im Textfluss erzeugen) wie z. B. `<h1>...</h1>` oder `<p>...</p>`. Um einen einzelnen Zeilenumbruch an einer bestimmten Stelle zu erzwingen, steht das Standalone-Element `<br>` zur Verfügung.

Whitespace-Zeichen am Anfang eines Elementinhalts werden vom HTML-Parser entfernt. Beispiel

```
<p>dieser Text fängt im Browser genauso weit vorne an wie...</p>
<p> dieser Text</p>
```

Das Leerzeichen, das am Beginn des zweiten Textabsatzes notiert ist, wird vom HTML-Parser ignoriert. Diese Default-Verhaltensweisen von HTML-Parsern sind für die meisten Fälle praktisch, manchmal jedoch unerwünscht. Für diese Fälle gibt es Lösungen. Um etwa ein Leerzeichen zu erzwingen, wo der HTML-Parser normalerweise Leerzeichen ignoriert oder zusammenfasst, können Sie **geschützte Leerzeichen** notieren. Eine Möglichkeit, dies zu tun, ist die Verwendung der entsprechenden HTML-Entity. Notieren Sie im Quelltext an der gewünschten Stelle einfach die Zeichenfolge ` ` – dadurch wird in jedem Fall ein Leerzeichen gesetzt.

Beispiel

```
<p>dieser Text fängt im Browser weiter vorne an als...</p>
<p> dieser Text</p>
```

Durch mehrere ` ` in Folge können Sie auch mehrere Leerzeichen hintereinander erzwingen.

Um Text so wie im Editor eingegeben im Web-Browser wiederzugeben, stellt HTML ein spezielles Element zur Verfügung – das Element für präformatierten Text (»Text wie zuvor formatiert«). Beispiel

```
<pre>
Kanon nonaK
    Kanon nonaK
        Kanon nonaK
            Kanon nonak
</pre>
```

In dem Beispiel sorgt das Einschließen in <pre>...</pre> dafür, dass der Elementinhalt im Browser so ausgegeben wird, wie im Editor eingegeben. Allerdings verwenden die Browser dabei üblicherweise eine dicktengleiche (d. h. nichtproportionale) Schrift, wie z. B. Courier. Mit Hilfe von CSS können Sie auch andere Schriften erzwingen. Ferner können Sie mit Hilfe von CSS die Eigenschaft »präformatiert« auch anderen HTML-Elementen zuweisen.

Interpretierte Bereiche

Zunächst einmal werden alle Zeichen, die in einem HTML-Dokument notiert sind, vom HTML-Parser analysiert – man spricht dabei von interpretierten Zeichendaten (englisch: parsed character data oder abgekürzt: PCDATA). Es gibt jedoch Elemente, deren Inhalt vom HTML-Parser nicht analysiert wird. Dazu gehören beispielsweise Bereiche mit JavaScripts oder CSS-Stylesheets. Beispiel

```
<p>Dieser Inhalt wird vom HTML-Parser analysiert, weshalb
<strong>das hier hervorgehoben wird</strong>.</p>
<script type="text/javascript">
// hier kann alles stehen, etwa auch <strong>so etwas</strong>
// oder so etwas:  
</script>
```

Der Inhalt des `script`-Elements besteht aus Sicht von HTML aus reinen Zeichendaten (englisch: *character data* oder abgekürzt: CDATA), die nicht weiter interpretiert werden. Im Fall von `script`- und `style`-Elementen werden die Elementinhalte von HTML auch gar nicht im Browser ausgegeben.

Auch Wertzuweisungen an Attribute sind aus HTML-Sicht CDATA. Beispiel

```
<p title="Nehmen Sie diesen Abschnitt ernst!">Wichtiger Text</p>
```

HTML-Elemente können ein `title`-Attribut erhalten, in dem beispielsweise erläuternder Text notiert werden kann. In modernen Browsern werden die Inhalte von `title`-Attributen als Tooltipp-Popups angezeigt, sobald sich der Mauscursor über dem Inhalt des Elements befindet.

Ein Spezialfall stellen sogenannte »ersetzte« Zeichendaten dar (englisch: replaced character data oder abgekürzt: RCDATA). Beispiel

```
<textarea>Dies ist der <strong> vordefinierte </strong>
Inhalt eines mehrzeiligen Eingabebereichs in einem
Formular.</textarea>
```

Der Inhalt eines `textarea`-Elements in einem Formular soll von einem Web-Browser als vorbelegter Text des Eingabebereichs interpretiert werden. Dabei wird das `<strong>...</strong>` nicht interpretiert. Sogenannte Entities, im Beispiel die ` `-Zeichenfolgen, werden dagegen interpretiert. Das ist die Besonderheit bei RCDATA.

2.1.3 Kommentare in HTML

HTML bietet die Möglichkeit, an beliebigen Stellen im HTML-Code, Kommentare einzufügen. Der Inhalt von Kommentaren wird von Web-Browsern ignoriert, d. h. bei der

Präsentation nicht angezeigt. Kommentare sind zum Beispiel sinnvoll, um interne Angaben zu Autor und Erstelldatum zu platzieren, interne Anmerkungen zu bestimmten Textstellen zu machen oder verwendete Code-Passagen intern auszukommentieren.

Beispiel

```
<h1>Willkommen!</h1>

<!-- Kommentar: das obendrüber ist eine Überschrift -->
<p>viel Text</p>

<!-- und das ist ein mehrzeiliger Kommentar
zu dem Text mit <p>...</p>
Letzte Zeile des Kommentars -->
```

Erläuterung

Kommentare werden durch die Zeichenfolge `<!--` eingeleitet. Dahinter folgt beliebig langer Kommentartext. Innerhalb des Kommentartextes können Sie auch HTML-Elemente notieren. Alles, was zwischen der einleitenden Zeichenfolge und der beendenden Zeichenfolge `-->` steht, wird bei der Anzeige im Browser unterdrückt.

Conditional Comments für den Internet-Explorer

Es gibt spezielle Kommentare, deren Inhalt nur vom MS Internet Explorer ausgelesen wird – die sogenannten Conditional Comments (= bedingte Kommentare). Diese gehören nicht zum HTML-Standard, widersprechen jedoch nicht der Standard-Syntax, und es ist nützlich, sie zu kennen.

In der Praxis werden Conditional Comments für den Internet Explorer vor allem verwendet, um zusätzliche Stylesheets einzubinden. Solche Stylesheets enthalten dann Angaben speziell für den Internet Explorer, da dieser Gestaltungsangaben gerade in den Versionen unter 8 oft nicht oder nicht standardkonform interpretiert.

Beispiel

```
<!--[if lte IE 7]>
<style type="text/css" media="all">
  @import url("/styles/IE-Style.css");
</style>
<![endif]-->
```

Erläuterung

Die Zeichenfolge `[if lte IE 7]>` im unmittelbaren Anschluss an die Startsequenz des HTML-Kommentars, veranlasst den Internet Explorer, den Inhalt auszulesen. Im Beispiel bedeutet der Inhalt so viel wie: wenn eine Internet-Explorer-Version kleiner oder gleich Version 7 verwendet wird. Zwischen diesem einleitenden Kommentar und dem endenden Kommentar `<![endif]-->` können Sie Inhalte notieren, die im Beispiel nur von einem Internet Explorer der Version 7 oder darunter interpretiert werden. Im Beispiel wird ein Stylesheet speziell für solche Browser eingebunden.

Beispiele für Bedingungen:

- `[if lte IE 7]>` bedeutet: wenn Internet Explorer kleiner oder gleich (*less than equal* = lte) Version 7
- `[if gte IE 6]>` bedeutet: wenn Internet Explorer größer oder gleich (*greater than equal* = gte) Version 6
- `[if lt IE 8]>` bedeutet: wenn Internet Explorer kleiner als (*less than* = lt) Version 8
- `[if gt IE 7]>` bedeutet: wenn Internet Explorer größer als (*greater than* = gt) Version 7

2.1.4 Dateikonventionen

Bei jedem etwas größeren Projekt werden Sie schnell feststellen, wie viele HTML-, Script-, Grafik- und andere Dateien sich dabei ansammeln. Um den Überblick zu behalten, sollten Sie sich ein sinnvolles Konzept für die Dateiablage und für Dateinamen überlegen.

Verzeichnisstruktur

Eine transparente Verzeichnisstruktur mit sprechenden, sinnvollen Namen ist besonders dann wichtig, wenn aufgerufene Seiten, also etwa deren HTML- oder PHP-Dateien, in Unterverzeichnissen abgelegt werden. Durch sprechende Verzeichnisnamen erreichen Sie entsprechend sinnvolle URL-Adressen, was sich bei Suchmaschinen möglicherweise positiv auf die interne Seitenbewertung auswirkt (SEO-Faktor).

Beispiel

/produkte
/produkte/hardware
/produkte/hardware/monitore
/support
/support/hardware/
/support/hardware/monitore
/medien
/medien/grafik
/medien/grafik/produkte
/medien/flash
/styles
/scripts

Erläuterung

Die Verzeichnisnamen im Beispiel sind Wörter, die im Wörterbuch zu finden sind. Es gibt eine nachvollziehbare Struktur, die in verschiedenen Bereichen (Produktübersicht, Supportwesen) wiederkehrt. Ferner gibt es geeignete Verzeichnisse für referenzierte Inhalte wie Grafiken, Flashmovies, Stylesheets oder Scripts.

Aus solchen Verzeichnisstrukturen entstehen dann verständliche URL-Adressen wie *http://www.example.com/produkte/hardware/monitore/C620X.html.*

Eine Produktgrafik kann innerhalb von *C620X.html* z. B. mit */medien/grafik/produkte/C620X.jpg* referenziert werden. Es gibt also ein feststehendes Ordnungsgefüge.

Dateinamen

Beachten Sie bei Dateinamen folgende Empfehlungen:

- Verwenden Sie in Dateinamen möglichst nur die Buchstaben a-z, A-Z, Ziffern 0-9, Bindestriche und Unterstriche sowie einen Punkt zum Abtrennen der Dateiendung. Auch wenn es mittlerweile möglich ist, höherwertige Zeichen wie etwa deutsche Umlaute in URL-Adressen oder in den meisten Betriebssystemumgebungen zu verwenden, so ist es doch sicherer, sich nicht darauf zu verlassen.
- Verwenden Sie im Normalfall nur Kleinbuchstaben in Dateinamen. Lediglich in begründbaren Fällen sind Großbuchstaben sinnvoll, etwa bei Produktbezeichnungen wie C620X, wenn sie nun einmal diese Form haben. Beachten Sie, dass Unix/Linux-basierte Betriebssysteme strikt zwischen Groß- und Kleinschreibung unterscheiden.
- Verwenden Sie konsequent Dateiendungen, und zwar jene, die für Dateien typisch sind. Für HTML-Dateien sind das die Dateiendungen *.html* oder *.htm.* Für XHTML-Dateien, die als XML-Dokument ausgeliefert werden sollen, ist auch eine Dateiendung *.xhtml* oder *.xml* sinnvoll. Grafiken sollten die dem Dateiformat gemäße Endung erhalten, also etwa *.gif*, *.jpg* oder *.jpeg*, *.png* oder *.svg*. Eine Übersicht bietet die Liste der MIME-Typen im Buchanhang.

2.1.5 Referenzierung

Das Referenzieren anderer Inhalte kommt in HTML an zahlreichen Stellen vor:

- bei Hyperlinks zu anderen Inhalten
- bei Pixelgrafik-Referenzen
- bei Image-Maps
- bei Audio- und Video-Ressourcen
- bei aktiven Inhalten
- bei eingebetteten Frames
- beim Einbinden externer Scripts
- beim Einbinden von CSS-Dateien

All diese Elemente werden in HTML in Form einer Referenz auf eine entsprechende Datenquelle notiert. In all diesen Fällen sind die nachfolgend beschriebenen Möglichkeiten zum Referenzieren in HTML anwendbar.

Prolog: URIs, URLs und URNs

Das Web, wie es Tim Berners-Lee konzipiert hat, besteht aus drei tragenden Säulen:

- der Dokument-Beschreibungssprache HTML

- dem Web-Datenübertragungsprotokoll HTTP
- dem universellen Adressierungsschema für beliebige Internet-Inhalte mit Hilfe von URIs

Ein **URI** (*Universal Resource Identifier* = universeller Quellenbezeichner) ist beispielsweise so etwas wie *http://www.w3.org/* oder *http://www.w3.org/Provider/Style/URI.* Beide Beispieladressen sind aber gleichzeitig auch sogenannte **URLs** (*Uniform Resource Locators* = einheitliche Quellenorter) – und zwar deshalb, weil sich dahinter tatsächlich existierende Ressourcen verbergen. Und dann gibt es noch die sogenannten **URNs** (*Uniform Resource Names* = einheitliche Quellennamen). Sie sind dazu gedacht, nicht wirklich existierende Datenquellen oder Quellen, die zwar existieren, aber durch kein bekanntes Internet-Protokoll im Netz abrufbar sind, dennoch eindeutig zu benennen.

Ein URI ist also der Oberbegriff für URL und URN.

URI und URL sind bei typischen Adressen, hinter denen sich konkrete Dateien oder Datenquellen verbergen, faktisch das Gleiche. Im HTML 4-Standard wird von *URIs* geredet. Da sich diese Abkürzung in der Praxis jedoch außerhalb einer kleinen Fachweltgemeinde nie gegen die Abkürzung *URL* oder Ausdrücke wie *URL-Adresse* durchsetzen konnte, ist in der HTML5-Spezifikation wieder durchgängig von *URLs* die Rede. Und das ist auch der Grund, warum hier im Handbuch ansonsten durchgängig die Ausdrücke *URL* oder *URL-Adresse* verwendet werden.

Mit vollständigen URLs referenzieren

Mit vollständigen (vollqualifizierten) URLs müssen Sie dann referenzieren, wenn sich die gewünschte Datenquelle auf einer anderen Domain und/oder einem anderen Hostrechner befindet.

Beispiele

```
http://www.example.org/
http://www.example.org/index.htm
http://www.example.org/index.htm#impressum
http://www.example.org/hintergrund.gif
http://www.example.org/praesentation.pdf
http://www.example.org/suche.php?ausdruck=Hasenjagd
ftp://www.example.org/praesentation.pdf
http://192.168.78.10/
http://www.example.org:8082/geheim.htm
```

Erläuterung

Eine vollständige URL besteht aus der Angabe eines Internet-Datenübertragungsprotokolls, z. B. `http` oder `ftp`, gefolgt von einem Doppelpunkt (`:`). Dahinter kann – das ist von Protokoll zu Protokoll verschieden – eine Zusatzangabe zu einem lokalen Netzwerknamen möglich sein. Diese Angabe wird in zwei Schrägstriche eingeschlossen. Bei den meisten Adressen gibt es keine Angabe zum Netzwerknamen, weshalb die beiden Schrägstriche dort einfach ohne Inhalt nebeneinanderstehen, so wie bei `http://`.

Hinter diesen Angaben folgt die Adresse des Host-Rechners oder der Domain im Netz, auf dem sich die Datenquelle befindet. Das kann ein Domain-Name oder eine numerische IP-Adresse sein. Der Domain-Name ist in den obigen Beispielen `example.org`. Das `www` davor ist eine im Web typische und bei Webservern einstellbare Voreinstellung für Subdomains.

Hinter der Adressierung des Host-Rechners kann, durch einen Doppelpunkt abgetrennt, eine sogenannte Portnummer folgen, wie im letzten der obigen Beispiele bei `:8082`. Das ist immer dann erforderlich, wenn die Datenquelle nicht über den Standard-Port des angegebenen Protokolls wie etwa `http` erreichbar ist, sondern über einen anderen Port. In der Praxis benötigen Sie die Portangabe eher selten, aber kennen sollten Sie sie.

Dahinter folgt schließlich die lokale Pfadangabe zur gewünschten Datenquelle. Egal, um welches Betriebssystem es sich dabei handelt: Verzeichnispfade werden stets durch einfache Schrägstriche getrennt. Es ist Aufgabe der Server-Software auf dem Rechner, die Pfadangaben korrekt aufzulösen. Auf diese Weise brauchen Sie sich keine Gedanken zu machen, welches System der angesprochene Rechner benutzt.

Infos

Alles über URI-Adressierung

Das Konzept der URIs ist noch wesentlich differenzierter als hier dargestellt. Bei Interesse können Sie es nachlesen: im RFC 1630, der sich mit URIs im Web-Kontext befasst, und im RFC 3986, der sich mit der allgemeinen Syntax von URIs befasst.

Links

RFC 1630 – Universal Resource Identifiers in WWW
http://tools.ietf.org/html/rfc1630

RFC 3986 – Uniform Resource Identifier (URI): Generic Syntax
http://tools.ietf.org/html/rfc3986

Auf dem Rechner können beliebige Dateien und Datenquellen angesprochen werden. Voraussetzung ist, dass sie über das angegebene Protokoll wie z. B. `http` unter der Adressierung erreichbar sind. Es muss sich nicht unbedingt um Dateien handeln. So kann mit # und einem Namen dahinter etwa ein bestimmter Zielanker in einem HTML-Dokument angesprochen werden. Auch Aufrufe von Scripts mit Parametern sind URIs, wie im obigen Beispiel `suche.php?ausdruck=Hasenjagd`.

Mit absoluten Pfadangaben relativ zur Basis-URL referenzieren

Die Variante der absoluten Referenzierung können Sie wählen, wenn die gewünschte Datenquelle auf dem gleichen Host-Rechner liegt und über das aktuelle Protokoll und den Standard-Port erreichbar ist. Das klingt komplizierter, als es ist. In `http://www.example.org/homepages/ich/ersteseite.html` ist der Teil `/homepages/ich/ersteseite.html` eine absolute Pfadangabe relativ zur Basis-URL `http://www.example.org`. Innerhalb des eigenen Web-Angebots und der eigenen Domain oder Sub-Domain können Sie also mit solchen Pfadangaben arbeiten.

Beispiele

```
/
/index.html
/weiter/unten/gibts/noch/mehr/index.html
/index.html#impressum
/hintergrund.gif
/praesentation.pdf
/?seite=34
/search?hl=de&safe=off&q=Stefan+M%FCnz&lr=
```

Erläuterung

Absolute Pfadadressierung beginnt stets mit einem Schrägstrich. Weitere Schrägstriche trennen weitere Unterverzeichnisse. Ansonsten ist alles erlaubt, was schon weiter oben an möglichen Ausprägungen von URLs angesprochen wurde.

Das oberste Verzeichnis bezeichnet in diesem Fall übrigens nicht das oberste Verzeichnis in einem Laufwerk oder einer Device-Partition. Es handelt sich vielmehr um das Wurzelverzeichnis des jeweiligen Dienstes, also beim HTTP-Protokoll etwa um das Verzeichnis, das im Webserver als Dokumentstartverzeichnis für eine Domain konfiguriert ist.

Mit relativen Pfadangaben relativ zur Basis-URL referenzieren

Diese Variante können Sie wählen, wenn Sie die jeweils aktuelle URL als Bezugs-URL wählen. Dann können Sie von dort aus relativ adressieren.

Beispiele

```
./
farben.html
./farben.html

bilder/grafik.gif
./bilder/grafik.gif
../
../../../../woanders/datei.html
```

Erläuterung

Eine Datei im gleichen Verzeichnis wie dem aktuellen können Sie einfach durch Angabe des Dateinamens referenzieren – im obigen Beispiel etwa die Datei `farben.html`. Das aktuelle Verzeichnis referenzieren Sie durch `./` – also einem Punkt, gefolgt von einem Schrägstrich. Die Adressierung von `farben.html` und `./farben.html` im obigen Beispiel hat also den gleichen Effekt.

Eine Angabe wie `bilder/grafik.gif` referenziert eine Datei namens `grafik.gif` im Verzeichnis `bilder`, das ein Unterverzeichnis des aktuellen Verzeichnisses ist. Die Notation `./bilder/grafik.gif` hat wieder den gleichen Effekt wie `bilder/grafik.gif`.

Mit `../` referenzieren Sie das Verzeichnis über dem aktuellen Verzeichnis, egal, wie es heißt. Mit `../../` referenzieren Sie das Verzeichnis über dem Verzeichnis über dem aktuellen Verzeichnis usw. Von jedem der so adressierten Verzeichnisse können Sie wieder auf deren Unterverzeichnisse zugreifen, wie im letzten der obigen Beispiele gezeigt.

Mit »aktuellem Verzeichnis« ist übrigens das Verzeichnis gemeint, in dem sich das HTML-Dokument befindet, von dem aus solche Angaben zur Verlinkung und Referenzierung verwendet werden.

2.2 Zeichenkodierung in HTML

Unter Zeichenkodierung versteht man die Zuordnung von sprachlichen Zeichen zu einer computerinternen Repräsentation. Sogenannte ***Code-Tabellen*** definieren, welches Zeichen intern durch welche Bitfolge interpretiert wird.

Allgemein unterstützt HTML das Unicode-System. Für die konkrete Zeichenkodierung lassen sich Zeichensätze angeben, die bestimmte Teile des Unicode-Zeichenvorrats abdecken, oder eine der sogenannten UTF-Transformationen von Unicode (z. B. UTF-8 oder UTF-16).

Infos

Unicode

Unicode ist ein System, in dem die Zeichen oder Elemente aller bekannten Schriftkulturen und Zeichensysteme festgehalten werden. Das Unicode-Konsortium, das 1991 gegründet wurde und aus Linguisten und anderen Fachleuten besteht, ermittelt die aufzunehmenden Zeichen. Die vergebenen Zeichencodes haben verbindlichen Charakter. Seit Version 2.0 ist das Unicode-System auch mit der internationalen Norm ISO/IEC 10646 synchronisiert.

Die Zeichennummern der von Unicode erfassten Zeichen wurden zuerst ausschließlich durch eine zwei Byte lange Zahl ausgedrückt. Auf diese Weise lassen sich bis zu 65.536 verschiedene Zeichen in dem System unterbringen. Das Zwei-Byte-Schema, im Unicode-System als Basic Multilingual Plane (BMP) bezeichnet, reichte jedoch nicht aus, um alle Zeichen unterzubringen. Deshalb wurde es mittlerweile durch ein Vier-Byte-Schema ersetzt, wodurch sich 4.294.967.296 Zeichen adressieren lassen. Der Zeichenvorrat von Unicode wird in den sogenannten Unicode-Charts dokumentiert.

Links

Die Tabellen für die einzelnen Zeichen der Unicode-Codierung 6.0 sind im Web einsehbar.
http://unicode.org/charts/

Zeichenkodierung auswählen und in HTML angeben

Wenn Sie HTML in einem Texteditor notieren, verwenden Sie möglichst einen Editor, in dem Sie beim Speichern die Zeichenkodierung explizit auswählen können oder von dem Sie wissen, in welcher Zeichenkodierung er seine Daten abspeichert.

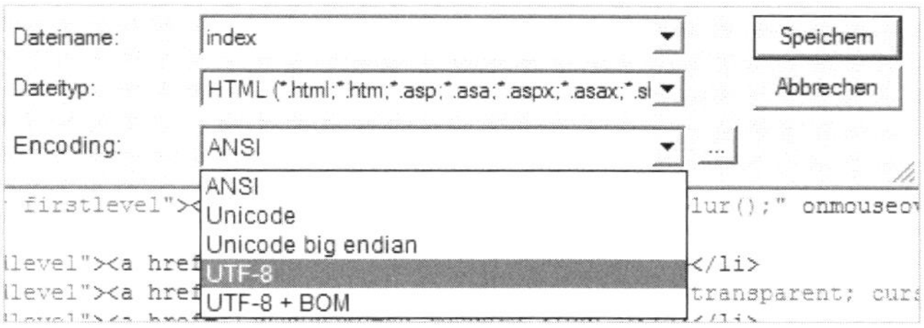

Bild 2.3: Speichern-Dialog in einem Editor mit Auswahlmöglichkeit der Zeichenkodierung

In Ihren HTML-Dokumenten notieren Sie dann eine Angabe zu der verwendeten Zeichenkodierung (in neueren HTML-Versionen ist eine solche Angabe sogar Pflicht). Geben Sie in HTML diejenige Zeichenkodierung an, die Ihr Editor unterstützt. Das erreichen Sie durch eine Meta-Angabe in den Kopfdaten eines HTML-Dokuments. Beispiel

```
<meta charset="utf-8">
```

Auf Meta-Daten und den genauen Ort, wo Sie eine Angabe wie diese notieren, werden wir später noch ausführlicher eingehen.

Die mittlerweile am häufigsten verwendete Zeichenkodierung ist ***UTF-8***. Diese Zeichenkodierung verwendet die Code-Tabelle des Unicode-Systems, speichert jedoch nicht jedes Zeichen mit vier Byte Breite. Stattdessen wird bei höherwertigen Zeichen im ersten Byte gespeichert, aus wie vielen weiteren Bytes das Zeichen besteht.

Benannte Zeichen (named entities) für HTML-eigene Zeichen

Wenn in Ihrem HTML-Text Zeichen vorkommen, die zur Syntax von HTML gehören, sollten Sie diese Zeichen maskieren. Das gilt ganz besonders für die öffnende spitze Klammer (<).

- Ersetzen Sie das Zeichen < durch die Zeichenfolge `<` (steht für »*lower than*«)
- Ersetzen Sie das Zeichen > durch die Zeichenfolge `>` (steht für »*greater than*«)
- Ersetzen Sie das Zeichen `&` durch die Zeichenfolge `&` (steht für »*Ampersand*«)

Außerdem ist es ratsam, an bestimmten Stellen das englische Quotation-Mark-Zeichen (das `"`) durch die Zeichenfolge `"` (steht für »*Quote*«) zu ersetzen. Dies ist vor allem in Attributwerten sinnvoll.

Beispiel

```
Ein HTML-Dokument beginnt mit &lt;html&gt;
GmbH &amp; Co. KG
<strong title="bekanntes Zitat:
&quot;Ich weiß, dass ich nichts weiß!&quot;">
der griechische Philosoph Sokrates</strong>
```

2.2.1 Nummerische und benannte Entities

Zeichen, die in dem Zeichensatz, den Sie bei der Angabe zur Zeichenkodierung festlegen, nicht vorkommen, können Sie mit Hilfe sogenannter Entities umschreiben. Das ist besonders dann der Fall, wenn Sie einen klassischen 1-Byte-Zeichensatz wie ISO-8859-1 angeben und im so kodierten Text beispielsweise ein paar griechische Buchstaben benötigen. Das Gleiche gilt für Zeichen, die sich mit Hilfe der verwendeten Tastatur nicht direkt erzeugen lassen.

Nummerische Notation von Zeichen

Beliebige Zeichen aus dem Zeichenvorrat von Unicode können Sie in HTML durch eine spezielle nummerische Notation erzeugen. Das Schema dieser Notationen lautet:

```
&#[x][Nummer];
```

Beispiele einer Notation in HTML:

```
&#945;
&#x3B1;
```

Beide Beispiel-Notationen ergeben ein kleines griechisches α-Zeichen. Die erste Beispiel-Notation ist dezimal, die zweite hexadezimal. Das `x` notieren Sie dann, wenn Sie die Nummer des gewünschten Zeichens hexadezimal angeben. Bei dezimaler Angabe lassen Sie das `x` weg.

Links

Die Unicode-Nummer eines gewünschten Zeichens können Sie aus den Unicode-Charts ermitteln.
http://unicode.org/charts/

2.3 Dokument-Grundgerüst

HTML

Ein HTML-Dokument besteht grundsätzlich aus folgenden Teilen:

- Dokumenttyp-Deklaration für die Angabe zur verwendeten HTML-Version
- Kopfbereich, z. B. für Angaben zu Titel, Meta-Daten usw.
- Dokumentkörper, also der anzuzeigende Inhalt, wie Text mit Überschriften, Verweise, Grafikreferenzen usw.

Schema

```
<!doctype html>
<html>
  <head>
    <meta charset="utf-8">
    <title>Titel</title>
  </head>
  <body>
    <! -- sichtbarer Inhalt -->
  </body>
</html>
```

Erläuterung

Die erste Zeile ist eine Dokumenttyp-Deklaration (im obigen Schema diejenige für HTML5).

Der gesamte übrige Inhalt eines HTML-Dokuments wird in die Tags `<html>` bzw. `</html>` eingeschlossen. Das `html`-Element wird auch als Wurzelelement eines HTML-Dokuments bezeichnet. Hinter dem einleitenden HTML-Tag folgt das einleitende Tag für den Kopf `<head>`. Zwischen diesem Tag und seinem Gegenstück `</head>` werden die Kopfdaten des Dokuments notiert. Obligatorisch ist die Angabe eines Titels, markiert durch `<title>` bzw. `</title>`. Die andere Angabe im Kopfbereich des obigen Beispiels ist eine Angabe zur verwendeten Zeichenkodierung. Auch diese Angabe sollte in keinem HTML-Dokument fehlen.

Unterhalb der Kopfdaten folgt der Textkörper, begrenzt durch `<body>` bzw. `</body>`. Dazwischen wird der eigentliche Inhalt des Dokuments notiert, also das, was im Anzeigefenster des Browsers erscheinen soll.

XHTML

Wenn Sie HTML5 als XML-konformes Dokument, also als XHTML5-Dokument ausliefern wollen, benötigen Sie gar keinen Dokumenttyp. Der HTML5-typische Dokumenttyp `<!doctype html>` kann bei XHTML5 also einfach entfallen. Dagegen ist für eine XML-Verarbeitung in jedem Fall die sogenannte XML-Deklaration erforderlich.

Schema

```
<?xml version="1.0" encoding="utf-8"?>
<html xmlns="http://www.w3.org/1999/xhtml">
  <head>
    <title>XHTML5-Dokument</title>
  </head>
  <body>
    <!-- Inhalt -->
  </body>
</html>
```

Erläuterung

Zunächst muss bei XHTML-Dokumenten, die mit einem XML-Parser verarbeitet werden sollen, der Bezug zu XML hergestellt werden. Dazu dient die erste Zeile mit den Fragezeichen hinter der öffnenden spitzen Klammer und vor der schließenden spitzen Klammer. Notieren Sie diese Zeile so wie im Beispiel angegeben. Es handelt sich um eine sogenannte ***XML-Deklaration***.

Innerhalb der XML-Deklaration legen Sie die verwendete XML-Version und die im Dokument verwendete Zeichenkodierung fest. Bei der XML-Version sind derzeit die Angaben 1.0 oder 1.1 möglich. Bei der Zeichenkodierung ist die Angabe `utf-8` empfehlenswert.

Im einleitenden `<html>`-Tag muss der verwendete XML-Namensraum mit einem Attribut namens `xmlns` angegeben werden. Benutzen Sie die Angabe wie im obigen Beispiel.

Der weitere Quelltext ist im Prinzip normales HTML. Allerdings müssen Sie, wenn Sie XHTML als XML ausliefern wollen, strikt die XML-Regeln einhalten. Beachten Sie dazu die Unterschiede zwischen XHTML und HTML. Befassen Sie sich mit diesen Unterschieden aber erst, wenn Sie schon etwas vertrauter mit HTML sind.

2.3.1 HTML-Dokumenttypen

In der Praxis sind die HTML-Dokumenttypen wichtig, weil sie bestimmen, wie ein Browser ein HTML-Dokument darstellt. Ebenfalls betroffen sind manche CSS-Definitionen.

Der Dokumenttyp wird als erste Angabe in einem HTML-Dokument notiert, vor dem startenden `<html>`-Tag.

Dokumenttyp für HTML5

Der Dokumenttyp für HTML5 ist denkbar einfach zu notieren.

```
<!doctype html>
```

Die Angabe ist deshalb so einfach, weil Dokumenttyp-Angaben eigentlich von Markup-Rahmentechnologien wie SGML oder XML vorgegeben werden. HTML5 wird aber im Gegensatz zu seinen Vorgängerversionen nicht mehr mit Hilfe des Rahmenwerks von SGML definiert. Genaugenommen bräuchte es gar keinen Dokumenttyp mehr. Es ist eigentlich auch kein Dokumenttyp für HTML5, sondern ein Dokumenttyp für alle künftigen HTML-Versionen. Der Dokumenttyp in dieser Form ist einfach eine Konzession an Web-Browser, damit diese erkennen, dass eine HTML-Version jenseits der klassischen Versionen bis 4.01 deklariert wird. Ältere Browser werden durch diese Dokumenttyp-Angabe veranlasst, in den standardkonformen Modus zu schalten. Es ist kein Problem, diesen Dokumenttyp einem Browser aufzuzwingen, der HTML5 noch gar nicht kennt.

Auf das Thema HTML5 und künftige HTML-Versionen wird im Buchabschnitt *4.6.2 Arbeiten mit unbekannten Elementen* noch näher eingegangen.

Verwenden Sie diesen Dokumenttyp!

Verwenden Sie aus heutiger Sicht diesen Dokumenttyp, wenn Sie keine konkreten Gründe dafür haben, einen älteren Dokumenttyp zu verwenden. Selbst wenn Sie die neuen Möglichkeiten von HTML5 gar nicht einsetzen wollen, ist dieser Dokumenttyp ratsam. In diesem Fall können Sie die nachfolgenden Ausführungen über Dokumenttypen in HTML überspringen.

Dokumenttypen für HTML 4.01

Die Regeln für HTML bis zu Version 4.01 sind mit Hilfe des Markup-Rahmenwerks *SGML* formuliert. Nach den Regeln einer SGML-basierten Auszeichnungssprache ist ein HTML-Dokument erst dann ***gültig*** (***valide***), wenn es einen bestimmten Dokumenttyp angibt und sich dann innerhalb des restlichen Quelltextes genau an die Regeln hält, die für diesen Dokumenttyp definiert sind. Denn hinter jeder Dokumenttyp-Deklaration stecken sogenannte ***Dokumenttyp-Definitionen (DTD)***. Auch für HTML gibt es solche Dokumenttyp-Definitionen. Dort ist geregelt, welche Elemente ein Dokument vom Typ HTML enthalten darf, welche Elemente innerhalb von welchen anderen vorkommen dürfen, welche Attribute zu einem Element gehören, ob die Angabe dieser Attribute Pflicht ist oder freiwillig.

Für HTML 4.01 gibt es insgesamt drei DTDs:

- ***Die Variante strict*** ist die eigentlich erwünschte Variante. Die beiden übrigen Varianten sind Konzessionen an historisch gewachsene Praktiken.
- ***Die Variante transitional*** erlaubt gegenüber der strict-Variante noch diverse physische Auszeichnungen in HTML, die in HTML 3.2 eingeführt worden waren, in HTML 4 aber wieder entfernt wurden, weil sich für solche Formatierungsangaben mittlerweile CSS etabliert hatte.
- ***Die Variante frameset*** erweitert die transitional-Variante um die HTML-Angaben für Mehrfenstertechnik (Frames). Diese Variante sollte nur in Dokumenten verwendet werden, die ein Frameset oder Inline-Frames definieren.

Dokumenttyp für HTML 4.01 strict

```
<!DOCTYPE HTML PUBLIC "-//W3C//DTD HTML 4.01//EN"
"http://www.w3.org/TR/HTML 4/strict.dtd">
```

Dokumenttyp für HTML 4.01 transitional

```
<!DOCTYPE HTML PUBLIC "-//W3C//DTD HTML 4.01 Transitional//EN"
"http://www.w3.org/TR/HTML 4/loose.dtd">
```

Dokumenttyp für HTML 4.01 frameset

```
<!DOCTYPE HTML PUBLIC "-//W3C//DTD HTML 4.01 Frameset//EN"
"http://www.w3.org/TR/HTML 4/frameset.dtd">
```

Aufbau der HTML 4.01-Dokumenttypen

Notieren Sie die Dokumenttyp-Deklaration am Anfang der HTML-Datei vor dem einleitenden `<html>`-Tag in Großbuchstaben so wie angegeben. Hinter der startenden spitzen Klammer folgt ein Ausrufezeichen. Dahinter folgt die Angabe `DOCTYPE HTML PUBLIC`. Das bedeutet, dass Sie sich auf die öffentlich verfügbare HTML-DTD beziehen. Die folgende Angabe, die in Anführungszeichen steht, ist wie folgt zu verstehen:

W3C ist der Herausgeber der DTD, also das W3-Konsortium. Eine Angabe wie `DTD HTML 4.01 Transitional` bedeutet, dass Sie den Dokumenttyp »HTML« verwenden wollen, und zwar in der SprachVersion 4.01 und deren Transitional-Variante. Das `EN` ist ein Sprachenkürzel und steht für die Sprache, in diesem Fall Englisch. Die Angabe bezieht sich darauf, in welcher natürlichen Sprache die Element- und Attributnamen von HTML definiert wurden, nicht auf den Inhalt Ihres Dokuments. Benutzen Sie also immer `EN`.

Ferner enthält die Dokumenttyp-Deklaration die Web-Adresse der Dokumenttyp-Definition (DTD).

2.3.2 XHTML-Dokumenttypen

Wenn Sie XHTML5 als XML ausliefern wollen, ist eine Dokumenttyp-Angabe nicht erforderlich. Der Grund ist, dass es gar keine offizielle und öffentlich verfügbare XHTML5-DTD gibt, gegen die ein XHTML5-Dokument validiert werden könnte. XHTML 1.0 entspricht dem Sprachstandard HTML 4.01. Verwenden Sie diesen Sprachstandard nur noch, wenn Sie konkrete Gründe dafür haben (zum Beispiel die Möglichkeit, das XHTML-Dokument gegen eine XML-DTD zu validieren). In diesem Fall stehen für XHTML 1.0 folgende Dokumenttypen zur Verfügung:

Dokumenttyp für XHTML 1.0 strict

```
<!DOCTYPE html PUBLIC "-//W3C//DTD XHTML 1.0 Strict//EN"
  "http://www.w3.org/TR/xhtml1/DTD/xhtml1-strict.dtd">
```

Dokumenttyp für XHTML 1.0 transitional

```
<!DOCTYPE html PUBLIC "-//W3C//DTD XHTML 1.0 Transitional//EN"
  "http://www.w3.org/TR/xhtml1/DTD/xhtml1-transitional.dtd">
```

Dokumenttyp für XHTML 1.0 frameset

```
<!DOCTYPE html PUBLIC "-//W3C//DTD XHTML 1.0 Frameset//EN"
  "http://www.w3.org/TR/xhtml1/DTD/xhtml1-frameset.dtd">
```

Für XHTML 1.0 gibt es ebenso wie für HTML 4.01 die drei Varianten strict, transitional und frameset. Am Beginn der Dokumenttyp-Deklaration wird `html` klein geschrieben. Im Mittelteil muss bei Version 1.0 von XHTML `XHTML 1.0` notiert werden. Auch die Web-Adressen der DTDs sind andere als bei HTML.

Dokumenttyp für XHTML 1.1

```
<!DOCTYPE html PUBLIC "-//W3C//DTD XHTML 1.1//EN"
 "http://www.w3.org/TR/xhtml11/DTD/xhtml11.dtd">
```

Verwenden Sie XHTML 1.1 jedoch nur, wenn Sie konkrete Gründe dafür haben.

2.4 Backgrounds

2.4.1 Computer und Zeichenkodierung

Zum Verständnis von Zeichensätzen, Unicode, UTF-8 und verwandten Themen ist es hilfreich, sich die Stationen bewusst zu machen, die ein Schriftzeichen von seiner Repräsentation auf einem Datenträger bis hin zum Ausgabegerät durchläuft.

Bits, Bytes und Zeichen

Die beiden Grundeinheiten in jedem heutigen Computer sind die Einheiten ***Bit*** und ***Byte***. Ein Byte ist als Folge von 8 Bit definiert (man spricht auch von ***Octets***). Da jedes Bit zwei Zustände haben kann, nämlich 0 oder 1, lassen sich mit einer Folge von 8 Bit genau 256 (= 2^8) unterschiedliche Zustände realisieren. Ein Byte kann also 256 unterschiedliche Werte haben. Da im Computer immer auch die 0 dazugehört, können in einem Byte dezimal ausgedrückt Werte zwischen 0 und 255 stehen.

Wenn ein laufendes Programm im Computer eine Datei in den Arbeitsspeicher einliest, stehen im Arbeitsspeicher anschließend nur Byte-Werte. Von Zeichen unseres Alphabets ist auf dieser Ebene noch keine Rede. Damit aus den Byte-Werten lesbare Zeichen werden, die sich am Bildschirm darstellen lassen, braucht es eine Konvention, welches Zeichen mit welchem oder welchen Byte-Werten gespeichert wird. Diese Aufgabe haben die sogenannten ***Zeichenkodierungen***. Eine solche Zeichenkodierung greift auf eine Übersetzungstabelle (***Codetabelle***) zurück, die zunächst jedem Zeichen, das verwendet werden kann, eine fortlaufende Nummer (einen Code) zuweist. Die Menge der Zeichen in einer solchen Tabelle wird ***Zeichenvorrat*** genannt.

Die Kodierungen sowie ihre Codetabellen sind EDV-historisch gewachsene Gebilde. Bis zum Aufkommen der Personal Computer benutzten viele Rechner noch 7 Bit lange Grundeinheiten, mit denen sich nur 128 unterschiedliche Zustände darstellen lassen. Noch früher waren es auch mal 6 und 5 Bit lange Grundeinheiten. Auf der 7 Bit langen Grundeinheit beruhten die ersten Kodierungen, die historisch den Durchbruch schafften: die ASCII-Kodierung (American Standard Code for Information Interchange) und die EBCDIC-Kodierung (Extended Binary Coded Decimal Interchange Code). Dabei setzte sich vor allem die ASCII-Kodierung durch, weil sie im erfolgreichen Unix-Betriebssystem und in den aufkommenden Personal Computern zum Einsatz kam.

In der ASCII-Codetabelle sind die ersten 32 Zeichen für Steuerzeichen reserviert, etwa für Tastatur-Impulse wie den Zeilenumbruch. Die Zeichen zwischen 32 und 127 sind darstellbare Zeichen, darunter alle Ziffern, Satzzeichen und Buchstaben, die ein Amerikaner so braucht (denn die ASCII-Kodierung kommt natürlich aus den USA). Das Umwandeln der Zeichen in Einsen und Nullen, also die eigentliche Kodierung, funktionierte einfach: Jedes Zeichen nahm bei der Speicherung genau 7 Bits in Anspruch und der binäre Zahlenwert dieser 7 Bits entsprach der Nummer des Zeichens in der ASCII-Codetabelle. Der lateinische Buchstabe »b« beispielsweise hat in der ASCII-Codetabelle den dezimalen Wert 98, er wurde daher ASCII-kodiert als 1100010 gespeichert.

Lange Zeit war ASCII der einzige verbreitete Standard. Da die neueren Computer aber 8 Bit lange Grundeinheiten hatten, war es folgerichtig, für die Byte-Werte zwischen 128 und 255 neue Verwendungszwecke zu finden. Dabei entwickelten sich jedoch proprietäre Lösungen. Das Microsoft-DOS beispielsweise benutzte eine »erweiterte« ASCII-Codetabelle – dies ist aber nicht viel mehr als eine schöne Umschreibung für die Microsoft-eigene Belegung der Zeichen 128 bis 255, speziell für die Bedürfnisse von MS-DOS.

Um auch hierfür einen Standard zu schaffen, entwickelte die internationale Standardisierungs-Organisation ISO eine Reihe von Kodierungen, die sogenannte ISO-8859-Familie. Die Codetabellen dieser Kodierungen übernehmen für die Zeichen 0 bis 127 die ASCII-Codetabelle und definieren für die Werte zwischen 128 und 255 etliche Sonderzeichen und wichtige Alphabetzeichen verschiedener europäischer Sprachen. Die in Mitteleuropa verbreitete Kodierung ISO 8859-1, auch Latin-1 genannt, enthält etwa die deutschen Umlaute, französische Accent-Zeichen und spanische Zeichen mit Tilde. Dazu kommen diverse verbreitete kaufmännische und wissenschaftliche Zeichen.

In der Fachliteratur ist häufig auch von ***Zeichensatz*** (englisch *character set*, kurz auch *charset*) die Rede, um sowohl die Zeichenkodierung, die Zuordnungstabelle zwischen Zeichen und Zeichencode, als auch den Zeichenvorrat zu bezeichnen.

Die Grenzen von Bytes sprengen

Die ISO-Kodierungen und ihre Abwandlungen wie etwa Microsoft 1252, die mit einem Zeichenvorrat von 256 Zeichen arbeiten und jedes Zeichen mit genau einem Byte speichern, können nur einzelne alphabetische Schriftkulturen und die Zeichen damit verbundener Sprachen abdecken. Problematisch wird es, wenn mehrsprachige Dokumente erstellt werden sollen, die Zeichen ganz unterschiedlicher Schriftkulturen enthalten oder von bestimmten Sonderzeichen Gebrauch machen. Auch für nicht-alphabetische Schriftkulturen sind Kodierungen mit einem derart eingeschränkten Zeichenvorrat ungeeignet. In Zeiten der Globalisierung wurde es daher immer wichtiger, für solche Probleme eine standardisierte EDV-technische Lösung zu finden. Eine solche Lösung ist das Unicode-System und seine Kodierungen.

Die Bedeutung der Schriftarten

Schriftarten sind Beschreibungsmodelle, um auf Ausgabemedien wie Bildschirm oder Drucker Zeichen abzubilden. Jedes heute übliche Betriebssystem enthält sogenannte Systemschriften. Das sind Schriftarten, die auf jeden Fall genau die Zeichen enthalten, die in der Codetabelle definiert sind, auf dem das Betriebssystem per Voreinstellung basiert. Unter MS Windows gibt es beispielsweise eine solche Schriftart namens *System*. Daneben gibt es auf modernen Rechnern definierte Schnittstellen für beliebige Schriftarten. Verbreitet ist z. B. die Adobe-Schnittstelle für Schriftarten (***PostScript***). Unter MS Windows kommt eine eigene Schnittstelle hinzu (***TrueType***).

Solche Schriftarten können auf die zur Verfügung stehenden Byte-Werte beliebige Darstellungsmuster legen. So gibt es auch Schriftarten wie *WingDings* oder *ZapfDingbats*, die fast nur Symbole und Icons enthalten. Wichtig sind aber vor allem Schriftarten, die einerseits ansprechend aussehen, andererseits eine bestimmte Codetabelle unterstützen, d. h. alle Zeichen dieses Zeichenvorrats darstellen, und zwar genau auf den Byte-Werten, die in der Codetabelle dafür vorgesehen sind. Nur durch solche Schriftarten wird es möglich, bestimmte Zeichenvorräte in eine grafisch darstellbare Form zu bringen. Die folgende Abbildung zeigt ein Beispiel für diesen Zusammenhang:

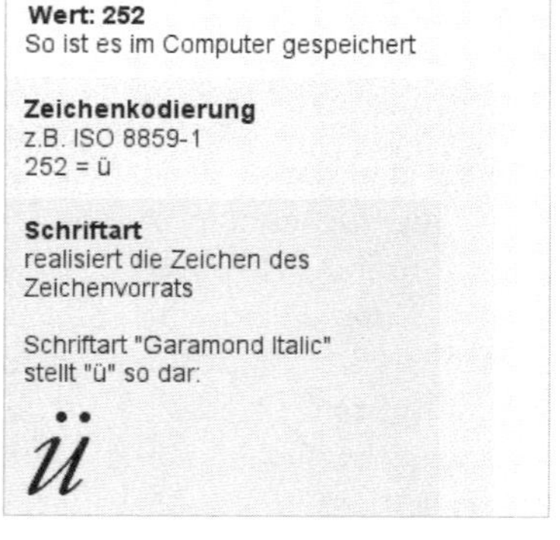

Bild 2.4: Zeichenwert, Zeichenkodierung und Schriftart

Neuere Betriebssysteme bieten auch Schriftarten an, die den kompletten Unicode-Zeichenvorrat oder zumindest große Teile davon abdecken. Viele neuere Anwendungen können Texte auch mit der Unicode-Kodierung UTF-8 speichern, wodurch ein Zeichen nicht mehr zwangsläufig genau einem Byte entspricht, sondern aus mehreren Bytes bestehen kann.

Schriftkulturen mit anderer Schreibrichtung

Da die Computerindustrie historisch gesehen in den USA und Europa entstand, bauten die Hardware-Systeme und Betriebssysteme auf Prinzipien auf, die zunächst als selbstverständlich galten. Wenn Sie in einem Textverarbeitungsprogramm einen Text tippen, wandert der Cursor beim Schreiben von links nach rechts. Automatische Zeilenumbrüche erfolgen nach typischen Begrenzerzeichen westlicher Sprachen wie Leerzeichen oder Silbentrennstrich.

Es gibt jedoch viele Schriftkulturen, die eine andere Schreibrichtung haben. Dazu gehören etwa die arabische Schrift, die hebräische Schrift oder die fernöstlichen Schriftkulturen. Um solche Schriftkulturen auf Computern abzubilden, sind zusätzliche Fähigkeiten der Software erforderlich. Denn es gilt nicht nur, die Schriftelemente abzubilden, sondern auch die Editierrichtung bei der Texteingabe und die Ausgaberichtung auf Medien wie Bildschirm oder Drucker an die Schreibrichtung der entsprechenden Schriftkultur anzupassen.

In HTML gibt es Elemente und Attribute, über die sich die Schreibrichtung festlegen lässt. Die softwareseitige Umsetzung funktioniert bei neueren Browsern mittlerweile recht ordentlich.

2.4.2 Quirks-, Standards- und Kompatibilitätsmodus

Die Geschichte der Browser und der Websprachen-Standards ist bewegt und von zahlreichen Richtungsstreitigkeiten, Alleingängen und Fehlentwicklungen geprägt. Eine der Folgen dieser Geschichte sind die unterschiedlichen Darstellungsmodi, zwischen denen die meisten heutigen Browser »umschalten« können. Die Schlüssel dazu sind in den meisten Fällen die Dokumenttypen. Man spricht deshalb auch von ***Doctype-Switch*** (Dokumenttyp-bedingtes Umschalten).

Folgende Browser kennen das Doctype-Switching:

- Der MS Internet Explorer (seit Version 6 bzw. 5 für Apple Mac),
- Browser mit Gecko Rendering Engine, also vor allem Firefox (seit Version 1),
- Browser mit Webkit Rendering Engine, also vor allem Google Chrome und Safari (alle seit Version 1),
- Opera seit Version 7.

Grundsätzlich gibt es zwei Schalterzustände: standardkompatibel und rückwärtskompatibel. Der standardkompatible Modus wird denn auch als ***Standards-Modus*** (auch: ***Standards-Compliant-Modus***) bezeichnet, der rückwärtskompatible Modus als ***Quirks-Modus*** (*quirks* = Eigenarten, Marotten, Schrulligkeiten). Vom Standards-Modus gibt es außerdem noch eine abgeschwächte Form, den sogenannten ***Almost Standards Mode***.

Eine Besonderheit stellt der MS Internet Explorer 8 dar, unter anderem deshalb, weil er neben dem DOCTYPE-Switching auch die Möglichkeit anbietet, den Darstellungsmodus als Anwender selbst einzustellen. Dazu wird als Menüpunkt der sogenannte *Kompatibilitätsmodus* angeboten.

Der Quirks-Modus

In den 90er Jahren haben Browser einiges in HTML und CSS nicht so dargestellt, wie es in den heutigen Standards beschrieben wird. So wurden beispielsweise Elemente, die laut HTML-Standard über die volle verfügbare Breite hin ausgedehnt werden sollen, nur so breit dargestellt, wie es der Inhalt erforderte. Besonders beim Arbeiten mit Abständen und Rahmen in CSS gab es lange Zeit Probleme, weil ältere Browser, insbesondere der MS Internet Explorer, das sogenannte Boxmodell anders interpretierten als der HTML 4-Standard.

Browser schalten in den Quirks-Modus, um ältere Webseiten so darzustellen, wie es seinerzeit üblich war. In den Quirks-Modus schalten die umschaltfähigen Browser:

- wenn ein HTML-Dokument überhaupt keine Dokumenttyp-Deklaration enthält, also wenn das Dokument einfach mit `<html>`... beginnt, ohne dass zuvor mit `<!DOCTYPE ...>` ein Dokumenttyp deklariert wird,
- wenn der Dokumenttyp eine HTML-Version niedriger als 4 deklariert, (also z. B. Version 3.2 oder 2.0).

Beim Internet Explorer ist Folgendes zu beachten: Den Internet Explorer können Sie in den Versionen 6, 7 und 8 in den Quirksmodus schalten, indem Sie die Dokumenttyp-Deklaration nicht in der ersten Zeile eines HTML-Dokuments notieren, sondern dort stattdessen einen beliebigen HTML-Kommentar notieren, also etwa so:

```
<!- switch IE 6,7,8 to quirks mode ->
<!doctype html>
```

Was genau der Quirks-Modus an Unterschieden zum Standards-Mode enthält, ist browserspezifisch. So stellt beispielsweise der Quirks-Mode des MS Internet Explorers Webseiten so dar wie der Internet Explorer 5.5.

Der Standards-Modus

Im Standards-Modus interpretieren alle switchingfähigen Browser HTML und CSS so, wie es die Sprachstandards vorsehen. Auch dabei wird nicht zwangsläufig 100%ige Übereinstimmung erzielt, was verschiedene Gründe hat. Indem Sie sich jedoch auf den Standards-Modus beschränken (und das sollten Sie aus heutiger Sicht), haben Sie deutlich weniger Probleme mit unterschiedlichen Browser-Darstellungen.

Browser schalten in den Standards-Modus:

- wenn ein HTML-Dokument eine Dokumenttyp-Deklaration (`<!DOCTYPE ...>` enthält,
- wenn der Dokumenttyp eine HTML-Version größer oder gleich 4.0 oder eine XHTML-Version größer oder gleich 1.0 deklariert oder wenn der Dokumenttyp dem Browser unbekannt ist.

Letzteres macht sich HTML5 zunutze. Der HTML5-typische Dokumenttyp `<!doctype html>` ist HTML 4-fähigen Browsern, die kein HTML5 kennen, einfach unbekannt. Deshalb schalten sie in den Standards-Modus.

Der MS Internet Explorer 6 und frühe Versionen von Opera 7 schalten trotz passender Dokumenttyp-Deklaration bei XHTML ***nicht*** in den Standards-Modus, wenn vor der Dokumenttyp-Deklaration eine XML-Deklaration notiert ist (`<?xml ... ?>`).

Der Almost-Standards-Modus

Der »Beinahe-Standards-Modus« wurde von Mozilla in der Gecko-Rendering-Engine als dritter Schaltzustand neben Quirks- und Standards-Modus eingeführt. Er unterscheidet sich vom Standards-Modus nur darin, dass Grafiken innerhalb von Tabellen nach Quirks-Art interpretiert werden. Das soll die Darstellung zahlreicher älterer Websites, die auf Tabellenlayouts basieren, verbessern.

Gecko-basierte Browser schalten in diesen Zustand, wenn sie einen HTML 4-Transitional- oder -Frameset-DOCTYPE vorfinden.

Der Kompatibilitätsmodus im Internet Explorer 8

Mit dem Internet Explorer 8 hat Microsoft neue Strategien in die Modus-Unterscheidung eingeführt. Neu ist zunächst, dass nicht nur Web-Autoren, sondern auch Endanwender eine Einflussmöglichkeit haben. Via Menübefehl können sie den Browser in den sogenannten Kompatibilitätsmodus schalten. Dadurch emuliert der IE8 einen IE7.

Das wichtigste neue Werkzeug für Web-Autoren, um das Interpretationsverhalten des IE8 zu beeinflussen, ist eine von Microsoft neu eingeführte Meta-Angabe. Das entsprechende `<meta>`-Tag muss die erste aller im Dokumentkopf notierten Meta-Angaben sein, und es darf zuvor allenfalls ein `title`-Element notiert werden. Die Meta-Angabe hat folgende mögliche Ausprägungen:

- `<meta http-equiv="X-UA-Compatible" content="IE=8">`
  Schaltet den IE8 in den Standards-Modus, egal, was in der Dokumenttyp-Deklaration steht oder ob überhaupt eine solche Deklaration vorhanden ist.
- `<meta http-equiv="X-UA-Compatible" content="IE=7">`
  Schaltet den IE8 in den Standards-Modus des IE7, egal, was in der Dokumenttyp-Deklaration steht oder ob überhaupt eine solche Deklaration vorhanden ist. Da der IE7 verglichen mit anderen neueren Browsern noch zahlreiche Detail-Fehler bei der Interpretation der Standards hat, ist diese Wahl ein Zwischending zwischen »echtem« Standards-Modus und Quirks-Modus.
- `<meta http-equiv="X-UA-Compatible" content="IE=5">`
  Schaltet den IE8 in den Quirks-Modus, egal, was in der Dokumenttyp-Deklaration steht oder ob überhaupt eine solche Deklaration vorhanden ist.
- `<meta http-equiv="X-UA-Compatible" content="IE=EmulateIE7">`
  Schaltet den IE8 in den Standards-Modus des IE7, wobei allerdings die Dokumenttyp-Deklaration ausgewertet wird. Falls diese einen anderen Modus ergibt, z. B. den Standards- oder Quirks-Modus, hat dies Vorrang.
- `<meta http-equiv="X-UA-Compatible" content="IE=EmulateIE8">`
  Schaltet den IE8 in den Standards-Modus, wobei allerdings die Dokumenttyp-Deklaration ausgewertet wird. Falls diese einen anderen Modus ergibt, z. B. den Standards- oder Quirks-Modus, hat dies Vorrang.

- `<meta http-equiv="X-UA-Compatible" content="IE=edge">`
  Schaltet den IE8 in den höchstmöglichen Modus. Diese Einstellung ist eher für experimentelle Zwecke gedacht und nicht für die Praxis.

Per Voreinstellung benutzt der Internet Explorer 8 die erste dieser Angaben (`IE=8`). Das heißt: Anders als Browser, die das typische automatische DOCTYPE-Switching unterstützten, stellt der Internet Explorer 8 alle Seiten im Standards-Modus dar, auch solche, die gar keinen Dokumenttyp enthalten oder eine veraltete HTML-Version deklarieren. Dies hat jedoch in der Praxis dazu geführt, dass der Internet Explorer 8 viele der bekanntesten Websites nicht so darstellt, wie sie gedacht sind, unter anderem die hauseigene Homepage *microsoft.com*, aber auch *google.com* oder *yahoo.com*. Zu diesem Zweck hat Microsoft eine intern verwendete »Blacklist« mit Domains eingeführt, die besser im IE7-kompatiblen Standards-Modus ausgeführt werden als im Standards-Modus des IE8. Diese Blacklist wird von Microsoft gepflegt und enhält mehrere tausend Einträge. Die 8er-Version des Browsers berücksichtigt diese Liste beim Darstellen von Websites.

Falls ein HTML-Dokument eine IE8-typische Meta-Angabe enthält, überschreibt diese Angabe übrigens die Einstellung, die Anwender via Menü wählen können.

3 Dokument-Kopfdaten

- *Was in HTML zwischen <head> und </head> notiert werden kann*
- *Was es mit Metadaten, logischen Beziehungen einer Seite und Adressbasis-Angaben auf sich hat*

3.1 Elemente für Kopfdaten

Folgende Daten können Sie im Kopfbereich eines HTML5-Dokuments notieren:

- den Titel des HTML-Dokuments bzw. der angezeigten Webseite
- Meta-Angaben für wichtige Angaben, z. B. zu der im Dokument verwendeten Zeichenkodierung oder auch für bibliografisch relevante Daten
- logische Beziehungen und Verknüpfungen mit anderen Ressourcen, etwa mit externen Stylesheets, oder auch mit anderssprachigen Versionen der gleichen Webseite, oder mit Pingservern
- Bereiche für dokumentweite Stylesheet-Definitionen
- Bereiche für JavaScript oder vergleichbare Scriptsprachen
- Basis-URLs für relative Referenzen im Dokument sowie Default-Zielfenster für Hyperlinks

3.1.1 Titel eines HTML-Dokuments

Jedes HTML-Dokument sollte einen Titel erhalten. Das ist aus folgenden Gründen besonders wichtig:

- Der Titel wird bei der Anzeige im Web-Browser in der Titelzeile des Anzeigefensters oder in Browser-Tabs angezeigt.
- Der Titel wird vom Web-Browser beim Setzen von Lesezeichen (Bookmarks, Favoriten) verwendet.
- Der Titel wird im Web-Browser in der Liste der bereits besuchten Seiten angezeigt.
- Der Titel hat bei Suchmaschinen im Web höchste Relevanz.
- Wenn die Webseite zu den Suchtreffern einer Suche gehört, bieten die meisten Suchmaschinen den Titel der Datei als anklickbaren Verweis an.

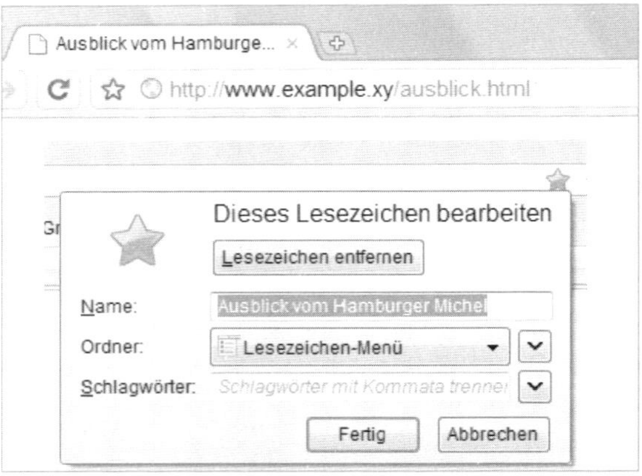

Bild 3.1: Titel des Dokuments in Browser-Tabs und im Lesezeichen-Dialog

Beispiel

```
<head>
  <title>Ausblick vom Hamburger Michel</title>
  <!-- ... andere Angaben im Dateikopf ... -->
</head>
```

Erläuterung

Der Titel wird durch `<title>...</title>` markiert. Auf jeder Webseite, also in jedem HTML-Dokument, muss der Titel innerhalb des Dokument-Kopfbereichs, also innerhalb von `<head>...</head>`, notiert werden. Dort darf er genau einmal vorkommen. Zwischen `<title>` und `</title>` sind keine weiteren HTML-Elemente erlaubt.

Weitere Hinweise

Im Hinblick auf Suchmaschinenoptimierung (SEO) ist es empfehlenswert, für jede Webseite einen eigenen, aussagekräftigen Titel zu vergeben. Titel sollten jedoch keine Sätze enthalten. Zu lange Titel stören bei der Anzeige und können sich bei der Indizierung durch Suchmaschinen sogar negativ auswirken. Wichtig ist, dass im Titel die entscheidenden Schlüsselwörter des Seiteninhalts vorkommen.

Referenzinformationen

Elementreferenz `<title>`:

3.1.2 Meta-Angaben

In Meta-Angaben können Sie verschiedene nützliche Anweisungen für Webserver, Browser und Suchmaschinen-Programme notieren. Meta-Angaben können Angaben zum Autor und zum Inhalt der Webseite enthalten. Sie können aber auch HTTP-

Kommandos absetzen, zum Beispiel zum automatischen Weiterleiten des Web-Browsers zu einer anderen Adresse.

Grundsätzlicher Aufbau

Für jede Meta-Angabe notieren Sie ein Meta-Tag im Bereich zwischen <head> und </head>. Sie können so viele Meta-Tags notieren, wie Sie wollen.

Beispiel

```
<head>
  <meta charset="utf-8">
  <meta http-equiv="expires" content="0">
  <meta name="author" content="Anna Lyse">
  <!-- ... andere Angaben im Kopfbereich ... -->
</head>
```

Erläuterung

Eine Meta-Angabe steht in einem Standalone-Tag namens <meta>.

Ein gewöhnliches Meta-Tag hat zwei Attribute. Das eine Attribut lautet entweder name oder http-equiv, und das andere lautet content. Ein Sonderfall ist die erste Angabe, nämlich diejenige zur Zeichenkodierung.

1. Typ: Zeichenkodierung

Einen Sonderfall, jedoch einen sehr wichtigen, stellt die Meta-Angabe zur Zeichenkodierung dar. Sie wurde in HTML5 eigens geschaffen, um Autoren die Angabe einer Zeichenkodierung möglichst einfach zu machen. Für Webseiten mit Inhalten in anderen Sprachen als Englisch, also auch für deutschsprachige Webseiten, ist eine solche Angabe dringend zu empfehlen. Andernfalls müssen Sie jedes Zeichen oberhalb des ASCII-Zeichenbereichs, also im Deutschen etwa alle Umlaute, mit Hilfe von Entities umschreiben.

HTML: Die Angabe lautet <meta charset="...">. Bei charset= (*charset* = *character set* = Zeichen-Set) notieren Sie die gewünschte Angabe. Dazu sollten Sie die Hinweise zur Zeichenkodierung in HTML kennen (siehe Abschnitt 2.2).

Leider wird die neue, einfache HTML5-Angabe zur Zeichenkodierung nicht von älteren Browsern erkannt. Deshalb ist es sicherer, zusätzlich folgende ältere Notationsweise anzugeben:

```
<meta http-equiv="content-type" content="text/html; charset=utf-8">
```

Es spricht nichts dagegen, beide Angaben zu verwenden. Beide sollten jedoch die gleiche Angabe zur Zeichenkodierung enthalten.

Wenn Sie XHTML5 schreiben und das Dokument von einem XML-Parser verarbeitet wird, benötigen Sie die Meta-Angaben zur Zeichenkodierung ***nicht***. In diesem Fall gilt die Zeichenkodierungsangabe der XML-Deklaration (erste Zeile des XHTML-Dokuments).

2. Typ: Meta-Angaben mit name=

Im obigen Beispiel wird z. B. mit name eine Eigenschaft autor angegeben, der mit content ein Wert Anna Lyse zugewiesen wird.

Eigenschaften, die mit name definiert werden, richten sich überwiegend an auslesende Client-Programme, also an Web-Browser, aber auch an Suchmaschinen-Robots, die Webseiten zum Befüllen ihrer Suchmaschinendatenbank auslesen.

3. Typ: Meta-Angaben mit http-equiv= (Pragma-Direktiven)

In der letzten Meta-Angabe des obigen Beispiels wird eine Angabe notiert, die dem Browser mitteilt, dass der Seiteninhalt nicht aus einem Cache-Speicher geladen werden sollte.

Eigenschaften, die mit http-equiv definiert werden, sind ursprünglich für den Webserver gedacht. Die Idee dahinter ist, dass der Webserver das HTML-Dokument vor dem Ausliefern ausliest und darin enthaltene Meta-Angaben, die mit http-equiv definiert wurden, interpretiert. Die gängigen Webserver parsen jedoch aus Performance-Gründen keine HTML-Dokumente vor dem Ausliefern. Somit liegt es am Browser, solche Meta-Angaben wie einen HTTP-Header vom Webserver zu interpretieren. Meta-Angaben mit http-equiv werden auch als Pragma-Direktiven bezeichnet.

Referenzinformationen

Elementreferenz <meta>:

Meta-Angaben im HTML5-Standard

HTML5 definiert zum Redaktionszeitpunkt erst einige wenige Meta-Angaben im Standard, vorwiegend zur Kennzeichnung von eingesetzter Software.

Beispiel

```
<head>
  <meta name="application-name" content="Gesichtsbuch-Netzwerk">
  <meta name="description"
        content="Profilseite mit Informationen zu Anna Lyse">
  <meta name="generator" content="gb-profile.php V1.0">
</head>
```

Erläuterung

Die Meta-Angabe name="application-name" sollten Sie nur verwenden, wenn der HTML-Code der Webseite zu einer Webplattform gehört. In diesem Fall können Sie bei content die Bezeichnung der Webplattform notieren.

Mit name="description" können Sie eine Freiformbeschreibung des Seiteninhalts angeben. Suchmaschinen können diesen Text beispielsweise nutzen, um ihn bei Suchtreffern zusammen mit dem Dokumenttitel anzuzeigen.

Die Angabe name="generator" sollten Sie nur verwenden, wenn der HTML-Code der Webseite nicht von Hand erstellt wurde, sondern von einer Software generiert wird.

Vorgeschlagene Meta-Angaben für HTML5

Im Wiki der WHATWG, die maßgeblich an der Entwicklung von HTML5 beteiligt ist, besteht die Möglichkeit, sinnvolle Meta-Angaben vorzuschlagen.

Links

Die WHATWG bietet diese Vorschläge auf einer eigenen Seite des Wikis an:
http://wiki.whatwg.org/wiki/MetaExtensions

Es spricht nichts dagegen, dort vorgeschlagene Meta-Angaben zu verwenden, wenn Sie diese für zweckmäßig halten. Einige davon sind auch schon seit Jahren etabliert. Letztere sollen hier erwähnt werden.

Beispiel

```
<head>
  <meta name="robots" content="noindex, nofollow">
  <meta name="author" content="Reiner Wahnsinn">
  <meta name="creator" content="Erna Error">
  <meta name="publisher" content="ICH AG">
  <!-- ... andere Angaben im Kopfbereich ... -->
</head>
```

Erläuterung

Die Angabe <meta name="robots" content=""> ist in der Praxis durchaus von Bedeutung und wird von den Robot-Programmen von Suchmaschinen wie Google berücksichtigt.

Mit content="noindex" weisen Sie an, dass die Suchmaschine den Seiteninhalt nicht ausliest. Der Seiteninhalt kann also in der Suchmaschine nicht gefunden werden.

Mit content="nofollow" weisen Sie an, dass die Suchmaschine keinem im HTML-Inhalt enthaltenen Hyperlink folgt. So werden auch verlinkte Unterseiten nicht von der Suchmaschine erfasst.

Beide Angaben können Sie wie im obigen Beispiel auch durch Komma getrennt kombinieren.

Mit <meta name="author" content="Autor"> geben Sie einen inhaltlich Verantwortlichen an. Geben Sie bei Autor den Namen einer Person an oder den Namen einer Presseagentur oder einer Firma. Wenn es mehrere Autoren gibt, notieren Sie für jeden Autor ein solches Element.

Für <meta name="creator" content="Urheber"> gilt das Gleiche. Ein Urheber ist etwas allgemeiner als ein Autor. Wenn der Seiteninhalt beispielsweise eine interaktive Anwendung ist, ist der Entwickler der Urheber. Und wenn der Seiteninhalt im Wesentlichen ein Video zeigt, ist dessen Produzent der Urheber. Notieren Sie bei mehreren Urhebern für jeden Urheber ein solches Element.

Auch für `<meta name="publisher" content="Veröffentlicher">` gilt das Gleiche. Die Angabe ist natürlich nur dann sinnvoll, wenn der Publisher nicht mit dem Autor oder Urheber übereinstimmt. Wenn beispielsweise ein Online-Magazin die Meldung einer Presseagentur veröffentlicht, ist die Presseagentur der Autor und das Online-Magazin der Veröffentlicher. Notieren Sie auch in diesem Fall mehrere Elemente, falls es mehrere Veröffentlicher gibt.

Pragma-Direktiven

Wie eingangs erwähnt, stellen Meta-Tags mit dem Attribut `http-equiv` eigentlich Anweisungen an den Webserver dar. Erlaubt sind daher Felder, die in einem HTTP-Request vorkommen können. Da Webserver diese Angaben derzeit nicht auswerten, sind letztlich nur Angaben sinnvoll, die der Browser in irgendeiner Form selbst umsetzen kann.

Beispiel

```
<head>
  <meta http-equiv="content-type"
        content="text/html; charset=utf-8">
  <meta http-equiv="expires"
        content="Sat, 03 Dec 2011 00:00:00 GMT">
  <meta http-equiv="refresh"
        content="5; URL=http://www.example.org/">
  <!-- ... andere Angaben im Kopfbereich ... -->
</head>
```

Erläuterung

Die Angabe zur Zeichenkodierung kennen Sie bereits. Zwei weitere wichtige Angaben werden von vielen Browsern interpretiert.

Mit `<meta http-equiv="expires" content="Verfallszeitpunkt">` können Sie angeben, ab wann das HTML-Dokument nicht mehr aus einem Cache-Speicher geholt werden, sondern in jedem Fall neu von der Ursprungsadresse geladen werden soll.

Mit `<meta http-equiv="expires" content="0">` veranlassen Sie, dass diese Webseite in jedem Fall von der Originaladresse geladen wird (*to expire* = verfallen, ablaufen).

Bei `content` können Sie anstelle der 0 wie im obigen Beispiel auch ein bestimmtes Datum und eine bestimmte Uhrzeit angeben. Dadurch veranlassen Sie, dass die Webseite nach dem angegebenen Zeitpunkt auf jeden Fall vom Ursprungsort geladen werden soll. Datum und Uhrzeit müssen Sie im internationalen Format angeben. Verwenden Sie dazu die Datums-Zeitnotation wie im obigen Beispiel, inklusive dem GMT am Ende. Dies steht für Greenwich Mean Time und bedeutet die Uhrzeit am Nullmeridian. Als Wochentagnamen sind erlaubt `Mon` (Montag), `Tue` (Dienstag), `Wed` (Mittwoch), `Thu` (Donnerstag), `Fri` (Freitag), `Sat` (Samstag) und `Sun` (Sonntag). Als Monatsnamen sind erlaubt `Jan` (Januar), `Feb` (Februar), `Mar` (März), `Apr` (April), `May` (Mai), `Jun` (Juni),

`Jul` (Juli), `Aug` (August), `Sep` (September), `Oct` (Oktober), `Nov` (November) und `Dec` (Dezember).

Außerdem können Sie eine Zahl größer 0 angeben. Diese Zahl bedeutet dann die Anzahl Sekunden, nach deren Ablauf der Web-Browser eine Datei, die er im Cache hat, auf jeden Fall wieder vom Server lädt. Mit `content="43200"` stellen Sie beispielsweise einen Wert von 12 Stunden ein.

Mit `<meta http-equiv="refresh" content="...">` veranlassen Sie eine automatische Weiterleitung zu einer anderen URL-Adresse. Mit der Angabe `content="5; ..."` wie im obigen Beispiel, bestimmen Sie, dass die aktuelle Seite 5 Sekunden lang angezeigt wird, nachdem sie geladen ist. Danach wird die Adresse aufgerufen, die mit `url=` angegeben wird. Setzen Sie Ihre gewünschte Anzeigedauer in Sekunden und die gewünschte Zieladresse für die Weiterleitung ein. Bei lokalen Adressen auf dem gleichen Server können Sie Pfadangaben ohne Angabe von `http://` und Domain notieren. Bei Weiterleitung zu Zielen im gleichen Verzeichnis genügt der Dateiname. Bei einer Wartezeit von 0 wird das Weiterleitungsziel sofort geladen.

Verlassen Sie sich nicht darauf, dass diese Angabe funktioniert. Notieren Sie zur Sicherheit auf der Webseite, die diese Meta-Angabe enthält, noch einen normalen Hyperlink zur Zieladresse. So haben Anwender, bei denen die Meta-Angabe nicht funktioniert, eine Alternative.

3.1.3 Logische Verlinkung

Eine Webseite ist häufig von mehr oder weniger vielen Ressourcen umgeben, wie zum Beispiel Stylesheet-Dateien, Icons, RSS- oder Atom-Feeds, manchmal auch anderssprachigen Versionen der gleichen Seite usw. Innerhalb einer Website hat eine gegebene Webseite einen Platz in der Hierarchie. Manchmal gehört sie auch zu einer Serie von Seiten und hat vorhergehende und nächste Nachbarseiten. All diese Ressourcen und die Art der Beziehung zwischen der aktuellen Webseite und einer solchen Ressource können Sie in den Kopfdaten von HTML angeben.

Das hier beschriebene Element für logische Verlinkungen im HTML-Kopfbereich hat nichts mit normalen, anklickbaren Links im Dokumentkörper einer Webseite zu tun. Solche Links werden im Kapitel 6 *Hyperlinks* beschrieben.

Grundsätzlicher Aufbau

Für jede logische Beziehung notieren Sie ein `<link>`-Tag im Bereich zwischen `<head>` und `</head>`.

Beispiel

```
<head>
  <link rel="help" href="/?pagename=help" title="Hilfe">
  <!-- ... andere Angaben im Kopfbereich ... -->
</head>
```

Erläuterung

Logische Verlinkungen werden durch je ein `<link>`-Tag im HTML-Kopfbereich markiert.

Mit dem Attribut `rel` bestimmen Sie den Typ der Verlinkung (*link* = Verweis, *rel* = *relationship* = Verwandtschaft). HTML definiert ein Set möglicher Verlinkungen (mehr dazu weiter unten). Das Attribut `href` gibt die URL-Adresse der verknüpften Ressource an. Mit dem Attribut `title` können Sie eine Beschriftung definieren, die verwendet wird, wenn der Browser diese logische Verknüpfung in irgendeiner Form anzeigt.

Weitere Informationen

Wie logische Verknüpfungen vom Browser an der Oberfläche visualisiert werden, ist nicht festgelegt. Letztlich hängt dies auch vom Typ der Verlinkung (`rel`-Attribut) ab. Bei Links zu übergeordneten Seiten oder Nachbarseiten ist es beispielsweise sinnvoll, dafür entsprechende Schaltflächen anzubieten. Opera und einige andere Browser tun das, andere nicht. Verlinkte Icons werden z. B. in Browser-Tabs vor dem Titel der Seite angezeigt. Bei Links zu Feeds wird in einigen Browsern ein Feed-Symbol rechts in der Adresszeile angezeigt. Verknüpfte Stylesheets werden einfach eingebunden und interpretiert.

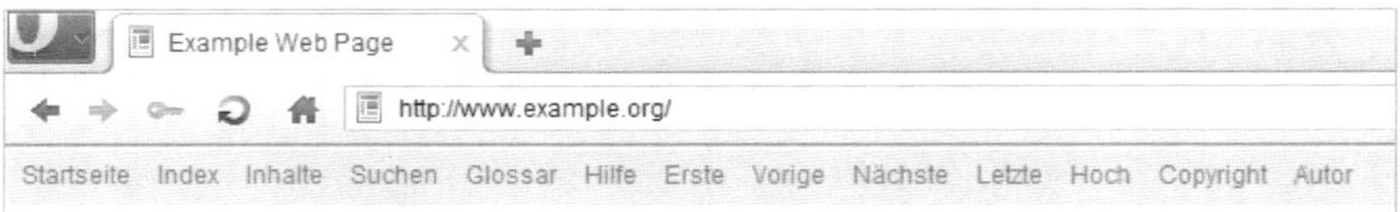

Bild 3.2: Einige Browser wie z. B. Opera bieten eine Menüleiste für logische Verlinkung an.

Details zur Adressierung, also für Angaben, die Sie im `href`-Attribut notieren können, werden in *2.1.5 Referenzierung* beschrieben.

Referenzinformationen

Elementreferenz `<link>`:

HTML 2.0 | X HTML 1.0

Browser-Angaben wurden hier weggelassen, da sie nicht sinnvoll entscheidbar sind.

Linktypen für logische Verlinkung

Linktypen werden durch das Attribut `rel` bestimmt.

HTML5 definiert ein Set möglicher Linktypen.

Beispiel

```
<link rel="search" href="suche.html" title="Detailsuche">
<link rel="author" href="impressum.html" title="Impressum">
<link rel="help" href="hilfe.html" title="Hilfe">
<link rel="index" href="/index.html" title="HOME">
```

```
<link rel="up" href="tour.html" title="Tour-Start">
<link rel="first" href="tour-tag-01.html" title="Erster Tag">
<link rel="last" href="tour-tag-25.html" title="Letzter Tag">
<link rel="next" href="tour-tag-15.html" title="Nächster Tag">
<link rel="prev" href="tour-tag-13.html" title="Vorheriger Tag">
<link rel="prefetch" href="tour-tag-15.html">
<link rel="sidebar" href="verzeichnis.html">
<link rel="tag" href="/?tag=urlaub">
<link rel="alternate" type="application/atom+xml" href="feed.xml"
      title="Atom-Feed">
<link rel="archives" href="http://meinblog.xy/2009/" title="2009"
      title="Archiv 2009">
<link rel="icon" href="/favicon.ico" sizes="16x16 32x32"
      type="image/vnd.microsoft.icon">
<link rel="license"
      href="http://creativecommons.org/licenses/by-nd/3.0"
      title="CC-BY-ND">
<link rel="pingback" href="http://www.example.com/pingback/xmlrpc">
<link rel="stylesheet" type="text/css" href="styles-2010-layout.css"
      title="ICH-AG-Style">
```

<link rel="search">

Mit diesem Tag können Sie einen logischen Link zu einer Seite setzen, die eine Suche über die gesamte Website ermöglicht. Das kann z. B. eine projekteigene Seite mit einem Suchformular für Detailsuche sein.

Praxisrelevanz: Gering, da es nur sinnvoll ist, wenn der Browser die Angabe in eine Schaltfläche umsetzt. Das ist nur bei wenigen Browsern der Fall.

<link rel="author">

Mit diesem Tag können Sie eine Projektseite verlinken, die nähere Angaben zum Autor oder dem Urheber der aktuellen Seite enthält. Typischerweise ist das eine Impressumsseite. Selbstverständlich können Sie aber auch beliebige externe Ziele verlinken, beispielsweise eine Profilseite bei einem Social Network oder bei Google.

Praxisrelevanz:
Gering, da es nur sinnvoll ist, wenn der Browser die Angabe in eine Schaltfläche umsetzt. Das ist nur bei wenigen Browsern der Fall.

<link rel="help">

Mit diesem Tag können Sie ein Ziel verlinken, das Hilfe zur aktuellen Seite anbietet. Das ist beispielsweise sinnvoll, wenn es sich bei der aktuellen Seite um eine Seite innerhalb einer Webanwendung handelt, in der Anwender Eingaben in einem nicht-trivialen Formular machen müssen.

Praxisrelevanz:
Gering, da es nur sinnvoll ist, wenn der Browser die Angabe in eine Schaltfläche umsetzt. Das ist derzeit nur bei wenigen Browsern der Fall.

<link rel="index">

Mit diesem Tag verlinken Sie die Startseite oder Übersichtsseite Ihres Webprojekts.

Praxisrelevanz:
Gering, da es nur sinnvoll ist, wenn der Browser die Angabe in eine Schaltfläche umsetzt. Das ist derzeit nur bei wenigen Browsern der Fall.

<link rel="first">, <link rel="last">, <link rel="next">, <link rel="prev">, <link rel="up">

Diese Angaben dienen dazu, Verknüpfungen zu übergeordneten Seiten oder zu Seiten einer Serie herzustellen:

- `<link rel="first">`
  verlinkt die erste Seite einer Serie.
- `<link rel="prev">`
  verlinkt die vorhergehende Seite einer Serie.
- `<link rel="next">`
  verlinkt die nächste Seite einer Serie.
- `<link rel="last">`
  verlinkt die letzte Seite einer Serie.
- `<link rel="up">`
  verlinkt die hierarchisch nächste übergeordnete Seite zur aktuellen Seite.

Praxisrelevanz:
Gering, da es nur sinnvoll ist, wenn der Browser die Angaben in entsprechende Schaltflächen umsetzt. Das ist derzeit nur bei wenigen Browsern der Fall. Allerdings könnte die Praxisrelevanz zunehmen, falls Browser dazu übergehen, die so verlinkten Ziele mittels Prefetching vorab zu laden. In diesem Fall kann das Notieren solcher Links zur besseren Performance der Website beitragen.

<link rel="prefetch">

Mit diesem Tag können Sie eine Seite verlinken, bei der es sehr wahrscheinlich ist, dass der Anwender sie als nächstes aufruft. Das ist beispielsweise in einer Serie von Seiten der Fall. Da der Anwender die Serie wahrscheinlich von vorne bis hinten durchblättert, ist die aus Sicht der aktuellen Seite nächste Seite der Serie diejenige, die der Anwender als nächstes aufruft.

Durch das Tag veranlassen Sie den Browser, die Daten der wahrscheinlich als nächstes aufgerufenen Seite bereits zu laden, während die aktuelle Seite angezeigt wird. Ruft der Anwender dann tatsächlich die vermutete nächste Seite auf, kann diese schneller oder sogar sofort angezeigt werden, da sie bereits in Teilen oder vollständig geladen wurde.

Praxisrelevanz:
Noch gering, weil es neu in HTML5 ist. Es wird jedoch schnell an Bedeutung gewinnen, da Prefetching ein beliebtes Mittel zur Performance-Steigerung bei Websites ist. Wobei Firefox 3.x diese Angabe bereits umsetzt und Seiten bis zu einer Größe von 64 KByte vorab lädt.

<link rel="sidebar">

Mit diesem Tag können Sie eine Seite angeben, die aus Sicht der aktuellen Webseite einen geeigneten Inhalt für eine sogenannte Sidebar darstellt. Das kann beispielsweise ein Dokument mit einer umfangreichen Navigation sein oder ein Dokument mit Links zu Referenzinformationen innerhalb einer Dokumentation. Ein Browser, der dieses `<link>`-Tag interpretiert, kann das angegebene Dokument automatisch in die Sidebar laden.

Praxisrelevanz:
Eher gering, könnte jedoch an Bedeutung gewinnen, da Sidebars von mehreren bekannten Browser-Produkten unterstützt werden.

<link rel="tag">

Mit diesem Tag können Sie eine Seite verlinken, die Links zu allen Seiten mit einem Tag (tag = Stichwort) enthält, das auch auf die aktuelle Seite anwendbar ist. Diese Funktion ist beispielsweise für Blogs geeignet. Die meisten Blog-Systeme ermöglichen es, Blog-Artikel zu verschlagworten. Das Blog-System bietet eine Seite an, die für ein gegebenes Stichwort alle Artikel auflistet, bei denen dieses Stichwort vergeben wurde. Eine solche Seite ist das Ziel für `<link rel="tag">`. Sie können für jedes Stichwort, das der aktuellen Webseite zugeordnet ist, ein solches Tag notieren.

Praxisrelevanz:
Gering, da es nur sinnvoll ist, wenn der Browser die Angaben in entsprechende Schaltflächen umsetzt. Das ist derzeit nur bei wenigen Browsern der Fall.

<link rel="alternate">

Mit diesem Tag können Sie eine alternative Präsentationsform der aktuellen Seite verlinken. Verwendet wird dieses Tag, um etwa innerhalb eines Blogs einen zugehörigen RSS- oder Atom-Feed zu verlinken. Da es sich dabei um XML-Dokumente handelt, sollten Sie auf jeden Fall das `type`-Attribut angeben. Für RSS-Feeds lautet der MIME-Type `application/rss+xml` und für Atom-Feeds `application/atom+xml`.

Praxisrelevanz:
Hoch, da es sich um den üblichen Weg handelt, das Vorhandensein eines Feeds zu signalisieren. Wird von den meisten Browsern umgesetzt, indem rechts außen in der URL-Adresszeile ein Feed-Symbol eingeblendet wird. Bei Anklicken bietet der Browser dem Anwender eine Möglichkeit an, den Feed anzuzeigen oder zu abonnieren.

<link rel="archives">

Mit diesem Tag können Sie auf eine Seite verlinken, die aus Sicht der aktuellen Seite ein Archiv enthält. Blog-Seiten beispielsweise können auf diese Weise eine Verknüpfung zum Archiv früherer Blog-Artikel herstellen. Wenn jeder je gespeicherte Zustand einer Webseite aufbewahrt wird (Versionensystem), können Sie mit diesem Tag auf die Übersicht bisheriger Versionen der Seite verlinken.

Praxisrelevanz:
Gering, da es nur sinnvoll ist, wenn der Browser die Angaben in entsprechende Schaltflächen umsetzt. Das ist derzeit nur bei wenigen Browsern der Fall.

<link rel="icon">

Mit diesem Tag können Sie der aktuellen Webseite ein sogenanntes Favicon zuordnen. Favicons sind Minigrafiken, die in den meisten Browsern beispielsweise in der Titelleiste oder bei Tabs oder beim Bookmarken der Seite angezeigt werden. Auch wenn es nur kleine Grafiken sind, haben sie eine wichtige Bedeutung. Sie zeigen dem Anwender intuitiv an, zu welchem Webprojekt eine Seite gehört. Da viele Anwender in ihren Browsern häufig viele Seiten verschiedener Anbieter gleichzeitig geöffnet haben, ist das Favicon ein wichtiges Erkennungsmerkmal.

Bild 3.3: Favicon-Grafiken in Browser-Tabs

Bei diesem Tag ist ein zusätzliches Attribut `sizes=` erlaubt. Damit können Sie darstellbare Pixelgrößen von hinterlegten Icons angeben. Typisch sind Angaben wie `"16x16"` oder `"32x32"`. Wenn ein Icon in beiden Größen anzeigbar ist, können Sie wie im obigen Beispiel auch beide Angaben notieren, durch Leerraum getrennt.

Ferner sollten Sie bei diesem Tag unbedingt den MIME-Type der verknüpften Icon-Grafik in Form des `type`-Attributs angeben. Das übliche Format solcher Grafiken ist das ICO-Format von Microsoft. Der offizielle MIME-Type dafür lautet `image/vnd.microsoft.icon`. Verbreitet ist auch die Angabe `image/x-icon`.

Praxisrelevanz:
Hoch, da dies eine der üblichen Methoden ist, eine Icongrafik zuzuordnen. Die andere, ursprünglich von Microsoft eingeführte Methode, besteht darin, im Webroot-Verzeichnis eine Grafik mit dem festen Dateinamen `favicon.ico` zu platzieren. In diesem Fall ist kein explizites `link`-Element erforderlich.

<link rel="license">

Mit diesem Tag können Sie die aktuelle Webseite mit einer Seite verknüpfen, die Angaben zu Nutzungsrechten für die Inhalte der aktuellen Seite enthält. Wenn Sie eine standardisierte Nutzungsrechtsform wie die sogenannten CreativeCommons-Lizenzen verwenden, können Sie auf die dort definierten Lizenz-URLs verlinken.

Praxisrelevanz:
Gering, da es nur sinnvoll ist, wenn der Browser die Angabe in eine Schaltfläche oder anderweitig sichtbare Form umsetzt, was derzeit nur bei wenigen Browsern der Fall ist.

> **i Infos**
>
> **CreativeCommons-Lizenzen**
>
> CreativeCommons ist eine gemeinnützige Gesellschaft, die allgemein gehaltene Lizenzformen für Nutzungsrechte an Texten und multimedialen Inhalten herausgibt. CC bietet sechs klassische Lizenzformen an. Alle Lizenzformen haben eigene URL-Adressen, die Sie unter anderem auch bei `<link rel="license">` angeben können. Von jeder Lizenzform gibt es eine allgemeine, international formulierte Version (*unported*) und eine, die auf juristische Eigentümlichkeiten eines bestimmten Staates zugeschnitten ist (ported). Details entnehmen Sie den Inhalten der jeweiligen URL-Adressen:

BY-Lizenz:
Namensnennung
http://creativecommons.org/licenses/by/3.0/deed.de (unported)
http://creativecommons.org/licenses/by/3.0/de/ (ported für Deutschland)
http://creativecommons.org/licenses/by/3.0/at/ (ported für Österreich)
http://creativecommons.org/licenses/by/2.5/ch/ (ported für die Schweiz)

BY-SA-Lizenz:
Namensnennung und Weitergabe zu gleichen Bedingungen
http://creativecommons.org/licenses/by-sa/3.0/deed.de (unported)
http://creativecommons.org/licenses/by-sa/3.0/de/ (ported für Deutschland)
http://creativecommons.org/licenses/by-sa/3.0/at/ (ported für Österreich)
http://creativecommons.org/licenses/by-sa/2.5/ch/ (ported für die Schweiz)

BY-ND-Lizenz:
Namensnennung und keine Bearbeitung
http://creativecommons.org/licenses/by-nd/3.0/deed.de (unported)
http://creativecommons.org/licenses/by-nd/3.0/de/ (ported für Deutschland)
http://creativecommons.org/licenses/by-nd/3.0/at/ (ported für Österreich)
http://creativecommons.org/licenses/by-nd/2.5/ch/ (ported für die Schweiz)

BY-NC-Lizenz:
Namensnennung und Bearbeitung, aber keine kommerzielle Nutzung
http://creativecommons.org/licenses/by-nc/3.0/deed.de (unported)
http://creativecommons.org/licenses/by-nc/3.0/de/ (ported für Deutschland)
http://creativecommons.org/licenses/by-nc/3.0/at/ (ported für Österreich)
http://creativecommons.org/licenses/by-nc/2.5/ch/ (ported für die Schweiz)

BY-NC-SA-Lizenz:
Namensnennung und Weitergabe unter gleichen Bedingungen, aber keine kommerzielle Nutzung
http://creativecommons.org/licenses/by-nc-sa/3.0/deed.de (unported)
http://creativecommons.org/licenses/by-nc-sa/3.0/de/ (ported für Deutschland)
http://creativecommons.org/licenses/by-nc-sa/3.0/at/ (ported für Österreich)
http://creativecommons.org/licenses/by-nc-sa/2.5/ch/ (ported für die Schweiz)

BY-NC-ND-Lizenz:
Namensnennung, keine kommerzielle Nutzung und auch keine Bearbeitung bzw. Music-Sharing
http://creativecommons.org/licenses/by-nc-nd/3.0/deed.de (unported)
http://creativecommons.org/licenses/by-nc-nd/3.0/de/ (ported für Deutschland)
http://creativecommons.org/licenses/by-nc-nd/3.0/at/ (ported für Österreich)
http://creativecommons.org/licenses/by-nc-nd/2.5/ch/ (ported für die Schweiz)

<link rel="pingback">

Mit diesem Tag können Sie die Webadresse eines Pingback-Servers angeben. Sinnvoll ist das, wenn die aktuelle Webseite Teil einer Webanwendung ist, die Pingback-Nachrichten verarbeiten kann. Bei Blogsoftware ist das in aller Regel der Fall. Der Pingback-Server sendet der Blogsoftware automatisch eine Nachricht in einem speziellen XML-Format, sobald eine andere Website, die bei neuen Inhalten Pings an Pingserver versendet, einen Link auf die aktuelle Seite enthält. Die Blogsoftware kann in diesem Fall dafür sorgen, dass die verlinkende Seite des Fremdanbieters z. B. unter dem Blogartikel der aktuellen Seite automatisch angezeigt wird.

Praxisrelevanz:
Bei entsprechenden Blogsoftware-Systemen hoch, da es ein üblicher Weg ist, um Pingback-Funktionalität zu ermöglichen.

<link rel="stylesheet">

Mit diesem Tag können Sie eine externe Stylesheet-Datei verknüpfen. Der Browser bindet das Stylesheet dann beim Aufruf der aktuellen Webseite mit ein. Die darin enthaltenen Style-Definitionen werden interpretiert und beeinflussen das Aussehen der Webseite.

Geben Sie bei diesem Tag unbedingt mit dem `type`-Attribut den korrekten MIME-Type an. Für CSS-Stylesheets lautet die entsprechende Angabe `type="text/css"`. Auch die Angabe eines `title`-Attributs ist beim Einbinden von Stylesheets sinnvoll, da einige Browser via Menü das Umschalten zwischen Anbieter-Stylesheet und einem Anwender-Stylesheet ermöglichen. Der vergebene Titel kann für den Menüeintrag des Anbieter-Stylesheets verwendet werden.

Praxisrelevanz:
Hoch, da dies einer von zwei möglichen Wegen ist, externe Stylesheets einzubinden. Da größere Stylesheets üblicherweise in separaten Style-Dateien vorgehalten werden, ist dieses Tag eine der häufigsten, wenn nicht sogar die bekannteste Anwendung des `link`-Elements in der Praxis.

3.1.4 Style- und Script-Einbindung

Stylesheets und Scripts gehören ebenfalls zu den Daten, die häufig im Kopfbereich eines HTML-Dokuments eingebunden werden. Im Gegensatz zu den anderen Kopfdaten können Script- und Style-Bereiche jedoch auch innerhalb des Dokumentkörpers notiert werden. Bei Script-Bereichen ist das sogar häufig der Fall. Bei Style-Bereichen ist es bislang unüblich und erst seit HTML5 erlaubt und dann auch nur in Verbindung mit einem speziellen Attribut (`scoped`).

Nachfolgend wird beschrieben, wie Sie Style- und Script-Bereiche im HTML-Kopfbereich notieren können.

Beispiel

```
<head>
  <style type="text/css">
    div.spezialangebot {
      background-color: #E0E4F4;
      border: 3px solid #D0D4E4;
      border-radius: 4px;
      padding: 4px;
    }
  </style>
  <script type="text/javascript">
```

```
    function browserLanguageStatus() {
      if (document.getElementById()) {
        if (navigator.language.indexOf("de"))
          document.getElementById('lg').innerHTML = "deutsch";
        if (navigator.language.indexOf("en"))
          document.getElementById('lg').innerHTML = "englisch";
      }
    }
  </script>
  <!-- ... andere Angaben im Dateikopf ... -->
</head>
```

Erläuterung

Ein Style-Bereich wird durch `<style>...</style>` markiert, ein Script-Bereich durch `<script>...</script>`. Beide Elemente sehen für das Start-Tag ein `type`-Attribut vor.

Seit HTML5 ist dieses Attribut im Gegensatz zu HTML 4.01 jedoch keine Pflichtangabe mehr.

Es teilt dem Browser mit, welche Style- bzw. Scriptsprache innerhalb des Style- bzw. Script-Bereichs verwendet wird. Erwartet wird die Angabe des MIME-Types der Sprache. Verwenden Sie im einleitenden `<style>`-Tag für CSS die Angabe `type="text/css"` und im einleitenden `<script>`-Tag für JavaScript die Angabe `type="text/javascript"`. Genau das sind jedoch auch die Default-Werte. Wenn Sie also CSS-Stylesheets und JavaScripts verwenden, können Sie das `type`-Attribut in HTML5-Dokumenten weglassen.

Weitere Hinweise

Auf die Inhalte zwischen `<style>` und `</style>` bzw. `<script>` und `</script>` gehen wir an dieser Stelle nicht näher ein. Es handelt sich um CSS- bzw. JavaScript-Code.

Ausführlichere Beschreibungen zum Einbinden von Stylesheets und Scripts in HTML finden Sie im Abschnitt *13.1 CSS in HTML einbinden* und im Kapitel *10 HTML und Scripting*. Dort wird auch beschrieben, wie Sie Stylesheets und Scripts aus externen Dateien einbinden.

Referenzinformationen

Elementreferenz `<style>`,
Elementreferenz `<script>`:

HTML 4.0 | XHTML 1.0

3.1.5 Basis-URLs

Sie können im Kopfbereich eines HTML-Dokuments eine URL-Adressbasis für verknüpfte bzw. referenzierte Inhalte definieren. Bei Referenzen mit relativen Pfadangaben innerhalb des HTML-Dokuments gilt die so definierte Basis als Bezug.

Beispiel

```
<!DOCTYPE html>
<html>
  <head>
    <meta charset="utf-8">
    <base href="http://www.google.com/">
    <base target="linkfenster">
    <title>Links zu Google-Services</title>
  </head>
  <body>
    <a href="ig">Persönliche Startseite</a><br>
    <a href="reader/view/">Feed-Reader</a><br>
    <a href="schhp">Suche in wissenschaftlichen Dokumenten</a><br>
  </body>
</html>
```

Erläuterung

Im Beispiel sind im HTML-Kopfbereich zwei `base`-Elemente notiert. Mit `<base href...>` definieren Sie die URL-Basis für Hyperlinks innerhalb des HTML-Dokuments. Mit `<base target...>` bestimmen Sie den Namen eines Zielfensters oder Browser-Tabs, in dem Linkziele angezeigt werden sollen.

Um den Zusammenhang besser zu verstehen, bildet das obige Beispiel ein komplettes HTML-Dokument ab. Innerhalb des Dokumentkörpers, also zwischen `<body>` und `</body>`, sind drei Hyperlinks notiert (`<a href="...">...</a>`). Dem `href`-Attribut des ersten Links ist beispielsweise nur der Wert `"ig"` zugewiesen. Beim Anklicken des Links öffnet der Browser jedoch die URL-Adresse `http://www.google.com/ig`. Der Grund dafür ist die Kopfdefinition `<base href="http://www.google.com/">`. Der Browser verwendet diese Angabe als Adressbasis und fügt einfach den `href`-Wert aus dem Hyperlink hinzu. Alle drei Hyperlinks werden in einem anderen Fenster/Tab geöffnet, das/der den internen Namen `linkfenster` hat. Grund für dieses Verhalten ist das `<base target="linkfenster">` im Kopfbereich.

Weitere Hinweise

Das `target`-Attribut, das in HTML 4.01 als missbilligt (englisch *deprecated*) gekennzeichnet war, gehört seit HTML5 wieder offiziell zum Standard. Der Hauptgrund ist, dass auch eingebettete Frames in HTML5 anders als in HTML 4.01 zum gewollten Standard gehören.

Der HTML5-Standard spricht im Zusammenhang mit dem `target`-Attribut von ***Browsing-Context***. Dies ist als Oberbegriff für Browser-Hauptfenster, Popup-Fenster, Browser-Tabs oder Sidebars zu verstehen.

Anstelle eines selbst vergebenen Namens können Sie beim `target`-Attribut einen der folgenden festen Werte angeben:

- `target="_self"` adressiert in jedem Fall das aktuelle Fenster.

- `target="_parent"` adressiert aus Sicht des aktuellen Fensters dessen Elternfenster. Das Elternfenster ist dasjenige, aus dem heraus das aktuelle Fenster geöffnet wurde. Ist kein Elternfenster vorhanden, wird das aktuelle Fenster als Zielfenster verwendet.
- `target="_top"` adressiert in jedem Fall das Fenster auf der obersten Hierarchie. Wenn beispielsweise mehrere sich überlappende Popup-Dialogfenster geöffnet wurden, kann auf diese Weise zum obersten Ursprungsfenster verlinkt werden. Ist gar kein Elternfenster vorhanden, wird das aktuelle Fenster als Zielfenster verwendet.
- `target="_blank"` adressiert in jedem Fall ein neues Fenster, das mit keinem Namen eines anderen geöffneten Fensters übereinstimmt.

Das `base`-Element wird als Standalone-Tag notiert. Wenn Sie XHTML-Standard-konform arbeiten wollen, notieren Sie das alleinstehende Tag in der Form `<base ... />`.

Referenzinformationen

Elementreferenz `<base>`,
Attributreferenz `href`:

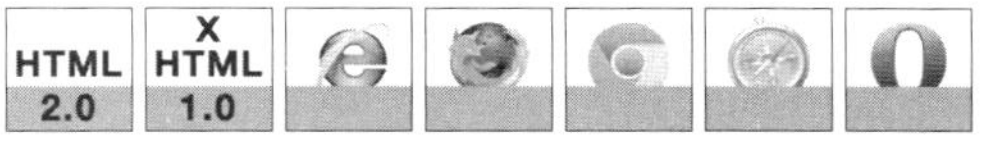

Attributreferenz `target`:

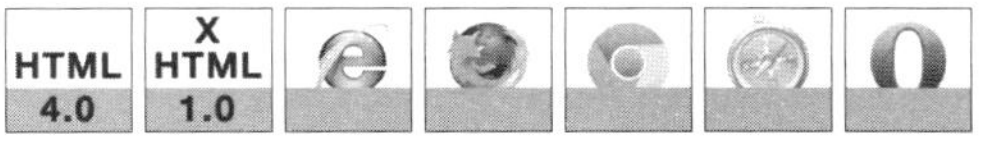

3.2 Backgrounds

Angesichts der Fülle an schwach strukturierten Daten im Web sind Metadaten ein wichtiges Werkzeug für das sogenannte ***semantische Web***. Im Laufe der letzten Jahre haben sich in diesem Bereich Standards entwickelt. Das bekannteste Beschreibungs-Set für Metadaten ist das von Dublin-Core. Das Resource Description Format (RDF) ist ein generisches Notationsverfahren für Metadaten.

3.2.1 RDF (Resource Description Framework)

Resource Description Framework bedeutet so viel wie Rahmenwerk zur Beschreibung von Ressourcen. Mit Ressourcen sind vor allem Web-Inhalte gemeint. Das müssen keine vollständigen Webseiten sein. Auch einzelne Bilder, Videos, usw. sind Ressourcen. Eigentlich alles, was eine URL-Adresse hat.

Das RDF-Format ist ein vom W3-Konsortium entwickeltes Modell für Metadaten. Dieses Modell ist bewusst an keine bestimmte Sprachimplementierung gekoppelt. Mit Hilfe geeigneter Sprachen oder Sprachkonstrukte lässt sich das Datenmodell in der Praxis umsetzen.

Das RDF-Modell besteht aus Ausdrücken, die ein ähnliches Schema haben wie ein Satz: Subjekt, Prädikat und Objekt. In der Informatik wird dies als Tripel bezeichnet. Beispiel: Die Website *http://webkompetenz.posterous.com/* hat eine Eigenschaft namens *Autor*, und diese hat die Ausprägung *Stefan Münz*. Dabei ist *http://webkompetenz.posterous.com/* der erste Teil des Tripels, der Tatbestand *Eigenschaft namens Autor haben* der zweite Teil und *Stefan Münz* der dritte Teil.

Die bislang bekannteste Umsetzung von RDF ist diejenige in Form einer XML-Sprache. Diese wird ebenfalls RDF genannt, stellt aber in Wirklichkeit nur eine konkrete Implentierung von RDF dar. Die genauere Bezeichnung der Sprache lautet deshalb ***RDF/XML***.

Nun sind sehr viele Eigenschaften denkbar, mit deren Hilfe sich Ressourcen beschreiben lassen. RDF selbst gibt keine solchen Eigenschaften vor. Stattdessen schreibt es vor, dass Eigenschaften in Form von URL-Adressen repräsentiert werden müssen (genauer: in Form von URIs, da auch URNs erlaubt sind). Das klingt zunächst befremdlich. Doch dadurch lassen sich gezielt Eigenschaften einbinden, die zu bestimmten, kontrollierten Beschreibungs-Vokabularien gehören. Das bekannteste Set solcher Beschreibungs-Vokabularien im Web ist das Metadaten-Set von Dublin-Core. Für die Dublin-Core-Eigenschaften gibt es ein URL-Adressierungsschema.

3.2.2 Das Dublin-Core-Metadaten-Set

Eine internationale Gruppe von Experten, unter dem Namen *Dublin Core Metadata Initiative (DCMI)* vereint, hat ein allgemeines System für Meta-Angaben entwickelt. Damit lassen sich nicht nur Informationen über HTML-Dokumente beschreiben, sondern zum Beispiel auch Bilder, Filme, Termine und sogar physische Gegenstände. Das System ist einfach zu handhaben und berücksichtigt alle wichtigen Angaben.

Links

Webadressen rund um Dublin-Core

Homepage der Dublin Core Metadata Initiative
http://dublincore.org/

DCMI Metadata Terms, Dokumentation der von Dublin-Core definierten Meta-Eigenschaften
http://dublincore.org/documents/dcmi-terms/

Expressing Dublin Core in HTML/XHTML meta and link elements, Beschreibung zur Einbettung der Dublin-Core-Meta-Eigenschaften in HTML, allerdings ohne RDF
http://dublincore.org/documents/dcq-html/

Translations of DCMI Documents, Übersetzungen maßgeblicher Texte (für Deutsch gibt es ein PDF-Dokument mit einer Beschreibung der DCMI-Meta-Eigenschaften)
http://dublincore.org/resources/translations/

Dublin-Core definiert Eigenschaften, sogenannte Elemente, denen gewisse Werte zugeordnet werden können. Zusätzliche Unterelemente erlauben speziellere Meta-Angaben.

Der Dublin-Core-Standard schlägt für einige Angaben außerdem passende Schemata vor, unter anderem für Medientypen, Sprachenkürzel und Datumsangaben.

3.2.3 RDF, Dublin-Core und HTML

Dublin-Core liefert also ein anerkanntes Set von Eigenschaften zur Beschreibung von Inhalten, und RDF ein allgemeines Beschreibungsmodell für Metadaten. Beide arbeiten auch optimal zusammen. Denn Dublin-Core-Eigenschaften lassen sich in Form von URL-Adressen abbilden. Die URL-Adressen werden in den DCMI Metadata Terms mit dokumentiert.

So gibt es beispielsweise eine Dublin-Core-Eigenschaft namens *created*. Sie gibt an, wann ein Inhalt erstellt wurde. Diese Eigenschaft hat folgende URL-Adresse: *http://purl.org/dc/terms/created*.

Eine andere Eigenschaft lautet *isPartOf*. Sie gibt an, zu welchem übergeordneten Werk ein Inhalt gehört. Diese Eigenschaft hat folgende URL-Adresse: *http://purl.org/dc/terms/isPartOf*

Alle Eigenschaften-URLs haben die Adress-Basis *http://purl.org/dc/terms/*, gefolgt vom Namen der Eigenschaft.

Es handelt sich übrigens bei den Adressen tatsächlich um URLs und nicht um URNs, genauer gesagt um PURLs. (Permanent-URLs). Was das genau ist, wird auf *http://purl.org/* beschrieben, also der Domain, unterhalb derer die Eigenschaften-URLs von Dublin-Core abgelegt sind. Alle Adressen führen zur gleichen Ressource, nämlich zu einem RDF/XML-Dokument, in dem alle Dublin-Core-Eigenschaften in RDF/XML-Form maschinenlesbar beschrieben sind.

Dublin-Core/RDF in HTML5

Die XML-Sprache RDF ist eine Lösung für XHTML, jedoch nicht für HTML. Für die Einbindung in HTML gibt es derzeit mehrere konkurrierende Ansätze.

Links

Das W3-Konsortium entwickelt unter *http://www.w3.org/TR/rdfa-in-html/* einen Standard zur Einbindung von RDF in HTML5.

Bei allem Respekt vor der Arbeit des W3-Konsortiums ist es allerdings fraglich, ob sich das dort beschriebene Vokabular tatsächlich durchsetzen wird. Denn es gibt ein deutlich einfacheres Vokabular, das ebenfalls Teil von HTML5 ist, allerdings nicht Teil des W3C-Standards, sondern Teil der WHATWG-Spezifikation von HTML5: nämlich die sogenannte Mikrodaten-Syntax, die in diesem Buch beschrieben wird.

Dublin-Core/RDF in XHTML

Für XHTML hat das W3-Konsortium bereits vor Jahren eine Lösung entwickelt, um RDF direkt einzubinden: ***RDFa*** (steht für: *Resource Description Framework in attributes*). Ursprünglich für das mittlerweile verworfene XHTML 2.0 entwickelt, gibt es eine Implementierung für XHTML 1.1.

Dazu ein Beispiel

```
<?xml version="1.0" encoding="UTF-8"?>
<!DOCTYPE html PUBLIC "-//W3C//DTD XHTML+RDFa 1.0//EN"
                    "http://www.w3.org/MarkUp/DTD/xhtml-rdfa-1.dtd">
<html xmlns="http://www.w3.org/1999/xhtml"
      xmlns:dc=http://purl.org/dc/elements/1.1/
      version="XHTML+RDFa 1.0"
      xml:lang="en">
  <head>
    <title>Titel</title>
    <meta property="dc:issued" content="2011-03-25" />
    <meta property="dc:creator" content="Abraham Allewelt" />
  </head>
  <body>
    <!-- viel Inhalt -->
  </body>
</html>
```

Sie müssen dieses Beispiel an dieser Stelle nicht vollständig verstehen. Mit Hilfe einer speziellen DTD (*http://www.w3.org/MarkUp/DTD/xhtml-rdfa-1.dtdccc*) wird RDFa eingebunden. Im einleitenden `<html>`-Tag wird neben dem XHTML-Namensraum (*http://www.w3.org/1999/xhtml*) auch derjenige der RDF-Implementierung von Dublin-Core angegeben (*http://purl.org/dc/elements/1.1/*). Durch diese Kombination ist es erlaubt, in geeigneten Elementen, wie im Beispiel in den beiden `meta`-Elementen, ein Attribut wie `property` zu notieren und diesem Attribut eine Dublin-Core-Eigenschaft, angeführt vom Präfix `dc:` zuzuweisen. Beim `content`-Attribut wird der Eigenschaft ein Wert zugewiesen.

Der betriebene Aufwand mag übertrieben erscheinen. Doch der so erzeugte XHTML-Code ist mit allem, was er einbindet, maschinenlesbar – in der Theorie zumindest. In der Praxis hat Code in dieser Form kaum Bedeutung. Auch deswegen, weil XHTML 1.1, dessen Modularisierungskonzept die Grundlage für dieses Zusammenspiel zwischen RDF, Dublin-Core und XHTML ist, keine Verbreitung gefunden hat.

4 Textstrukturierung

- *Wie Sie sinnvolle Bereiche für Webseiten definieren*
- *Wie Sie Inhalte mit geeigneten Elementen strukturieren*
- *Welche Feinauszeichnungen im Text möglich sind*

4.1 Webseiten-Bereiche (Sectioning)

Das meiste in diesem Unterkapitel Beschriebene ist in HTML5 neu. Der Grund ist das in HTML5 völlig überarbeitete Content-Modell, also die Einteilung von Daten, die HTML abbilden können soll. HTML5 weiß, dass HTML nicht nur die Aufgabe hat, Strukturelemente typischer Printdokumente abzubilden. Typische Bestandteile von Websites, wie Navigationsbereich, Header und Footer (Kopf- und Fußbereich) oder die Aufteilung in einzelne Artikel wie in Blogs erhalten mit HTML5 eigene Auszeichnungselemente.

Doch auch wenn die meisten Browser die neuen Elemente noch nicht explizit »kennen«, ist es empfehlenswert, sie bereits einzusetzen. In Abschnitt 4.6.2 wird erklärt, was Sie dazu wissen müssen.

4.1.1 Dokumentkörper

Der Dokumentkörper von HTML ist das, was durch `<body>` und `</body>` markiert ist. Für die meisten Webseiten genügt dieser Rahmen, um die gesamte sichtbare Struktur der Seite direkt darin zu notieren.

Beispiel

```
<!doctype html>
<html>
  <head>
    <meta charset="UTF-8">
    <title>Titel</title>
  </head>
  <body>
    Das habe ich gestern geschrieben:
    <h1>Ein Artikel</h1>
    <p>Hiervon werde ich morgen berichten,
       dass ich es gestern geschrieben habe.</p>
  </body>
</html>
```

Erläuterung

Zwischen <body> und </body> können Sie Text und zahlreiche HTML-Elemente notieren. Im Beispiel ist zunächst etwas direkter Text, dann eine Überschrift erster Ordnung (<h1>...</h1>) und schließlich ein Textabsatz (<p>...</p>) notiert. Diese Bestandteile bilden den Dokumentkörper bzw. das, was im Browserfenster ausgegeben wird.

Weitere Hinweise

Wenn Sie CSS bzw. CSS-Eigenschaften auf das body-Element anwenden, können Sie das Layout der Webseite beeinflussen und Default-Vorgaben z. B. für Schriftarten definieren.

Im Gegensatz zur Strict-Variante von HTML 4.01 ist es in HTML5 wieder erlaubt, direkt Text innerhalb von <body>...</body> sowie Textlevel-Elemente zu notieren (in der HTML 4.01-Terminologie: Inline-Elemente).

Referenzinformationen

Elementreferenz <body>:

HTML 2.0 | XHTML 1.0

4.1.2 Abschnitte

Wenn ein HTML-Dokument sehr umfangreich und stark strukturiert ist, besteht seit HTML5 die Möglichkeit, innerhalb des Dokumentkörpers Abschnitte zu definieren.

Auch wenn ein HTML-Dokument mehrere unterschiedliche Anzeigezustände einer Webanwendung enthält, ist es sinnvoll, die einzelnen Anzeigezustände durch Abschnitte zu markieren.

Beispiel

```
<!doctype html>
<html>
  <head>
    <meta charset="UTF-8">
    <title>Titel</title>
  </head>
  <body>
    Ich habe noch mehr geschrieben und nenne es jetzt:
    <h1>Mein Buch</h1>
    <section>
      <h1>Das erste Kapitel</h1>
      <p>Viel Inhalt</p>
      usw.
    </section>
    <section>
```

```
      <h1>Das zweite Kapitel</h1>
      <p>Noch mehr Inhalt</p>
      usw.
    </section>
  </body>
</html>
```

Erläuterung

Abschnitte markieren Sie durch `<section>...</section>`. Das Besondere an solchen Abschnitten ist, dass dadurch aus logischer Sicht eine Art Unterdokument entsteht. Um das besser zu verstehen, sind im obigen Beispiel drei Überschriften 1. Ordnung, markiert durch `<h1>...</h1>`, notiert. Die erste befindet sich außerhalb eines `section`-Abschnitts, die beiden anderen innerhalb eines `section`-Abschnitts.

Aus Sicht eines HTML5-Parsers ist die `h1`-Überschrift außerhalb der Abschnitte trotz gleichlautender Ordnungsebene logisch übergeordnet zu den `h1`-Überschriften innerhalb der Abschnitte. Abschnitte beeinflussen also gemeinsam mit Überschriften die Hierarchie (das Outlining) der Inhalte.

Weitere Hinweise

Abschnitte stellen eine semantische Auszeichnung dar und haben dadurch andere Aufgaben als allgemeine Bereiche. Abschnitte bestehen typischerweise aus einer Überschrift, gefolgt von Inhalt.

Abschnitte dürfen auch verschachtelt werden. Durch Verschachtelung von Abschnitten können Sie überschriftenunabhängig logische Hierarchie-Ebenen in beliebiger Tiefe definieren.

Referenzinformationen

Elementreferenz `<section>`:

Semantik | HTML | XHTML 5 | 9.0 | 4.0 | 5.0 | | 11.0

4.1.3 Header und Footer

Viele Webseiten haben einen erkennbaren Kopfbereich und viele auch einen erkennbaren Fußbereich. Je nach Art der Webseite kann auch ein anfängliches Inhaltsverzeichnis der Kopfbereich sein.

Seit HTML5 ist es möglich, solche Bereiche durch entsprechende Elemente zu markieren.

Beispiel

```
<!doctype html>
<html>
```

```
  <head>
    <meta charset="UTF-8">
    <title>Titel</title>
  </head>
  <body>
    <header>
      <h1>Die ICH AG</h1>
      Ein Unternehmen der WIR-Gruppe
    </header>
    <h1>Aktuelles</h1>
    Viele Neuigkeiten usw.
    <footer>
      <p>Diese Seite wurde mit LIEBE zum Detail erstellt</p>
    </footer>
  </body>
</html>
```

Erläuterung

Um für eine Webseite einen Kopfbereich zu definieren, notieren Sie innerhalb des Dokumentkörpers ein `header`-Element in der Form `<header>...</header>` (*header* = Kopfbereich). Wenn Sie einen Fußbereich definieren möchten, notieren Sie ihn in der Form `<footer>...</footer>` (*footer* = Fußbereich).

Sowohl zwischen `<header>` und `</header>` als auch zwischen `<footer>` und `</footer>` können Sie Text und andere HTML-Elemente notieren, jedoch keine untergeordneten `header`- und `footer`-Elemente.

Weitere Hinweise

Semantisch sinnvolle Inhalte für den Kopfbereich einer Webseite sind beispielsweise die Seitenüberschrift, der Name des Anbieters oder der Website, ein Corporate-Logo oder eine Top-Navigation. Im Fußbereich stehen üblicherweise Informationen wie rechtliche Hinweise zur Lizenzform, Verweise zu Impressum, Geschäftsbedingungen und Ähnliches.

Die Elemente `header` und `footer` beeinflussen nicht die hierarchische Logik, die durch Abschnitte und Überschriften entsteht. Sie können Kopf- und Fußbereiche auch für einzelne Abschnitte (also innerhalb von `<section>...</section>`) definieren.

Bild 4.1: Header und Footer sind in reinem HTML optisch gar nicht erkennbar.

Optisch haben die Elemente `header` und `footer` keine andere Wirkung, als eine neue Zeile im Textfluss zu erzeugen. Um Kopf- und Fußbereiche erkennbar als solche zu gestalten, können Sie CSS bzw. CSS-Eigenschaften auf die Elemente `header` und `footer` anwenden. So können Sie beispielsweise Hintergrundfarben, Hintergrundbilder, Umrandungen usw. bestimmen.

Referenzinformationen

Elementreferenz `<header>`:
Elementreferenz `<footer>`:

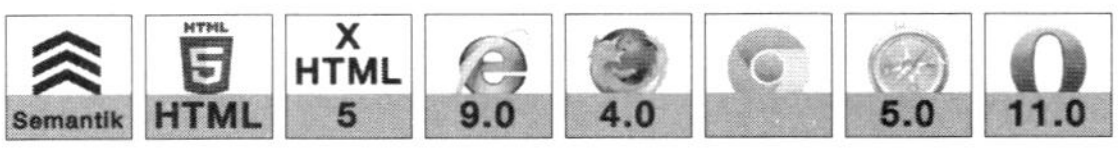

4.1.4 Navigation und Seitenleisten

Ebenso, wie viele Webseiten oben und unten einen erkennbaren Kopf- bzw. Fußbereich haben, haben sie eine oder mehrere Navigationsleisten und häufig auch eine Spalte oder einen Bereich für zusätzliche Informationen, Werbung usw. Auch für diese Bereiche sieht HTML5 entsprechende Elemente vor.

Beispiel

```
<!doctype html>
<html>
  <head>
    <meta charset="UTF-8">
    <title>Titel</title>
  </head>
  <body>
    <h1>Aktuelles</h1>
    <nav>
      <h2>Navigation</h2>
      <ul>
        <li><a href="index.html">Startseite</a></li>
```

```
            <li><a href="produkte.html">Produkte</a></li>
            <li><a href="referenzen.html">Referenzen</a></li>
            <li>
              <a href="geschaeftskunden.html">Geschäftskundenbereich</a>
            </li>
          </ul>
        </nav>
        Viele Neuigkeiten usw.
        <aside>
          <p>ICH twittert:<br>
          <a href="http://twitter.com/ICH">ICH auf Twitter</a></p>
          usw.
        </aside>
      </body>
    </html>
```

Erläuterung

Um einen Navigationsbereich zu definieren, notieren Sie an der gewünschten Stelle ein nav-Element in der Form <nav>…</nav>. Sie können auch mehrere Navigationsbereiche auf einer Seite notieren. Der Inhalt des Navigationsbereichs kann aus Text und anderen HTML-Elementen bestehen. Sinnvollerweise enthält er HTML-Code für eine Liste mit Hyperlinks zu anderen Seiten der Website. Im obigen Beispiel ist das eine ungeordnete ul-Liste. Es spricht jedoch nichts dagegen, innerhalb des Navigationsbereichs auch noch eine passende Überschrift zu notieren, wie im obigen Beispiel die Überschrift 2. Ordnung Navigation.

Um eine Seitenleiste oder einen Bereich für Marginaltext zu definieren, notieren Sie an der gewünschten Stelle ein aside-Element in der Form <aside>…</aside>. Dazwischen können Sie Text und andere HTML-Elemente notieren. Der Sinn des aside-Elements ist, ergänzende Inhalte zu einer umgebenden Information zu markieren. Das kann eine kleine Einzelinformation zu einem Fließtext sein, etwa so:

```
<p>Klaus Aschekowski hat heute mal wieder den Montag nach
einer Wochenendschicht hinter sich. Seit die blöde neue
Bauingenieurin seiner Kolonne vorsteht, hat er keine ruhige
Minute mehr und muss schlimmer ranklotzen als je zuvor.</p>
<aside>aus dem Krimi <strong>Lose Fugen</strong></aside>
<p>Das allein wäre ja nur halb so schlimm, wenn seine neue
Vorgesetzte nicht ausgerechnet jene Schiedsrichterin wäre, die
vor Jahren bei dem Spiel Altona 93 gegen den SV Meppen, bei
dem Klaus zwei Tore schoss, einen seiner Treffer nicht
gewertet hat.</p>
```

Der HTML-Standard stellt jedoch keine Vorschriften auf, welche Dimension der Bezugsrahmen für einen aside-Bereich haben soll. Es kann sich also ebenso gut um einen Bereich handeln, der dem gesamten Hauptinhalt einer Webseite beigeordnet ist und im fertigen Seitenlayout z. B. als »rechte Spalte« erscheint. Das ist so ähnlich wie bei der CSS-Eigenschaft float. Diese kann verwendet werden, um etwa Text um eine

Grafik fließen zu lassen. In der Webdesign-Praxis der letzten Jahre ist sie jedoch auch das Mittel der Wahl geworden, um mehrspaltige Webseitenlayouts zu realisieren.

Weitere Hinweise

Optisch haben auch die Elemente `nav` und `aside` keine andere Wirkung, als eine neue Zeile im Textfluss zu erzeugen. Um solche Bereiche z. B. seitlich umfließend oder in einer eigenen Spalte darzustellen, müssen Sie CSS bzw. CSS-Eigenschaften darauf anwenden.

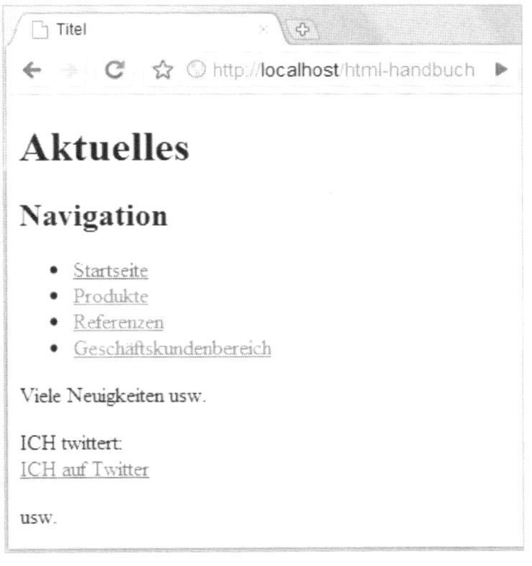

Bild 4.2: Ohne CSS werden nav und aside im normalen Textfluss angezeigt.

Referenzinformationen

Elementreferenz <nav>:

Elementreferenz <aside>:

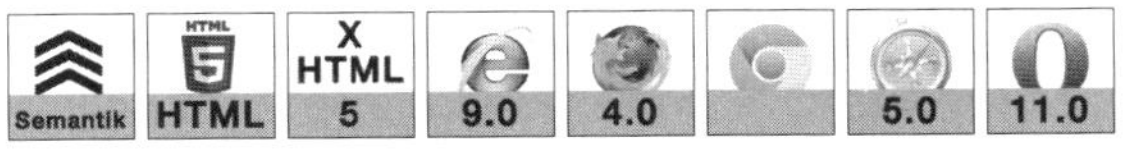

4.1.5 Überschriften

HTML unterscheidet sechs Überschriftenebenen, um Hierarchieverhältnisse in Dokumenten abzubilden.

Beispiel

```
<hgroup>
  <h1>Überschrift 1. Ordnung</h1>
  <h2>Überschrift 2. Ordnung</h2>
```

```
  <h3>Überschrift 3. Ordnung</h3>
  <h4>Überschrift 4. Ordnung</h4>
  <h5>Überschrift 5. Ordnung</h5>
  <h6>Überschrift 6. Ordnung</h6>
</hgroup>
```

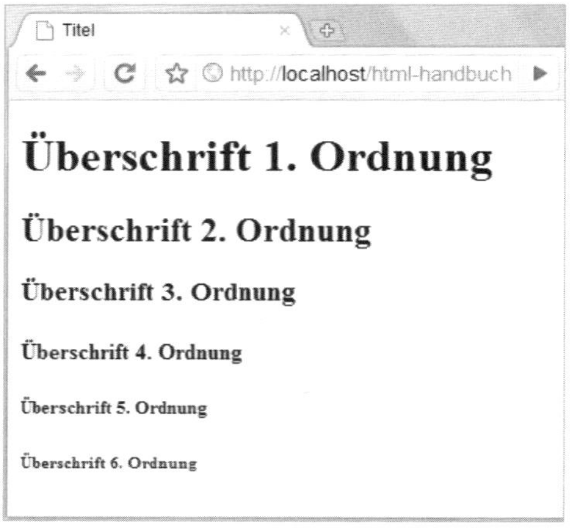

Bild 4.3: Überschriften h1 bis h6 im Browser

Erläuterung

`<h[1-6]>` (*h* = *heading* = Überschrift) leitet eine Überschrift ein. Die Nummer steht für die Überschriftenebene. 1 ist die höchste Ebene, 6 die niedrigste. Dahinter folgt der Text der Überschrift.

`</h[1-6]>` beendet die Überschrift und steht am Ende des Überschriftentextes. Die Nummern bei einleitendem und abschließendem Tag müssen gleich sein.

In größeren Dokumenten kommt es häufig vor, dass zum Beispiel Überschriften 1., 2. und 3. Ordnung unmittelbar hintereinander notiert werden, bevor der erste Fließtextabsatz beginnt. Aufeinanderfolgende Überschriften ohne andere Elemente dazwischen können Sie wie im Beispiel oben in `<hgroup>…</hgroup>` einschließen.

Während die Elemente `h1` bis `h6` schon immer zum HTML-Standard gehörten, wurde das `hgroup`-Element erst mit HTML5 in den Standard aufgenommen.

Weitere Hinweise

Nutzen Sie Überschriften-Elemente nur, um Inhalte zu kennzeichnen, die von ihrer Bedeutung her tatsächlich Überschriften sind. Überschriften-Elemente sind nicht dazu gedacht, Text einfach groß und fett zu machen!

Verwenden Sie CSS bzw. CSS-Eigenschaften zur Formatierung und Gestaltung von Überschriften.

Referenzinformationen

Elementreferenz <h1> bis <h6>:

Elementreferenz <hgroup>:

4.1.6 Artikel

Ein Artikel ist ein eigenständiger logischer Teil innerhalb einer Webseite. Seit HTML5 gibt es ein Element, um solche Inhalte auszuzeichnen. Es ist beispielsweise anwendbar auf Blog- oder Magazin-Artikel, aber auch auf Forumpostings, auf Statusmeldungen in einer Microblogging-Anwendung oder auf Benutzerkommentare zu Artikeln.

Beispiel

```
<article>
  <section>
    <header>
      <h1>Google Buzz - ein Social-Service von Google</h1>
    </header>
    <p>
      Google Buzz (to buzz = summen, brummen) ist ein Service
      von Google. Es handelt sich um um einen
      Social-Networking-Dienst und um einen Microblogging-Dienst.
      Viel weiterer Inhalt...
    </p>
    <p>Viel weiterer Inhalt ... </p>
  </section>
  <section>
    <header>
      <h1>Kommentare</h1>
    </header>
    <article>
      <header>
        <h2>Kritiklos?</h2>
      </header>
      <p>Auch viel Inhalt ...</p>
      <footer>
        <p>
          Kommentar gepostet von Gero Grübel, 15.02.2010, 21:34 Uhr
        </p>
      </footer>
    </article>
  </section>
</article>
```

Erläuterung

Artikel werden durch `<article>...</article>` markiert. Das obige Beispiel ist etwas komplexer, um den Gesamtzusammenhang zu verdeutlichen, in dem dieses Element typischerweise zum Einsatz kommt. Das Beispiel zeigt einen Blog-Artikel mit einem Kommentarbereich, der aktuell einen Kommentar enthält.

Dabei wird der gesamte Artikel einschließlich des Bereichs für Kommentare in ein übergeordnetes `article`-Element eingeschlossen. Innerhalb davon sind insgesamt zwei `section`-Abschnitte notiert. In den ersten `section`-Abschnitt wird der eigentliche Blog-Artikel eingeschlossen, während der zweite `section`-Abschnitt die Kommentare zum eigentlichen Artikel einschließt.

Innerhalb des zweiten `section`-Abschnitts wird jeder Kommentar wiederum mit einem `article`-Element ausgezeichnet. Dabei ist ein Kommentar zum Blog-Artikel also ein Artikel innerhalb des Gesamtartikels. Für solche Zwecke ist es durchaus erlaubt, `article`-Elemente zu verschachteln.

> Sowohl beim Blog-Artikel als auch bei Kommentaren wird in obigen Beispielen mit Headern und Footern sowie mit Überschriften gearbeitet. Das Beispiel zeigt damit zusammenhängend, wie in HTML5 das Arbeiten mit all diesen Elementen gedacht ist.

Weitere Hinweise

Ebenso wie die übrigen Elemente für Webseiten-Bereiche hat ein `article`-Element ausschließlich semantische Aufgaben. Optisch tut es bei Browsern, die das Element erkennen, nichts weiter, als eine neue Zeile im Textfluss zu erzeugen. Um `article`-Bereiche in irgendeiner Form optisch zu gestalten, z. B. mit seitlichen Rahmenlinien bei Kommentaren, sind CSS bzw. CSS-Eigenschaften erforderlich.

Bei konsequenter und korrekter Anwendung etwa im HTML-Code von Blog-Anwendungen ist das `article`-Element eine wichtige Hilfe, beispielsweise für Suchmaschinen. Das `article`-Element entspricht auch in etwa dem, was in einem RSS- oder Atom-Feed in einem `entry`-Element steht. So kann ein `article`-Element beispielsweise dazu beitragen, aus dem HTML-Code von Webseiten, Feeds zu generieren.

Referenzinformationen

Elementreferenz `<article>`:

4.1.7 Autorenangaben

HTML enthält seit seinen Anfängen ein Element zur Auszeichnung von Kontaktinformationen. Gedacht ist es für Kontaktinformationen zum Autor oder Urheber der aktuellen Webseite oder des aktuellen Inhalts, die Credits im Abspann gewissermaßen.

Beispiel

```
<body>
  <header>
    <h1>Mein Blog</h1>
  </header>
  <article>
    <p>Viel Inhalt</p>
    <address>
      <p>Gastartikel von Rita Reibach, rita@example.org</p>
    </address>
  </article>
  <footer>
    <address>
      <p>Weblog von Viktor Vielschreib, viktor@example.org</p>
    </address>
  </footer>
</body>
```

Erläuterung

Das Beispiel zeigt eine Webseite, die einen Blog-Artikel enthält. Der Artikel ist mit dem dafür vorgesehenen `article`-Element ausgezeichnet. Sowohl eine komplette Webseite als auch ein Artikel können eine eigene Autorenangabe enthalten. Diese wird durch `<address>...</address>` markiert. Das Beispiel zeigt, wie das Element typischerweise verwendet wird: am Ende (z. B. im Fußbereich) einer Webseite oder am Ende eines Artikels.

Für den Inhalt von `<address>...</address>` gibt es keine konkreten Vorschriften. Es sollte sich um Kontaktinformation handeln. Es ist aber auch erlaubt, wie im obigen Beispiel, Zusammenhang herstellenden Text wie `Weblog von` oder `Artikel von` zu notieren. Es gibt auch keine Vorschriften dafür, welche Kontaktdaten anzugeben sind. Das Minimum ist der Name des Autors/Urhebers. Typisch ist auch die Angabe einer Mailadresse wie im obigen Beispiel, wobei dies jedoch auf Grund der Spam-Bots im Web nicht unproblematisch ist. Der Name könnte z. B. auch ein anklickbarer Hyperlink sein, der zu einer Profilseite des Autors/Urhebers führt.

Zwischen `<address>` und `</address>` dürfen also auch andere HTML-Elemente notiert werden, jedoch keine anderen Elemente für Webseiten-Bereiche, also keine Header und Footer, Artikel oder weiteren Autorenangaben.

Weitere Hinweise

Bild 4.4: Typische Default-Darstellung von Autorenangaben in Web-Browsern

Das `address`-Element bewirkt optisch eine neue Zeile im Textfluss. Außerdem wird der Inhalt in den Browsern üblicherweise per Voreinstellung kursiv dargestellt. Mit CSS bzw. CSS-Eigenschaften lassen sich solche Bereiche gestalten, und auch die Kursivschrift lässt sich damit ändern.

Referenzinformationen

Elementreferenz `<address>`:

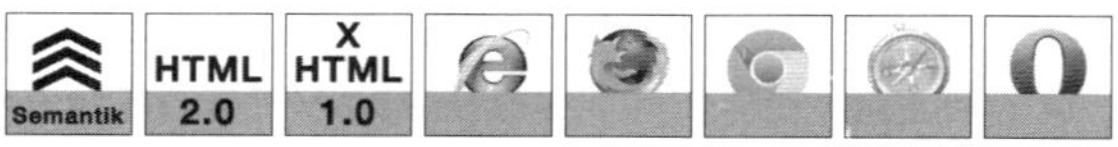

4.2 Gruppierende Elemente (Grouping)

Gruppierende Elemente sind im Sinne herkömmlicher Textverarbeitung Absatztypen. Das gilt eigentlich auch für Überschriften, die jedoch der HTML5-Logik zufolge zu den Elementen für Webseiten-Bereiche (Sectioning) gezählt werden.

4.2.1 Textabsätze

Textabsätze dienen der Feinstrukturierung von längerem Fließtext. Typische Textabsätze bestehen aus einem bis einigen Sätzen, die sich um einen konkreten Sinnzusammenhang drehen.

Beispiel

```
<p>Hier beginnt ein Absatz, und hier ist er zu Ende.</p>
<p>Hier beginnt ein neuer Absatz. Zwischen dem Absatz davor
und diesem ist ein gewisser Abstand. Im Gegensatz zu einem
einfachen Zeilenumbruch (<strong>Zeilenschaltung</strong>) handelt es
sich hierbei um eine <strong>Absatzschaltung</strong>.</p>
```

Erläuterung

Das Tag <p> (*p* steht für *paragraph* = Absatz) leitet einen Textabsatz ein. </p> beendet den Textabsatz und steht am Ende des Absatztextes.

Ein Textabsatz kann Text und Textauszeichnungen (Textlevel-Semantics) enthalten, Zeilenumbrüche, aber auch Grafik, Video- oder Audio-Controls, Objekte und Formularelemente (Phrasing-Content in der Terminologie der HTML5-Spezifikation). Nicht erlaubte Inhalte sind andere gruppierende Elemente oder Elemente für Webseitenbereiche (Sectioning).

Weitere Hinweise

Verwenden Sie das p-Element nicht, wenn es Elemente gibt, die den Inhalt von seiner Bedeutung her präziser auszeichnen. Verwenden Sie also etwa für ein Blockzitat das dafür vorgesehene Element.

Mit CSS bzw. CSS-Eigenschaften können Sie Absatzeigenschaften wie Vor- und Nachabstand, Einzüge, Schmuckrahmen, Hintergrund, Texteigenschaften, usw. festlegen. Mit Hilfe des globalen Attributs `class` und entsprechenden CSS-Formaten können Sie auch unterschiedliche Absatztypen definieren, wie es aus Textverarbeitungssystemen bekannt ist.

Referenzinformationen

Elementreferenz <p>:

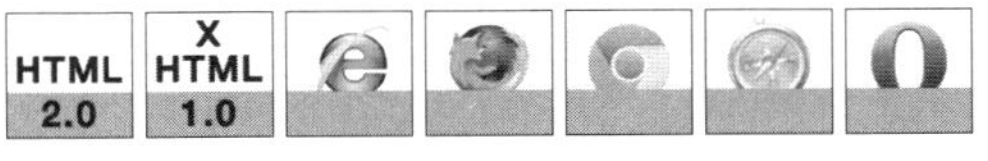

4.2.2 Zeilenumbrüche

Text innerhalb von normalen Absätzen, Listen sowie in Überschriften oder Tabellenzellen wird vom Web-Browser bei der Anzeige automatisch umbrochen. Sie können jedoch an einer gewünschten Stelle einen Zeilenumbruch erzwingen.

Beispiel

```
<h1>Ottos Brief an die Mutter</h1>
<p>Liebe Mama!</p>
<p>
  Vor drei Wochen habe ich erfahren,<br>
  dass Du krank bist.<br>
  Mach' Dir keine Sorgen.<br>
  Mir geht es gut.
</p>
```

Erläuterung

`<br>` (*br* = *break* = Umbruch) fügt an der gewünschten Stelle einen Zeilenumbruch ein. Dabei ist es egal, ob das alleinstehende Tag am Ende der vorherigen Zeile steht (wie im Beispiel) oder in einer eigenen Zeile oder am Anfang der folgenden Zeile.

Weitere Hinweise

Wenn Sie XHTML-Standard-konform arbeiten, müssen Sie das `br`-Element in der Form `<br />` notieren.

Referenzinformationen

Elementreferenz `<br>`:

HTML 2.0 | XHTML 1.0

4.2.3 Geordnete und ungeordnete Listen

Geordnete Listen sind nummerierte Listen und z. B. von Bedeutung, um nacheinander auszuführende Aktionen oder Rangfolgen übersichtlich darzustellen. Bei einer nummerierten Liste werden alle Listeneinträge automatisch durchnummeriert.

Ungeordnete Listen sind reine Aufzählungslisten, z. B. um Produkteigenschaften oder Argumente für eine These übersichtlich darzustellen. Bei einer Aufzählungsliste werden alle Listeneinträge mit einem Aufzählungszeichen (Bullet) versehen.

Beispiel

```
<h1>Liste wichtiger Reime</h1>
<ul>
  <li>Probieren geht über Studieren</li>
  <li>Liebe geht über Triebe</li>
  <li>Tante fällt über Kante</li>
</ul>
<h1>Todo-Liste</h1>
<ol>
  <li>bei Annette vorbeischauen</li>
  <li>bei Bianca vorbeischauen</li>
  <li>bei Christine vorbeischauen</li>
</ol>
```

Bild 4.5: Ungeordnete und geordnete (nummerierte) Listen im Browser

Erläuterung

`<ul>` leitet eine ungeordnete Liste (Aufzählungsliste) ein (*ul* = *unordered list* = unsortierte Liste). Mit `<li>` beginnt ein neuer Punkt innerhalb der Liste (*li* = *list item* = Listeneintrag). `</li>` beendet den Listeneintrag. `</ul>` beendet die Liste.

`<ol>` leitet eine geordnete (nummerierte) Liste ein (*ol* = *ordered list* = nummerierte Liste). Auch hier werden die einzelnen Listenpunkte durch `<li>`...`</li>` markiert. `</ol>` beendet die Liste.

`ol`- und `ul`-Elemente dürfen nichts anderes als `li`-Elemente enthalten. `li`-Elemente können Text und andere HTML-Elemente enthalten, zum Beispiel Textauszeichnungen (Textlevel-Semantics), Zeilenumbrüche, aber auch Grafik, Video- oder Audio-Controls, Objekte und Formularelemente (Phrasing-Content in der Terminologie der HTML-Spezifikation). Nicht erlaubte Inhalte sind Elemente für Webseitenbereiche (Sectioning).

Weitere Hinweise

Mit CSS bzw. CSS-Eigenschaften für Listenformatierung können Sie bei ungeordneten Listen die Art des Aufzählungszeichens beeinflussen. Auch eigene Bullet-Grafiken können Sie dabei verwenden. Bei nummerierten Listen können Sie mit CSS die Art der Nummerierung beeinflussen (z. B. römische Ziffern oder Buchstaben).

Referenzinformationen

Elementreferenz `<ul>`:
Elementreferenz `<ol>`:
Elementreferenz `<li>`:

Listen verschachteln

Das Verschachteln von Listen ist ebenfalls möglich. Dabei ist es jedoch wichtig, die Verschachtelung richtig zu notieren.

Beispiel

```
<ul>
  <li>HTML
    <ul>
      <li>Kopfdaten</li>
      <li>Dokumentkörper</li>
    </ul>
  </li> <!-- Ende: HTML -->
  <li>CSS
    <ul>
      <li>Selektoren</li>
      <li>Eigenschaften</li>
    </ul>
  </li> <!-- Ende: CSS -->
  <li>ECMA/JavaScript</li>
  <li>XML</li>
</ul>
<ol>
  <li>Vorbereitung
    <ol>
      <li>Zwiebeln schälen</li>
      <li>Gemüse putzen</li>
    </ol>
  </li> <!-- Ende: Vorbereitung -->
  <li>Zubereitung
    <ol>
      <li>Butter in der heißen Pfanne schmelzen lassen</li>
      <li>Mehl einrühren</li>
      <li>usw.</li>
    </ol>
  </li> <!-- Ende: Zubereitung -->
</ol>
```

Bild 4.6: Verschachtelte Listen

Erläuterung

Beim Verschachteln ist es wichtig, in der übergeordneten Liste ein öffnendes `<li>`-Tag zu notieren. Dahinter folgt der Eintragstext dieses Listenelements. Dann wird das Listenelement jedoch noch nicht geschlossen, sondern stattdessen die vollständige untergeordnete Liste notiert. Erst daran anschließend folgt das schließende `</li>`-Tag des übergeordneten Listeneintrags. Im obigen Beispiel sind zum besseren Verständnis Kommentare wie `<!-- Ende: HTML -->` notiert, um zu demonstrieren, welches schließende `</li>`-Tag zu welchem Listeneintrag gehört.

Weitere Informationen

Sie können geordnete und ungeordnete Listen auch gemischt verschachteln, also z. B. innerhalb einer geordneten Liste eine untergeordnete ungeordnete Liste notieren.

Auch weitere Verschachtelungstiefen sind möglich. `li`-Elemente untergeordneter Listen können also selbst wieder Listen enthalten.

Eigenschaften von Listen werden beim Verschachteln vererbt. So etwa die Einrückung. Was leider nicht automatisch funktioniert, ist eine automatische Unternummerierung bei geordneten Listen, also etwa 1.1., 1.2. usw.

Geordnete Listen kontrollieren

Bei geordneten Listen können Sie die Startnummerierung setzen und bei Listenpunkten eine bestimmte Ordnungsnummer erzwingen. Ferner können Sie eine absteigende Nummerierung anstelle einer aufsteigenden bestimmen.

Beispiel

```
<ol reversed>
  <li>Henne</li>
  <li>Ei</li>
</ol>
<ol start="2">
  <li>Henne</li>
  <li value="1">Ei</li>
  <li>Hahn</li>
</ol>
```

Erläuterung

Mit dem Standalone-Attribut `reversed` (*reversed* = umgekehrt) im einleitenden `<ol>`-Tag einer geordneten Liste weisen Sie an, dass die Listennummerierung absteigend statt aufsteigend erfolgt.

Mit dem `start`-Attribut können Sie, ebenfalls im einleitenden `<ol>`-Tag, den Startwert der Listennummerierung bestimmen. Bei öffnenden `<li>`-Tags innerhalb von geordneten Listen ist außerdem die Angabe eines `value`-Attributs möglich. Damit erzwingen Sie für diese Listenelemente die zugewiesene Nummer. Die Nummerierung nachfolgender Listenelemente orientiert sich an dem durch `value` neu gesetzten Wert.

Bild 4.7: Wenn der Browser alle Attribute erkennt, ergibt sich nebenstehende Darstellung

Weitere Hinweise

Das `reversed`-Attribut wurde erst mit HTML5 eingeführt und ist noch nicht verbreitet.

Wenn Sie XHTML-konform arbeiten, notieren Sie das `reversed`-Attribut in der Form `reversed="reversed"`.

Referenzinformationen

Attributreferenz `reversed`:

Attributreferenz `start`,
Attributreferenz `value`:

4.2.4 Beschreibungslisten

Beschreibungslisten sind für Listen mit Name-Wert-Zuordnungen gedacht. Damit eignen sie sich zur Abbildung von Konfigurationsdaten, aber auch für Glossare und für jede Art von Liste, bei der es bestimmte Felder gibt, denen Werte zugeordnet werden.

Beispiel

```
<dl>
  <dt>AA</dt>
  <dd>Auto Answer (Modem)</dd>
  <dt>AAE</dt>
  <dd>Allgemeine Anschalte-Erlaubnis</dd>
  <dt>AARP</dt>
  <dd>Appletalk Address Resolution Protocol</dd>
  <!-- usw. -->
</dl>
<dl>
  <dt>Titel</dt>
  <dd>Lola rennt</dd>
```

```
  <dt>Erscheinungsjahr</dt>
  <dd>1998</dd>
  <dt>Länge</dt>
  <dd>81 Minuten</dd>
  <dt>Originalsprache</dt>
  <dd>deutsch</dd>
  <!-- usw. -->
</dl>
```

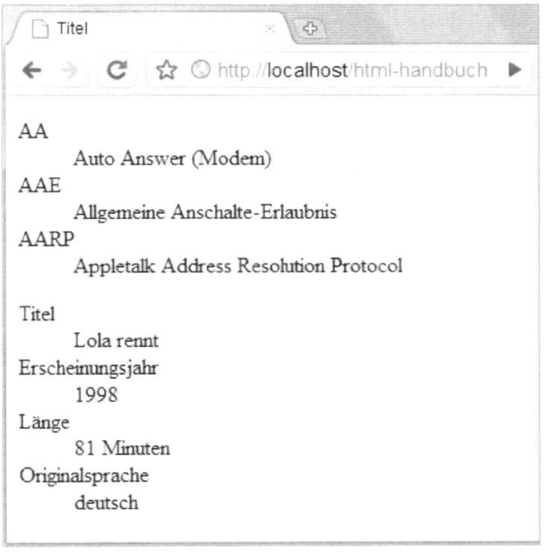

Bild 4.8: Typische Default-Darstellung von Beschreibungslisten im Browser

Erläuterung

`<dl>…</dl>` markiert die gesamte Beschreibungsliste (dl = *description list* = Beschreibungsliste).

`<dt>…</dt>` markiert einen zu beschreibenden Ausdruck (dt = *description (list) term* = Ausdruck).

`<dd>…</dd>` markiert die Beschreibung des Ausdrucks (dd = *description (list) description* = Beschreibung).

Das `dl`-Element darf nichts anderes als aufeinanderfolgende `dt`- und `dd`-Elemente enthalten. `dt`- und `dd`-Elemente dürfen Text und andere HTML-Elemente enthalten, das `dt`-Element allerdings nur sogenannten Phrasing-Content, d. h. keine anderen gruppierenden Elemente oder Elemente für Web-Seitenbereiche.

Weitere Hinweise

Per Voreinstellung stellen grafische Browser die Liste so dar, dass `dd`-Elemente gegenüber `dt`-Elementen eingerückt erscheinen. Beide Elemente erzeugen eine neue Zeile im Textfluss. Mit Hilfe von CSS bzw. CSS-Eigenschaften können Sie die Erscheinung optimieren.

Beschreibungslisten sollen ***nicht*** zur Darstellung von szenischen Dialogen verwendet werden. Das war in HTML5 ursprünglich angedacht, wurde jedoch wieder verworfen. Für szenische Dialoge gibt es keine speziellen HTML-Strukturelemente.

Referenzinformationen

Elementreferenz `<dl>`,
Elementreferenz `<dt>`,
Elementreferenz `<dd>`:

4.2.5 Blockzitate

Sie können Zitate von Fremdautoren in einem eigenen Absatz hervorheben. Das können Zitate von »weit entfernten« Quellen sein. Innerhalb eines Forums oder in Kommentaren zu einem Blog-Artikel lassen sich aber auch Passagen aus anderen Postings, auf die sich ein Kommentar bezieht, als Blockzitate auszeichnen.

Beispiel

```
<blockquote cite="http://de.wikipedia.org/wiki/Zitat">
  Die Verwendung von Zitaten ist durch das Urheberrecht geregelt und
  unter bestimmten Voraussetzungen gestattet, ohne dass eine Erlaubnis
  des Urhebers eingeholt oder diesem eine Vergütung gezahlt werden
  müsste [...]. Die allgemeine Begründung dafür ist, dass Zitate der
  <strong>kulturellen und wissenschaftlichen Weiterentwicklung einer
  Gesellschaft</strong> dienen [...].<br>
  <span style="font-size:80%">
    Quelle: http://de.wikipedia.org/wiki/Zitat<br>
    Hervorhebung v. Verf. Hinzugefügt
  </span>
</blockquote>
```

Erläuterung

Blockzitate werden durch `<blockquote>`...`</blockquote>` markiert. Innerhalb davon sind Text und andere HTML-Elemente erlaubt.

Das `cite`-Attribut sollten Sie verwenden, wenn die Originalquelle, von der das Zitat stammt, unter einer URL-Adresse im Internet zu finden ist. Auch bei Zitaten aus Büchern kann es sinnvoll sein, das `cite`-Attribut und eine URL-Adresse zu verwenden, beispielsweise wenn das Buch bei *Google Bücher* zu finden ist (*http://books.google.de/*) oder ein direkter Link zur Amazon-Seite führt, auf der das Buch bestellbar ist.

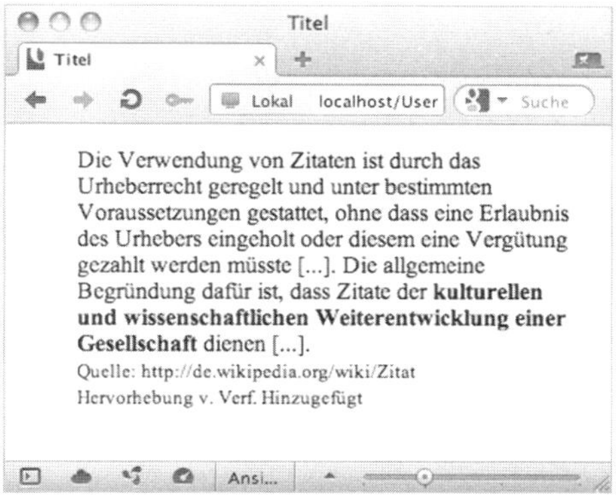

Bild 4.9: Darstellung des Zitats im Browser

Weitere Hinweise

Web-Browser sollten, wenn das `cite`-Attribut vorhanden ist, dem Anwender eigentlich eine Möglichkeit anbieten, die darin angegebene URL-Adresse aufzurufen. Leider ist das in der Praxis nicht der Fall. Deshalb ist im obigen Beispiel die Zitatquelle explizit genannt.

Grafische Browser stellen Blockzitate üblicherweise eingerückt dar. Das ist jedoch kein erwartbares Verhalten. Verwenden Sie CSS bzw. CSS-Eigenschaften, um Blockzitate nach eigenen Vorstellungen zu gestalten, z. B. durch Rahmen, Hintergrundfarben oder eine andere Schrift.

Referenzinformationen

Elementreferenz `<blockquote>`:

Attributreferenz `cite`:

4.2.6 Abbildungen

»Abbildungen« ist eigentlich ein ungenügender Ausdruck für dieses Gruppierungselement. Es handelt sich um beschriftete Inhalte, die vom Fließtext abgesetzt sind und diesen ergänzen. Das können beschriftete Grafiken (Abbildungen) sein, aber beispielsweise auch beschriftete Code-Listings, beschriftete Multimedia-Elemente wie eingebettete Videos, beschriftete Tabellen oder beschriftete Inhalte in eingebetteten Frames.

Beispiel

```
<p>In Paris gibt es zahlreiche Statuen.</p>
<figure>
  <figcaption>Ludwig XIV. in Versailles:</figcaption>
  <img src="statue_paris.jpg" alt="Statue von Louis XIV."
   width="200" height="301">
</figure>
<p>Und im Internet gibt es zahlreiche Listings.</p>
<figure>
  <pre>
     function blockError() {
        return true;
     }
     window.onerror = blockError;
  </pre>
  <figcaption>
    <b>Listing 25:</b> Fehlermeldungen unterdrücken
  </figcaption>
</figure>
```

Erläuterung

Eine »Abbildung« wird durch `<figure>...</figure>` markiert. Der so definierte Bereich kann, muss aber keine Beschriftung enthalten. Wenn er eine Beschriftung enthält, wird diese durch `<figcaption>...</figcaption>` ausgezeichnet. Das `figcaption`-Element muss in diesem Fall entweder ganz am Anfang (wie im ersten Fall des obigen Beispiels) oder ganz am Ende (wie oben im zweiten Fall) des `figure`-Bereichs notiert werden.

Der übrige Inhalt eines `figure`-Elements kann aus Text und anderen HTML-Elementen bestehen. Bestimmte Arten von Inhalt sind nicht vorgeschrieben. Typisch sind Verwendungen wie im obigen Beispiel: In Verbindung mit Grafiken (im Beispiel das `img`-Element) oder mit Code-Listings (im Beispiel das `pre`-Element).

Auch das `figcaption`-Element kann neben Text andere HTML-Elemente enthalten, jedoch keine Gruppierungselemente und keine Elemente für Webseiten-Bereiche.

Bild 4.10: Darstellung der Abbildungen im Browser

Weitere Hinweise

Die Elemente `figure` und `figcaption` wurden erst mit HTML5 eingeführt. Die Browser-Unterstützung ist bereits vorhanden, aber nicht alle Benutzer verwenden die neuesten Browser.

Das `img`-Element aus dem obigen Beispiel wird im Buchabschnitt *7.1 Pixelgrafik* und das `pre`-Element im nachfolgenden Abschnitt über präformatierte Bereiche beschrieben.

Verwenden Sie CSS bzw. CSS-Eigenschaften, um `figure`-Bereiche und die zugehörige Beschriftung zu gestalten.

Referenzinformationen

Elementreferenz `<figure>`,
Elementreferenz `<figcaption>`:

4.2.7 Präformatierte Bereiche (mit Leerraum)

Die Eigenschaft von Web-Browsern, Leerraum (Whitespace) in HTML-Quelltexten zu einem einzigen Leerzeichen zusammenzufassen, ist nicht in allen Fällen wünschenswert. Bei Programmlistings ist es beispielsweise sinnvoll, wenn alle Zeilen mit allen Einrückungen so wiedergegeben werden wie im Editor eingegeben. Auch für viele andere Anwendungsfälle, beispielsweise für ASCII-Art oder zur Wiedergabe von Programmausgaben auf Kommandozeilenebene, sind solche »präformatierten« Bereiche nützlich.

Beispiel

```
<pre><code>
  function f2c(f) { // Fahrenheit -> Celsius
    c = (f - 32) * 5 / 9;
    c = parseInt(c * 10) / 10;
    return(c);
  }

  function c2f(c) { // Celsius -> Fahrenheit
    f = ((c * 9 ) / 5 ) + 32;
    f = parseInt(f * 10) / 10;
    return(f);
  }
</code></pre>
```

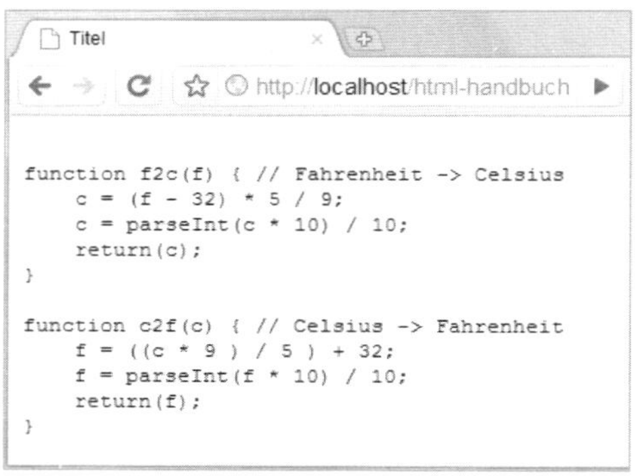

Bild 4.11: Im Browser wiedergegeben wie im Editor eingegeben: präformatierter Bereich in HTML

Erläuterung

Ein Bereich für präformatierten Text wird durch `<pre>...</pre>` markiert (pre = *preformatted* = vorformatiert). Web-Browser stellen alle darin enthaltenen Inhalte, inklusive des Leerraums, wie eingegeben dar. Zur Darstellung wird bei grafischen Browsern üblicherweise eine Monospace-Schrift (Courier oder ähnliche) verwendet, da solche Schriftarten besonders bei Code-Listings für besser lesbare Ausgaben sorgen.

Zwischen `<pre>` und `</pre>` können Sie Text und andere HTML-Elemente notieren. Die HTML5-Spezifikation empfiehlt, den Inhalt durch geeignete Elemente zur Textauszeichnung zu präzisieren. So wird der Inhalt des `pre`-Elements im obigen Beispiel zusätzlich in ein `code`-Element eingeschlossen. Dieses Element signalisiert, dass es sich beim Inhalt um ein Code-Listing handelt. Andere präzisierende Elemente dieser Art sind beispielsweise kbd (für die Darstellung von Tastatureingaben) oder samp für die Darstellung von beispielhaften Programmausgaben.

Weitere Hinweise

Mit CSS bzw. CSS-Eigenschaften können Sie auch proportionale Schriftarten für pre-Bereiche erzwingen. Auch CSS-Eigenschaften wie Rahmen, Abstände oder Hintergrundfarben sind geeignet, um pre-Bereiche optisch zu gestalten.

Referenzinformationen

Elementreferenz <pre>:

HTML 2.0 | XHTML 1.0

4.2.8 Trennlinien

Trennlinien dienen der optischen Abgrenzung von nicht unmittelbar zusammengehörigen Textabschnitten oder allgemein zur Auflockerung. Eine Trennlinie erzeugt einen eigenen Absatz.

Beispiel

```
<p>Hier ist ein Abschnitt zu Ende.</p>
<hr>
<p>Und hier beginnt etwas Neues.</p>
```

Erläuterung

<hr> (hr = *horizontal rule* = horizontale Linie) fügt eine Trennlinie ein. Dabei ist es egal, ob das Tag am Ende der Zeile des vorherigen Absatzes, in einer eigenen Zeile (wie im Beispiel) oder am Anfang des folgenden Absatzes steht.

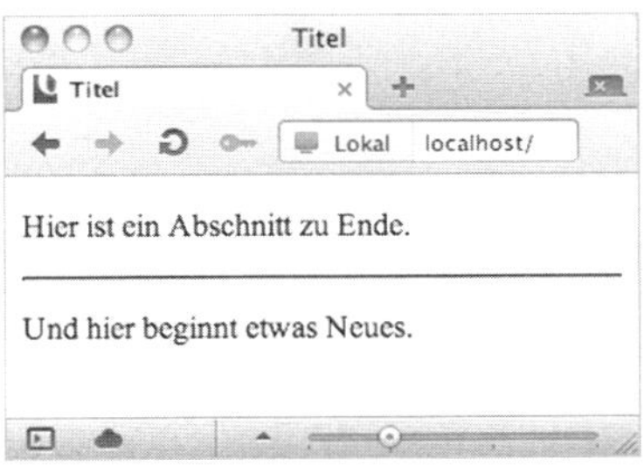

Bild 4.12: Eine horizontale Linie zwischen zwei Absätzen.

Weitere Hinweise

Wenn Sie XHTML-Standard-konform arbeiten, müssen Sie das hr-Element als inhaltsleer kennzeichnen. Dazu notieren Sie das alleinstehende Tag in der Form <hr />.

Auch Trennlinien können Sie mit CSS bzw. CSS-Eigenschaften gestalten. Die Wirkungsweise einer Trennlinie können Sie beispielsweise durch Angaben zu Breite, Höhe, Farbe und Abständen beeinflussen.

Referenzinformationen

Elementreferenz <hr>:

HTML 2.0 | XHTML 1.0

4.2.9 Allgemeine Bereiche

Sie können mehrere Inhalte wie Text, Grafiken, Tabellen und andere Elemente in einen gemeinsamen Bereich einschließen. Dieses allgemeine Element bewirkt nichts weiter als eine neue Zeile im Fließtext. Ansonsten hat es keine Eigenschaften und keine spezielle Bedeutung. Es ist dazu gedacht, um mit Hilfe von CSS formatiert zu werden. In der Praxis wird es gerne zum Definieren von Layout-Bereichen verwendet.

Beispiel

```
<div style="width: 200px; float: left; margin-right: 20px;">
  <nav>
    <ul>
      <li>HOME</li>
      <li>Blog</li>
      <li>Referenzen</li>
      <li>Impressum</li>
    </ul>
  </nav>
</div>
<div>
  <h1>HOME</h1>
  viel Inhalt
</div>
```

Erläuterung

Mit <div>...</div> (div = *division* = Bereich) markieren Sie einen allgemeinen Bereich, Im obigen Beispiel sind zwei solche Bereiche notiert. Der erste davon enthält zu Demonstrationszwecken einige CSS-Angaben. Diese bewirken, dass der zweite Bereich neben dem ersten ausgerichtet wird.

Bild 4.13: Etwas CSS und die beiden Bereiche werden nebeneinander angeordnet.

Weitere Hinweise

Verwenden Sie das `div`-Element nur dann, wenn es kein Element gibt, das den einzuschließenden Bereich präziser auszeichnet. Wenn der eingeschlossene Bereich also etwa ein Header oder Footer ist, sollten Sie die entsprechenden Elemente (`header` bzw. `footer`) verwenden und nicht das `div`-Element. Das `div`-Element ist hingegen die richtige Wahl, wenn ein Bereich, etwa eine Seitenleiste, alles Mögliche enthält, also etwa eine Navigation, Werbung, Zusatzinfos, Volltextsuchfeld usw. oder wenn es sich um einen sogenannten Wrapper handelt – eine Technik, die beim Fixieren von Webseiten-Layouts häufig zum Einsatz kommt.

Mit CSS bzw. CSS-Eigenschaften können Sie Bereiche beliebig gestalten. Normalerweise ist es günstiger, solche CSS-Layoutangaben in einem Stylesheet-Bereich oder in einer separaten CSS-Datei zentral zu notieren. Die Notation in einem `style`-Attribut wie im obigen Beispiel ist jedoch ebenfalls möglich und wurde hier der Einfachheit halber verwendet.

Referenzinformationen

Elementreferenz `<div>`:

4.3 Textauszeichnungen (Textlevel-Semantics)

In diesem Abschnitt geht es um HTML-Auszeichnungen mitten im Fließtext, also um Elemente, mit deren Hilfe Sie einzelnen Wörtern, Ausdrücken, Satzteilen oder Passagen eine besondere Markierung zuweisen können. In HTML 4 wurden diese Elemente als ***Inline-Elemente*** bezeichnet.

HTML5 redet stattdessen von ***textlevel semantics.***

4.3.1 Elemente für die Textauszeichnung

In Texten kommen häufig einzelne Ausdrücke oder Passagen vor, die eine erkennbare besondere Bedeutung haben, beispielsweise Namensnennungen, Abkürzungen, Datums-

und Zeitangaben, wörtliche Rede usw. HTML hält zur Feinauszeichnung solcher Inhalte im Text ein Set an bedeutungstragenden Elementen bereit.

Machen Sie in Ihren Texten Gebrauch von solchen Feinauszeichnungen! Bedenken Sie, dass das Markieren von Textpassagen mit semantisch passenden Auszeichnungen redaktionell gesehen nicht weniger wertvoll ist als die Texterstellung selbst!

Beispiel

```
<p>
  Die Sprache heißt <b>
  <abbr title="Hypertext Markup Language">HTML</abbr></b>.
  Sie ist <em>nicht</em> zum Formatieren gedacht, sondern zum
  Strukturieren. In einem Dokument mit dem Titel
  <cite>Information Management: A Proposal</cite> vom
  <time datetime="1989-03-13">13. März 1989</time> stellte
  <a href="http://www.w3.org/People/Berners-Lee/">Tim Berners-Lee</a>
  wichtige Thesen auf, die maßgeblich zur Entwicklung von HTML
  beitrugen. In dem Dokument heißt es unter anderem:
  <q cite="http://www.w3.org/History/1989/proposal.html">
  The system must allow any sort of information to be entered.
  Another person must be able to find the information, sometimes
  without knowing what he is looking for.</q>
</p>
```

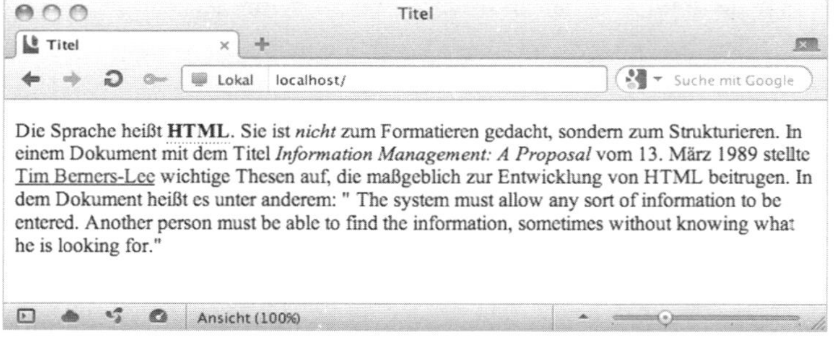

Bild 4.14: Manche Textauszeichnungen sind per Default optisch sichtbar, andere nicht.

Erläuterung

Elemente zur Textauszeichnung können innerhalb gruppierender Elemente, aber auch direkt innerhalb des Dokumentkörpers oder innerhalb von Elementen für Webseiten-

Bereiche, innerhalb von Tabellenzellen oder innerhalb von Formularen vorkommen. Das obige Beispiel zeigt einen Textabsatz mit verschiedenen markierten Textpassagen.

Alle Elemente für die Textauszeichnung bestehen aus Start- und End-Tag. Einige Elemente erwarten Attribute oder sind zumindest nur sinnvoll in Verbindung mit Attributen.

Einige der Elemente haben eine sichtbare Wirkung im Browser, z. B. Fettschrift, Kursivschrift oder Unterstreichung. Verwenden Sie diese Elemente jedoch niemals, um eine bestimmte Textformatierung zu erreichen. Für die Textformatierung sind CSS bzw.

CSS-Eigenschaften zuständig. Indem Sie jedoch Textpassagen mit Elementen zur Textauszeichnung markieren, versehen Sie den Text nicht nur mit semantisch wichtigen Informationen, sondern schaffen auch die Grundlage für die Textformatierung. Denn in CSS können Sie nur formatieren, was an Elementen vorhanden ist. Je reichhaltiger und präziser ein Inhalt strukturiert ist, desto genauer lässt er sich am Ende auch mit CSS formatieren.

Nachfolgende Tabelle listet die in HTML5 verfügbaren Elemente zur Textauszeichnung auf. Im Anschluss daran werden die Elemente einzeln genauer erklärt.

Element	*Referenzinformationen*	*Bedeutung*
`<a>...</a>`	HTML 2.0, XHTML 1.0	Hyperlink und Anker für Hyperlinks
`<abbr>...</abbr>`	HTML 4.0, XHTML 1.0	Abkürzung
`<b>...</b>`	HTML 2.0, XHTML 1.0	Stilistische Hervorhebung
`<bdo>...</bdo>`	HTML 4.0, XHTML 1.0	Textrichtung ändern
`<cite>...</cite>`	HTML 2.0, XHTML 1.0	Titel, Bezeichnung eines Werks
`<code>...</code>`	HTML 2.0, XHTML 1.0	Quelltext
`<dfn>...</dfn>`	HTML 3.2, XHTML 1.0	Zu definierender Ausdruck

Element	*Referenzinformationen*	*Bedeutung*
<em>...</em>	Semantik, HTML 2.0, XHTML 1.0	Emphatisch (gefühlsmäßig) betont
<i>...</i>	Semantik, HTML 2.0, XHTML 1.0	Stilistische Benennung
<kbd>...</kbd>	HTML 2.0, XHTML 1.0	Über Tastatur eingegebener/einzugebender Text
<mark>...</mark>	HTML5, XHTML 5; 9.0, 4.0, 5.0, 11.0	Selektierter Text
<q>...</q>	Semantik, HTML 4.0, XHTML 1.0	Wörtliche Rede in einem Text
<rp>...</rp>	HTML5, XHTML 5; 9.0, 5.0	Ruby-Klammer
<rt>...</rt>	HTML5, XHTML 5; 9.0, 5.0	Textteil einer Ruby-Annotation
<ruby>...</ruby>	HTML5, XHTML 5; 9.0, 5.0	Bereich einer Ruby-Annotation

Element	*Referenzinformationen*	*Bedeutung*
`<samp>...</samp>`	HTML 2.0, XHTML 1.0	Beispiel-Ausgabe
`<small>...</small>`	Semantik, HTML 3.2, XHTML 1.0	Für das »Kleingedruckte«
`<span>...</span>`	HTML 4.0, XHTML 1.0	Allgemeines Textlevel-Element
`<strong>...</strong>`	HTML 2.0, XHTML 1.0	Stilistisch hervorgehoben
`<sub>...</sub>`	HTML 3.2, XHTML 1.0	Tiefergestellt (z. B. in Formeln)
`<sup>...</sup>`	HTML 3.2, XHTML 1.0	Höhergestellt (z. B. Exponentialwerte)
`<time>...</time>`	Semantik, HTML, XHTML 5 9.0, 4.0, 5.0, 11.0	Datums- und/oder Zeitangabe
`<var>...</var>`	HTML 2.0, XHTML 1.0	für frei wählbare Bezeichnernamen

Das a-Element

Das `a`-Element wird im Buchabschnitt *6.1 Aufbau von Hyperlinks* beschrieben.

Das abbr-Element

Das `abbr`-Element ist für Abkürzungen wie MwSt. oder F.A.Z., aber auch für Akronyme wie NATO oder PubSubHubbub gedacht. Sehr sinnvoll ist es, bei diesem Element das globale Attribut `title=` zu notieren, so wie bei `<abbr title="Hypertext Markup Language">HTML</abbr>`. Beim `title`-Attribut können Sie die Abkürzung ausschreiben. Der Inhalt wird dem Anwender in einem grafischen Browser beim Überfahren der Textstelle mit der Maus als Tooltipp-Fenster angezeigt.

Das b-Element

Das `b`-Element hatte früher die Bedeutung Fettschrift (b = *bold*). Die optische Wirkungsweise in grafischen Browsern ist nach wie vor Fettschrift.

Das Element wurde in HTML5 zu einem bedeutungstragenden Element umgedeutet. Geeignet ist es beispielsweise für Stichwörter, Firmennamen oder Ähnliches.

Das bdo-Element

Mit dem `bdo`-Element können Sie die Textrichtung ändern. Wenn Sie HTML in Verbindung mit Sprachen benutzen, die eine andere Textrichtung als von links nach rechts haben, kann es zu Konflikten bei der Textrichtung kommen, vor allem, wenn Sie zwei Sprachen mit unterschiedlicher Textrichtung im Text gemischt verwenden. Wenn Sie Unicodes in HTML notieren, wird dabei normalerweise automatisch auch die Textrichtung der jeweiligen Sprache berücksichtigt. Wenn Sie etwa die Unicodes für ein arabisches Wort von links nach rechts notieren, sollte die Software die Zeichenkette dennoch so auflösen, dass die Darstellung von rechts nach links erfolgt, weil das die Textrichtung im Arabischen ist. Sollte das nicht funktionieren, können Sie mit Hilfe des `bdo`-Elements nachhelfen.

Mit `<bdo dir="rtl">` leiten Sie einen Text ein, der von rechts nach links dargestellt wird, und mit `<bdo dir="ltr">` einen Text, der von links nach rechts dargestellt wird. `</bdo>` stellt die ursprüngliche Schreibrichtung wieder her (bdo = *bidirectional overwrite* = Überschreiben der automatischen Bidirektionalität, rtl = *right to left* = von rechts nach links, ltr = *left to right* = von links nach rechts).

Das cite-Element

Mit diesem Element markieren Sie Titel von Büchern, Musikstücken, Filmen, usw., die im Fließtext erwähnt werden. Das Element ist ausschließlich für Werktitel gedacht, nicht für Personennamen. Eine korrekte Auszeichnung ist also beispielsweise:

```
Steven Spielbergs <cite>Jurassic Park</cite>.
```

Das code-Element

Dieses Element dient zur Markierung von Quelltext-Fragmenten im Fließtext, zum Beispiel werden Code-Fragmente durch `<code>...</code>` markiert.

Die HTML5-Spezifikation schlägt vor, die im `code`-Element enthaltene Computersprache durch ein `class`-Attribut im Start-Tag zu kennzeichnen. Diesem Attribut soll der Wert `"language-"` plus der Name der Sprache zugewiesen werden, also beispielsweise:

```
<code class="language-html">
<code class="language-css">
<code class="language-javascript">
<code class="language-php">
<code class="language-sql">
```

Diese Konvention können Scripts nutzen, um den enthaltenen Code durch Syntax-Highlighting besser lesbar zu gestalten.

Das dfn-Element

Dieses Element umschließt einen Ausdruck, der an eben dieser Textstelle definiert oder dessen Bedeutung in der umgebenden Textpassage erklärt wird.

Beispiel

```
<a href="http://twick.it/"><dfn>Twick.it</dfn></a> ist ein
Internetservice, bei dem User Begriffe mit jeweils 140 Zeichen erklären,
wodurch ein sozialgepflegter Glossar entsteht.
```

Das Element ist nicht dazu gedacht, die Definition zu markieren.

Das em-Element

Dieses Element ist für Textpassagen gedacht, auf die beim lauten Aussprechen durch Betonung das Gewicht gelegt wird. So bedeutet

`<em>Peter</em>` war in diesem Jahr erfolgreich

etwas anderes als

Peter war in `<em>diesem</em>` Jahr erfolgreich.

Die Emphasis zeigt an, wo die Betonung liegt.

Das i-Element

Das `i`-Element hatte früher die Bedeutung Kursivschrift (*i* = *italics*).

Das Element wurde in HTML5 zu einem bedeutungstragenden Element umgedeutet. Gedacht ist es demzufolge, um beispielsweise Fachausdrücke, anderssprachige Phrasen, Eigennamen oder vergleichbare Textpassagen zu markieren.

Beispiel:

```
Wenn es um Google geht, regiert in Deutschland die <i>German Angst</i>.
```

Das kbd-Element

Mit diesem Element können Sie in einer Dokumentation Inhalte auszeichnen, die eine Tastatureingabe darstellen.

Beispiel

```
Mit <kbd>ls -l [Enter]</kbd> erhalten Sie ein ausführliches
Verzeichnislisting.
```

Wenn Tastenkombinationen abgebildet werden sollen, wird das Verschachteln des Elements empfohlen.

Beispiel

```
Durch Drücken von <kbd><kbd>Alt</kbd> + <kbd>F4</kbd></kbd> wird das
aktive Fenster geschlossen.
```

Eine etwas freizügigere Verwendung ist ebenfalls erlaubt. So etwa in diesem Beispiel: Zum Speichern bitte `<kbd>Datei / Speichern</kbd>` wählen. Ob der Anwender dabei die Tastatur, die Maus oder ein anderes Eingabegerät benutzt, bleibt offen.

Das mark-Element

Dieses mit HTML5 neu eingeführte Element dient dazu, markierten Text auf HTML-Ebene auszuzeichnen. In der Praxis wird das Element wohl am ehesten in Verbindung mit dynamisch generierten Inhalten zum Einsatz kommen. Wenn der Anwender zuvor beispielsweise nach einem Wort gesucht hat, könnte das gesuchte Wort in einem ausgegebenen Inhalt an allen Fundstellen optisch hervorgehoben werden. Dazu könnte das Script, das die Ausgabe generiert, das Wort jeweils in <mark>…</mark> einschließen.

Das q-Element

Dieses Element markiert wörtliche Rede oder ein Zitat mitten im Text.

Beispiel

```
Susi fragte mich: <q>Hast du heute Lust auf Kino?</q>.
```

Bei dieser Art von Markierung sollte der Browser die Anführungszeichen von selbst setzen. Das q-Element wird allerdings nicht von allen noch im Einsatz befindlichen Browsern erkannt. Auch sind die Anführungszeichen, die ein Browser, der das Element kennt, setzt, nicht unbedingt die gewünschten typografischen Anführungszeichen.

Wenn es sich um ein Zitat handelt, zu dessen Quelle im Internet eine URL-Adresse existiert, sollten Sie diese in einem cite-Attribut angeben.

Beispiel

```
<q cite="http://twitter.com/jooobi/statuses/10210000091">
  Habe geträumt, bei Mario Barth mit einem Witzigkeitsindikator
  gewesen zu sein. Kein Ausschlag. #wirr
</q>.
```

Browser sollten dem Anwender die Möglichkeit anbieten, die so angegebene URL-Adresse aufzurufen. Leider ist das bislang nicht Praxis.

Die Elemente ruby, rp und rt

Wenn Sie Texte in westlichen Alphabetsprachen erstellen, sind diese Elemente uninteressant.

In fernöstlichen Sprachen ist mitunter nicht klar, wie ein Schriftzeichen ausgesprochen wird, zum Beispiel bei seltenen Schriftzeichen oder Zeichen für Eigennamen. Die chinesische und japanische Typografie kennt für diesen Zweck eine spezielle Annotationssyntax (*Annotation* = Anmerkung). Dabei wird oberhalb betroffener Schriftzeichen ein kleiner Ausssprachehinweis notiert. Da sich solche Annotationen nicht allein durch Unicode-Zeichen umsetzen lassen, stellt HTML eine Syntax-Grundlage für solche Annotationen zur Verfügung.

Das nachfolgende Beispiel stammt aus dem Wikipedia-Artikel über Ruby-Annotation.
http://de.wikipedia.org/wiki/Ruby_Annotation

```
<ruby>□<rp>(</rp><rt>□□</rt><rp>)</rp></ruby>
<ruby>□<rp>(</rp><rt>□□□</rt><rp>)</rp></ruby>
```

Das Beispiel zeichnet zwei Zeichen mit Annotationen aus. Das Zeichen inklusive Annotation wird in `<ruby>...</ruby>` eingeschlossen. Zunächst wird das Zeichen als Elementinhalt notiert. Um die Annotation in Klammern zu setzen und um die Klammern auszuzeichnen (rp = *ruby parentheses* = Ruby-Klammern), gibt es das `rp`-Element. Innerhalb davon wird ein `rt`-Element notiert (rt = *ruby text*). Innerhalb davon wird die Annotation notiert.

Das samp-Element

Wie mehrere andere Elemente zur Textauszeichnung, ist dieses Element vor allem in der technischen Dokumentation von Bedeutung. Mit dem Element lassen sich Bildschirmausgaben, Fehlermeldungen von Programmen und Ähnliches auszeichnen.

Beispiel

```
Wenn der Name schon vorhanden ist, wird
<samp>template is already existing </samp> angezeigt.
```

Das small-Element

Dieses Element gehört ebenfalls zu denen, die bereits in früheren HTML-Versionen existierten, dort jedoch die physische Bedeutung »kleiner dargestellt als normal« hatte.

In HTML5 wird das Element semantisch so umgedeutet, dass es nur noch für typischerweise kleingedruckte Inhalte wie Copyright-Angabe, Disclaimer usw. gilt.

Beispiel

```
<small>@ 2010 by Example International</small>.
```

Das span-Element

Das `span`-Element ist mit dem `div`-Element vergleichbar. Es ist ein allgemeines Element, das im Browser nichts bewirkt. Sein Zweck besteht darin, Textpassagen auszuzeichnen, für die es kein anderes, passenderes Element gibt, die aber ausgezeichnet werden sollen, weil sie zum Beispiel mit Hilfe von CSS optisch hervorgehoben werden sollen oder weil ein Script auf den Elementinhalt zugreifen soll. Sinnvoll ist das `span`-Element vor allem in Verbindung mit globalen Attributen.

Beispiel:

```
Aktueller Spielstand <span id="points">0</span> Punkte.
```

In dem Beispiel wird das `span`-Element dazu verwendet, eine Punktzahl zu markieren. Durch das globale Attribut `id` wird ein dokumentweit eindeutiger Name vergeben. Ein JavaScript-Programm, das beispielsweise ein Spiel steuert, könnte dadurch direkt auf den Elementinhalt zugreifen und die Punktzahl während eines Spiels aktualisieren.

Verwenden Sie das `span`-Element nur, wenn es kein semantisch besser geeignetes Element gibt.

Das strong-Element

Dieses Element ist zur Markierung besonders wichtiger Textstellen gedacht.

Beispiel

```
<strong>Warnung:</strong>
Ein Abbrechen des Vorgangs kann zu Datenverlust führen!
```

Oder:

```
Das <strong>Schülerhandbuch</strong> enthält Aufgaben, das
<strong>Lehrerhandbuch</strong> die zugehörigen Lösungen.
```

Die Abgrenzung zum `em`-Element besteht darin, dass die Hervorhebung durch das strong-Element keine subjektive Betonung darstellt, sondern Inhalte hervorhebt, die beim Lesen Signalwirkung haben sollen.

Das Element kann auch verschachtelt werden, um die Bedeutung zu steigern:

```
<strong><strong><strong>Achtung:</strong></strong></strong>
Bei unsachgemäßer Behandlung Stromschlag-Gefahr!
```

Die Elemente sub und sup

`sub` steht für tiefgestellt (sub = *Subscript*), `sup` für hochgestellt (sup = *Superscript*). Beide Auszeichnungen kommen beispielsweise in technisch-mathematischen Formeln zum Einsatz. Das `sup`-Element wird für Exponentialzahlen verwendet.

Beispiel

```
Mit einem Byte sind 2<sup>8</sup> = 256 Zustände abbildbar.
```

HTML5 ermöglicht übrigens auch das Einbetten der XML-Sprache MathML für komplexe mathematische Formeln. Details dazu werden in Abschnitt *4.5 Mathematische Formeln* beschrieben.

Das time-Element

Dieses mit HTML5 neu eingeführte Element ist zur Auszeichnung von Datums- und Zeitangaben gedacht.

Seinen eigentlichen Zweck erreicht es durch das Attribut datetime. Während der Elementinhalt von <time>...</time> nämlich eine von der Sprache und vom Kontext abhängige Angabe sein kann, enthält das datetime-Attribut eine maschinenlesbare, präzise Angabe.

Beispiel:

```
Das Bild zeigt Oma und Enkelkinder an
<time datetime="2007-12-24">Heiligabend 2007</time>.
```

Oder:

```
Flohmarkt am <time datetime="2011-05-14T08:00+01:00">
Samstag, den 14. Mai 2011 von 8</time> bis
<time datetime="2011-05-14T16:00+01:00">16 Uhr</time>.
```

Ein Datum wird beim datetime-Attribut in der Form JJJJ-MM-TT (Jahr vollstellig, Monat zweistellig, Tag zweistellig) notiert. Wenn Sie zusätzlich eine Uhrzeit angeben möchten, notieren Sie hinter dem Datum den Großbuchstaben T (steht für time = Zeit), und dahinter die Uhrzeit in der Form HH:MM (Stunden 2stellig von 00 bis 23, Minuten zweistellig). Optional können Sie auch die Form HH:MM:SS verwenden (SS = Sekunden zweistellig). Bei Uhrzeiten sollten Sie auch noch den Zeitzonen-Offset gegenüber UTC (Greenwich-Zeit) angeben. Die Angabe +01:00 bedeutet beispielsweise Greenwich-Zeit plus 1 Stunde (und 0 Minuten) – diese Angabe ist beispielsweise für die Zeitzone geeignet, in der sich Deutschland, Österreich und die Schweiz befinden. Für Zeitzonen westlich des Nullmeridians stellen Sie ein Minuszeichen voran.

Das var-Element

Mit dem var-Element können Sie Variablen auszeichnen.

Beispiel

```
Das System sorgt dafür, dass bei <var>n</var>
gleichzeitigen Besuchern jeder von <var>m</var> Hostrechnern
gerundet <var>n</var> geteilt durch <var>m</var> Besucher
zugewiesen bekommt.
```

Weitere Hinweise

Mit HTML5 hat man sich endgültig von den sogenannten physischen Textauszeichnungen verabschiedet. Der Grund ist, dass es für solche Auszeichnungen CSS-Eigenschaften gibt und CSS für physische Textformatierung zuständig ist. Nur zwei Elemente, die einst zu den physischen Markierungen gehörten, hat man in HTML5 übernommen: die Elemente `b` und `i`. Diese haben in HTML5 eine semantische Bedeutung erhalten.

4.4 Elemente für Änderungsmarkierungen

Elemente für Änderungsmarkierungen sind für zwei Anwendungsfälle gedacht:

- Wenn ein Dokument von einem Bearbeiter korrekturgelesen wird und dessen Korrekturen den Ursprungszustand des Dokuments nicht zerstören sollen.
- Wenn in einer Webanwendung Bearbeitungsversionen eines Dokuments dauerhaft gespeichert werden. Wikis tun das beispielsweise. Entsprechende Anwendungen bieten dem interessierten Anwender meist auch an, zwei Dokumentstände auszuwählen und direkt miteinander zu vergleichen. Die Unterschiede können mit Hilfe von Änderungsmarkierungen ausgezeichnet und visualisiert werden.

Beispiel

```
<h1>Viel falsch</h1>
<p>Goethe wurde im Jahre <del>1768</del><ins>1749</ins> geboren
und war ein begnadeter
<del datetime="2011-0625T10:59+01:00">Sportler</del>
<ins  datetime="2011-06-25T10:59+01:00">Schriftsteller</ins>.</p>
```

Erläuterung

Mit `<del>...</del>` zeichnen Sie Text aus, der nicht mehr gültig ist oder entfernt werden sollte (del = *delete* = löschen). Mit `<ins>...</ins>` können Sie Text auszeichnen, der neu eingefügt wurde (ins = *insert* = einfügen). Häufig besteht eine Änderung darin, beide Elemente zu notieren. Denn bei einer Änderung wird häufig etwas gelöscht und stattdessen etwas anderes hinzugefügt.

Bild 4.15: Gelöschter und eingefügter Text im Browser

Zur exakteren Auszeichnung sind noch zwei Attribute in beiden einleitenden Tags erlaubt:

Mit dem Attribut datetime im einleitenden Tag von <ins> oder <del> können Sie den Zeitpunkt der Änderung festhalten. Eine Angabe wie <ins datetime="2011-06-25T10:59+01:00"> bedeutet: eingefügt am 25. 6. 2011 um 10 Uhr 59 nach Zeitzone UTC-Zeit plus 1 Stunde. Die Uhrzeit/Zeitzonenangabe können Sie auch weglassen, etwa so: <ins datetime="2001-06-25">. UTC = *Coordinated Universal Time* (wobei ±0 die früher sogenannte Greenwich-Zeit ist).

Mit dem Attribut cite können Sie eine URL-Adresse angeben, die als der Grund für die Änderung gelten kann – beispielsweise ein verbindliches Dokument, auf dessen Vorgaben Inhalte im korrigierten Dokument beruhen, das aber mittlerweile geändert wurde. Eine Angabe wie <ins cite="http://whatwg.org/html5"> bedeutet: Dieser Text wurde aufgrund der aktuellen HTML-Spezifikation eingefügt (die angegebene URL ist die Adresse, an der die HTML-Spezifikation zu finden ist).

Weitere Hinweise

Die beiden Elemente ins und del können auch gruppierende Elemente umschließen. Erlaubt ist also beispielsweise: <ins><p>....</p></ins>. Jedoch sollten Sie keine gemischten Inhalte mit einem einzigen dieser Elemente umschließen. So ist <ins><p>irgendwas</p>noch was</ins> keine empfohlene Praxis. Stattdessen soll <ins><p>irgendwas</p></ins><ins>noch was</ins> verwendet werden.

Referenzinformationen

Elementreferenz <ins>,
Elementreferenz <del>,
Attributreferenz cite,
Attributreferenz datetime:

HTML 4.0 | XHTML 1.0

4.5 Mathematische Formeln

Die hier beschriebenen Elemente gehören nicht zu HTML, sondern zu einer XML-basierten Sprache namens ***MathML***.

HTML: Der HTML5-Standard ermutigt Web-Autoren jedoch, MathML zur Repräsentation mathematischer Formeln direkt in HTML zu verwenden.

Browser-Anbieter sind angehalten, in HTML erkannte MathML-Bereiche zu rendern. Dabei ist kein XHTML erforderlich, und Sie müssen keine XML-Namensraumsyntax beachten. Nur wenn Sie XHTML als XML ausliefern wollen, müssen Sie MathML über das Namensraumkonzept von XML einbinden. Die direkte Umsetzung von MathML in modernen Browsern ist allerdings bislang kaum implementiert.

MathML

MathML wird vom W3-Konsortium spezifiziert. Zum Redaktionszeitpunkt liegt der Sprachstandard 3.0 vor. Die erste Version erschien bereits 1998 und war die erste XML-basierte Sprache, die das W3-Konsortium selbst entwickelte. Ein Teil der MathML-Elemente dient dazu, die Bestandteile von Formeln nach ihrer Bedeutung auszeichnen. Andere Elemente dienen der Notation, also der Präsentation der Formeln. In HTML eingebettetes MathML verwendet vor allem das Präsentationsmarkup.

Homepage von MathML beim W3-Konsortium
http://www.w3.org/Math/

Neuester offizieller Sprachstandard (Recommendation)
http://www.w3.org/TR/MathML/

Verständliche, englischsprachige Einführung in MathML
http://www.dessci.com/en/reference/mathml/

Es ist im Rahmen dieses Buchabschnitts nicht möglich, MathML auch nur annähernd vollständig zu beschreiben. Interessierte seien auf die Links zu einschlägiger Literatur im Kasten verwiesen. Dieser Abschnitt beschränkt sich darauf, einige wenige Grundlagen der Sprache zu vermitteln.

Eine einfache Formel

Mit nachfolgender Formel beginnt so ziemlich jede Einführung in MathML:

$$(a + b)^2$$

Die Formel in HTML

```
<p>Hier eine einfache mathematische Formel mitten in HTML:</p>
<p>
  <math>
    <msup>
      <mfenced>
        <mi>a</mi>
        <mo>+</mo>
        <mi>b</mi>
      </mfenced>
      <mn>2</mn>
    </msup>
  </math>
</p>
```

Erläuterung

Die gesamte Formel wird in $...$ eingeschlossen. Dies ist eigentlich das Dokumentelement von MathML.

In der von HTML5 erlaubten Einbettungs-Syntax kann es jedoch wie ein ganz normales HTML-Element notiert werden.

Das Beispiel zeigt den Präsentationsmarkup-Teil von MathML. Mit `<msup>...</msup>` wird ein Superscript-Ausdruck markiert. Das Element erwartet als Inhalt zum einen die Basis und zum anderen den Superscript-Part. Im obigen Beispiel besteht die Basis aus dem geklammerten Teilausdruck `(a+b)`. Die Klammerung kann wie im Beispiel durch `<mfenced>...</mfenced>` beschrieben werden. Die Bestandteile `a` und `b` im Beispiel sind Variablen. Diese werden durch `<mi>...</mi>` ausgezeichnet (das »i« steht für *identifyer* = Bezeichner). Operatoren, wie im Beispiel das Pluszeichen, werden im MathML-Präsentations-Markup mit `<mo>...</mo>` markiert (das »o« steht für *operator*). Der Superscript-Part besteht im Beispiel einfach aus dem Wert 2. Zahlen werden in Formeln durch `<mn>...</mn>` markiert (das »n« steht für *number*). Das `msup`-Element enthält mit `mfenced` und `mn` genau die beiden erwarteten inneren Elemente. Das erste, also `mfenced`, wird zur Basis, und das Zweite, also `mn`, zum Superscript.

Alle für eine Formel relevanten Bestandteile werden durch Elemente markiert. Leerraum dazwischen wird einfach ignoriert.

Gleichung mit Bruch und Wurzel über einem Ausdruck

Nachfolgendes Beispiel ist einem Lehrveranstaltungstext von Marcus Zelend von der TU Chemnitz entnommen.

http://marcus.zelend.de/studium/mathml/

$$x = \frac{-b \pm \sqrt{b^2 - 4ac}}{2a}$$

Beispiel

```
<h3>Die Gleichung</h3>
<math>
  <mrow>
    <mi>x</mi>
    <mo>=</mo>
    <mfrac>
      <mrow>
        <mrow>
          <mo>-</mo>
          <mi>b</mi>
        </mrow>
        <mo>&PlusMinus;</mo>
        <msqrt>
          <mrow>
            <msup>
              <mi>b</mi>
```

```
          <mn>2</mn>
        </msup>
        <mo>-</mo>
        <mrow>
          <mn>4</mn>
          <mo>&InvisibleTimes;</mo>
          <mi>a</mi>
          <mo>&InvisibleTimes;</mo>
          <mi>c</mi>
        </mrow>
      </mrow>
    </msqrt>
  </mrow>
  <mrow>
    <mn>2</mn>
    <mo>&InvisibleTimes;</mo>
    <mi>a</mi>
  </mrow>
</mfrac>
</mrow>
</math>
```

Erläuterung

Im Präsentationsmarkup von MathML ist nicht wirklich erkennbar, was ein Teilausdruck innerhalb der Gesamtformel ist. Um beliebige Ausdrücke oder Teilausdrücke zu markieren, steht das mrow-Element zur Verfügung. Im obigen Beispiel wird von diesem Element reichlich Gebrauch gemacht. Das Element kann auch, wie im Beispiel zu sehen, verschachtelt werden, um die logische Hierarchie zwischen komplexeren und elementareren Ausdrücken abzubilden.

Das mrow-Element markiert Ausdrücke auf einer horizontalen Ebene (*row* = Reihe). Deswegen dient es im obigen Beispiel auch dazu, die beiden Horizontebenen Zähler und Nenner des Bruchs zu markieren.

Schema:

```
<mfrac><mrow>Zähler</mrow>
<mrow>Nenner</mrow></mfrac>
```

Das mfrac-Element schließt den gesamten Bruch ein (frac = *fraction* = Bruch). Es erwartet zwei innere Elemente. Das erste markiert den Zähler, das zweite den Nenner.

Das Gleichheitszeichen der Gleichung ist im Präsentationsmarkup von MathML einfach ein Operator, der wie andere Operatoren durch <mo>...</mo> ausgezeichnet wird.

Wurzeln werden durch <msqrt>...</msqrt> ausgezeichnet (sqrt = *square root* = Quadratwurzel). Der Browser muss die Wurzel so rendern, dass sie den gesamten Elementinhalt einschließt.

In MathML gibt es auch etliche benannte Zeichen (named entities) für die zahlreichen mathematischen Symbole und Sonderzeichen. Zwei davon sind im obigen Beispiel enthalten: `±` für das Zeichen ± und `⁢` für das in Ausdrücken meist nicht explizit notierte Multiplikationszeichen (*invisible times* = unsichtbares Malzeichen).

4.6 Backgrounds

Die wechselhafte Geschichte von HTML schlägt sich auch in der verwendeten Terminologie rund um Elemente zur Inhaltsstrukturierung nieder. Besonders verwirrend sind die Unterschiede in Bezug auf die sogenannten Content-Modelle.

Eine andere wichtige Seite von HTML5 ist der Abschied von der Idee »valider Dokumente«. Im Klartext bedeutet das: Sie dürfen sogar eigene Elemente erfinden und in HTML verwenden.

4.6.1 Content-Modelle

HTML5 unterscheidet sich von HTML 4.01 nicht nur durch einige weggefallene und hinzugekommene Sprachelemente. Auch die Terminologie der HTML-Spezifikation hat sich stark verändert. Ein Grund dafür ist, dass HTML aus seiner ursprünglichen Verankerung des allgemeinen Markup-Konzepts von SGML herausgelöst wurde. Besonders bei den sogenannten Content-Modellen, in welche die Struktur-Elemente von HTML eingeordnet werden, gibt es erhebliche Unterschiede.

Content-Modelle in HTML 4.01

HTML 4.01 unterscheidet zwei Basis-Content-Modelle:

- ***Block-Elemente*** sind Elemente mit Inhalt, die eine neue Zeile im Textfluss und einen Block – ein Element, welches die gesamte Breite des Browserfensters einnimmt – erzeugen. Dazu gehören Textabsätze, Überschriften, Listen, Trennlinien, Tabellen, usw.
- ***Inline-Elemente*** sind Elemente, die keine neue Zeile im Textfluss erzeugen und reine Auszeichnungen innerhalb von Text sind.

Aus diesen beiden Basis-Typen wird ein zusammengesetztes Content-Modell erzeugt, der sogenannte ***Flow-Content***. Er umfasst (neben Text) die Summe aller Block- und Inline-Elemente.

In der Strict-Variante von HTML 4.01 darf das `body`-Element keinen direkten Text enthalten. Der Inhalt auf der nächsttieferen Hierarchie-Ebene darf nur aus Block-Elementen bestehen oder aus einigen Ausnahme-Elementen wie `script` (für Script-Bereiche) oder die Elemente für Änderungsmarkierungen (`ins` und `del`).

Inline-Elemente können niemals Block-Elemente zum Inhalt haben, sondern nur Text und andere Inline-Elemente. Unter den Block-Elementen gibt es solche, die Flow-Content enthalten können, wie etwa das `div`-Element für allgemeine Bereiche, und andere, die neben Text nur Inline-Elemente enthalten können, wie etwa Textabsätze oder Überschriften. Und dann gibt es noch Elemente, die freizügigen Flow-Content enthalten dürfen, selbst aber nur an bestimmten Stellen vorkommen dürfen, wie etwa Listenelemente (`li`) oder Tabellenzellen (`td`).

Links

Das Vokabular dieser Regeln, sowie die Regeln selbst, entstammen der Document Type Definition (DTD) von HTML 4.01, nachzulesen unter: *http://www.w3.org/TR/REC-HTML 40/sgml/dtd.html*

Content-Modelle in HTML5

Gegenüber HTML 4.01 ist das Set von unterschiedenen Content-Modellen in HTML5 komplexer. Erfreulicherweise hat das Team, das für die Spezifikation zuständig ist, eine nützliche Übersichtsgrafik erstellt, die das Zusammenspiel der Content-Modelle illustriert.

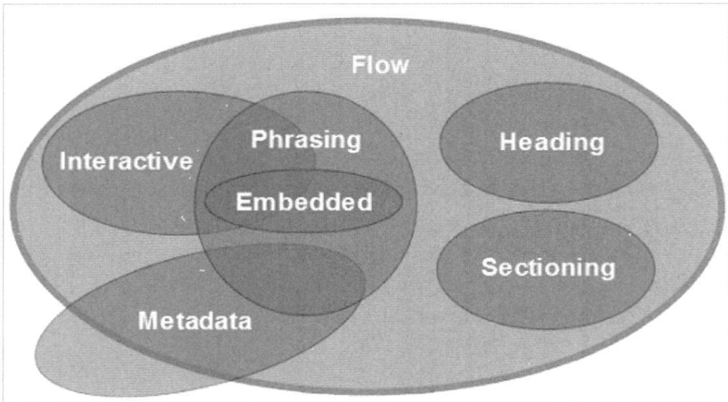

Bild 4.16: Content-Modelle in HTML5

Als Ganzes betrachtet ist die Content-Modell-Terminologie von HTML5 verwirrender und weniger schlüssig als diejenige von HTML 4.01. Das liegt auch daran, dass die Content-Modelle von HTML5 nicht als Entities einer DTD definiert sind, sondern einfach als beschreibende Ausdrücke dienen. Erst im konkreten Zusammenhang mit einzelnen Elementen wird die Anwendung der Begriffe sinnvoll.

Metadata

Metadaten, die für das gesamte aktuelle HTML-Dokument gelten, können in HTML5 einerseits im Dokumentkopf vorkommen, andererseits aber auch im Dokumentkörper. Im Dokumentkopf sind es die typischen Kopfdaten-Elemente wie `meta`, `link`, `base`, `script`, `style` und `title`, die zur Metadaten-Klasse gehören. Das `script`-Element kann jedoch auch im Dokumentkörper vorkommen, ebenso wie sein Pendant, das `noscript`-Element. Ein weiteres, in HTML5 neues, Script-auslösendes Element, `command`, kommt im Dokumentkörper vor.

Weil Metadaten auch außerhalb des Dokumentkörpers vorkommen, hat der Bereich für Metadata in der obigen Grafik nur eine Teilschnittmenge mit dem sonst alles umschließenden Flow-Content.

Flow

Flow-Content ist das »normale« Content-Modell für Elemente innerhalb des Dateikörpers. Folgende Elemente gehören zum Flow-Content:

`a`, `abbr`, `address`, `area` (in Verbindung mit dem `map`-Element), `article`, `aside`, `audio`, `b`, `bdo`, `blockquote`, `br`, `button`, `canvas`, `cite`, `code`, `command`, `datalist`, `del`, `details`, `dfn`, `div`, `dl`, `em`, `embed`, `fieldset`, `figure`, `footer`, `form`, `h1`, `h2`, `h3`, `h4`, `h5`, `h6`, `header`, `hgroup`, `hr`, `i`, `iframe`, `img`, `input`, `ins`, `kbd`, `keygen`, `label`, `link` (in Verbindung mit Mikrodaten), `map`, `mark`, `math`, `menu`, `meta` (in Verbindung mit Mikrodaten), `meter`, `nav`, `noscript`, `object`, `ol`, `output`, `p`, `pre`, `progress`, `q`, `ruby`, `samp`, `script`, `section`, `select`, `small`, `span`, `strong`, `style` (in Verbindung mit dem `scoped`-Attribut), `sub`, `sup`, `svg`, `table`, `textarea`, `time`, `ul`, `var` und `video`.

Wenn ein Element als Elementinhalt selbst Flow-Content enthalten darf, so bedeutet dies, dass im Prinzip all diese Elemente innerhalb seines Elementinhalts oder innerhalb von Kindelementen vorkommen können. In einigen Fällen ist jedoch die Verschachtelung gleicher Elemente nicht erlaubt. So dürfen interaktive Elemente wie `a`, `button`, `object` usw. keine weiteren Elemente ihresgleichen enthalten.

Sectioning

Elemente mit dem Content-Modell Sectioning sind solche, die eigene Header und Footer enthalten können. Das sind die Elemente `article`, `aside`, `nav` und `section` (das `body`-Element wird nicht dazu gezählt).

Der Sinn und Zweck von Sectioning in HTML5 besteht letztlich darin, Erstreckungsräume von Elementen abzubilden, die über die Grenzen des eigentlichen Elements hinausreichen. Eine Überschrift in einem strukturierten Dokument »gilt«, wenn nichts anderes angegeben ist, beispielsweise für alle Inhalte bis zur nächsten Überschrift gleicher oder höherer Ordnung. Durch Überschriften entsteht also eine natürliche Outline-Struktur. Durch Elemente mit dem Content-Modell Sectioning kann diese natürliche Ordnung aufgebrochen werden. Innerhalb eines Elements mit Content-Modell Sectioning ist eine eigene Outline-Struktur möglich, d. h. Überschriftenstrukturen innerhalb von solchen Elementen sind unabhängig von der Überschriftenstruktur außerhalb des Sectioning-Elements.

Heading

Zum Heading-Modell gehören die sechs Überschriftenebenen `h1` bis `h6` sowie das überschriftengruppierende Element `hgroup`. Das Heading-Content-Modell hängt eng mit dem Sectioning-Content-Modell zusammen. Denn Überschriften erzeugen die Outline-Struktur eines Abschnitts oder des gesamten Dokumentkörpers.

Phrasing

Phrasing Content ist in der HTML5-Terminologie einfach der Text innerhalb des Dokumentkörpers oder innerhalb von anderen Elementen. Wenn ein Element selbst Phrasing Content als Inhalt erlaubt, so bedeutet dies, dass das Element Text und andere Phrasing-Elemente enthalten kann.

Phrasing-Elemente sind in HTML5 die Elemente a, abbr, area (in Verbindung mit map), audio, b, bdo, br, button, canvas, cite, code, command, datalist, del, dfn, em, embed, i, iframe, img, input, ins, kbd, keygen, label, link (in Verbindung mit Mikrodaten), map, mark, math, meta (in Verbindung mit Mikrodaten), meter, noscript, object, output, progress, q, ruby, samp, script, select, small, span, strong, sub, sup, svg, textarea, time, var und video. Einige der Elemente (a, del, ins und map) können in HTML5 auch zeilenerzeugende Elemente umschließen, also z. B. <a...><p>...</p></a>. Diese Elemente sind nur in solchen Kontexten Phrasing-Elemente, in denen sie kein zeilenerzeugendes Element umschließen.

Embedded

Zu den Elementen mit Embedded Content zählen jene, die andere Ressourcen wie zum Beispiel Grafiken oder Multimedia referenzieren oder die in irgendeiner Form Inhalte einbinden, die nicht zum HTML-Dokument selbst und seiner Elementstruktur gehören. Konkret handelt es sich um die Elemente audio, canvas, embed, iframe, img, math, object, svg und video. Unter Embedded Content fallen also auch Markup-Inhalte, die aus den XML-Sprachen MathML und SVG stammen.

Interactive

Interactive Content umfasst Elemente, die dem Anwender eine Interaktionsmöglichkeit bieten. Dazu gehören die Elemente a (wenn es ein Hyperlink ist), audio (wenn das Element über das controls-Attribut Kontrollfunktionen anbietet), button, details, embed, iframe, img (in Verbindung mit dem usemap-Attribut, also als verweissensitive Grafik), input (solange es kein hidden-Element ist), keygen, label, menu (wenn es als Typ »Toolbar« definiert), object (wenn es verweissensitiv ist), select, textarea und video (wenn das Element über das controls-Attribut Kontrollfunktionen anbietet).

4.6.2 Arbeiten mit unbekannten Elementen

Warum HTML5 keine weiteren HTML-Versionen mehr vorsieht

Beim HTML5-typischen Dokumenttyp <!doctype html> haben Sie sich, falls Sie mit früheren HTML-Versionen und deren Konzepten vertraut sind, vielleicht gefragt, wie denn ein solcher Dokumenttyp mit künftigen Weiterentwicklungen von HTML vereinbar sein soll.

Die Antwort ist: Es sind keine weiteren HTML-Versionen mehr vorgesehen. Die 5 in HTML5 ist eigentlich auch keine HTML-Version, sondern eher ein Erkennungsmerkmal für das HTML-Konzept jenseits der SGML-basierten Ära von HTML.

Doch was soll das bedeuten? Soll HTML eingedampft werden? Nein, im Gegenteil. HTML soll in Zukunft kontinuierlich weiterentwickelt werden. Aber eben nicht mehr in Form statischer Versionen, die ein ganzes Jahrzehnt brauchen, um überarbeitet zu werden. Stattdessen können jederzeit neue Sprachelemente hinzukommen. Dadurch wird künftig zwischen der HTML-Spezifikation und dem, was in einzelnen Browsern davon implementiert ist, ein gewisser Unschärfebereich liegen. Das ist aber kein Grund zur Besorgnis. Denn es war in der Praxis noch nie anders. Noch nie hat jemals irgendein

Browser den SGML-basierten HTML-Standard vollständig umgesetzt. HTML5 legalisiert diese Unschärfe lediglich, mit der Begründung, dass dadurch ein zwangloseres Weiterentwickeln von HTML und Browsern möglich sei.

Letztlich kann durch den Ansatz von HTML5 auch das, was in einem HTML-Buch wie diesem steht, niemals ein vollständiges Abbild sein. Bücher über HTML werden ebenso kontinuierlich mit der Weiterentwicklung von HTML wachsen müssen, wie es die Browser-Software tun muss.

Allerdings muss bei der Fortentwicklung von HTML5 auch berücksichtigt werden, dass die WHATWG und das W3-Konsortium unterschiedliche, aber ergänzende Rollen wahrnehmen. Während die WHATWG die laufende Weiterentwicklung besorgt, steht beim W3-Konsortium die Aufgabe im Vordergrund, stabile Zwischenversionen festzuschreiben.

Unbekannte semantische Elemente sind unbedenklich

HTML5 führt eine ganze Reihe neuer Elemente ein. Dabei muss man grundsätzlich zwischen zwei Sorten von Elementen unterscheiden:

- Elemente, mit denen eine bestimmte Funktionalität verknüpft ist, die der interpretierende Client umsetzen oder erbringen muss. Beispiele solcher Elemente werden später in diesem Buch noch vorgestellt. Elemente dieser Sorte sind etwa `video`, `audio`, `canvas` oder `command`.
- Elemente, die einfach eine sinnvolle Bedeutung haben, mit denen aber ansonsten keine spezielle Funktionalität verknüpft ist. Viele dieser neuen Elemente gehören zum Bereich der Textstrukturierung und wurden in diesem Buchabschnitt behandelt.

Während es bei Elementen der ersten Sorte sofort auffällt, wenn ein Browser sie nicht interpretiert, ist dies bei Elementen der zweiten Sorte kaum der Fall. Lediglich bei Elementen, die eine neue Zeile im Textfluss erzeugen sollen, fällt es auf, wenn der Browser das nicht umsetzt.

Im Klartext bedeutet das: Es ist gar nicht so wichtig, ob Ihr Browser oder die Browser der Anwender, die Ihre Seiten besuchen, HTML5-Elemente wie `nav`, `aside`, `hgroup`, `figure` usw. `kennen` oder nicht. Diese Elemente sind auch genaugenommen für Suchmaschinen interessanter als für Browser.

Eigene Elemente

Was mit noch neuen, unbekannten Elementen des HTML5-Standards funktioniert, funktioniert ebenso gut mit beliebigen Eigenkreationen. Im HTML5-Zeitalter wird kein Validator mehr meckern, wenn in Ihrem HTML-Quelltext eine Auszeichnung wie <actor name="Tell">Durch diese hohle Gasse muß er kommen</actor> vorkommt. Letztlich geht es immer nur um die Frage: Wer braucht das? Wenn Sie Gründe für ein eigenes semantisches Markup haben, etwa den, dass dies ein wertvoller Input für eine websiteeigene Datenverarbeitung ist, dann spricht eigentlich nichts gegen ein solches Markup.

Das Internet-Explorer-Problem

Alle modernen Browser bis auf den Internet Explorer erzeugen von jedem unbekannten Element intern einen ganz normalen DOM-Elementknoten, auf den CSS-Selektoren anwendbar sind, oder auch DOM-Scripting. Beim Internet Explorer ist das leider nicht der Fall. Aus einem HTML-Code wie `<nav><ul><li>HOME</li></ul></nav>` erzeugt ein Internet Explorer, der die Elemente `ul` und `li` kennt, aber nicht das HTML5-Element `nav`, folgendes internes Abbild: `<nav></nav><ul><li>HOME</li></ul></nav><//nav>`.

Ein unbekanntes Element wird also vom Internet Explorer nicht wie ein Element mit Inhalt, sondern stets nur wie ein Standalone-Element ohne Inhalt behandelt. Nicht einmal das End-Tag mit dem typischen Schrägstrich wird als solches erkannt, sondern lediglich als weiteres unbekanntes Standalone-Element aufgelöst. Es leuchtet ein, dass auf ein solches Element weder CSS-Angaben noch Scripting anwendbar sind. Das wäre eine bedauerliche Situation, denn es würde künftig über Jahre hinweg verhindern, dass Elemente wie `header` oder `nav` verwendet werden, weil man sie wegen des Microsoft-Browsers nicht ins CSS-basierte Website-Layout integrieren kann. Damit diese neuen Elemente eine Chance haben, sich durchzusetzen, sind Lösungen für das Internet-Explorer-Problem erforderlich.

Lösung: DOM-Objekte mit Scripting erzeugen

Es gibt eine relativ einfache Lösung, das problematische Verhalten des Internet Explorers zu beseitigen. Alle unbekannten Elemente werden einfach zentral in einem Script einmalig als DOM-Objekte erzeugt. Anschließend behandelt der Internet Explorer die Elemente genauso wie die übrigen Browser.

Nachfolgendes Beispiel-Script erzeugt Objekte aller neuen HTML5-Elemente, deren Zweck ausschließlich ein semantischer ist:

```
<script type="text/javascript">
   document.createElement('article');
   document.createElement('aside');
   document.createElement('figure');
   document.createElement('figcaption');
   document.createElement('mark');
   document.createElement('nav');
   document.createElement('rp');
   document.createElement('rt');
   document.createElement('ruby');
   document.createElement('section');
   document.createElement('time');
</script>
```

Diesen Script-Bereich müssen Sie im HTML-Kopfbereich, also zwischen `<head>` und `</head>`, notieren. Alternativ können Sie den reinen JavaScript-Code, also ohne die Tags `<script>` und `</script>`, in einer separaten Textdatei mit der Endung *.js* speichern und diese im HTML-Kopfbereich mit `<script type="text/html" src="dateiname.js"></script>` einbinden. Die Lösung mit der separaten Datei hat den Vorteil, dass Sie diese Datei nur einmal erstellen müssen und dann in allen Webseiten einbinden können.

Die Lösung mit dem Script erfordert allerdings aktiviertes JavaScript im Internet Explorer (in den Einstellungen dort wird JavaScript als »Active Scripting« bezeichnet). Zwar ist das die Voreinstellung, die auch von fast allen Anwendern benutzt wird. Doch wenn ein Anwender das Active Scripting aus irgendwelchen Gründen deaktiviert, wird die Lösung nicht mehr funktionieren, und als Folge davon würden CSS-basierte Layouts in Verbindung mit neuen Elementen inkorrekt dargestellt.

Peter Kröner stellt in seinem Artikel »HTML5 – Was geht heute schon, was geht nicht? Der große Überblick« zusätzlich einen Lösungsansatz vor, der durch reine CSS-Selektorensyntax versucht, das Problem im Internet Explorer zu umgehen. Dieser Lösungsansatz ist jedoch immer nur auf konkrete Inhalte anwendbar:

Links *http://www.peterkroener.de/html5-was-geht-heute-schon-was-geht-nicht-der-grosse-ueberblick/*

Eine dritte Lösung wird in dem Artikel ebenfalls vorgestellt und soll hier in etwas anderer Form ebenfalls erläutert werden. Notieren Sie ein unbekanntes Element als unmittelbares Kindelement eines anderen, bekannten Elements. Beispiele: `<div class="nav"><nav><ul><li>HOME</li></ul>/nav></div>` oder `<p>Text <span class="time"><time>23.08.2011</time></span> Text </p>`. Das äußere, bekannte Element bekommt dabei eine Klasse zugewiesen. Der Klassenname ist frei wählbar. Sinnvollerweise bietet sich der Name des inneren, unbekannten Elements an. Solche Elemente können Sie nun in einem separaten Stylesheet, das nur der Internet Explorer interpretiert, mit CSS formatieren. Ein solches Stylesheet können Sie mit Hilfe eines Conditional Comments (lesen Sie mehr dazu im Abschnitt *2.1.3 Kommentare in HTML*) einbinden. So erzielen Sie letztlich die gleichen Formate wie in anderen Browsern, mit dem Unterschied, dass im Internet Explorer in Wirklichkeit nicht das `nav`-Element formatiert ist, sondern das umschließende `div`-Element.

Dieser Ansatz hat aber einen Nachteil: Er ist nur für das Formatieren mit CSS einsetzbar. Scripts können auf diese Elemente nur eingeschränkt zugreifen. Denn der Internet Explorer rendert die umbekannten Elemente noch immer fehlerhaft in der DOM-Struktur.

5 Tabellen

- *Wie Sie in HTML Tabellen definieren und strukturieren*
- *Wie Sie tabellarische Daten für eine nicht-optische Ausgabe semantisch optimieren können*
- *Was es mit den früheren Tabellenlayouts auf sich hat*

5.1 Aufbau von Tabellen

Tabellen bestehen aus Zeilen und Spalten, aus denen sich die Zellen der Tabelle ergeben. Dazu kommen logische Bereiche wie Tabellenkopf, Tabellenkörper und Tabellenfuß sowie Zellen, die Zeilen- oder Spaltenüberschriften darstellen. Diese Grundeigenschaften einer Tabelle lassen sich mit HTML abbilden.

5.1.1 Einfache Tabelle

Eine einfache Tabelle besteht aus einer oder mehreren Zeilen mit je einer oder mehreren Spalten. Die dabei entstehenden Tabellenzellen können Kopfzellen oder Datenzellen sein.

Beispiel

```
<h1>Städte im Vergleich</h1>
<p>Hier werden die Städte Berlin, Hamburg und München verglichen.</p>
<table>
  <tr>
    <th>Berlin</th>
    <th>Hamburg</th>
    <th>München</th>
  </tr>
  <tr>
    <td>Miljöh</td>
    <td>Kiez</td>
    <td>Bierdampf</td>
  </tr>
  <tr>
    <td>Buletten</td>
    <td>Frikadellen</td>
    <td>Fleischpflanzerl</td>
  </tr>
</table>
<p>Weitere Vergleichsmerkmale gibt es sicher auch noch.</p>
```

Bild 5.1: Nackte Tabellen in HTML bewirken eine tabellarische Anordnung, jedoch noch keine Feinformatierung.

Erläuterung

Eine Tabelle wird durch `<table>`...`</table>` markiert (*table* = Tabelle).

`<tr>` leitet eine neue Tabellenzeile ein (tr = *table row* = Tabellenzeile). Im Anschluss daran werden die Zellen (Spalten) der betreffenden Reihe definiert. Am Ende einer Tabellenzeile wird ein abschließendes `</tr>` notiert.

Kopfzellen werden durch `<th>`...`</th>` markiert und Datenzellen durch `<td>`...`</td>` (th = *table header* = Tabellenkopf, td = *table data* = Tabellendaten).

Die folgende Abbildung verdeutlicht den Zusammenhang der Elemente.

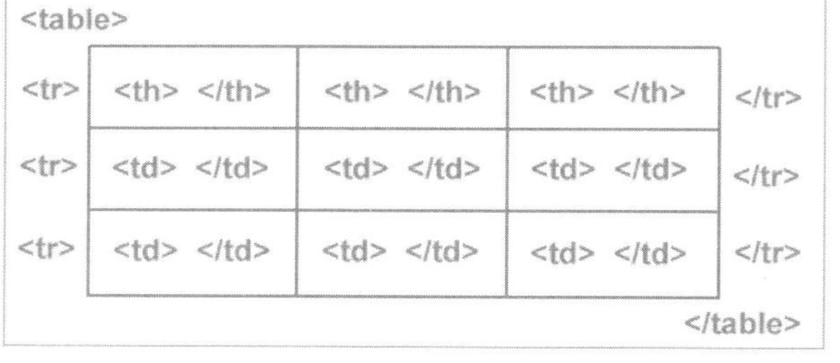

Bild 5.2: HTML-Auszeichnung einer Tabelle

In einer Datenzelle (`td`) ist sogenannter Flow-Content erlaubt, also Text und die meisten anderen HTML-Elemente. Auch eine vollständige weitere Tabelle können Sie innerhalb einer Zelle notieren. Bei Kopfzellen (`th`) sind dagegen nur Text und Elemente erlaubt, die keine neue Zeile im Textfluss erzeugen (sogenannter Phrasing Content).

Weitere Hinweise

Auch bei Tabellen folgt HTML dem Grundsatz, von sich aus nur ganz wenig Formatierung zur Verfügung zu stellen. Tabellen werden in Browsern per Voreinstellung ohne Rahmen und Gitternetzlinien angezeigt. Die Breite von Spalten und die Höhe von Zeilen wird aufgrund der Inhalte kalkuliert. Tabellen nehmen per Default nicht mehr Breite ein, als es der Inhalt erfordert. Nachfolgender Inhalt beginnt jedoch in jedem Fall erst unterhalb der Tabelle. Inhalte von Kopfzellen stellen die meisten Browser fett und zentriert dar. Vertikal werden die Inhalte von Zellen mit unterschiedlich hohem Inhalt per Default mittig ausgerichtet.

Mit HTML5 wurden alle früher üblichen Attribute aus dem einleitenden `<table>`-Tag entfernt, die der physischen Formatierung dienten.

Das gilt auch für die Attribute `border` und `width`, die im HTML 4.0-Strict-Standard aus Performance-Gründen beim Rendern großer Tabellen noch erlaubt waren. Mit Hilfe von CSS bzw. entsprechenden CSS-Eigenschaften können Sie eine Tabelle nach Ihren Wünschen gestalten, inklusive der Eigenschaften für Rahmen (`border`) und Breite (`width`). Tabellen, Zeilen, Kopf- und Datenzellen können Sie mit CSS mit Rahmen, Gitternetzlinien, Innenabständen zwischen Zellenrändern und Zelleninhalten, Hintergrundfarben und vielem mehr versehen.

Erwähnt werden soll jedoch das `cellpadding`-Attribut, das ebenfalls zu den früher verbreiteten, physischen Tabellenattributen gehört. Es steuert den Abstand zwischen Tabellenzellen. Da die entsprechende CSS-Eigenschaft `border-spacing` von veralteten, aber leider immer noch verwendeten Browsern wie dem Internet Explorer 6 nicht erkannt wird, kann es sinnvoll sein, dieses Attribut zu notieren. Mit `<table cellpadding="3">` legen Sie beispielsweise einen Zellenabstand von 3 Pixeln fest, was vom Internet Explorer 6 in dieser Form erkannt wird. Da diese Version des Browsers zum Redaktionszeitpunkt des Buches nur mehr 1,5% der verwendeten Browser darstellt, kann das Attribut auch ignoriert werden.

Die Anzahl der Zellen sollte bei jeder Zeile gleich sein, sodass die Tabelle durchweg die gleiche Anzahl an Spalten pro Zeile hat. In der ersten Zeile, die Sie definieren, legen Sie deshalb durch die Anzahl der dort definierten Zellen die Anzahl der Spalten Ihrer Tabelle fest.

Tabellenzellen dürfen auch leer sein. Wenn Sie in einer Zeile für eine Spalte keine Daten eingeben wollen, notieren Sie ein einfaches `<td></td>`. Einige ältere Browser stellen solche Zellen bei optischer Zellensichtbarkeit jedoch als »nicht vorhanden« dar. Notieren Sie in einem solchen Fall einfach ein erzwungenes Leerzeichen als Zelleninhalt: `<td> </td>`.

Referenzinformationen

Elementreferenz `<table>`,
Elementreferenz `<tr>`,
Elementreferenz `<th>`,
Elementreferenz `<td>`:

HTML 2.0 | XHTML 1.0

5.1.2 Tabelle mit Bereichen für Kopf, Körper und Fuß

Sie können eine Tabelle in einen Kopfbereich, einen oder mehrere Datenbereiche und einen Fußbereich aufteilen.

Beispiel

```
<h1>Betroffene Menschen</h1>
<table>
  <thead>
    <tr>
      <th>Assoziation 1</th>
      <th>Assoziation 2</th>
      <th>Assoziation 3</th>
    </tr>
  </thead>
  <tfoot>
    <tr>
      <td>betroffen:<br>3,5 Mio. Menschen</td>
      <td>betroffen:<br>1,8 Mio. Menschen</td>
      <td>betroffen:<br>1,3 Mio. Menschen</td>
    </tr>
  </tfoot>
  <tbody>
    <tr>
      <td>Berlin</td>
      <td>Hamburg</td>
      <td>München</td>
    </tr><tr>
      <td>Miljöh</td>
      <td>Kiez</td>
      <td>Bierdampf</td>
    </tr><tr>
      <td>Buletten</td>
      <td>Frikadellen</td>
      <td>Fleischpflanzerl</td>
    </tr>
  </tbody>
</table>
```

Erläuterung

Den Tabellenkopf leiten Sie mit `<thead>` ein (thead = *table head* = Tabellenkopf). Daran anschließend können Sie eine oder mehrere Zeilen der Tabelle notieren, die zum Kopfbereich gehören sollen. Mit `</thead>` schließen Sie den Tabellenkopf ab. Sinnvollerweise sollten die Tabellenzellen in diesem Bereich Kopfzellen (`<th>`...`</th>`) sein.

Wenn Sie einen Tabellenfuß notieren möchten, müssen Sie ihn vor den Tabellenkörper-Elementen notieren. Der Tabellenfuß wird durch `<tfoot>`...`</tfoot>` markiert (tfoot = *table foot* = Tabellenfuß). Dazwischen können Sie eine oder mehrere Zeilen der Tabelle notieren, die zum Fußbereich gehören sollen.

Bild 5.3: Im Browser wird die Notationsreihenfolge richtig aufgelöst und der Tabellenfuß unten angezeigt.

Einen Tabellenkörperbereich markieren Sie mit `<tbody>`...`</tbody>` (tbody = *table body* = Tabellenkörper). Innerhalb davon notieren Sie den Datenbereich mit einer oder mehreren Tabellenzeilen.

Weitere Hinweise

Die Aufteilung einer Tabelle mittels `thead`, `tfoot` und `tbody` ist freiwillig. Wenn Sie kein solches Element angeben, gelten alle Zeilen der Tabelle als Tabellenkörper. Falls Sie jedoch mit den Elementen arbeiten, müssen Sie die Reihenfolge

1. `thead`,
2. `tfoot`,
3. `tbody`

beachten. Die Elemente `thead` und `tfoot` dürfen pro Tabelle nur einmal vorkommen, das `tbody`-Element einmal oder beliebig oft.

Die Elemente für Tabellenkopf, Tabellenfuß und Tabellenkörper haben grundsätzlich keine sichtbare Wirkung im Browser. Es handelt sich um semantische Auszeichnungen, die Sie mit Hilfe von CSS bzw. CSS-Eigenschaften nach Wunsch visualisieren können. So können Sie dem Tabellenkopf beispielsweise eine andere Hintergrundfarbe geben oder einzelne Tabellenkörperbereiche durch verstärkte Rahmen voneinander trennen.

Beim Ausdruck langer Tabellen kann der Browser Tabellenkopf und Tabellenfuß auf jeder Seite wiederholen.

Referenzinformationen

Elementreferenz `<thead>`,
Elementreferenz `<tfoot>`,
Elementreferenz `<tbody>`:

5.1.3 Spalten und Spaltengruppen

Ebenso, wie Sie eine Tabelle horizontal in Tabellenkopf, Tabellenkörperbereiche und Tabellenfuß aufteilen können, können Sie auch Gruppen von Spalten und einzelne Spalten vordefinieren. Der Zweck ist auch in diesem Fall zunächst eine logische Strukturierung, auf die Sie dann mittels CSS Zugriff haben, um beispielsweise einzelne Spaltengruppen oder Spalten zu formatieren.

Beispiel 1

```
<table>
  <colgroup>
    <col>
    <col>
    <col>
  </colgroup>
  <tr>
    <td>1. Zeile, 1. Spalte</td>
    <td>1. Zeile, 2. Spalte</td>
    <td>1. Zeile, 3. Spalte</td>
  </tr>
  <!-- usw. andere Zeilen der Tabelle -->
</table>
```

Beispiel 2

```
<table>
  <colgroup span="3"></colgroup>
  <tr>
    <td>1. Zeile, 1. Spalte</td>
    <td>1. Zeile, 2. Spalte</td>
    <td>1. Zeile, 3. Spalte</td>
  </tr>
  <!-- usw. andere Zeilen der Tabelle -->
</table>
```

Beispiel 3

```
<table>
  <colgroup>
     <col>
  </colgroup>
  <colgroup span="2"></colgroup>
  <tr>
    <td>1. Zeile, 1. Spalte</td>
    <td>1. Zeile, 2. Spalte</td>
    <td>1. Zeile, 3. Spalte</td>
  </tr>
  <!-- usw. andere Zeilen der Tabelle -->
</table>
```

Erläuterung

Mit den Elementen colgroup und col können Sie Spaltengruppen bzw. einzelne Spalten einer Tabelle für die spätere Gestaltung oder für den Zugriff mit Scripting vordefinieren. Diese Elemente müssen ***vor*** allen Elementen thead, tfoot, tbody oder tr notiert werden!

Mit <colgroup>...</colgroup> markieren Sie eine Spaltengruppe (colgroup = *column group* = Spaltengruppe). Dabei haben Sie zwei Möglichkeiten:

Entweder notieren Sie <colgroup> ***ohne*** das Attribut span so wie im obigen Beispiel 1. In diesem Fall notieren Sie zwischen <colgroup> und </colgroup> für jede Spalte, über die sich die Spaltengruppe erstrecken soll, je ein <col>-Tag. Das <col>-Tag ist ein Standalone-Element ohne End-Tag.

Oder Sie notieren <colgroup> ***mit*** dem Attribut span, so wie im obigen Beispiel 2, also beispielsweise <colgroup span="3">. In diesem Fall bleibt der Elementinhalt zwischen <colgroup> und </colgroup> leer. Beim span-Attribut geben Sie die Anzahl der Spalten an, über die sich die Spaltengruppe erstrecken soll.

Im obigen Beispiel 3 sehen Sie eine gemischte Anwendungsform. Die Tabelle hat drei Spalten. Dabei wird die erste Spalte separat vordefiniert, während die Spalten zwei und drei in einer gemeinsamen Spaltengruppe vereint werden. Eine solche Anordnung ist beispielsweise sinnvoll, wenn Sie für die erste Spalte besondere CSS-Formatierungen anwenden wollen, beispielsweise eine andere Hintergrundfarbe oder eine andere Textausrichtung.

Weitere Hinweise

Anders als in HTML 4.01 dient das Vordefinieren von Spalten in HTML5 nicht mehr vorrangig Performance-Zwecken beim Rendern von Tabellen. Deshalb ist auch das width-Attribut entfallen, mit dem früher die Spaltenbreiten vordefiniert wurden. Selbstverständlich gehört die Breitenangabe nach wie vor zu den wichtigsten Eigenschaften vordefinierter Spalten.

Doch ab HTML5 sollten Sie dafür nur noch die CSS-Eigenschaft width verwenden.

Mit CSS bzw. CSS-Eigenschaften sind auch andere geeignete Formatierungen anwendbar, etwa Hintergrundfarben, verstärkte Rahmen, Abstände, Ausrichtungen und andere Eigenschaften. Indem Sie entsprechende CSS-Eigenschaften auf die Elemente wie col und colgroup anwenden, betreffen die Angaben alle Tabellenzellen, die zur entsprechenden Spalte bzw. Spaltengruppe gehören.

Wenn Sie XHTML-Standard-konform für einen XML-Parser arbeiten, müssen Sie daher das col-Element als inhaltsleer kennzeichnen. Dazu notieren Sie das alleinstehende Tag in der Form <col />.

Referenzinformationen

Elementreferenz <colgroup>,
Elementreferenz <col>:

HTML 4.0 | XHTML 1.0

5.1.4 Tabellenbeschriftung

Sie können eine Tabelle mit einem Titelbereich versehen. Darin können Sie beispielsweise die Legende zur Tabelle notieren, also die Art, wie die Tabelle zu lesen und wie ihre Daten zu verstehen sind.

Beispiel

```
<table border="1">
  <caption>
    <p>Die drei größten Städte Deutschlands haben gewisse
    Parallelkulturen entwickelt.<br>
    Die Tabelle assoziiert in jeder Zeile ein vergleichbares
    Charakteristikum.</p>
  </caption>
  <tr>
    <th>Berlin</th>
    <th>Hamburg</th>
    <th>München</th>
  </tr>
  <tr>
    <td>Miljöh</td>
    <td>Kiez</td>
    <td>Bierdampf</td>
  </tr>
  <tr>
    <td>Buletten</td>
    <td>Frikadellen</td>
    <td>Fleischpflanzerl</td>
  </tr>
</table>
```

Erläuterung

Ein Titelbereich für die Tabellenbeschriftung bzw. die Legende zur Tabelle wird durch <caption>...</caption> markiert. Wenn Sie dieses Element verwenden, muss es das erste Element direkt hinter dem einleitenden <table>-Tag sein. Erst daran anschließend sind Elemente wie colgroup, thead, tfoot, tbody oder tr erlaubt.

Der Inhalt des caption-Elements kann Text und so ziemlich alle anderen Dokumentkörperelemente mit Ausnahme von table enthalten. Im obigen Beispiel enthält der Bereich einen Textabsatz mit einem einführenden Lesarthinweis.

Bild 5.4: Darstellung einer Tabelle mit einem Rahmen und einer Tabellenbeschriftung

Weitere Hinweise

Durch die Notationsvorschrift, ein `caption`-Element zu Beginn der Tabelle zu notieren, entsteht der häufige Wunsch, eine Tabellenunterschrift anstelle einer Tabellenüberschrift zu definieren. Das früher übliche Attribut `<caption align="bottom">`, das diesen Zweck erfüllt, ist in HTML5 nicht mehr vorgesehen, weil es physisches Markup ist. Mit der CSS-Eigenschaftszuweisung `<caption style="caption-side: bottom">` erreichen Sie das gleiche Ziel, allerdings nicht in älteren Browsern. Deshalb sei das `align`-Attribut an dieser Stelle noch erwähnt.

HTML

Wenn Sie einfach eine Tabellenbeschriftung im Stil einer Tabellenunterschrift wünschen, zum Beispiel für Inhalte der Art `Tabelle 5.2: Äpfel und Birnen im Vergleich`, dann ist es sinnvoller, dafür das `figure`-Element von HTML5 zu verwenden. Dieses Element wird bei *4.2.6 Abbildungen* genauer beschrieben.

Per Default stellen Browser den Inhalt des `caption`-Elements meist zentriert dar. Verwenden Sie CSS bzw. geeignete CSS-Eigenschaften, um diese Voreinstellung nach Wunsch zu überschreiben und weitere Formatierungen für die Tabellenbeschriftung zu erzwingen.

Referenzinformationen

Elementreferenz `<caption>`:

HTML 3.2 | XHTML 1.0

5.1.5 Tabellenzellen verbinden

Sie können:

- mehrere Zellen innerhalb einer Zeile verbinden, sodass sich eine Spalte in dieser Zeile über mehrere Spalten hinweg erstreckt,
- mehrere Zellen in einer Spalte verbinden, sodass sich eine Zeile in dieser Spalte über mehrere Zeilen hinweg erstreckt,
- Zellen definieren, die sich gleichzeitig über mehrere Zeilen und Spalten hinweg erstrecken.

Beispiel 1

```
<h1>Zoologie</h1>
<table>
  <tr>
    <th colspan="2">Die Menschheit besteht aus</th>
  </tr>
  <tr>
    <td>Eseln</td>
    <td>Affen</td>
  </tr>
</table>
```

Beispiel 2

```
<h1>Zoologie (II)</h1>
<table>
  <tr>
    <th rowspan="2">Die Eselheit besteht aus</th>
    <td>echten Eseln</td>
  </tr>
  <tr>
    <td>verkappten Eseln (Menschen)</td>
  </tr>
  <tr>
    <th rowspan="2">Die Affenheit besteht aus</th>
    <td>echten Affen</td>
  </tr>
  <tr>
    <td>verkappten Affen (Menschen)</td>
  </tr>
</table>
```

Beispiel 3

```
<h1>Zoologie (III)</h1>
<table>
  <tr>
    <th colspan="2" rowspan="2">Der Mensch ist...</th>
    <td>zum einen Teil ein Esel</td>
  </tr>
  <tr>
    <td>zum anderen Teil ein Affe</td>
  </tr>
  <tr>
    <td>weder ein richtiger Esel</td>
    <td>noch ein richtiger Affe</td>
    <td><b>menschlich, allzumenschlich</b></td>
  </tr>
</table>
```

Erläuterung

Durch das Attribut `colspan` erreichen Sie, dass sich eine Zelle über mehrere Spalten hinweg erstreckt (colspan = *column span* = Spalten spannen), so wie im obigen Beispiel 1. Im Attributwert geben Sie an, über wie viele Spalten inklusive der aktuellen Spalte sich die Zelle erstrecken soll.

Mit dem Attribut `rowspan` erreichen Sie, dass sich eine Zelle in einer Spalte über mehrere Zeilen hinweg erstreckt (rowspan = *Zeilen spannen*), so wie im obigen Beispiel 2. Im Attributwert geben Sie an, über wie viele Zeilen sich die Zelle erstrecken soll.

Beide Attribute sind in den Elementen `td` (für Datenzellen) und `th` (für Kopfzellen) erlaubt. Um eine Zelle gleichzeitig über mehrere Spalten als auch über mehrere Zeilen zu erstrecken, müssen Sie in der betreffenden Tabellenzelle beide Attribute notieren, wie im Beispiel 3 gezeigt.

Bild 5.5: Verbundene Tabellenzellen im Browser

Weitere Hinweise

Die Angabe zu `colspan` ist nur wirksam, wenn die Tabelle mindestens so viele Spalten besitzt wie angegeben.

Wenn Sie in einer Tabellenzeile eine Zelle beispielsweise über vier Spalten hinweg »spannen«, sollten Sie in den anderen Zeilen der Tabelle anstelle dieser einen Zelle vier einzelne Zellen definieren. Die Summe der Zellen sollte in jeder Zeile der Tabelle gleich sein.

Das Gleiche gilt für `rowspan`. Wenn Sie in einer Tabellenzeile eine Zelle beispielsweise über vier Zeilen hinweg erstrecken, sollten Sie in der gleichen Zeile den Inhalt der ersten danebenstehenden Zelle definieren. In den drei folgenden Zeilen sollten Sie an gleicher Stelle nur die drei übrigen Zellen definieren, die neben der gestreckten Zelle stehen sollen. Auch hier gilt: Die Summe aller Zellen sollte pro Zeile gleich sein.

CSS-Eigenschaften, die eine gestreckte Zelle betreffen, wirken sich automatisch auf den erweiterten Raum aus, also beispielsweise Hintergrundfarben.

Referenzinformationen

Attributreferenz `colspan`,
Attributreferenz `rowspan`:

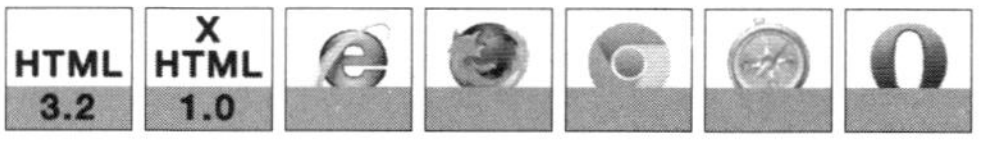

5.2 Zusätzliche Auszeichnungen für Tabellen

Die Beschreibungen in diesem Abschnitt sind vor allem für die Ausgabe von Tabellen auf nicht-visuellen Medien gedacht. Vor allem bei Sprachausgabesystemen können komplexe Tabellen ein Problem darstellen. Denn die optische Eindeutigkeit einer Tabelle am Bildschirm oder auf Papier lässt sich in einem Medium, das Daten hintereinander ausgeben muss, nicht abbilden. Zu den typischen Problemen bei der seriellen Wiedergabe einer Tabelle gehört das Problem, zu welcher Spalten- oder Zeilenüberschrift eine Datenzelle gehört. Das W3-Konsortium hat zu diesem Zweck bereits mit HTML 4.01 eine Reihe von Attributen in HTML eingeführt, die speziell solche Probleme lösen helfen sollen.

5.2.1 Zusammenfassung einer Tabelle

Sie können einen zusammenfassenden Text für die Tabelle definieren, der sich speziell an nicht-visuelle Ausgabesysteme richtet. Ein Sprachausgabesystem könnte diesen Text als Einleitung zur Tabelle ausgeben.

Beispiel

```
<table summary="Die folgende Tabelle ist dreispaltig mit
einer Kopfzeile zu Beginn und zwei daran anschließenden Datenzeilen.">
  <tr>
    <th>Berlin</th>
    <th>Hamburg</th>
    <th>München</th>
  </tr>
  <tr>
    <td>Miljöh</td>
    <td>Kiez</td>
    <td>Bierdampf</td>
```

```
  </tr>
  <tr>
    <td>Buletten</td>
    <td>Frikadellen</td>
    <td>Fleischpflanzerl</td>
  </tr>
</table>
```

Erläuterung

Mit dem Attribut summary können Sie im einleitenden <table>-Tag eine Zusammenfassung der Tabelle definieren (*summary* = Zusammenfassung).

Weitere Hinweise

Damit das summary-Attribut nicht mit der Bedeutung von Tabellenbeschriftungen in Konflikt gerät, sollte dieses Attribut nur Inhalte enthalten, die bei der optischen Präsentation unerheblich sind, für eine serielle Ausgabe jedoch wichtige Vorabinformationen bieten, so etwa wie im obigen Beispiel eine Vorankündigung der Anzahl der Spalten, Zeilen und Kopfzeilen der Tabelle. Zusammenfassende Texte zum Inhalt sollten dagegen in jedem Fall in einem caption-Element (mehr dazu finden Sie unter *5.1.4 Tabellenbeschriftung*) notiert werden.

In Mozilla Firefox ist der Inhalt des summary-Attributs nach einem Klick auf die Tabelle über das Kontextmenü (Punkt *Eigenschaften*) zugänglich.

HTML Dieses Attribut ist in HTML5 nicht mehr gültig. Statt dessen sollen neue semantische Elemente verwendet werden, wie im folgenden Beispiel gezeigt.

Beispiel in HTML5

```
<table>
  <caption>
    <strong>Charakteristik deutscher Städte</strong>
    <details>
      <summary style="font-size:80%; margin-top:10px;">Hilfe</summary>
      <p style="font-size:80%;margin-top: -5px;">
      Die folgende Tabelle ist dreispaltig mit einer Kopfzeile
      zu Beginn und zwei daran anschließenden Datenzeilen.</p>
    </details>
  </caption>
  <tr>
    <th>Berlin</th>
    <th>Hamburg</th>
    <th>München</th>
  </tr>
  <tr>
    <td>Miljöh</td>
    <td>Kiez</td>
    <td>Bierdampf</td>
  </tr>
```

```
  <tr>
    <td>Buletten</td>
    <td>Frikadellen</td>
    <td>Fleischpflanzerl</td>
  </tr>
</table>
```

Referenzinformationen

Attributreferenz `summary`:

HTML 4.0 | XHTML 1.0

5.2.2 Expliziter Kopfzellenbezug

Für nicht-visuelle Ausgabemedien, etwa für Sprachausgabesysteme, können Sie bestimmen, dass bei der Ausgabe einer Datenzelle ein expliziter Bezug zu einer oder mehreren Kopfzellen hergestellt wird. Das System kann den Inhalt der Kopfzelle(n) dann bei der Datenzelle wiederholen.

Dabei gibt es zwei Möglichkeiten:

- In Datenzellen auf Kopfzellen Bezug nehmen. Diese Möglichkeit ist geeignet, wenn Sie nur in einzelnen Datenzellen einen Kopfzellenbezug herstellen möchten.
- In Kopfzellen den Bezug für abhängige Datenzellen definieren. Diese Möglichkeit ist geeignet, wenn Sie einen durchgängigen Kopfzellenbezug herstellen möchten.

Beispiel 1: In Datenzellen auf Kopfzellen Bezug nehmen

```
<table>
  <tr>
    <th id="Stadt_1">Berlin</th>
    <th id="Stadt_2">Hamburg</th>
    <th id="Stadt_3">München</th>
  </tr>
  <tr>
    <td headers="Stadt_1">Buletten</td>
    <td headers="Stadt_2">Frikadellen</td>
    <td headers="Stadt_3">Fleischpflanzerl</td>
  </tr>
</table>
```

Beispiel 2: In Kopfzellen den Bezug für abhängige Datenzellen definieren

```
<table>
  <tr>
    <th scope="col">Berlin</th>
    <th scope="col">Hamburg</th>
    <th scope="col">München</th>
```

```
  </tr>
  <tr>
    <td>Buletten</td>
    <td>Frikadellen</td>
    <td>Fleischpflanzerl</td>
  </tr>
</table>
```

Erläuterung

Um Bezüge zwischen Datenzellen und Kopfzellen nach Beispiel 1 herzustellen, müssen Sie für die Kopfzellen mit dem globalen Attribut id individuelle Namen vergeben (im obigen Beispiel Stadt_1, Stadt_2 und Stadt_3). Innerhalb einer Datenzelle können Sie dann mit dem Attribut headers auf Kopfzellen Bezug nehmen (*headers* = Kopfzellen). Als Wert wird dem Attribut der ID-Name der gewünschten Kopfzelle zugewiesen. Im obigen Beispiel 1 könnte ein Sprachausgabesystem durch den Bezug also etwa ausgeben: *»Berlin ist gleich Buletten«*.

Um Bezüge zwischen Datenzellen und Kopfzellen nach dem obigen Beispiel 2 herzustellen, müssen Sie in den Kopfzellen das Attribut scope notieren (*scope* = Geltungsbereich). Dabei sind folgende Angaben erlaubt:

- scope="col" ist für Spaltenüberschriften gedacht und bedeutet, dass der Inhalt der Kopfzelle bei allen Zellen dieser Spalte wiederholt wird (col = *column* = Spalte).
- scope="row" ist für Zeilenüberschriften (z. B. links als erste Tabellenspalte) gedacht und bedeutet, dass der Inhalt der Kopfzelle bei allen Zellen dieser Zeile wiederholt wird (*row* = Zeile).
- scope="colgroup" ist für Spaltenüberschriften von Spaltengruppen gedacht und bedeutet, dass der Inhalt der Kopfzelle bei allen Zellen aller Spalten der Spaltengruppe wiederholt wird (colgroup = *column group* = Spaltengruppe). Voraussetzung ist, dass Spaltengruppen mit Hilfe von <colgroup> vordefiniert werden.
- scope="rowgroup" ist für Spaltenüberschriften von Zeilengruppen gedacht und bedeutet, dass der Inhalt der Kopfzelle bei allen Zellen aller Zeilen der Zeilengruppe wiederholt wird (*row group* = Zeilengruppe). Voraussetzung ist, dass Zeilengruppen in Form von Kopf-, Körper- oder Fußbereichen definiert werden.

Weitere Hinweise

Falls Sie eine Kreuztabelle haben, bei der sich eine Datenzelle zwei Kopfzellen zuordnen lässt, können Sie hinter headers auch weitere id-Namen von Kopfzellen angeben. Trennen Sie zwei oder mehr id-Namen durch Leerzeichen.

Referenzinformationen

Attributreferenz headers,
Attributreferenz scope:

HTML 4.0 | XHTML 1.0

5.3 Backgrounds

Tabellen sind für tabellarische Daten oder zumindest für Anordnungen mit tabellarischem Charakter gedacht. Sie wurden in der Vergangenheit jedoch nicht immer dafür benutzt. Bevor CSS zum Mittel der Wahl wurde, um Website-Layouts zu erstellen, war es üblich, mit sogenannten Tabellenlayouts zu arbeiten. Dieser Abschnitt erläutert das Konzept dahinter.

5.3.1 Tabellenlayouts

In den späten 90er Jahren sahen fast alle HTML-Dokumentkörper so ähnlich aus wie das folgende Beispiel (bitte nicht nachbauen – veraltetes und obsoletes HTML!):

```
<body bgcolor="#ffffff" topmargin="0">
<table border="0" width="100%" cellpadding="0" cellspacing="0">
<tr><td align="center">
   <table border="0" bgcolor="#ffffdd" width="820"
         cellpadding="0" cellspacing="0">
   <tr>
   <td align="left" valign="top" width="180" bgcolor="#ddffff">
      Linke Spalte
   </td>
   <td align="left" height="100%" valign="top">
      Hauptspalte
   </td>
   <td align="left" valign="top" width="180" bgcolor="#ddffff">
      Rechte Spalte
   </td>
   </tr>
   </table>
</td></tr></table>
</body>
```

Der Inhalt des `body`-Elements war in der Regel eine einzige große Tabelle, die als sogenannter Wrapper für den gesamten Fensterinhalt oder zumindest die gesamte Dokumentbreite verwendet wurde. Damit hatte man Gestaltungsspielraum. Meistens wurden dann, wie im Beispiel, noch weitere, innere Tabellen verwendet, um das Layout zu »stabilisieren«. Das war nötig, weil der seinerzeit verbreitetste Browser, Netscape 4.x, etliche Macken und eine völlig eigenwillige Art hatte, HTML zu interpretieren. Mit einigen Workarounds wie dem sogenannten »blinden Pixel« und eben auch verschachtelten Tabellen kam der Webdesigner von damals jedoch ganz gut klar und konnte fast jegliche Verteilung von Inhalten am Bildschirm erreichen.

Die Technik war erlernbar, und wer sie beherrschte, gewöhnte sich schnell daran. Vergleicht man dieses HTML mit dem, was heute darunter verstanden wird, so lässt sich erahnen, welches Umdenken zwischenzeitlich stattgefunden hat und wie schmerzlich der Umlernprozess für so manchen Webdesigner war, der sich auf HTML-basiertes Webseiten-Layout mit Tabellen und jeder Menge physischem Markup eingeschossen hatte.

Noch immer gibt es zahlreiche Webseiten im Netz, die diesem veralteten Paradigma für Webseiten-Layouts folgen. Teilweise deshalb, weil die Layouts einfach noch aus der Zeit vor oder um die Jahrtausendwende stammen, teilweise aber auch deshalb, weil sie von Webdesignern erstellt wurden, die ihr Handwerk in den frühen Jahren des Web erlernt und sich dann nicht mehr weiterentwickelt haben.

Es gibt andererseits Hardliner, die Tabellen nur für kolonnenartige Daten verwendet sehen möchten. In diesem Buch wird die Ansicht vertreten, dass Tabellen für jede Art von tabellarischen Daten und erkennbar tabellarischen Anordnungen verwendet werden sollten. Eine tabellarische Anordnung ist beispielsweise eine Thumbnail-Galerie, also eine Vorschaubild-Tafel für größere Bilder, Videos usw. In manchen Formularen kommen auch tabellarische Anordnungen von Eingabefeldern vor. Die Grenzen sind bei Tabellen immer etwas fließend, da Tabellen von Haus aus einerseits ein semantisch sinnvolles Abbildungsmodell für Daten sind, andererseits aber auch von vornherein eine optische Anordnung bewirken.

Webdesign und auch die Feinformatierung von Inhalten werden aus heutiger Sicht nur noch mit Hilfe von CSS realisiert. Das gilt auch dann, wenn Sie sogenannte Grid-Layouts realisieren möchten – Layouts, die sich am Spaltensatz von Zeitungen und Magazinen orientieren. Es gibt dabei ein tabellenartiges Raster, in das sich alle Inhalte einfügen. Dadurch entstehen ruhige, übersichtlich wirkende Layouts trotz vieler, unterschiedlicher Inhalte auf einer Seite. Insofern es jedoch ein Layoutwunsch ist, ist CSS dafür zuständig, nicht HTML.

6 Hyperlinks

- *Wie Sie Seiten Ihres Web-Projekts untereinander verlinken*
- *Wie Sie auf beliebige Inhalte im Netz verlinken*
- *Wie Sie Hyperlinks mit zusätzlichen Informationen versehen*

6.1 Aufbau von Hyperlinks

Mit Hilfe von Hyperlinks (Verweisen) strukturieren Sie Ihr Projekt. Wenn Sie beispielsweise eine HTML-Datei mit einer Projekt-Einstiegsseite und verschiedenen HTML-Dateien für Themenseiten planen, brauchen Sie zumindest in der Einstiegsseite Verweise zu allen Themenseiten und in jeder Themenseite einen Rücksprungverweis zur Einstiegsseite. Erst dadurch wird aus der losen Dateisammlung eine zusammenhängende Website. Hyperlinks dienen aber ebenso der Vernetzung eigener Inhalte mit anderen Inhalten im Netz.

Für Hyperlinks in HTML ist das `a`-Element zuständig. In diesem Abschnitt werden die möglichen Ziele für Verweise und deren Adressierungsmöglichkeiten behandelt.

6.1.1 Links zu beliebigen Zielen

Sie können Links zu anderen Webseiten des eigenen Projekts definieren (projektinterne Links), Links zu fremden Websites oder zu beliebigen URLs innerhalb anderer Websites (sogenannte Deeplinks).

Beispiel

```
<p>
  In <a href="../kapitel-3/c.html">Kapitel <b>3.c</b></a> wird
  der Beutelteufel näher behandelt. Auch der Artikel
  <a href="http://de.wikipedia.org/wiki/Beutelteufel" target="_blank">
  Wikipedia: Beutelteufel</a> empfiehlt sich als weitere Lektüre.
</p>
<footer>
  <a href="/index.html">
    <img src="/bilder/start.png" style="border: none;" alt="Start">
  </a>
</footer>
```

Erläuterung

Hyperlinks in HTML werden durch `<a>...</a>` markiert (a = *anchor* = Anker). Im `href`-Attribut geben Sie das Verweisziel an (href = *hypertext reference* = Hypertext-Referenz). Erlaubt ist als Verweisziel alles, was im Buchabschnitt über Referenzierung (siehe *2.1.5 Referenzierung*) beschrieben ist. Der Elementinhalt von `<a>...</a>` ist für den Anwender anklickbar und führt beim Anklicken zum angegebenen Verweisziel.

Das obige Beispiel enthält drei Links: Der erste führt zu einer anderen HTML-Datei im aktuellen Projekt, wobei relative Adressierung zu einem anderen Verzeichnis verwendet wird. Der zweite Link führt zu einem fremden Web-Projekt (Wikipedia). Der dritte Link schließt als Elementinhalt anstelle eines Textes eine Grafikreferenz ein.

Mit Hilfe des Attributs `target` können Sie veranlassen, dass das Verweisziel nicht im aktuellen Browser-Fenster geöffnet wird, sondern in einem neuen Fenster/Tab bzw. in einem anderen Kontext (z. B. in der Sidebar, in einem Popup-Fenster oder in einem eingebetteten Frame-Fenster). Der häufigste Fall bei gewöhnlichen Hyperlinks dürfte es sein, den Link in einem neuen Browser-Fenster/Tab zu öffnen. Dazu notieren Sie wie im obigen Beispiel `target="_blank"` (mitsamt dem Unterstrich).

Bild 6.1: Darstellung von Hyperlinks, `a`-Elementen, im Browser

Weitere Hinweise

Der Verweistext kann neben Text auch andere HTML-Elemente enthalten, so wie im obigen Beispiel etwa auch Grafikreferenzen (in dem Fall wird die Grafik anklickbar). Im Gegensatz zu HTML 4.01 darf ein `a`-Element in HTML5 sogar gruppierende Elemente wie `p`, `ul`, `blockquote` usw. umfassen.

HTML 5 — Das `target`-Attribut gehört mit HTML5 wieder vollumfänglich zum Standard.

In HTML 4.01 war es in der Strict-Variante nicht mehr erlaubt. Es wird jedoch empfohlen, sparsam davon Gebrauch zu machen. Denn normalerweise ist es besser, dem Anwender die Entscheidung zu überlassen, ob er einen Link in einem anderen Fenster öffnen möchte oder nicht. Neben dem Wert `"_blank"` sind auch die festen Werte `"_self"` (aktuelles Fenster), `"_parent"` (Elternfenster), `"_top"` (oberste Fensterebene) sowie Namen von Fenstern erlaubt, die mit JavaScript geöffnet und deren Namen in JavaScript vergeben wurden.

Die anklickbaren Verweistexte werden von Web-Browsern normalerweise unterstrichen und in unterschiedlichen Farben dargestellt, je nachdem, ob Sie das Verweisziel zuvor schon einmal aufgerufen haben oder nicht. All diese Eigenschaften können Sie mit Hilfe von CSS bzw. CSS-Eigenschaften nach Wunsch beeinflussen.

Verweise auf Ihrer Website lenken die Aufmerksamkeit des Anwenders auf sich. Wenn Sie Verweise mitten im Text notieren, ist es besser, als Verweistext inhaltlich beschreibende Wörter anzubieten als Wörter ohne Inhalt.

Schlecht ist: zurück (wohin eigentlich?)

Besser ist: zurück zu Kapitel 3

Schlecht ist: Für weitere Information klicken Sie hier (was gibt es denn »hier«?)

Gut ist: Weitere Information können Sie ebenfalls aufrufen.

Beachten Sie im Zusammenhang mit Links auf Ziele außerhalb des eigenen Webangebots auch den Buchabschnitt über rechtliche Aspekte von Links (siehe Abschnitt *6.3.2 Rechtliche Aspekte von Hyperlinks*).

Referenzinformationen

Elementreferenz `<a>`,
Attributreferenz `href`:

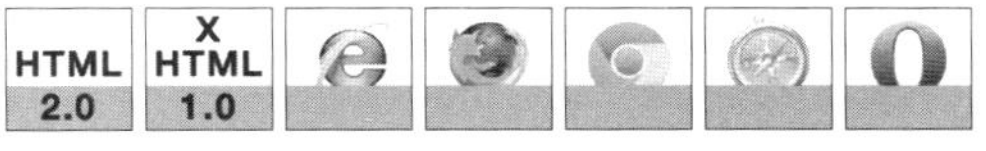

Attributreferenz `target`:

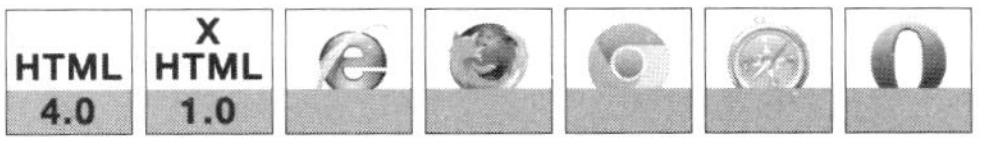

6.1.2 Links zu beliebigen Ressourcen

Download-Verweise

Es gibt keine spezifische Notation in HTML, um Dateien beim Anklicken zum Download anzubieten. Es gibt lediglich Dateitypen, die (fast) jeder Web-Browser so interpretiert, dass er dem Anwender anbietet, die Datei lokal zu speichern. Das bekannteste Dateiformat dafür ist heute das ZIP-Format (**.zip*). ZIP-Dateien sind Archivdateien, die mehrere andere Dateien enthalten können, sogar ganze Verzeichnisstrukturen. Die enthaltenen Dateien werden außerdem komprimiert. Der Anwender muss die ZIP-Datei nach dem Download mit einem geeigneten Programm entpacken (Unzip-Programm).

Beispiel

```
<h1>Download-Ecke</h1>
<p>
  <a href="Unix-Kommandos-Win.zip" type="application/zip">
     Unix-Kommados für Windows</a><br>
     Eine Sammlung nützlicher Kommandozeilenprogramme
     (Unix-Kommandos-Win.zip, 480 Kbyte)
</p>
```

Erläuterung

Verweise auf typische Download-Dateien wie ZIP-Dateien unterscheiden sich prinzipiell nicht von anderen Verweisen. Das Verweisziel ist die Datei, die zum Download angeboten wird. Es sind alle Möglichkeiten der Referenzierung möglich. HTML bietet jedoch die Möglichkeit an, im einleitenden <a>-Tag ein `type`-Attribut zu notieren. Darin können Sie den MIME-Type der Zieldatei angeben. Diese Information ist für den Web-Browser (und andere Web-Clients) hilfreich. Eine Liste bekannter MIME-Typen finden Sie in der Referenz der MIME-Typen.

Bild 6.2: Darstellung eines Hyperlinks zum Speichern einer zip-Datei

Weitere Hinweise

Wenn Sie Dateien anbieten, die nur für bestimmte Rechnerumgebungen gedacht sind, können Sie natürlich auch Formate verwenden, die speziell für diese Umgebungen gedacht sind. Für DOS/Windows-Umgebungen können das beispielsweise selbstentpackende EXE-Archive sein oder für Apple HQX-Archive. Wenn der Web-Browser mit der Dateiendung nichts anfangen kann, sollte er den Anwender im Dialog entscheiden lassen, was er mit der Datei tun möchte – dabei sollte auch die Download-Möglichkeit angeboten werden.

Bei größeren Dateien, deren Download bei niedrigeren Bandbreiten eine Weile dauert, ist die Angabe der Größe sinnvoll.

Verweise zu beliebigen Dateien

Sie können auf jede beliebige Datei einen Verweis setzen. Es kann sich um Audio-Dateien, Tabellenkalkulations-Dateien, CAD-Dateien, Videodateien, Grafikdateien, Textverarbeitungs-Dateien, Programmdateien, Datenbankdateien handeln – was Sie wollen. Sie können auch jede beliebige Datei in Ihr eigenes Web-Projekt mit auf den Internet-Server laden und einen Verweis darauf setzen.

Beispiel

```
<h1>Stuff</h1>
<p>
  <a href="buch.url">buch.url</a><br>
```

```
  Eine Favoritendatei, wie der Internet Explorer sie anlegt
</p><p>
  <a href="fritz.vcf" type="text/x-vcard">fritz.vcf</a><br>
  Eine Visitenkartendatei (Adressenaustauschformat)
</p><p>
 <a href="einsundeins.xls"
type="application/msexcel">einsundeins.xls</a><br>
  Eine Excel-Datei
</p>
```

Erläuterung

Verweise auf typische Download-Dateien wie ZIP-Archive unterscheiden sich nicht von anderen Verweisen. Das Verweisziel ist die Datei, die zum Download angeboten wird. Auch hier empfiehlt sich die Verwendung des `type`-Attributs mit einer MIME-Type-Angabe. Verpflichtend ist eine solche Angabe jedoch nicht.

Es sind alle Möglichkeiten der Referenzierung erlaubt.

Bild 6.3: Hyperlinks zum Speichern verschiedener MIME-Typen

Weitere Hinweise

Dateitypen wie reine Textdateien (**.txt*) kann der Web-Browser selbst anzeigen.

Viele Web-Browser haben eine Plugin-Schnittstelle. Wenn der Anwender ein Plugin zur Darstellung des Dateityps besitzt, kann der Browser die Datei mit Hilfe des Plugins selbst anzeigen bzw. abspielen.

Wenn der Anwender ein Programm besitzt, das den Dateityp verarbeiten kann, und dem Web-Browser die Verknüpfung zwischen Dateien mit der Endung des Verweisziels und einem Programm bekannt ist, das solche Dateien verarbeitet, dann kann der Browser das Programm starten. Wenn das Betriebssystem, der Web-Browser und das andere Programm den dynamischen Datenaustausch zwischen Programmen erlauben, kann das Anzeigefenster des Fremdprogramms in das Browser-Fenster eingebettet werden. Es gibt jedoch keine Möglichkeit, solche Dinge in HTML zu beeinflussen.

Wenn der Browser mit dem Dateityp gar nichts anfangen kann, sollte er dem Anwender einen Dialog anbieten, um zu entscheiden, was mit der Datei geschehen soll. Der Anwender sollte die Datei z. B. downloaden können.

6.1.3 E-Mail-Links

Sie können auch Links zu E-Mail-Adressen setzen. Wenn der Anwender auf den Verweis klickt, kann er eine E-Mail an den betreffenden Empfänger absetzen. Eine Garantie dafür, dass dies funktioniert, gibt es jedoch nicht.

Beispiel

```
<h1>Impressum</h1>
<p>Verantwortlich für den Inhalt dieser Seiten ist:<br>
  <a href="mailto:fritz.eierschale@example.org">Fritz
  Eierschale, fritz.eierschale@example.org</a>
</p>
```

Erläuterung

Links zu E-Mail-Adressen funktionieren nach dem gleichen Schema wie alle anderen Verweise. Beim `href`-Attribut des einleitenden `<a>`-Tags wird das Verweisziel angegeben. E-Mail-Verweise beginnen dabei immer mit `mailto:` (***ohne*** `//` dahinter!).

Der Verweis ist bei Anwendern nur ausführbar, wenn der Web-Browser das Erstellen und Absenden von E-Mails unterstützt oder wenn bei solchen Verweisen automatisch ein E-Mail-Programm gestartet wird.

Bild 6.4: Darstellung eines Hyperlinks, zum Versand einer E-Mail

Weitere Hinweise

Es ist sinnvoll, im Verweistext die E-Mail-Adresse noch einmal explizit zu nennen, so wie im obigen Beispiel, damit Anwender, bei denen der E-Mail-Verweis nicht ausführbar ist, auf Wunsch separat eine E-Mail senden können.

Beachten Sie, dass das Angeben einer E-Mail-Adresse im Web generell dazu führt, dass eine solche Mailadresse vermehrt mit Spam zu rechnen hat. Eine entsprechende Adresse sollte deshalb über gute, vorgeschaltete Spam-Filter verfügen.

Optionen bei E-Mail-Verweisen

Sie können:

- E-Mail-Verweise an mehrere Empfänger senden, wahlweise `cc` (*carbon copy*, sichtbare Kopienempfänger) oder `bcc` (*blind carbon copy*, unsichtbare Kopienempfänger),

- anstelle einer einfachen E-Mail-Adresse ein vollständiges Empfängerschema angeben von der Art Fritz Eierschale <fritz.eierschale@example.org>
- ein Subject vordefinieren, sodass beim Öffnen des E-Mail-Editors das Betreff-Feld bereits mit einem Text Ihrer Wahl ausgefüllt ist,
- einen Body-Inhalt vordefinieren, sodass beim Öffnen des E-Mail-Editors bereits Text im Nachrichtentext der E-Mail steht, z. B. eine Anrede,
- alle Optionen kombinieren.

Mail an einen Hauptempfänger und einen sichtbaren Kopienempfänger:

```
mailto:beispiel@example.org?cc=heidi.bratze@example.org
```

Mail an einen Hauptempfänger und einen unsichtbaren Kopienempfänger:

```
mailto:beispiel@example.org?bcc=heidi.bratze@example.org
```

Mail mit vordefiniertem Subject (Betreff):

```
mailto:beispiel@example.org?subject=eine%20Mail%20von%20deinen%20Web-
Seiten
```

Mail mit vordefiniertem Body (Nachrichtentext):

```
mailto:beispiel@example.org?body=Hallo%20Fritz,%0D%0A%0D%0Aich%20
wollte%20nur%20sagen,%20dass%20
```

Mail mit kombinierten Optionen:

```
mailto:fritz.eierschale@example.org?cc=heidi.bratze@example.org&amp;
subject=Hallo%20Fritz,%20hallo%20Heidi
```

Mail an zwei Hauptempfänger:

```
mailto:beispiel@example.org,%20heidi.bratze@example.org
```

Mail mit vollständigem Adressierungsschema:

```
mailto:Fritz%20Eierschale%20%3Cfritz.eierschale@example.org%3E
```

Die Optionen werden in dem Wert notiert, der dem `href`-Attribut zugewiesen wird. Es gibt also keine speziellen HTML-Attribute für diese Optionen, und deshalb ist die Handhabung auch etwas umständlich. Zuerst wird wie üblich der Empfänger notiert. In den obigen Beispielen (mit Ausnahme des letzten) geschieht das jeweils durch `mailto:beispiel@example.org`. Dahinter wird ein Fragezeichen `?` notiert. Das ist in der URI-Syntax das übliche Zeichen, um Parameter an eine aufgerufene Adresse zu übergeben. Hinter dem Fragezeichen folgen die Parameter. Jede Option ist so ein Parameter und besteht aus einem Namen, einem Istgleichzeichen (`=`) und einem zugewiesenen Wert. Als Optionsnamen sind erlaubt:

- `cc` (sichtbarer Kopienempfänger)
- `bcc` (unsichtbarer Kopienempfänger)
- `subject` (Betreff)
- `body` (Nachrichtentext)

Ein Konstrukt wie `cc=heidi.bratze@example.org` ist also ein vollständiger Parameter und bedeutet: sichtbare Kopie an `heidi.bratze@example.org`.

Bei den Wertzuweisungen an die Parameter können Zeichen vorkommen, die nicht zu einer gültigen URI gehören. Damit die URI gültig bleibt (andernfalls wäre das Dokument auch kein gültiges HTML mehr), müssen diverse Zeichen maskiert werden. Die Maskierung besteht darin, ein Prozentzeichen `%` zu notieren, gefolgt von der hexadezimal ausgedrückten Zeichennummer des gewünschten Zeichens.

Die folgende Tabelle listet Zeichen auf, die maskiert werden müssen, weil sie innerhalb von URIs nicht vorkommen dürfen oder eine bestimmte Bedeutung haben. Links steht das Zeichen, rechts die Zeichenkette, mit der Sie das Zeichen maskieren müssen:

Zeichen	*Maskierung*	*Zeichen*	*Maskierung*
[neue Zeile]	%0A	*	%2A
[Wagenrücklauf]	%0D	/	%2F
[Leerzeichen]	%20	<	%3C
!	%21	>	%3E
#	%23	?	%3F
%	%25		

Ferner müssen Sie alle Zeichen maskieren, die nicht in der ASCII-Zeichentabelle vorkommen, also z. B. deutsche Umlaute und das scharfe S (ß). Die folgende Tabelle listet die wichtigsten Zeichen und ihre Maskierung auf:

Zeichen	*Maskierung*	*Zeichen*	*Maskierung*
Ä	%C4	ä	%E4
Ö	%D6	ö	%F6
Ü	%DC	ü	%FC
ß	%DF		

Wenn Sie mehrere Optionen kombinieren wollen, müssen Sie die Optionen durch ein kaufmännisches Und (&) voneinander trennen. Maskieren Sie dieses Zeichen jedoch durch das benannte Zeichen `&` .

6.1.4 Links und Anker

HTML ist seiner ganzen Struktur nach durchaus so ausgelegt, dass ein einzelnes HTML-Dokument auch umfangreichere Texte, beispielsweise eine komplette Diplomarbeit, enthalten kann. Für Querverweise innerhalb des Dokuments oder für Verweise von außen auf Textstellen innerhalb des Dokuments bietet HTML die Möglichkeit, Zielanker für Hyperlinks an gewünschten Textstellen zu setzen. Links können solche Anker adressieren.

Beispiel

```
<header>
  <a href="#kapitel1">Kapitel 1</a> |
  <a href="#abschnitt1">Abschnitt 1</a> |
  <a href="#abschnitt2">Abschnitt 2</a> |
  <a href="#next">Seitenende</a>
  <hr>
</header>
<hgroup>
  <h1><a id="kapitel1">Kapitel 1</a></h1>
  <h2><a id="abschnitt1">Abschnitt 1</a></h2>
</hgroup>
<p style="height: 200px;">Viel Inhalt</p>
<h2><a id="abschnitt2">Abschnitt 2</a></h2>
<p style="height: 200px;">Wieder viel Inhalt</p>
<footer>
  <hr>
  <a href="#top">Seitenanfang</a> |
  <a href="#kapitel1">Kapitel 1</a> |
  <a href="#abschnitt1">Abschnitt 1</a> |
  <a href="#abschnitt2">Abschnitt 2</a> |
  <a id="next" href="k02.html#kapitel2">Kapitel 2</a>
</footer>
```

Erläuterung

Ein Anker wird genau wie ein Verweis mit Hilfe des `a`-Elements erzeugt. Der Unterschied besteht darin, dass kein Attribut `href` notiert wird, sondern stattdessen das Universal-Attribut `id`. Ein kompletter Anker sieht also so aus:

```
<a id="ankername">…</a>
```

Um innerhalb einer Datei einen Verweis zu einem im gleichen HTML-Dokument vorhandenen Anker zu notieren, gilt folgendes Schema:

```
<a href="#ankername">…</a>
```

Auch Anker innerhalb anderer HTML-Webseiten sind auf diese Weise adressierbar. Beispiele:

```
<a href="andere-seite.html#ankername">…</a>
<a href="http://example.org/verzeichnis/seite.html#ankername">…</a>
```

`a`-Elemente sind zugleich Verweis als auch Anker für Verweise, wenn sie sowohl ein `href`- als auch ein `id`-Attribut haben, so wie das letzte `a`-Element im obigen Beispiel.

Den Ankernamen bei `id` können Sie frei vergeben. Er darf jedoch keine Leerzeichen enthalten. Vergeben Sie möglichst kurze, aber prägnante und lesbare Namen. Beschränken Sie sich auf lateinische Buchstaben, arabische Ziffern sowie den Unterstrich (_). Das erste Zeichen des Namens sollte ein Buchstabe sein. Damit sind Ihre ID-Namen auch gleich kompatibel für den Zugriff via JavaScript und CSS. Groß- und Kleinschreibung werden unterschieden: `Ankername` wird nicht gefunden, wenn auf `#ankername` verlinkt wird.

Die Angaben `style="height: 200px"` in den `p`-Elementen des obigen Beispiels müssen Sie an dieser Stelle nicht verstehen. Es handelt sich um Style-Angaben, um »Entfernung« zwischen den Ankern zu schaffen.

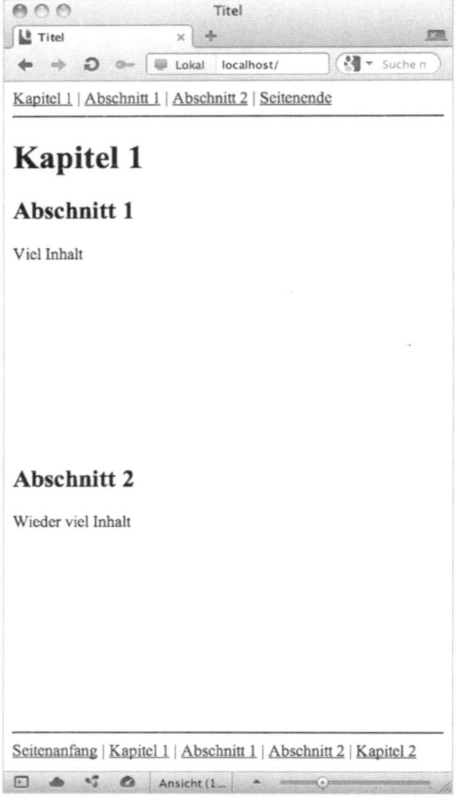

Bild 6.5: Darstellung der Hyperlinks als Navigation

Weitere Hinweise

Das `id`-Attribut übernimmt erst seit HTML5 die Aufgabe des Ankernamens (wobei das `id`-Attribut selbst mit HTML 4.0 eingeführt wurde).

Bis HTML 4.01 wurde für Anker das Attribut `name` eingesetzt. Im Hinblick auf sehr alte Browser ist es sogar sicherer, mit `name` anstelle von `id` zu arbeiten (Netscape 4.x konnte beispielsweise noch keine Links zu `id`-Ankern ausführen). Der HTML-Standard benötigt jedoch keine Doppelgleisigkeit von `name` und `id` mehr beim `a`-Element. Standardkonform ist deshalb nur noch das `id`-Attribut.

Referenzinformationen

Elementreferenz `<a>`:

Attributreferenz `id`:

6.2 Zusatzinformationen in Hyperlinks

Hyperlinks lassen sich mit zusätzlichen Anweisungen für Suchmaschinen-Robots und Browser versehen, und Informationen über Verweisziele lassen sich vorab beschreiben.

Neu in HTML5 ist darüber hinaus die Möglichkeit, Ping-Benachrichtigungen für Hyperlinks zu definieren.

6.2.1 Angaben zum Linkziel

Sie können bei Links angeben:

- welche Sprache das verlinkte Ziel verwendet,
- zu welchem MIME-Type (Dateiformat) das verlinkte Ziel gehört,
- für welche Medientypen (z. B. Bildschirm, Handheld, Drucker, Screenreader) das verlinkte Ziel gedacht ist.

Beispiel

```
<ul>
  <li>
    <a href="http://www.aawsat.com/" hreflang="ar">Asharq Al-Awsat</a>
    <br>Saudi-Arabische Zeitung in arabischer Sprache
  </li>
  <li>
    <a href="http://www.example.com/spektakel.mp4"
       media="screen, 3d-glasses, print and resolution &gt; 90dpi"
       type="video/mp4">
    Spektakel (der Film)</a><br>
    Spektakulärer 3D-Film (3D-Brille erforderlich)
  </li>
</ul>
```

Erläuterung

Die Angaben zum Linkziel werden in Form von Attributen im einleitenden <a>-Tag notiert.

Mit `hreflang` bestimmen Sie die Sprache des Verweisziels. Als Angabe ist ein Sprachenkürzel erlaubt.

Mit `media` können Sie Angaben zu Medien machen, für die das Verweisziel geeignet ist. Die Angabe sollte eine kommagetrennte Aufzählung geeigneter Medientypen, das Schlüsselwort `all` (steht für »alle Medientypen«) oder eine komplexere Medienangabe wie im obigen Beispiel sein.

Mit `type` können Sie den MIME-Type des Linkziel-Dateiformats angeben. Sinnvoll ist diese Angabe in allen Fällen, in denen das Linkziel kein HTML-Dokument ist, also beispielsweise bei Links auf PDF-Dokumente, Flashmovies, MP3-Tracks, usw. Als Angabe ist ein bekannter MIME-Type erlaubt. Siehe Anhang: »MIME-Typen«.

Sie können alle diese Attribute in einem <a>-Tag kombinieren.

Bild 6.6: Zusatzinformationen bei Hyperlinks

Weitere Hinweise

Die hier vorgestellten Angaben haben in grafischen Browsern keine sichtbare Wirkung. Dennoch können sie den Browser unterstützen. Beispielsweise betreiben die meisten modernen Browser sogenanntes Prefetching. Sie versuchen also, während eine Webseite angezeigt wird, den darin enthaltenen Links zu folgen und deren Inhalte bereits ganz oder teilweise zu laden. Die hier vorgestellten Angaben zum Linkziel können einem Browser bei der Entscheidung helfen, welche Links beim Prefetching bevorzugt oder ausgeschlossen werden können. Ein anderer Anwendungsfall ist die Formatierung mit CSS. Mit Hilfe sogenannter CSS-Attributselektoren lassen sich Hyperlinks, welche die hier beschriebenen Angaben verwenden, beispielsweise automatisch mit bestimmten Icon-Grafiken versehen (siehe dazu den Buchabschnitt *6.1 Aufbau von Hyperlinks*).

Referenzinformationen

Elementreferenz <a>:

Attributreferenz `hreflang`:

HTML 4.0 | XHTML 1.0

Attributreferenz `type`,
Attributreferenz `media`:

HTML5 | XHTML 5

Auf Browser-Angaben wurde hier verzichtet, da nicht oder nicht zuverlässig nachweisbar.

6.2.2 Typisierte Links

HTML bietet die Möglichkeit an, bei Hyperlinks die Art der Beziehung zum Linkziel anzugeben. Das funktioniert genauso wie bei logischer Verlinkung im Kopfbereich des Dokuments. Ebenso wie dort, wird die Beziehung über das `rel`-Attribut hergestellt. Die Linktypen sind jedoch nicht ganz deckungsgleich.

Beispiel

```
Zum Beispiel ein Formular und dazu ein Link zu einer Seite mit
<a rel="help" href="/?pagename=help">Hilfe</a>.
```

Erläuterung

Mit dem Attribut `rel` können Sie im `a`-Element, genauso wie im `link`-Element, den Typ der Verlinkung bestimmen (rel = *relationship* = Verwandtschaft).

Das Set möglicher Linktypen weicht beim `a`-Element, gegenüber dem vom `link`-Element leicht ab. Die nachfolgende Tabelle zeigt, welche Linktypen gleich sind und welche unterschiedlich.

`rel`-*Angabe*	`link`-*Element*	`a`-*Element*
`rel="alternate"`	ja	ja
`rel="archives"`	ja	ja
`rel="author"`	ja	ja
`rel="bookmark"`	nein	ja
`rel="external"`	nein	ja
`rel="first"`	ja	ja
`rel="help"`	ja	ja
`rel="icon"`	ja	nein
`rel="index"`	ja	ja
`rel="last"`	ja	ja

rel-*Angabe*	link-*Element*	a-*Element*
rel="license"	ja	ja
rel="next"	ja	ja
rel="nofollow"	nein	ja
rel="noreferrer"	nein	ja
rel="pingback"	ja	nein
rel="prefetch"	ja	nein
rel="prev"	ja	ja
rel="search"	ja	ja
rel="stylesheet"	ja	nein
rel="sidebar"	ja	ja
rel="tag"	ja	ja
rel="up"	ja	ja

Linktypen für Hyperlinks

Die Linktypen, die im Zusammenhang mit dem link-Element im Dokument-Kopfbereich erlaubt sind, sind im Buchabschnitt über logische Verlinkung (siehe *3.1.3 Logische Verlinkung*) beschrieben. An dieser Stelle werden deshalb nur die Linktypen beschrieben, die ausschließlich im a-Element vorkommen dürfen.

<a rel="bookmark">...</a>

Mit dieser Angabe definieren Sie, dass der Link zum Anfang des nächsthöheren Abschnitts, Kapitels oder Bereichs führt, zu dem der aktuelle Inhalt gehört (*bookmark* = Lesezeichen). Gedacht ist diese Auszeichnung etwas schwammig zur Rückverlinkung in umfangreicheren, zum Beispiel wissenschaftlichen oder technischen Dokumenten. Die Angabe "bookmark" hat jedoch auch die Bedeutung, sogenannte Permalinks auszuzeichnen, und dafür wird sie in der Praxis durchaus auch verwendet.

Beispiel

```
<a rel="bookmark" href="http://de.wikipedia.org/w/index.php?title=
Stefan_M%C3%BCnz&oldid=4115167">Älteste Version des Artikels</a>.
```

Durch die Kennzeichnung als bookmark-Link lässt sich in einem solchen Fall die Tatsache markieren, dass der Link auf eine bestimmte Version eines Artikels führt.

Permalinks

In einigen Content-Management- und Blog-Systemen, besonders aber in Wiki-Systemen, wird jeder Speicherzustand einer Seite bzw. eines Artikels dauerhaft aufgehoben. Jeder einzelne ältere Zustand ist auch über eine URL-Adresse direkt aufrufbar. Hyperlinks, die nicht auf die Seite oder den Artikel verlinken, sondern direkt auf eine bestimmte Version davon, werden als Permalinks bezeichnet.

Bestes Beispiel sind die Artikel in Wikipedia, zum Beispiel der Artikel über Permalinks:
http://de.wikipedia.org/wiki/Permalink

<a rel="external">...</a>

Diese Angabe erlaubt es, Hyperlinks mit der Bedeutung »dies ist ein Link zu einem anderen Web-Angebot« auszuzeichnen. In Verbindung mit sogenannten Attribut-Selektoren in CSS ist es möglich, solche Links optisch zu kennzeichnen, beispielsweise durch ein spezielles Icon oder durch andere Farben oder Formatierung.

Wenn Sie beispielsweise in einem zentralen Stylesheet-Bereich oder einem externen Stylesheet so etwas definieren wie:

```
a[rel=extern] { color:red; }
```

Dann wird ein Link wie

```
<a href="http://www.example.com" rel="extern"> Link</a>
```

rot dargestellt.

<a rel="nofollow">...</a>

Mit dieser Angabe weisen Sie Suchmaschinen-Robots an, dem so ausgezeichneten Link nicht zu folgen. Gedacht ist diese Angabe für Umgebungen, in denen Anwender selber Inhalte beitragen und dabei auch anklickbare Hyperlinks erzeugen können. Da es in solchen Fällen immer wieder zu eigentlich unerwünschten Werbe- und Spam-Links kommt, wird die Attraktivität solcher Links zumindest reduziert, wenn Suchmaschinen-Robots ihnen nicht folgen. Da Google und andere Suchmaschinen diese Angabe tatsächlich beachten, ist sie in der Praxis wirksam.

Eher traurige Berühmtheit erlangte diese Angabe dadurch, dass sich 2007 auch die Wikipedia entschloss, sämtliche externen Links mit dieser Angabe zu versehen und damit Autoren zu unterstellen, sie würden innerhalb von Wikipedia-Artikeln vornehmlich Links zu eigenen Inhalten und damit aus eigennützigen Interessen setzen.

<a rel="noreferrer">...</a>

Diese Angabe weist den Browser des Anwenders an, beim Anklicken des Links keine Referrer-Adresse zu übermitteln. Das bedeutet: der Webserver der Zieladresse soll keine Information darüber erhalten, woher der Anwender kommt.

Zum Redaktionszeitpunkt ist dies in keinem Browser implementiert.

Referenzinformationen

Elementreferenz `<a>`,
Attributreferenz `rel`:

HTML 2.0 | XHTML 1.0

6.2.3 Links mit Ping-Funktion

Sie können veranlassen, dass der Browser beim Anklicken eines Links nicht nur den Link ausführt, sondern zusätzlich eine oder mehrere andere Webadressen über das Anklicken des Links benachrichtigt. Hinter solchen »anderen Webadressen« verbergen sich dann beispielsweise Scripts, die sogenannte User-Tracking-Informationen sammeln.

Beispiel

```
<a href="produkte.html" ping="http://webstats.example.com/">
  Produkte
</a>
```

Erläuterung

Die Ping-Funktion wird im einleitenden `<a>`-Tag eines Hyperlinks in Form eines `ping`-Attributs notiert. Während die URL-Adresse beim `href`-Attribut wie üblich das Linkziel ist, das beim Anklicken des Links aufgerufen wird, wird die URL-Angabe beim `ping`-Attribut im Hintergrund aufgerufen.

Beim `ping`-Attribut können Sie im Gegensatz zum `href`-Attribut auch mehrere URL-Adressen angeben. Trennen Sie die URL-Adressen in diesem Fall durch Leerzeichen voneinander.

Weitere Hinweise

Die HTTP-Requests, die der Browser an die beim `ping`-Attribut angegebene(n) Adresse(n) versendet, werden in Form von HTTP-POST-Requests versendet.

Aus Anwendersicht bereitet diese Funktion möglicherweise Unbehagen, da ohne sein Wissen zusätzliche Inhalte aufgerufen werden. Es kann sein, dass Browser, die diese Funktion unterstützen, dem Anwender in den Browser-Optionen die Möglichkeit anbieten, keine `ping`-URLs in Hyperlinks auszuführen. Auch ein sichtbarer Hinweis auf die zusätzlich informierten Adressen ist denkbar.

Referenzinformationen

Elementreferenz `<a>`:

HTML 2.0 | XHTML 1.0

Attributreferenz `ping`:

HTML | XHTML 5 | 8.0 | 3.5

6.3 Backgrounds

Alle Hyperlinks in HTML haben den gleichen strukturellen Aufbau. Aber Links haben völlig verschiedene Aufgaben, und sie haben als Essenz jeglicher Vernetzung im Web auch nicht-technische Aspekte. In den Backgrounds zu Hyperlinks soll es zum einen darum gehen, wie eine Website letztlich um ihre Navigation herum entsteht. Zum anderen soll ein leidiger Aspekt von Hyperlinks kurz angesprochen werden: die rechtlichen Aspekte von Verlinkung.

6.3.1 Hyperlinks und Navigation

Wenn ein Web-Angebot aus mehr als einer Webseite besteht, was die Regel ist, dann müssen diese Webseiten dem Anwender als zusammenhängendes Angebot zugänglich gemacht werden. Das wichtigste Mittel dazu ist eine Navigation, die auf allen einzelnen Unterseiten wiederkehrt. Nur so (und durch ein gleichbleibendes Layout) entsteht für den Anwender der Eindruck einer Website.

Eine Navigation ist nichts anderes als ein festes Set aus Hyperlinks zu Unterseiten eines Web-Angebots. Die Hyperlinks werden dabei wie üblich durch das `a`-Element markiert. Darüber hinaus benötigen Sie jedoch eine geeignete Markierung des zusammenhängenden Sets.

Aus Sicht von HTML sind Listen das semantisch korrekte Mittel der Wahl, um solche Sets auszuzeichnen. Solange die Einträge der Navigation keine bestimmte Reihenfolge vorgeben, sondern eine freie Auswahl darstellen, sollten Sie ungeordnete Listen (`ul`-Element) verwenden. Vergessen Sie dabei einfach, dass eine ungeordnete Liste in HTML ohne weitere Formatierung nur eine simple, senkrechte Bullet-Liste ist, die optisch nicht viel mit Menüs moderner Websites zu tun hat. Mit Hilfe von CSS können Sie aus `ul`-Listen und darin enthaltenen Links jedoch beliebige vertikale und horizontale Auswahlmenüs mit Mouseover-Effekten und vielem mehr machen.

Vergessen Sie außerdem nicht, die gesamte Navigation in ein `nav`-Element einzuschließen. Das umschließende `nav`-Element ist ein semantisch wichtiges Signal, das eine Aufzählungsliste innerhalb einer Site-Navigation darstellt.

Beispiel einer einfachen Navigation aus HTML-Sicht

```
<nav>
   <ul>
      <li><a href="index.html">HOME</a></li>
      <li><a href="schulbuch.html">Schulbücher</a></li>
      <li><a href="lernsoftware.html">Lernsoftware</a></li>
      <li><a href="musikalien.html">Musikalien</a></li>
      <li><a href="fortbildung.html">Fortbildung</a></li>
      <li><a href="shop.php">Shop</a></li>
      <li><a href="impressum.html">Impressum</a></li>
   </ul>
</nav>
```

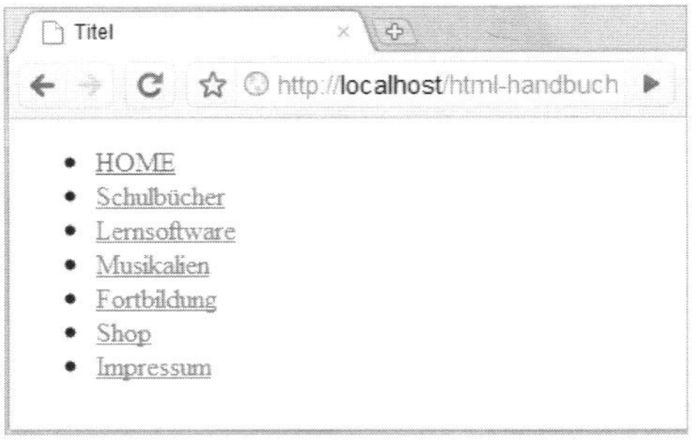

Bild 6.7: Ohne CSS noch schmucklos, aber semantisch sinnvoll: Navigation in HTML

Beispiel einer verschachtelten Navigation aus HTML-Sicht

```
<nav>
  <ul>
    <li><a href="index.html">HOME</a></li>
    <li><a href="schulbuch.html">Schulbücher</a>
    <ul>
      <li><a href="schulbuch-deutsch.html">Deutsch</a></li>
      <li><a href="schulbuch-englisch.html">Englisch</a></li>
      <li><a href="schulbuch-mathe.html">Mathematik</a></li>
    </ul>
    </li>
    <li><a href="lernsoftware.html">Lernsoftware</a>
      <ul>
        <li><a href="lernsoftware-deutsch.html">Deutsch</a></li>
        <li><a href="lernsoftware-englisch.html">Englisch</a></li>
        <li><a href="lernsoftware-mathe.html">Mathematik</a></li>
      </ul>
    </li>
    <li><a href="musikalien.html">Musikalien</a>
      <ul>
        <li><a href="chor.html">Chormusik</a></li>
        <li><a href="instrumental.html">Instrumentalmusik</a></li>
      </ul>
    </li>
    <li><a href="fortbildung.html">Fortbildung</a></li>
    <li><a href="shop.php">Shop</a></li>
    <li><a href="impressum.html">Impressum</a></li>
  </ul>
</nav>
```

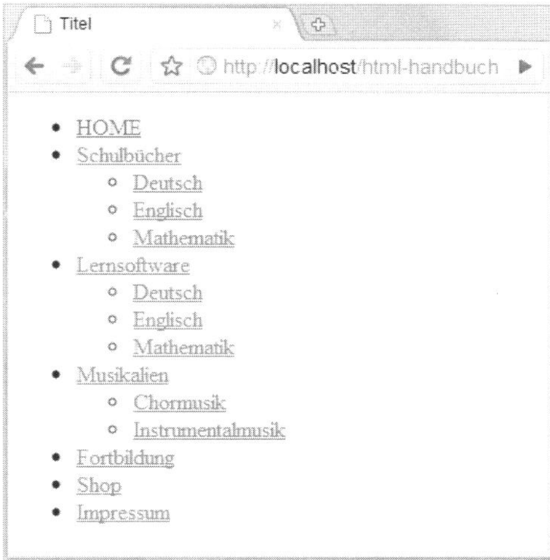

Bild 6.8: Mehrstufige Navigation als verschachtelte Liste in HTML

Erläuterung

Die gesamte Navigation wird innerhalb von `<nav>...</nav>` notiert. Eine ungeordnete Liste (`<ul>...</ul>`) schließt die Navigationspunkte ein. Jeder Navigationseintrag ist ein Listenpunkt, markiert durch `<li>...</li>`. Der Inhalt der `li`-Elemente ist dann der jeweilige Link, markiert durch `<a href...>...</a>`.

Im Fall einer verschachtelten (mehrstufigen) Navigationsstruktur enthalten `li`-Elemente, an denen sich ein »Untermenü« anschließt, im Anschluss an den Link, der das Untermenü auslösen soll, eine vollständige `ul`-Liste für das Untermenü. Diese Liste hat wieder den gleichen Aufbau: `li`-Elemente für die Menü-Einträge, welche die `a`-Elemente für die eigentlichen Links enthalten.

Weitere Hinweise

Da die Navigation auf allen Unterseiten wiederholt werden soll, muss der entsprechende HTML-Code in allen Unterseiten wiederholt werden. Wenn Sie mit einem Content-Management-System arbeiten, das die einzelnen Webseiten zur Laufzeit dynamisch generiert, ist das kein Problem. Falls Sie jedoch mit statischen HTML-Dateien arbeiten, haben Sie keine derartigen Möglichkeiten.

Die einfachste Lösung, nämlich den HTML-Code der gesamten Navigation in alle Unterseiten zu kopieren, ist sehr unflexibel. Denn jede Änderung in der Navigation muss dann auf allen Unterseiten nachgezogen werden.

HTML5 sieht eine ebenso simple, wie naheliegende Lösung für dieses Problem vor, die im Gegensatz zu anderen Lösungen keine Serverumgebung und keine andere Technologie als HTML erfordert: nämlich die Navigation in eine eigene HTML-Datei auszulagern und diese einfach in alle gewünschten Webseiten einzubinden. Dazu wird in der HTML5-Spezifikation die folgende Syntax vorgeschlagen.

Zunächst der relevante Code-Ausschnitt der Webseite, in der die Navigation erscheinen soll:

```
<nav>
  <iframe seamless src="navigation.html"></iframe>
</nav>
```

Und dann der Inhalt der darin eingebundenen Datei, hier *navigation.html* genannt:

```
<ul>
  <!-- Inhalt der Navigation -->
</ul>
```

Leider ist das in den meisten Browsern noch nicht so wie gedacht umsetzbar, da diese das `seamless`-Attribut noch nicht umsetzen und stattdessen ein gewöhnliches IFrame-Fenster anbieten. Das `seamless`-Attribut sollte dafür sorgen, dass der eingebundene Inhalt direkt in den HTML-Code des einbindenden Dokuments integriert wird.

Dennoch ist die Lösung mit dem `iframe`-Element durchaus praktikabel. Auch ohne `seamless`-Attribut lassen sich eingebettete Frames optisch nahtlos in Webseiten integrieren. Mehr dazu finden Sie unter *7.5 Eingebettete Frames*.

Ansonsten sind, um eine solche Einbindung zu erreichen, derzeit nur serverseitige, scriptbasierte Lösungen praxistauglich. Wenn die Webseiten beispielsweise auf einem Webserver betrieben werden, auf dem PHP verfügbar ist, müssen die HTML-Dateien mit den Inhalten in **.php*-Dateien umbenannt werden, also so, dass z. B. *impressum.html* zu *impressum.php* wird. Dann genügt an der gewünschten Stelle folgender Code zur Einbindung einer Datei wie der *navigation.html*:

```
<nav>
  <?php
    include("navigation.html");
  ?>
</nav>
```

In diesem Fall findet die Einbindung bereits serverseitig statt, also bevor das gesamte HTML-Dokument überhaupt an den Browser ausgeliefert wird. Deshalb funktioniert eine solche Lösung in allen Browsern.

6.3.2 Rechtliche Aspekte von Hyperlinks

Das Web hat zahlreiche neue Realitäten mit sich gebracht. Deren Integration in bestehende Rechtssysteme ist mühsam und dauert immer noch an. Hyperlinks spielen dabei eine besonders kritische Rolle, da sie den wichtigsten Mehrwert im Web schaffen: nämlich die ***Nähe aller Inhalte.***

Links auf fremde Web-Angebote

Im Normalfall dürfen Sie ungefragt Verweise auf fremde Web-Angebote setzen. Sie brauchen also keine E-Mail an den Anbieter mit Bitte um Genehmigung zu schreiben, wenn Sie auf sein Angebot einen Link setzen wollen. Jeder Anbieter, der mit seinem

Web-Projekt online geht, muss sich im Klaren darüber sein, dass er Teil eines weltweiten Hypertext-Systems ist, in dem er nicht allein ist.

Es gibt jedoch Ausnahmen von der Regel. Wenn Sie beispielsweise selbst ein sehr stark frequentiertes Web-Angebot haben und auf dessen Einstiegsseite einen Verweis auf die Homepage eines kleinen, unbekannten Anbieters setzen, dann sollten Sie ihn vorher fragen. Der Grund: Durch die vielen zu erwartenden Besucher, die über Ihren Verweis auf das fremde Angebot finden, wird dort plötzlich sehr viel Traffic (Besucherverkehr und Datenübertragung) erzeugt. Viele Anbieter haben bei ihrem Provider eine Volumenbegrenzung, und wenn diese überschritten wird, entstehen den Anbietern unkalkulierbare Kosten. Auch könnte es sein, dass der fremde Server nicht sehr belastungsfähig ist und durch die vielen plötzlichen Besucher zusammenbricht.

Eine andere Ausnahme ist, wenn Sie den Verweis in einem negativen Kontext setzen. Wenn Sie also auf einen Anbieter verweisen, nur weil Sie ihn auf Ihren eigenen Seiten heftig kritisieren, dann ist es sicherer, sich dort eine Bestätigung einzuholen, dass ein solcher Verweis gebilligt wird. Juristisch sicher ist eine solche Bestätigung aber nur, wenn sie mit Unterschrift in dokumentenechter Form von einer dafür zuständigen Person geleistet wird.

Deeplinks

Eine Weile lang wollten einige Web-Anbieter verhindern, dass Links von extern in die Tiefen ihres eigenen Web-Angebots führten. Sie wollten erzwingen, dass Links nur zur repräsentativen Startseite führen dürften. Doch das ist letztlich genauso, als dürfe man aus einem Buch nicht zitieren und keine Seitenzahlen nennen.

Deeplinks sind aus heutiger Sicht völlig in Ordnung. Der deutsche Bundesgerichtshof hat diese Auffassung in einem wichtigen Grundsatzurteil aus dem Jahr 2003 bestätigt. Wenn ein Anbieter keine solchen Links will, muss er technische Vorkehrungen treffen, um sie zu verhindern.

Linkhaftung

Die wohl prominenteste und für den Fortbestand des Webs gefährlichste rechtliche Problemzone ist die Frage der Linkhaftung. Obwohl Tim Berners-Lee, der Gründervater des WWW, klar und deutlich Stellung dazu bezogen hat, was ein Link ist, im Gegensatz etwa zu eingebetteten Fremdinhalten, tut sich die Rechtsprechung zuweilen noch schwer damit. Immer noch wird vor Gericht die »Zeigerfunktion« eines Verweises mit dem Zueigenmachen fremder Inhalte verwechselt.

Argumentationshilfe aus fachlicher Sicht

Ein Link besteht aus zwei Teilen:

- der Erwähnung des anderen Inhalts – sie ist im Verweistext formuliert, und
- einer Adressierungs-Information, nämlich zum Fundort des anderen Inhalts im Internet ("URL").

Das gilt sowohl für Links innerhalb des eigenen Angebots als auch für Links zu fremden Angeboten. Alle Links haben den gleichen Aufbau.

In Bezug auf fremde Inhalte ist ein Link nichts anderes, als wenn ein fremder Inhalt vom Typ »Buch« erwähnt wird und dabei die Informationen für Erscheinungsdatum, Verlag und ISBN hinzugefügt werden.

Den Zugang zum fremden Inhalt stellt nicht der Anbieter des Links her, sondern der Anwender. Und zwar nicht zwangsläufig, sondern willentlich und nur dann, wenn er auf den Verweis klickt und damit die verlinkte Zieladresse aufruft. Das ist nichts anderes, als wenn der Anwender sich entschließt, das erwähnte Buch zu erwerben, dazu Titel, Verlag und ISBN auf einem Zettel notiert, sich in eine Buchhandlung oder Bibliothek begibt und das Buch dort erwirbt oder bestellt. Das Anklicken des Links führt nur zeitlich schneller zum Ziel, stellt aber qualitativ keinen Unterschied zum Gang in die Buchhandlung oder Bibliothek dar.

Wenn sich ein Angebot durch einen Link auf ein fremdes Angebot tatsächlich den fremden Inhalt zu eigen machen würde, dann hätte dies unter anderem folgende wichtige Konsequenzen:

Eine große Suchmaschine, die das Suchen nach beliebigen Begriffen erlaubt und die Suchtreffer in Form von Links zu Fundorten auflistet, würde sich mehr oder weniger das gesamte Web zu eigen machen. Und selbst wenn man Suchmaschinen ausnehmen würde, weil sie weitgehend automatisiert arbeiten, würde die Aussage zumindest auf alle großen redaktionell gepflegten Web-Verzeichnisse zutreffen.

Wer einen Link auf ein fremdes Angebot anbietet, das wieder auf ein anderes fremdes Angebot linkt, das wieder auf ein fremdes anderes Angebot linkt, würde sich im Sinne der infiniten teleologischen Reduktion alle weiteren Inhalte zu eigen machen. Das ist aber offenkundiger Unsinn.

Disclaimer zur Linkhaftung

Manche Web-Anbieter platzieren auf ihren Webseiten einen sogenannten Disclaimer (Haftungsausschluss), in dem jegliche Haftbarmachung für Hyperlinks zu fremden Websites ausgeschlossen wird. Solche Disclaimer sind juristisch gesehen jedoch bedeutungslos, da sie durch keine gesetzliche Regelung gedeckt sind.

7 Grafik und Multimedia

- *Wie Sie Pixel- und Vektorgrafiken in Ihre Web-Seiten einbinden*
- *Wie Sie Videos und Audios einbetten*
- *Wie Sie Flash, Java und andere aktive Inhalte einbinden*
- *Wie Sie andere Web-Ressourcen in Frames einbetten*

7.1 Pixelgrafik

Um Pixelgrafiken (auch als Rastergrafiken bekannt) in Ihre Webseiten einzubinden, referenzieren Sie die Grafikdateien an gewünschten Stellen im HTML-Quelltext. Geeignete Dateiformate für Web-gerechte Grafiken sind GIF, JPEG und PNG (für Einzelheiten zu diesen Formaten siehe Abschnitt *7.6.1 Pixelgrafik-Formate*).

Bei Grafiken für Webseiten sollten Sie darauf achten, dass sie nicht zu groß sind, denn aufwendige Grafiken verursachen lange Ladezeiten und Missmut beim Anwender. Reduzieren Sie in Ihren Grafiken gegebenenfalls die Anzahl der Farben, verringern Sie die Bildgröße und packen Sie nicht zu viele Grafik-Referenzen in ein einziges HTML-Dokument. Unter grafischen Benutzeroberflächen können Web-Browser die referenzierten Grafiken direkt im Anzeigefenster anzeigen. Web-Browser für textorientierte Oberflächen (z. B. DOS-Textmodus, Unix-Textmodus) müssen ein separates Grafik-Betrachtungsprogramm aufrufen, um eine Grafik anzuzeigen.

HTML bietet die Möglichkeit an, verweissensitive Bereiche für referenzierte Grafiken zu definieren (Image-Maps). Die Grafikdateien selbst bleiben davon unberührt. Auf diese Weise können Sie anklickbare Landkarten und Ähnliches erstellen.

7.1.1 Pixelgrafik-Referenzen

An einer gewünschten Stelle können Sie eine Grafik referenzieren.

Beispiel

```
<div>
  <img src="paris.jpg" alt="Paris" width="240" height="180">
  <img src="london.jpg" alt="London" width="240" height="180">
</div>
<p>Ein <img src="../smiley.gif" alt=""> ist ein Smiley.</p>
<h1>Die Tänzerin</h1>
<img src="taenzerin.png" alt="" width="142" height="340">
```

Erläuterung

Eine Grafikreferenz wird durch ein <img>-Tag markiert (img = *image* = Bild). Es handelt sich um ein Standalone-Tag, d. h. in XHTML sollte es in der Form <img ... /> notiert werden. Die Grafik wird an der Stelle im Text platziert, an der das Element notiert ist. Das Element erzeugt keine neue Zeile im Textfluss. Im obigen Beispiel ist das besonders bei der Code-Passage <p>Ein <img src="../smiley.gif"> ist ein Smiley.</p> sichtbar. Hier erscheint die Grafik mitten im Text. Per Voreinstellung wird sie untenbündig zur Schrift-Basislinie ausgerichtet.

Die Grafikdatei, die referenziert werden soll, geben Sie im src-Attribut an. Es gibt HTML-seitig keine festen Vorschriften dafür, welche Grafikformate möglich sind. Was Pixelgrafikformate betrifft, erwarten Browser jedoch in der Praxis eines der drei Formate GIF, JPEG oder PNG (siehe auch Abschnitt *7.6.1 Pixelgrafik-Formate*).

Der HTML5-Standard sieht jedoch auch vor, <img src...> zum einfachen Referenzieren von SVG-Vektorgrafiken zu verwenden (siehe dazu auch Abschnitt *7.2.1 SVG-Grafikreferenzen*).

Bei der Wertzuweisung an das src-Attribut gelten alle Möglichkeiten, die im Abschnitt über Referenzierung beschrieben sind. Sie können also lokal gespeicherte Grafikdateien referenzieren, aber auch solche von anderen Webservern. Sie können lokal gespeicherte Grafiken absolut oder relativ adressieren. Beispiele:

```
<img src="verzeichnis/datei.gif">
<img src="verzeichnis/unterverz/datei.gif">
<img src="../datei.gif">
<img src="../../../datei.gif">
<img src="../woanders/datei.gif">
<img src="http://www.example.org/grafiken/datei.gif">
```

Mit den Attributen width und height können Sie die Breite und Höhe der Grafik in Pixeln angeben. Diese Attribute sind nicht dazu gedacht, die Grafik zu strecken, auch wenn Browser das in aller Regel unterstützen. Geben Sie bei diesen Attributen die tatsächliche Breite und Höhe der Grafik an. Damit unterstützen Sie den Browser beim Bildschirmaufbau, während er die Webseite lädt. Er muss dann nämlich nicht warten, bis er die entsprechende Header-Information der Grafikdatei auslesen kann. Stattdessen kann er die Webseite bereits am Bildschirm aufbauen und bei noch nicht eingelesenen Grafiken erst mal eine entsprechend große Freifläche anzeigen.

Bild 7.1: Vordefinierte Größen und nur Text-ersetzende `alt`-Attributangaben bei nicht angezeigten Grafiken

Das `alt`-Attribut enthält den sogenannten Fallback-Text, falls die Grafik nicht geladen oder nicht angezeigt werden kann. Dabei hat das Attribut nicht die Aufgabe, den Inhalt der Grafik zu beschreiben, sondern lediglich die Grafik zu ersetzen, falls diese nicht angezeigt werden kann. Beispiele:

```
<img src="cartoon.png">
Das ist die französische Fahne: <img src="fahne-fr.gif" alt="">
Reiseziel: <img src="fahne-fr.png" alt="Frankreich">
```

Im ersten Fall fehlt das `alt`-Attribut, weil die Grafik, zum Beispiel ein Cartoon oder Comic Strip, den eigentlichen Inhalt transportiert. Es gibt keine Möglichkeit, diesen Inhalt in Textform alternativ wiederzugeben (wie schon erwähnt: Alternativtext hat nicht die Aufgabe, prosaische Beschreibungen zu liefern).

Im zweiten Fall wird das `alt`-Attribut notiert, jedoch leer gelassen. Diese Notationsform soll dann verwendet werden, wenn aus dem unmittelbaren Nachbarinhalt hervorgeht, worin der Inhalt der Grafik besteht. Die Zuweisung eines leeren Inhalts bedeutet also: Der Kontext ist eindeutig, und die Grafik visualisiert diesen Kontext lediglich. Geeignet ist diese Form für alle Arten von unmittelbarer Illustration oder Symbolisierung.

Im dritten Fall enthält das `alt`-Attribut einen Inhalt. Der Grund ist, dass die Grafik in diesem Fall anstelle eines Textes notiert ist. Der Alternativtext ist in diesem Fall der natürliche Ersatzinhalt für die Grafik.

Weitere Hinweise

Achten Sie bei der Wertzuweisung an das `src`-Attribut unbedingt auf Groß-/Kleinschreibung von Dateinamen und Verzeichnisnamen. Viele Server-Rechner laufen mit Betriebssystemen, bei denen streng zwischen Groß- und Kleinschreibung unterschieden wird. Am einfachsten und sichersten ist es, wenn Sie alle Datei- und Verzeichnisnamen kleinschreiben – sowohl beim Vergeben der Namen, als auch beim Referenzieren.

Die referenzierte Quelle muss nicht zwangsläufig eine statische Grafikdatei sein. Es kann sich auch um ein serverseitiges Script handeln, das den Binärcode einer Grafik zum Beispiel auf Basis aktueller Daten generiert. Der gesendete Code muss jedoch einem der erwarteten Dateiformate entsprechen.

Dank der absoluten URL-Adressierung können Sie in einem eigenen `<img>`-Tag beliebige fremde Grafiken aus dem Web referenzieren. Dies kann jedoch eine Urheberrechtsverletzung und einen Verstoß gegen lizenzrechtliche Nutzungsbedingungen darstellen, da die Grafik für den Anwender in Ihrer Webseite so erscheint, als handele es sich um Ihren eigenen Inhalt. Klären Sie also bei jeder Referenzierung von Grafiken von Fremdanbietern zunächst, ob die Referenzierung rechtlich zulässig ist.

Im HTML-4.01-Standard war das `alt`-Attribut in jedem Fall Pflicht. HTML5 hat die Pflichtnotation abgeschafft, betont aber die Bedeutung des Attributs. Hintergrund der etwas verkrampft anmutenden Definitionen zum `alt`-Attribut, sind zum Teil heftige Auseinandersetzungen unter Experten. Das `alt`-Attribut ist nämlich seit jeher eine Art Inbegriff für ein Minimum an Barrierefreiheit beim Erstellen von Webseiten.

Der Internet Explorer zeigt den Alternativtext als Tooltipp an, wenn man mit dem Mauszeiger länger über der Grafik verweilt. Dieses Verhalten ist nicht im Sinne des `alt`-Attributs, dessen Wert nur angezeigt werden soll, wenn die Grafik nicht verfügbar ist. Wenn Sie Ihre Grafiken mit erklärenden Tooltipps versehen wollen, nutzen Sie das Attribut `title`. Dieses Attribut ist ein globales Attribut (siehe mehr dazu unter *9.3 Globale Attribute*).

Der Internet Explorer gibt dem `title`-Attribut bei der Tooltipp-Anzeige übrigens auch Vorrang vor dem `alt`-Attribut. Verwenden Sie deshalb `title=""`, um die Tooltipp-Anzeige des `alt`-Attributs im Internet Explorer ganz zu unterdrücken.

Die in HTML 4.01 erlaubten Attribute `border` und `longdesc` sind in HTML5 ersatzlos gestrichen worden.

Das `border`-Attribut lässt sich durch eine entsprechende CSS-Definition (Eigenschaft `border`) ersetzen. Anstelle des `longdesc`-Attributs wird die Verwendung des `figure`-Elements empfohlen (siehe dazu auch Abschnitt *4.2.6 Abbildungen*).

Referenzinformationen

Elementreferenz `<img>`,
Attributreferenz `alt`,
Attributreferenz `src`:

HTML 2.0 | XHTML 1.0

Attributreferenz `height`,
Attributreferenz `width`:

7.1.2 Image-Maps (verweissensitive Grafiken)

Image-Maps bzw. verweissensitive Grafiken sind Grafiken, bei denen der Anwender mit der Maus auf ein Detail klicken kann. Daraufhin wird ein Verweis ausgeführt. Auf diese Weise kann der Anwender in einigen Fällen wesentlich intuitiver und schneller zu Information gelangen als durch lange verbale Verweislisten.

Beispiel

```
<h1>Schnell zur Stadt oder Region Ihrer Wahl!</h1>
<p>
 <img src="karte.png" width="345" height="312" border="0"
      alt="Karte" usemap="#Landkarte">
  <map name="Landkarte">
    <area shape="rect" coords="11,10,59,29"
          href="http://www.koblenz.de/" alt="Koblenz">
    <area shape="rect" coords="42,36,96,57"
          href="http://www.wiesbaden.de/" alt="Wiesbaden">
    <area shape="rect" coords="42,59,78,80"
          href="http://www.mainz.de/" alt="Mainz">
    <area shape="rect" coords="100,26,152,58"
          href="http://www.frankfurt.de/" alt="Frankfurt">
    <area shape="rect" coords="27,113,93,134"
          href="http://www.mannheim.de/" alt="Mannheim">
    <area shape="rect" coords="100,138,163,159"
          href="http://www.heidelberg.de/" alt="Heidelberg">
    <area shape="rect" coords="207,77,266,101"
          href="http://www.wuerzburg.de/" alt="Würzburg">
    <area shape="rect" coords="282,62,344,85"
          href="http://www.bamberg.de/" alt="Bamberg">
    <area shape="rect" coords="255,132,316,150"
          href="http://www.nuernberg.de/" alt="Nürnberg">
    <area shape="rect" coords="78,182,132,200"
          href="http://www.karlsruhe.de/" alt="Karlsruhe">
    <area shape="rect" coords="142,169,200,193"
          href="http://www.heilbronn.de/" alt="Heilbronn">
    <area shape="rect" coords="140,209,198,230"
          href="http://www.stuttgart.de/" alt="Stuttgart">
    <area shape="rect" coords="187,263,222,281"
          href="http://www.ulm.de/" alt="Ulm">
    <area shape="rect" coords="249,278,304,297"
          href="http://www.augsburg.de/" alt="Augsburg">
    <area shape="poly" coords="48,311,105,248,96,210,75,205,38,234,8"
```

```
             href="http://www.baden-aktuell.de/" alt="Bacen">
  </map>
</p>
```

Erläuterung

Das Beispiel enthält eine Grafik mit einem Kartenausschnitt von Süddeutschland. Die Grafik wird so verweissensitiv gemacht, dass die größeren Städte auf der Karte anklickbar sind. Die Links führen zu den jeweiligen Städte-Portalen im Internet.

Eine Grafik, die verweissensitive Flächen enthalten soll, referenzieren Sie wie gewohnt mit Hilfe des <img>-Tags. Um die Grafik als verweissensitiv zu kennzeichnen, notieren Sie im <img>-Tag das Attribut usemap. Dieses Attribut erwartet als Wertzuweisung eine URL-Adresse. Mit # und einem Namen wird ein Ankername im gleichen Dokument referenziert, was eine gültige URL-Adresse ist.

Der Anker ist ein map-Element. Dieses Element wird durch <map name="Ankername">... </map> markiert, der dann durch <img usemap="#Ankername"> referenziert werden kann. Beim name-Attribut vergeben Sie einen Namen für die verweissensitive Grafik. Vergeben Sie keine zu langen Namen. Der Name darf keine Leerzeichen enthalten. Am sichersten ist es, wenn Sie sich beim Namen auf Buchstaben von a bis z, die Ziffern 0 bis 9 und den Unterstrich (_) beschränken.

Ein map-Element können Sie überall im Dokument notieren, wo Sie auch gewöhnlichen Text notieren können. Es empfiehlt sich, das Element an einer markanten, gesonderten Stelle zu notieren, z. B. am Anfang oder am Ende des Dokumentkörpers. Es spielt keine Rolle, ob das <img>-Tag vor oder hinter dem map-Element steht, zu dem es mit usemap eine Verbindung herstellt. Das map-Element erzeugt selbst keine Bildschirmausgabe.

Zwischen dem einleitenden <map...> und dem abschließenden </map> definieren Sie die verweissensitiven Bereiche für die Grafik. Dazu dient das <area>-Tag. Folgende Bereichstypen können Sie darin definieren:

- Mit <area shape="rect"...> oder <area shape="rectangle"...> bestimmen Sie eine viereckige Fläche (Rechteck).
- Mit <area shape="circ"...> oder <area shape="circle"...> bestimmen Sie einen Kreis.
- Mit <area shape="poly"...> oder <area shape="polygon"...> bestimmen Sie einen Bereich mit beliebig vielen Eck-Koordinaten.

Beim Attribut coords geben Sie die Koordinaten der verweissensitiven Flächen an. Die Pixelangaben bedeuten absolute Werte innerhalb der Grafik, die verweissensitiv sein soll. Trennen Sie alle Pixelwerte durch Kommata.

Ein Viereck (shape="rect", shape="rectangle") definieren Sie mit den Koordinaten für x1,y1,x2,y2, wobei diese bedeuten:

- x1 = linke obere Ecke, Pixel von links
- y1 = linke obere Ecke, Pixel von oben

- x2 = rechte untere Ecke, Pixel von links
- y2 = rechte untere Ecke, Pixel von oben

Einen Kreis (shape="circ", shape="circle") definieren Sie mit den Koordinaten für x,y,r, wobei:

- x = Mittelpunkt, Pixel von links
- y = Mittelpunkt, Pixel von oben
- r = Radius in Pixel

bedeuten.

Ein Polygon (shape="poly", shape="polygon") definieren Sie mit den Koordinaten x1,y1,x2,y2 ... xn,yn, wobei:

- x = Pixel einer Ecke von links
- y = Pixel einer Ecke von oben

bedeuten.

Sie können so viele Ecken definieren, wie Sie wollen. Von der letzten definierten Ecke müssen Sie sich eine Linie zur ersten definierten Ecke hinzudenken. Diese schließt das Polygon.

Mit dem Attribut href bestimmen Sie innerhalb eines <area>-Tags das Verweisziel, das aufgerufen werden soll, wenn der Anwender die verweissensitive Fläche anklickt. Dabei gelten die Regeln zum Referenzieren in HTML (siehe dazu *2.1.5 Referenzierung*) – es kann sich also um beliebige Verweisziele innerhalb oder außerhalb des eigenen Web-Projekts handeln.

Das href-Attribut ist nicht Pflicht. Wenn Sie einen Bereich definieren wollen, dem Sie beispielsweise momentan keinen Link zuordnen wollen, können Sie einfach ein <area>-Tag ohne href-Attribut notieren.

Wenn Sie ein href-Attribut notieren, ist jedoch auch die Angabe eines alt-Attributs Pflicht. Der Attributwert sollte ein Verweistext sein, wie Sie ihn zwischen <a href> und </a> notieren würden, wenn Sie anstelle des <area>-Tags einen gewöhnlichen Textverweis notieren würden. Genau solche Links werden nämlich angezeigt, falls die Grafik nicht verfügbar ist oder nicht geladen werden kann.

Weitere Hinweise

Um die gewünschten Pixelkoordinaten für verweissensitive Flächen einer Grafik zu erhalten, können Sie beispielsweise ein Grafikprogramm benutzen, bei dem Sie mit der Maus in der angezeigten Grafik herumfahren können und dabei die genauen Pixelkoordinaten des Mauszeigers angezeigt bekommen.

Wenn Sie XHTML-Standard-konform arbeiten, müssen Sie das area-Element als inhaltsleer kennzeichnen. Dazu notieren Sie das alleinstehende Tag in der Form <area ... />.

Beim <area>-Tag sind alle weiterführenden Möglichkeiten gewöhnlicher Hyperlinks anwendbar. Ein <area>-Tag kann also folgende zusätzliche, semantisch nützliche Attribute haben:

- `hreflang`, um die Sprache des Verweisziels zu bestimmen. Als Angabe ist ein Sprachenkürzel erlaubt.
- `media`, um anzugeben, für welche Medien das Verweisziel geeignet ist. Die Angabe sollte eine kommagetrennte Aufzählung geeigneter Medientypen, das Schlüsselwort `all` (steht für »alle Medientypen«), oder eine komplexere Medienangabe wie im obigen Beispiel sein.
- `type` für den MIME-Type des Linkziel-Dateiformats. Sinnvoll ist diese Angabe in allen Fällen, in denen das Linkziel kein HTML-Dokument ist, also beispielsweise bei Links auf PDF-Dokumente, Flashmovies, MP3-Tracks usw. Als Angabe ist ein bekannter MIME-Typ erlaubt.

Es gibt auch die Möglichkeit serverseitiger verweissensitiver Grafiken. Da diese Möglichkeit in der Praxis jedoch ungenutzt blieb, wird auf eine entsprechende Beschreibung in diesem Handbuch verzichtet.

Referenzinformationen

Elementreferenz <map>,
Elementreferenz <area>,
Attributreferenz `name`,
Attributreferenz `shape`,
Attributreferenz `coords`,
Attributreferenz `usemap`:

HTML 3.2 | XHTML 1.0

7.2 Vektorgrafik

HTML

HTML selbst bietet kein spezielles Element für Vektorgrafik an. Seit HTML5 gibt es jedoch Möglichkeiten, Vektorgrafik in HTML einzubinden. Die einfachste besteht darin, SVG-Dateien als Grafikreferenz einzubinden. HTML5 erlaubt außerdem, SVG direkt in HTML einzubinden. Eine weitere basiert auf einem in HTML5 neuen Element, namens `canvas`. Dieses Element ermöglicht das dynamische grafische Gestalten eines definierten Bereichs mit Hilfe von JavaScript.

Der Sprachumfang von SVG und alle einzelnen Möglichkeiten beim `canvas`-Element können im Rahmen dieses Handbuchs, dessen Gegenstand HTML ist, nur im Ansatz gezeigt werden.

Leider gibt es trotz deutlicher Fortschritte noch immer keine Lösung, die zuverlässig in allen noch relevanten Browsern funktioniert. Die Hauptschuld daran trägt der Internet

Explorer. Microsoft hat sich bis einschließlich Version 8 seines Browsers geweigert, die hier vorgestellten und von HTML5 vorgesehenen Möglichkeiten zu implementieren. Grund dafür ist, dass Microsoft bis zuletzt sein hauseigenes Vektorgrafikformat VML durchsetzen wollte. Erst mit der Internet-Explorer-Version 9 unterstützt auch Microsoft die von HTML5 vorgesehenen Möglichkeiten für Vektorgrafik.

7.2.1 SVG-Grafikreferenzen

Die einfachste Art und Weise, Vektorgrafiken in HTML einzubinden, ist seit HTML5 die Verwendung von SVG-Grafiken im `<img>`-Tag.

Infos

SVG

SVG steht für Scalable Vector Graphics. Es handelt sich um ein XML-basiertes Dateiformat zum Beschreiben von 2D-Vektorgrafik. Die Sprache wird vom W3-Konsortium spezifiziert und ist wie HTML und CSS ein offener, frei verwendbarer Standard. Zum Redaktionszeitpunkt liegt der Sprachstandard 1.1 (Second Edition) als Recommendation (Empfehlung) vor. Version 1.2 ist in Arbeit. Die meisten vektorgrafikfähigen Grafikprogramme unterstützen SVG. Es ist jedoch auch möglich, SVG in Texteditoren zu bearbeiten.

Links

Startseite SVG beim W3-Konsortium
http://www.w3.org/standards/techs/svg

Neuester offizieller Sprachstandard (Recommendation)
http://www.w3.org/TR/SVG/

Hervorragende, deutschsprachige Dokumentation zu SVG
http://www.selfsvg.info/

Professionelles, OpenSource-basiertes Vektorgrafikprogramm für SVG
http://www.inkscape.org/

Beispiel

```
<h1>Peptid mit Aminosäuren</h1>
<img src="peptid.svg" width="600" height="492">
```

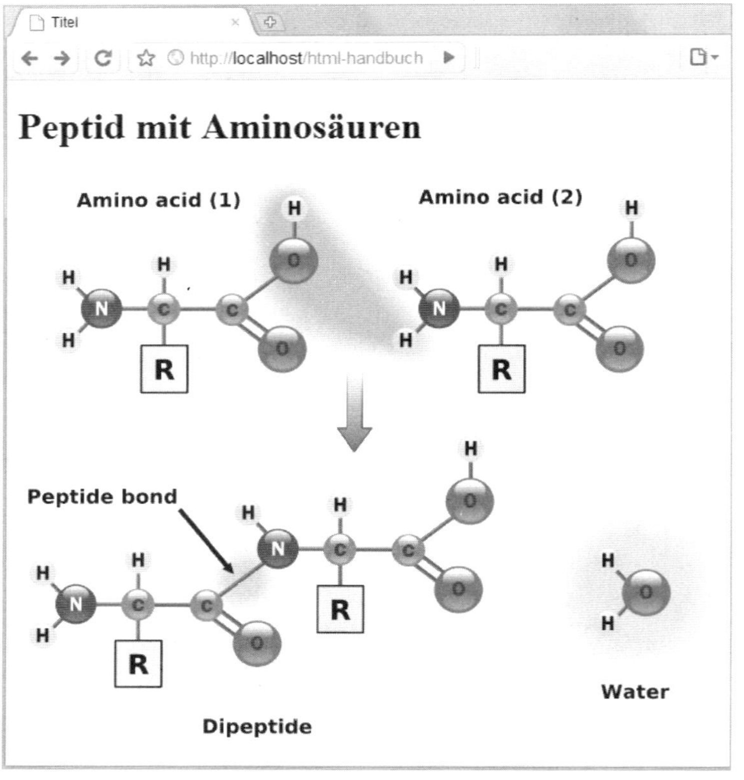

Bild 7.2: Naturwissenschaftliche Schaubilder sind ein typischer Anwendungsbereich für Vektorgrafik.

Erläuterung

Es handelt sich um ganz gewöhnliche Grafikreferenzen, wie sie bereits in *7.1.1 Pixelgrafik-Referenzen* beschrieben wurden. Der einzige Unterschied besteht darin, dass Sie beim `src`-Attribut anstelle einer PNG-, JPEG- oder GIF-Ressource eine SVG-Ressource notieren.

SVG-Dokumente enthalten eigene Angaben darüber, in welcher Pixel-Default-Größe eine Grafik angezeigt werden soll. Wie bei anderen Grafikformaten ist es jedoch vorteilhaft, die Pixel-Ausmaße im `<img>`-Tag durch `width` und `height` direkt anzugeben, was dem Browser das Laden der Seite erleichtert.

Weitere Hinweise

Im obigen Beispiel enthält das `<img>`-Tag kein `alt`-Attribut, da die Grafik den gesamten wesentlichen Inhalt der Webseite enthält. Beim Einbinden von SVG-Grafiken gelten die gleichen Regeln für das `alt`-Attribut wie bei anderen Grafiken.

Referenzinformationen

siehe *7.1.1 Pixelgrafik-Referenzen*

Attributreferenz `src="*.svg"`:

HTML	XHTML 5	IE	Firefox	Chrome	Safari	Opera
HTML	5	9.0	4.0		4.0	9.0

7.2.2 SVG-Grafiken (direkt eingebettet)

XML-Formate, die sich in der Praxis bereits verbreitet haben und das Portfolio möglicher Dokumentdaten sinnvoll ergänzen, können direkt in HTML5 eingebunden werden, und zwar ohne die XML-typische Namensraumdeklaration. Neben MathML für mathematische Formeln (siehe dazu *4.5 Mathematische Formeln*) gehört auch das Vektorgrafikformat SVG zu den XML-Formaten, die Sie direkt in HTML einbinden können.

Allerdings ist der Verzicht auf das Namensraumkonzept von XML mit einigen Nachteilen verbunden. So können eingebundene SVG-Grafiken zwar mit dem `xmlns`-Attribut Namensräume deklarieren, aber vom HTML-Parser werden diese nicht verarbeitet. XML-Präfix-Syntax innerhalb von SVG wird also nicht erkannt. HTML unterscheidet auch nicht zwischen Groß- und Kleinschreibung bei Element- und Attributnamen, SVG als XML-basierte Sprache hingegen wohl. Das ist ein für Browser lösbares Problem, aber konzeptionell eine unsaubere Lösung.

Wegen dieser und einiger anderer Probleme ist gerade die direkte Einbindung von SVG in HTML5 noch umstritten.

Unumstritten ist dagegen die Einbettung von SVG in XHTML über das dafür vorgesehene Namensraumkonzept, sofern die XHTML-Dokumente von XML-Parsern verarbeitet werden. Deshalb sollen hier beide Varianten an Hand eines Beispiels vorgestellt werden.

SVG in HTML5

Sie können in HTML einen Bereich definieren, in dem eine vollständige SVG-Grafik notiert ist.

Beispiel

```
<!doctype html>
<html>
<head>
<meta charset="utf-8">
<title>Information</title>
</head>
<body>
<h1>Informationsecke</h1>
<svg xmlns="http://www.w3.org/2000/svg">
```

```
  <rect x="0" y="0" width="140" height="360" fill="#AAAAAA" />
  <rect x="20" y="130" width="100" height="200" fill="#FF8800" />
  <text x="20" y="325" stroke="#880088"
        font-family="Arial,sans-serif" font-size="15">NFORMATION</text>
  <circle r="50" cx="70" cy="70"  fill="#880088" />
</svg>
</body>
</html>
```

Erläuterung

Zum besseren Verständnis zeigt das obige Beispiel ein vollständiges HTML-Dokument. Um eine SVG-Grafik zu platzieren, notieren Sie an der gewünschten Stelle im Inhalt des HTML-Dokuments einen Bereich, markiert durch `<svg>...</svg>`. Innerhalb davon ist SVG-Syntax möglich (siehe dazu weiter unten). Die obige Beispielgrafik definiert ein großes Info-Symbol.

Bild 7.3: So sollte das Info-Symbol aussehen, wenn der Browser die SVG-Grafik anzeigt.

Weitere Hinweise

Halten Sie innerhalb von `<svg>` und `</svg>` die Syntax-Regeln von XML-Dokumenten ein. Dazu gehören beispielsweise die Unterscheidung von Groß- und Kleinschreibung und die Notation von Standalone-Elementen wie bei `<circle ... />`.

SVG in XHTML

Sie können in XHTML über das XML-Namensraumkonzept einen Bereich definieren, in dem eine vollständige SVG-Grafik notiert ist. Ein Browser muss, um dies zu verarbeiten, über einen XML-Parser verfügen, und das XHTML-Dokument muss vom Webserver als XML-Dokument ausgeliefert werden.

Beispiel

```
<?xml version="1.0" encoding="utf-8"?>
<html xmlns="http://www.w3.org/1999/xhtml"
      xml:lang="de">
  <head>
    <title>Information</title>
  </head>
  <body>
    <h1>Informationsecke</h1>
    <svg xmlns="http://www.w3.org/2000/svg">
      <rect x="0" y="0" width="140" height="360" fill="#AAAAAA" />
      <rect x="20" y="130" width="100" height="200" fill="#FF8800" />
      <text x="20" y="325" stroke="#880088" font-family=
            "Arial,sans-serif" font-size="15">NFORMATION</text>
      <circle r="50" cx="70" cy="70"  fill="#880088" />
    </svg>
  </body>
</html>
```

Erläuterung

Es handelt sich um das gleiche Beispiel wie weiter oben. Der Unterschied zum Einbetten in HTML besteht darin, dass das gesamte Dokument mit einer XML-Deklaration beginnt, die sich an XML-Parser richtet. Sowohl das einleitende `<html>`-Tag als auch das einleitende `<svg>`-Tag enthalten mit dem `xmlns`-Attribut eine eindeutige Namensraum-Deklaration, die es dem XML-Parser ermöglicht, die beiden Sprachen auseinanderzuhalten.

Referenzinformationen

HTML | XHTML 5 | 9.0 | 4.0 | | 4.0 | 9.0

7.2.3 Basisfunktionen von SVG

Einfache SVG-Grafiken, zum Beispiel Balkengrafiken für statistische Verteilungen, lassen sich mit ein paar Grundkenntnissen auch ohne Grafikeditor direkt erzeugen. Deshalb sollen die wichtigsten Gestaltungsfunktionen von SVG hier kurz vorgestellt werden.

Formen zeichnen

Mit SVG können Sie Rechtecke, Kreise, Ellipsen, Polygone (z. B. für Dreiecke, Vielecke, Sterne), Linien, Polylinien (Zickzack-Linien) und Pfade (z. B. für Bézier-Kurven) erstellen. Gezeigt werden hier die ersten fünf dieser Grundformen.

Beispiel

```
<svg xmlns="http://www.w3.org/2000/svg">
  <rect x="40" y="20" width="200" height="40" rx ="5" ry ="5" />
```

```
  <circle cx="140" cy="140" r="60" />
  <ellipse cx="140" cy="240" rx="60" ry="20" />
  <polygon points="40,280 240,280 140,360" />
  <line x1="20" y1="20" x2="20" y2="380" stroke="black"
        stroke-width="3" />
  <line x1="10" y1="370" x2="240" y2="370" stroke="black"
        stroke-width="3"/>
</svg>
```

Bild 7.4: Einfache Formen in SVG

Erläuterung

Alle Elemente für geometrische Grundformen werden in Form von Standalone-Tags notiert, haben also keinen Elementinhalt. Wenn sich Formen auf Grund ihrer Position und Größe überdecken, überdecken später notierte Formen früher notierte. Durch einfaches Umstellen der Reihenfolge können Sie die Überdeckung also beeinflussen.

Rechteck

Mit `<rect ... />` markieren Sie ein Rechteck. Das `x`-Attribut gibt den Horizontalversatz der linken oberen Ecke des Rechtecks an. Das `y`-Attribut gibt den Vertikalversatz der linken oberen Ecke des Rechtecks an. Das `width`-Attribut gibt die Breite des Rechtecks an. Das `height`-Attribut gibt die Höhe des Rechtecks an. Wenn das Rechteck abgerundete Ecken haben soll, können Sie mit dem `rx`-Attribut die horizontale Abrundung und mit dem `ry`-Attribut die vertikale Abrundung bestimmen. Wenn das Rechteck scharfe Ecken haben soll, lassen Sie die Attribute `rx` und `ry` einfach weg.

Kreis

Mit `<circle ... />` markieren Sie einen Kreis. Das `cx`-Attribut gibt den Horizontalversatz des Kreismittelpunktes an. Das `cy`-Attribut gibt den Vertikalversatz des Kreismittelpunktes an. Das `r`-Attribut gibt die Größe des Radius an.

Ellipse

Mit `<ellipse ... />` markieren Sie eine Ellipse. Das `cx`-Attribut gibt den Horizontalversatz des Ellipsenmittelpunktes an. Das `cy`-Attribut gibt den Vertikalversatz des Ellipsenmittelpunktes an. Das `rx`-Attribut gibt den horizontalen Radius bzw. die halbe

Maximalbreite der Ellipse an. Das ry-Attribut gibt den vertikalen Radius bzw. die halbe Maximalhöhe der Ellipse an.

Polygon

Mit <polygon ... /> markieren Sie ein Polygon (Vieleck). Das points-Attribut definiert die Eckpunkte des Polygons. Die Wertzuweisung besteht aus beliebig vielen Eckpunktdefinitionen, welche durch Leerzeichen getrennt werden. Jede Definition besteht aus zwei Werten, die durch ein Komma getrennt sind. Der Wert vor dem Komma ist der Horizontalversatz des Eckpunkts und der Wert hinter dem Komma der Vertikalversatz des Eckpunkts. Das Polygon wird automatisch geschlossen, indem der letzte Eckpunkt mit dem ersten verbunden wird. Mit drei Eckpunkten, wie im Beispiel, können Sie ein Dreieck erzeugen.

Linie

Mit <line ... /> markieren Sie eine Linie. Das x1-Attribut gibt den Horizontalversatz des einen Eckpunkts der Linie an. Das y1-Attribut gibt den Vertikalversatz des einen Eckpunkts der Linie an. Das x2-Attribut gibt den Horizontalversatz des anderen Eckpunkts der Linie an. Das y2-Attribut gibt den Vertikalversatz des anderen Eckpunkts der Linie an. Das stroke-Attribut gibt die Linienfarbe an. Das stroke-width-Attribut gibt die Linienstärke an.

Bei allen numerischen Angaben von x- und y-Koordinaten können Sie auch bestimmte Maßeinheiten erzwingen. Beispiele: x="2.3cm" oder ry="47mm". Erlaubt sind folgende Angaben:

- px für Pixel (Defaulteinheit, wird verwendet, wenn keine andere Maßeinheit angegeben ist)
- pt für Punkt (Maßeinheit aus der Typografie)
- pc für Pica (Maßeinheit aus der Typografie)
- mm für Millimeter
- cm für Zentimeter
- in für Inch (Zoll)
- em relative Maßeinheit: aktuelle Schriftgröße
- ex relative Maßeinheit: Höhe des Kleinbuchstabens x in der aktuellen Schriftgröße

Umrisse und Füllungen

Sie können Formen einfarbig füllen. Ferner können Sie die Umrisse der Formen gestalten.

Beispiel

```
<svg xmlns="http://www.w3.org/2000/svg">
  <rect x="40" y="20" width="200" height="40"
        rx ="5" ry ="5" fill="#DD6600" />
  <circle cx="140" cy="140" r="60" stroke="rgb(50,50,200)"
          stroke-width="6" fill="rgb(100%,80%,10%)" />
  <polygon points="40,220 240,220 140,360" fill="powderblue" />
</svg>
```

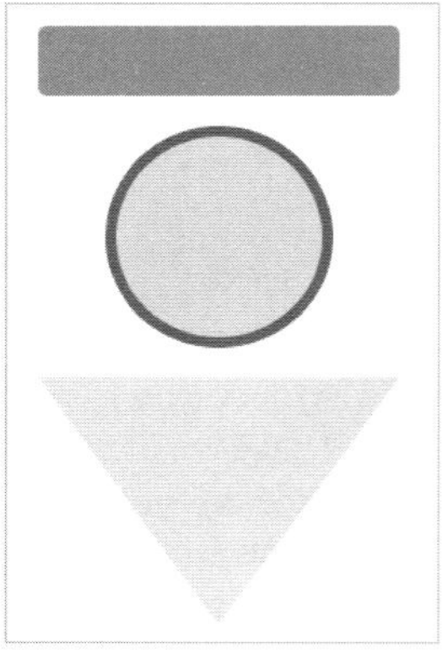

Bild 7.5: Einfache Umrisse und Füllungen in SVG

Erläuterung

Mit dem Attribut `fill` definieren Sie Füllfarben. Mit dem Attribut `stroke` können Sie die Umrissfarbe bestimmen und mit `stroke-width` die Umrissstärke.

Bei Farbangaben gelten die gleichen Regeln wie für Farbwerte und Farbnamen in CSS. Möglich sind Angaben wie `#DD6600`, `rgb(50,50,200)`, `rgb(100%,80%,10%)` oder `powderblue`.

Farbverläufe

Sie können gradiente oder radiale Farbverläufe bestimmen, welche auf Formen angewendet werden können.

Beispiel

```
<svg xmlns="http://www.w3.org/2000/svg">
  <defs>
    <linearGradient id="lr" x1="0%" x2="100%">
      <stop offset="0%" stop-color="gray" />
      <stop offset="100%" stop-color="white"
            stop-opacity="20%" />
    </linearGradient>
    <linearGradient id="ou" x1="0%" x2="0%" y1="0%" y2="100%">
      <stop offset="0%" stop-color="gray" stop-opacity="70%" />
      <stop offset="100%" stop-color="white" />
    </linearGradient>
    <linearGradient id="olur" x1="0%" y1="0%" x2="100%' y2="100%">
      <stop offset="0%" stop-color="gray" stop-opacity="50%" />
      <stop offset="100%" stop-color="white" stop-opacity="50%" />
    </linearGradient>
    <radialGradient id="radial">
      <stop offset="0%" stop-color="white" />
      <stop offset="100%" stop-color="gray" />
   </radialGradient>
  </defs>
  <rect x="20" y="20" width="250" height="100" fill="url(#lr)" />
```

```
  <rect x="20" y="140" width="250" height="100" fill="url(#ou)" />
  <rect x="20" y="260" width="250" height="100" fill="url(#olur)" />
  <circle cx="140" cy="480" r="100" fill="url(#radial)" />
</svg>
```

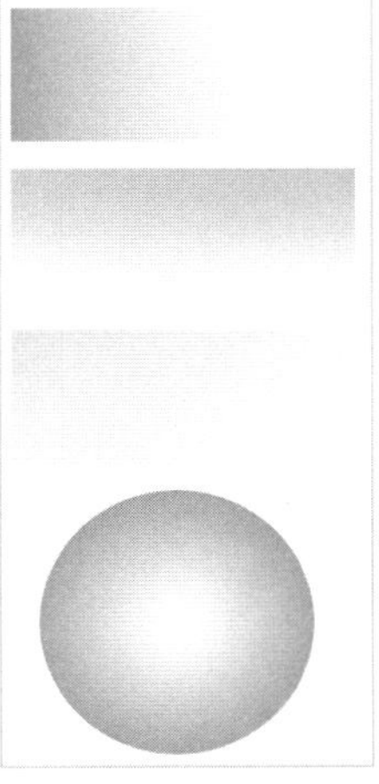

Bild 7.6: Einfache Farbverläufe in SVG

Erläuterung

Die Farbverläufe werden separat von den Formen zu Beginn des SVG-Dokuments in einem Bereich definiert, der durch `<def>...</def>` markiert wird. Dieser Bereich dient dazu, Gestaltungselemente zu definieren, die dann von Formen referenziert werden können.

Mit `<linearGradient>...</linearGradient>` definieren Sie einen linearen Farbverlauf, also zum Beispiel von links nach rechts oder von oben nach unten. Mit `<radialGradient>...</radialGradient>` definieren Sie einen radialen Farbverlauf, also beispielsweise vom Mittelpunkt zu den Rändern hin.

In den Start-Tags von `<linearGradient>` und `<radialGradient>` notieren Sie jeweils ein `id`-Attribut. Diesen Attributen weisen Sie jeweils einen frei wählbaren Namen zu. Jeder `id`-Name darf innerhalb der SVG-Grafik nur einmal vorkommen. Um auch gleich für den Script-Zugriff gerüstet zu sein, sollte der Name nur aus Buchstaben, Ziffern und Unterstrichen bestehen.

Mit Attributen wie `x1`, `x2`, `y1` und `y2` definieren Sie Eckpunkte für den Farbverlauf. Es ist ratsam, dabei Prozentangaben zu verwenden. So bleiben die Verlaufsdefinitionen auf unterschiedliche Formen anwendbar, unabhängig von deren tatsächlichen Ausmaßen.

Die Elemente `linearGradient` und `radialGradient` haben einen Elementinhalt, der aus `stop`-Elementen besteht. Mit diesen Elementen bestimmen Sie eine Farbe (Attribut `stop-color`), deren Position (Attribut `stop-offset`) und ihre Deckkraft (Attribut `stop-opacity`).

Um einen so definierten Farbverlauf auf eine Form anzuwenden, notieren Sie in der gewünschten Form, also einem Element wie z. B. `<rect... />` oder `<circle ... />`, ein `fill`-Attribut. Diesem Attribut weisen Sie jedoch keine Farbe zu, sondern den Ausdruck `url(#id_Name)`, wobei `id_Name` (ohne das Gatterzeichen) ein Name ist, den Sie im `id`-

Attribut eines `linearGradient`- oder `radialGradient`-Elements vergeben haben. Sie können ein `linearGradient`- oder `radialGradient`-Element beliebig vielen Formen-Elementen zuweisen.

Text hinzufügen

Sie können Text innerhalb der Grafik positionieren und formatieren.

Beispiel

```
<svg xmlns="http://www.w3.org/2000/svg">
  <text x="10" y="30" fill="#880088" font-size="28"
        font-family="Arial">
    Der Hase im Pfeffer
  </text>
  <text x="20" y="70" fill="rgb(0,176,0)" font-size="36"
        font-family="Trebuchet MS, serif">
    Des Pudels Kern
  </text>
  <text x="2" y="-300" fill="red" font-size="28"
        font-family="Arial" font-weight="bold"
        transform="rotate(90,0,0)">
    Tiere
  </text>
  <text x="-68" y="340" fill="red" font-size="14"
        font-family="Arial" font-weight="bold"
        transform="rotate(270,0,0)">
    Wahrheit
  </text>
</svg>
```

Bild 7.7: Text mit SVG

Text wird durch `<text>...</text>` markiert. Elementinhalt ist der Text, der angezeigt werden soll. Im einleitenden `<text>`-Tag erhält der Text seine Eigenschaften.

Mit den Attributen `x` und `y` werden Horizontal- und Vertikalversatz der Textanfangsposition angegeben. Beachten Sie beim `y`-Wert, dass die Basislinie des Textes dafür relevant ist, der Text also je nach Schriftgröße weiter oben oder weiter unten beginnt.

Mit `font-family` können Sie eine Schriftart oder eine Reihenfolge gewünschter Schriftarten bestimmen. Mit `font-size` legen Sie die Schriftgröße fest. Mit `font-weight="bold"` können Sie Fettschrift erzwingen. Es gibt weitere Eigenschaften zur Schriftformatierung. Diese entsprechen denen von CSS. Es ist sogar möglich, die Eigenschaften direkt in HTML mit Hilfe eines `style`-Attributs und CSS-Syntax zu notieren, also etwa:

```
<text style="font-size:14px;
font-family:Arial,sans-serif; font-weight:bold">...</text>
```

Mit dem `fill`-Attribut legen Sie die Schriftfarbe fest. Mit einem `stroke`-Attribut können Sie außerdem eine Kontur/Umrissfarbe bestimmen.

Durch `transform="rotate(...)"` können Sie Text (und übrigens auch Formen wie Rechtecke) drehen. Innerhalb der Klammern bei `rotate(...)` werden drei Zahlen notiert. Die erste ist der Drehwinkel. Um Text senkrecht zu stellen, benutzen Sie 90 (für oben nach unten) oder 270 (für unten nach oben). Die zweite Zahl ist der X-Drehpunkt, die dritte der Y-Drehpunkt. Wenn Sie diesbezüglich keine besonderen Angaben machen möchten, notieren Sie 0. Beachten Sie, dass die Positionsangaben, die bei den Attributen x und y notiert werden, durch eine Rotation eine andere Bedeutung erhalten.

7.2.4 Generierte Vektorgrafik mit dem canvas-Element

HTML

Das mit HTML5 neu eingeführte `canvas`-Element ist neben SVG die andere Möglichkeit, um Vektorgrafik in HTML einzubinden.

Das `canvas`-Element ist dabei allerdings nur ein Behälter, eine Aktionsfläche mit definierten Ausmaßen. Was innerhalb davon geschieht, wird durch Scripting, also durch Programmierung erreicht. Bislang gab es jedoch in ECMA/JavaScript keine geeigneten Objekte für Vektorgrafik. Deshalb hat der HTML5-Standard gleich ein solches Objekt mit definiert: den ***CanvasRendering-Context2D***.

Das bedeutet aber auch: Das `canvas`-Element ist nicht automatisch ein Container für dieses Objekt, und seine Fähigkeiten sind nicht auf die Möglichkeiten dieses Objekts beschränkt. Das CanvasRenderingContext2D-Objekt ist nur eine zunächst mal mit auf den Weg gegebene Anwendungsmöglichkeit für `canvas`.

Infos

Hinweise zu CanvasRenderingContext2D

Wenn Sie keine Programmierkenntnisse haben, werden Sie möglicherweise nicht alle Inhalte der Beispiele in diesem Abschnitt verstehen. Das ist normal und unvermeidbar. Der Buchabschnitt soll Sie jedoch auch ohne große Programmierkenntnisse dazu befähigen, einfache Vektorgrafiken mit JavaScript und CanvasRenderingContext2D zu erzeugen.
Dabei wird nicht der gesamte Funktionsumfang des CanvasRenderingContext-2D-Objekts berücksichtigt. In der HTML-Canvas-Referenz werden alle Eigenschaften und Methoden des CanvasRenderingContext2D-Objekts aufgelistet.

Links

Andere Einführungen und Beispiele im Web:
http://diveintohtml5.org/canvas.html

Canvas mit 2D-Rendering-Context

Sie können einen Canvas-Bereich für eine Vektorgrafik definieren. In einem Script-Bereich stellen Sie dann einen Bezug zu dem `canvas`-Element her, indem Sie ein CanvasRenderingContext2D-Objekt erzeugen. Wurde das Objekt erfolgreich erzeugt, können Sie Methoden (Funktionen) dieses Objekts aufrufen, um vektorgrafische Inhalte zu erzeugen.

Beispiel

```
<!DOCTYPE html>
<html>
  <head>
    <meta charset="utf-8">
    <title>Information</title>
  </head>
  <body>
    <canvas id="info" width="400" height="600">
      <img src="info.png" alt="Information">
    </canvas>
    <script>
      var infoPic = document.getElementById('info');
      if (infoPic.getContext) {
        infoPic = infoPic.getContext('2d');
        infoPic.fillStyle = "#AAAAAA";
        infoPic.fillRect(0, 0, 140, 360);
        infoPic.fillStyle = "#FF8800";
        infoPic.fillRect(20, 130, 100, 200);
        infoPic.fillStyle = "#880088";
        infoPic.beginPath();
        infoPic.arc(70, 70, 50, 0, 2 * Math.PI, true);
        infoPic.fill();
        infoPic.fillStyle = "#880088";
        infoPic.font = "bold 14px Arial,sans-serif";
        infoPic.fillText  ("NFORMATION", 22, 325);
      }
    </script>
  </body>
</html>
```

Erläuterung

Das Beispiel erzeugt zum besseren Vergleich die gleiche Grafik wie die Beispiele in *7.2.2 SVG-Grafiken (direkt eingebettet)*. In diesem Fall wird jedoch anstelle von SVG das `canvas`-Element verwendet. Das `canvas`-Element wird an der Stelle im HTML-Code notiert, an der die Grafik erscheinen soll.

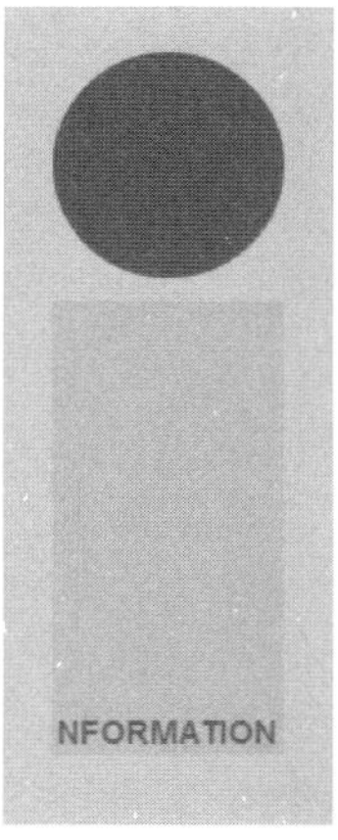

Bild 7.8: Gleiche Grafik wie Bild 7.3, hier mit CanvasRenderingContext2D-Objekt

Das Element erhält im einleitenden <canvas>-Tag die Attribute `id`, `width` und `height`. Mit `id` vergeben Sie einen dokumentweit eindeutigen Namen für das Element. Über diesen Namen können Sie in JavaScript auf das Element zugreifen. Im obigen Beispiel erhält das Element den `id`-Namen *info*. Mit dem `width`-Attribut bestimmen Sie die Anzeigebreite des `canvas`-Elements in Pixeln und mit `height` die Höhe, ebenfalls in Pixeln. Die Angaben zu `width` und `height` haben ebenso wie bei Pixelgrafikreferenzen die Aufgabe, den Bildschirmaufbau zu optimieren. Wählen Sie die Größen für `width` und `height` so, dass der Inhalt der zu generierenden Grafik in den so definierten Ausschnitt passt.

Als Inhalt sollte das `canvas`-Element alternativen Content erhalten, falls der Browser das `canvas`-Element nicht kennt oder nicht interpretieren kann (zum Beispiel, weil der Anwender JavaScript deaktiviert hat). Dieser alternative Inhalt sollte, wenn möglich, einen halbwegs brauchbaren Ersatz bieten. Geeignet ist, wie im obigen Beispiel gezeigt, eine gewöhnliche Pixelgrafikreferenz, wobei die darin referenzierte Grafik die Vektorgrafik in Form einer Pixelgrafik wiedergibt oder, falls es sich im Canvas-Bereich um dynamischen Inhalt handelt, einen Screenshot davon.

Die eigentliche Anzeige innerhalb des `canvas`-Elements, wird in einem Script-Bereich erzeugt, der sich außerhalb des Elements befindet, auf das er sich bezieht. Der Script-Bereich wird durch <script>...</script> markiert. Wenn der Inhalt, wie im obigen Beispiel, aus JavaScript-Code besteht, der beim Einlesen sofort ausgeführt wird, dann muss der Script-Bereich irgendwo unterhalb und darf keinesfalls vor dem `canvas`-Element notiert werden, auf das Bezug genommen wird.

Der Inhalt des Scripts gehört nicht zu HTML, es handelt sich um JavaScript-Code. Im obigen Beispiel sind typische JavaScript-Anweisungen für das CanvasRenderingContext-2D-Objekt notiert. Zunächst wird mit der DOM-Methode `document.getElementById('info')` auf das HTML-Element mit dem `id`-Namen `info` zugegriffen – im obigen Beispiel also auf das `canvas`-Element, das diesen Namen beim `id`-Attribut erhalten hat. Das Elementobjekt wird in einer Variablen mit Namen `infoPic` gespeichert. Dadurch ist im weiteren Scriptverlauf der bequeme Zugriff auf das Element über diese Variable möglich.

Mit der Bedingung `if (infoPic.getContext)` wird überprüft, ob der ausführende Browser in Bezug auf das in `infoPic` gespeicherte `canvas`-Elementobjekt, das CanvasRenderingContext2D-Objekt kennt. Denn nur dann wird er mit den Anweisungen, welche die Grafik erzeugen, etwas anfangen können. Die entsprechenden Anweisungen sind deshalb in einen Anweisungsblock, markiert durch geschweifte Klammern `{` und `}`, eingeschlossen. Die Anweisungen werden nur ausgeführt, wenn die `if`-Bedingung erfüllt ist.

Weitere Hinweise

Wenn sich Formen auf Grund ihrer Position und Größe überdecken, überdecken später notierte Formen früher notierte. Durch einfaches Umstellen der Reihenfolge können Sie die Überdeckung beeinflussen.

Mögliche Anweisungen zum Erzeugen von `canvas`-2D-Vektorgrafiken, ihre Parameter usw. werden im nächsten Abschnitt beschrieben.

Referenzinformationen

Elementreferenz `<canvas>`:

HTML	XHTML 5	9.0			3.0	9.0

7.2.5 Funktions-Set für Canvas-2D-Rendering-Context

Beim Generieren einer Grafik im 2D-Rendering-Context kommen immer wieder die gleichen Anweisungsfolgen vor. Es bietet sich daher an, diese Anweisungsfolgen in eine kleine Funktionsbibliothek zu packen und dann beim Generieren der Grafik vorzugsweise diese Funktionen aufzurufen.

Nachfolgend wird eine solche Funktionsbibliothek vorgestellt. Sie ist bewusst einfach gehalten und übernimmt nur häufig benötigte Standardaufgaben.

Beispiel

```
<head>
  <!-- andere Angaben im Dokumentkopf -->
  <script>
    var stroke = false;

    function rect(obj, x, y, width, height, rx, ry) {
      obj.beginPath();
      obj.moveTo(x + rx, y);
      obj.lineTo(x + width - rx, y);
      obj.quadraticCurveTo(x + width, y, x + width, y + ry);
      obj.lineTo(x + width, y + height - ry);
      obj.quadraticCurveTo(x + width, y + height, x + width - rx,
                           y + height);
      obj.lineTo(x + rx, y + height);
      obj.quadraticCurveTo(x, y + height, x, y + height - ry);
```

```
    obj.lineTo(x, y + ry);
    obj.quadraticCurveTo(x, y, x + rx, y);
    obj.fill();
    if(stroke) { obj.stroke(); }
    obj.closePath();
  }

  function circle(obj, cx, cy, r) {
    obj.beginPath();
    obj.arc(cx, cy, r, 0, 2 * Math.PI, true);
    obj.fill();
    if(stroke) { obj.stroke(); }
    obj.closePath();
  }

  function ellipse(obj, x, y, w, h) {
    x = x - w;
    y = y - h;
    w = w * 2;
    h = h * 2;
    var kappa = .5522848;
    ox = (w / 2) * kappa;
    oy = (h / 2) * kappa;
    xe = x + w;
    ye = y + h;
    xm = x + w / 2;
    ym = y + h / 2;
    obj.beginPath();
    obj.moveTo(x, ym);
    obj.bezierCurveTo(x, ym - oy, xm - ox, y, xm, y);
    obj.bezierCurveTo(xm + ox, y, xe, ym - oy, xe, ym);
    obj.bezierCurveTo(xe, ym + oy, xm + ox, ye, xm, ye);
    obj.bezierCurveTo(xm - ox, ye, x, ym + oy, x, ym);
    obj.fill();
    if(stroke) { obj.stroke(); }
    obj.closePath();
  }

  function polygon(obj, points) {
    xy = points.split(" ");
    obj.beginPath();
    if(xy.length > 0) {
      xyn = xy[0].split(",");
      obj.moveTo(xyn[0], xyn[1]);
    }
    for(i = 1; i < xy.length; i++) {
      xyn = xy[i].split(",");
      obj.lineTo(xyn[0], xyn[1]);
    }
```

```
    xyn = xy[0].split(",");
    obj.lineTo(xyn[0],xyn[1]);
    obj.fill();
    if(stroke) { obj.stroke(); }
    obj.closePath();
  }

  function line(obj, x1, y1, x2, y2, sWidth) {
    obj.beginPath();
    obj.moveTo(x1, y1);
    obj.lineTo(x2, y2);
    obj.lineWidth = sWidth;
    obj.stroke();
    obj.closePath();
  }

  function setFill(obj, col) {
    obj.fillStyle = col;
    obj.strokeStyle = col;
  }

  function setStroke(obj, col, sWidth) {
    stroke = true;
    obj.strokeStyle = col;
    obj.lineWidth = sWidth;
  }

  function unset(obj) {
    stroke = false;
    obj.fillStyle = "#000000";
    obj.strokeStyle = "#000000";
    obj.lineWidth = 1;
  }

  function setLinearFill(obj, col1x, col1y, col2x, col2y,
                         col1, col2) {
    var gradient = obj.createLinearGradient(col1x, col1y,
                                            col2x, col2y);
    gradient.addColorStop(0, col1);
    gradient.addColorStop(1, col2);
    obj.fillStyle = gradient;
  }

  function setRadialFill(obj, col1x, col1y, col1r, col2x,
                         col2y, col2r, col1, col2) {
    var gradient = obj.createRadialGradient(col1x, col1y, col1r,
                                            col2x, col2y, col2r);
    gradient.addColorStop(0, col1);
    gradient.addColorStop(1, col2);
```

```
    obj.fillStyle = gradient;
  }

  function text(obj, x, y, text, style) {
    if(style) { obj.font = style; }
    obj.fillText(text, x, y);
  }
  </script>
</head>
```

Erläuterung

Die Funktionen werden in einem eigenen Script-Bereich notiert, markiert durch `<script>...</script>`. Dieser wird in den Dokument-Kopfdaten notiert. Sie haben dabei zwei Möglichkeiten. Die eine ist die oben im Beispiel gezeigte. Dabei notieren die Funktionen innerhalb des Elementinhalts von `<script>...</script>`. Das ist am performantesten, hat aber den Nachteil, dass Sie den Code in jeder einzelnen Webseite, in der Sie ihn verwenden möchten, notieren müssen. Das ist nicht sehr änderungsfreundlich, wenn Sie beispielsweise die Funktionsbibliothek erweitern möchten. Die andere Möglichkeit besteht darin, den obigen Inhalt des `script`-Elements in einer eigenen, separaten Datei zu notieren. Diese Datei erhält einen Namen mit der Dateiendung *.js*, also beispielsweise *canvas-2d-functions.js*. In HTML notieren Sie diesen einfach, um die Datei mit den Funktionen einzubinden.

```
<script src="canvas-2d-functions.js"></script>
```

Das Script besteht aus einer globalen Variablen namens `stroke`, die aber nur intern von Bedeutung ist, sowie diversen Funktionen. Alle Funktionen erwarten als ersten Parameter (`obj`) ein gültiges Canvas-Elementobjekt. Wie Sie ein solches Objekt erzeugen, wurde bereits im Beispiel weiter oben gezeigt.

Beispiel:

```
<canvas id="info" width="400" height="600">...</canvas>
<script>
  var infoPic = document.getElementById('info');
  //weitere Befehle
</script>
```

Dabei ist `infoPic` ein gültiges Canvas-Elementobjekt.

Nachfolgend werden die Funktionen der kleinen Funktionsbibliothek näher beschrieben.

function rect(obj, x, y, width, height, rx, ry)

Zeichnet ein Rechteck.

Parameter `obj` = ein canvas-Elementobjekt

Parameter `x` = Horizontalversatz der linken oberen Ecke des Rechtecks

Parameter `y` = Vertikalversatz der linken oberen Ecke des Rechtecks

Parameter `width` = Breite des Rechtecks

Parameter `height` = Höhe des Rechtecks

Parameter `rx` = Wenn das Rechteck abgerundete Ecken haben soll: horizontale Abrundung. Wenn keine runden Ecken erwünscht sind, 0 übergeben.

Parameter `ry` = Wenn das Rechteck abgerundete Ecken haben soll: vertikale Abrundung. Wenn keine runden Ecken erwünscht sind, 0 übergeben.

Eigentlich ist es mit der Methode `fillRect()` ganz einfach, ein Rechteck direkt zu erzeugen. Um jedoch die aus dem <`rect`>-Element von SVG her bekannte Möglichkeit der runden Ecken nachzubilden, ist etwas mehr Aufwand erforderlich. Das Rechteck wird innerhalb der Funktion `rect()` Stück für Stück gezeichnet. Das Zeichnen wird durch die Methode `beginPath()` eingeleitet und durch das Gegenstück `closePath()` beendet. `moveTo()` setzt den »Zeichenstift« auf eine Anfangsposition. Mit `lineTo()` werden Linien gezeichnet und mit `quadraticCurveTo()` einfache Kurven. Durch `lineTo()` entstehen also die Seiten des Rechtecks und durch `quadraticCurveTo()` die runden Ecken, wobei letztere nur optisch sichtbar sind, wenn die Parameter `rx` bzw. `ry` größer als 0 sind.

function circle(obj, cx, cy, r)

Zeichnet einen Kreis.

Parameter `obj` = ein `canvas`-Elementobjekt

Parameter `cx` = Horizontalversatz des Kreismittelpunktes

Parameter `cy` = Vertikalversatz des Kreismittelpunktes

Parameter `r` = Größe des Radius

Die Kreisfunktionalität wird intern durch den etwas komplizierten Aufruf der Methode `arc()` realisiert. Ein Kreis ist dabei nichts anderes als ein 360°-Bogen. Deshalb ist auch die Angabe `2 * Math.PI` als Wert eines der Methodenparameters erforderlich. `Math` ist ein JavaScript-Objekt für mathematische Funktionen und `PI` die bekannte geometrische Konstante für Kreis- und Bogenberechnung.

Die Funktion `circle()` ist dem SVG-Element <`circle`> nachempfunden.

function ellipse(obj, x, y, w, h)

Zeichnet eine Ellipse.

Parameter `obj` = ein `canvas`-Elementobjekt

Parameter `x` = Horizontalversatz des Ellipsenmittelpunktes

Parameter `y` = Vertikalversatz des Ellipsenmittelpunktes

Parameter `w` = Horizontaler Radius bzw. die halbe Maximalbreite der Ellipse

Parameter `h` = Vertikaler Radius bzw. die halbe Maximalhöhe der Ellipse

Das Erzeugen einer Ellipse ist im 2D-Rendering-Context nicht trivial, da die Ellipse einzeln durch vier aneinandergereihte Bézierkurven erzeugt werden muss. Dazu dient die Methode `bezierCurveTo()`. Damit die Bézierkurven die gewünschte Krümmung erhalten, müssen zuvor geeignete Kurvenkontrollpunkte definiert werden. Dabei kommt auch die geometrische Konstante Kappa zum Einsatz.

Die Funktion `ellipse()` ist dem SVG-Element `<ellipse>` nachempfunden.

function polygon(obj, points)

Zeichnet ein Polygon mit einer beliebigen Anzahl von Ecken (auch für Dreiecke geeignet).

Parameter `obj` = ein canvas-Elementobjekt

Parameter `points` = Die Eckpunkte des Polygons in Form einer Zeichenkette, die in Anführungszeichen "..." oder '...' eingeschlossen werden muss und folgenden Aufbau hat: Eckpunkte werden durch `x, y` definiert (ohne Leerzeichen dazwischen) und durch genau ein Leerzeichen voneinander getrennt. Beispiel: `"30,40 90,230 60,450"`. Der Wert vor dem Komma ist jeweils der Horizontalversatz des Eckpunkts, der Wert hinter dem Komma der Vertikalversatz des Eckpunkts. Das Polygon wird automatisch geschlossen, indem der letzte Eckpunkt mit dem ersten verbunden wird. Mit drei Eckpunkten können Sie ein Dreieck erzeugen.

Die Funktion parst die übergebene Zeichenkette `points` und zeichnet mit der `lineTo()`-Methode Linien zwischen den einzelnen Eckpunkten.

Die Funktion `polygon()` ist dem SVG-Element `<polygon>` nachempfunden.

function line(obj, x1, y1, x2, y2, sWidth)

Zeichnet eine Linie.

Parameter `obj` = ein `canvas`-Elementobjekt

Parameter `x1` = Horizontalversatz des einen Eckpunkts der Linie

Parameter `y1` = Vertikalversatz des einen Eckpunkts der Linie

Parameter `x2` = Horizontalversatz des anderen Eckpunkts der Linie

Parameter `y2` = Vertikalversatz des anderen Eckpunkts der Linie

Parameter `sWidth` = Linienstärke

Die Funktion `line()` ist dem SVG-Element `<line>` nachempfunden und übernimmt das Positionieren und Zeichnen einer Linie. Die Linienstärke muss angegeben werden und bestimmt die Linienstärke in Pixeln, ohne diese Angabe wäre die Linie unsichtbar.

function setFill(obj, col)

Setzt die Füllfarbe für nachfolgende Formen. Muss also aufgerufen werden, wenn ein nachfolgender Aufruf etwa von `rect()`, `circle()` usw. ein farbiges Objekt erzeugen soll.

Parameter `obj` = ein `canvas`-Elementobjekt

Parameter `col` = Füllfarbe in Form einer Zeichenkette, eingeschlossen in "..." oder '...'. Bei Farbangaben gelten die gleichen Regeln wie für Farbwerte und Farbnamen in CSS.

Möglich sind Angaben wie `#DD6600`, `rgb(50,50,200)`, `rgb(100%,80%,10%)` oder `powderblue`.

Die Funktion ruft die Eigenschaften `fillStyle` und `strokeStyle` des CanvasRenderingContext2D-Objekts auf.

function setStroke(obj, col, sWidth)

Setzt die Umrissfarbe für nachfolgende Formen. Muss aufgerufen werden, wenn ein nachfolgender Aufruf etwa von `rect()`, `circle()` usw. ein Objekt mit sichtbarer/ andersfarbiger Umrisslinie erzeugen soll.

Parameter `obj` = ein `canvas`-Elementobjekt

Parameter `col` = Füllfarbe in Form einer Zeichenkette, eingeschlossen in "..." oder '...'. Bei Farbangaben gelten die gleichen Regeln wie für Farbwerte und Farbnamen in CSS.

Parameter `sWidth` = Linienstärke des Umrisses

function unset(obj)

Löscht gesetzte Füll- und Umrissdefinitionen.

Parameter `obj` = ein `canvas`-Elementobjekt

Diese Funktion ist dazu da, die Wirkung der Funktionen `setFill()` und `setStroke()` wieder aufzuheben. Werden einmal gesetzte Werte für Füllung und/oder Umriss nicht wieder entfernt, gelten sie für alle weiteren erzeugten Formen.

function setLinearFill(obj, col1x, col1y, col2x, col2y, col1, col2)

Definiert einen linearen Farbübergang als Füllung.

Parameter `obj` = ein `canvas`-Elementobjekt

Parameter `col1x` = Horizontalversatz des Startpunkts für Farbe 1

Parameter `col1y` = Vertikalversatz des Startpunkts für Farbe 1

Parameter `col2x` = Horizontalversatz des Startpunkts für Farbe 2

Parameter `col2y` = Vertikalversatz des Startpunkts für Farbe 2

Parameter `col1` = Farbe 1 in Form einer Zeichenkette, eingeschlossen in "..." oder '...'. Bei Farbangaben gelten die gleichen Regeln wie für Farbwerte und Farbnamen in CSS.

Parameter `col2` = Farbe 2 in Form einer Zeichenkette.

Die Eckpunkte für die beiden »Farbstopps« müssen Sie so wählen, dass diese für eine Form passen, auf die Sie den Farbübergang anwenden möchten. Siehe dazu das Beispiel weiter unten.

Intern ruft die Funktion die Objektmethode `createLinearGradient()` auf, mit deren Hilfe lineare Farbübergänge im 2D-Rendering-Context erzeugt werden. Dabei wird ein Unterobjekt erzeugt, das innerhalb der Funktion in der Variablen `gradient` gespeichert wird. Darauf wiederum lässt sich die Methode `addColorStop()` anwenden, die die beiden Farben des Übergangs setzt. Durch Zuweisen des Unterobjekts mit dem Namen `gradient` an die Objekteigenschaft `fillStyle` wird der Farbübergang mit dem Objekt verknüpft.

function setRadialFill(obj, col1x, col1y, col1r, col2x, col2y, col2r, col1, col2)

Definiert einen radialen Farbübergang als Füllung.

Parameter `obj` = ein `canvas`-Elementobjekt

Parameter `col1x` = Horizontalversatz des Startpunkts für Farbe 1

Parameter `col1y` = Vertikalversatz des Startpunkts für Farbe 1

Parameter `col1r` = Radius (Ausbreitungsweise) für Farbe 1

Parameter `col2x` = Horizontalversatz des Startpunkts für Farbe 2

Parameter `col2y` = Vertikalversatz des Startpunkts für Farbe 2

Parameter `col2r` = Radius (Ausbreitungsweise) für Farbe 2

Parameter `col1` = Farbe 1 in Form einer Zeichenkette, eingeschlossen in "..." oder '...'. Bei Farbangaben gelten die gleichen Regeln wie für Farbwerte und Farbnamen in CSS.

Parameter `col2` = Farbe 2 in Form einer Zeichenkette.

Die interne Vorgehensweise ist dabei analog zu der bei `setLinearFill()`, mit dem Unterschied, dass zusätzlich die Parameter `col1r` und `col2r` übergeben werden. Diese legen den Ausbreitungsradius der jeweiligen Farbe fest. Intern ruft die Funktion anstelle von `createLinearGradient()` die entsprechende Methode `createRadialGradient()` auf. Diese setzt den radialen Farbverlauf.

function text(obj, x, y, text, style)

Fügt einen formatierten Text ein.

Parameter `obj` = ein `canvas`-Elementobjekt

Parameter `x` = Horizontalversatz der Textanfangsposition

Parameter `y` = Vertikalversatz der Textanfangsposition. Orientiert sich an der Basislinie der Schrift.

Parameter `text` = der auszugebende Text

Parameter `style` = Zeichenkette, markiert durch "..." oder '...', mit folgenden Angaben: Schriftgewicht (`bold` für Fettschrift oder `normal` für Normalschrift), Schriftgröße (z. B. 18px) und Schriftart (z. B. Arial, sans-serif). Die einzelnen Angaben werden durch Leerzeichen getrennt.

Die Schriftfarbe kann durch vorherigen Aufruf der Funktion `setStroke()` bestimmt werden.

7.3 Audio- und Video-Ressourcen

In HTML 4.01 gab es zwar die Möglichkeit, beliebige Multimedia-Objekte in generischer Form einzubinden. Dabei gab es jedoch keine Konventionen dafür, welche Dateiformate und – was bei Audio und Video noch wichtiger ist – welche sogenannten Codecs verwendet werden sollten. Es gab also keine vergleichbare Konvention wie etwa die akzeptierten Dateiformate beim `img`-Element.

HTML5 versucht, eine solche Konvention zu etablieren. Die neu geschaffenen Elemente `audio` und `video` sind die HTML-Container für webgerechte Audio- und Videoformate.

7.3.1 Eingebettete Audio-Ressourcen

Mit HTML5 ist es endlich möglich, Audio-Ressourcen direkt im Browser abspielen zu lassen, ohne auf ein Plugin vertrauen oder einen flashbasierten Audio-Player anbieten zu müssen. Das fördert die Verbreitung von Musik und Podcasts (gesprochenen Artikeln oder Dialogen, manchmal ergänzt durch Musik, also selbst gemachtes Radio).

Eine wichtige Voraussetzung für den Erfolg des neuen `audio`-Elements in HTML5 ist allerdings, dass alle Browser bestimmte Audio-Formate ohne zusätzliche Software abspielen können, also direkt in der Browser-Software implementieren. Derzeit gibt es diesbezüglich noch Probleme, was daran liegt, dass das verbreitetste und beliebteste Audio-Format, MP3, durch Patente geschützt ist. Einige Browser-Anbieter können oder wollen es deshalb nicht implementieren und favorisieren stattdessen das OpenSource-Audio-Format OGG.

Nachfolgende Tabelle zeigt, welche Browser, die das `audio`-Element von HTML5 unterstützen, welche Audio-Dateiformate abspielen können:

ab Browserversion	*MP3*	*OGG*	*WAV*	*AU/SND*	*AIF*
9.0	ja	nein	ja	nein	nein
3.5	nein	ja	ja	nein	nein
	ja	ja	nein	nein	nein
5.0	ja	nein	ja	ja	ja
11.0	nein	ja	ja	ja	nein

Für das Problem, dass es kein Audio-Format gibt, das von allen Browsern direkt abgespielt werden kann, bietet HTML5 indessen eine technische Lösung an. Der Nachteil dabei: Sie müssen jeden Audio-Track in mindestens zwei Dateiformaten anbieten, nämlich in MP3 und OGG.

Beispiel

```
<h1>Rabenanwälte und Abmahnkrähen</h1>
<div>
  <audio preload controls src="rabenanwaelte-und-abmahnkraehen.mp3">
    <source src="rabenanwaelte-und-abmahnkraehen.ogg">
  </audio>
</div>
<a href="http://draketo.de/deutsch/lieder/licht/rabenanwaelte-und-
abmahnkraehen">Webseite zum Song</a>
```

Das Beispiel zeigt eine Anordnung, die nur zeigen soll, wie es aussehen ***könnte***. Da zum Redaktionszeitpunkt noch nicht endgültig entschieden ist, welches Audio-Format tatsächlich das Default-Format werden soll, ist derzeit folgende Variante des obigen Beispiels eigentlich korrekter:

```
<audio preload controls>
  <source src="rabenanwaelte-und-abmahnkraehen.mp3">
  <source src="rabenanwaelte-und-abmahnkraehen.ogg">
</audio>
```

Erläuterung

Die Audio-Ressource wird durch `<audio>...</audio>` markiert. Innerhalb des `audio`-Elements können Sie ein oder mehrere `source`-Elemente in Form eines Standalone-Tags `<source>` notieren (*source* = Quelle). Im einleitenden `<audio>`-Tag geben Sie beim Attribut `src` die eigentlich gewünschte und bevorzugte Audio-Datei an, die abgespielt werden soll. In dem oder den `source`-Elementen, die ebenfalls je ein `src`-Attribut haben, notieren Sie Audio-Dateien mit gleichem Inhalt, aber anderen Audio-Formaten (`src` = *source* = Quelle). Durch das Zusammenspiel von `audio` und `source` können Sie also Audio-Inhalte in mehreren Formaten anbieten.

Bei den `src`-Attributen gelten die Regeln für Referenzierung in HTML.

Im einleitenden `<audio>`-Tag sind weitere wichtige Attribute möglich, mit der Sie steuern, wie die Wiedergabe letztlich erfolgen soll:

- Wenn Sie das Standalone-Attribut `controls` angeben, zeigt der Browser einen sichtbaren Player mit Grundfunktionen wie Pause/Weiterspielen, Lautstärkeregelung und Wiedergabe-Zeitanzeige an. Lassen Sie das `controls`-Attribut dagegen weg, wird kein Player angezeigt. Der Anwender hat in diesem Fall keine Kontrollmöglichkeiten in Bezug auf die Wiedergabe.
- Wenn Sie das Standalone-Attribut `autoplay` angeben, beginnt der Browser sofort beim Laden der Seite mit der Wiedergabe der Audio-Ressource. Wenn Sie ***kein*** Attribut `controls` notieren, also keinen sichtbaren Player anzeigen wollen, und nur mit HTML, nicht mit JavaScript arbeiten, müssen Sie das Attribut `autoplay` unbe-

dingt notieren. Andernfalls wird die Audio-Ressource nicht abgespielt, und der Anwender kann den Abspielvorgang auch nicht starten.

- Wenn Sie das Standalone-Attribut `preload` angeben, beginnt der Browser sofort beim Laden der Seite damit, den Inhalt der Audio-Ressource downzuloaden (*preload* = vorab laden). Die Angabe dieses Attributs ist nur sinnvoll in Verbindung mit dem `controls`-Attribut. Verwenden Sie es dann, wenn es sehr wahrscheinlich ist, dass ein Anwender die Audio-Ressource abspielen wird. Das ist zum Beispiel der Fall, wenn es die einzige Audio-Ressource der Webseite ist und wenn es der zentrale Inhalt der aktuellen Seite ist. Wenn eine Webseite dagegen mehrere Audio-Ressourcen enthält, deren Inhalte gemeinsam etliche Megabyte groß sind, sollten Sie darauf verzichten, dem Anwender einen Preload aufzuzwingen.
- Wenn Sie das Standalone-Attribut `loop` angeben, wird der Audio-Track immer wieder von Neuem abgespielt, wenn er zu Ende ist (Endlosschleife – *loop* = Schleife).

Für das `source`-Element, das innerhalb von `<audio>...</audio>` für alternative Audio-Ressourcen notiert werden kann, gibt es zwei weitere Attribute: `type` und `media`.

Mit `type` können Sie den MIME-Type der Audio-Datei angeben. Im Zusammenhang mit Audio-Dateien kommen jene MIME-Typen in Frage, die mit `audio/` beginnen, also z. B. `audio/x-aiff`, `audio/x-midi`, `audio/x-wav`, usw. Wenn nötig, sollten Sie außerdem eine Codec-Angabe innerhalb der `type`-Angabe notieren. Eine solche Erweiterung der MIME-Type-Angabe wird im RFC 4281 beschrieben. Sinnvoll ist das beispielsweise in Zusammenhang mit dem OGG-Format. Geben Sie `type="audio/ogg; codecs=vorbis"` an, wenn es sich um eine Vorbis-Kodierung handelt, oder `type="audio/ogg; codecs=speex"` im Fall einer Speex-Kodierung.

RFC 4281 – The Codecs Parameter for »Bucket« Media Types
http://www.ietf.org/rfc/rfc4281.txt

Die HTML5-Spezifikation listet im Zusammenhang mit Audio-Codecs folgende typische Angaben für das `type`-Attribut auf:

- `type='audio/ogg; codecs=vorbis'`
- `type='audio/ogg; codecs=speex'`
- `type='audio/ogg; codecs=flac'`

Mit dem `media`-Attribut können Sie angeben, für welche Medientypen die Audio-Ressource geeignet ist. Die Voreinstellung ist `media="all"`, also alle Medientypen. Beim `media`-Attribut wird als Wert eine gültige Medienabfrage erwartet.

Weitere Hinweise

Die Attribute `type` und `media` gibt es nur beim `source`-Element, nicht beim `audio`-Element. Der Grund ist, dass beim `audio`-Element beim `src`-Attribut nur Dateien angegeben werden sollten, die der Browser in jedem Fall selbst erkennt. Greift er dagegen auf eine im alternativen `source`-Element angegebene Datei zurück, helfen die zusätzlichen Attribute gegebenenfalls bei der Wahl eines externen Abspielprogramms.

Wie der im Browser angezeigte Audio-Player genau aussieht, ist nicht festgelegt.

Bild 7.9: Das Aussehen der Audio-Player ist nicht festgelegt.

Das Default-Aussehen der Audio-Player passt aber nicht unbedingt zu jedem Webseiten-Layout. Es ist zwar möglich, CSS-Eigenschaften auf das `audio`-Element anzuwenden, doch damit ist das Aussehen des Players nur bedingt beeinflussbar. Um eigene Player zu kreieren, müssen Sie auf Scripting zurückgreifen. Es gibt auch fertige Lösungen scriptbasierter Audio-Player für das `audio`-Element, zum Beispiel JAI, das *Javascript Audio Interface.*

Links

Javascript Audio Interface
http://bocoup.com/open-source/jai/

Die Browser, die das `audio`-Element kennen, interpretieren nicht unbedingt alle Attribute davon. Das gilt besonders für das `preload`-Attribut, das in der HTML5-Spezifikation zunächst als `autobuffer`-Attribut ausgewiesen wurde.

Wenn Sie XHTML-konform arbeiten, notieren Sie `source`-Elemente in der Form `<source … />` und die Standalone-Attribute durch Zuweisung des Attributnamens als Wert, also `preload="preload"`, `autoplay="autoplay"`, `controls="controls"` und `loop="loop"`.

Referenzinformationen

Elementreferenz `<audio>`,
Elementreferenz `<source>`:

Attributreferenz `src`,
Attributreferenz `loop`,
Attributreferenz `controls`,
Attributreferenz `autoplay`,
Attributreferenz `type`,
Attributreferenz `media`:

HTML | XHTML 5 | 9.0 | 3.5 | | 4.0 | 10.0

(Browser-Angaben mit weiter oben erwähnten Einschränkungen)

7.3.2 Eingebettete Video-Ressourcen

HTML

Analog zu Audio-Ressourcen soll das mit HTML5 neu eingeführte video-Element ermöglichen, Videos direkt im Browser abspielen zu lassen, ohne Plugin und ohne Flash.

Ziel des video-Elements ist, dass alle Browser bestimmte Video-Formate ohne zusätzliche Software abspielen können, also direkt in der Browser-Software implementieren. Die Probleme beim video-Element sind dabei die gleichen wie beim audio-Element. Geht es beim audio-Element um MP3 vs. OGG, so konkurrieren beim video-Element MPEG-4 und OGG-Video (OGV). Die Situation ist die gleiche. Der Codec H.264, den MPEG-4 verwendet, ist durch Software-Patente geschützt. Der Theora-Codec für das OGG-Format ist hingegen patentfrei. Während Microsoft, Google und Apple H.264 wegen dessen höherer Performanz favorisieren, weigern sich Mozilla Firefox und Opera, diesen Codec in ihren Browsern zu implementieren, und setzen stattdessen auf den OGG-Container mit Theora-Codec. Das Problem lässt sich in HTML5 immerhin lösen, indem man beide Formate vorhält und anbietet. Als Dauerlösung ist dies jedoch nicht befriedigend.

Der MS Internet Explorer kennt das video-Element erst ab Version 9.0, mit H.264 und – falls das VP8-Codec installiert ist – WebM-Video.

Beispiel

```
<h1>Autoscooter</h1>
<video src="autoscooter.mp4" width="640" height="480"
       controls preload poster="autoscooter.jpg">
  <source src="autoscooter.ogv" type="video/ogg"></source>
</video>
```

Solange noch keine Einigkeit über den oder die Codecs herrscht, die jeder HTML5-fähige Browser verbindlich implementieren sollte, ist es allerdings korrekter, das obige Beispiel in der folgenden Form zu notieren:

```
<video src="autoscooter.mp4" width="640" height="480"
       controls preload poster="autoscooter.jpg">
  <source src="autoscooter.ogv" type="video/ogg"></source>
  <source src="autoscooter.mp4" type="video/mp4"></source>
</video>
```

Erläuterung

Die Video-Ressource wird durch <video>...</video> markiert. Genau wie das audio-Element kann das video-Element als Elementinhalt ein oder mehrere source-Elemente in Form von Standalone-Tags <source> enthalten. Im einleitenden <video>-Tag geben Sie beim Attribut src die eigentlich gewünschte und bevorzugte Video-Datei an, die abgespielt werden soll. In dem oder den source-Elementen, die ebenfalls je ein src-Attribut haben, notieren Sie Video-Dateien mit gleichem Inhalt, aber anderen Video-Formaten. Das einleitende <video>-Tag muss nicht zwangsläufig ein src-Attribut enthalten. Sie können auch alle Alternativen wie oben in der derzeit empfohlenen Notationsform gezeigt in die <source>-Tags verlagern.

Bei den src-Attributen gelten die Regeln für Referenzierung in HTML.

Im einleitenden <video>-Tag sind die folgenden gleichen Attribute möglich wie bei <audio>:

- Wenn Sie das Standalone-Attribut controls angeben, zeigt der Browser einen sichtbaren Player mit Grundfunktionen wie Pause/Weiterspielen, Lautstärkeregelung und Wiedergabe-Zeitanzeige an. Lassen Sie das controls-Attribut dagegen weg, wird das Video ohne Player angezeigt. Der Anwender hat in diesem Fall keine Kontrollmöglichkeiten in Bezug auf die Wiedergabe.
- Wenn Sie das Standalone-Attribut autoplay angeben, beginnt der Browser sofort beim Laden der Seite mit der Wiedergabe des Videos. Wenn Sie **kein** Attribut controls notieren, also keinen sichtbaren Player anzeigen wollen, und nur mit HTML, nicht mit JavaScript arbeiten, müssen Sie das Attribut autoplay unbedingt notieren. Andernfalls wird das Video nicht abgespielt, und der Anwender kann den Abspielvorgang auch nicht starten.
- Wenn Sie das Standalone-Attribut preload angeben, beginnt der Browser sofort beim Laden der Seite damit, den Inhalt des Videos downzuloaden. Die Angabe dieses Attributs ist nur sinnvoll in Verbindung mit dem controls-Attribut. Verwenden Sie es dann, wenn es sehr wahrscheinlich ist, dass ein Anwender das Video abspielen wird. Das ist zum Beispiel der Fall, wenn es der zentrale Inhalt der aktuellen Seite ist.
- Wenn Sie das Standalone-Attribut loop angeben, wird das Video immer wieder von Neuem abgespielt, sobald es zu Ende ist.

Darüber hinaus stehen bei <video> noch weitere Attribute zur Verfügung:

- Mit dem Attribut poster können Sie eine Grafik referenzieren, die angezeigt wird, solange kein Video abgespielt wird. Sinnvollerweise enthält die Poster-Grafik einen aussagekräftigen Screenshot aus dem Video. Alle üblichen Web-Grafikformate wie JPEG, PNG oder GIF sind erlaubt. Für die Wertzuweisung an das poster-Attribut gelten die Regeln für Referenzierung.
- Mit den Attributen width und height bestimmten Sie die Breite und Höhe der Videoanzeige in Pixeln. Geben Sie bei diesen Attributen möglichst die tatsächliche Breite und Höhe des Videos an, um Verzerrungen zu vermeiden. Wie bei anderen Bereichen für Medien unterstützen Sie durch die Angabe von width und height den Browser beim Bildschirmaufbau, während er die Webseite lädt.

Für das source-Element, das innerhalb von <video>...</video> für alternative Video-Formate notiert werden kann, gibt es zwei weitere Attribute: type und media.

- Mit type können Sie den MIME-Type der Video-Datei angeben. Im Zusammenhang mit Videos kommen jene MIME-Typen in Frage, die mit video/ beginnen, also z. B. video/mpeg für herkömmliche MPEG-Dateien, video/quicktime für MOV-Dateien oder video/x-msvideo für AVI-Dateien. Wenn nötig, sollten Sie außerdem eine Codec-Angabe innerhalb der type-Angabe notieren. Eine solche Erweiterung der MIME-Type-Angabe wird im RFC 4281 beschrieben.

RFC 4281 – The Codecs Parameter for »Bucket« Media Types
http://www.ietf.org/rfc/rfc4281.txt

Die HTML5-Spezifikation listet im Zusammenhang mit Video-Codecs folgende typische Angaben für das `type`-Attribut auf:

- `type='video/mp4; codecs="avc1.42E01E, mp4a.40.2"'`
- `type='video/mp4; codecs="avc1.58A01E, mp4a.40.2"'`
- `type='video/mp4; codecs="avc1.4D401E, mp4a.40.2"'`
- `type='video/mp4; codecs="avc1.64001E, mp4a.40.2"'`
- `type='video/mp4; codecs="mp4v.20.8, mp4a.40.2''`
- `type='video/mp4; codecs="mp4v.20.240, mp4a.40.2"'`
- `type='video/3gpp; codecs="mp4v.20.8, samr"'`
- `type='video/ogg; codecs="theora, vorbis"'`
- `type='video/ogg; codecs="theora, speex"'`
- `type='video/ogg; codecs="dirac, vorbis"'`
- `type='video/x-matroska; codecs="theora, vorbis"'`

Verwenden Sie diese Angaben jedoch nur, wenn Sie genau wissen, welche Codecs Ihre Videos im Detail verwenden.

Mit dem `media`-Attribut können Sie angeben, für welche Medientypen die Video-Ressource geeignet ist. Die Voreinstellung ist `media="all"`, also alle Medientypen. Beim `media`-Attribut wird als Wert eine gültige Medienabfrage erwartet.

Die Attribute `type` und `media` gibt es nur beim `source`-Element, nicht beim `video`-Element. Der Grund ist, dass beim `video`-Element beim `src`-Attribut nur Dateien angegeben werden sollten, die der Browser in jedem Fall selbst erkennt. Greift er dagegen auf eine im alternativen `source`-Element angegebene Datei zurück, helfen die zusätzlichen Attribute gegebenenfalls bei der Wahl eines externen Abspielprogramms.

Wie der im Browser angezeigte Video-Player genau aussieht, ist nicht festgelegt. Es ist möglich, CSS-Eigenschaften auf das `video`-Element anzuwenden, doch damit ist das Aussehen des Players nur bedingt beeinflussbar. Um eigene Player zu kreieren, müssen Sie auf Scripting zurückgreifen.

Die Browser, die das `video`-Element kennen, interpretieren nicht unbedingt alle Attribute davon. Das gilt besonders für das `preload`-Attribut, das in der HTML5-Spezifikation zunächst als `autobuffer`-Attribut ausgewiesen wurde.

Wenn Sie XHTML-konform arbeiten, notieren Sie `source`-Elemente in der Form `<source … />` und die Standalone-Attribute durch Zuweisung des Attributnamens als Wert, also `preload="preload"`, `autoplay="autoplay"`, `controls="controls"` und `loop="loop"`.

Referenzinformationen

Elementreferenz <`video`>,
Elementreferenz <`source`>:

Attributreferenz `src`,
Attributreferenz `loop`,
Attributreferenz `controls`,
Attributreferenz `poster`,
Attributreferenz `width`,
Attributreferenz `height`,
Attributreferenz `autoplay`,
Attributreferenz `type`,
Attributreferenz `media`:

7.4 Aktive Inhalte (Flash, Java und andere)

Unter »aktiven Inhalten« werden hier vor allem Medien-Ressourcen verstanden, die keinem der zuvor beschriebenen Typen angehören. Solche Ressourcen können Sie in Form von eingebetteten Objekten in HTML referenzieren.

Dafür stellt HTML5 zwei Elemente zur Verfügung: das uralte, praxisbewährte `embed`-Element und das im HTML-4-Standard favorisierte `object`-Element.

Die häufigsten Medien-Typen, die damit in HTML eingebunden werden, sind Flashmovies und Java-Applets.

7.4.1 Aktive Inhalte mit dem embed-Element

Das `embed`-Element ist ein allgemeiner Behälter für Non-HTML-Inhalte, die nicht durch Elemente wie `img`, `audio` oder `video` abgedeckt sind. Zur Darstellung oder Wiedergabe ist normalerweise ein Browser-Plugin erforderlich. Geeignet ist das Element beispielsweise für Flashmovies. Das `embed`-Element ist schon sehr alt, da es bereits Mitte der 90er Jahre vom damals führenden Browser Netscape eingeführt wurde. Es gehörte jedoch vor HTML5 nie zum HTML-Standard. In HTML 4.0 wurde es wegen des `object`-Elements abgelehnt. Mit HTML5 wird es erstmals in den Standard aufgenommen, weil es sich in der Praxis bis heute hartnäckig gehalten hat. Dort diente und dient es vorzugsweise als Fallback-Inhalt für Flashmovies, die HTML-4.0-konform mit dem `object`-Element eingebunden werden. In HTML5 genügt das `embed`-Element allein, um Flashmovies standardkonform einzubinden.

Beispiel

```
<h1>Turm von Hanoi</h1>
<embed src="turm-von-hanoi.swf" width="640" height="320"
       type="application/x-shockwave-flash" quality="high">
```

Erläuterung

Notieren Sie das embed-Element an der gewünschten Stelle im Dokument in Form eines Standalone-Tags <embed>. Die Ressource, die eingebettet werden soll, geben Sie im src-Attribut an (src = *source* = Quelle). Dabei gelten alle Regeln und Möglichkeiten zur Referenzierung.

In den meisten Fällen ist es sinnvoll, das src-Attribut um ein type-Attribut zu ergänzen. Im type-Attribut geben Sie den gültigen MIME-Type der Ressource an. Bei Flashmovies ist das beispielsweise die Angabe application/x-shockwave-flash.

Mit den Attributen width und height bestimmen Sie die Breite und Höhe der eingebetteten Ressource in Pixeln. Da der Browser die Ressource nicht selbst auslesen und so ihre Anzeigegröße ermitteln kann, sind diese Attribute beim embed-Element dringend zu empfehlen.

Das embed-Element darf darüber hinaus beliebige weitere Attribute enthalten, die nicht zum HTML5-Standard gehören, aber dem Plugin als Parameter übergeben werden.

Im obigen Flashmovie-Beispiel wird das für Flash typische Attribut quality="high" notiert. Damit wird dem Flashplayer mitgeteilt, dass er die Ressource mit höchstmöglicher Qualität wiedergeben soll. Nicht erlaubt sind jedoch veraltete HTML-Attribute, die der physischen Formatierung dienen, wie beispielsweise align oder vspace. Der Attributname darf ferner keine XML-Namespace-Syntax verwenden, also keinen Doppelpunkt enthalten.

Weitere Hinweise

Um XHTML-konform zu arbeiten, notieren Sie das <embed>-Tag in der Form <embed … />.

Für das embed-Element gibt es keinen Fallback-Inhalt, also keinen Alternativtext oder dergleichen. Wenn ein Browser nicht in der Lage ist, den Inhalt darzustellen, weil er kein Plugin dafür hat, dann sollte er eine Art Default-Plugin verwenden, das eine Meldung wie »nicht unterstütztes Format« ausgibt.

Netscape führte seinerzeit im Zusammenhang mit dem embed-Element ein Handling ein, um dem Browser mitzuteilen, woher er bei unbekannten Formaten ein geeignetes Plugin beziehen kann. Mit einem Attribut namens pluginurl war es dabei möglich, eine URL-Adresse zu bestimmen, die ein Plugin zum Anzeigen oder Abspielen der eingebundenen Datei bereitstellt. Es musste sich um eine Java-Archivdatei (Dateien **.jar*) handeln. Mit einem weiteren Attribut pluginspage war es möglich, eine URL-Adresse zu bestimmen, die Installationshinweise für ein geeignetes Plugin enthielt, falls dies nicht in Form eines Java-Archivs vorlag. Inwieweit heutige Browser diese Attribute noch kennen und berücksichtigten, ist nicht bekannt. Da diese Attribute mit der Attributfreiheit beim embed-Element vereinbar sind, kann es bei »exotischen« Formaten nicht schaden, sie anzubieten.

Referenzinformationen

Elementreferenz <embed>:

Attributreferenz `src`,
Attributreferenz `type`,
Attributreferenz `width`,
Attributreferenz `height`:

7.4.2 Aktive Inhalte mit dem object-Element

Das `object`-Element dient ähnlich wie das `embed`-Element als allgemeiner Behälter für beliebige referenzierte Inhalte. Der Unterschied zum `embed`-Element besteht darin, dass das `object`-Element drei verschiedene Content-Modelle für die referenzierten Inhalte kennt:

- Wird die eingebettete Ressource als direkt im Browser anzeigbare Grafik erkannt, reagiert das `object`-Element genauso, als wäre es ein `img`-Element. D. h., wenn Sie mit dem `object`-Element eine JPEG-Grafik einbinden, wird ein HTML5-fähiger Browser die Grafik direkt anzeigen, so als wäre sie durch ein `img`-Element referenziert worden. Auch zusätzliche Features wie Image-Maps (verweissensitive Grafiken) werden dabei unterstützt.
- Wird die eingebettete Ressource als anzeigbarer Webseiteninhalt erkannt, was z. B. bei referenzierten HTML-Dateien oder TXT-Dateien der Fall ist, reagiert das `object`-Element so, als wäre es ein `iframe`-Element (mehr Informationen dazu in Abschnitt *7.5 Eingebettete Frames*).
- In allen anderen Fällen reagiert das `object`-Tag so, als wäre es ein `embed`-Element.

In der Praxis behandeln allerdings die meisten Browser beide Elemente gleich.

Ein Vorteil des `object`-Elements besteht zusätzlich darin, dass es im Gegensatz zum `embed`-Element Fallback-Inhalt erlaubt, also alternativen Inhalt für den Fall, dass das eigentliche Objekt nicht angezeigt oder wiedergegeben werden kann. Es ist auch möglich, als Fallback-Inhalt eines `object`-Elements ein `embed`-Element zu notieren. In der Praxis trifft man sogar immer noch sehr häufig auf diese Kombination, vor allem beim Einbinden von Flash.

Verwenden Sie das `object`-Element, wenn Sie eine komfortablere Parameterschnittstelle als beim `embed`-Element benötigen, wenn Sie Fallback-Inhalt anbieten möchten oder wenn Sie `object` anstelle von `img` oder `iframe` verwenden wollen.

Beispiel

```
<h1>Die Schöpfungsgeschichte als Unix-Shellscript</h1>
<object data="schoepfung.txt" type="text/plain"
        width="500" height="400" ></object>
```

```
<h1>Eine Uhr</h1>
<object data="uhr.svg" type="image/svg+xml"
        width="300" height="300"></object>

<h1>Turm von Hanoi</h1>
<object type="application/x-shockwave-flash"
        width="640" height="320">
   <param name="movie" value="turm-von-hanoi.swf">
   <param name="quality" value="high">
   Sie benötigen einen Flash-Player als Browser-Plugin:
   <a href="http://get.adobe.com/de/flashplayer/">Download</a>
</object>

<h1>Labyrinth-Spiel</h1>
<object type="application/x-java-applet"
        width="600" height="400">
   <param name="code" value="zmaze3d.class">
</object>
```

Erläuterung

Das Beispiel zeigt insgesamt vier Anwendungsfälle für das `object`-Element. Im ersten Fall wird eine einfache Textdatei eingebunden, im zweiten Fall eine SVG-Grafik, im dritten ein Flashmovie und im letzten ein Java-Applet.

Das `object`-Element wird durch `<object>...</object>` markiert, besitzt also im Gegensatz zum `embed`-Element einen Elementinhalt und ein End-Tag. Die Ressource selbst wird üblicherweise mit Hilfe des `data`-Attributs referenziert. Allerdings ist das beim `object`-Element nicht immer zwingend so. Im dritten und vierten der obigen Beispiele fehlen die Angaben zu `data`, weil das Flashmovie und das Java-Applet stattdessen über einen Parameter eingebunden werden. Bei der Zuweisung an das `data`-Attribut gelten alle Möglichkeiten und Regeln zur Referenzierung.

Um den Browser beim Handling der eingebundenen Ressource zu unterstützen, ist es sinnvoll, zusätzlich ein `type`-Attribut zu ergänzen. Im `type`-Attribut geben Sie den gültigen MIME-Type der Ressource an.

Mit den Attributen `width` und `height` bestimmen Sie die Breite und Höhe der eingebetteten Ressource in Pixeln. Gerade bei Objekten wie im ersten Beispiel der eingebundenen Textdatei, hat der Browser ohne diese Angaben keinen Anhaltspunkt für die gewünschte Anzeigegröße und greift auf Default-Werte zurück.

Zwischen `<object>` und `</object>` können Sie beliebige HTML-Inhalte notieren. Im obigen dritten Beispiel ist ein Text notiert, der dem Anwender einen Link zum Flash-Player anbietet, da dieser zur Anzeige des `object`-Inhalts erforderlich ist. Es handelt sich beim Elementinhalt also um Fallback-Inhalte, die dann angezeigt werden, wenn der Browser das Objekt nicht darstellen kann. Sie können an dieser Stelle auch eine alternative Grafik notieren oder einen alternativen Versuch, das Objekt einzubinden, beispielsweise mit `embed`, `video` oder `audio`.

Anders als beim embed-Element werden Parameter, die einem eingebetteten Objekt übergeben werden sollen, nicht in Form von Attributen übergeben, sondern in Form eigener param-Elemente, die im Elementinhalt zwischen <object> und </object> notiert werden. Die param-Elemente werden als Standalone-Tags (<param...>) notiert. Sie erzeugen keinerlei sichtbaren Output im alternativen HTML-Inhalt, der ebenfalls zwischen <object> und </object> notiert ist. Jedes param-Element hat ein name- und ein value-Attribut. Mit dem name-Attribut wird eine Eigenschaft genannt (entspricht dem Attributnamen bei embed) und mit dem value-Attribut der zugehörige Wert (entspricht der Wertzuweisung an das Attribut bei embed).

Wenn Sie XHTML-Standard-konform arbeiten, müssen Sie das Standalone-Tag in der Form <param ... /> notieren.

Weitere Hinweise

Wenn Sie das object-Element wie ein img-Element verwenden, also Grafiken der Formate JPEG, GIF oder PNG damit referenzieren, können Sie ebenso wie beim img-Element ein Attribut usemap notieren. So können Sie auch mit dem object-Element verweissensitive Grafiken (Image-Maps) realisieren. Das usemap-Attribut muss wie beim img-Element auf den Anker eines map-Elements verweisen.

Das object-Element kann ein Attribut name erhalten, z. B. <object name="dynamic_content" data="..." ...>. Das Attribut ist für den Fall gedacht, dass ein object-Element wie ein iframe-Element reagiert und einen sogenannten ***Browsing-Context*** darstellt, also eine Art Fenster. Über den Namen des Objekts kann sein Inhalt in JavaScript angesprochen werden. Den Namen können Sie auch in Hyperlinks beim target-Attribut verwenden. So können Sie mit

```
<a href="andere.html" target="dynamic_content">Objekt wechsele
dich</a>
```

einen Link anbieten, bei dessen Anklicken sich der Inhalt des object-Elements mit name="dynamic_content" ändert.

Das object-Element kann ferner ein Attribut namens form enthalten. Dieses Attribut wurde mit HTML5 neu eingeführt.

Der Grund ist, dass das object-Element in Formularen vorkommen darf und dort die Aufgabe eines Formular-absendenden Elements übernehmen kann. Das Attribut wird dann benötigt, wenn sich ein Element, das zu einem Formular gehört, ***außerhalb*** des Formulars befindet, zu dem es gehört. In diesem Fall kann es mit form="idname" den id-Namen eines form-Elements referenzieren, der dort in der Form <form id="idname"> definiert ist.

Plugins, zum Beispiel Sound-Player, haben eine bestimmte Größe. Wenn Sie die genaue Größe kennen, sollten Sie beim Einbinden von Sound-Dateien, die mit dem betreffenden Plugin wiedergegeben werden sollen, bei den Attributen width und height die genaue Breite und Höhe des Players angeben. Die Größenangaben sind bei solchen Plugins normalerweise bei der Software dokumentiert.

Mit den Angaben `width="0" height="0"` können Sie die sichtbare Anzeige eines Objekts auch ganz unterdrücken. Das ist beispielsweise für Hintergrundmusik geeignet.

Bei `width` und `height` interpretieren die Browser seit jeher auch Prozentangaben. Diese werden durch Angaben wie `width="80%"` oder `height="100%"` notiert.

HTML5: Im HTML5-Standard wird diese Möglichkeit jedoch nicht ausdrücklich erwähnt. Stattdessen wird dort ausdrücklich darauf hingewiesen, dass die Angaben bei `width` und `height` sogenannte CSS-Pixel bedeuten. Das bedeutet: ein Pixel bei einer für Bildschirme angenommenen Pixel-per-Inch-Dichte von 96 ppi, bzw. 72 ppi bei älteren Bildschirmen.

Im Zusammenhang mit eingebetteten Frames kann es in einem Webseiten-Layout durchaus sinnvoll sein, prozentuale Breiten anzugeben. Allerdings ist das auch mit der CSS-Eigenschaft `width` möglich, und dort sind Prozentangaben explizit erlaubt.

Ein weiteres, in der Praxis immer noch anzutreffendes Attribut ist das `classid`-Attribut im einleitenden `<object>`-Tag. Damit können Sie die eindeutige ID einer Implementierung des eingebundenen Objekts angeben. Java-Applets, Python-Applets und ActiveX-Controls bieten solche eindeutigen IDs an und erfordern teilweise zwingend die Angabe des `classid`-Attributs.

HTML5: Das Attribut gehört in HTML5 wegen der rückläufigen Bedeutung solcher Inhalte nicht mehr zu den offiziellen Attributen des `object`-Elements, wird aber zumindest noch erwähnt und ist im Rahmen der allgemeinen Attributfreiheit von HTML5 standardkonform.

Beispiel:

```
<object width="267" height="175"
        classid="CLSID:05589FA1-C356-11CE-BF01-00AA0055595A">
  <param name="filename" value="ritmo.mid">
</object>
```

In diesem Fall wird ein ActiveX-Control eingebunden, um eine MIDI-Datei wiederzugeben. Die ID-Bezeichnung bei `classid` bezeichnet die Implementierung des Controls und wird von entsprechenden Anbietern, etwa Microsoft, bekannt gegeben.

HTML5: Im Sprachstandard HTML 4.0 sind weitere Attribute für das `object`-Element vorgesehen, die in der Praxis jedoch so gut wie nie verwendet wurden. Im HTML5-Standard kommen sie deshalb nicht mehr vor. Das betrifft das `standby`-Attribut (Meldungstext während des Ladevorgangs) und das Attribut `declare` (Standalone-Attribut, mit dem der Browser veranlasst werden soll, ein Objekt erst bei Anforderung durch den Anwender zu aktivieren).

Binden Sie Multimedia-Inhalte, die keine weite Verbreitung haben, nicht kommentarlos in Ihre Web-Seiten ein, sondern weisen Sie den Anwender darauf hin, um welche Art von Daten es sich handelt, und unter welchen Voraussetzungen eine korrekte Anzeige möglich ist.

Wenn Sie große Dateien einbetten, ist es gut, den Anwender im umgebenden Text auf die Größe der Datei hinzuweisen.

Referenzinformationen

Elementreferenz `<object>`:

Attributreferenz `data`,
Attributreferenz `type`,
Attributreferenz `width`,
Attributreferenz `height`:

Attributreferenz `form`:

7.5 Eingebettete Frames

Neben `embed` und `object` stellt das hier beschriebene `iframe`-Element die dritte Möglichkeit dar, beliebige andere Ressourcen in HTML einzubetten. Bei diesem Element besteht der Haupt-Einsatzzweck darin, vollständige andere Webseiten einzubinden. Das kann beispielsweise eine auf jeder Seite benötigte Navigation sein oder ein separat vom übrigen Inhalt dynamisch erzeugter Inhalt, etwa ein Newsticker.

Eingebettete Frames werden seit Langem von allen Browsern interpretiert und gehören seit Version 4.0 zum HTML-Standard. In HTML 4.0 wurden sie allerdings in eine Schublade mit den mittlerweile verpönten und nicht mehr im Standard enthaltenen Framesets gesteckt und nur in der nicht wirklich erwünschten Frameset-Variante von HTML 4.0 mitgeführt.

Mit HTML5 gehört das `iframe`-Element endlich zum offiziellen Sprachstandard. Dabei wurden auch einige neue Attribute und damit verbundene Konzepte eingeführt, die allerdings teilweise nicht ganz unumstritten sind und sich eher an zukünftige Browser richten.

Beispiel Teil 1: Dokument mit dem iframe-Element

```
<!DOCTYPE html>
<html>
  <head>
    <meta charset="utf-8">
    <title>Eingebettete Frames</title>
  </head>
  <body>
    <header>
      <h1>HOME</h1>
```

```
    </header>
    <div style="width: 250px; float: left;">
      <nav>
        <iframe src="navigation.html" width="220"
                height="350" style="border: 0;">
          <a href="navigation.html">Navigation anzeigen</a>
        </iframe>
      </nav>
    </div>
    <div style="float: left;">
      <p>Viel Inhalt</p>
    </div>
  </body>
</html>
```

Beispiel Teil 2: Eingebettetes Dokument

```
<!DOCTYPE html>
<html>
  <head>
    <meta charset="utf-8">
    <base target="_parent">
    <title>Navigation</title>
  </head>
  <body>
    <ul>
      <li><a href="home.html">HOME</a></li>
      <li><a href="produkte.html">Produkte</a></li>
      <li><a href="referenzen.html">Referenzen</a></li>
      <li><a href="downloads.html">Downloads</a></li>
      <li><a href="rueckschau.html">Rückschau</a></li>
      <li><a href="vorschau.html">Vorschau</a></li>
      <li><a href="kontakt.html">Kontakt</a></li>
      <li><a href="impressum.html">Impressum</a></li>
    </ul>
  </body>
</html>
```

Erläuterung

Das Beispiel zeigt eine Webseite, in die eine Navigation eingebunden ist. Die Navigation befindet sich in einer separaten HTML-Datei. So muss die Navigation nur an einer Stelle geändert werden, wenn sie geändert werden soll.

Bild 7.10: Navigation als eingebetteter Frame

Die Nebeneinander-Anordnung der Navigation und der Seiteninhalte wird im Beispiel durch ein paar CSS-Angaben erzeugt, auf die an dieser Stelle nicht näher eingegangen wird.

Das obige Beispiel besteht aus zwei vollständigen HTML-Dokumenten (die auch in Form von zwei HTML-Dateien existieren). Das erste Dokument zeigt das Haupt-Dokument bzw. die eigentliche Webseite. Darin eingebettet ist ein `iframe`-Element, markiert durch `<iframe>`…`</iframe>` (iframe = *inline frame* = eingebetteter Rahmen). Im einleitenden `<iframe>`-Tag wird mit dem Attribut `src` eine andere HTML-Datei referenziert (src = *source* = Quelle). Deren Inhalt wird im `iframe`-Bereich angezeigt.

Der zweite Teil des obigen Beispiels zeigt den vollständigen Code des eingebetteten HTML-Dokuments. Dessen sichtbarer Dokumentkörper besteht nur aus einer ungeordneten Liste mit Hyperlinks. Dies ist ein sinnvoller HTML-Code zur Auszeichnung einer Navigation.

Im einbindenden HTML-Dokument bestimmen Sie die Größe des `iframe`-Bereichs mit den Attributen `width` und `height` in Pixeln. Diese beiden Attribute sollten Sie bei eingebetteten Frames in jedem Fall notieren, da der Browser aus einem Inhalt wie einer eingebetteten HTML-Datei keinerlei Hinweise zur Anzeigegröße entnehmen kann. Er wird den `iframe`-Bereich dann in einer Default-Größe anzeigen.

Der Elementinhalt zwischen `<iframe>` und `</iframe>` wird als alternativer Inhalt (Fallback-Inhalt) interpretiert und nur dann angezeigt, wenn der Browser das `iframe`-Element nicht kennt oder nicht anzeigen kann. Der Inhalt kann aus beliebigem HTML-Code bestehen. Im obigen Beispiel wird ein Link zu der Datei angeboten, die über den Inline-Frame eingebettet wird. Auf diese Weise können Anwender, bei denen der eingebettete Frame nicht angezeigt wird, über den Link zur Navigation gelangen, wo sie dann wiederum eine andere Seite des Angebots auswählen können.

Weitere Hinweise

Das `iframe`-Element kann ein Attribut `name` erhalten, z. B.

```
<iframe name="navigation" data="navigation.html" …>
```

Durch den Namen definieren Sie einen konkreten ***Browsing-Context*** für den Inline-Frame-Inhalt, also eine Art Fenster. Über den Namen des Objekts kann sein Inhalt in JavaScript angesprochen werden. Den Namen können Sie auch in Hyperlinks beim target-Attribut verwenden. So können Sie mit

```
<a href="kunden-navigation.html" target="navigation">Navigation für
Kunden</a>
```

einen Link anbieten, bei dessen Anklicken sich der Inhalt des iframe-Elements mit name="navigation" ändert.

Bei width und height interpretieren die Browser seit jeher auch Prozentangaben. Diese werden durch Angaben wie width="80%" oder height="100%" notiert.

Im HTML5-Standard wird diese Möglichkeit jedoch nicht ausdrücklich erwähnt. Stattdessen wird dort ausdrücklich darauf hingewiesen, dass die Angaben bei width und height sogenannte CSS-Pixel bedeuten. Das bedeutet: ein Pixel bei einer für Bildschirme angenommenen Pixel-per-Inch-Dichte von 96 ppi, bzw. 72 ppi bei älteren Bildschirmen.

Im Zusammenhang mit eingebetteten Frames kann es in einem Webseiten-Layout durchaus sinnvoll sein, prozentuale Breiten anzugeben. Allerdings ist das auch mit der CSS-Eigenschaft width möglich, und dort sind Prozentangaben explizit erlaubt.

Per Voreinstellung zeigen Web-Browser eingebettete Frames mit einem sichtbaren Rahmen an. In vielen Fällen soll ein solcher Rahmen unterdrückt werden, weil er im Layout stört. Im obigen Beispiel wurde der Rahmen deshalb mit style="border: 0; " unterdrückt.

Die früher üblichen HTML-Attribute border oder gar frameborder gehören seit HTML5 dagegen nicht mehr zum Standard.

Das Gleiche gilt auch für die Beeinflussung des Scroll-Verhaltens im Inline-Frame-Inhalt. Das früher übliche Attribut scrolling entfällt in HTML5 ersatzlos. Stattdessen können Sie das Scroll-Verhalten wie das anderer HTML-Elemente auch mit der CSS-Eigenschaft overflow beeinflussen.

In der eingebetteten Datei mit der Navigation, ist es notwendig, den Tag <base target="_parent"> zu notieren. Sonst würden die Hyperlinks innerhalb des iFrame-Elements angezeigt werden.

Eingebettete Frames und Sandboxing (HTML5)

Im Web 2.0 ist es nicht unüblich, über eingebettete Frames Inhalte eigens dafür vorgesehener Webservices von Drittanbietern einzubinden. Dabei gilt jedoch in allen modernen Browsern die sogenannte Same-Origin-Policy. Diese hindert in Webseiten eingebundene Inhalte von fremden Websites daran, die einbindende Webseite während der Anzeige im Browser zu manipulieren. Für manche eingebundenen Services, die der Webseiten-Autor in einem iframe einbindet, kann es aber nützlich sein, die Same-Origin-Policy zu lockern.

HTML5 hat deshalb eine Möglichkeit eingeführt, Browsern mitzuteilen, welche Berechtigungen einem Inline-Frame-Inhalt von einer fremden Website eingeräumt werden sollen. Dazu dient das `sandbox`-Attribut.

Diesem Attribut können Sie einen oder mehrere der folgenden Werte zuweisen:

- `allow-same-origin`: Mit diesem Wert erlauben Sie, dass die per Inline-Frame eingebettete Webseite vom Browser so behandelt werden soll, als würde sie vom gleichen Host oder der gleichen Domain stammen wie das einbindende HTML-Dokument. Durch die Angabe dieses Attributwerts heben Sie die Same-Origin-Policy für das `iframe`-Element auf.
- `allow-top-navigation`: Mit diesem Wert erlauben Sie dem eingebundenen Inhalt, den Inhalt des obersten Browsing-Contexts zu ändern. D. h. wenn die eingebettete Webseite beispielsweise Hyperlinks mit einer Angabe wie `<a href="eigener-inhalt.html" target="_top">` enthält, wird beim Anklicken das gesamte aktuelle Browserfenster bzw. der aktuelle Browser-Tab geändert (und nicht nur der Inhalt des Inline-Frames).
- `allow-forms`: Mit dieser Angabe erlauben Sie, dass die eingebettete Webseite Formulare enthalten darf, also vom Anwender Eingaben abfragen oder erzwingen kann. Der Anwender weiß aber möglicherweise gar nicht, dass diese Formulare von einem ganz anderen Web-Anbieter stammen als von dem, dessen Webseite er gerade aufgerufen hat und die das Formular in einem eingebetteten Frame enthält.
- `allow-scripts`: Mit dieser Angabe erlauben Sie, dass die eingebettete Webseite JavaScript-Code enthalten darf, der auf die einbettende Webseite zugreift, also aus dem Inline-Frame-Fenster heraus zum Beispiel Inhalte einer im Browser angezeigten, einbettenden Webseite manipulieren kann.

Möglich sind also Einzelangaben wie `<iframe sandbox="allow-top-navigation" ...>` oder kombinierende Angaben wie `<iframe sandbox="allow-top-navigation allow-forms" ...>`. Machen Sie von dieser Möglichkeit nur dann Gebrauch, wenn der Anbieter eines Fremdservices, den Sie via Inline-Frame einbetten wollen, dies zwingend erfordert und wenn Sie dem Fremdanbieter vertrauen. Dazu sollten Sie den Anbieter gut kennen und sich gegebenenfalls über Erfahrungen anderer, die den gleichen Service nutzen oder genutzt haben, informieren.

Umgekehrt ist es auch möglich, Inhalte, die zwar vom eigenen Host oder der eigenen Domain kommen, explizit als Sandbox-Inhalte zu deklarieren, obwohl sie normalerweise unter die Same-Origin-Policy fallen. Das ist beispielsweise nützlich, wenn der Inhalt eines eingebetteten Frames von einem serverseitigen Script dynamisch generiert wird und darin unberechenbarer, möglicherweise schadhafter Code enthalten sein kann.

Beispiel

```
<iframe sandbox src="getUserContributions.php?articleid=293">.
```

In dem Beispiel wird angenommen, dass ein PHP-Script von Anwendern eingegebene Inhalte einliest, die auch kritische HTML-Codes (Scripts zum Beispiel) enthalten können. In diesem Fall kann das `sandbox`-Attribut auch als Standalone-Attribut notiert werden. Dadurch bestimmen Sie, dass die Quelle vom eigenen Webserver genauso behandelt wird, als käme sie von einer fremden Domain. Selbstverständlich können Sie aber auch in diesem Fall die weiter oben aufgelisteten Einzelerlaubnisse zuweisen, z. B. `sandbox="allow-top-navigation"`.

Inkludieren statt Einbetten (HTML5)

Wer mit statischen HTML-Dateien arbeitet, kennt das Problem, größere, wiederkehrende Code-Fragmente wie etwa Navigationen, Header oder Footer usw. in allen Einzelseiten wiederholen zu müssen. Das ist nicht sehr änderungsfreundlich. Besser wäre es, solche Code-Fragmente, ähnlich wie es in fast allen modernen Programmiersprachen üblich ist, zu inkludieren. Die Code-Fragmente stehen dabei in einer eigenen Datei. Durch Inkludieren der Datei wird der Code an einer gewünschten Stelle eingebunden.

HTML5 führt genau zu diesem Zweck ein neues Attribut für Inline-Frames ein: das Standalone-Attribut `seamless` (*seamless* = nahtlos). Ist es notiert, soll der Browser die beim `src`-Attribut angegebene Ressource nicht einbetten, sondern direkt inkludieren.

Das bedeutet:

- Stylesheet-Definitionen des inkludierenden Dokuments werden auch für das inkludierte Dokument gültig. Normalerweise bleiben Webseiten in Iframe-Fenstern von den Style-Definitionen des Dokuments, in dem das `iframe`-Element notiert ist, unberührt.
- Hyperlinks im inkludierten Dokument öffnen, wenn nichts anderes angegeben ist, ihr Verweisziel in dem Browser-Fenster oder -Tab, in dem das Dokument mit dem `iframe`-Element angezeigt wird. Normalerweise werden Hyperlinks im inkludierten Element, wenn nichts anderes festgelegt ist, im Iframe-Fenster geöffnet.
- Der inkludierte Inhalt verhält sich so, als würde er in einem sonst nicht weiter spezifizierten, blockerzeugenden Element stehen, also etwa so, als würde sich das `iframe`-Element wie ein `div`-Element verhalten, dessen Inhalt der inkludierte Inhalt ist. Angaben zu `width` und `height` werden bei Verwendung von `seamless` eigentlich überflüssig. Arbeiten Sie in diesem Fall besser mit Stylesheets und den CSS-Eigenschaften `width` und `height`, so wie Sie es bei einem `div`-Element ebenfalls tun würden.

srcdoc-Inhalte und Sandboxing

Das explizite `sandbox`-Attribut hat in HTML5 die Einführung eines weiteren Attributs nach sich gezogen. Mit dem Attribut `srcdoc` können Sie den Inhalt eines Inline-Frames direkt notieren, statt ihn über das `src`-Attribut zu referenzieren.

Der Grund so etwas zu tun, ist, dass sich so in Verbindung mit dem `sandbox`-Attribut Inhalte direkt in den HTML-Code einfügen lassen, die als sandboxed-Inhalt gelten. Gedacht ist diese Möglichkeit nicht für statische Webseiten, sondern für Webseiten, die zur Laufzeit von einem Script generiert werden und auch von Anwendern beigetragene Inhalte mit HTML-Code enthalten können, beispielsweise Kommentare zu einem Blog-Artikel oder Beiträge in einem Forum.

Beispiel

```
<iframe sandbox seamless
  srcdoc="<p>Das ist ein Versuch,
  <script>top.location.href=&quot;schmuddelserver.com&quot;</script>
  Unfug zu treiben</p>">
</iframe>
```

Das iframe-Element enthält in diesem Fall ***kein*** src-Attribut. Stattdessen enthält es erstens ein sandbox-Attribut, wodurch der »Inhalt« so behandelt wird, als würde er von einem fremden Server eingebunden, mit allen Restriktionen der Same-Origin-Policy. Zweitens enthält es ein seamless-Attribut, um seinen Inhalt nahtlos in die Webseite zu inkludieren, und drittens das srcdoc-Attribut. Dieses Attribut enthält den gesamten HTML-Code des einzubindenden Inhalts. Es kann sich dabei auch um umfangreichere Inhalte mit viel HTML-Code handeln.

Der HTML5-Standard schreibt lediglich vor, dass die Zeichen " und & innerhalb der Wertzuweisung durch ihre benannten HTML-Entitäten " bzw. & umschrieben werden müssen.

Referenzinformationen

Elementreferenz <iframe>:

Attributreferenz src,
Attributreferenz width,
Attributreferenz height:

Attributreferenz sandbox:

Attributreferenz seamless,
Attributreferenz srcdoc

7.6 Backgrounds

Während Sprachen wie HTML und CSS offene W3C-Standards sind, ist die Lage bei Grafik- und Multimediaformaten, die im Web zum Einsatz kommen, wesentlich verworrener. Die vorherrschenden Formate sind teilweise ebenso wie HTML und CSS offene W3C-Standards. Es gibt jedoch auch lizenzrechtlich problematischere Formate. Besonders um die Audio- und Video-Codecs hat es im Vorfeld zu HTML5 zum Teil erhebliche Auseinandersetzungen über die Codecs gegeben, die jeder Browser, der die Elemente audio und video interpretiert, implementiert haben sollte. Dieser Buchabschnitt vermittelt ein wenig Hintergrundwissen zu den Formaten, ihren technischen Vor- und Nachteilen sowie ihrem Lizenzhintergrund.

7.6.1 Pixelgrafik-Formate

Seit den Anfängen der Computergrafik wurden Dutzende von Speicherformaten für Rastergrafiken (Pixelgrafiken) entwickelt. Für Webgrafik sind nur drei dieser Formate von Bedeutung: GIF, JPEG und PNG. Andere Formate sind entweder zu stark auf Printmedien optimiert, oder sie sind proprietär an bestimmte Software gebunden, oder sie sind aus heutiger Sicht veraltet.

Das GIF-Format

Dateien des GIF-Formats haben die übliche Dateinamenendung *.gif* und den MIME-Type *image/gif*. In HTML lassen sich GIF-Grafiken mit Hilfe des `img`-Elements einbinden (siehe *Pixelgrafik-Referenzen*).

GIF steht für ***Graphics Interchange Format*** und wurde 1987 vom damaligen Online-Anbieter CompuServe eingeführt. Es zeichnet sich durch eine hohe und verlustfreie Kompression aus, die allerdings wesentlich mit reduzierten Farbwerten erreicht wird. Im Online-Bereich, wo die Übertragung von Daten zunächst viel Geld und Zeit kostete, setzte sich das GIF-Format schnell durch. Der heute weitverbreitete Standard des GIF-Formats ist das sogenannte »89er-Format«. Dieses Format bietet drei Möglichkeiten an, die das GIF-Format für den Einsatz im Web besonders interessant machen:

- ***Interlaced***: Eine Grafik, die mit dieser Option abgespeichert ist, wird beim Laden nicht zeilenweise eingelesen und aufgebaut, sondern schichtweise. Dabei erscheint die Grundstruktur der Grafik sehr schnell am Bildschirm des Anwenders. Beim weiteren Ladevorgang wird die Grafik dann immer deutlicher und feiner aufgelöst am Bildschirm angezeigt.
- ***Animation***: Das GIF-Format bietet die Möglichkeit, mehrere Grafiken in einer einzigen Grafikdatei zu speichern, verbunden mit Optionen zur zeitlichen Steuerung der Einzelgrafiken. Dadurch werden animierte GIF-Grafiken möglich.
- ***Transparenz***: Das GIF-Format arbeitet mit Farbpaletten, also mit einer begrenzten Anzahl »indizierter Farben«. Dabei besteht die Möglichkeit, eine dieser Farben als transparent zu definieren. Bei der Anzeige scheinen dann Elemente, die unterhalb der Grafik liegen, an den Stellen durch, wo die Grafik transparent ist.

Ein Nachteil des GIF-Formats ist, dass es maximal 256 Farbwerte pro Datei speichern kann. Es sei denn, man speichert mehrere Einzelbilder mit unterschiedlichen Paletten, die gleichzeitig angezeigt werden. Davon wird in der Praxis jedoch kaum Gebrauch gemacht. Ein Pluspunkt des GIF-Formats ist dagegen, dass die Grafiken verlustfrei komprimieren. Aufgrund dieser Charakteristika ist das GIF-Format für hoch auflösende Grafiken wie Fotos nicht geeignet. Beliebt ist es dagegen bei Grafiksorten wie einfachen Buttons, Symbolen und Cliparts.

Das GIF-Format war über einige Jahre hinweg problematisch, da es einen Kompressions-Algorithmus nutzt, auf den die Firma Unisys 1983 ein Patent angemeldet hatte. Zwischen 1994 und dem Auslaufen des Patentschutzes 2003 bzw. 2004 mussten Software-Programme, die das GIF-Format implementierten, Lizenzgebühren für das GIF-Format bezahlen. Lange Zeit herrschte Unsicherheit darüber, ob Unisys noch weitere Versuche unternehmen würde, mit dem erfolgreichen Format Geld zu machen. Diese Situation war eine der Ursachen dafür, warum schließlich das offene PNG-Format entwickelt wurde.

Das JPEG-Format

Dateien des JPEG-Formats haben die übliche Dateinamenendung *.jpg* oder *.jpeg* und den MIME-Type *image/jpeg*. In HTML lassen sich JPEG-Grafiken mit Hilfe des `img`-Elements einbinden (siehe Pixelgrafik-Referenzen).

JPEG steht für ***Joint Photographic Expert Group***, also nicht für den Namen des Grafikformats, sondern für den Namen der Korporation, die das Format entwickelt hat. Das JPEG-Verfahren besteht aus einem Set von Kompressionsalgorithmen für Datenströme. Das gleichnamige Dateiformat für Grafiken ist einfach eine Anwendung besonders eines dieser Algorithmen auf Pixelgrafiken. Das JPEG-Verfahren wird auch auf Videos angewendet und hat dabei das Video-Format MPEG hervorgebracht.

Der verbreitetste Algorithmus des JPEG-Grafikformats komprimiert wie das GIF-Format sehr gut und hat gegenüber dem GIF-Format den Vorteil, dass er pro Bild bis zu 16,7 Millionen Farben speichern kann. Er arbeitet deshalb nicht wie der GIF-Algorithmus mit Farbpaletten bestimmter Farben, sondern mit dem gesamten RGB-Farbspektrum. Der Nachteil des üblichen JPEG-Algorithmus ist, dass er mit Verlust komprimiert. Je höher der Kompressionsfaktor, desto schlechter die Qualität der Grafik. Erwähnenswert ist, dass das JPEG-Format keine Transparenz unterstützt.

Beim JPEG-Format können Sie bei besseren Grafikprogrammen zwei Parameter selbst bestimmen:

- ***DPI-Dichte:*** Das ist die Punktdichte (dpi = dots per inch). Bei JPEG-Dateien, die Sie nur für die Anzeige in Web-Seiten benötigen, genügt ein Wert zwischen 70 und 100 dpi. Falls Sie die Grafik ausdrucken wollen, benötigen Sie allerdings deutlich mehr dpi.
- ***Kompressionsfaktor:*** Je höher der Kompressionsfaktor, desto schlechter die Bildqualität. Je geringer der Kompressionsfaktor, desto größer die Datei.

Verluste durch Kompression entstehen bei JPEG-Grafiken vor allem bei scharfen Farbübergängen im Bild, also bei Ecken und Kanten von abgebildeten Gegenständen (»Ränder fransen aus«). Für Bilder mit wenigen Farben, aber klaren Konturen, also z. B. für einfache Zeichnungen, scharfe Schriftzüge usw. ist das JPEG-Format deshalb nicht geeignet. Seine Stärke zeigt das Format dagegen beim Abspeichern von Fotos und anderen Grafiken, in denen sehr feine Farbverläufe vorkommen. Selbst bei geringer Kompression sind die Dateigrößen schon um ein Vielfaches kleiner als etwa bei unkomprimierten Bitmap-Grafiken. Sogar bildschirmfüllende Fotos lassen sich mit JPEG bei brauchbarer Qualität auf Dateigrößen bringen, die im Web als akzeptabel gelten können.

Es gibt eine Variante von JPEG-Grafiken, sogenannte »progressive JPEG-Grafiken«. Dabei wird, ähnlich wie beim GIF-Format in der Variante »interlaced«, zuerst eine vollständige, aber noch undeutliche Fassung der Grafik am Bildschirm aufgebaut. Das erste, noch nicht ganz deutliche Bild kann bereits am Bildschirm angezeigt werden, nachdem etwa 15% der Grafikdatei an den aufrufenden Web-Browser übertragen wurden.

Das PNG-Format

Dateien des PNG-Formats haben die übliche Dateinamenendung *.png* und den MIME-Type *image/png*. In HTML lassen sich PNG-Grafiken mit Hilfe des `img`-Elements einbinden.

PNG bedeutet ***Portable Network Graphic*** (ausgesprochen: PING). Es handelt sich um ein Grafikformat, das eigens für den Einsatz im Web konzipiert wurde und dessen Normierung wie diejenige von HTML, CSS, XML und andere Web-Technologien vom W3-Konsortium besorgt wird. Die Empfehlung (Recommendation) des W3-Konsortiums zu PNG stammt aus dem Jahr 1996. Das entsprechende Dokument ist unter dem Titel PNG (Portable Network Graphics) Specification auf den Seiten des W3-Konsortiums zu finden.

PNG soll die Vorteile von GIF und JPEG in sich vereinen und zeichnet sich durch folgende Charakteristika aus:

- ***Verlustfreie Kompression***: PNG komprimiert verlustfrei wie das GIF-Format. Der eingesetzte Kompressionsalgorithmus arbeitet dabei ähnlich wie der des ZIP-Formats. Wiederholungen von Pixelmustern im Bild werden durch Meta-Informationen über diese Muster ersetzt, was vor allem bei Grafiken wie Cliparts, Schriftzügen usw. zu hohen Kompressionsdichten führt. Weniger stark greift dieser Algorithmus dagegen bei Fotos und Grafiken mit vielen feinen Farbübergängen. Das ist ganz ähnlich wie beim Komprimieren von Daten zu ZIP-Dateien, wo sich Binärdateien mit wenigen erkennbaren Byte-Mustern weniger stark komprimieren lassen als z. B. Textdateien.
- ***Farbtiefe plus Transparenz***: PNG unterstützt wie das JPEG-Format 16,7 Mio. Farben, wahlweise aber auch das Abspeichern mit indizierten Farben, also mit einer begrenzten Farbpalette. So bleibt das Format flexibel und ist für alle Arten von Grafiken nutzbar. Neben den drei Farbwerten für Rot, Grün und Blau kann das PNG-Format zusätzlich noch einen vierten Wert pro Pixel speichern, nämlich den Alphakanal. Der Alphawert speichert den Transparenzgrad des Pixels. Auf diese Weise werden deutlich feiner abgestufte Transparenz-Effekte möglich, als es mit dem GIF-Format möglich ist.
- ***Interlaced-Funktion***: Wie das GIF-Format und auch das JPEG-Format in der Variante »progressive« unterstützt PNG das schichtweise Aufbauen der Grafik (Interlaced-Funktion). Bei PNG genügen bereits 1-2% übertragene Daten, um das Bild schemenhaft anzeigen zu können.
- **Informationen zur Gammakorrektur**: Das PNG-Format erlaubt das Abspeichern einer Reihe von Zusatzinformationen zum Bild, darunter den Gammawert, der z. B. bei der Aufnahme eines Fotos maßgeblich war. Web-Browser, die das Bild anzeigen, könnten diese Information beispielsweise dazu nutzen, bei der Anzeige des Bildes eine automatische Gammakorrektur abhängig vom eingesetzten Bildschirm und Betriebssystem vorzunehmen. Dieses Feature kann vermeiden helfen, dass ein und

dieselbe Grafik auf verschiedenen Bildschirmen und unter verschiedenen Betriebssystemen oft so unterschiedlich aussieht.

- *Informationen zu Bildherkunft und Copyright*: Das PNG-Format erlaubt das Abspeichern von Textfeldern zu Bildtitel, Bildautor, Bildbeschreibung, Copyright, Erstellungsdatum, Erstellungs-Software, Datenquelle sowie zu rechtlichen und sittlichen Absicherungshinweisen.

Animierte Grafiken wie beim GIF-Format sind mit dem PNG-Format allerdings nicht möglich.

Es gibt also insgesamt viele Gründe, die für das PNG-Format sprechen, weniger als Konkurrenz zum JPEG-Format (JPEG komprimiert bei Fotos doch deutlich stärker als PNG – die PNG-Dateigrößen hoch auflösender Fotos sind nicht sonderlich webfreundlich), aber als Konkurrenz zum GIF-Format. Nicht nur alle modernen Browser, sondern auch die meisten Grafikprogramme beherrschen das PNG-Format.

7.6.2 Audio- und Video-Codecs

Codec ist ein Kunstwort und steht für *co*der/*dec*oder. Gemeint sind Verfahren, um analoge Audio- und/oder Videosignale in digitale Daten zu verwandeln und umgekehrt aus entsprechenden Daten wieder analoge Signale zu erzeugen. Im Unterschied zu Grafiken gibt es bei Audio- und Videosignalen den Zeitfaktor. Das heißt, es müssen nicht nur Daten kodiert/dekodiert werden, sondern es muss auch kontinuierlich ein Mindestmaß an Daten kodiert/dekodiert werden, damit ein Musik-Track oder ein Video beispielsweise ruckelfrei abgespielt wird. Heutige PCs sind mittlerweile weitgehend in der Lage, auch den neuen HD-Videostandard mit 1920 × 1080 Pixeln ruckelfrei wiederzugeben. Das Nadelöhr ist bislang noch die Datenübertragung, sei es via Internet oder auch in der herkömmlichen Telefonie.

Die meisten heutigen Codecs müssen deshalb vor allem eins können: stark komprimieren. Bei Codecs, die in der Datenübertragung zum Einsatz kommen, wird dabei bislang eigentlich immer mit verlustbehafteter Kompression gearbeitet. Das können Verluste im Tonfrequenzspektrum oder bei der Bildqualität sein oder Geschwindigkeitsungenauigkeiten bei der Wiedergabe. Da effiziente Computer-Alghorithmen für solche Daten alles andere als trivial sind, haben die Codecs häufig noch ein anderes Problem: Es hängen Patente von Firmen oder anderen Organisationen daran, die die Algorithmen entwickelt haben. Für Endanwender sind die Codecs meist frei verwendbar, d. h. sie können beispielsweise so viele Daten in MP3 oder MP4 erzeugen und speichern wie sie wollen. Software-Hersteller, die Formate anbieten wollen, in denen patentgeschützte Verfahren zur Anwendung kommen, werden dagegen oft in Lizenzverträgen zu Zahlungen nicht unerheblicher Summen verpflichtet. Dadurch entsteht ein Wettbewerbsnachteil für freie Software, die ansonsten überall auf dem Vormarsch ist. Zur kostenpflichtigen Lizensierung von Software-Patenten fehlen den entsprechenden Software-Projekten jedoch meist die finanziellen Ressourcen. Außerdem gibt es meist Widersprüche zu der Lizenzform freier Software.

Genau diese Problematik treibt derzeit einen Keil zwischen die bekannten Browser-Anbieter. Während sich finanziell bestens ausgestattete Firmen wie Microsoft, Google und Apple die Lizenzzahlungen für patentierte Codecs leisten können, müssen Mozilla und Opera passen und favorisieren stattdessen patentfreie Codecs. Die dabei relevanten Audio- und Video-Codecs sollen hier kurz vorgestellt werden.

Audio-Codecs

MPEG-1 Audio Layer 3 (MP3)

MP3 ist eine Kurzform für MPEG-1 Audio Layer 3. Das MP3-Format speichert Audio-Dateien in mehr oder weniger stark komprimierter Form, wobei die Kompression verlustbehaftet ist. Erkenntnisse aus der Psychoakustik des menschlichen Ohrs bestimmen, welche in einem Klangbild enthaltenen Informationen ohne oder ohne wesentliche Beeinträchtigungen bei der Wahrnehmung herausgefiltert werden können.

Entwickelt wurde das MP3-Format von der MPEG-Entwicklungsgruppe am Fraunhofer-Institut Erlangen sowie an der Friedrich-Alexander-Universität Erlangen-Nürnberg in Zusammenarbeit mit AT&T Bell Labs und Thomson. Die Fraunhofer-Gesellschaft und AT&T Bell Labs und Thomson besitzen insg. 18 Einzelpatente auf Algorithmen, die vom MP3-Format verwendet werden.

Vor allem wegen seiner starken Kompressionsdichte wurde MP3 zum beliebtesten Austauschformat und zum favorisierten Format für mobile Geräte mit begrenzten Speicher-Ressourcen.

Links

MP3-Produktseite bei der Fraunhofer-Gesellschaft
http://www.iis.fraunhofer.de/bf/amm/products/mp3/

Wikipedia-Artikel zu MP3
http://de.wikipedia.org/wiki/MP3

OGG / Vorbis

OGG ist ein allgemeines Container-Format für multimediale, gemischte Inhalte, bestehend aus Video-, Audio- und Textressourcen. Bei Audio- und Video-Ressourcen kann es als Behälter für unterschiedliche Codecs dienen. Das bekannteste Audio-Codec ist der Vorbis-Codec, der als Antwort auf die Patentierungen im Zusammenhang mit dem MP3-Format entwickelt wurde und ähnliche Aufgaben übernimmt wie die MP3-interne Kodierung von Audio-Daten.

Der Vorbis-Codec komprimiert ähnlich wie MP3 verlustbehaftet. Das OGG-Container-Format erlaubt aber auch andere Codecs, die verlustfrei arbeiten – beispielsweise den Free Lossless Audio Codec (FLAC).

OGG in Verbindung mit dem üblicherweise verwendeten Vorbis-Codec hat den Vorteil, patentfrei zu sein, was es – im Gegensatz zum MP3-Format – für Browser-Anbieter lizenzrechtlich kalkulierbar macht.

Links

OGG-Projektsite
http://www.xiph.org/ogg/

Wikipedia-Artikel zu OGG

http://de.wikipedia.org/wiki/Ogg

Video-Codecs

MPEG-4 / H.264

MPEG-4 ist ein ISO-Standard, der maßgeblich ist für aktuelle Entwicklungen im Videobereich, egal ob BluRay-Discs, HD-TV, Spielkonsolen oder mobile Endgeräte. Es geht aus dem Quicktime-Format (MOV-Dateien) von Apple hervor. MP4 ist ein Containerformat, in dem theoretisch mehrere Video- und Audio-Spuren sowie Untertitel, 2D- und 3D-Grafiken gespeichert werden können. In der Praxis wird jedoch meist nur ein Teil dieser Möglichkeiten genutzt. Neben der allgemeinen Dateiendung *.mp4* kursieren daher auch die Dateiendungen *.m4v* und *.mp4v*, um eine Datei als Video-Ressource zu kennzeichnen. MPEG-4 nutzt H.264 als Video-Codec.

Links

Technische Beschreibung des MP4-Formats (Englisch)
http://mpeg.chiariglione.org/standards/mpeg-4/mpeg-4.htm

Wikipedia-Artikel zu H.264
http://de.wikipedia.org/wiki/H.264

OGG / Theora

Das OGG-Containerformat wurde bereits im Zusammenhang mit Audio-Codecs vorgestellt. Analog zum Vorbis-Codec, dem Default-Codec für Audiokodierung im OGG-Container, ist Theora der Default-Codec für OGG-basierte Videos. Theora versteht sich als patentfreie Alternative zu Video-Codecs wie RealVideo, DivX oder Windows Media Video.

Links

Projekt-Website (Englisch)
http://theora.org/

Wikipedia-Artikel
http://de.wikipedia.org/wiki/Ogg_Theora

8 Formulare und Interaktion

8.1 Aufbau von Formularen

In Formularen (Dialogen, Eingabemasken) kann der Anwender Eingabefelder ausfüllen, aus Listen Einträge auswählen usw. Die so eingegebenen Daten können Sie unmittelbar mit JavaScript verarbeiten, in Verbindung mit der XMLHTTP-Schnittstelle (AJAX) auch serverseitig. Die klassische Variante besteht dagegen darin, den Anwender das Formular vollständig bearbeiten und am Ende absenden zu lassen. Die Formulardaten werden dann zum Server übertragen und können dort verarbeitet werden.

Formulare können sehr unterschiedliche Aufgaben haben. So werden sie zum Beispiel eingesetzt, um:

- bestimmte, gleichartig strukturierte Auskünfte von Anwendern einzuholen,
- Anwendern das Suchen in Datenbeständen zu ermöglichen,
- Anwendern die Möglichkeit zu geben, selbst Daten beizusteuern (user generated content),
- dem Anwender die Möglichkeit individueller Interaktion zu bieten, etwa um aus einer Produktpalette etwas Bestimmtes zu bestellen.

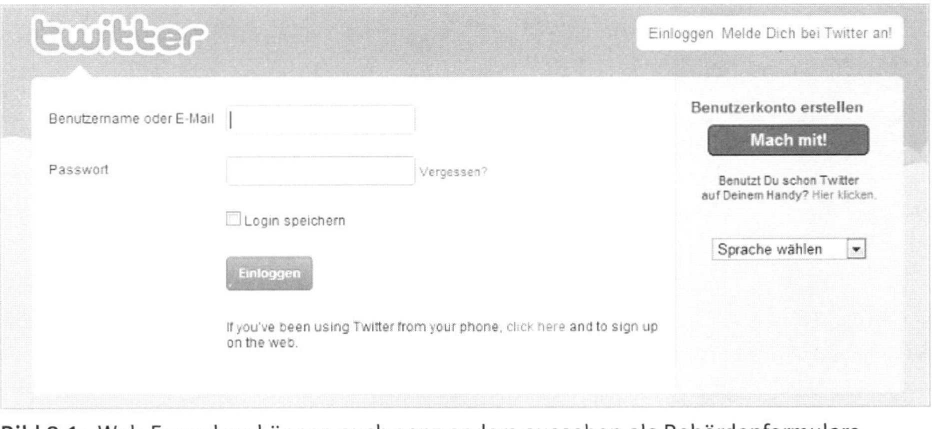

Bild 8.1: Web-Formulare können auch ganz anders aussehen als Behördenformulare

In diesem Buchabschnitt lernen Sie zunächst, ein HTML-Formular so anzulegen, dass seine Daten verarbeitet werden können.

8.1.1 Formularbereiche und Formularversand

Sie können an einer gewünschten Stelle innerhalb des HTML-Dokumentkörpers ein Formular definieren. Dabei notieren Sie auch gleich einige wichtige Angaben, etwa zur HTTP-Übertragungsmethode der Formulardaten, zur Zeichenkodierung der Formularfeldinhalte usw.

Beispiel:

```
<form action="http://www.example.org/login.php"
      method="post" name="login">
  <!-- hier folgen die Formularelemente -->
</form>
```

Erläuterung

Mit `<form>`...`</form>` markieren Sie ein Formular (*form* = Formular). Alles, was dazwischen steht, gehört automatisch zum Formular. Das sind einerseits Formularelemente wie Eingabefelder, Auswahllisten oder Buttons. Aber auch Beschriftungstexte, Hilfetexte inklusive Grafiken und Multimedia-Elemente sowie Script-Bereiche sind als Elementinhalt möglich. Bei umfangreichen Formularen ist es außerdem sinnvoll, den Formularinhalt in Formularbereiche zu unterteilen.

Im einleitenden `<form>`-Tag geben Sie mit dem Attribut `action` die URL-Adresse an, die beim Absenden des Formulars aufgerufen werden soll. An diese Adresse werden außerdem die vom Anwender eingegebenen Formulardaten übertragen. Es handelt sich in den meisten Fällen um ein serverseitiges Script, das in der Lage ist, die Formulardaten zu verarbeiten. Außerdem muss sich das Script darum kümmern, einen geeigneten HTML-Inhalt an den Browser zu senden. Denn der Script-Aufruf ist zugleich ein normaler Seitenaufruf.

Im obigen Beispiel ist ein PHP-Script als Ziel angegeben. Beim `action`-Attribut gelten alle Möglichkeiten und Regeln der Referenzierung.

Wenn Formulardaten via HTTP an ein serverseitiges Verarbeitungsscript gesendet werden, muss eine HTTP-Request-Methode verwendet werden. In Formularen können Sie diese mit dem Attribut `method` festlegen. Der Normalfall für HTTP-Requests ist die GET-Methode. Wenn Sie kein `method`-Attribut angeben, ist das gleichbedeutend mit der Angabe `method="get"`.

Wenn Sie `method="get"` wählen, hängt der Browser die Formulardaten als Parameter an die bei `action` angegebene URL-Adresse an. Die Anfrage, die beim Server eintrifft, sieht dann, um beim obigen Beispiel zu bleiben, so aus:

```
http://www.example.org/sentform.php?name=Stefan+M%FCnz&mail=beispiel@
example.org&text=Das+ist+ein+kleiner+Text
```

Die URL-Adresse erscheint nach Absenden des Formulars auch in dieser Form in der Adresszeile des Browsers des Formularanwenders. Das verarbeitende Script kann die GET-Parameter auslesen.

Die GET-Methode ist nur für geringe zu übertragende Datenmengen geeignet. Typische Anwendungsfälle sind Suchformulare. Diese enthalten meist nur ein Eingabefeld für den

Suchausdruck. Bei Suchanfragen ist es meistens auch praktisch, wenn sie sich als URL-Adresse mit GET-Parametern abbilden lassen, wie zum Beispiel `http://www.example.org/suche.php?q=Stefan+M%FCnz`. Solche Parameter-Adressen lassen sich nämlich wie jede URL-Adresse bookmarken, direkt verlinken und vieles mehr.

Für umfangreichere Datenmengen oder Fälle, in denen Sie nicht wollen, dass die Formulardaten als GET-Parameter in der Versand-URL-Adresse erscheinen, steht die HTTP-POST-Methode zur Verfügung. Notieren Sie dazu im einleitenden `<form>`-Tag `method="post"`. Das Daten verarbeitende Script auf dem Server erhält die Daten dann nicht als HTTP-GET-Parameter, sondern über den sogenannten Standardeingabekanal, den das Betriebssystem allen Prozessen zur Verfügung stellt.

Mit dem `name`-Attribut können Sie einen Namen für das Formular vergeben. Wenn Sie mehrere Formulare in einem einzigen HTML-Dokument notieren, dürfen keine zwei Formulare den gleichen Namen haben. Das `name`-Attribut hat nur den Zweck, rückwärtskompatibel zu älteren JavaScripts zu sein, die noch das alte Netscape-DOM benutzen, um auf Formularelemente zuzugreifen. In allen anderen Fällen benötigen Sie kein `name`-Attribut.

Weitere Hinweise

Falls Sie noch Verständnisprobleme haben, was die Formularverarbeitung betrifft: Der Handbuchabschnitt *8.7 Formularverarbeitung* wird auf diese Thematik noch genauer eingehen und auch ein praktisches Beispiel vorstellen.

Neben den HTTP-Methoden GET und POST können Sie bei `method` auch die unbekannteren HTTP-Methoden PUT und DELETE wählen (`method="put"` bzw. `method="delete"`).

Bei PUT wird die bei `action` angegebene Adresse nicht als Daten verarbeitendes Script interpretiert, sondern als eine Datei, in der die Formulardaten direkt gespeichert werden. Das bedeutet: Wenn die Adresse auf dem Server nicht existiert, wird die entsprechende Datei einfach angelegt, und die Formulardaten werden darin gespeichert. Die PUT-Methode war vom Web-Gründervater Tim Berners-Lee ursprünglich vorgesehen, um unkompliziert neue HTML-Dateien mittels eines HTML-Formulars direkt zum Webserver zu übertragen.

DELETE ist der umgekehrte Fall. Die bei `action` angegebene Ressource wird vom Server gelöscht. Diese Methode war von Berners-Lee dazu gedacht, über ein Formular, das sonst keine Daten enthält, einen Löschbefehl für eine bestimmte Datei auf dem Server zu erzwingen.

In der heutigen Praxis werden PUT und DELETE nur extrem selten angewendet. Die meisten Webserver unterstützen sie auch nur in Verbindung mit Sicherheiten wie authentifizierten Anwendern.

Es ist möglich, als Wert für das Attribut `action` eine E-Mail-Adresse anzugeben, z. B. `action="mailto:fritz.eierschale@example.org"` zusammen mit den Attributen `method="post" enctype="text/plain"`. Das erwünschte Ziel ist, dass der Web-Browser die Formulardaten an die angegebene E-Mail-Adresse versendet. Dabei besteht jedoch keine Garantie auf Erfolg. Es hängt vom Browser und anderen Einstellungen auf dem Rechner des Anwenders ab, ob der Formularversand an eine Mailadresse klappt.

HTML 5 HTML Die Attribute `action` und `method` sind in HTML5 nicht zwingend erforderlich. Ein schlichtes `<form>` als Start-Tag eines Formulars ist ebenfalls erlaubt.

Sinnvoll ist das, wenn Sie gar nicht vorhaben, Formulardaten an eine andere Adresse zu versenden, sondern die Formulardaten direkt auf der aktuellen Webseite mit Hilfe von JavaScript verarbeiten. Das ist etwa bei Fällen so, in denen gar keine Daten dauerhaft gespeichert werden sollen, beispielsweise, wenn Sie Besuchern einen einfachen Zinsrechner anbieten möchten. Aber auch in Fällen, in denen Daten ausschließlich im Hintergrund mit AJAX zum Server übertragen werden, kann das `action`-Attribut entfallen.

Neben den beiden Attributen `action` und `method` gibt es weitere spezielle Attribute für das einleitende `<form>`-Tag. Diese werden nachfolgend beschrieben.

MIME-Type-Angabe für Datenübertragung

Formulardaten werden, wenn Sie nichts anderes angeben, mit einem speziellen MIME-Type namens `application/x-www-form-urlencoded` übertragen. Dahinter verbirgt sich eine Datenkodierung, deren Ziel es ist, Zeichenkonflikte in URL-Adressen zu vermeiden. Alle Zeichen, die in URL-Adressen besondere Bedeutung haben, werden dabei maskiert, ebenso alle Zeichen mit Zeichenwerten jenseits des ASCII-Zeichensatzes. Die Zeichen werden dabei mit einem Prozentzeichen (`%`), gefolgt vom hexadezimalen Zeichenwert, kodiert, also beispielsweise `%23` für das Zeichen #. Die Methode wird deswegen auch als ***Prozentkodierung*** bezeichnet. Serverseitige Programmiersprachen wie PHP dekodieren die so übertragenen Daten automatisch oder durch einen einfachen Funktionsaufruf.

Mit dem `enctype`-Attribut können Sie einen anderen MIME-Type für die Übertragung erzwingen (enctype = *encoding type* = Kodierungstyp). Folgende andere Angaben als `enctype="application/x-www-form-urlencoded"` sind möglich:

- Mit `enctype="multipart/form-data"` können Sie ein Formular auszeichnen, das aus mehreren Ressourcen besteht. In der Praxis ist diese Möglichkeit vor allem dann wichtig, wenn das Formular Datei-Uploads ermöglicht.
- Mit `enctype="text/plain"` können Sie erzwingen, dass die Formulardaten ohne jede Kodierung übertragen werden. Diese Möglichkeit ist vor allem für den Fall gedacht, dass die Formulardaten an eine Mailadresse gesendet werden (`action="mailto:jemand@example.com"`).

Zeichenkodierung für Formulardatenübertragung

Mit dem Attribut `accept-charset` können Sie Zeichenkodierungen angeben. Damit geben Sie an, mit welcher Zeichenkodierung der Browser die eingegebenen Formulardaten an den Webserver senden soll. Sie können eine oder mehrere Kodierungen angeben, aus denen der Browser eine unterstützte auswählen kann. Die Reihenfolge wird dabei beachtet.

Mit einer Angabe wie `accept-charset="utf-8"` erzwingen Sie UTF-8 als Zeichenkodierung. Mit `accept-charset="iso-8859-15 iso-8859-1"'` bestimmen Sie die entsprechenden beiden Zeichensätze in der angegebenen Prioritätenreihenfolge. Weitere Details zu diesem Thema finden Sie unter *2.2 Zeichenkodierung in HTML.*

Zielfenster für action-Ziel

Wenn mit dem `action`-Attribut eine andere Webseite aufgerufen werden soll, können Sie ebenso wie bei Hyperlinks, eine Angabe zum Zielfenster (Browsing-Context) festlegen. Dazu notieren Sie im einleitenden `<form>`-Tag ein `target`-Attribut. Mit `target="_blank"` erreichen Sie beispielsweise, dass die bei `action` angegebene Adresse, die nach dem Absenden des Formulars aufgerufen wird, in einem neuen Browser-Fenster geöffnet wird.

Neben dem Wert `"_blank"` sind auch die festen Werte `"_self"` (aktuelles Fenster), `"_parent"` (Elternfenster), `"_top"` (oberste Fensterebene) sowie Namen von Fenstern erlaubt, die z. B. mit JavaScript geöffnet wurden.

Auto-Vervollständigung ein-/ausschalten

Moderne Browser unterstützen den Anwender von sich aus bei der Formulareingabe, indem sie Auto-Vervollständigung anbieten.

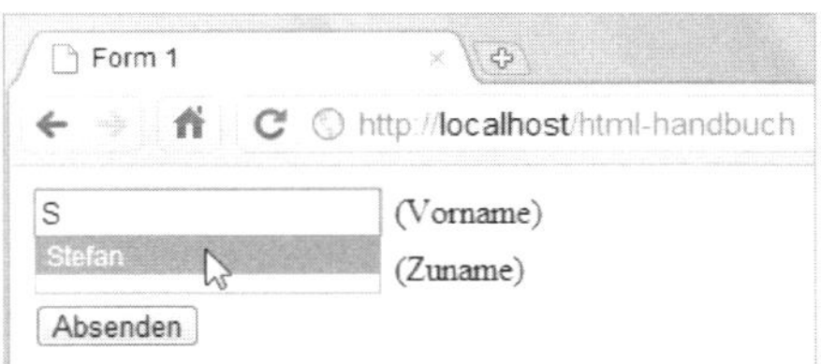

Bild 8.2: Autocomplete-Funktion im Browser beim Ausfüllen eines Formulars

Mit der Angabe `autocomplete="off"` im einleitenden `<form>`-Tag können Sie diese Browser-Funktionalität per Default für alle Eingabefelder im Formular ausschalten. Die andere mögliche Angabe, `autocomplete="on"` (Autocomplete einschalten), ist die Voreinstellung.

Wenn Sie `autocomplete="off"` im einleitenden `<form>`-Tag verwenden, können Sie die Funktion in einzelnen Eingabefeldern des Formulars dennoch wieder mit `autocomplete="on"` einschalten. Umgekehrt können Sie `autocomplete="off"` auch nur in den Eingabefeldern notieren, in denen Sie die Auto-Vervollständigung nicht wünschen.

Automatische Formularüberprüfung ein-/ausschalten

HTML5 bietet eine ganze Reihe neuer Eingabefeldtypen an, die bestimmte Werte erwarten, beispielsweise Datumsangaben oder nummerische Werte. Ein HTML5-fähiger Browser wird bei nicht plausiblen oder unerlaubten Eingaben in solchen Feldern das Versenden des Formulars verhindern.

Wenn Sie jedoch besondere Gründe haben, die Fehleingaben trotzdem zu übertragen, können Sie im einleitenden `<form>`-Tag das Standalone-Attribut `novalidate` notieren.

Referenzinformationen

Elementreferenz `<form>`:
Attributreferenz `action`,
Attributreferenz `accept_charset`,
Attributreferenz `enctype`,
Attributreferenz `method`,
Attributreferenz `name`,
Attributreferenz `target`:

Attributreferenz `autocomplete`,
Attributreferenz `novalidate`:

8.1.2 Strukturierung von Formularen

Größere Formulare bestehen häufig aus Gruppen von Elementen. Ein typisches Bestellformular besteht beispielsweise aus Elementgruppen für Absender, bestellte Produkte usw. Solche Elementgruppen können Sie als sogenannte ***Fieldsets*** auszeichnen. Ein Web-Browser kann Fieldsets durch Linien oder ähnliche Effekte optisch sichtbar machen. Zur logischen Feinstrukturierung eines Formulars gehört es, Formularfelder und ihre Beschriftungen einander zuzuordnen. Dafür bietet HTML die Möglichkeit an, Beschriftungen als ***Label*** für bestimmte Felder auszuzeichnen.

Beispiel

```
<h1>Drei Wünsche frei!</h1>
<form action="wunsch.php" method="post">
  <fieldset><legend>Absender</legend>
    <p><label for="vorname">Vorname:</label><br>
    <input type="text" size="40" name="vorname" id="vorname"></p>
    <p><label for="zuname">Zuname:</label><br>
    <input type="text" size="40" name="zuname" id="zuname"></p>
  </fieldset>
  <fieldset><legend>Wünsche</legend>
    <p><label>Wunsch 1:<br>
    <input type="text" size="40" name="wunsch1"></label></p>
    <p><label>Wunsch 2:<br>
    <input type="text" size="40" name="wunsch2"></label></p>
    <p><label>Wunsch 3:<br>
    <input type="text" size="40" name="wunsch3"></label></p>
  </fieldset>
  <fieldset><legend>Eingaben</legend>
    <input type="submit" value="absenden">
```

```
  </fieldset>
</form>
```

Erläuterung

Eine zusammengehörige Gruppe von Formularelementen können Sie durch `<fieldset>...</fieldset>` markieren (*fieldset* = Feldgruppe). Dazwischen können Sie beliebige Teile Ihres Formulars notieren.

Im Anschluss an das einleitende `<fieldset>`-Tag und vor weiteren Formularinhalten der Gruppe können Sie ferner eine Gruppenüberschrift (Legende) für die Elementgruppe vergeben. Schließen Sie den Gruppenüberschriftentext in `<legend>...</legend>` ein. Der Text innerhalb davon kann weitere HTML-Elemente enthalten, wie zum Beispiel Textauszeichnungen.

Das obige Beispiel definiert ein Formular mit drei Fieldsets: eins für den Namen des Absenders, eins für seine drei Wünsche und eins zum optischen Abtrennen des Buttons, mit dem das Formular abgesendet werden kann. Die im Beispiel verwendeten Formularelemente werden im weiteren Verlauf dieses Buchkapitels noch beschrieben.

Das Beispiel zeigt außerdem zwei unterschiedliche Arten, wie Sie Label für Elemente vergeben können. Im ersten Fieldset wird die ***explizite*** Variante verwendet:

```
<label for="feld_id">Beschriftung:</label>
<!-- Formularelement mit id="feld_id" -->
```

Im zweiten Fieldset wird die ***implizite*** Variante gezeigt:

```
<label>Beschriftung: <!– Formularelement --></label>
```

In beiden Fällen wird das `label`-Element durch Anfangs- und End-Tag markiert. Im ersten Fall besteht der Elementinhalt jedoch nur aus dem Beschriftungstext. Im impliziten Fall schließt das Element als Inhalt den Beschriftungstext sowie das zugehörige Formularelement ein. Da im expliziten Fall nicht klar ist, zu welchem Formularelement die Beschriftung gehört, wird mit dem Attribut `for` der explizite Bezug zum gewünschten Element hergestellt. Das Element muss dazu ein `id`-Attribut enthalten, bei dem ein dokumentweit eindeutiger Name vergeben wird. Mit dem gleichen Namen im `for`-Attribut stellen Sie die Verknüpfung zu diesem Element her.

Bild 8.3: Darstellung eines Formulars mit gruppierten Feldern

Weitere Hinweise

Beim Klick auf den Beschriftungstext eines Labels wird in neueren Browsern das zugehörige Formularelement fokussiert bzw. ausgewählt.

Das `label`-Element ist auf alle sichtbaren Formularelemente anwendbar.

Beim `label`-Element ist es egal, ob der Beschriftungstext vor oder hinter dem Formularelement steht, auf das er sich bezieht. Es können auch andere HTML-Elemente zwischen Beschriftungstext und Formularelement stehen.

Die hier beschriebenen Elemente dienen – wie auch sonst in HTML üblich – lediglich der logischen Strukturierung. Ihr Zweck besteht nicht darin, Formularelemente oder Beschriftungen optisch ansprechend zu platzieren. Dazu sind CSS bzw. CSS-Eigenschaften erforderlich. Häufig werden immer noch Tabellen verwendet, um Beschriftungen und Formularfelder sauber nebeneinander anzuordnen. Es geht aber auch mit CSS.

Referenzinformationen

Elementreferenz `<fieldset>`,
Elementreferenz `<legend>`,
Elementreferenz `<label>`:

Attributreferenz `for`:

8.2 Formular-Feldtypen

Die Formular-Feldtypen, welche HTML anbietet, decken das übliche Standardrepertoire von Dialogelementen grafischer Benutzeroberflächen ab. Dazu gehören Eingabefelder, größere Eingabebereiche, Auswahllisten auch komplexerer Natur, Menüs, Radiobuttons, Checkboxen und Schaltflächen.

Web-Browser greifen, um solche Elemente zu visualisieren, in der Regel auf Dialog-Ressourcen des verwendeten Betriebssystems bzw. dessen Benutzeroberfläche oder Theme zurück. Das heißt: Ein Eingabefeld oder eine Auswahlliste oder eine Checkbox sieht beim Anwender so aus, wie dieser es in seiner Benutzeroberflächenumgebung von anderen Dialogen gewohnt ist. Allerdings sind einige der Formular-Feldtypen in HTML mit Hilfe von CSS stark beeinflussbar. So lassen sich Eingabefelder und Schaltflächen mit Hilfe von CSS fast nach Belieben manipulieren. Andere Kontrollelemente dagegen, wie Checkboxen, Radiobuttons oder File-Upload-Felder, sind optisch weniger stark manipulierbar.

HTML5 führt darüber hinaus noch einige neue Elemente ein, die vor allem im Zusammenhang mit Scripting von Interesse sind.

8.2.1 Einzeilige Eingabefelder

Beispiel

```
<form action="schritt-2.php">
  <p>
    <label>Vorname:<br>
      <input name="vorname" type="text" size="30"
             maxlength="30" value="Michael">
    </label>
  </p>
  <p>
    <label>Zuname:<br>
      <input name="zuname" type="text" size="30"
             maxlength="40" value="Mustermann">
    </label>
  </p>
  <p>
    <label>Kennwort:<br>
      <input name="kennwort" type="password" size="12" maxlength="12">
    </label>
  </p>
  <!-- weitere Formularelemente -->
</form>
```

Erläuterung

Das Standalone-Tag `<input>` markiert ein Formularfeld. Es kann sich um sehr unterschiedliche Feldtypen handeln. Wenn Sie nichts anderes angeben, wird das `<input>`-Tag jedoch als einzeiliges Eingabefeld dargestellt. Der Vollständigkeit halber sollten Sie jedoch die Angabe type="text" notieren. Dadurch zeichnen Sie das Element explizit als einzeiliges Eingabefeld aus.

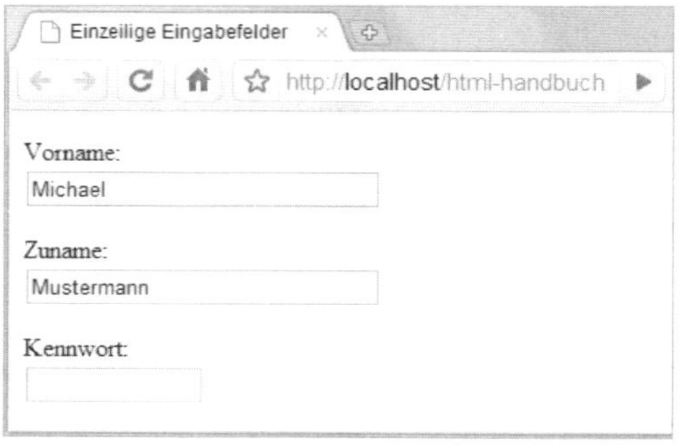

Bild 8.4: Einzeilige Eingabefelder im Browser

Jedes Eingabefeld sollte einen Bezeichnernamen erhalten, und zwar mit dem Attribut name. Formularfelddaten werden, wenn ein Formular abgesendet wird, in der Form *Name=Wert* an die bei <form action=...> angegebene URL übertragen. Und *Name* ist dabei jeweils das, was Sie beim name-Attribut vergeben.

Bei einzeiligen Eingabefeldern ist es weiterhin empfehlenswert, die angezeigte Feldlänge in Anzahl Zeichen mit dem size-Attribut sowie die interne, tatsächliche Feldlänge in Zeichen mit maxlength zu bestimmen. Beide Angaben bedeuten die Anzahl der Zeichen (*size* = Größe, maxlength = *maximal length* = maximale Länge). Wenn die interne Feldlänge maxlength größer ist als die angezeigte Feldlänge size (wie im zweiten Eingabefeld des obigen Beispiels), dann wird bei längeren Eingaben automatisch gescrollt (im Beispiel also ab dem 31. eingegebenen Zeichen).

Mit dem Attribut value können Sie einen Text bestimmen, mit dem das Feld vorbelegt wird (*value* = Wert). Wenn Sie kein solches Attribut angeben, bleibt das Feld zu Beginn leer. Interessant ist das value-Attribut im Zusammenhang mit Webanwendungen, die vorhandene Daten aus einem Datenbestand lesen. Diese Daten können beim Generieren der Webseite mit dem Formular in value-Attribute eingelesen werden. Nach diesem Prinzip funktioniert das Ändern von Daten in Webanwendungen.

Wenn einzeilige Eingabefelder dazu dienen sollen, Passwörter oder vergleichbare Geheimdaten aufzunehmen, können Sie anstelle von <input type="text">die Variante <input type="password"> verwenden. Die eingegebenen Zeichen werden dabei durch Platzhalter (Sternchen, Punkte usw.) dargestellt, sodass Personen im Raum des Anwenders den eingegebenen Wert nicht mitlesen können.

Weitere Hinweise

Das input-Element wird an der Stelle platziert, an der es notiert ist. Es erzeugt keine neue Zeile im Textfluss.

Das size-Attribut beeinflusst zwar die Anzeigebreite des Elements. Genauer können Sie die Breite, ebenso wie andere optische Eigenschaften von Eingabefeldern, mit Hilfe von CSS bzw. CSS-Eigenschaften beeinflussen. Einzeilige Eingabefelder sind mit Hilfe von

CSS fast beliebig umgestaltbar, egal ob es sich um Schriftarten, Abstände, Farben oder Rahmen handelt.

Verlassen Sie sich bei der serverseitigen Verarbeitung der Formulardaten nicht darauf, dass Inhalte von Feldern mit `maxlength`-Attribut auf keinen Fall mehr Inhalt haben können als angegeben.

Passwörter werden beim normalen HTTP-Protokoll trotz der verdeckten Eingabe im Klartext über das Internet übertragen. Weisen Sie Anwender in ernsthaften Zusammenhängen auf diese Tatsache bitte explizit hin. Für eine verschlüsselte Kommunikation zwischen Browser und Server gibt es das HTTPS-Protokoll, das der Webserver unterstützen muss.

Wenn Sie XHTML-Standard-konform arbeiten, müssen Sie das `input`-Element als inhaltsleer kennzeichnen. Dazu notieren Sie das alleinstehende Tag in der Form `<input … />`.

Referenzinformationen

Elementreferenz `<input>`:

Attributreferenz `type`,
Attributreferenz `size`,
Attributreferenz `name`,
Attributreferenz `value`,
Attributreferenz `maxlength`:

HTML 2.0 | XHTML 1.0

8.2.2 Mehrzeilige Eingabefelder

Mehrzeilige Eingabefelder dienen zur Aufnahme von Kommentaren, Nachrichten usw.

Beispiel

```
<form action="check-input.php" method="post">
  <p>
    <label>
      Welche HTML-Elemente fallen Ihnen ein, und welche Bedeutung
      haben sie:<br>
      <textarea name="html_elemente" cols="50"
                rows="15" maxlength="10000" wrap="soft">
        a = Hyperlink, ...
      </textarea>
    </label>
  </p>
</form>
```

Erläuterung

Ein mehrzeiliges Eingabefeld wird durch `<textarea>...</textarea>` markiert. Der Elementinhalt dient dazu, das Eingabefeld mit Inhalt vorzubelegen. Wenn Sie keinen vorbelegten Inhalt wünschen, das Feld also leer sein soll, müssen Sie `<textarea>` `</textarea>` ohne Inhalt dazwischen notieren.

Bild 8.5: Mehrzeiliges Eingabefeld im Browser

Jedes mehrzeilige Eingabefeld sollte, ebenso wie ein einzeiliges Eingabefeld, einen internen Bezeichnernamen erhalten, und zwar mit dem Attribut `name`. Formularfelddaten werden, wenn ein Formular abgesendet wird, in der Form *Name*=*Wert* an die bei `<form action=...>` angegebene URL übertragen. Und *Name* ist dabei jeweils das, was Sie beim `name`-Attribut vergeben.

Unbedingt empfehlenswert sind Angaben zur angezeigten Höhe und Breite des Eingabebereichs. Das Attribut `rows` bestimmt die Anzahl der angezeigten Zeilen (*rows* = Zeilen) und damit die Höhe, während `cols` die Anzahl der angezeigten Spalten (cols = *columns* = Spalten) festlegt. »Spalten« bedeutet dabei die Anzahl Zeichen (pro Zeile).

Die Attribute `rows` und `cols` bestimmen lediglich die Anzeigegröße des Eingabebereichs, nicht die Länge des erlaubten Textes. Diese können Sie mit Hilfe des `maxlength`-Attributs bestimmen. Im obigen Beispiel wird die Länge auf 10.000 Zeichen begrenzt.

Mit dem Attribut `wrap` können Sie das Verhalten des Browsers beim Zeilenumbruch innerhalb des Eingabebereichs beeinflussen (*wrap* = Umbruch). Voreinstellung ist die Angabe `wrap="soft"`, weshalb Sie diese Angabe auch weglassen können. `wrap="soft"` bewirkt einen automatischen Zeilenumbruch beim Eingeben von Text. Der Text wird jedoch nur für die Anzeige umbrochen. Beim Absenden der Daten enthält der eingegebene Text keine Zeilenumbruchzeichen an diesen Stellen. Nur explizit mit der Enter-Taste eingegebene Zeilenumbrüche werden als Zeichen mit übertragen.

Die andere Möglichkeit ist die Angabe `wrap="hard"`. Dabei wird Text nicht automatisch umbrochen. Wenn der Text länger ist als die Anzeigebreite des Eingabefeldes, kann der Anwender quer scrollen. Explizit eingegebene Returns bewirken jedoch einen Zeilenumbruch.

Weitere Hinweise

Das textarea-Element ist nur für reinen Text geeignet. Es bietet keine Möglichkeit an, formatierten Text (*Richtext*) zu bearbeiten. Lesen Sie zu diesem Thema auch Abschnitt *8.8.1 Richtext-Eingaben.*

Wenn Sie zwischen <textarea> und </textarea> vorbelegten Feldinhalt anbieten wollen, darf darin laut HTML5 ***nicht*** die Zeichenfolge </, gefolgt von einem Elementnamen, vorkommen.

In der Praxis ist es jedoch am sichersten, wenn Sie im vorbelegten Text alle HTML-eigenen Zeichen durch ihre benannten Entities umschreiben, so wie in Abschnitt *2.2 Zeichenkodierung in HTML* beschrieben. Umschreiben Sie also etwa < durch <.

Die Attribute cols und rows beeinflussen zwar die Anzeigegröße des Eingabebereichs. Genauer können Sie die Breite, ebenso wie andere optische Eigenschaften, des Eingabebereichs mit Hilfe von CSS bzw. CSS-Eigenschaften bestimmen. Textarea-Felder sind ähnlich wie einzeilige Eingabefelder mit Hilfe von CSS fast beliebig umgestaltbar, egal ob es sich um Schriftarten, Abstände, Farben oder Rahmen handelt.

Verlassen Sie sich bei der serverseitigen Verarbeitung der Formulardaten nicht darauf, dass Inhalte von Feldern mit maxlength-Attributen auf keinen Fall mehr Inhalt haben können als angegeben.

Referenzinformationen

Elementreferenz <textarea>:
Attributreferenz name,
Attributreferenz cols,
Attributreferenz rows:

HTML 2.0 | XHTML 1.0

Attributreferenz wrap:

HTML5 | XHTML 1.0

Attributreferenz maxlength:

HTML 2.0 | XHTML 5

8.2.3 Auswahllisten

Sie können dem Anwender eine Liste mit festen Einträgen anbieten, aus der er einen Eintrag auswählen kann. Der frei definierbare Wert des ausgewählten Eintrags wird an die bei <form action> angegebene URL-Adresse übertragen, wenn der Anwender das Formular abschickt.

Beispiel

```
<form action="bestellung.php" method="post">
  <p>
    <label><b>Pizzas:</b><br>
      <select name="pizza" size="1" style="width: 200px;">
        <option value="napoli" selected>Pizza Napoli</option>
        <option value="salami">Pizza mit Salami</option>
        <option value="funghi">Pizza mit Pilzen</option>
        <option value="calabrese">
          Pizza mit Kapern und Oliven
        </option>
        <option value="mare">Pizza mit Meeresfrüchten</option>
        <option value="calzone">Gefüllte Pizza</option>
      </select>
    </label>
  </p>
  <p>
    <label><b>Weitere Zutaten:</b><br>
      (Mehrfachauswahl möglich)<br>
      <select multiple name="options[]" size="8"
              style="width: 200px;">
        <option value="z1">Schinken</option>
        <option value="z2">Peperoni</option>
        <option value="z3">Paprika</option>
        <option value="z4">Artischocken</option>
        <option value="z5">Schafskäse</option>
      </select>
    </label>
  </p>
  <p>
    <label><b>Wein:</b><br>
      <select name="wein" size="8" style="width: 200px;">
        <optgroup label="Rotweine">
          <option value="valpolicella">Valpolicella</option>
          <option value="chianti">Chianti</option>
          <option value="montepulciano">Montepulciano</option>
        </optgroup>
        <optgroup label="Weißweine">
          <option value="soave">Soave</option>
          <option value="frascati">Frascati</option>
          <option value="trentino">Trentino</option>
        </optgroup>
      </select>
    </label>
  </p>
</form>
```

Erläuterung

Im Beispiel werden insgesamt drei Auswahllisten definiert:

- Im ersten Beispiel wird eine Liste gezeigt, bei der nur ein Element sichtbar ist. Der erste Listeneintrag ist vorausgewählt.
- Im zweiten Beispiel wird eine Liste mit mehreren sichtbaren Einträgen gezeigt. Die Liste erlaubt es, mehrere Einträge auszuwählen.
- Das dritte Beispiel zeigt eine Liste mit gruppierten Einträgen.

Eine Auswahlliste wird durch `<select>...</select>` markiert.

Mit `<option>...</option>` definieren Sie zwischen dem einleitenden `<select>`-Tag und dem Abschluss-Tag `</select>` jeweils einen Eintrag der Auswahlliste. Zwischen `<option>` und `</option>` steht der im Browser angezeigte Text des Listeneintrags. Sie können so viele Listeneinträge definieren, wie Sie wollen.

Wenn Sie Einträge, wie im dritten Beispiel gezeigt, gruppieren möchten, schließen Sie die `option`-Elemente einer Gruppe in `<optgroup label="Gruppenüberschrift">...</optgroup>` ein. Das `label`-Attribut enthält die Beschriftung der Gruppe.

Bild 8.6: Auswahllisten im Browser

Auswahllisten sollten wie alle Formularelemente ein `name`-Attribut erhalten. Notieren Sie das Attribut im einleitenden `<select>`-Tag und vergeben Sie einen geeigneten Namen. Die zugehörigen möglichen Werte notieren Sie in den einleitenden `<option>`-Tags der Auswahlliste mit Hilfe von `value`-Attributen. Auf diese Weise wird am Ende ein Name-Wert-Paar wie *pizza = napoli* übertragen. Sie können übrigens auch auf die `value`-Attribute verzichten. In diesem Fall wird der Elementinhalt ausgewählter `option`-Elemente übertragen, also der Text, der im Browser als Auswahleintrag angezeigt wird.

Wenn Sie nichts anderes angeben, ist zunächst kein Eintrag einer Auswahlliste vorselektiert. Um einen Eintrag der Auswahlliste vorzuselektieren, geben Sie im einleitenden `<option>`-Tag des betreffenden Eintrags das Standalone-Attribut `selected` an, so wie in der ersten der obigen Beispiellisten bei `<option value="napoli" selected>Pizza Napoli</option>`.

Wenn Sie nichts anderes angeben, kann der Anwender aus einer Auswahlliste genau einen Eintrag auswählen. Die Mehrfachauswahl einer Auswahlliste erlauben Sie durch das zusätzliche Standalone-Attribut `multiple` im einleitenden `<select>`-Tag.

Beachten Sie, dass eine Mehrfachauswahl für Anwender nicht unmittelbar erkennbar ist. Deshalb sollten Sie darauf hinweisen, wenn mehrere Einträge auswählbar sind. Auch ist nicht allen Anwendern klar, wie sie mehrere Einträge selektieren können. Auf modernen PC-Tastaturen geschieht das normalerweise durch Halten der [Strg]-Taste bei gleichzeitigem Anklicken der gewünschten Listeneinträge. Apple-Benutzer verwenden dafür die Befehlstaste.

Mit dem Attribut `size` bestimmen Sie die Anzeigegröße der Liste, d. h. wie viele Einträge sichtbar angezeigt werden sollen. Wenn die Liste mehr Einträge enthält, als angezeigt werden, kann der Anwender in der Liste scrollen. Wenn Sie `size="1"` angeben, so wie in der ersten der obigen Beispiellisten, definieren Sie eine sogenannte »Dropdown-Liste«.

Weitere Hinweise

Bei Mehrfachauswahl werden die ausgewählten Beiträge, wenn das Formular an ein serverseitiges Script gesendet wird, als Array übergeben. Bei *PHP* funktioniert das jedoch nur, wenn der Name des Feldes mit eckigen Klammern endet, so wie im obigen Beispiel bei `name="options[]"`.

Beachten Sie jedoch, dass bei Namen dieser Art in JavaScript keine Zugriffe wie `document.Formularname.Elementname[]` möglich sind. Stattdessen müssen Sie die Syntax `document.forms["Formularname"].elements["Elementname[]"]` benutzen, oder Sie greifen über andere Möglichkeiten wie das `id`-Attribut auf ein solches Element zu.

Die Anzeigebreite von Auswahllisten wird, wenn Sie nichts anderes angeben, durch den Inhalt des längsten Auswahleintrags bestimmt. Im obigen Beispiel sehen die Auswahllisten deshalb ordentlich gleich breit aus, weil ein `style`-Attribut notiert ist und mit der CSS-Eigenschaft `width` eine feste Breite bestimmt wird.

Die Elemente `select`, `optgroup`und `option` sind zwar mit CSS beeinflussbar, jedoch je nach verwendeter Benutzeroberfläche nicht beliebig manipulierbar.

Die Standalone-Attribute `selected` und `multiple` müssen Sie, wenn Sie XHTML-konform arbeiten, in der Form `selected="selected"` bzw. `multiple="multiple"` notieren.

Referenzinformationen

Elementreferenz `<select>`,
Elementreferenz `<option>`:

Attributreferenz `name`,
Attributreferenz `value`,
Attributreferenz `size`,
Attributreferenz `multiple`,
Attributreferenz `selected`:

Elementreferenz `<optgroup>`:

Attributreferenz `label`:

8.2.4 Eingabefelder mit Datenlisten (Comboboxen)

Manchmal sind Hybrid-Elemente zwischen Eingabefeldern und Auswahllisten die beste Lösung. Nämlich immer dann, wenn zwar die Möglichkeit einer freien Feldeingabe bestehen soll, aber häufige oder typische Werte zur Auswahl angeboten werden sollen. Diese sogenannten Comboboxen werden auch als Kombinationsfelder bezeichnet.

> Obwohl diese Art von Hybrid-Element in grafischen Benutzeroberflächen seit Langem zum Standardrepertoire gehört, existierte bis einschließlich HTML 4.01 in HTML kein entsprechendes Element. HTML5 führt eine Lösung ein, um diese Lücke zu schließen.

Beispiel

```
<form action="/cgi-bin/check-in.cgi" method="post">
  <p>Staatsangehörigkeit:<br>
  <input type="text" name="staat" list="staatlist">
  <datalist id="staatlist">
    <option value="Deutsch">
    <option value="Österreich">
    <option value="Schweiz">
  </datalist>
</form>
```

Erläuterung

Notieren Sie, wie im Beispiel gezeigt, zunächst ein einzeiliges Eingabefeld (`<input type="text" ...>`). Wichtig ist, dass das `<input>`-Tag ein `list`-Attribut erhält. Diesem Attribut weisen Sie als Wert den ID-Namen eines Elements zu, in dem die zugehörige Angebotsauswahlliste notiert ist. Das entsprechende Element wird durch `<datalist>...</datalist>` markiert. Das einleitende `<datalist>`-Tag muss ein `id`-Attribut erhalten, damit die Verknüpfung zum Eingabefeld hergestellt werden kann. Der Wert des `id`-Attributs muss mit dem Wert des `list`-Attributs im `<input>`-Tag übereinstimmen.

Die Auswahlmöglichkeiten notieren Sie ähnlich wie bei Auswahllisten in Form von `<option>`-Tags – jedoch so wie im Beispiel gezeigt als Standalone-Tags mit `value`-Attribut. Die sichtbaren Listeneinträge bestehen aus den Werten, die Sie den `value`-Attributen zuweisen.

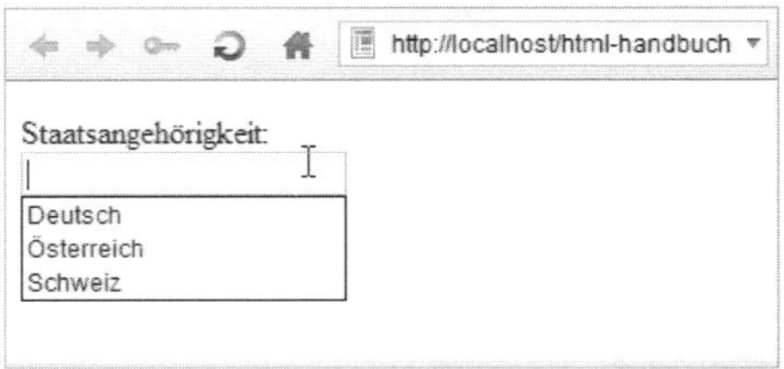

Bild 8.7: HTML5-Combobox im Browser

Weitere Hinweise

Die Auswahlliste wird angezeigt, wenn der Anwender den Cursor in das Eingabefeld bewegt. Die Anzeigebreite der Auswahlliste passt sich dem Eingabefeld an, solange alle Auswahllisteneinträge kürzer sind als die Breite des Eingabefeldes. Wenn Auswahllisteneinträge länger sind, nimmt die Auswahlliste entsprechend mehr Platz in Anspruch.

Der Browser sorgt dafür, dass nachfolgende Elemente von der dynamisch eingeblendeten Liste automatisch überdeckt werden. Die Auswahlliste bewirkt also auch ***keine*** automatische Verschiebung nachfolgender oder benachbarter Inhalte.

Die Elemente `input`, `datalist` und `option` sind mit CSS beeinflussbar, jedoch je nach verwendeter Benutzeroberfläche nicht beliebig manipulierbar.

Die Standalone-Notation der `<option>`-Tags müssen Sie, wenn Sie XHTML-konform arbeiten, in der Form `<option />` notieren.

Referenzinformationen

Elementreferenz `<input>`,
Elementreferenz `<option>`:

Attributreferenz `type`,
Attributreferenz `name`,
Attributreferenz `value`:

Elementreferenz `<datalist>`:

Attributreferenz `list`:

8.2.5 Radiobuttons und Checkboxen

Radiobuttons sind eine Gruppe von beschrifteten Knöpfen mit gleichem Namen, von denen der Anwender einen auswählen kann. Es kann immer nur einer der Radiobuttons ausgewählt sein.

Eine Checkbox ist eine ankreuzbare (aktivierbare) Option. Sie kann entweder einzeln vorkommen oder auch als Gruppe von Checkboxen mit gleichem Namen. Bei einer Gruppe kann der Anwender keine, eine oder mehrere Checkboxen ankreuzen.

Beispiel

```
<form action="test.php" method="post">
  <p>Unterkunft:<br>
    <input type="radio" name="uk" value="EZ BR" checked>
    EZ Frühstück<br>
    <input type="radio" name="uk" value="DZ BR"> DZ Frühstück<br>
    <input type="radio" name="uk" value="EZ HP"> EZ Halbpension<br>
    <input type="radio" name="uk" value="DZ HP"> DZ Halbpension<br>
    <input type="radio" name="uk" value="EZ VP"> EZ Vollpension<br>
    <input type="radio" name="uk" value="DZ VP"> DZ Vollpension
  </p>
  <p>Optionen:<br>
    <input type="checkbox" name="opt[]" value="parken"> Parkplatz<br>
    <input type="checkbox" name="opt[]" value="internet"> Internet<br>
    <input type="checkbox" name="opt[]" value="sauna"> Sauna<br>
    <input type="checkbox" name="opt[]" value="vegkost">
    Vegetarisch<br>
    <input type="checkbox" name="opt[]" value="raucher"> Raucher<br>
  </p>
  <p>Interner Vermerk:<br>
    <input type="checkbox" name="tourist"> Tourist<br>
  </p>
  <input type="submit" value="senden">
</form>
```

Erläuterung

Radiobuttons werden durch `<input type="radio" ...>` markiert. Jeder Radiobutton sollte mit dem `name`-Attribut einen internen Bezeichnernamen erhalten. Alle Radiobuttons, die den gleichen Namen haben, gehören zu einer Gruppe, d. h. von diesen Buttons kann der Anwender genau einen auswählen.

Checkboxen werden durch `<input type="checkbox" ...>` markiert. Jede Checkbox sollte mit dem `name`-Attribut einen internen Bezeichnernamen erhalten. Wenn Checkboxen eine Gruppe bilden sollen, aus der der Anwender keinen, einen oder mehrere Einträge auswählen kann, müssen Sie für die betroffenen Checkboxen beim `name`-Attribut den gleichen Wert notieren.

Mit dem Attribut `value` bestimmen Sie einen internen Absendewert. Wenn der Anwender das Formular abschickt, wird dieser Wert zusammen mit dem Bezeichnernamen des name-Attributs übertragen. Bei einzelnen Checkboxen, so wie im untersten Fall des obigen Beispiels, ist kein value-Attribut nötig. Mit den Formulardaten wird der Bezeichnername, im Beispiel also tourist, nur dann übertragen, wenn die Checkbox angekreuzt ist. Es genügt also, bei der serverseitigen Verarbeitung abzufragen, ob der Bezeichnername übertragen wurde. Wenn ja, wurde die Checkbox angekreuzt.

Unmittelbar vor oder hinter dem <input>-Tag sollten Sie den Text notieren, der als Beschriftung der jeweiligen Option erscheint. Es handelt sich um normalen HTML-Text, der auch weitere HTML-Elemente enthalten darf.

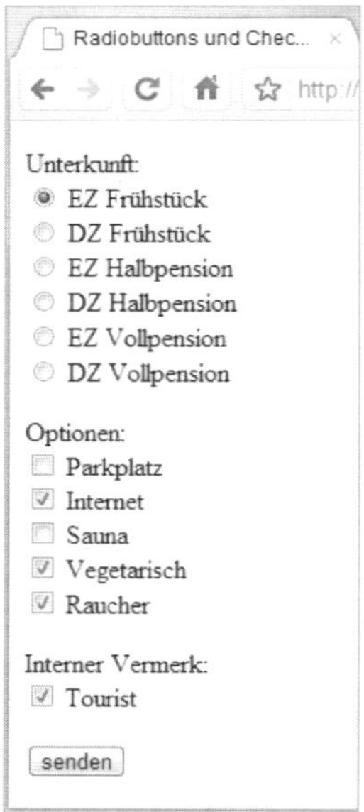

Bild 8.8: Radiobuttons und Checkboxen im Browser

Wenn Sie eine der Auswahlmöglichkeiten vorselektieren wollen, dann notieren Sie in dem <input>-Tag des entsprechenden Radiobuttons das alleinstehende Attribut checked, also z. B.:

```
<input type="radio" name="Typ" value="Kassenpatient" checked>
```

Wenn Sie XHTML-Standard-konform arbeiten wollen, müssen Sie dieses Attribut in der Form checked="checked" notieren. Mehr als eine Auswahlmöglichkeit dürfen Sie bei Radiobuttons nicht vorselektieren.

Ein serverseitiges Script, das die gesendeten Formulardaten auswertet, erhält bei mehreren ausgewählten Checkboxen mit gleichem Namen den Bezeichner des name-Attributs automatisch als Array. Nur bei PHP müssen Sie etwas nachhelfen. Damit PHP einen Bezeichnernamen als Array verarbeitet, muss der Name in HTML am Ende ein Paar eckiger Klammern erhalten, so wie im obigen Beispiel bei <input type="checkbox" name="opt[]" ...>.

Um besser zu verstehen, was Radiobuttons und Checkboxen an den Server übertragen, hier noch ein Szenario. Angenommen, ein Anwender lässt im Formular des obigen Beispiels als Unterkunft die Default-Einstellung *EZ Frühstück* ausgewählt. Im Bereich der Optionen kreuzt er an: *Internet*, *Vegetarisch* und *Raucher*. Außerdem kreuzt er die Option *Tourist* an. In diesem Fall werden folgende POST-Daten an den Server übertragen:

```
uk = EZ BR
opt = { internet, vegkost, raucher }
tourist = on
```

Das on bei tourist ist ein Platzhalter, der anstelle des nicht notierten value-Attributs generiert wird.

Referenzinformationen

Elementreferenz <input>:

Attributreferenz type,
Attributreferenz name,
Attributreferenz value,
Attributreferenz checked:

HTML 2.0 | XHTML 1.0

8.2.6 Felder für Datei-Uploads

Diese Sorte Formularelement erlaubt dem Anwender, Dateien von seinem lokalen Rechner(netz) zusammen mit dem Formular zu versenden. Auf diese Weise ist es möglich, Anwendern das Uploaden (Hochladen) von Dateien auf den Server-Rechner zu ermöglichen.

Beispiel

```
<form action="/kalender.py" method="post"
      enctype="multipart/form-data">
  <p>
    <label>Bis zu 12 Fotos:<br>
      <input name="pics[]" type="file" multiple accept="image/*">
    </label>
  </p>
  <input type="submit" value="hochladen">
</form>
```

Erläuterung

Mit <input type="file"> markieren Sie ein Element für Datei-Upload. Der Web-Browser sollte dann ein Eingabefeld anzeigen, das dem Anwender erlaubt, eine oder mehrere lokal gespeicherte Datei(en) einzugeben oder in einem Dateiauswahldialog auszuwählen.

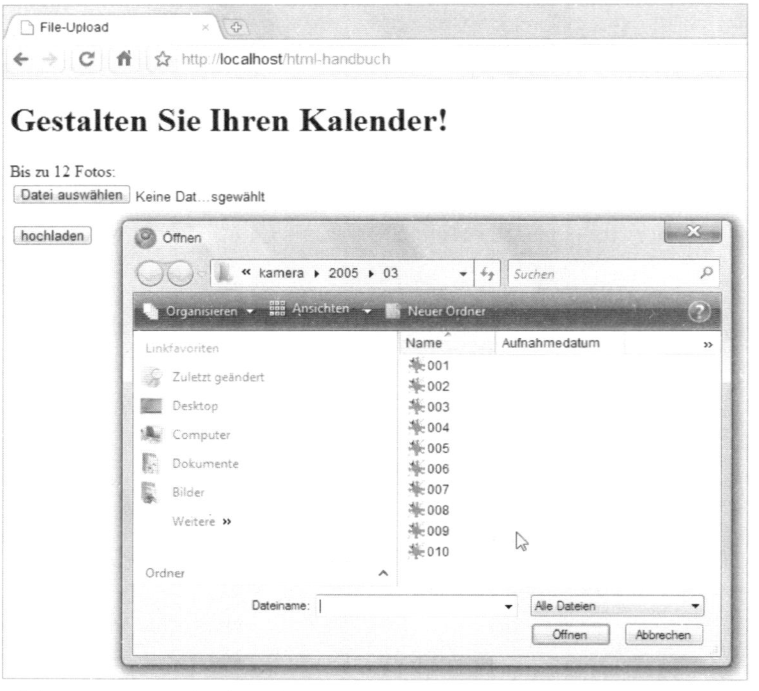

Bild 8.9: Datei-Upload-Feld – beim Anklicken öffnet sich ein Dateiauswahldialog.

Datei-Uploads funktionieren nur mit `method="post"` im einleitenden `<form>`-Tag des zugehörigen Formulars. Wichtig ist außerdem, dass Sie im einleitenden `<form>`-Tag die Angabe `enctype="multipart/form-data"` notieren. Andernfalls werden lediglich die Dateinamen von ausgewählten Dateien übermittelt, nicht jedoch die Dateien selbst.

Auch Datei-Upload-Felder sollten einen Bezeichnernamen erhalten, und zwar mit dem Attribut `name`.

Wenn Sie wie im obigen Beispiel das Standalone-Attribut `multiple` angeben, kann der Anwender mehrere Dateien auf einmal hochladen. Wenn Sie auf die Angabe verzichten, kann er genau eine Datei hochladen. Der angebotene Dateiauswahldialog erlaubt es dann, mehrere Dateien auszuwählen.

Wenn Sie nur bestimmte Dateitypen zulassen wollen, können Sie mit dem Attribut `accept` die erlaubten Dateitypen eingrenzen (*accept* = akzeptieren). Als Wert können Sie diesem Attribut einen MIME-Typ zuweisen. Dabei ist auch das Wildcard-Zeichen (*) bei Subtypen erlaubt. Explizit genannt werden in der HTML5-Spezifikationen die Wildcard-Angaben `image/*` für Grafiken, `audio/*` für Audio-Formate, `video/*` für Video-Formate. Im obigen Beispiel werden mit `image/*` alle Arten von Bildern akzeptiert. In der Praxis kontrollieren jedoch nur wenige Browser (z. B. Opera ab Version 10.5) die `accept`-Angabe. Das bedeutet, dass Sie bei einer serverseitigen Verarbeitung der Formulardaten auf jeden Fall kontrollieren müssen, ob Dateien in den gewünschten Formaten hochgeladen wurden.

Weitere Hinweise

Bei Verwendung des Attributs `multiple` gilt das Gleiche wie im Zusammenhang mit Auswahllisten. Mehrere ausgewählte Dateien werden, wenn das Formular an ein serverseitiges Script gesendet wird, als Array übergeben. Bei ***PHP*** funktioniert das jedoch nur, wenn der Name des Feldes mit eckigen Klammern endet, so wie im obigen Beispiel bei `name="pics[]"`.

Beachten Sie jedoch, dass bei Namen dieser Art in JavaScript keine Zugriffe wie `document.Formularname.Elementname[]` möglich sind. Stattdessen müssen Sie die Syntax `document.forms["Formularname"].elements["Elementname[]"]` benutzen, oder Sie greifen über andere Möglichkeiten wie das `id`-Attribut auf ein solches Element zu.

Die Größe des Feldteils für die direkte Eingabe von Dateipfaden, sofern angezeigt, können Sie mit dem Attribut `size` bestimmen (*size* = Größe). Erwartet wird die Anzahl im Feld sichtbarer Zeichen.

Das Attribut `maxlength`, das in HTML 3.2 im Zusammenhang mit Datei-Upload-Feldern dafür vorgesehen war, die maximal erlaubte Dateigröße zu bestimmen, wird seit HTML 4.01 im Zusammenhang mit Datei-Upload-Feldern nicht mehr genannt. In der Praxis haben es die Browser ohnehin nie beachtet. Es ist also erforderlich, die Dateigröße bei der serverseitigen Verarbeitung zu kontrollieren und zu große Dateien gegebenenfalls zu löschen.

Das Attribut `value` in Verbindung mit <input type="file">, mit dem das Vorbelegen der Dateiauswahl möglich wäre, wird von aktuellen Browsern aus Sicherheitsgründen nicht unterstützt.

Der Dateiauswahldialog ist abhängig von der verwendeten grafischen Benutzeroberfläche des Anwenders. Er ist weder mit HTML noch mit CSS beeinflussbar. Auch sonst ist das Datei-Upload-Feld mittels CSS nur mit viel Aufwand browserübergreifend einheitlich gestaltbar, da es in verschiedenen Browsern mit unterschiedlichen Control-Ressourcen realisiert wird.

Links

Gestaltung von Upload-Feldern
Styling an input type="file"

Englischsprachiger Artikel, der eine Lösung beschreibt, um ein File-Upload-Feld browser-übergreifend einheitlich zu gestalten.

http://www.quirksmode.org/dom/inputfile.html

Referenzinformationen

Elementreferenz <input>:

Attributreferenz `name`,
Attributreferenz `accept`,
Attributreferenz `size`:

HTML 3.2 | XHTML 1.0

Attributreferenz `multiple`:

8.2.7 Versteckte Formularfelder

Sie können Felder in einem Formular definieren, die dem Anwender nicht angezeigt werden. Versteckte Felder können Daten enthalten. Beim Absenden des Formulars werden die Daten versteckter Felder mit übertragen.

Häufig wird dieser Feldtyp innerhalb von Webanwendungen verwendet. Die Anwendung kann sich auf diese Weise Daten »merken«, die sie für die Weiterverarbeitung benötigt, zum Beispiel in einem Content-Management-System die interne Datenbank-Feld-ID einer Webseite, deren Inhalt in einem HTML-Formular geändert werden kann.

Auch für JavaScript ist diese Möglichkeit interessant. So könnte ein JavaScript beispielsweise, nachdem die Seite mit dem Formular beim Anwender geladen ist, die Zeit stoppen, die der Anwender zum Ausfüllen eines Formulars benötigt, und das Ergebnis in ein verstecktes Formularfeld schreiben. Das Ergebnis wird dann, wenn der Anwender das Formular abschickt, mit übertragen und kann für statistische Zwecke oder Website-Optimierungen ein nützlicher Input sein.

Beispiel

```
<form method="post" action="/newsletter-subscriber-update.php">
  <input type="hidden" name="id" value="5839">
  <p>Name:<br>
    <input type="text" name="givenname" value="Michaela">
    <input type="text" name="familyname" value="Mustermann">
  </p>
  <p>Mail:<br>
    <input type="text" name="mail" value="mmustermann@example.org">
  </p>
  <input type="submit" value="Ändern">
</form>
```

Erläuterung

Das Beispiel zeigt ein Formular zum Ändern vorhandener Daten, wie es innerhalb einer Webanwendung typisch ist. Die `value`-Attribute der Formularfelder sind von dem Script, das den HTML-Code des Formulars generiert oder zumindest ergänzt hat, mit vorhandenen Werten gefüllt worden. Da es sich um Daten handelt, die beim Absenden des Formulars in eine Datenbank zurückgeschrieben werden sollen, gibt es außerdem ein verstecktes Formularfeld mit der internen Datenbank-Tabellen-ID des Datensatzes.

Solche versteckten Felder werden durch `<input type="hidden">` markiert (*hidden* = versteckt). Die Daten, die in dem versteckten Feld gespeichert werden sollen, stehen im Attribut `value`. Der Name, unter dem dieser Wert für ein serverseitig verarbeitendes Script abrufbar ist, wird beim `name`-Attribut vergeben.

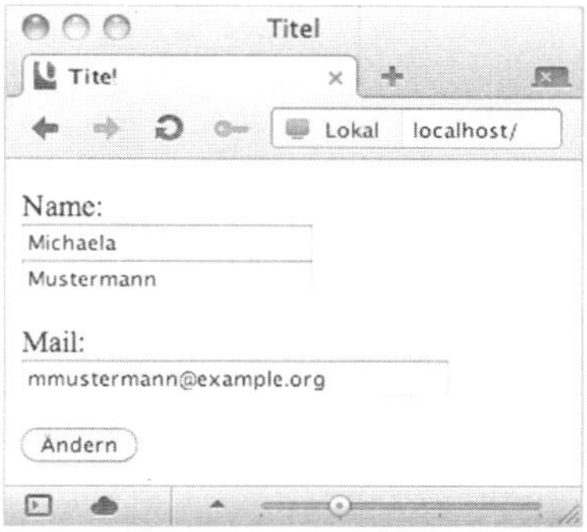

Bild 8.10: Formulardarstellung mit einem verstecktem Eingabefeld.

Referenzinformationen

Elementreferenz `<input>`:

Attributreferenz `type`,
Attributreferenz `name`,
Attributreferenz `value`:

8.2.8 Schaltflächen (Buttons)

Schaltflächen (Buttons) dienen zum Anklicken, wobei dann eine Aktion ausgelöst wird. Folgende typische Aktionen sind möglich:

- **Submit**: Submit-Buttons dienen dazu, ein Formular abzusenden, also die bei `<form action...>` angegebene URL aufzurufen und die Formulardaten dorthin zu übertragen.
- **Reset**: Reset-Buttons setzen die Inhalte von Formularfeldern auf deren Anfangswert beim Aufruf der Seite zurück.
- **Scripting**: Scripting-Buttons können beliebige JavaScript-Aktionen auslösen.

Dabei gibt es unterschiedliche Möglichkeiten, Schaltflächen (Buttons) in HTML zu definieren.

Das nachfolgende, etwas längere Beispiel demonstriert die verschiedenen Arten von Schaltflächen und die unterschiedlichen Möglichkeiten, solche Schaltflächen in HTML zu notieren. Um die Funktionalität von Scripting-Buttons zu demonstrieren, ist etwas JavaScript-Code erforderlich. Diesen Code müssen Sie an dieser Stelle nicht verstehen, und die Erläuterungen zum Beispiel gehen darauf nicht weiter ein. JavaScript ist auch nicht Gegenstand dieses Handbuchs. Im Kapitel *10 HTML und Scripting* finden Sie eine Einführung in die wichtigsten Sprachbestandteile von JavaScript.

Beispiel

```
<form method="post" action="/voting.php">
  <p>
    <input type="button" value="<" onclick="pkt_minus()">
    <input type="text" id="pkt" name="punkte" size="1"
           style="text-align: center;" value="5">
    <input type="button" value=">" onclick="pkt_plus()">
  </p>
  <p>
    <button type="button" onclick="next_nation()" id='nation_button"
            value="Barbados" style="width:120px; padding:3px;
                                    text-align: center;">
      <img id="nation_img" src="Barbados.gif"><br>
      <span id="nation_name">Barbados</span>
    </button>
  </p>
  <input type="submit" value="OK" style="width: 80px;">
  <input type="reset" value="Abbrechen" style="width: 80px;">
</form>

<script>
function pkt_plus() {
  pkt = parseInt(document.getElementById('pkt').value);
  if(pkt < 9) {pkt += 1;}
  document.getElementById('pkt').value = String(pkt);
}
function pkt_minus() {
  pkt = parseInt(document.getElementById('pkt').value);
  if(pkt > 1) {pkt -= 1;}
  document.getElementById('pkt').value = String(pkt);
}
function next_nation() {
  var nation = document.getElementById('nation_button').value;
  var next_nation = "";
  switch (nation) {
    case "Barbados": next_nation = "Bahamas"; break;
    case "Bahamas": next_nation = "Jamaika"; break;
    case "Jamaika": next_nation = "Barbados"; break;
  }
  document.getElementById('nation_button').value = next_nation;
  document.getElementById('nation_img').src = next_nation + ".gif";
  document.getElementById('nation_name').innerHTML = next_nation;
}
</script>
```

Erläuterung

Im oberen Teil des Beispiels ist der HTML-Code notiert, im unteren der JavaScript-Code. Der obere Teil zeigt die typischen Möglichkeiten für Schaltflächen in HTML. Das

Beispiel bietet die Möglichkeit an, Urlaubsländer mit Punkten zu bewerten. Dabei kann der Anwender die aktuell angezeigte Punktzahl mit Hilfe von zwei Schaltflächen erhöhen oder verringern. Eine Schaltfläche mit einer abgebildeten Flagge und dem zugehörigen Ländernamen ändert bei Anklicken ihren Inhalt, zeigt also nach dem Anklicken eine andere Flagge mit anderem Ländernamen.

Am Ende sind zwei Standard-Formular-Schaltflächen notiert. Die erste, mit OK beschriftet, sendet das Formular ab (`submit`), und die zweite setzt das Formular auf seine Anfangswerte zurück (`reset`). Das Beispielformular sendet beim Absenden die aktuell ausgewählte Punktzahl und das aktuell ausgewählte Land.

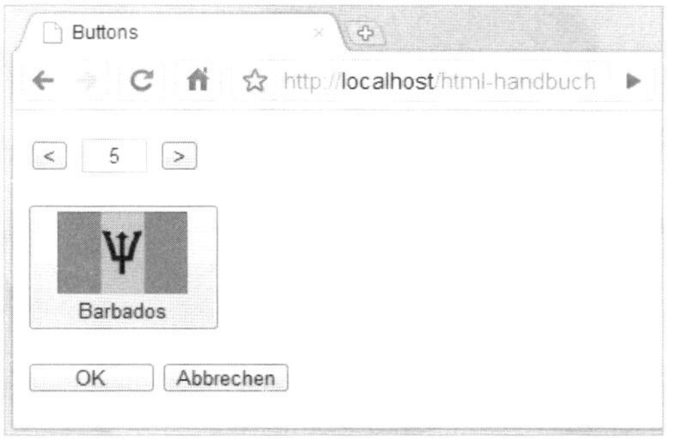

Bild 8.11: Das Schaltflächen-Beispiel im Browser

Mit `<input type="button">` definieren Sie eine einfache Schaltfläche für Scripting. Die Beschriftung der Schaltfläche bestimmen Sie mit dem Attribut `value`. Um anzugeben, was passieren soll, wenn der Button angeklickt wird, können Sie wie im Beispiel den Event-Handler `onclick` notieren, um auf das Anklicken der Schaltfläche mit JavaScript zu reagieren. Als Wertzuweisung an das Event-Handler-Attribut können Sie JavaScript-Code notieren. Im Beispiel sind das Funktionsaufrufe wie `pkt_plus()` bzw. `pkt_minus()`. Die entsprechenden Funktionen sind im unteren Teil des Beispiels notiert.

Mit `<button type="button">...</button>` können Sie ebenfalls eine Schaltfläche für Scripting markieren. Im Unterschied zum `input`-Element besteht das `button`-Element jedoch aus Anfangs- und End-Tag, erlaubt also einen Elementinhalt. Der Inhalt kann aus HTML-Code bestehen, inklusive Grafikreferenzen, wie im obigen Beispiel. Das `value`-Attribut dient beim `button`-Element dazu, den Absendewert des Buttons zu definieren. Im obigen Beispiel wird der Name des jeweils ausgewählten Landes übertragen, wenn das Formular abgesendet wird.

Um anzugeben, was passieren soll, wenn der Button angeklickt wird, können Sie, ebenso wie beim `input`-Element, den *Event-Handler* `onclick` verwenden. Als Wertzuweisung an das Event-Handler-Attribut können Sie dann JavaScript-Code notieren.

Mit `<input type="submit">` definieren Sie einen Absendebutton. Beim Anklicken dieses Buttons werden die Formulardaten abgeschickt, und es wird die Adresse aufgerufen, die im einleitenden `<form>`-Tag beim Attribut `action` angegeben ist.

Mit `<input type="reset">` definieren Sie einen Reset-Button. Das Formular wird nicht abgesendet. Eingegebene Daten werden verworfen. Alle Elemente des Formulars erhalten den Wert zurück, den sie beim Aufruf der Webseite hatten.

Mit dem Attribut `value` bestimmen Sie bei Submit- und Reset-Buttons, ebenso wie bei einfachen Scripting-Buttons, die Beschriftung.

Grafische Submit-Buttons

Für Submit-Buttons sieht HTML noch eine spezielle Variante vor, nämlich Grafiken als Submit-Buttons. Dazu notieren Sie `<input type="image">`. Zwar können Sie auch innerhalb von `<button>...</button>` eine Grafik notieren, doch dabei wird die Grafik nur als »Beschriftung« des Buttons angezeigt. Bei `<input type="image">` wird die Button-Funktionalität jedoch gänzlich unterdrückt und ausschließlich die Grafik angezeigt. Beim Anklicken der Grafik wird das Formular abgesendet. Beispiel

```
<input type="text" name="suche">
<input type="image" src="go.gif" alt="Los!">
```

`<input type="image">` hat die gleiche Wirkung wie `<input type="submit">`. Die bei `<form action=...>` angegebene URL-Adresse wird aufgerufen, und die Formulardaten werden dorthin übertragen. Die Grafik referenzieren Sie durch ein `src`-Attribut, genauso wie bei Pixelgrafik-Referenzen beim `img`-Element. Bei der Wertzuweisung an das `src`-Attribut gelten alle Möglichkeiten, die in *2.1.5 Referenzierung* beschrieben sind. Ebenso wie beim `img`-Element ist ein `alt`-Attribut erlaubt. Nutzen Sie dieses Attribut bei grafischen Submit-Buttons, damit der Anwender die Bedeutung der Schaltfläche erkennt, falls die Grafik nicht angezeigt werden kann. Bei `<input type="image">"` wird nicht nur der Wert des `value`-Attributs (sofern vorhanden) übertragen, sondern zusätzlich auch die Koordinaten des Klicks auf das Bild. Es werden also zwei zusätzliche Werte übertragen, und zwar in der Form `name.x` und `name.y` (in PHP wird daraus `name_x`/`name_y`). Der MS Internet Explorer sendet nur die Koordinaten.

Weitere Hinweise

Für die Schaltflächentypen `submit` und `reset` können Sie, was im obigen Beispiel nicht gezeigt ist, ebenfalls das `button`-Element. anstelle des `input`-Elements verwenden. Notieren Sie `<button type="submit"...>...</button>`, um einen Submit-Button auszuzeichnen, und `<button type="reset"...>...</button>` für einen Reset-Button.

Es ist erlaubt, mehrere Submit- und Reset-Buttons pro Formular zu notieren. Besonders bei Submit-Buttons kann es bei der serverseitigen Auswertung durchaus interessant sein zu wissen, welcher der Submit-Buttons angeklickt wurde. Notieren Sie dazu unterschiedliche `name`-Attribute bei den betroffenen `input`- oder `button`-Elementen.

Da die `name`-Attributwerte beim Absenden des Formulars mit übertragen werden, lässt sich serverseitig durch Abfragen der `name`-Werte ermitteln, welcher Button den Formular-Submit ausgelöst hat. Beispiel

```
<p><img src="foto-1.jpg" alt=""><br>
  <input type="submit" value="gefällt mir!" name="like-foto-1"
         style="width: 80px;">
</p>
<p><img src="foto-2.jpg" alt=""><br>
  <input type="submit" value="gefällt mir!" name="like-foto-2"
         style="width: 80px;">
</p>
```

Schaltflächen werden, solange nichts anderes angegeben ist, so breit und hoch dargestellt, wie es der Inhalt erfordert. Bei benachbarten Schaltflächen mit unterschiedlich langen Beschriftungen wie `OK` und `Abbrechen`, so wie im obigen Beispiel, sieht das nicht unbedingt attraktiv aus. Mit Hilfe von CSS bzw. der CSS-Eigenschaft `width` können Sie die Anzeigebreite beeinflussen. Im obigen Beispiel werden der Submit- und der Reset-Button mittels `style="width: 80px;"` auf die einheitliche Breite von 80 Pixeln gebracht.

Da mit `<button>...</button>` markierte Buttons bereits anklickbar sind, sind HTML-Elemente, die selbst Verweis-Funktionalität haben, als Elementinhalt ungeeignet. Hyperlinks und Image-Maps sind deshalb keine erlaubten Inhalte.

Beachten Sie in Verbindung mit dem `button`-Element das problematische Verhalten des MS Internet Explorers bis einschließlich Version 6. Er sendet den Elementinhalt als Wert, nicht den Inhalt des `value`-Attributes. Existieren mehrere `button`-Elemente mit `type="submit"` im gleichen Formular, sendet der IE6 die Beschriftungen aller Buttons, nicht nur die des geklickten.

Referenzinformationen

Elementreferenz `<input>`:

Attributreferenz `type`,
Attributreferenz `name`,
Attributreferenz `value`,
Attributreferenz `src`,
Attributreferenz `alt`:

Elementreferenz `<button>`:

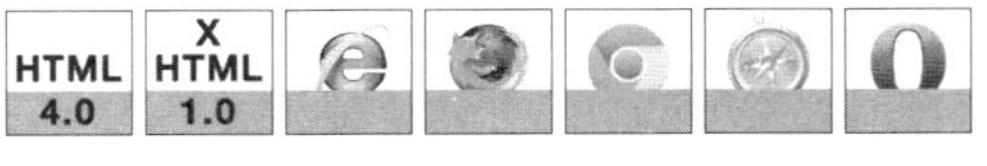

8.2.9 Schlüsselgenerierung für sichere Datenübertragung

Es ist möglich, mit Hilfe von HTML in einem Formular ein kryptografisches Schlüsselpaar zu erzeugen. Das entsprechende HTML-Element, `keygen` mit Namen, veranlasst den Browser dazu, einen sogenannten Signed Public Key and Attribute:challenge (SPKAC) zu generieren. Dabei werden, wie in solchen Verfahren üblich, ein privater und ein öffentlicher Schlüssel generiert. Während der private Schlüssel im lokalen Speicher des Anwenders verbleibt, wird der öffentliche Schlüssel zusammen mit den übrigen Formulardaten an die im `action`-Attribut des Formulars angegebene Zieladresse übertragen. Der so erhaltene Schlüssel lässt sich beispielsweise dazu verwenden, im weiteren Verlauf Daten verschlüsselt vom Server zum Browser zu übertragen, etwa sensible Kontodaten. Das `keygen`-Element dient ***nicht*** dazu, die Daten des aktuellen Formulars gesichert und verschlüsselt zum Server zu senden!

Das keygen-Element ist schon sehr alt. Es wurde mit Netscape 3.0 Mitte der 90er Jahre eingeführt, gehörte jedoch nie zum HTML-Standard und war auch nur spärlich dokumentiert. HTML5 hat dieses Element in den Sprachstandard übernommen.

Beispiel

```
<form action="/cgi-bin/check.pl" method="get">
  <p>
    <label>
      Verschlüsselungsverfahren für Daten, die Sie anschließend mit
      dem Server austauschen:<br>
      <keygen name="public_key" keytype="rsa"
              challenge="123456789">
    </label>
  </p>
  <p><input type="submit" name="Senden"></p>
</form>
```

Erläuterung

Mit Hilfe des Standalone-Tags <keygen> definieren Sie ein Formularelement zum Generieren eines Schlüsselpaars.

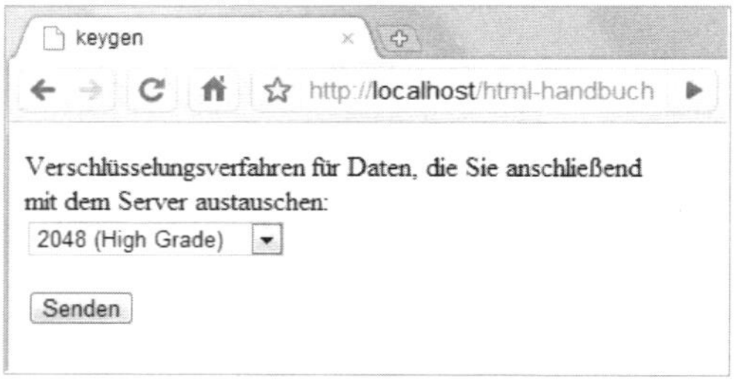

Bild 8.12: Eine mögliche Darstellungsform des keygen-Elements im Browser

Es gibt keine Vorschriften, ob und wie ein Browser das keygen-Element visualisieren soll. Die meisten Browser, die das Element kennen, bieten wie in der Abbildung eine Auswahlliste an. Auswählbar ist dabei die Länge des zu generierenden Schlüssels. Angeboten werden in der Regel zwei Einträge: *2048 (high)* und *1024 (medium)*. Die Zahlen bedeuten die Anzahl der Bits. Längere Schlüssel sind sicherer, können jedoch nur benutzt werden, wenn beide Endbeteiligten der Datenübertragung die entsprechende Schlüssellänge unterstützen.

Das name-Attribut benennt das Formularfeld. Ein serverseitiges Script, das die Daten des Formulars auswertet, kann über den Namen, den Sie in diesem Attribut vergeben, auf den übermittelten Wert des Feldes zugreifen.

Das keytype-Attribut bestimmt das Verschlüsselungsverfahren, das verwendet werden soll (*keytype* = Schlüsseltyp).

Damit wird das RSA-Verfahren ausgewählt, genauer der ***RSA Signature Algorithm*** entsprechend RFC 3279 und RFC 2313. Da dies der Default-Wert ist, können Sie das `keytype`-Attribut auch ganz weglassen.

Links

RFC 3279 – Algorithms and Identifiers for the Internet X.509 Public Key Infrastructure
http://www.ietf.org/rfc/rfc3279.txt

RFC 2313 – PKCS #1: RSA Encryption Version 1.5
http://www.ietf.org/rfc/rfc2313.txt

HTML

HTML5 verlangt keine bestimmten unterstützten Verfahren von den Browsern, nennt jedoch den von Netscape auch ursprünglich so vorgesehenen Default-Wert `rsa`.

Mit dem `challenge`-Attribut können Sie eine Zeichenkette angeben, die beim Absenden des Formulars zusammen mit dem generierten öffentlichen Schlüssel an den Server übertragen wird (*challenge* = hier z. B. fordern, abverlangen). Die Zeichenkette wird zur Verifizierung des Formularversands verwendet. Wenn Sie kein `challenge`-Attribut angeben, wird als Challenge-Wert ein sogenannter IA5STRING der Länge 0 verwendet.

Weitere Hinweise

Das `keygen`-Element kann weitere typische Attribute für Formularelemente erhalten:

- Das `autofocus`-Attribut für automatisches Fokussieren von Formularfeldern
- Das `disabled`-Attribut zum Ausgrauen (Deaktivieren) von Formularfeldern
- Das `form`-Attribut für Felder außerhalb von Formularen

Wenn Sie das `keygen`-Element einsetzen, sollte den Formularanwendern entweder bekannt sein, wozu das Formularelement dient und, dass es für die weitere Website-Funktionalität unerlässlich ist. Oder Sie sollten im umgebenden Text erläutern, welchen Zweck das Element hat und welche Schlüssellänge der Anwender auswählen sollte. Andernfalls ist das Element für Anwender sehr verwirrend und verhindert möglicherweise, dass Anwender das Formular ausfüllen.

Der Microsoft Internet Explorer hat das `keygen`-Element im Gegensatz zu anderen Browsern bis einschließlich Version 8.0 nicht implementiert. Der Grund hierfür ist die ablehnende Haltung von Microsoft gegen RSA. Alle übrigen Browser interpretieren das `keygen`-Element seit langem, allerdings nicht selten entsprechend der alten Netscape-Spezifikation. Die HTML5-Spezifikation stimmt nicht in allen Details damit überein.

Referenzinformationen

Elementreferenz `<keygen>`:

Attributreferenz `challenge`,
Attributreferenz `keytype`,
Attributreferenz `name`:

HTML | XHTML 5

Attributreferenz autofocus,
Attributreferenz disabled,
Attributreferenz form:

8.3 Eingabekontrolle und Eingabehilfe

Eine wichtige Aufgabe bei der Verarbeitung von Formulardaten besteht darin, Eingaben auf Plausibilität zu prüfen. Bislang gab es zwei Ansätze dazu: entweder vor dem Absenden eines Formulars mit Hilfe von JavaScript oder nach dem Absenden im serverseitigen Verarbeitungsscript. Die Variante vor dem Absenden versagt, wenn ein Anwender JavaScript deaktiviert hat. Deshalb führte bislang kein Weg um eine serverseitige Prüfung von Formulardaten herum.

Mit HTML5 wird ein dritter Ansatz eingeführt: die direkte Eingabekontrolle durch den Web-Browser. In HTML können dabei Datentypen, Wertebereiche usw. definiert werden, denen Eingaben genügen müssen. Dieser Ansatz verspricht eine bequeme, häufig dialoggesteuerte Dateneingabe für Anwender und erleichtert die Entwicklerarbeit bei der Formularverarbeitung. Jedoch wird er erst dann die serverseitige Datenprüfung ersetzen können, wenn nur noch HTML5-fähige Browser im Umlauf sind.

Die ***Usability*** von Formularen umfasst aber noch weitere Formen der Eingabeunterstützung. Beispielsweise Funktionen wie Autovervollständigung, Platzhalterinhalte oder das kontextabhängige Deaktivieren nicht benötigter Felder. Auch das Erzwingen von Eingaben in Pflichtfeldern gehört dazu.

8.3.1 Feldtypen für kontrollierte Eingaben

Einzeilige Eingabefelder werden bei allgemeinem Inhalt durch <input type="text"> markiert. Eine spezielle, schon lange existierende Form ist die Variante <input type="password">, wobei die Eingaben verdeckt dargestellt werden. HTML5 stellt diesen beiden eine Reihe weiterer Typen an die Seite. Einige dieser Typen werden im Browser wie normale Texteingabefelder dargestellt. Sie lassen jedoch nur bestimmte Zeichen oder ein bestimmtes Zeichenfolgenformat zu. Andere der neuen Typen können auch als moderne Kombinationsfelder dargestellt werden, etwa die Feldtypen für Datumsauswahl.

Nachfolgende Tabelle listet die in HTML5 neu eingeführten Typen, ihre Bedeutung und die Untersützung durch Browser auf. Zum Zeitpunkt der Drucklegung des Buches unterstützte der Internet Explorer 9 keinen der neuen Feldtypen.

Notation in HTML	*Bedeutung*				
<input type="tel">	Eingabefeld für Telefonnummern	6.0	13.0	5.1	11.5
<input type="url">	Eingabefeld für URL-Adressen	4.0	5.0		9.0
<input type="email">	Eingabefeld für E-Mail-Adressen	4.0	13.0		9.0
<input type="search">	Eingabefeld für Suchausdrücke	4.0	5.0		11.0
<input type="datetime">	Kontrollfeld für Datums-/Uhrzeitangabe inklusive Zeitzonenangabe		10.0	5.1	10.5
<input type="datetime-local">	Kontrollfeld für Datums-/Uhrzeitangabe ohne Zeitzonenangabe		10.0	5.1	10.5
<input type="date">	Kontrollfeld für Datumsangabe		10.0	5.1	10.5
<input type="time">	Kontrollfeld für Uhrzeitangabe		10.0	5.1	10.5
<input type="month">	Kontrollfeld für Angabe von Jahr und Monat		10.0	5.1	10.5
<input type="week">	Kontrollfeld für Angabe von Jahr und Kalenderwoche		10.0	5.1	10.5
<input type="number">	Textfeld für eine Zahl, eventuell mit Auswahlpfeilen (Spinner-Controls)		7.0	5.1	10.5
<input type="range">	Textfeld für eine Zahl, die in einem bestimmten Wertebereich liegen muss, eventuell unterstützt durch Schieberegler oder Ähnliches		4.0	4.0	10.5
<input type="color">	Kontrollfeld für eine RGB-Farbangabe in Form eines visuellen Farbauswahldialogs				11.0
<input pattern="...">	Eingabe, auf die ein regulärer Ausdruck passen muss	6.0	13.0		11.5

Beispiel

```
<form action="registrierung.exe" method="post">
  <p>
    <label>Name:<br>
      <input type="text" name="name">
    </label>
  </p>
  <p>
    <label>Website:<br>
      <input type="url" name="website">
```

```
    </label>
  </p>
  <p>
    <label>E-Mail:<br>
      <input type="email" name="mail">
    </label>
  </p>
  <p>
    <label>Telefon:<br>
      <input type="tel" name="telefon">
    </label>
  </p>
  <p>
    <label>Geburtsdatum:<br>
      <input type="date" name="geburtstag">
    </label>
  </p>
  <p>
    <label>Selbsteinschätzung (1 = Versager, 10 = Genie):<br>
      <input type="range" min="1" max="10" step="1" name="bewertung">
    </label>
  </p>
  <p>
    <label>Lieblingsfarbe:<br>
      <input type="color" name="farbe">
    </label>
  </p>
  <p>
    <label>Postleitzahl:<br>
      <input pattern="[0-9]{5}" name="plz" title="5stellige Zahl!">
    </label>
  </p>
  <input type="submit" value="Absenden">
</form>
```

Erläuterung

Im Beispielformular kommt eine Reihe von Feldtypen für bestimmte Arten von Daten vor. Durch das `type`-Attribut wird der Feldtyp bestimmt.

> Alle in HTML5 neu hinzugekommenen Feldtypen können ebenso wie herkömmliche Formularfelder ein `name`-Attribut erhalten und mit Hilfe des `value`-Attributs vorbelegte Werte erhalten.

Im Zusammenhang mit `type="range"` können Sie mit den weiteren, neuen Attributen `min`, `max` und `step` den gewünschten Wertebereich und die darin möglichen Werte markieren. Mit `min` geben Sie den unteren Wert des Bereichs an, mit `max` den oberen. Mit `step` bestimmen Sie die Schrittweite (*step* = Schritt). Die Attribute `min` und `max` sind aber auch bei anderen Feldtypen erlaubt, wo eine Bereichseingrenzung sinnvoll sein kann, etwa bei `type="date"`. Denn ein Geburtsdatum wie 23.10.1691 ist zwar formal korrekt, aber nicht realistisch. Mit `min` können Sie ein frühestmögliches Geburtsdatum bestimmen, mit `max` ein spätestmögliches.

Die neue Auszeichnung `<input pattern="...">` erzeugt ebenso wie `<input type="text">` ein einzeiliges Eingabefeld. Der Unterschied besteht darin, dass die Eingabe vom Browser gegen einen regulären Ausdruck geprüft werden soll. Im obigen Beispiel wird mit `pattern="[0-9]{5}"` die Eingabe einer genau fünfstelligen Postleitzahl erzwungen. Beachten Sie, dass der reguläre Ausdruck so formuliert sein muss, dass er die gesamte Eingabe abdeckt und nicht nur einen Teil davon. Notieren Sie den regulären Ausdruck ohne Begrenzerzeichen wie `/.../`. Das bedeutet aber auch, dass keine sogenannten Modifyer wie etwa der `ignore-case`-Modifyer möglich sind.

> Die HTML5-Spezifikation fordert, bei Verwendung des `pattern`-Attributs in einem `input`-Element="..."> zugleich das globale Attribut `title="...">` zu verwenden. Notieren Sie als Wertzuweisung an dieses Attribut eine kurze Beschreibung des erlaubten Inhalts. Die Beschreibung wird, wenn die Maus über das Feld bewegt wird, als Tooltipp-Fenster angezeigt.

Visualisierung im Browser

> Zum Redaktionszeitpunkt war die Implementierung der neuen HTML5-Feldtypen in den Browsern bereits fortgeschritten, trotzdem können nur die aktuellsten Browser die neuen Typen verwenden.

Nachfolgende Abbildungen zeigen ein paar Beispiele existierender Implementierungen.

Bild 8.13: Datumsauswahl (hier: Opera 10.5)

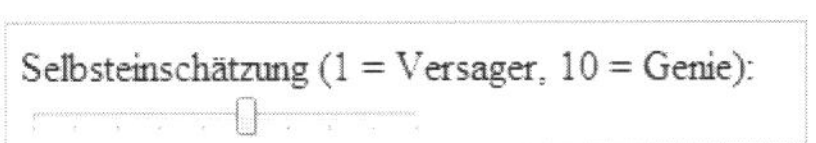

Bild 8.14: Bereichsauswahl (hier: Opera 10.5)

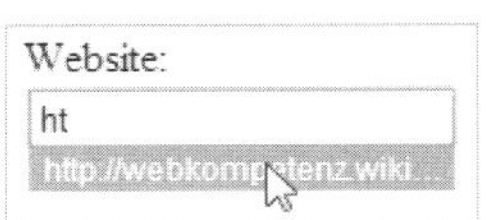

Bild 8.15: Eingabefeld für URL-Adressen (hier: Chrome 5)

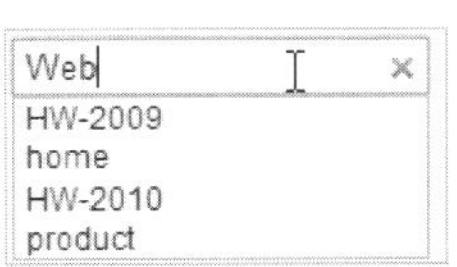

Bild 8.16: Eingabefeld für Suchen (hier: Chrome 5)

Weitere Hinweise

Bei direkten HTML-Wertzuweisungen an die Attribute `value`, `min` und `max` sind folgende Regeln zu beachten (Beispiele verwenden das `value`-Attribut, gelten aber ebenso für `min` und `max`):

- **Datumsangaben:**
  Beispiel:
  ```
  <input type="date" value="2010-10-23">
  ```
  Notieren Sie das Datum in der Form `JJJJ-MM-TT`.

- **Uhrzeitangaben:**
  Beispiel:
  ```
  <input type="time" value="14:56">
  ```
  oder
  ```
  <input type="time" value="14:56:40">
  ```
  Notieren Sie die Uhrzeit in der Form `SS:MM` oder `SS:MM:SS`. Optional könnnen Sie durch einen Punkt getrennt einen Millisekundenwert zwischen 0 und 999 anhängen.

- **Datums-/Uhrzeitangaben ohne Zeitzonenangabe:**
  Beispiel:
  ```
  <input type="datetime-local" value="2010-10-23T14:56">
  ```
  oder
  ```
  <input type="datetime-local" value="2010-10-23T14:56:40">
  ```
  Notieren Sie das Datum in der Form `JJJJ-MM-TT`, dahinter den Großbuchstaben `T` (für time) und dahinter die Uhrzeit in der Form `SS:MM` oder `SS:MM:SS`. Optional können Sie durch einen Punkt getrennt einen Millisekundenwert zwischen 0 und 999 anhängen.

- **Datums-/Uhrzeitangaben mit Zeitzonenangabe:**
  Beispiel:
  ```
  <input type="datetime" value="2010-10-23T14:56Z">
  ```
  oder
  ```
  <input type="datetime" value="2010-10-23T14:56:40+0100">
  ```
  Notieren Sie das Datum in der Form `JJJJ-MM-TT`, dahinter den Großbuchstaben `T` (für time) und dahinter die Uhrzeit in der Form `SS:MM` oder `SS:MM:SS`. Optional können Sie durch einen Punkt getrennt einen Millisekundenwert zwischen 0 und 999 anhängen. Dahinter folgt entweder der Großbuchstabe `Z` (wenn die Zulu-Zeit bzw. Greenwich-Zeit gemeint ist) oder eine Angabe wie `+0100` (Greenwich plus 1 Stunde) oder `-0730` (Greenwich minus 7 Stunden 30 Minuten).

- **URL-Adressen:**
  Beispiel:
  ```
  <input type="url"
         value="http://webkompetenz.wikidot.com/docs:html-handbuch">
  ```
  Notieren Sie eine absolute URL-Adresse, bestehend aus dem Schema (z. B. `http://`, dem Hostnamen, gegebenenfalls einer Portnummer, dem Pfad zur Ressource und gegebenenfalls dem GET-Parameterstring und/oder Ankerangaben).

- **E-Mail-Adressen:**
  Beispiel:
  `<input type="email" value="michaela.mustermann@example.org">`
  Gültige E-Mail-Adressen müssen laut HTML5-Standard der folgenden ABNF production genügen:
  `1*( atext / "." ) "@" ldh-str 1*( "." ldh-str )`

> Links
>
> Spezifizierung der Syntax solcher ABNF productions
> *http://www.ietf.org/rfc/std/std68.txt*
>
> RFC 5322 – Internet Message Format
> `atext` in Section 3.2.3
> *http://www.ietf.org/rfc/rfc5322.txt*
>
> RFC 1034 – Domain Names – Concepts and Facilities `ldh-str` in Section 3.5
> *http://www.ietf.org/rfc/rfc1034.txt*

- **Monatsangaben:**
  Beispiel:
  `<input type="month" value="2010-11">`
  Ein Monat wird in der Form `JJJJ-MM` angegeben.

- **Kalenderwochenangaben:**
  Beispiel: `<input type="week" value="2010-45">`
  Eine Kalenderwoche wird in der Form JJJJ-WW angegeben. Kalenderwochen beginnen mit Montag. Ein Jahr hat maximal 52 oder 53 Kalenderwochen.

- **Farbangaben:**
  Beispiel:
  `<input type="color" value="#2245DA">`
  Farben werden in der Form `#XXXXXX` angegeben. Jedes X entspricht einer hexadezimalen Ziffer. Hexadezimale Ziffern sind 0,1,2,3,4,5,6,7,8,9,A,B,C,D,E,F. Anstelle von A bis F sind auch a bis f erlaubt. Die ersten beiden Ziffern stellen hexadezimal ausgedrückt den Rotwert der Farbe dar, die zweiten beiden Ziffern den Grünwert und die dritten beiden Ziffern den Blauwert. Das voranstehende Gatterzeichen muss immer notiert werden. Viele Grafikprogramme, HTML-Editoren usw. können solche hexadezimalen RGB-Farbangaben im Dialog erzeugen.

- **Zahlenangaben:**
  Beispiel:
  `<input type="number" value="-123">` oder
  `<input type="number" value="0.3923">` oder
  `<input type="number" value="2.1032e+18">`
  Es kann sich um positive oder negative, mit Minuszeichen versehene Ganz- oder Fließkommazahlen handeln. Als Dezimalzeichen dient der Punkt. Ebenfalls erlaubt sind Zahlen in Exponentialschreibweise mit `e+` oder `E+` bzw. `E-` oder `e-`.

- **Telefonnummern:**
  Für Telefonnummern sieht die HTML5-Spezifikation kein spezielles Format vor. Es wird empfohlen, zusätzlich ein pattern-Attribut einzusetzen.
  Beispiel:
  <input type="tel" pattern="\+\+[0-9\-]">.
  Dieser reguläre Ausdruck erlaubt beispielsweise Eingaben der Sorte
  ++4989119393934-334.

Referenzinformationen

Elementreferenz <input>:

Attributreferenz type,
Attributreferenz name,
Attributreferenz value:

Attributreferenz min,
Attributreferenz max,
Attributreferenz step:

8.3.2 Deaktivieren und Nurlesen von Formularfeldern

Sie können erzwingen, dass ein Eingabefeld kein Eingabefeld mehr ist, sondern eigentlich nur ein Ausgabefeld und ein Eingabebereich nur ein Ausgabebereich. Das kann beispielsweise interessant sein, wenn Sie von JavaScript ermittelte Werte in einem Formularfeld anzeigen möchten oder wenn Sie Felder mit einem Wert vorbelegen möchten, den der Anwender aber nicht ändern können soll.

Ferner können Sie Elemente deaktivieren, um zu signalisieren, dass das Element im aktuellen Zusammenhang ohne Bedeutung ist. Sinnvoll ist das Ausgrauen allerdings vor allem als HTML-Grundlage für Script-Sprachen, die Elemente je nach Eingaben oder Auswahl in anderen Elementen dynamisch ausgrauen. So wäre es beispielsweise sinnvoll, Angaben zum Typ des gefahrenen Autos dynamisch auszugrauen, wenn der Anwender ankreuzt, dass er gar kein Auto besitzt.

Beispiel

```
<form method="post" action="rechnung.php">
  <p>
    <label>Nettobetrag:<br>
      <input type="number" name="nettobetrag" size="10">
    </label><br>
    <label>MwSt:<br>
      <input type="number" name="mwst" size="4" value="19" readonly>%
    </label><br>
```

```
    <label>
      <input type="checkbox" name="mwst-befreit" disabled>
      MwSt.-befreit
    </label>
  </p>
</form>
```

Erläuterung

Mit dem Standalone-Attribut `readonly` können Sie ein Eingabefeld auf »nur lesen« setzen. Anwendbar ist das Attribut sowohl auf einzeilige, als auch auf mehrzeilige Eingabefelder. Sinnvoll ist diese Angabe, wenn ein Feldwert zwar als Formulardatum übertragen werden, der Anwender den Wert auch sehen, aber nicht ändern können soll. Im obigen Beispiel ist das Feld mit dem Mehrwertsteuersatz entsprechend gekennzeichnet.

Mit dem Standalone-Attribut `disabled` deaktivieren Sie ein Element, es wird grau dargestellt. Erlaubt ist das Attribut in den Formular-Tags in allen Formularfeldtypen, also bei Eingabefeldern, Auswahllisten, Schaltflächen, Radiobuttons, Checkboxen usw. Das Element ist nicht editierbar bzw. nicht anklickbar, und es wird in irgendeiner Form blasser dargestellt, um zu signalisieren, dass es nicht bearbeitbar ist. Im obigen Beispiel ist die Checkbox auf diese Weise gekennzeichnet.

Bild 8.17: Das Beispiel für deaktivierte Elemente

Weitere Hinweise

Wenn Sie XHTML-Standard-konform arbeiten wollen, müssen Sie die Attribute in der Form `readonly="readonly"` bzw. `disabled="disabled"` notieren.

Referenzinformationen

Attributreferenz `readonly`,
Attributreferenz `disabled`:

8.3.3 Eingabehilfen bei Formularfeldern

HTML5 bietet folgende Arten der Unterstützung beim Eingeben von Daten in Formularfelder an:

- Tastaturkürzel zum direkten Ansteuern bestimmter Felder,
- Autofocus-Funktion zum Fokussieren auf ein bestimmtes Feld, nachdem die Webseite geladen ist,
- die Beeinflussung der Reihenfolge beim Bewegen zwischen Feldern mittels Tabulatortaste,
- Platzhaltertexte für Formularfelder (»Michaela Mustermann«), die nur angezeigt werden, wenn das Feld leer ist und nicht bearbeitet wird.

Ferner können Sie die Auto-Vervollständigungsfunktion, die moderne Browser standardmäßig als Ausfüllhilfe anbieten, abschalten, z. B. aus Sicherheitsgründen bei Daten, für die Sie jede Kopiermöglichkeit ausschließen möchten, etwa bei der Eingabe einer Kreditkartennummer.

Beispiel

```
<form method="post" action="/cgi-bin/kunde.pl">
  <p>
    <kbd>S</kbd>traße Hausnr.:<br>
    <input type="text" name="street" style="width:300px"
           tabindex="2" accesskey="s">
  </p>
  <p>
    <kbd>L</kbd>and <kbd>P</kbd>LZ <kbd>O</kbd>rt:<br>
    <input type="text" name="country" style="width:20px;"
           tabindex="3" accesskey="l" value="D">
    <input type="text" name="plz" style="width:40px;"
           tabindex="4" accesskey="p" placeholder="12345">
    <input type="text" name="city" style="width:224px;"
           tabindex="5" accesskey="o">
  </p>
  <p><kbd>E</kbd>-Mail:<br>
    <input type="text" name="mail" style="width:300px"
           tabindex="1" accesskey="e" autofocus>
  </p>
  <p><kbd>T</kbd>elefon:<br>
    <input type="text" name="phone" style="width:300px"
           tabindex="6" accesskey="t">
  </p>
  <p><kbd>M</kbd>obiltelefon:<br>
    <input type="text" name="mobile" style="width:300px"
           tabindex="7" accesskey="m">
  </p>
  <p><kbd>B</kbd>LZ / <kbd>K</kbd>ontonummer:<br>
```

```
    <input type="text" name="blz" style="width:60px;"
           tabindex="8" accesskey="b" placeholder="1001001010">
    <input type="text" name="kto" style="width:232px;"
           tabindex="9" accesskey="k" autocomplete="off">
  </p>
</form>
```

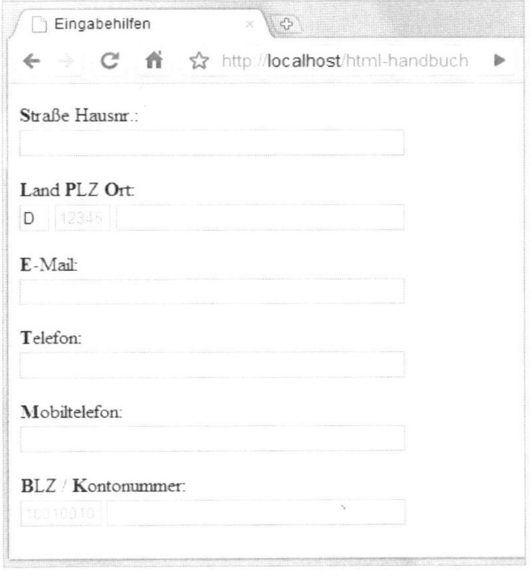

Bild 8.18: Das Beispiel im Browser

Erläuterung

Tabulator-Reihenfolge

Die meisten Browser erlauben es, mit Hilfe der Tabulator-Taste der Tastatur, nacheinander die Elemente eines Formulars anzuspringen. Normalerweise werden die Formularelemente dabei in der Reihenfolge angesprungen, in der sie im HTML-Dokument definiert sind. Sie können jedoch eine andere Reihenfolge festlegen. Mit dem Attribut `tabindex` in den Formular-Tags `<input>`, `<textarea>`, `<select>` oder `<button>` können Sie die Tabulator-Reihenfolge beeinflussen. Notieren Sie die Angabe in allen entsprechenden Tags des Formulars. Vergeben Sie bei jeder Angabe eine Zahl. Beim Anspringen der Formularelemente mit der Tabulator-Taste wird zuerst das Formularelement mit der niedrigsten Tabindex-Nummer angesprungen, danach dasjenige mit der zweitniedrigsten und als letztes dasjenige mit der höchsten.

Tastaturkürzel

Mit dem Attribut `accesskey` können Sie ein Zeichen auf der Tastatur bestimmen, das der Anwender drücken kann, um ein Formularelement direkt anzuspringen (*accesskey* = Zugriffstaste). Geben Sie bei `accesskey` nur einen Buchstaben an. Die eigentliche Tastenkombination muss ein Anwender je nach Browser kennen. In einigen Browsern muss die [Alt]- und die Taste mit dem Buchstaben gedrückt werden, in Opera die Tastenkombination [Shift] [Esc], in Safari die Taste [Ctrl] und in Firefox die Tastenkombination Alt-Shift. Bei Formularen ist das Attribut `accesskey` in den Tags `<input>`, `<textarea>`, `<label>`, `<legend>` oder `<button>` erlaubt.

Autofocus

Durch das Standalone-Attribut `autofocus` können Sie dasjenige Formularelement bestimmen, das auf jeden Fall zuerst den Fokus erhalten soll, wenn die Webseite geladen ist. Wenn es ein Texteingabefeld ist, wird der Eingabecursor in das so ausgezeichnete Feld gesetzt. Da nur ein Feld das erste sein kann, dürfen Sie das `autofocus`-Attribut nur einmal im HTML-Dokument notieren.

Platzhaltertext

Mit dem `placeholder`-Attribut können Sie ein Feld mit einem demonstrativen Wert vorbelegen, der jedoch ***nicht*** übertragen wird, falls der Anwender nichts in das Feld eingibt und das Formular absendet (*placeholder* = Platzhalter). Gedacht ist das Attribut dazu, das Format erwünschter Eingaben in einem Feld an einem Muster vorzugeben. Oder um dem Anwender die Bedeutung eines Felds, das sonst keine Feldbeschriftung hat, zu vermitteln. Der Platzhalterwert wird meist sichtbar anders dargestellt als ein vom Anwender selbst eingegebener Wert. Der Platzhalterwert verschwindet, sobald der Eingabecursor in das Feld gesetzt wird. Gibt ein Anwender in einem solchen Feld nichts ein und verlässt es wieder, erscheint der Platzhaltertext automatisch wieder.

Um auch in älteren Browsern, welche nicht HTML5-konform sind, diese Funktionalität zu realisieren, muss ein kurzes JavaScript erstellt werden. Dazu wird im `value`-Attribut der Platzhaltertext notiert. Die beiden Event-Handler `onfocus` und `onblur` dienen zum Löschen bzw. zum erneuten Anzeigen des Platzhaltertextes.

Beispiel

```
<input type="text" name="Vorname" size="30"
       value="Geben Sie ihren Vornamen ein"
       onfocus="if (this.value=='Geben Sie ihren Vornamen ein')
              {this.value='';}"
       onblur ="if (this.value == '')
              {this.value='Geben Sie ihren Vornamen ein';}">
```

Autovervollständigungsfunktion

Mit `autocomplete="off"` können Sie die Autovervollständigungsfunktion moderner Browser unterdrücken. Mit `autocomplete="on"` können Sie die Funktion explizit wieder einschalten. Sinnvoll ist das, da das Attribut sowohl im einleitenden `<form>`-Tag als auch in `<input>`-Feldern für Texteingabe erlaubt ist. Wenn Sie `autocomplete="off"` im `<form>`-Tag notieren, gilt die Unterdrückung im gesamten Formular. Mit `<input autocomplete="on">` können Sie die Funktion für einzelne Elemente wieder zulassen.

Weitere Hinweise

Die beiden Attribute `tabindex` und `accesskey` sind eigentlich keine formularspezifischen Attribute, sondern auf jedes Element anwendbar, das in irgendeiner Form den Fokus erhalten kann. Dazu zählen auch Hyperlinks oder Image-Maps.

Die Attribute `autofocus`, `placeholder` und `autocomplete` wurden erst mit HTML5 eingeführt. Sie werden von älteren Browsern überhaupt nicht interpretiert. Zum Redaktionszeitpunkt sind alle bekannten Browser in der aktuellen Version in der Lage, diese Attribute umzusetzen.

Wenn Sie die Attribute `autofocus` und `placeholder` kombiniert verwenden, wird der Platzhaltertext zunächst nicht angezeigt, weil das Element sofort den Fokus hat.

Referenzinformationen

Attributreferenz `tabindex`,
Attributreferenz `accesskey`:

Attributreferenz `autofocus`,
Attributreferenz `placeholder`:

Attributreferenz `autocomplete`:

8.4 Formularkontrolle

Seit HTML5 können Sie zum einen einzelne Formularfelder aus dem Umfeld des Formulars herauslösen und außerhalb eines Formularbereichs notieren. Zum anderen können Sie – und das war stets ein häufig nachgefragtes Feature – einem Formular mehrere unterschiedliche Submit-Schaltflächen zuordnen, die das Formular an unterschiedliche Verarbeitungsadressen senden.

8.4.1 Felder außerhalb von Formularen

HTML5 hat eine Syntax eingeführt, die es ermöglicht, Formularfelder auch außerhalb der Grenzen ihrer zugehörigen `form`-Elemente zu notieren.

Beispiel

```
<form id="formular" method="post" action="/formular-process.php">
  <input type="checkbox" name="innerhalb"> innerhalb
</form>
<input type="checkbox" name="ausserhalb" form="formular"> außerhalb
<p>
  <input type="submit" value="OK" form="formular">
</p>
```

Erläuterung

Um Elemente außerhalb ihres zugehörigen Formulars diesem zuzuordnen, muss das einleitende `<form>`-Tag des Formulars mit dem globalen Attribut `id` einen dokumentweit eindeutigen Namen erhalten. Dann können Sie Formularfelder außerhalb des Formulars an gewünschten Stellen des HTML-Dokuments notieren. Um den Bezug zum Formular herzustellen, müssen Sie im Formularfeld das Attribut `form` notieren. Als Wert weisen Sie dem `form`-Attribut den `id`-Namen des Formulars zu.

Weitere Hinweise

Außerhalb von Formularen können Sie Formularelemente in HTML5 überall notieren, wo sogenannter Phrasing Content erlaubt ist (weitere Information unter *4.6.1 Content-Modelle*).

Das ist innerhalb des Dokumentkörpers überall der Fall, wo ein Elternelement keine speziellen Einschränkungen für den Elementinhalt hat. In HTML 4.01 gehören Formularelemente zu den Inline-Elementen. Außerhalb eines Formulars dürfen sie in der strict-Variante von HTML 4.01 innerhalb von Blockelementen vorkommen oder innerhalb von Elementen, die Flow-Content erlauben.

Achten Sie auf identische Schreibweise der Werte bei `id` und `form`, z. B. was Groß-/Kleinschreibung betrifft.

Zum Redaktionszeitpunkt wurde das `form`-Attribut erst ansatzweise von aktuellen Browsern unterstützt.

Referenzinformationen

Attributreferenz `form`:

HTML5 | XHTML 5 | 4.0 | | 5.0 | 11.0

8.4.2 Formulare mit mehreren Submit-Buttons

In manchen Situationen entsteht der Wunsch, dass ein Formular mehrere »Ausgänge« hat, also mehrere Submit-Buttons. Je nachdem, welche dieser Schaltflächen ein Anwender anklickt, werden unterschiedliche URL-Adressen aufgerufen, mit unterschiedlichen Formular-Verarbeitungsscripts.

Beispiel

```
<form>
  <p>
    <label>
      E-Mail-Adresse eines Newsletter-Abonnenten:<br>
      <input type="email" name="mail" size="40">
    </label>
  </p>
  <input type="submit" value="Ändern"
```

```
        formaction="/scripts/abo-update.php" formmethod="post">
  <input type="submit" value="Löschen"
        formaction="/scripts/abo-delete.php" formmethod="post">
</form>
```

Erläuterung

Das Formular im Beispiel könnte so in einer Verwaltungsanwendung für Newsletter-Abonnenten vorkommen. Der Anwender wird aufgefordert, die E-Mail-Adresse eines gewünschten Newsletter-Abonnenten einzugeben. Dann soll er eine der Schaltflächen *Ändern* oder *Löschen* anklicken, um wahlweise die Daten des Abonnenten zu ändern oder das Abo zu entfernen.

Bild 8.19: Das Beispiel im Browser

Das einleitende `<form>`-Tag enthält in diesem Beispiel gar keine sonst typischen Angaben wie `action` oder `method`. Stattdessen enthält das Formular zwei Schaltflächen zum Absenden des Formulars (`<input type="submit">`). Die eine ist mit »Ändern« beschriftet, die andere mit Löschen. Beide Schaltflächen erhalten die zusätzlichen Attribute `formaction` und `formmethod`. Diese Attribute entsprechen in ihrer Bedeutung genau den Attributen `action` bzw. `method` im `<form>`-Tag, mit dem Unterschied, dass jeder Submit-Button eigene und unterschiedliche `formaction`- und `formmethod`-Attribute mit unterschiedlichen Werten haben kann.

Auch für die übrigen Attribute im `<form>`-Tag gibt es diese Entsprechungen in Submit-Buttons:

- `formaction` entspricht `action` und bestimmt die URL-Adresse, die beim Absenden des Formulars aufgerufen werden soll.
- `formmethod` entspricht `method` und bestimmt die Übertragungsmethode (in der Regel entweder `get` oder `post`).
- `formenctype` entspricht `enctype` und definiert den Kodierungstyp der Formulardaten (`application/x-www-form-urlencoded`, `multipart/form-data` oder `text/plain`).
- `formtarget` entspricht `target` und definiert das Zielfenster bzw. den Ziel-Browsing-Context der Formulardaten.
- `formnovalidate` entspricht `novalidate` und ist ein Standalone-Attribut ohne Wertzuweisung. Wenn notiert, werden die Feldinhalte vor dem Absenden nicht auf gültige Eingaben hin überprüft.

Weitere Hinweise

Diese neuen Attribute wurden erst mit HTML5 eingeführt. Bedenkenlos verwenden kann man sie erst, wenn alle verbreiteten Browser sie unterstützen.

Referenzinformationen

Attributreferenz `formaction`,
Attributreferenz `formenctype`,
Attributreferenz `formmethod`,
Attributreferenz `formnovalidate`,
Attributreferenz `formtarget`

HTML | X HTML 5 | 11.0

8.5 Informationskontrolle

HTML5 versteht sich im Gegensatz zu früheren HTML-Versionen stärker als Markup-Basis für dynamische Webanwendungen.

Zu modernen, desktopartigen Anwendungen gehören aber nicht nur Feldtypen für Benutzereingaben, sondern auch Kontrollausgaben, die den Anwender in irgendeiner Form informieren oder Benutzereingaben sofort zu einem sichtbaren Ergebnis verarbeiten. Für diese Fälle führt HTML5 eine Reihe neuer Elemente ein. Es handelt sich bei diesen Feldern nicht im engeren Sinne um Formularfelder, wohl aber um Bestandteile von Dialoganwendungen. Alle diese Elemente können auf jeden Fall ein `form`-Attribut enthalten und damit einem Formular zugeordnet werden, ohne innerhalb von `form`-Tags notiert zu sein.

8.5.1 Ausgabefelder für Kalkulationen

HTML5 führt ein neues Formularelement namens `output` ein, in dem der Anwender nichts eingeben kann.

Stattdessen ist das Element dazu gedacht, Werte aufzunehmen, die mit Hilfe von JavaScript ermittelt werden. Das würde allerdings ebenso gut mit versteckten Formularfeldern gehen. Im Unterschied dazu, hat das hier beschriebene Element einen sichtbaren Elementinhalt. Außerdem wird die Syntax für einfache Kalkulationen stark vereinfacht.

Beispiel

```
<form method="post" action="/cgi-bin/anmeldung.cgi">
  <p>Vorname Zuname:
    <input type="text" id="vorname" size="30">
    <input type="text" id="zuname" size="30">
  </p>
  <p>
```

```
    <output for="vorname zuname" name="name"
            onforminput="value = zuname.value + ', ' +
            vorname.value"></output>
  </p>
  <input type="submit" value="OK">
</form>
```

Erläuterung

Das Beispiel enthält zwei gewöhnliche einzeilige Eingabefelder (<input type="text">), in denen der Anwender Vor- und Zuname eingeben kann. Wenn das Formular abgesendet wird, sollen jedoch nicht die Werte aus diesen Feldern einzeln übertragen werden, sondern eine zusammengesetzte Zeichenkette mit dem Format *Zuname, Vorname.*

Um das zu erreichen, ist unterhalb der beiden input-Felder ein output-Feld notiert. Es handelt sich um ein Element mit möglichem Inhalt und wird deshalb in der Form <output></output> notiert.

Im Attribut for werden, durch Leerzeichen getrennt, explizit die id-Namen derjenigen anderen Formularelemente angegeben, die an der Kalkulation beteiligt sind. Im obigen Beispiel bezieht sich die Angabe for="vorname zuname" also auf <input id="vorname"> und <input id="zuname">.

Wie die eigentliche Kalkulation zustande kommt, dafür gibt es keine Vorschrift. Eigens eingeführt wurde zu diesem Zweck jedoch der neue JavaScript Event-Handler onforminput, der im obigen Beispiel auch verwendet wird. Diesem Event-Handler wird ein einfaches JavaScript-Statement zugewiesen:

```
value = zuname.value + ', ' + vorname.value
```

Dieses Statement besagt: Das value-Attribut des aktuellen Elements, also des output-Elements, soll als Wert eine Zeichenkettenzusammensetzung enthalten, bestehend aus dem Wert des Feldes zuname, einem Komma und einem Leerzeichen, und dem Wert des Feldes vorname. Dadurch entsteht das Format *Zuname, Vorname.*

Im obigen Beispiel sollte der Browser beim Absenden des Formulars nur das output-Element übertragen, denn die Eingabefelder für Vor- und Zuname enthalten kein name-Attribut.

Weitere Hinweise

Das obige Beispiel zeigt eine Verwendungsweise des output-Elements, wie sie in der HTML5-Spezifikation vorgeschlagen wird.

In der Praxis auch neuerer Browser funktionierte das zum Redaktionszeitpunkt noch nicht. Deshalb hier noch eine herkömmliche Lösung, die auch mit älteren Browsern zuverlässig funktioniert, vorausgesetzt JavaScript ist aktiviert.

Beispiel

```
<script>
function zuvorname() {
```

```
    document.getElementById('indexname').value =
    document.getElementById('zuname').value + ', ' +
    document.getElementById('vorname').value;
}
</script>
<form method="post" action="/cgi-bin/anmeldung.cgi"
      onsubmit="zuvorname(); return true;">
  <input type="hidden" name="name" id="indexname" value="">
  <p>Vorname Zuname:
    <input type="text" id="vorname">
    <input type="text" id="zuname">
  </p>
  <input type="submit" value="OK">
</form>
```

Bei dieser Lösung wird die Zusammensetzung der Zeichenkette in einer eigenen JavaScript-Funktion vorgenommen. Diese wird aufgerufen, wenn das Formular abgesendet wird (Event-Handler `onsubmit` im einleitenden `<form>`-Tag). Der zusammengesetzte Wert (*Zuname, Vorname*) wird in einem versteckten Formularfeld gespeichert.

HTML: Die HTML5-Spezifikation machte zum Redaktionszeitpunkt keine Aussage darüber, wie ein Browser ein `output`-Feld darstellen soll, d. h. ob es zum Beispiel wie ein Nur-Lesen-Eingabefeld erscheinen soll oder etwa als reiner Text.

Referenzinformationen

Elementreferenz `<output>`:
Attributreferenz `for`:
Eventreferenz: `onforminput`:

HTML | X HTML 5 | 10.5

8.5.2 Fortschrittsanzeige

HTML: HTML5 führt ein neues Element namens `progress` ein, das verwendet werden kann, um Fortschrittsanzeigen bei länger dauernden Prozessen zu realisieren.

Die Art, wie dieses neue Element in Browsern dargestellt werden soll, war zum Redaktionszeitpunkt jedoch noch nicht abschließend geklärt. Momentan wird es als Fortschrittsbalken, wie man ihn von einer Softwareinstallation kennt, dargestellt.

Beispiel

```
<form method="post" action="fragebogen-auswertung.php">
  <fieldset id="fset1" style="display: none;">
    <p>Dein Name:
      <input type="text" name="name" size="40">
    </p>
    <p><progress max="4" value="1">Schritt 1 / 4</progress></p>
```

```
    <p><input type="button" value=" >> " onclick="show_fset(2)"></p>
  </fieldset>
  <fieldset id="fset2" style="display: none;">
    <p>Deine Hobbies:
      <input type="text" name="hobbies" size="40">
    </p>
    <p><progress max="4" value="2">Schritt 2 / 4</progress></p>
    <p><input type="button" value=" >> " onclick="show_fset(3)"></p>
  </fieldset>
  <fieldset id="fset3" style="display: none;">
    <p>Dein größter Wunsch:
      <input type="text" name="wunsch" size="40">
    </p>
    <p><progress max="4" value="3">Schritt 3 / 4</progress></p>
    <p><input type="button" value=" >> " onclick="show_fset(4)"></p>
  </fieldset>
  <fieldset id="fset4" style="display: none;">
    <p>Dein größter Erfolg:
      <input type="text" name="erfolg" size="40">
    </p>
    <p><progress max="4" value="4">Schritt 4 / 4</progress></p>
    <input type="submit" value="Das war's!">
  </fieldset>
  <script>
  function show_fset(n) {
    switch(n) {
      case 1:
         document.getElementById('fset1').style.display = "block";
         break;
      case 2:
         document.getElementById('fset1').style.display = "none";
         document.getElementById('fset2').style.display = "block";
         break;
      case 3:
         document.getElementById('fset2').style.display = "none";
         document.getElementById('fset3').style.display = "block";
         break;
      case 4:
         document.getElementById('fset3').style.display = "none";

         document.getElementById('fset4').style.display = "block";
         break;
      default:
        break;
      }
    }
    show_fset(1);
  </script>
</form>
```

Erläuterung

Das obige Beispiel realisiert mit Hilfe von etwas CSS und einem kleinen JavaScript ein Formular, das dem Anwender in Form mehrerer Einzelschritte präsentiert wird. Auf die dabei verwendeten Techniken wird an dieser Stelle nicht näher eingegangen. Zur Anzeige der einzelnen Schritte wird das `progress`-Element verwendet.

Bild 8.20: Das zweite von vier Fieldsets mit Fortschrittsbalken im Browser

Das `progress`-Element erhält üblicherweise zwei Attribute: Mit dem Attribut `max` wird ein numerischer Zielwert vorgegeben, und das Attribut `value` enthält den aktuellen Wert, so wie im obigen Beispiel etwa bei `<progress max="4" value="1"> Schritt 1 / 4</progress>`. Der Elementinhalt ist unabhängig von den Attributwerten. Er kann aus Text und anderen Elementen (Phrasing-Context) bestehen. Die Aufgabe des Elementinhalts ist die sichtbare Visualisierung des Verhältnisses von `max` zu `value`.

Um etwa einen Prozentwert zu realisieren, weisen Sie dem `max`-Attribut den Wert 100 zu und dem `value`-Attribut den jeweils aktuellen Prozentwert.

Weitere Hinweise

Das `progress`-Element ist ***nicht*** dazu gedacht, anteilsmäßige Werte darzustellen, die aber zu keinem aktuellen Prozess gehören, also zum Beispiel der belegte und freie Speicher auf dem Server. Für solche Anzeigen ist das `meter`-Element, wie im folgenden Abschnitt beschrieben, gedacht.

Das obige Beispiel kommt mit einer Reihe von `progress`-Elementen aus, die im HTML-Code mit Werten vorbelegt und von keinem Script geändert werden. Der typischere Anwendungsfall sind aber sicherlich Fortschrittsanzeigen, die von einem JavaScript laufend verändert werden. Dazu ist allerdings nicht nur ein Script erforderlich, dass die Anzeige laufend verändert, sondern auch ein dahinter stattfindender Prozess, der laufend Auskunft über seinen Fortschritt gibt.

Referenzinformationen

Elementreferenz `<progress>`:

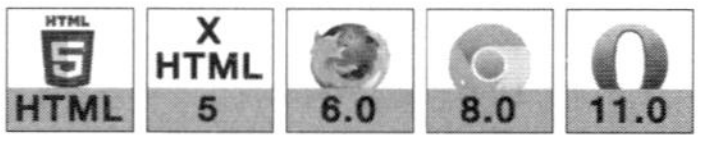

8.5.3 Metrische Werte

HTML5 führt ein allgemeines Element zur Auszeichnung von Werten ein, die zu einer Skala gehören. Beispiele sind Ratings (»3 von 5 Sternen«), Sitzverteilungen im Parlament (»208 von 598 Sitzen«) oder einfach Prozentwerte (»0,34%«).

Durch Attribute ist die Werteskala beschreibbar, und eine auslesende Software oder ein Script hat die Möglichkeit, den eigentlichen Wert mit Hilfe dieser Informationen einzuordnen.

Beispiel

```
<ul>
  <li>
    <meter value="7" max="10"></meter> Sieben von zehn Deutschen
    bezahlen zu hohe Kreditkartengebühren
  </li>
  <li>
    Durchschnittliche Wertung:
    <meter value="4" max="5">
      <img src="four-stars.png" alt="4 Sterne">
    </meter>
  </li>
  <li>
    Der aktuelle Pegelstand des Rheins beträgt
    <meter value="4.25" max="10.43" min="1.49" low="2.00"
           high="6.00" optimum="4.15">4,25m</meter>.
  </li>
</ul>
```

Erläuterung

Das Beispiel enthält keine formularbezogenen Daten, sondern eine unsortierte Liste mit einigen Aussagen. Darin kommen Werte vor, die sich auf einer Skala abbilden lassen. Zur »Bemaßung« wird das `meter`-Element verwendet. Der Name `meter` hat nichts mit der Maßeinheit *Meter* zu tun. Es sind beliebige Maßeinheiten und Skalierungen anwendbar.

Das `meter`-Element wird durch `<meter>...</meter>` markiert. Der Elementinhalt kann aus Text und anderen HTML-Elementen (Phrasing-Content, mehr dazu unter *4.6.1 Content-Modelle*) bestehen. Sinnvollerweise schließt das Element eine Wertangabe ein. Diese kann jedoch durchaus aus mehreren Wörtern oder auch aus nonverbalen Inhalten wie einer Grafik bestehen.

Zum Redaktionszeitpunkt stand noch nicht fest, wie genau das `meter`-Element von Browsern visualisiert werden soll. Die HTML5-Spezifikation schlägt eine schlichte Balkengrafik-Darstellung vor.

Die Skala und der aktuelle Wert werden in den die Attribute einleitenden `<meter>`-Tags definiert. Alle nachfolgend genannten Attribute erwarten als Wert eine gültige Ganzzahl oder Fließkommazahl. Bei Bruchzahlen ist der Punkt das Dezimalzeichen.

Obligatorisch ist das `value`-Attribut. Es enthält den eigentlichen aktuellen Wert. Wenn Sie das `max`-Attribut weglassen, wird intern ein Maximalwert von 1 angenommen. Wenn dieser voreingestellte Maximalwert für einen konkreten Zusammenhang unbrauchbar ist, müssen Sie mit dem `max`-Attribut einen anderen, gewünschten Wert angeben.

Das Gegenstück zum `max`-Attribut ist das `min`-Attribut. Wenn es auf der Skala des beschriebenen Werts einen Minimalwert gibt, können Sie ihn mit diesem Attribut angeben. Ansonsten wird intern der Wert 0 als Minimalwert angenommen.

Ferner werden noch die Attribute `low`, `high` und `optimum` angeboten. Mit `min` und `low` im Zusammenspiel können Sie einen Minimalwert und einen Niedrigwert (eventuell kritischer Punkt) bestimmen, wobei der Niedrigwert über dem Minimalwert liegen muss. Analog dazu können Sie mit `max` und `high` einen Maximalwert und einen Wert für »hoch« (eventuell kritisch hoch) bestimmen. Das Attribut `optimum` erlaubt die Angabe eines Optimalwerts, sofern es einen solchen gibt.

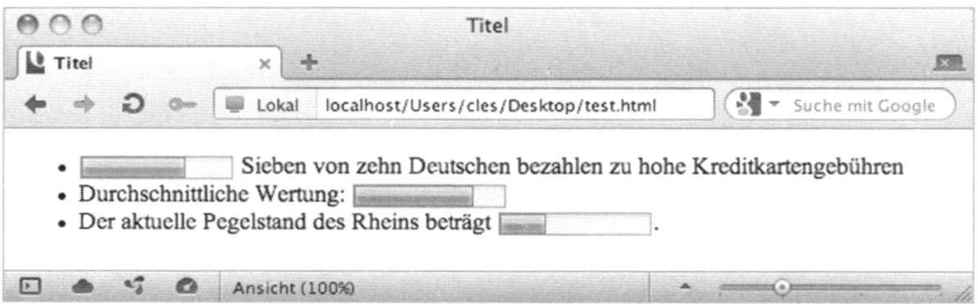

Bild 8.21: Darstellung des `meter`-Elements

Referenzinformationen

Elementreferenz `<meter>`:

Attributreferenz `value`,
Attributreferenz `high`,
Attributreferenz `low`,
Attributreferenz `max`,
Attributreferenz `min`,
Attributreferenz `optimum`:

HTML | XHTML 5 | 6.0 | 8.0 | 11.0

8.6 Interaktive Elemente

Die in diesem Abschnitt behandelten Elemente haben keinen direkten Bezug zu Formularen. Mit Formularelementen haben sie jedoch gemeinsam, dass der Anwender etwas mit ihnen tun kann.

8.6.1 Menüs

Das hier beschriebene menu-Element gehört zum Urbestand von HTML, wurde jedoch nur selten verwendet.

HTML5 versucht diesem Element neues Leben einzuhauchen und definiert eine Reihe konkreter Anwendungsmöglichkeiten. Grundsätzlich unterscheidet HTML5 folgende Menütypen:

- Listen
- Toolbar-Menüs
- Kontext-Menüs

Dabei können die Menüs aus ganz unterschiedlichen Inhalten bestehen. Die nachfolgenden Beispiele zeigen einige dieser Varianten.

Beispiel 1: Einfaches Listenmenü

```
<menu>
  <li><a href="javascript:pv()">Produktverwaltung</a></li>
  <li><a href="javascript:lv()">Lagerverwaltung</a></li>
  <li><a href="javascript:kv()">Kundenverwaltung</a></li>
  <li><a href="javascript:mv()">Materialverwaltung</a></li>
</menu>
```

Beispiel 2: Toolbar-Menü

```
<form id="p_menu" method="get" action="/">
  <menu type="toolbar">
    <li>
      <menu label="Produkte">
        <select name="products"
               onchange="document.getElementById('p_menu').submit();">
          <option value="p_add">Neues Produkt</option>
          <option value="p_list">Produkte suchen/auflisten</option>
        </select>
      </menu>
    </li>
    <li>
      <menu label="Produktgruppen">
        <select name="product_groups"
             onchange="document.getElementById('p_menu').submit();">
          <option value="pg_add">Neue Produktgruppe</option>
          <option value="pg_list">Produktgruppen auflisten</option>
        </select>
      </menu>
    </li>
  </menu>
</form>
```

Beispiel 3: Toolbar-Menü mit command-Elementen

```
<menu type="toolbar">
  <command type="radio" radiogroup="lagerblock" checked="checked"
           label="Block A" icon="block-a.png"
           onclick="lv_set_block('A')">
  <command type="radio" radiogroup="lagerblock"
           label="Block B" icon="block-b.png"
           onclick="lv_set_block('B')">
  <command type="radio" radiogroup="lagerblock"
           label="Block C" icon="block-c.png"
           onclick="lv_set_block('C')">
  <hr>
  <command type="command"
           label="Zuordnen" icon="assign.png"
           onclick="lv_assign_to_block()">
</menu>
```

Beispiel 4: Kontext-Menü

```
<form name="product_add">
   <label>
     Produktnummer:<br>
     <input name="pn" type="text" contextmenu="pn_context">
  </label>
  <menu type="context" id="pn_context">
    <command label="Prüfen" onclick="pv_check_new_pn()">
    <command label="Lagerplatz ermitteln"
             onclick="pv_get_spos_by_pn()">
    <command label="Übernehmen" onclick="pv_pn_create()">
  </menu>
</form>
```

Erläuterung

Die Beispiele könnten in dieser Form aus dem webbasierten Frontend einer betriebswirtschaftlichen Anwendung stammen.

Listen-Menüs

Beispiel 1 zeigt ein einfaches Listenmenü, wie es in dieser Form seit HTML-Version 2.0 erlaubt ist. Der Aufbau entspricht dem einer ungeordneten Liste, mit dem Unterschied, dass die Liste, markiert durch li-Elemente mit <li>...</li> für jedes Listenelement, durch ein menu-Element, markiert durch <menu>...</menu>, eingeschlossen wird (li = *list item* = Listeneintrag). Der andere Unterschied besteht darin, dass ein Menü von der Bedeutung her stets aus interaktiven oder ausführbaren Einträgen bestehen sollte. Das können wie in Beispiel 1 einfache Hyperlinks sein.

Toolbar-Menüs

Beispiel 2 ist HTML5-spezifisch und zeigt ein Toolbar-Menü. Als Toolbar-Menü zeichnen Sie ein Menü aus, indem Sie im einleitenden <menu>-Tag die Angabe `type="toolbar"` notieren.

Ein Toolbar-Menü, so definiert es die HTML5-Spezifikation, ist ein interaktives Element, das dem Anwender jederzeit zur Verfügung steht, also dauerhaft angezeigt wird.

Nicht selten ist ein Toolbar-Menü eine größere, hierarchische Menüstruktur. Deshalb darf das `menu`-Element, wie in Beispiel 2 gezeigt, verschachtelt werden. Im Beispiel wird das äußere `menu`-Element als Toolbar-Menü definiert. Es besteht aus zwei Listeneinträgen. Jeder Listeneintrag enthält ein komplettes Untermenü. Untermenüs können mit Hilfe des Attributs `label` eine Beschriftung erhalten.

Die inneren Menüs zeigen die erweiterten Möglichkeiten, die HTML5 für das `menu`-Element vorsieht. Entscheidend ist, dass die Menüeinträge interaktive Elemente sind, mit deren Hilfe der Anwender etwas erreichen kann. Deshalb sind auch Formularelemente zugelassen. In Beispiel 2 werden Auswahllisten verwendet, um die Menüeinträge zu realisieren.

Das Menü in Beispiel 2 ist übrigens Teil eines Formulars. Durch den Event-Handler `onchange` und die zugewiesene JavaScript-Anweisung `document.getElementById ('p_menu').submit();` wird das Formular abgesendet, wenn der Anwender einen Eintrag aus einer der Auswahllisten auswählt. Das verarbeitende Script auf dem Server bekommt dann den Namen der Auswahlliste und den `value`-Wert des ausgewählten Eintrags übergeben.

Beispiel 3 zeigt eine weitere Anwendungsmöglichkeit für Toolbar-Menüs. In diesem Fall kommt ein mit HTML5 neu eingeführtes Element zum Einsatz: das `command`-Element. Es handelt sich um ein Standalone-Tag, das die Aufgabe hat, einen »Befehl auszuführen«. In der Regel ist das ein JavaScript-Aufruf.

Wie das `command`-Element aussieht und sich verhält, wird ähnlich wie beim `input`-Element über ein `type`-Attribut festgelegt. Es kann die Werte `command`, `radio` und `checkbox` erhalten oder ganz weggelassen werden, so wie im Beispiel 4. Wenn es fehlt, wird der Wert `command` angenommen.

Zur Visualisierung des `command`-Status im Browser trifft die HTML5-Spezifikation keine Aussage.

Die Typen `radio` und `checkbox` werden wie gewöhnliche Radiobuttons und Checkboxen dargestellt. Der Unterschied zu gewöhnlichen Radiobuttons und Checkboxen besteht darin, dass beim `command`-Element in aller Regel der Event-Handler `onclick` eingesetzt wird. Er bewirkt, dass bei jeder Zustandsänderung des Radiobuttons oder der Checkbox JavaScript-Code ausgeführt wird.

Beim `command`-Typ `radio` ist zu beachten, dass das Attribut `radiogroup` eine Gruppe von alternativen Radiobuttons definiert, von denen genau einer aktiviert sein kann. Notieren Sie das `radiogroup`-Attribut wie im obigen Beispiel 3 in allen `command`-

Elementen einer Gruppe von radio-Typen, und weisen Sie ihm in allen Fällen den gleichen Namen zu.

Genauso wie bei gewöhnlichen Radiobuttons und Checkboxen kann ein Element <command type="radio"> oder <command type="checkbox"> mit dem Standalone-Attribut checked vorausgewählt (beim Seitenaufruf bereits aktiviert) werden.

Weitere Attribute für das command-Element sind die Attribute label und icon. Das Attribut label legt die Beschriftung des Kommandos fest. Anders als bei gewöhnlichen Radio- und Checkboxen notieren Sie die Beschriftung bei Kommandos also nicht im Anschluss an das Element als normalen Text, sondern als Wertzuweisung an das Attribut label.

Dem Attribut icon kann eine kleine Symbolgrafik zugeordnet werden, die das Kommando optisch verdeutlicht. Dabei gelten alle Möglichkeiten und Regeln bei der Referenzierung. Wenn beide Attribute, also label und icon, angegeben sind, kann ein Browser der Beschriftung beispielsweise das Icon voranstellen.

Kontext-Menüs

Beispiel 4 ist HTML5-spezifisch und zeigt ein Kontext-Menü. Ein solches Menü zeichnen Sie aus, indem Sie im einleitenden <menu>-Tag die Angabe type="context" notieren.

Kontext-Menüs benötigen ein Element, auf das sie sich beziehen. Im obigen Beispiel 4 ist dies das einzeilige Eingabefeld <input name="pn" type="text" contextmenu="pn_context">. Den Bezug stellen Sie her, indem Sie im einleitenden <menu>-Tag des Kontext-Menüs ein id-Attribut notieren und dabei einen dokumentweit eindeutigen Namen vergeben. Im Bezugselement, oben im Beispiel also im <input>-Element, notieren Sie ein Attribut contextmenu. Diesem Attribut weisen Sie den gleichen Namen zu. Im obigen Beispiel ist das der Name pn_context. Achten Sie auf exakte Übereinstimmung der Namensschreibweisen im contextmenu- und im id-Attribut.

Das Kontext-Menü wird nur dann angezeigt, wenn der Anwender es explizit aktiviert, z. B. durch Drücken der rechten Maustaste im Bereich des Bezugselements.

Weitere Hinweise

Das menu-Element sollte nicht für normale Website-Navigationen verwendet werden. Realisieren Sie solche Navigationen mit dem nav-Element und ungeordneten Listen (mehr dazu in *4.1.4 Navigation und Seitenleisten*). Die Einträge eines menu-Menüs sollten stets Aktionen auslösen und deshalb in der Regel entsprechende Event-Handler mit zugewiesenem JavaScript-Code enthalten.

Zum Redaktionszeitpunkt existierte noch keine Browser-Umsetzung der neuen HTML5-Erweiterungen zu menu. Das command-Element bleibt in Browsern, die das Element nicht kennen, vollständig unsichtbar, da es ein Standalone-Element ohne Inhalt ist. Es wird deshalb noch dauern, bis diese Möglichkeiten bedenkenlos und ohne zusätzliche Workarounds eingesetzt werden können.

Referenzinformationen

Elementreferenz `<menu>`,
Elementreferenz `<command>`:

Attributreferenz `type`,
Attributreferenz `label`,
Attributreferenz `radiogroup`,
Attributreferenz `contextmenu`:

8.6.2 Aufklappbare Details

Zu viel Information oder zu viele Bedienelemente gleichzeitig wirken erschlagend und verwirrend auf Anwender. In manchen Fällen ist es deshalb sinnvoll, vollständige Inhalte nur auf explizite Anforderung des Anwenders hin anzuzeigen. Lösbar war diese Aufgabe schon seit Langem, jedoch erforderte sie Scripting.

HTML5 führt eine Möglichkeit ein, aufklappbare Details direkt in HTML zu definieren.

Beispiel

```
<details>
  <summary>Übungen zu Kapitel 1</summary>
  <ul>
    <li><a href="/?exercise=A1E1">Grammar: simple past tense</a></li>
    <li><a href="/?exercise=A1E2">Vocabulary: things to eat</a></li>
    <li><a href="/?exercise=A1E3">Fun: watch the apes</a></li>
  </ul>
</details>
<details>
  <summary>Übungen zu Kapitel 2</summary>
  <ul>
    <li><a href="/?exercise=A2E1">Story: to be the first one</a></li>
    <li><a href="/?exercise=A2E2">Grammar: would</a></li>
    <li><a href="/?exercise=A2E3">Vocabulary: traffic</a></li>
  </ul>
</details>
```

Erläuterung

Mit `<details>...</details>` markieren Sie einen Bereich, der aus einem immer angezeigten, durch Anklicken aufklappbaren Inhalt besteht. Der immer angezeigte, anklickbare Inhalt wird im unmittelbaren Anschluss an das einleitende `<details>`-Element mit `<summary>...</summary>` markiert. Der restliche Inhalt des `details`-Elements wird nur angezeigt, wenn er sich im aufgeklappten Zustand befindet. Das `summary`-Element verhält sich als Toggle-Element. Ein Klick öffnet den Inhalt, der nächste Klick schließt ihn wieder, der übernächste öffnet ihn wieder usw.

Im obigen Beispiel sind also die Texte `Übungen zu Kapitel 1` und `Übungen zu Kapitel 2` immer sichtbar. Beim Anklicken werden die Verweislisten unterhalb davon eingeblendet oder wieder ausgeblendet.

Bild 8.22: Geöffnetes und geschlossenes `detail`-Element im Browser

Weitere Hinweise

Web-Browser sollten den Inhalt des `summary`-Elements sichtbar als aufklappbar visualisieren, beispielsweise durch einen vorangestellten Pfeil. Zum Redaktionszeitpunkt gab es jedoch noch keinen Browser, außer Google Chrome, der die Aufklappfunktionalität von `details` und `summary` implementiert hat.

Überschriften innerhalb des `details`-Elements fließen nicht in die dokumentglobale Überschriftenhierarchie (Outlining) mit ein.

Referenzinformationen

Elementreferenz <`details`>,
Elementreferenz <`summary`>:

8.7 Formularverarbeitung

In diesem Abschnitt wird gezeigt, wie abgesendete Formulardaten in einem serverseitigen Script verarbeitet werden können. Zwei typische Anwendungsfälle sollen dabei vorgestellt werden. Der erste Fall besteht darin, die Formulardaten zu einer E-Mail aufzubereiten und diese an eine oder mehrere bestimmte Mailadressen zu versenden. Der zweite Fall zeigt, wie sich Formulardaten in einer MySQL-Datenbank speichern lassen.

Auch wenn Sie selbst kein Programmierer sind, kann dieser Abschnitt zum Verständnis beitragen. Wenn Sie in anderen, serverseitig eingesetzten Technologien und Sprachen zu Hause sind, etwa in Java, C#, Python, MSSQL, Oracle usw., liefert Ihnen dieser Abschnitt zumindest exemplarisches Wissen zur Vorgehensweise. Wenn andere Mitarbeiter die Verarbeitungsscripts erstellen, hilft Ihnen dieser Abschnitt, die Zusammenhänge zwischen HTML-Formulardefinitionen und der Verarbeitung ausgefüllter Formulare besser zu verstehen.

Der Abschnitt enthält jedoch weder eine Einführung in Programmiertechnik noch in die Einrichtung eines Webservers mit serverseitigen Programmiersprachen.

8.7.1 Einfacher Form-Mailer in PHP

In den Anfangsjahren des Webs wurde mangels Fachkenntnis oder anderer Möglichkeiten häufig auf die Möglichkeit zurückgegriffen, beim `action`-Attribut eines `form`-Elements einfach so etwas wie `mailto:ich@example.org` anzugeben. Einige Browser sendeten die Formulardaten dann direkt an die betreffende Mailadresse. Diese Lösung ist jedoch obsolet und sollte keinesfalls mehr verwendet werden. Denn sie funktioniert allenfalls in bestimmten Software-Umgebungen.

Die saubere Lösung besteht darin, beim `action`-Attribut eine HTTP-Adresse anzugeben, hinter der sich ein Script verbirgt. Das Script kann die Formulardaten abrufen und in gewünschter Form verarbeiten. In diesem Fall generiert es eine E-Mail aus den Daten und versendet diese an eine gewünschte Mailadresse. Die Formulardaten werden dabei mit der HTTP-Methode POST übergeben. Im Formular muss also `method="post"` im einleitenden `<form>`-Tag notiert werden.

Auch wenn Sie sich mit Programmierung gar nicht auskennen oder zumindest nicht mit der Sprache PHP, können Sie das nachfolgende Listing dennoch nachvollziehen, da es zum besseren Verständnis ausführlich kommentiert ist.

PHP-Script

```
<?php
// ======= Konfiguration:
$mailTo          = 'IhrName@provider.xy';
$mailFrom        = '"FormMailer" <info@provider.xy>';
$mailSubject     = 'Feedback';
$returnPage      = 'http://server/Formular-verarbeitet.html';
$returnErrorPage = 'http://server/Fehler-aufgetreten.html';
$mailText        = "";

// ======= Text der Mail aus den Formularfeldern erstellen:
// Wenn Daten mit method="post" versendet wurden:
if(isset($_POST)) {
  // alle Formularfelder der Reihe nach durchgehen:
  foreach($_POST as $name => $value) {
    // Wenn der Feldwert aus mehreren Werten besteht:
    // (z. B. <select multiple>)
    if(is_array($value)) {
      // "Feldname:" und Zeilenumbruch dem Mailtext hinzufügen
      $mailText .= $name . ":\n";
      // alle Werte des Feldes abarbeiten
      foreach($valueArray as $entry) {
```

```
        // Einrückungsleerzeichen, Wert und Zeilenumbruch
        // dem Mailtext hinzufügen
        $mailText .= "    " . $value . "\n";
      } // ENDE: foreach
    } // ENDE: if
    // Wenn der Feldwert ein einzelner Feldwert ist:
    else {
      // "Feldname:", Wert und Zeilenumbruch dem Mailtext
      // hinzufügen
      $mailText .= $name . ": " . $value . "\n";
    } // ENDE: else
  } // ENDE: foreach
} // if

// ======= Korrekturen vor dem Mailversand
// Wenn PHP "Magic Quotes" vor Apostrophzeichen einfügt:
if(get_magic_quotes_gpc()) {
  // eventuell eingefügte Backslashes entfernen
  $mailText = stripslashes($mailText);
}

// ======= Mailversand
// Mail versenden und Versanderfolg merken
$mailSent = @mail($mailTo, $mailSubject, $mailText,
                  "From: ".$mailFrom);

// ======= Return-Seite an den Browser senden
// Wenn der Mailversand erfolgreich war:
if($mailSent == TRUE) {
  // Seite "Formular verarbeitet" senden:
  header("Location: " . $returnPage);
}
// Wenn die Mail nicht versendet werden konnte:
else {
  // Seite "Fehler aufgetreten" senden:
  header("Location: " . $returnErrorPage);
}

// ======= Ende
exit();
?>
```

Erläuterung

Um dieses Script nutzen zu können, müssen Sie über einen Webserver oder über gemieteten Webspace verfügen, mit dem PHP verwendbar ist. Sind diese Voraussetzungen erfüllt, können Sie den Scriptcode unter einem geeigneten Dateinamen wie z. B. *formmail.php* im Webdokumentbereich des Webservers speichern. Beachten Sie bei

Linux oder anderen Unix-Derivaten, dass die Dateirechte der Scriptdatei so gesetzt werden müssen, dass sie für den Webserver ausführbar sind.

Die ersten paar Zeilen des Scripts müssen Sie anpassen. Weisen Sie der Variablen `$mailTo` die Mailadresse zu, an die Formulardaten gesendet werden sollen. Bei `$mailFrom` sollte entweder eine technische Systemadresse wie `postmaster@unsere-domain.xy` oder eine Defaultadresse wie `info@unsere-domain.xy` eingesetzt werden. Der Variablen `$mailSubject` wird der Betreff der Mail zugewiesen. Aus dem Betreff sollte hervorgehen, dass es sich um ausgefüllte Formulardaten handelt.

Die Hauptaufgabe des Scripts besteht darin, aus den erhaltenen POST-Daten die Mail zu erstellen und zu versenden. Dennoch muss das Script am Ende auch etwas an den Browser senden. Denn der Anwender, der das Formular abgesendet hat, erwartet natürlich einen nächsten Inhalt im Browserfenster. Da das Script aber die Adresse ist, die aufgerufen wurde, liegt es in seinem Aufgabenbereich, diese Inhalte zu liefern. Im obigen Script ist das so gelöst, dass das Script am Ende einfach einen Redirect (eine Weiterleitung) zu einer gewöhnlichen HTML-Datei durchführt. Diese Datei wird an den Browser gesendet. Der Form-Mailer ist so geschrieben, dass im Erfolgsfall, also wenn die Mail versendet wurde, eine andere HTML-Datei zurückgegeben wird, als im Fehlerfall. Die beiden Dateien werden am Beginn des Scripts in den Variablen `$returnPage` und `$returnErrorPage` definiert. Notieren Sie dort vollständige HTTP-URLs, auch dann, wenn die HTML-Dateien auf dem gleichen Server liegen wie das Form-Mailer-Script.

Insgesamt benötigen Sie also:

- eine HTML-Datei mit dem Formular,
- das obige Form-Mailer-Script, gespeichert als ausführbare PHP-Datei,
- eine HTML-Datei, die im Erfolgsfall nach Absenden des Formulars angezeigt wird,
- eine HTML-Datei, die im Fehlerfall nach Absenden des Formulars angezeigt wird.

Hier ein Beispiel-Set für die drei HTML-Dateien:

Formular:

```
<!DOCTYPE html>
<html>
  <head>
    <meta charset="utf-8">
    <title>Feedback</title>
  </head>
  <body>
    <h1>Feedback</h1>
    <form method="post" action="/form-mailer.php">
      <p><label>Name:<br><input type="text" name="Name"></label></p>
      <p><label>E-Mail:<br><input type="text" name="Mail"></label></p>
      <p>
        <label>Betreff:<br><input type="text" name="Betreff"></label>
      </p>
      <p>
        <label>Nachricht:<br>
```

```
        <textarea name="Nachricht" cols="50" rows="8"></textarea>
      </label>
    </p>
    <input type="submit" value="OK">
  </form>
 </body>
</html>
```

Erfolgsfall nach Absenden des Formulars

```
<!DOCTYPE html>
<html>
  <head>
    <meta charset="utf-8">
    <title>Feedback: Danke</title>
  </head>
  <body>
    <h1>Feedback: Danke!</h1>
    <p>Wir haben Ihre Nachricht erhalten und werden uns bei
    Klärungsbedarf an die von Ihnen angegebene Mailadresse wenden.</p>
  </body>
</html>
```

Fehlerfall nach Absenden des Formulars

```
<!DOCTYPE html>
<html>
  <head>
    <meta charset="utf-8">
    <title>Feedback: Danke</title>
  </head>
  <body>
    <h1>Feedback: Fehler!</h1>
    <p>Leider ist ein Fehler aufgetreten, und Ihre Formulardaten
    konnten nicht an uns gesendet werden.</p>
  </body>
</html>
```

Weitere Hinweise

Das obige Form-Mail-Script ist prinzipiell für beliebige Formulare mit beliebig vielen Feldern geeignet. Nicht geeignet ist es für Formulare mit Datei-Upload-Feldern. Dazu müsste das Script nicht nur die POST-Daten auswerten, sondern auch die separat davon übersendeten Dateien.

Es ist durchaus möglich, das Form-Mail-Script flexibler zu gestalten. Wenn Sie es beispielsweise für ein Formular einsetzen, in dem der Anwender seine Mailadresse in einem Feld `<input type="text" name="mail">` eingeben kann oder muss, können Sie im Script auch notieren: `$mailFrom = $_POST['mail'];`

Beachten Sie jedoch, dass vorher stets eine Prüfung der Daten erfolgen sollte. In diesem Fall ist es vor allem wichtig, dass in `$_POST['mail']` keine Zeilenumbruchzeichen enthalten sind, da bösartige Anwender auf diese Weise versuchen könnten, zusätzliche, Schaden anrichtende Mailheaderzeilen zu injizieren.

Auf keinen Fall sollten Sie im obigen Form-Mail-Script die Variable `$mailTo` durch eine vom Anwender selbst bestimmbare Angabe ersetzen. Denn dadurch erschaffen Sie eine perfekte Spamschleuder.

Die oben skizzierte Lösung für den Fehlerfall ist nicht sehr professionell. Üblich ist es in solchen Fällen, das Formular erneut anzuzeigen, mit den zuvor eingegebenen Daten vorzubelegen und eine gezielte Fehlermeldung auszugeben. Das würde jedoch weiteres Scripting erfordern. Das obige Beispiel sollte jedoch aus Verständnisgründen möglichst einfach sein.

8.7.2 Formulare in Datenbank speichern (PHP/MySQL)

Formulardaten haben einen feldorientierten Aufbau, und alle gesendeten Daten des gleichen Formulars enthalten die gleichen Felddaten. Die optimale Form, solche Daten zu speichern, ist eine Tabelle. Die Felder des Formulars sind dabei die Spalten der Tabelle, und die einzelnen abgesendeten Formulare sind die Zeilen. Tabellenorientierte Datenbanksysteme wie MySQL, PostgreSQL, Oracle, usw. sind bestens geeignet, um solche Daten aufzunehmen. Gerade auch dann, wenn es sich um große Datenmengen handelt, also wenn sehr viele Formulare abgesendet werden.

Das Beispiel dieses Abschnitts zeigt, wie Sie Kommentare zu Artikeln in einer Datenbanktabelle speichern können. Dabei kommt das beliebte Datenbank-Management-System MySQL zum Einsatz. Als Scriptsprache für die Formularauswertung wird wie schon im letzten Beispiel PHP verwendet.

Beispiel, Teil 1: HTML-Formulare

```
<form method="post" action="artikel.php?id=283">
  <p><label>Name:<br><input type="text" name="name"></label></p>
  <p><label>Mail:<br><input type="text" name="mail"></label></p>
  <p><label>Kommentar:<br>
  <textarea name="text" cols="50" rows="8"></textarea></label></p>
  <input type="submit" value="OK">
</form>
```

Erläuterung

Im Formular kann der Anwender die typischen Kommentardaten wie Name, E-Mail-Adresse und Kommentartext eingeben.

Das Beispiel nimmt an, dass das HTML-Dokument mit dem gesamten Artikelinhalt, den bereits vorhandenen Kommentaren und dem gezeigten Formular von einem PHP-Script namens *artikel.php* ausgegeben wird. Der HTML-Code der Webseite muss dynamisch erzeugt werden, da die bereits vorhandenen Kommentare aus der Datenbank gelesen und mit ausgegeben werden müssen.

Wenn der Anwender das Formular absendet, wird entsprechend der Angabe im `action`-Attribut des `<form>`-Tags wieder die *artikel.php* aufgerufen. Im GET-Parameter `id` wird wieder die aktuelle Artikelnummer angegeben. Denn nach dem Absenden des Formulars soll wieder der gleiche Artikel angezeigt werden, jedoch mit dem neu hinzugekommenen Kommentar des Anwenders. Die Formulardaten werden als POST-Daten (`method="post"`) übergeben.

Beispiel, Teil 2: Die Datenbanktabellen

Um besser zu verstehen, wie das datenverarbeitende PHP-Script *artikel.php* arbeitet, ist es sinnvoll, einen Blick in die Datenbanktabelle zu werfen, in die das PHP-Script die Formulardaten schreibt. Auch ein Blick in die Datenbanktabelle mit den eigentlichen Artikeln gehört zum Verständnis. Beide Tabellen stellen kleine Ausschnitte der gesamten gespeicherten Daten dar.

Die Tabelle für Kommentare

id	*articleid*	*name*	*mail*	*text*	*timestamp*
19495	132	Kakadu	kakadu@example.org	viel Text...	1274533401
19496	283	Dr. House	drhouse@example.com	Kommentartext	1274533475
19497	621	Martin Murr	mm@example.net	Viel Gemurre	1274533622

Die Tabelle für Artikel

id	*title*	*text*	*timestamp*
282	Irre Sache	Viel Text...	1274010023
283	Toller Artikel-Titel	Viel Interessantes	1274245310
284	Das Neueste	Viel Neues	1274298808

Erläuterung

Die Tabelle für Kommentare enthält mit den Spalten bzw. Feldnamen *name*, *mail* und *text* Felder für die Daten, die der Anwender beim Beitragen von Kommentaren ausfüllt. Die übrigen Felder werden vom PHP-Script bzw. von MySQL verwaltet. Die Spalte *id* enthält laufende, eindeutige Nummern, um Datensätze eindeutig zu identifizieren. Dies ist erforderlich, wenn Bezüge (Relationen) zu bestimmten Datensätzen hergestellt werden sollen. Die Spalte *articleid* ist so ein Fall. Sie enthält eindeutige Bezugsnummern aus der zweiten gezeigten Tabelle, nämlich aus der Tabelle für Artikel. Auf diese Weise wird in der Datenbank festgehalten, welcher Kommentar zu welchem Artikel gehört. Die Spalten *timestamp* in beiden Tabellen halten den Speicherzeitpunkt in Form eines Unix-Zeitstempels fest (Anzahl Sekunden seit 1.1.1970, 0:00 Uhr).

Beispiel, Teil 3: Das PHP-Script

Code-Details des nachfolgenden PHP-Scripts werden in diesem Zusammenhang nicht beschrieben. Der Quelltext des Listings ist ausführlich kommentiert, damit Sie in etwa nachvollziehen können, wie das Script seine Aufgaben abarbeitet.

```
<?php
$html         = "";
$errorMessage = "";

// Wenn eine Artikelnummer mit GET-Parameter ?id=# angegeben ist:
if(isset($_GET['id'])) {
  // Datenbankverbindung aufbauen:
  $dbh = mysql_connect("localhost", "webserver", "sda523erf");
  if(!$dbh) // Falls keine Verbindung aufgebaut werden konnte:
    $errorMessage .= '<div class="error">Keine '.
                     'Datenbankverbindung!</div>';
  // Artikeldatenbank öffnen
  $sql = "use test";
  $sqlResult = @mysql_query($sql, $dbh);
  if(!$sqlResult) // Artikeldatenbank konnte nicht geöffnet werden:
    $errorMessage .= '<div class="error">Artikeldatenbank '.
                     'konnte nicht geöffnet werden</div>';
  if($dbh and $sqlResult) { // Alles OK mit der Datenbank:
    // Prüfen, ob Kommentardaten zum Speichern vorliegen:
    if(isset($_POST['name'])
       and isset($_POST['mail'])
       and isset($_POST['text'])) {
      // Daten zum Speichern in der Datenbank vorbereiten:
      $_POST['name'] = stripslashes($_POST['name']);
      $_POST['mail'] = stripslashes($_POST['mail']);
      $_POST['text'] = stripslashes($_POST['text']);
      $_POST['name'] = strip_tags($_POST['name']);
      $_POST['mail'] = strip_tags($_POST['mail']);
      $_POST['text'] = strip_tags($_POST['text'], '<p><br><b><i><a>');
      $_POST['name'] = mysql_real_escape_string($_POST['name']);
      $_POST['mail'] = mysql_real_escape_string($_POST['mail']);
      $_POST['text'] = mysql_real_escape_string($_POST['text']);
      $_POST['name'] = "'" . $_POST['name'] . "'";
      $_POST['mail'] = "'" . $_POST['mail'] . "'";
      $_POST['text'] = "'" . $_POST['text'] . "'";
      // Restliche Datenfelder vorbereiten:
      $timestamp = time();
      $articleid = (int) $_GET['id'];
      // Kommentar in Datenbanktabelle 'comments' schreiben:
      $sql = "insert into comments";
      $sql .= "(articleid, name, mail, text, timestamp) values (";
      $sql .= $articleid.", ";
      $sql .= $_POST['name'].", ";
      $sql .= $_POST['mail'].", ";
```

```
    $sql .= $_POST['text'].", ";
    $sql .= $timestamp.")";
    $sqlResult = @mysql_query($sql, $dbh);
    if(!$sqlResult) // Datensatz konnte nicht gespeichert werden:
      $errorMessage .= '<div class="error">Kommentar '.
                       'konnte nicht gespeichert werden</div>';
  } // ENDE: if(isset($_POST['name']) and isset($_POST['mail']) ...
  // Artikel aus Datenbank lesen
  $sql = "select * from articles where id = " . (int) $_GET['id'];
  $sqlResult = mysql_query($sql, $dbh);
  if(!$sqlResult) // Keine Ergebnismenge:
    $errorMessage .= '<div class="error">Artikel '.
                     'nicht gefunden</div>';
  else  // Ergebnismenge vorhanden:
    // Datensatz des Artikels "holen":
    $articleData = mysql_fetch_array($sqlResult, MYSQL_ASSOC);
    // HTML-Ausgabe erzeugen:
    $html .= '<!DOCTYPE html>'."\n";
    $html .= '<html><head><meta charset="utf-8">'."\n";
    $html .= '<title>'.$articleData['title'].'</title>'."\n";
    $html .= '</head><body><h1>Das Artikelmagazin</h1>'."\n";
    if(strlen($errorMessage) > 0)  // Fehlermeldung vorhanden:
      // Fehlermeldung einfügen:
      $html .= $errorMessage."\n";
    $html .= '<section><h2>'.$articleData['title'].'</h2>'."\n";
    $html .= '<article>'."\n";
    $html .= $articleData['text']."\n";
    $html .= '</article></section><section>'."\n";
    // Kommentare zum Artikel aus Datenbank lesen
    $sql = "select * from comments where articleid = ";
    $sql .= (int) $_GET['id'];
    $sql .= " order by timestamp";
    $sqlResult = mysql_query($sql, $dbh);
    if($sqlResult) { // Ergebnismenge vorhanden:
      $html .= '<h2>Kommentare</h2>'."\n";
      // Datensätze "holen":
      while($record = mysql_fetch_array($sqlResult, MYSQL_ASSOC)) {
        $html .= '<article><p>'.$record['name'];
        $html .= ' schrieb:</p>'."\n";
        $html .= '<div>'.$record['text'].'</div>'."\n";
        $html .= '</article>'."\n";
      } // ENDE: while(...)
    } // ENDE: if($sqlResult)
    $html .= '<h2>Ihr Kommentar:</h2>'."\n";
    $html .= '<form method="post"'."\n";
    $html .= 'action="artikel.php?id='.(int) $_GET['id'].'">'."\n";
    $html .= '<p><label>Name:<br>'."\n";
    $html .= '<input type="text" name="name"></label</p>'."\n";
    $html .= '<p><label>Mail:<br>'."\n";
```

```
      $html .= '<input type="text" name="mail"></label></p>'."\n";
      $html .= '<p><label>Kommentar:<br>'."\n";
      $html .= '<textarea name="text" cols="50" rows="8">';
      $html .= '</textarea></label></p>'."\n";
      $html .= '<input type="submit" value="OK">'."\n";
      $html .= '</form></section>'."\n";
      $html .= '</body></html>'."\n";
    } // ENDE: Alles OK mit der Datenbank
    else { // Nicht alles OK mit der Datenbank
      $html .= '<!DOCTYPE html>'."\n";
      $html .= '<html><head><meta charset="utf-8">'."\n";
      $html .= '<title>'.$articleData['title'].'</title>'."\n";
      $html .= '</head><body><h1>Das Artikelmagazin</h1>'."\n";
      // Fehlermeldung einfügen:
      $html .= $errorMessage."\n";
      $html .= '</body></html>'."\n";
    }
  } // ENDE: if(isset($_GET['id']))
  else { // kein GET-Parameter "id" vorhanden
    $errorMessage .= '<div class="error">Keinen
    Artikel ausgewählt!</div>';
    $html .= '<!DOCTYPE html>'."\n";
    $html .= '<html><head><meta charset="utf-8">'."\n";
    $html .= '<title>'.$articleData['title'].'</title>'."\n";
    $html .= '</head><body><h1>Das Artikelmagazin</h1>'."\n";
    // Fehlermeldung einfügen:
    $html .= $errorMessage."\n";
    $html .= '</body></html>'."\n";
  }
  // HTML ausgeben:
  // Damit wird die Seite an den Browser gesendet:
  echo $html;
?>
```

Erläuterung

Erkennbar ist, dass das Script prüft, ob Formulardaten des Kommentarformulars vorliegen. Wenn ja, werden die Daten für das Speichern in der Datenbank vorbereitet und anschließend als neuer Datensatz in der Datenbanktabelle *comments* gespeichert. Anschließend wird der HTML-Code der auszugebenden Artikelseite Stück für Stück erzeugt. Dabei werden die Daten des anzuzeigenden Artikels aus der Datenbank gelesen, sowie alle Kommentare, die zu diesem Artikel gehören. All diese Daten werden in den auszugebenden HTML-Code eingefügt. Falls zuvor ein Kommentar des aktuellen Anwenders gespeichert wurde, wird auch dieser bereits mit aus den Daten gelesen und ausgegeben. Aus Sicht des Anwenders, wird nach dem Absenden eines Kommentars zu einem Artikel, die Seite mit dem Artikel erneut angezeigt. Sein eigener Kommentar wird dabei bereits mit angezeigt.

8.8 Backgrounds: Formulare

Formulare gibt es in HTML seit der ersten Sprachversion. In den zwanzig Jahren, die seitdem vergangen sind, hat sich jedoch die IT-Welt drastisch verändert. Und die Ansprüche von Anbietern und Anwendern an die Usability von Eingabemöglichkeiten sind stark gewachsen. In diesem Abschnitt soll noch ein Aspekt behandelt werden, der in jüngerer Zeit häufig nachgefragt wird.

8.8.1 Richtext-Eingaben

Egal ob bei User-Kommentaren zu Blog-Artikeln oder im Content-Management-System für Redakteure einer Website: Immer wieder wird der Wunsch geäußert, Richtext oder Inhalte im WYSIWYG-Modus (WYSIWIG = *What You See Is What You Get*) eingeben zu können. Anwender ohne HTML-Kenntnisse sollen in der Lage sein, Text einzugeben, in dem es definierte Überschriften und Textabsätze gibt, fette und kursive Textstellen, zentriert oder rechts ausgerichtete Absätze, eventuell auch Grafiken und vieles mehr.

Ein gewöhnliches mehrzeiliges Eingabefeld kann diese Ansprüche nicht erfüllen. HTML5 führt jedoch eine Lösung ein, die auch prinzipiell in allen modernen Browsern funktioniert, da sie nicht wirklich neu ist, sondern auf einem Konzept von Microsoft basiert, das seit vielen Jahren existiert.

Dieser Buchabschnitt stellt eine einfache Lösung für ein eigenes Richtext-Eingabefeld vor.

Beispiel

```
<!DOCTYPE html>
<html>
  <head>
    <title>Richtext</title>
    <meta charset="utf-8">
    <script>
      function postEdit() {
        document.getElementById("form_inhalt").value =
        document.getElementById("inhalt").innerHTML;
        return true;
      }
      function format(command_name, command_value) {
        document.execCommand(command_name, false, command_value);
      }
    </script>
    <style>
      button { margin-right: 0; margin-left: -3px; }
    </style>
  </head>
  <body>
    <form method="post" id="richtext_formular"
          action="save-content.pl"
```

```
    onsubmit="return postEdit();">
<input type="hidden" name="form_inhalt"
       id="form_inhalt" value="">
<button type="button" onclick="format('insertparagraph','<p>');"
        title="Textabsatz">¶</button>
<button type="button" onclick="format('formatblock','<h1>');"
        title="Überschrift 1. Ordnung">H1</button>
<button type="button" onclick="format('formatblock','<h2>');"
        title="Überschrift 2. Ordnung">H2</button>
<button type="button" onclick="format('formatblock','<h3>');"
        title="Überschrift 3. Ordnung">H3</button>
<button type="button" onclick="format('formatblock','<h4>');"
        title="Überschrift 4. Ordnung">H4</button>
<button type="button"
        onclick="format('insertunorderedlist','');"
        title="Unsortierte Liste">•</button>
<button type="button" onclick="format('insertorderedlist','');"
        title="Sortierte Liste">1.</button>
<button type="button"
        onclick="format('inserthorizontalrule','');"
        title="Trennlinie">&mdash;</button> 
<button type="button" onclick="format('bold','');">
  <b>B</b>
</button>
<button type="button"
        onclick="format('italic','');"><i>I</i></button>
<button type="button" onclick="format('subscript','');">
  <span style="font-size: 65%;"><sub>X</sub></span>
</button>
<button type="button" onclick="format('superscript','');">
  <span style="font-size: 65%;"><sup>X</sup></span>
</button>
<button type="button"
        onclick="document.execCommand('createlink');">
  <span style="text-decoration: underline;">link</span>
</button> 
<button type="button" onclick="format('justifyleft','');">
  |=
</button>
<button type="button" onclick="format('justifyright','');">
  =|
</button>
<button type="button"
        onclick="format('justifycenter','');">)=(</button>
<button type="button"
        onclick="format('justifyfull','');">|=|</button>
<div contenteditable="true" id="inhalt"
     style="border: solid 1px #D0D0D0; padding: 5px;
            height: 150px; width: 600px;
```

```
                   overflow: scroll;">
      </div>
      <p><input type="submit" value="OK"></p>
    </form>
  </body>
</html>
```

Erläuterung

Innerhalb des Dokumentkörpers ist ein Formular definiert. Es besteht aus einem `hidden`-Feld, einer ganzen Reihe von `button`-Elementen für die Steuerschaltflächen des Richtext-Editors, einem `div`-Element mit dem wichtigen Standalone-Attribut `contenteditable` und einer OK-Schaltfläche zum Absenden des Formulars.

Bild 8.23: Einfacher Richtext-Editor im Einsatz

Die `button`-Elemente sind die kleinen Steuerelemente oberhalb des Eingabebereichs. Der Eingabebereich selbst ist kein Formularfeld, sondern ein gewöhnliches `div`-Element. Editierbar wird es einfach durch Notieren des Attributs `contenteditable`. Sie können dieses Attribut in ***allen*** HTML-Elementen notieren, in denen es sinnvoll erscheint, da es sich um ein globales Attribut handelt.

Durch das Attribut alleine entsteht jedoch noch kein Richtext-Editor. Wenn Sie sonst keine Steuerungsmöglichkeiten anbieten, kann der Anwender einfach Text mit den optischen Eigenschaften editieren, die das Element besitzt. Wenn Sie es mit Hilfe von CSS formatieren, kann der Anwender Text mit den definierten Style-Eigenschaften editieren, jedoch keine Textstellen anders formatieren. Das geht nur mit Hilfe von Steuerelementen und etwas Scripting.

Die `button`-Elemente, die im obigen Beispiel die Steuerschaltflächen definieren, enthalten jeweils einen Event-Handler `onclick`. All diesen Event-Handlern wird – mit einer Ausnahme – der Aufruf einer Funktion namens `format(…)` zugewiesen. Die entsprechende Funktion ist im Dokumentkopf innerhalb des `script`-Bereichs notiert. Sie erwartet zwei Parameter, die bei den Aufrufen jeweils übergeben werden. Die Funktion ruft eine Objektmethode namens `document.execCommand()` auf und übergibt ihr die Parameter, die sie selbst erhalten hat.

Die Kombination aus einem Element mit dem Attribut `contenteditable`, Steuerelementen und Script-Aufrufen der Methode `document.execCommand()` ist das Gerüst für einen Richtext-Editor. Damit die Daten aus dem `div`-Element im obigen Beispiel jedoch beim Absenden des Formulars als Formulardaten übertragen werden, müssen sie vor dem Absenden noch schnell in ein Formularfeld übertragen werden. Zu diesem Zweck enthält das einleitende `<form>`-Tag im Beispiel einen Event-Handler `onsubmit`. Wenn der Anwender auf die Submit-Schaltfläche (OK) am Ende des Formulars klickt, wird der Script-Code ausgeführt, der diesem Event-Handler zugewiesen ist. Im obigen Beispiel ist das ein Aufruf der Funktion `postEdit()`, die ebenfalls im Dokumentkopf notiert ist. Sie überträgt den HTML-Inhalt des `div`-Elements in das `value`-Attribut des versteckten Formularfelds. Da dies ein gewöhnliches Formularfeld ist, wird der editierte Text mitsamt aller darin enthaltenen HTML-Formatierungen an den Server übertragen und kann dort verarbeitet werden.

Weitere Hinweise

Normalerweise würde ein Richtext-Feld beim Editieren einfach mit der Menge seines Inhalts mitwachsen. Damit es eher wie ein Formularfeld wirkt, mit definierter Höhe und Scrollbalken bei umfangreicherem Inhalt, können Sie das betroffene HTML-Element mit Hilfe von CSS entsprechend präparieren. Im obigen Beispiel hat das `div`-Element mit der CSS-Angabe `height: 150px;` eine gewünschte Höhe von 150 Pixeln erhalten, und die Angabe `overflow: scroll;` stellt sicher, dass bei größeren Inhalten die Höhe eingehalten wird und stattdessen ein Scrollbalken angezeigt wird.

Diese Objektmethode `document.execCommand()` wird zwar von allen maßgeblichen neueren Browsern interpretiert. Es gibt allerdings im Detail eine Reihe ärgerlicher Unterschiede in den Implementierungen. Professionelle Richtext-Editoren versuchen, diese Uneinheitlichkeiten durch zusätzliches Scripting auszugleichen und zu vereinheitlichen.

Nachfolgend Links zu professionellen Lösungen für WYSIWYG-Editoren, die sich in Webseiten einbetten lassen:

CKEditor (früher: FCKEditor)
http://ckeditor.com/

TinyMCE Editor
http://tinymce.moxiecode.com/

Ohne aktiviertes JavaScript ist ein Richtext-Editor nicht realisierbar. Im Frontend-Bereich, also auf Publikums-Webseiten, müssen Sie stets damit rechnen, dass ein kleiner Teil der Besucher die Funktionalität nicht nutzen kann, weil diese Anwender JavaScript in ihrem Browser deaktiviert haben.

Referenzinformationen

Attributreferenz `contenteditable`:

9 Mikrodaten und globale Attribute

- *Was Mikrodaten sind*
- *Wie Sie Mikrodaten in HTML5 kodieren*
- *Welche Attribute Sie in allen Elementen notieren können und wie Sie solche Attribute sinnvoll einsetzen*

9.1 Mikrodaten

Angenommen, eine Webseite enthält Veranstaltungshinweise. Veranstaltungen sind Termine, bestehend aus Felddaten wie »was?«, »wann?« und »wo?«. Egal, welche HTML-Elemente zum Einsatz kommen, um solche Veranstaltungen auszuzeichnen: Die eigentlichen Daten der Veranstaltung stehen irgendwo im Fließtext und sind als solche nicht weiter identifizierbar. An diesem Punkt setzen Mikrodaten an: Sie bieten Web-Autoren ein Instrumentarium, um identifizierbare Felddaten in Dokumenten gezielt auszuzeichnen.

Die Syntax, welche HTML5 dafür zur Verfügung stellt, ist so allgemein, dass sich damit praktisch beliebige Daten-Sets auszeichnen lassen. Unter anderem ist die Mikrodaten-Syntax auch geeignet, um bekannte Daten-Sets wie etwa vCard für Kontaktdaten, vEvent für Kalenderdaten und andere abzubilden.

Ein Spezial-Parser kann ausschließlich solche Informationen aus HTML-Dokumenten extrahieren, ohne die übrigen Auszeichnungen zu beachten. So können beispielsweise aus normalen Webseiten feldorientierte Daten in Suchmaschinen gelangen, oder Web-Browser können solche Daten zusätzlich in geordneter Form unabhängig vom Inhalt der Webseite anbieten.

Zum Redaktionszeitpunkt dieses Buches sind die Mikrodaten bereits als *Last Call* der WHATWG zu HTML5 enthalten. Dies bedeutet, dass düber kurz oder lang eine *Recommendation* daraus entstehen wird. Aus der Version des W3-Konsortiums, welche die Festschreibung des HTML5-Standards besorgt, sind die Mikrodaten dagegen in ein separates Dokument ausgelagert worden. Es ist jedoch damit zu rechnen, dass sich ein so einfaches und überzeugendes Konzept wie die Mikrodaten in jedem Fall durchsetzen wird. Aus diesem Grund erhalten sie auch einen festen Platz in den Beschreibungen dieses Handbuchs.

9.1.1 Aufbau von Mikrodaten

Mikrodaten bestehen jeweils aus Sets von Name-Wert-Paaren. Ein Set für Kontaktdaten kann beispielsweise aus Feldbezeichnern wie Vorname, Zuname, Straße, Postleitzahl und Ort bestehen. Dies sind die Namen. Die Werte sind die zugeordneten Daten, also etwa Anna, Lyse, Phantasiestraße 1, 10001, Musterstadt. In HTML5 wird ein Set als ***Item*** bezeichnet und jedes Name-Wert-Paar darin als ***Property*** (Eigenschaft).

Zum Notieren von Mikrodaten stellt HTML5 eine Reihe von Attributen zur Verfügung. Diese Attribute können in beliebigen HTML-Elementen notiert werden, in denen es sinnvoll ist.

Beispiel

```
<article itemscope>
  <h3 itemprop="title">
    <time datetime="2009-01-27" itemprop="date">27.01.2009</time>
    +++ Radfahrer bei Unfall schwer verletzt
  </h3>
  <p itemprop="teaser">
    Wie die Polizei Dünnkirchen mitteilte, wurde am gestrigen Sonntag
    ein Radfahrer beim Versuch, von der Urkomstraße aus Norden
    kommend in die Babelstraße einzubiegen, von einem Kleinlaster
    erfasst und schwer verletzt.
  </p>
  <p>
    <img itemprop="picture" src="/src/2009/01/27/a282.png" alt="">
  </p>
  <div itemprop="content">
    <p>Der Radfahrer, ein 34jähriger Bahnangestellter, war auf dem
    Heimweg von ... usw.</p>
  </div>
  <hr>
  <p>Quelle: <span itemprop="source">qjourn-agentur</span></p>
</article>
```

Erläuterung

Mit dem Standalone-Attribut `itemscope` starten Sie ein Daten-Set bzw. ein Item. Notieren Sie dieses Attribut in einem übergeordneten Element, das den Container für andere Elemente darstellt, in denen die einzelnen Daten (Properties) des Items vorkommen. Im obigen Beispiel sollen Inhalte einer News-Meldung explizit als Mikrodaten ausgezeichnet werden. Das `article`-Element schließt im Beispiel die gesamte Meldung ein. Deshalb ist es im Beispiel der geeignete Ort für das `itemscope`-Attribut.

Namen von Bezeichnern (Properties) zeichnen Sie durch das Attribut `itemprop` aus. Der Wert, den Sie dem Attribut zuweisen, ist der Bezeichnername. Im obigen Beispiel gibt es Properties wie `title` (Titel), `date` (Datum), `teaser` (Anreißertext), `picture` (Bild), `content` (Nachrichteninhalt) und `source` (Bezugsquelle).

Die *Werte*, die diesen Properties zugeordnet sind, sind in den meisten Fällen die Inhalte der jeweiligen Elemente. Bei <span itemprop="source">qjourn-agentur</span> ist also source der Bezeichnername und qjourn-agentur der diesem Bezeichner zugeordnete Wert.

Bei <img itemprop="picture" src="/src/2009/01/27/a282.png" alt=""> gibt es keinen Elementinhalt. Wenn es in solchen Fällen eine irgendwie zugewiesene URL-Adresse gibt, wird sie zum zugewiesenen Wert der Property. Im Beispiel ist das also die referenzierte PNG-Grafik. Gleiches gilt, wenn ein itemprop-Attribut in HTML-Tags wie <video>, <audio>, <object>, <embed>, <iframe>, <a>, <area> oder <link> notiert wird. Bei <meta>-Tags wird einem darin notierten itemprop-Bezeichner der Wert des content-Attributs zugewiesen.

Im Fall des Elements time (siehe Beispiel) wird dem itemprop-Bezeichner nicht der Elementinhalt zugewiesen, sondern der Attributwert von datetime, da dieser präziser ist.

Weitere Informationen

Items dürfen auch verschachtelt werden. Dazu ein Beispiel

```
<div itemscope>
  <p><span itemprop="actor-name">Renée Kathleen Zellweger</span> (*
    <time datetime="1969-04-25" itemprop="actor-birthday">
      25. April 1969
    </time> in
    <span itemprop="actor-birthplace">
      Baytown, Texas
    </span>
    ) ist eine US-amerikanische Schauspielerin und
    Oscar-Preisträgerin.
  </p>
  <h3>Filme</h3>
  <ul>
    <li itemscope>
      <span itemprop="film-title">
        Jerry Maguire - Spiel des Lebens
      </span>
      (<time datetime="1996" itemprop="film-year">1996</time>)
    </li>
    <li itemscope>
      <span itemprop="film-title">
        Bridget Jones - Schokolade zum Frühstück
      </span>
      (<time datetime="2001" itemprop="film-year">2001</time>)
    </li>
    <li itemscope>
      <span itemprop="film-title">Unterwegs nach Cold Mountain</span>
      (<time datetime="2003" itemprop="film-year">2003</time>)
    </li>
  </ul>
</div>
```

In diesem Beispiel gibt es ein `div`-Element, das einen `itemscope` definiert. Der Inhalt des `div`-Elements besteht aus einem beschreibenden Textabsatz, einer Überschrift und einer ungeordneten Liste mit Filmen. Dabei enthält jedes `li`-Element selbst noch mal ein `itemscope`-Attribut. Das Daten-Set für Filmtitel ist also ein eigenes, untergeordnetes Item.

Im Geltungsbereich eines `itemscope`-Attributs sind anders als sonst `<meta>`-Tags mitten im Dokumentkörper erlaubt. Dadurch entsteht eine sehr praktische Möglichkeit, semantische Informationen im Inhalt zu notieren, der jedoch nicht sichtbar ist.

Ein Beispiel

```
<section itemscope>
  <h1 itemprop="title">Grammatik: The verb 'to be'</h1>
  <meta itemprop="CEFR" content="B1">
  <!-- <object>...</object> -->
</section>
```

In diesem Beispiel wird ein `meta`-Element dazu verwendet, einer Lernübung die Einstufung gemäß dem Gemeinsamen Europäischen Referenzrahmen für Sprachenlerninhalte (CEFR oder GER) zuzuordnen. Die Angabe erscheint nicht sichtbar im Browser, kann aber der auslesenden Software zusätzliche semantische Informationen anbieten. Bei dieser Verwendungsform hat das `<meta>`-Tag anstelle eines `name`- oder `http-equiv`-Attributs ein `itemprop`-Attribut. Der zugewiesene Wert wird wie gewohnt im `content`-Attribut notiert.

> HTML5: Beachten Sie, dass ein `<meta>`-Tag laut HTML5 nur in Verbindung mit einem `itemprop`-Attribut im Dokumentkörper vorkommen darf.

In älteren HTML-Versionen ist eine Verwendung außerhalb von `<head>`...`</head>` ganz ausgeschlossen.

9.1.2 Referenzen zwischen Mikrodaten

Im Normalfall umschließt das HTML-Element mit dem `itemscope`-Attribut die Elemente, die zugehörige `itemprop`-Attribute enthalten. Es gibt jedoch noch eine alternative Möglichkeit der Notation. Dabei können die Eigenschaften eines Daten-Sets außerhalb des eigentlichen `itemscope`-Bereichs notiert werden.

Beispiel

```
<h1 itemscope itemref="pa pd pt">
  <span itemprop="postTitle">Wohin geht das Internet?</span>
</h1>
<ul>
  <li id="pa">
    von <span itemprop="postAuthor">Mario Mortimer</span>
  </li>
  <li id="pd">
    gepostet am
    <time datetime="2010-05-23" itemprop="postDate">
```

```
      23. 05. 2010
    </time>
  </li>
</ul>
<div id="pt" itemprop="postText">Meiner Ansicht nach usw. usf.</div>
```

Erläuterung

Ein Element, das ein itemscope-Attribut enthält, kann außerdem ein itemref-Attribut enthalten. Gedacht ist das für den Fall, dass sich Elemente mit zugehörigen itemprop-Attributen nicht innerhalb des Inhalts des Elements mit dem itemscope-Attribut befinden, sondern an anderen Stellen des HTML-Dokuments (der Webseite). Das itemref-Attribut bekommt als Wert die id-Namen von einem oder mehreren anderen Elementen im HTML-Dokument zugewiesen. Mehrere id-Namen werden durch Leerraum voneinander getrennt. Andere Elemente mit id="einer-der-namen" werden dann zu weiteren Geltungsbereichen des itemscope-Bereichs außerhalb des eigenen Elementinhalts.

Im obigen Beispiel ist das h1-Überschriftenelement das Element, in dem ein itemscope-Attribut notiert ist. Es handelt sich um ein Set mit Daten zu einem Forumsposting. Das h1-Element enthält auch ein inneres span-Element, in dem sich ein zugehöriges itemprop-Attribut für den Titel des Postings befindet. Diese itemprop-Eigenschaft ist dem itemscope des h1-Elements auf Grund der Elementverschachtelung automatisch zugeordnet. Die übrigen Daten des Forums-Postings stehen in einer ungeordneten Liste und der eigentliche Posting-Text in einem div-Bereich. Die li-Elemente der Liste und der div-Bereich sind mit id-Attributen versehen. Die dort vergebenen Namen (pa, pd und pt) sind diejenigen, die im itemref-Attribut des h1-Überschriften-Tags durch Leerzeichen getrennt aufgezählt werden. Somit werden die beiden Listenelemente und der div-Bereich zu weiteren Geltungsbereichen des itemscope-Bereichs, der im h1-Element beginnt.

9.1.3 Typisierte Mikrodaten

Sie können, wie in den Beispielen zuvor, Bezeichnernamen von Item-Properties frei erfinden. Es gibt aber auch sogenannte kontrollierte Vokabularien, also standardisierte Datenstrukturen für bestimmte Zwecke. Im Web ist es üblich geworden, solche Vokabularien hinter einer bestimmten URL-Adresse zu hinterlegen. Durch einfaches Referenzieren der entsprechenden URL-Adresse lässt sich ein Bezug zur öffentlichen Spezifikation einer Datenstruktur herstellen. Auch für jede einzelne Eigenschaft (Property) wird dabei eine URL-Adresse definiert.

Das nachfolgende Beispiel zeigt eine einfache Freundesliste für eine bestimmte Person, wie sie in etwa in einem Social Network vorkommen könnte. Zusätzlich wird dabei die Art der Beziehung, in der die aktuelle Person zu den Personen der Freundesliste steht, in Form von Mikrodaten ausgezeichnet. Dazu wird das kontrollierte Vokabularium von *http://purl.org/vocab/relationship* verwendet.

Beispiel

```
<h2>Anna Lyse's Freunde</h2>
<ul itemscope itemtype="http://purl.org/vocab/relationship"
    itemid="AnnaLyse23">
  <li itemprop="http://purl.org/vocab/relationship/friendOf">
    Erna Error
  </li>
  <li itemprop="http://purl.org/vocab/relationship/childOf">
    Kata Lyse
  </li>
  <li itemprop="http://purl.org/vocab/relationship/colleagueOf">
    Fridolin Feiertag
  </li>
  <li itemprop="http://purl.org/vocab/relationship/livesWith">
    Lilly Göttlich
  </li>
  <li itemprop="http://purl.org/vocab/relationship/livesWith">
    Nelly Teuflisch
  </li>
  <li itemprop="http://purl.org/vocab/relationship/siblingOf">
    Ulla Überflieg
  </li>
  <li itemprop="http://purl.org/vocab/relationship/engagedTo">
    Mario Kart
  </li>
</ul>
```

Erläuterung

In diesem Beispiel ist das `ul`-Element der Freundesliste das übergeordnete Element des Daten-Sets (des Items) und erhält deshalb das `itemscope`-Attribut. Zusätzlich erhält es jedoch noch ein `itemtype`-Attribut. Dieses Attribut können Sie verwenden, wenn das verwendete Daten-Set einem kontrollierten Vokabularium entspricht, das auf einer URL-Adresse hinterlegt ist. Weisen Sie dem `itemtype`-Attribut die entsprechende URL-Adresse zu. Im obigen Beispiel ist das die URL-Adresse *http://purl.org/vocab/relationship.*

Die Listeneinträge der ungeordneten Liste im Beispiel enthalten Namen der Freunde von Anna Lyse. In den einleitenden `<li>`-Tags ist jeweils ein `itemprop`-Attribut notiert. Jedes `itemprop`-Attribut der Liste definiert, in welcher Beziehung Anna Lyse zu der jeweiligen Person steht. Anna Lyse ist also eine gewöhnliche Freundin von Erna Error (`friendOf`). Kata Lyse ist ein leibliches Kind von Anna Lyse (`childOf`). Fridolin Feiertag ist Annas Arbeitskollege (`colleagueOf`), Lilly Göttlich und Nelly Teuflisch sind ihre Mitbewohnerinnen (`livesWith`), Ulla Überflieg ist ihre Schwester (`siblingOf`) und Mario Kart ihr Verlobter (`engagedTo`).

Da alle diese Eigenschaften in Form eigener URL-Adressen hinterlegt sind, wird dem `itemprop`-Attribut zur Kennzeichnung nicht einfach nur der Name der Eigenschaft zugewiesen, sondern gleich die ganze URL-Adresse, also etwa *http://purl.org/vocab/relationship/friendOf*.

Wenn Sie kontrollierte Vokabularien zur Metadatenauszeichnung von Inhalten verwenden, gibt es häufig auch eine weltweit eindeutige Bezeichnung für den aktuell ausgezeichneten Datensatz. Dazu steht das Attribut `itemid` zur Verfügung.

Ein typischer Fall sind Bücher. Um Daten zu Büchern in einem HTML-Inhalt mit Hilfe von Mikrodaten auszuzeichnen, können Sie beispielsweise das kontrollierte Vokabular von Dublin Core verwenden (siehe *http://dublincore.org/*). Bücher haben außerdem eine weltweit eindeutige ISBN. In diesem Fall könnten Sie dem `itemid`-Attribut die ISBN als Wert zuweisen.

Notieren Sie das `itemid`-Attribut ebenso wie das `itemtype`-Attribut, im gleichen Tag wie das `itemscope`-Attribut. Im nächsten Buchabschnitt werden weitere Möglichkeiten verbreiteter Vokabularien und deren Umsetzung in HTML5-Mikrodaten vorgestellt.

9.2 Anwendung von Mikrodaten

Die beiden Formate vCard und vCal sind anerkannte und von vielen Software-Produkten unterstützte Industriestandards. Mit vCard lassen sich Kontaktdaten beschreiben, und mit vCal Daten von Terminen. Dieser Buchabschnitt zeigt, wie Sie entsprechende Daten-Sets innerhalb von HTML auszeichnen können.

9.2.1 vCard-Anwendung (Kontaktdaten)

Das vCard-Format kennen Sie vielleicht aus Microsoft Outlook oder vergleichbaren Anwendungen für E-Mail und/oder Personal Information Management. Entsprechende Dateien haben die Standardendung *.vcf*. Das vCard-Format ist ein standardisiertes Klartextformat zum Speichern von Adress- und Kontaktdaten. Gedacht war es zunächst vor allem für den Datenaustausch. So bieten beispielsweise viele E-Mail-Programme die Möglichkeit an, die eigenen Kontaktdaten als *vcf*-Datei automatisch an alle ausgehenden E-Mails anzuhängen. Der Empfänger kann die *vcf*-Datei dann direkt in seine Adressdaten importieren. Mittlerweile gewinnt das Format jedoch auch mehr und mehr an Bedeutung für die semantische Mikrodatenauszeichnung.

vCard-Beispiel

```
BEGIN:VCARD
VERSION:3.0
N:Lyse;Anna
FN:Anna Lyse
ORG:Beispiel-AG
ADR;WORK:;;Phantasiestr. 1;Nirgendwo;;D-99991
TEL;WORK;VOICE:+49 999 12345
TEL;TYPE=CELL:+49 144 234422
TEL;WORK;FAX:+49 999 54321
URL:http://de.example.com/
EMAIL;INTERNET:anna.lyse@example.com
END:VCARD
```

Erläuterung

Jede Zeile der Datei beschreibt ein Datenfeld. Zu Beginn steht der Name des Datenfeldes in Großbuchstaben. Getrennt durch einen Doppelpunkt folgt der zugehörige Feldwert. Sowohl Feldnamen als auch Feldwerte können nochmals strukturell unterteilt sein. Solche Unterstrukturen werden durch Semikolonzeichen angegeben. Im obigen Beispiel ist das Feld `TEL;WORK;VOICE` ein solcher Fall. `TEL` steht für »Telekommunikationsdatum«, `WORK` für »Büro/Geschäftlich« und `VOICE` für »Festnetztelefon«. Ebenso wäre auch die Angabe `TEL;HOME;VOICE` möglich, nämlich für die private Festnetztelefonnummer.

Die offizielle Spezifikation und Dokumentation des vCard-Formats mit allen Kontaktfeldern finden Sie unter:

RFC 2426 – vCard MIME Directory Profile
http://www.ietf.org/rfc/rfc2426

Eine andere Möglichkeit, sich mit dem *vcf*-Format vertraut zu machen, besteht darin, einfach Adressdatensätze aus einem E-Mail-Programm in *vcf*-Dateien zu exportieren. Voraussetzung ist natürlich, dass das Mailprogramm dies unterstützt. Mit einem Texteditor oder Text-Viewer können Sie anschließend die exportierte *vcf*-Datei ansehen.

Beispiel einer Umsetzung in HTML5-Mikrodatensyntax

Nachfolgender HTML-Ausschnitt setzt das obige vCard-Beispiel in Mikrodaten um:

```
<p itemscope itemtype="http://microformats.org/profile/hcard">
  <meta itemprop="n" content="Lyse, Anna">
  <meta itemprop="family-name" content="Lyse">
  <meta itemprop="given-name" content="Anna">
  <span itemprop="fn">Anna Lyse</span><br>
    <span itemprop="org">Beispiel-AG</span><br>
    <span itemprop="adr" itemscope>
      <meta itemprop="type" content="work">
      <span itemprop="street-address">Phantasiestr. 1</span><br>
      <span itemprop="country-name">D</span>-
      <span itemprop="postal-code">99991</span>
      <span class="locality">Nirgendwo</span>
    </span><br>
    <span itemprop="tel" itemscope>
      <meta itemprop="type" content="work">
      <span itemprop="voice">+49 999 12345</span> (privat)</span><br>
      <span itemprop="tel" itemscope>
        <span itemprop="cell">+49 144 234422</span>
        (mobil)
      </span><br>
      <span itemprop="tel" itemscope>
        <meta itemprop="type" content="work">
        <span itemprop="fax">+49 999 54321</span>
        (Fax geschäftlich)
      </span><br>
      <a itemscope="url" href="http://www.example.com/">
```

```
      http://www.example.com/
    </a><br>
    <a itemscope="email" href="mailto:anna.lyse@example.com">
      anna.lyse@example.com
    </a>
  </span>
</p>
```

Erläuterung

Das Beispiel erzeugt zum einen eine gewöhnliche, unspektakuläre HTML-Ausgabe.

Bild 9.1: Das Beispiel im Browser

Darüber hinaus erzeugt das Beispiel aber auch eine nicht sichtbare, logische Mikrodatenstruktur, welche die Kontaktdaten maschinenlesbar abbildet.

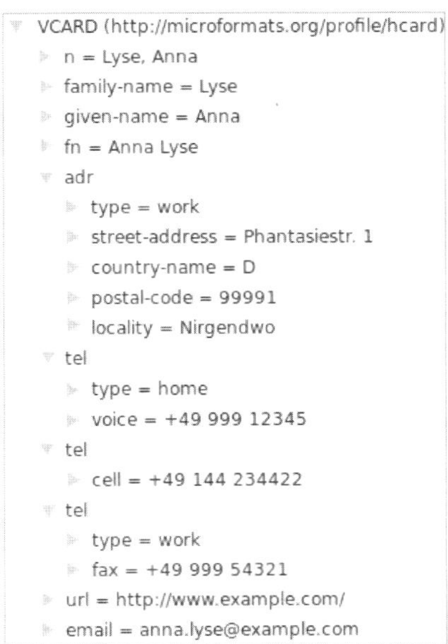

Bild 9.2: Das Beispiel aus logischer Sicht

Das gesamte Kontaktdaten-Set ist in ein `p`-Element eingeschlossen. Dieses Element ist folglich das Element, in dem mit `itemscope` das gesamte Mikrodaten-Set deklariert wird. Da es sich um ein kontrolliertes, offen standardisiertes Vokabularium handelt, wird mit `itemtype` die URL-Adresse angegeben, an der sich die Spezifikation des Vokabulariums befindet. Die `itemtype`-Angabe mit dieser URL-Adresse ist unbedingt erforderlich, damit der zugehörige Inhalt als Mikrodaten vom Typ vCard erkannt wird.

Die Adresse ist die eines sogenannten XMDP-Profils. XMDP (XHTML Meta Data Profiles) ist eine XHTML-basierte Konvention, um kontrollierte Vokabularien maschinenlesbar zu definieren. Die im obigen Beispiel bei `itemtype` verlinkte XMDP-Definition, die in dieser Form auch in der HTML5-Spezifikation verwendet wird, definiert allerdings genaugenommen nicht vCard, sondern hCard. Das ist der Name der Mikroformate-Spezifikation zu vCard. Zum Verhältnis von Mikroformaten und HTML5-Mikrodaten lesen Sie die Backgrounds von *9.1.2* Referenzen zwischen Mikrodaten.

Innerhalb des `p`-Elements des obigen Beispiels wird mit `span`-Elementen gearbeitet, ergänzt um einzelne `meta`-Elemente. Die `span`- und `meta`-Elemente tragen nichts zur sichtbaren Strukturierung der Inhalte bei. Sie dienen lediglich der Definition der anderen Informationsschicht, also der Mikrodatenstruktur. Die `<meta>`-Tags werden für Daten verwendet, die nicht sichtbar ausgegeben werden, so etwa die Daten zur Aufschlüsselung des Namens. Sie können selbstverständlich beliebige andere HTML-Elemente verwenden, um die `itemscope`- und `itemprop`-Attribute zu notieren.

Pro `itemprop`-Attribut werden nur »einfache« Eigenschaften zugewiesen. Zusammengesetzte Eigenschaften aus vCard wie `TEL;WORK;VOICE` werden aufgelöst in ein Element mit `itemprop="tel"`, das zugleich wieder ein `itemscope`-Attribut erhält, um zu signalisieren, dass innere Elemente mit untergeordneten Eigenschaften folgen. Die `type`-Eigenschaft wird im obigen Beispiel in unsichtbare `<meta>`-Tags verbannt, könnte aber auch in sichtbaren Elementen untergebracht werden. Einige Eigenschaften kommen in der zusammengesetzten Form auch gar nicht vor. So muss man beispielsweise wissen, dass die Anschrift durch `itemprop="street-address"` markiert wird, was in der zusammengesetzten vCard-Originalzeile `ADR;WORK` gar nicht vorkommt.

HTML Nachfolgende Tabelle listet die zum Redaktionszeitpunkt in der HTML5-Spezifikation explizit erwähnten vCard-Eigenschaften für `itemprop`-Attribute auf.

Die Spalte »innerhalb von« bedeutet, dass die betreffende Eigenschaft nur im Elementinhalt eines äußeren Elements vorkommen darf, das die genannte Eigenschaft enthält und außerdem ein `itemscope`-Attribut haben muss.

Eigenschaft	*innerhalb von*	*Bedeutung u. mögliche Werte*
`fn`		Vollständiger Name
`n`		Name
`family-name`	`n`	Familienname
`given-name`	`n`	Rufname
`additional-name`	`n`	Weiterer Name oder Namenszusatz
`honorific-Präfix`	`n`	Titel (vor dem Namen)

Eigenschaft	*innerhalb von*	*Bedeutung u. mögliche Werte*
honorific-suffix	n	Titel (nach dem Namen)
nickname		Spitzname, kann auch einfach der Name sein, mit dem eine Person im Alltag benannt wird
photo		URL-Adresse eines Fotos der Person oder Organisation – Verwendung: `<img src="URL" temprop="photo">`
bday		Geburtstag der Person oder Organisation
adr		Adresse
type	adr	Typ der Adresse: Erlaubt sind die Werte dom (heimische Lieferadresse), intl (internationale Lieferadresse), postal (Postadresse), parcel (Paketadresse), home (Privatadresse), work (geschäftliche Adresse) und pref (bevorzugte Adresse für den Fall, dass mehrere Adressen angegeben sind)
post-office-box	adr	Postfach
extended-address	adr	Adresszusatz wie z. B. »Rückgebäude«
street-address	adr	Straße u. Hausnummer
locality	adr	Ort, Stadt
region	adr	Bundesland, Provinz usw.
postal-code	adr	Postleitzahl
country-name	adr	Postalisches Länderkürzel
label		Zusammenhängende Lieferadresse der Person oder Organisation
type	label	Typ der Lieferadresse, Werte wie bei adr
value	label	Eigentliche zusammenhängende Lieferadresse
tel		Telekommunikationsnummer
type	tel	Typ der Telekommunikationsnummer: Erlaubt sind die Werte home (privat), msg (Nummer mit Ansage- oder Beantworter-Funktion), work (geschäftlich), voice (Festnetznummer), fax (Faxnummer), cell (Mobiltelefonnummer), video (Nummer für Videokonferenzen), pager (Pager-Nummer), bbs (Mailbox-Rufnummer), modem (Modemanschlussnummer), car (Autotelefonnummer), isdn (ISDN-Service-Rufnummer), pcs (Rufnummer für Personal Communication Services) und pref (bevorzugte Rufnummer, wenn mehrere Rufnummern angegeben sind)
value	tel	Die eigentliche Nummer
email		E-Mail-Adresse einer Person oder Organisation

Eigenschaft	*innerhalb von*	*Bedeutung u. mögliche Werte*
type	email	Typ der E-Mail: Erlaubt sind die Werte internet (Internet-Mail), x400 (X400-Adresse) und pref (bevorzugte E-Mail-Adresse, wenn mehrere E-Mail-Adressen angegeben sind)
value	email	Die eigentliche E-Mail-Adresse
mailer		Verwendete E-Mail-Software der Person oder Organisation
tz		Zeitzone der Person oder Organisation: Erlaubt sind Werte von -23:59 bis +23:59 gemessen an Greenwich-Zeit
geo		Geografische Position der Person oder Organisation: Dezimale Gradangabe zu Breite und Länge, z. B. +45.329293;-102.393921 (ca. 45 Grad Nord und 102 Grad West) oder -28.203942;+88.028938 (ca. 28 Grad Süd und 88 Grad Ost). Beide Werte müssen durch ein Semikolon getrennt werden. Entweder volle Gradzahlen angeben oder volle 6 Nachkommastellen für Dezimalgradangaben
title		Berufsbezeichnung der Person
role		Funktion der Person innerhalb der Organisation
logo		URL-Adresse eines Logos der Person oder Organisation – Verwendung: <img src="URL" itemprop="photo">
agent		Kontaktdaten einer anderen Person, die ein Vertreter oder Stellvertreter der Person oder Organisation ist – entweder als vollständige, untergeordnete vCard, als reiner Text oder als URL-Adresse auf Kontaktdateninformationen
org		Organisation (Unternehmen, Behörde, Vereine usw.)
organization-name	org	Name der Organisation
organization-unit	org	Name der Organisationseinheit
categories		Charakterisierende Tags, Stichwörter, Kategorien für die Person oder Organisation
note		Bemerkungen zur Person oder Organisation
rev		Datum und Uhrzeit der Kontaktdatenangaben (Revisions-Zeitstempel)
sort-string		Indexeintrag für die alphabetische Einsortierung der Person oder Organisation, z. B. Lyse, Anna (Example AG)

Eigenschaft	*innerhalb von*	*Bedeutung u. mögliche Werte*
`sound`		URL-Adresse eines identifizierenden Audio-Tracks für die Person oder Organisation – typische Verwendung: `<audio preload controls>` `<source itemprop="sound" src="track.mp3">` `<source itemprop="sound" src="track.ogg">` `</audio>`
`url`		URL einer Webpräsenz der Person oder Organisation – typische Verwendung: `<a href="URL" itemprop="url">...</a>`
`class`		Klassifikation der Kontaktdaten – erlaubt sind die Werte `public` (öffentlich), `private` (privat) oder `confidential` (vertraulich)
`impp`		URL-Adresse einer Adresse für Instant-Messaging- oder Social-Networking-Kontakt der Person oder Organisation
`type`	`impp`	Typ der Instant-Messaging- oder Social-Networking-URL – erlaubte Werte sind einer von `personal` (persönlich) oder `business`, (geschäftlich), einer von `home` (privat), `work` (Büro) oder `mobile` (mobil), sowie optional `pref` (bevorzugte URL, wenn mehrere angegeben sind)
`value`	`impp`	Eigentliche URL-Adresse

9.2.2 vEvent-Anwendung (Terminkalenderdaten)

Das vEvent-Datenset ist ein Subset des iCalendar-Formats oder vCalendar-Formats, dem Vorläufer des iCalender-Formats. Der Aufbau folgt den gleichen Regeln wie der des vCard-Formats. Auch vCalendar/iCalendar kennen Sie vielleicht aus Microsoft Outlook oder vergleichbaren Anwendungen als Export- und Import-Format für Terminkalendereinträge. Entsprechende Dateien haben die Standardendung *.vcs* oder *.ics*.

vEvent-Beispiel 1 (Tagesereignis)

```
BEGIN:VCALENDAR
VERSION:2.0
BEGIN:VEVENT
DTSTART:20110422
DTEND:20110422
SUMMARY:Karfreitag
END:VEVENT
END:VCALENDAR
```

vEvent-Beispiel 2 (Termin)

```
BEGIN:VCALENDAR
VERSION:2.0
```

```
BEGIN:VEVENT
DTSTART:20110510T200000+0100
DTEND:20110510T235959+0100
LOCATION:Nirvana Club
SUMMARY:Jahresversammlung 2011 der gescheiterten Existenzen
END:VEVENT
END:VCALENDAR
```

Erläuterung

Die gewählten Beispiele sind recht einfach und beschreiben nur wenige typische Daten. Die offizielle Spezifikation und Dokumentation des iCalendar-Formats finden Sie unter:

> Links
>
> RFC 2445 – Internet Calendaring and Scheduling Core Object Specification (iCalendar)
>
> *http://tools.ietf.org/html/rfc2445*

Der gesamte Kalendereintrag wird durch `BEGIN:VCALENDAR` eingeleitet und durch `END:VCALENDAR` abgeschlossen. Durch `BEGIN:VEVENT` bzw. `END:VEVENT` wird das Subset für die Kerndaten markiert. Termine und Tagesereignisse fallen unter die Kategorie `VEVENT`. Andere Kategorien sind `VTODO` (für Aufgaben) oder `VJOURNAL` für Journaleinträge.

Terminanfang und -ende werden durch `DTSTART` bzw. `DTEND` definiert. Bei Tagesereignissen, wie im ersten der obigen Beispiele, wird das Datum ausschließlich in Ziffernform notiert, wobei die ersten vier Ziffern für das Jahr stehen, die nächsten zwei Ziffern für den Monat und die letzten beiden für den Monatstag. Bei Uhrzeit-Terminen wie in unserem zweiten Beispiel folgen hinter der Datumsangabe ein `T` und dahinter die Uhrzeit als Folge von sechs Ziffern, wobei die ersten beiden Ziffern die Stunde bedeuten, die zweiten beiden die Minuten und die letzten beiden die Sekunden. Bei Uhrzeitangaben ist auch die Angabe der Zeitzone sinnvoll. Deutschland beispielsweise hat die Zeitzone + 1 Stunde gegenüber der UTC-Zeit (Greenwich-Zeit). Notiert wird das in der Form `+0100`.

Wenn es für einen Termin einen Veranstaltungsort gibt, kann dieser durch `LOCATION` angegeben werden. Falls mit dem Ereignis auch eine Webadresse verknüpfbar ist, kann zusätzlich ein Feld `URL` notiert werden. `SUMMARY` ist das Feld für den Titel des Kalenderereignisses.

Beispiel einer Umsetzung des Tagesereignisses in HTML5-Mikrodatensyntax

Nachfolgender HTML-Ausschnitt setzt das erste der obigen vEvent-Beispiele in Mikrodaten um:

```
<ul>
  <!-- andere Feiertage -->
  <li itemscope
      itemtype="http://microformats.org/profile/hcalendar#vevent">
    <span itemprop="summary">Karfreitag</span>:
    <time itemprop="dtstart" datetime="2011-04-22">
      22. April 2011
    </time>
    <meta itemprop="dtend" content="2011-04-22">
```

```
  </li>
</ul>
```

Erläuterung

Das Element, in dem Sie das `itemscope`-Attribut für das Ereignis oder den Termin notieren, erhält ein `itemtype`-Attribut, dem die Identifikations-URL *http://microformats.org/profile/hcalendar#vevent* zugewiesen wird. Es handelt sich dabei um das XMDP-Profil für das Mikroformat hCalendar.

Im obigen Beispiel wird eine ungeordnete Liste mit einer Aufzählung von Feiertagen angedeutet. Jeder Listeneintrag, also jedes `li`-Element, zählt einen Feiertag auf. Deshalb ist das `li`-Element jeweils der Behälter für die Daten des Feiertags und erhält das `itemscope`-Attribut sowie das `itemtype`-Attribut, das den vEvent identifiziert.

Die vEvent-spezifischen Eigenschaften wie `summary`, `dtstart` und `dtend` werden `itemprop`-Attributen zugewiesen. Da die maschinenlesbaren Zeitangaben von `dtstart` und `dtend` für Menschen nicht so gut lesbar sind, werden die Werte dieser Eigenschaften nicht als Elementinhalt notiert, sondern in erkannten Attributen.

HTML 5 HTML — Ideal geeignet ist das HTML5-Element `time`, wie es im Beispiel für die `dtstart`-Eigenschaft verwendet wird.

Für die `dtend`-Eigenschaft kommt dagegen im Beispiel ein `<meta>`-Tag zum Einsatz. Der Grund ist, dass das Ereignisende zwar semantisch definiert, jedoch im auszugebenden Text nicht sichtbar sein soll.

Beispiel einer Umsetzung des Terminkalendereintrags in HTML5-Mikrodatensyntax

Nachfolgender HTML-Ausschnitt setzt das zweite der obigen vEvent-Beispiele in Mikrodaten um:

```
<section itemscope
        itemtype="http://microformats.org/profile/hcalendar#vevent">
  <h1 itemprop="summary">
    Jahresversammlung 2011 der gescheiterten Existenzen
  </h1>
  <p>Wie immer im <span itemprop="location">Nirvana Club</span></p>
  <table>
    <tr>
      <td>Offizieller Beginn:</td>
      <td>
        <time itemprop="dtstart" datetime="2011-05-10T20:00:00+01:00">
          10. 05. 2011, 20.00 Uhr
        </time>
      </td>
    </tr>
    <tr>
      <td>Offizielles Ende:</td>
      <td>
```

```
        <time itemprop="dtend" datetime="2011-05-10T23:59:00+01:00">
          Mitternacht
        </time>
      </td>
    </tr>
  </table>
</section>
```

Erläuterung

In diesem Fall sollen Anfang und Ende der Veranstaltung explizit im Text genannt werden. Deshalb wird die itemprop-Eigenschaft dtend ebenso wie dtstart in ein time-Element gepackt. Die summary-Eigenschaft, die den Termin benennt, ist in diesem Fall durchaus typisch in einer Überschrift untergebracht. Der Veranstaltungsort wird durch itemprop="location" definiert.

> Der Wert, der dieser Eigenschaft zugeordnet wird, soll zum Redaktionszeitpunkt laut HTML5-Spezifikation nur aus Text bestehen. Eine Aussage zu einer möglichen inneren vCard-Datenstruktur, die im Fall einer vollständigen Adresse des Veranstaltungsorts nahe liegen würde, fehlt.

Liste möglicher itemprop-Eigenschaften

Nachfolgende Tabelle listet die zum Redaktionszeitpunkt in der HTML5-Spezifikation explizit erwähnten vEvent-Eigenschaften für itemprop-Attribute auf.

Eigenschaft	*Bedeutung u. mögliche Werte*
attach	URL-Adresse eines Dokuments mit näheren Informationen zum Event, etwa in der Form <a href="URL" itemprop="attach">...</a>
categories	Liste von Kategorien, Tags, Stichwörtern, die sich dem Event zuordnen lassen. Diese Eigenschaft darf auch mehrfach innerhalb eines Events vorkommen.
class	Klassifizierung des Events: Erlaubt sind die Werte public (öffentlich), private (privat) oder confidential (vertraulich). Achtung: Dies ist natürlich nur eine formale Einordnung und hat keinerlei Auswirkungen auf die Sichtbarkeit oder Nichtsichtbarkeit des so ausgezeichneten Inhalts auf der Webseite!
commentar	Kommentar zum Event. Darf mehrfach innerhalb eines Events vorkommen.
description	Detaillierte Beschreibung des Events
geo	Geografische Position des Veranstaltungsorts: Dezimale Gradangabe zu Breite und Länge, z. B. +45.329293;-102.393921 (ca. 45 Grad Nord und 102 Grad West) oder -28.203942;+88.028938 (ca. 28 Grad Süd und 88 Grad Ost). Beide Werte müssen durch ein Semikolon getrennt werden. Entweder volle Gradzahlen angeben oder volle 6 Nachkommastellen für Dezimalgradangaben
location	Veranstaltungsort (z. B. Olympiahalle, bei Susi, IRC-Kanal #stubenfliegen)

Eigenschaft	*Bedeutung u. mögliche Werte*
`resources`	Erforderliche Ressourcen für das Event
`status`	Bestätigungsstatus des Events: Erlaubte Werte sind `tentative` (findet mit Vorbehalt statt), `confirmed` (findet sicher statt) oder `cancelled` (wurde abgesagt)
`summary`	Überschrift, Titel, Zusammenfassung des Events
`dtstart`	Start des Events, in Formen wie `2011-12-31` oder `2011-12-31T20:00+0100`
`dtend`	Ende des Events, in Formen wie `2012-01-01` oder `2011-01-01T06:00+0100`
`duration`	Dauer des Events – alternative Angabe zu `dtend`: erlaubt sind Werte wie `3W` (Beispiel: 3 Wochen), `4D` (Beispiel: 4 Tage), `T3H` (Beispiel: 3 Stunden), `T3H30M` (Beispiel: 3 Stunden und 30 Minuten), oder `T4M33S` (Beispiel: 4 Minuten und 33 Sekunden)
`transp`	Angabe, ob der Event Zeit-Ressourcen eines Terminkalenders beansprucht (für Suche nach freien Terminen wichtig): Erlaubte Angaben sind `opac` (verbraucht Zeit im Kalender – z. B. ein Meeting) und `transparent` (verbraucht keine Zeit im Kalender – z. B. ein Jahrestag)
`contact`	Kontaktdaten zum Ansprechpartner für das Event (reiner Text, kein vCard!)
`url`	URL-Adresse im Zusammenhang mit dem Event, typischerweise in der Form `<a itemprop="url" href="…">...</a>`
`rrule`	Regel für sich wiederholende Events: Erlaubt sind Angaben wie `FREQ=YEARLY` (jährliche Wiederholung), `FREQ=MONTHLY` (monatliche Wiederholung), `FREQ=WEEKLY` (wöchentliche Wiederholung) oder `FREQ=DAILY` (tägliche Wiederholung). Alle der umfangreichen Definitionsmöglichkeiten werden im RFC 2445 beschrieben.
`rdate`	Bestimmter Zeitpunkt, an dem das Event wiederholt wird: Angaben wie bei `dtstart`. Diese Eigenschaft kann mehrfach notiert werden.
`exrule`	Regel dafür, wann eine Regel zur Wiederholung von Events ausnahmsweise ***nicht*** gültig ist. Angaben wie bei `rrule`.
`exdate`	Bestimmte Zeitpunkte, an denen ein Event, das wiederholt wird, ausnahmsweise ***nicht*** wiederholt wird: Angaben wie bei `rdate`. Diese Eigenschaft kann mehrfach notiert werden.
`created`	Zeitpunkt, an dem der Eintrag im Kalender erfolgte. Angaben mit der gleichen Syntax wie bei `dtstart`.
`last-modified`	Zeitpunkt, an dem der Eintrag im Kalender zuletzt geändert wurde. Angaben mit der gleichen Syntax wie bei `dtstart`.
`sequence`	Laufende Nummer für den Stand der Änderungen (wird mit jeder Änderung an dem Termin um 1 erhöht).

9.2.3 Works-Anwendung (Lizensierung von Werken)

Zu jeder Art von Wertschöpfung im Web sollte es eine Aussage zur Lizenzform, besonders zu den Verwertungsrechten geben. Die WHATWG, Motor der HTML5-Weiterentwicklung, hat zu diesem Zweck ein Mikrodaten-Vokabularium entwickelt. Dadurch ist es möglich, Lizenzangaben maschinenlesbar im HTML-Code zu notieren. Das Vokabularium definiert jedoch keine Lizenzformen, sondern lediglich die Art, wie Lizenzangaben explizit ausgezeichnet werden können.

Beispiel

```
<article itemscope itemtype="http://n.whatwg.org/work">
  <header>
    <h1>
      <a itemprop="work" href="http://mein.bl.og/mein-artikel">
        <span itemprop="title">Mein Artikel</span>
      </a>
    </h1>
  </header>
  <p>Viel Inhalt ... </p>
  <footer>
    <p>
      von <b itemprop="author">Susi Sittsam</b>, bereitgestellt unter
      <a href="http://creativecommons.org/licenses/by-sa/3.0/"
         itemscope="license">CC-BY-SA 3.0 Lizenz</a>
    </p>
  </footer>
</article>
```

Erläuterung

Das Works-Vokabularium wird durch die `itemtype`-URL *http://n.whatwg.org/work* identifiziert. Es gibt insgesamt nur vier mögliche Eigenschaften:

Eigenschaft	*Bedeutung u. mögliche Werte*
`work`	URL-Adresse, unter der das Werk zu finden ist
`title`	Titel des Werks
`author`	Autor(en) des Werks
`license`	URL-Adresse einer Lizenzdefinition, typischerweise als Link dorthin formuliert (`<a href="URL" itemprop="attach">...</a>`)

Im obigen Beispiel wird das Vokabularium auf einen Blog-Artikel angewendet. Dessen Überschrift wird als Link auf den Artikel selbst definiert, was die Notation der Eigenschaft `work` erlaubt. Bei Grafiken, Videos usw. ist es natürlich möglich, diese Eigenschaft in einem `<img>` oder `<video>`-Tag zu notieren.

URL-Adressen von Lizenzdaten können sowohl anerkannte öffentliche Lizenzformen sein, wie im obigen Beispiel eine Lizenzvariante der CreativeCommons-Lizenzen. Es kann sich aber selbstverständlich auch um eine eigene URL mit AGBs oder vergleichbaren rechtlichen Hinweisen handeln.

9.3 Globale Attribute

Globale Attribute sind Attribute, die Sie in beliebigen HTML-Elementen notieren können.

9.3.1 Übersicht der globalen Attribute

Bereits mit HTML 4.01 wurde eine Reihe wichtiger globaler Attribute eingeführt.

In HTML5 wurde die Liste dieser Attribute deutlich erweitert. Nachfolgende Tabelle listet die globalen Attribute und ihre Bedeutung auf.

Attribut	*Bedeutung*	*Referenzinformation*
`accesskey`	Veranlasst den Browser, ein Tastaturkürzel zu reservieren, mit dem der Anwender das so ausgezeichnete Element aktivieren kann (das Element erhält den Fokus). In HTML 4.01 existierte dieses Attribut bereits, war dort jedoch auf aktivierbare Elemente wie Hyperlinks oder Formularelemente beschränkt. Da durch Scripting jedoch auch andere Elemente interaktiv werden können, wurde das Attribut mit HTML5 auf alle Elemente erweitert. Als Wertzuweisung sind ein oder mehrere Unicode-Zeichen erlaubt – mehrere Zeichen werden durch genau ein Leerzeichen voneinander getrennt und müssen in alphabetischer Reihenfolge notiert werden. Bei den meisten Browsern muss der Anwender ein oder eines der angegebenen Zeichen in Verbindung mit Befehlstasten drücken. In einigen Browsern ist es die [Alt]-Taste. In Opera muss zuvor die Tastenkombination [⇧][Esc] betätigt werden. Safari benutzt die Taste [Strg] und Firefox die Tastenkombination [Alt][⇧]. Weitere Informationen finden Sie unter *8.3.3 Eingabehilfen bei Formularfeldern*	HTML 4.0, XHTML 1.0, HTML5, XHTML 5

Attribut	*Bedeutung*	*Referenzinformation*
`class`	Gibt an, dass das HTML-Element einer bestimmten oder mehreren Stylesheet-Klassen angehört. Das Element übernimmt Formate, die zentral für diese Klasse(n) definiert wurden. Unterschiedliche Klassen sind mit einem Leerzeichen zu trennen.	HTML 4.0, XHTML 1.0
`contenteditable`	Macht den Inhalt des Elements editierbar. Beispiele finden siehe in *8.8.1 Richtext-Eingaben*. Mögliche Wertzuweisungen sind `true` (Element ist editierbar), `false` (Element ist nicht editierbar) oder `inherit` (Editierbarkeit wie Elternelement).	HTML5, XHTML 5
`contextmenu`	Weist dem Element ein Kontextmenü zu, das der Anwender z. B. über die rechte Maustaste öffnen kann. Der zugewiesene Wert ist der `id`-Wert eines `menu`-Elements innerhalb des Dokuments. Das `menu`-Element mit seinen untergeordneten `li`-Elementen definiert das eigentliche Kontextmenü, wie in *8.6.1 Menüs* beschrieben.	HTML5, XHTML 5
`dir`	Gibt die Textrichtung der Landessprache an, die innerhalb des HTML-Elements verwendet wird. Interessant beispielsweise bei Sprachen wie Arabisch oder Hebräisch, wo die Textrichtung von rechts nach links geht. Erlaubt sind die Angaben `ltr` (links nach rechts) und `rtl` (rechts nach links).	HTML 4.0, XHTML 1.0
`draggable`	Gibt an, ob ein Element mit der Maus verschiebbar ist. Erlaubte Werte sind `true` (Element ist verschiebbar), `false` (Element ist nicht verschiebbar) und `auto` (Verschiebbarkeit wie im Browser voreingestellt). Sinnvoll in Verbindung mit den Event-Handlern `ondragstart` und `ondragend`.	HTML5, XHTML 5
`hidden`	Standalone-Attribute: Wenn gesetzt, wird das Element nicht angezeigt. Gedacht für Elemente, die in einem gegebenen Webanwendungs-Kontext noch nicht oder nicht mehr benötigt werden, z. B. eine Box mit Login-Eingabefeldern, die nur angezeigt wird, wenn ein Anwender nicht angemeldet ist. Nicht gedacht, um nur Teile eines Gesamtinhalts aktuell einzublenden, wie etwa bei einem sogenannten Tabbed Interface (Registerkarten-Funktionalität).	HTML5, XHTML 5

Attribut	*Bedeutung*	*Referenzinformation*
`id`	Ein dokumentweit eindeutiger Bezeichnername für ein Element. Wenn Sie Elemente damit auszeichnen, sollten Sie keinen `id`-Namen innerhalb eines HTML-Dokuments mehr als einmal vergeben. Interessant ist das `id`-Attribut beispielsweise im Zusammenhang mit neuerem JavaScript nach DOM-Syntax, wo es die Objektmethode `getElementById()` gibt. Auch bei Stylesheets spielt dieses Attribut eine Rolle, nämlich dann, wenn Sie zentral Formate für bestimmte Elemente definieren. Ferner wirken Elemente mit `id`-Namen als Sprunganker, die Sie in einem Link direkt adressieren können. Achten Sie beim zugewiesenen Namen auf Groß-/Kleinschreibung! Für Sprunganker sowie beim Zugriff über JavaScript sind Namen wie `Beispiel` und `beispiel` unterschiedlich.	HTML 4.0, XHTML 1.0
`itemid`	Weltweit eindeutige Bezeichnung für ein Datenset (z. B. ISBN für Bücher). Verwendbar im Zusammenhang mit Mikrodaten. Mehr Information finden Sie in *9.1.3 Typisierte Mikrodaten*.	HTML5, XHTML 5
`itemprop`	Eigenschaft eines Datensets im Zusammenhang mit Mikrodaten	HTML5, XHTML 5
`itemref`	Bezug zu einem Datenset im Zusammenhang mit Mikrodaten. Weitere Informationen finden Sie unter *9.1.2 Referenzen zwischen Mikrodaten*.	HTML5, XHTML 5
`itemscope`	Definition eines Datensets im Rahmen von Mikrodaten	HTML5, XHTML 5
`itemtype`	Angabe einer URL-Adresse für ein öffentlich verfügbares, kontrolliertes Vokabularium im Zusammenhang mit Mikrodaten. Mehr Information finden Sie in *9.1.3 Typisierte Mikrodaten*.	HTML5, XHTML 5
`lang`	Gibt die Landessprache an, die innerhalb des HTML-Elements verwendet wird. Interessant bei mehrsprachigen Dateien – aber auch für Suchmaschinen im Internet. Als Angabe ist ein standardisiertes Sprachenkürzel erlaubt, z. B. `de` für deutsch, `en` für englisch, `fr` für französisch, `it` für italienisch oder `es` für spanisch. Einzelheiten dazu finden Sie in der Referenz der Sprachenkürzel.	HTML 4.0, XHTML 1.0

Attribut	*Bedeutung*	*Referenzinformation*
`spellcheck`	Legt fest, ob der Browser auf einen editierbaren Inhalt seine automatische Rechtschreibprüfung anwenden soll oder nicht. Anwendbar auf Formular-Elemente wie `<input type="text">` oder `textarea`, aber auch auf Elemente und Kindelemente von Elementen, die ein `contenteditable`-Attribut haben. Erlaubt sind die Werte `true` (Rechtschreibprüfung soll angewendet werden) oder `false` (soll nicht angewendet werden). Wenn das Attribut nicht angegeben ist, wird der im Browser eingestellte Defaultwert verwendet.	HTML 5, XHTML 5, 11.0, 5.0, 11.0
`style`	Erlaubt es, den Inhalt eines Elements individuell mit Stylesheets zu formatieren. Einzelheiten dazu werden im CSS-Kapitel bei *13.1.4 Inline-Styles in HTML-Elementen* behandelt.	HTML 4.0, XHTML 1.0
`tabindex`	Regelt, ob ein Element den Fokus erhalten kann und wenn ja, wie es sich verhalten soll, wenn der Anwender fokussierbare Elemente der Reihe nach mit der Tabulator-Taste fokussiert. Wenn ein Element kein `tabindex`-Attribut hat, bestimmt der Browser selbst, ob es fokussierbar ist und wenn ja, welche Position es beim Anspringen mit der Tabulatortaste hat. Wenn das Attribut angegeben wird, muss es eine Ganzzahl als Wert erhalten. Eine positive Ganzzahl wird als Ordinalzahl interpretiert, welche Position das Element in der Tabulatorreihenfolge haben soll. Der Wert bedeutet, dass das Element fokussierbar, aber in der natürlichen Reihenfolge anspringbar sein soll. Ein negativer Wert, z. B. `-1`, bedeutet, dass das Element zwar fokussierbar sein soll, jedoch nicht mit der Tabulatortaste anspringbar ist. Weitere Informationen bei *8.3.3 Eingabehilfen bei Formularfeldern*.	HTML 4.0, XHTML 1.0
`title`	Erlaubt es, HTML-Elemente mit kommentierendem Text bzw. Meta-Information auszustatten. Der kommentierende Text wird gängigerweise vom Browser in einem kleinen Tooltipp-Fenster oder in der Statusleiste angezeigt, wenn der Anwender mit der Maus über den Anzeigebereich des HTML-Elements fährt.	HTML 4.0, XHTML 1.0

9.3.2 Beispiele für globale Attribute

Einige anderweitig noch nicht behandelte globale Attribute sollen hier noch an kleinen Beispielen vorgestellt werden.

Sprachsteuerung mit globalen Attributen

Besonders bei mehrsprachigen Inhalten ist es sinnvoll, die zugehörige Sprache auszuzeichnen. Das erleichtert beispielsweise Screenreadern die Interpretation.

Beispiel

```
<div>
  <p lang="de">
    Entfernen Sie die Verschlusskappe an der linken Seite.
  </p>
  <p lang="en">Remove the cap on the left.</p>
  <p lang="bg">Отстранете капачката в ляво.</p>
  <p lang="ar" dir="rtl">إزالة الغطاء على اليسار</p>
</div>
```

Erläuterung

Das Beispiel könnte aus einer mehrsprachigen Bedienungsanleitung stammen. Beschreibungen oder Anweisungen stehen dort häufig mehrsprachig untereinander. Im obigen Beispiel in den Sprachen Deutsch (Sprachenkürzel: `de`), Englisch (`en`), Bulgarisch (`bg`) und Arabisch (`ar`). Der arabische Absatz erhält außerdem ein `dir`-Attribut mit der Wertzuweisung `rtl` (*right to left*, von rechts nach links). Im Browser bewirkt das eine rechtsbündige Ausrichtung des entsprechenden Absatzes, da dies zum Lesen arabischer Sprache so natürlich ist, wie die linksbündige Ausrichtung von Texten in westlichen Sprachen.

Tooltipp-Information mit dem title-Attribut

Eine zusätzliche Tooltipp-Information, die unaufdringlich eingeblendet wird, wenn der Anwender mit der Maus über dem Elementinhalt verweilt, kann in vielen Fällen sinnvoll sein, zum Beispiel

- Im Text verwendete Abkürzungen lassen sich ausschreiben (zusätzlicher Informationswert).
- Beschriftete Schaltflächen oder anklickbare Linktexte lassen sich erläutern (damit der Anwender besser einschätzen kann, was sich dahinter verbirgt).
- Fachbegriffe, die vielleicht einigen, aber nicht unbedingt allen erwarteten Lesern geläufig sind, lassen sich kurz definieren.
- Für fremdsprachige Wörter, deren korrekte Aussprache nicht jedem Leser klar ist, lässt sich die Aussprache in Lautschrift einblenden.

Beispiel

```
<p>
  Eine Proxy-Adresse können Sie über das
  <abbr title="WBM = Web Based Management">WBM</abbr> unter dem
  Menüpunkt
  <i title="Menüweg: Administration / Anwendungen / Java Midlets">
  Java Midlets</i> angeben. Normalerweise genügt die Angabe der
  <abbr title="HTTP = HyperText Transfer Protocol">HTTP</abbr>-Proxy-
  Adresse. In einigen seltenen Fällen kann auch noch die Angabe
  zusätzlicher Logindaten erforderlich sein.
</p>
<p>
  Eine detaillierte Beschreibung finden Sie auf der Wiki-Seite
  <a href="http://wiki.siemens-enterprise.com/index.php/
          Configuring_a_Java/XML_proxy"
     title="(englisch) im Siemens Enterprise Wiki">
    Configuring a Java/XML proxy
  </a>
</p>
```

Erläuterung

Notieren Sie das `title`-Attribut in dafür geeigneten Elementen. Meistens wird es sich um Textlevel-Elemente handeln, so wie im obigen Beispiel. Das `title`-Attribut ist aber ebenso gut auf ganz andere Elementtypen wie etwa Tabellenzellen oder Formularelemente anwendbar.

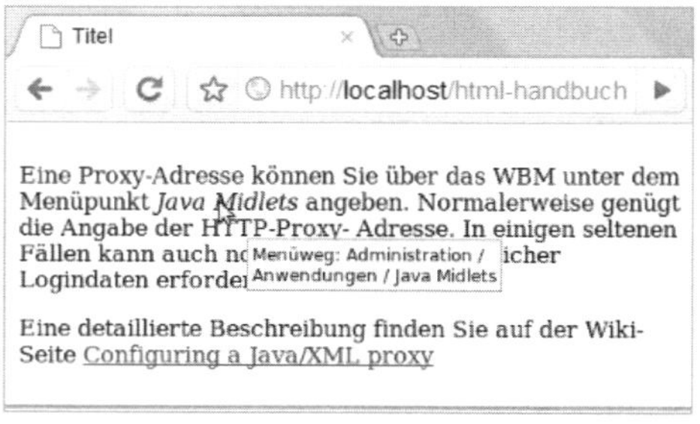

Bild 9.3: Zusatzinfos als Tooltipp mit dem title-Attribut

Die Wertzuweisung an das `title`-Attribut wird als Text interpretiert. HTML-Auszeichnungen im `title`-Text werden nicht interpretiert.

9.4 Backgrounds

Die im vorliegenden Handbuch beschriebene Mikrodaten-Syntax ist nicht ganz unumstritten. Der Grund sind nicht zuletzt Konflikte mit den sogenannten Mikroformaten, die sich bereits vor Jahren abseits des offiziellen HTML-Standards etablierten. Grund genug, beide Ansätze genauer zu beleuchten. Ebenfalls dazu gehört das Verhältnis zu RDF, der universellen Metadatensprache des W3-Konsortiums.

Eine weitere Besonderheit von HTML5 soll in diesem Abschnitt ebenfalls behandelt werden: der Umgang mit unbekannten Attributen. HTML5 erlaubt nämlich ausdrücklich die Verwendung eigener, nicht im Standard vorgesehener Attribute.

9.4.1 Mikrodaten und Mikroformate

Mikroformate tun das Gleiche wie Mikrodaten. Es handelt sich um syntaktische Konventionen, um HTML-Inhalte mit zusätzlicher semantischer Information auszustatten. Historisch gesehen sind Mikroformate früher entstanden – das Microformats-Projekt wurde 2005 gegründet. Im Gegensatz zu Mikrodaten standen beim Entwickeln der Mikroformate keine neuen Sprachelemente von HTML zur Debatte. Mikroformate setzen auf der HTML-Version 4.01 auf und sind auch keine Initiative zur Weiterentwicklung von HTML, sondern der Versuch, eine auf Konvention beruhende Syntax mit den vorhandenen Mitteln von HTML (4.01) zu etablieren.

Mikroformate

Mikroformate werden auf der Plattform *microformats.org* entwickelt. Es gibt kein festes Konsortium, das für die Spezifikation zuständig ist. Jeder kann sich an der Weiterentwicklung beteiligen.

Startseite des Microformats-Projekts
http://microformats.org/

Dokumentations- und Entwicklungs-Wiki für die einzelnen Mikroformate
http://microformats.org/wiki/

Mailinglisten für die Beteiligung an der Weiterentwicklung der Mikroformate
http://microformats.org/discuss/

Im Gegensatz zu den Mikrodaten, die mit `itemscope`, `itemprop`, `itemref`, `itemtype` und `itemid` ein neues Set an Attributen einführen, arbeiten Mikroformate ausschließlich mit den bereits in HTML 4.01 oder sogar früher bekannten Attributen `class`, `rel` und `rev`. Dabei ist `class` das einzige globale Attribut, also eines, das auf alle HTML-Elemente anwendbar ist. Die Attribute `rel` und `rev` können dagegen nur in Hyperlink-Elementen wie `a` oder `area` vorkommen. Die Mikroformate, die mit `rel` und `rev` arbeiten, sind auch speziell für zusätzliche Angaben zu Hyperlinks gedacht. Bleibt also das `class`-Attribut als einziges Mittel, um komplexere Metadaten zu definieren.

Termin-Beispiel mit Mikrodaten und Mikroformaten

Nachfolgend wird wieder das Termin-Beispiel aus dem Abschnitt *9.2.2 vEvent-Anwendung (Terminkalenderdaten)* aufgegriffen. Das erste Listing zeigt noch einmal die Variante mit HTML5-Mikrodaten. Das zweite Listing zeigt, wie das gleiche Beispiel mit Mikroformaten realisiert wird.

Beispiel: vEvent mit HTML5-Mikrodaten

```
<section itemscope
         itemtype="http://microformats.org/profile/hcalendar#vevent">
  <h1 itemprop="summary">
    Jahresversammlung 2011 der gescheiterten Existenzen
  </h1>
  <p>Wie immer im <span itemprop="location">Nirvana Club</span></p>
  <table>
    <tr>
      <td>Offizieller Beginn:</td>
      <td>
        <time itemprop="dtstart" datetime="2011-05-10T20:00:00+01:00">
          10. 05. 2011, 20.00 Uhr
        </time>
      </td>
    </tr>
    <tr>
      <td>Offizielles Ende:</td>
      <td>
        <time itemprop="dtend" datetime="2011-05-10T23:59:00+01:00">
          Mitternacht
        </time>
      </td>
    </tr>
  </table>
</section>
```

Gleiches Beispiel mit Mikroformat hCalendar

```
<section class="vevent">
  <h1 class="summary">
    Jahresversammlung 2011 der gescheiterten Existenzen
  </h1>
  <p>Wie immer im <span class="location">Nirvana Club</span></p>
  <table>
    <tr>
      <td>Offizieller Beginn:</td>
      <td>
        <time class="dtstart" datetime="2011-05-10T20:00:00+01:00">
          10. 05. 2011, 20.00 Uhr
        </time>
      </td>
    </tr>
    <tr>
      <td>Offizielles Ende:</td>
      <td>
        <time class="dtend" datetime="2011-05-10T23:59:00+01:00">
          Mitternacht
        </time>
```

```
      </td>
    </tr>
  </table>
</section>
```

Erläuterung

Folgende Unterschiede fallen auf:

- Beim hCalendar-Mikroformat gibt es nichts, was dem `itemscope`-Attribut ähnlich wäre. Das Element, in dessen einleitendem Tag `class="vevent"` notiert ist, schließt den Termin oder das Ereignis ein.
- Die Wertzuweisung `vevent` ist die einzige Identifizierung. Eine URL-Identifizierung wie im `itemtype`-Attribut gibt es nicht.
- Die `itemprop`-Attribute sind einfach durch `class` ersetzbar. `<time itemprop="dtstart">` ist Mikrodatensyntax, `<time class="dtstart">` ist die korrespondierende Mikroformate-Syntax.

Mikrodaten oder Mikroformate?

Web-Autoren, die Daten auf Mikro-Ebene im HTML-Code semantisch auszeichnen möchten, stellen sich natürlich die Frage, ob sie besser Mikrodaten oder Mikroformate verwenden sollten.

Solange Sie mit HTML 4.01 oder XHTML 1.0 arbeiten, stellt sich diese Frage nicht. In diesem Fall bleibt Ihnen nur, mit Mikroformaten zu arbeiten, da die Attribute, die Mikrodaten verwenden, im HTML-4.01/XHTML-1.0-Standard noch nicht vorkommen.

Wenn Sie mit HTML5 arbeiten, bietet sich die Mikrodatensyntax natürlich als modernere, HTML5-gerechte Variante an. Allerdings gibt es auch in diesem Fall mögliche Gründe, sich für Mikroformate zu entscheiden. So erlaubt beispielsweise die vEvent-Eigenschaft `location` im Zusammenhang mit Mikrodaten lediglich Text als Inhalt. Das Mikroformat *hCalendar* erlaubt dagegen auch, als Inhalt des Elements, welches mit `class="location"` ausgezeichnet ist, eine vollständige hCard-Struktur zu notieren.

Die Software-Unterstützung ist zum Redaktionszeitpunkt dieses Buches für Mikroformate etwas besser als für Mikrodaten. So gibt es Browser-Erweiterungen, die Mikroformat-Informationen auf Webseiten erkennen und separat darstellen. Auch Suchmaschinen erkennen und verarbeiten die etablierten Mikroformate zunehmend.

HTML Es ist jedoch angesichts der ständig weiter zunehmenden Bedeutung von HTML5 damit zu rechnen, dass die Mikrodaten früher oder später eine vergleichbare oder sogar bessere Software-Unterstützung genießen werden.

In den meisten Fällen müssen Sie sich aber nicht einmal entscheiden. Wenn Sie den etwas größeren Mehraufwand nicht scheuen, können Sie Mikrodaten und Mikroformate durchaus auch gleichzeitig verwenden. Abschließend noch einmal das Termin-Beispiel, diesmal sowohl mit Mikrodaten als auch mit Mikroformaten.

Termin-Beispiel mit Addition von Mikrodaten und Mikroformaten

```
<section class="vevent" itemscope
        itemtype="http://microformats.org/profile/hcalendar#vevent">
  <h1 class="summary" itemprop="summary">
    Jahresversammlung 2011 der gescheiterten Existenzen
  </h1>
  <p>Wie immer im
    <span class="location" itemprop="location">Nirvana Club</span>
  </p>
  <table>
    <tr>
      <td>Offizieller Beginn:</td>
      <td>
        <time itemprop="dtstart" class="dtstart"
              datetime="2011-05-10T20:00:00+01:00">
          10. 05. 2011, 20.00 Uhr
        </time>
      </td>
    </tr>
    <tr>
      <td>Offizielles Ende:</td>
      <td>
        <time itemprop="dtend" class="dtend"
              datetime="2011-05-10T23:59:00+01:00">
          Mitternacht
        </time>
      </td>
    </tr>
  </table>
</section>
```

Erläuterung

Im einleitenden Tag des Elements, das der Gesamtbehälter ist, kommen sich die Angaben `class="vevent"` (Mikroformate) und `itemscope itemtype="http://microformats.org/profile/hcalendar#vevent"` (Mikrodaten) nicht ins Gehege. Bei den einzelnen Eigenschaften sehen Doppelnotationen wie `itemprop="dtstart" class="dtstart"` zwar nicht ganz so elegant aus, doch dafür bedienen Sie mit geringem Mehraufwand beide Konzepte.

Mit der doppelten Auszeichnung ist aber auch ein Vorteil verbunden. Durch das Verwenden des `class`-Attributs, können Sie die Daten entsprechend formatieren. Damit sieht der Anwender auf den ersten Blick, dass es sich um eine Visitenkarte bzw. einen Termin handelt.

9.4.2 Mikrodaten und RDFa

Wie in der Einleitung zum Abschnitt über Mikrodaten bereits erwähnt, sind Mikrodaten, obwohl vom Konzept her schlüssig und universell, derzeit noch von der Standardisierung durch das W3-Konsortium ausgeschlossen. Der Grund ist der starke Einfluss von Interessenvertretern der RDF-basierten (Resource Description Framework) Metadaten. Diese haben im März 2010 bewirkt, dass das Kapitel über Mikrodaten aus der HTML5-Spezifikation des W3-Konsortiums in ein eigenes, separates Dokument ausgelagert wurde.

Prinzipiell schenken sich Mikrodaten und RDFa (die HTML/XHTML-Implementierung von RDF) nichts. Die wichtigsten Features von RDF sind jedenfalls mit Mikrodaten realisierbar:

- Das explizite Auszeichnen eines Containers eines Daten-Sets ist möglich (`itemscope`-Attribut, in RDFa häufig implizit definiert durch `rel` oder `typeof`).
- Das explizite Angeben einer URL, die ein Profil für das Daten-Set enthält, ist möglich (`itemtype`-Attribut, in RDFa realisiert durch `typeof`).
- Das Deklarieren von Eigenschaften ist möglich (`itemprop`-Attribut, in RDFa realisiert durch `property`, `rel` und `rev`),
- Das Verbergen von Werten vor dem im Browser ausgegebenen Inhalt ist möglich (z. B. durch die Verwendung von `<meta>`-Tags oder wenn der Wert aus einem Attribut wie `href` oder `src` gelesen wird – in RDFa wird dafür `content` oder `resource` verwendet).

Allerdings gibt es auch fortgeschrittene Features bei RDFa, die von Mikrodaten bislang nicht unterstützt werden, z. B. die Angabe von Datentypen bei Eigenschaften.

Letztlich ist es bei HTML5 weitgehend eine Geschmacks- und vielleicht auch eine Ideologiefrage, welches Konzept man bevorzugt, wenn man sich dafür entscheidet, Webseiteninhalte mit Metadaten bestimmter Vokabularien im Text zu versehen. Der führende Suchmaschinen-Anbieter Google unterstützt jedenfalls alle drei Formate: Mikrodaten, Mikroformate und RDFa.

9.4.3 Unbekannte Attribute

Seit jeher sind HTML-Parser angewiesen, unbekannte Attribute einfach zu ignorieren. HTML5 geht allerdings noch einen Schritt weiter und verlangt von HTML-Parsern, unbekannte Attribute nichtsdestotrotz in der internen DOM-Abbildung eines HTML-Dokuments mit zu berücksichtigen. So ist auch der Script-Zugriff auf unbekannte Attribute oder das Anwenden attributbedingter CSS-Formate möglich.

Anders als bei unbekannten Elementen funktioniert das Handling unbekannter Attribute auch bei älteren Browsern, inklusive allen noch im Umlauf befindlichen Versionen des MS Internet Explorers.

Auf HTML5 bezogen bedeutet das: Sie können bedenkenlos alle neuen Attribute verwenden, beispielsweise diejenigen für Mikrodaten. Es kann deswegen nicht zu Darstellungs- oder Auflösungsfehlern kommen.

Ebenfalls bedenkenlos möglich ist die Verwendung neuer Wertzuweisungen in erweiterten Werte-Sets. Das betrifft vor allem das `type`-Attribut im Zusammenhang mit dem `input`-Element. Die in HTML5 neu eingeführten Werte bei Feldtypen für kontrollierte

Eingaben werden von Browsern, die den jeweiligen Typ noch nicht verarbeiten, ignoriert. Da das `type`-Attribut allerdings selbst diesen Browsern bekannt ist, wird der Defaultwert anstelle des unbekannten Werts verwendet. Bei `<input type...>` ist das `<input type="text">`. Unbekannte Feldtypen werden also einfach als einzeiliges Eingabefeld aufgelöst.

10 HTML und Scripting

- *Wie Sie Event-Handler in HTML nutzen*
- *Wie Sie Script-Bereiche definieren und externe Scripts einbinden*
- *Wie Sie JavaScript-Code verstehen und in gewissem Umfang selber erstellen oder ändern*

10.1 Event-Handler

Event-Handler (Ereignisbehandler) sind HTML-Attribute, die eine Verknüpfung zu einer Script-Sprache herstellen. Ein Ereignis ist zum Beispiel ein Mausklick oder ein Tastendruck des Anwenders. Ein Element, das einen Event-Handler enthält, kann auf ein solches Ereignis reagieren, wenn das Ereignis im Anzeigebereich des Elements stattfindet. Mit dem Event-Handler können Sie beispielsweise eine JavaScript-Funktion aufrufen, die das Ereignis verarbeitet und reagiert.

Innerhalb von HTML können Sie Event-Handler in Form von Attributen notieren. Die Event-Handler-Attribute sind typischerweise daran erkennbar, dass sie mit `on...` beginnen, also z. B. `onclick`, `onkeyup` oder `onload`. In diesem Abschnitt werden Beispiele für den Einsatz von Event-Handlern vorgestellt. Dass dabei auch Scripting zum Einsatz kommt, ist nicht vermeidbar. Sie müssen dabei nicht alles vollständig nachvollziehen können.

Im Referenzteil dieses Handbuchs finden Sie außerdem die HTML-Eventreferenz. Dort finden Sie systematische Informationen zu den einzelnen Events und ihrer Notationsform als Event-Handler.

10.1.1 Event-Handler für Mausereignisse

Mausereignisse beginnen in dem Moment, in dem ein Anwender die Maus über den Anzeigebereich eines Elements bewegt. Jeder Mausklick ist ein Ereignis, wobei ein Mausklick letztlich aus mehreren Einzelereignissen besteht, nämlich dem Drücken der Maustaste, dem Gedrückthalten und dem Loslassen. Auch Mausrad-Bewegungen lassen sich abfangen. Die Mausereignisse gelten natürlich ebenso für Eingabegeräte oder Eingabeformen, die eine Maus simulieren, also etwa Touchpads, Touchscreens, Trackpoints usw. Es gibt jedoch bei den derzeit aktuellen Tablets und Smartphones mobile Versionen der Desktop-Browser. Diese unterstützen zusätzlich die typischen Eingabemethoden dieser Geräte, wie etwas das Wischen mit dem Finger.

Beispiel

```
<!doctype html>
<html>
  <head>
```

```
  <meta charset="utf-8">
  <title>Mausereignisse</title>
  <script>
  function mouse_pos(e) {
    if(!e) e = window.event;
    var doc = (window.document.compatMode &&
    window.document.compatMode == "CSS1Compat") ?
    window.document.documentElement : window.document.body;
    return {
      top: e.pageY ? e.pageY :
                 e.clientY+doc.scrollTop-doc.clientTop,
      left: e.pageX ? e.pageX :
                 e.clientX+doc.scrollLeft-doc.clientLeft
    };
  }
  function show_mouse_pos(obj) {
    var pos = mouse_pos();
    document.getElementById('mouse_info').innerHTML =
    pos.top + " / " + pos.left;
  }
  var bgcolor = "#FFFFFF";
  function toggle_bgcolor() {
    bgcolor == "#FFFFFF" ? bgcolor="#FFFF33" : bgcolor="#FFFFFF";
    document.getElementById('dyntext').style.
          backgroundColor = bgcolor;
  }
  </script>
</head>
<body>
<!-- ~~~~~~~~~~~~~~~~~~~~~~~~~~~~~~~~~~~~ -->
<h1>onmousedown - onmouseup</h1>
<!-- ~~~~~~~~~~~~~~~~~~~~~~~~~~~~~~~~~~~~ -->
<p>
  Klicken Sie auf den Button und lassen Sie die Maustaste
  einige Zeit heruntergedrückt, um den Event-Handler in Aktion
  zu sehen:
</p>
<form>
  <input type="button" value="Klick mich!"
       onmousedown = "this.value = 'Maustaste wurde gedrückt!';"
       onmouseup = "this.value =
                  'Maustaste wurde losgelassen!';">
</form>
<!-- ~~~~~~~~~~~~~~~~~~~~~~~~~~~~~~~~~~~~ -->
<h1>onmousemove</h1>
<!-- ~~~~~~~~~~~~~~~~~~~~~~~~~~~~~~~~~~~~ -->
<p style="border: solid 1px silver; padding: 3px;"
   id="mouse_info"> </p>
<p style="border: solid 1px silver; padding: 3px;"
   onmousemove="show_mouse_pos()">
```

```
    Bewegen Sie den Mauscursor<br>über diesen Text
  </p>
  <!-- ~~~~~~~~~~~~~~~~~~~~~~~~~~~~~~~~~~~~~~~~ -->
  <h1>onmouseover - onmouseout - onclick</h1>
  <!-- ~~~~~~~~~~~~~~~~~~~~~~~~~~~~~~~~~~~~~~~~ -->
  <p id="dyntext" style="cursor:pointer"
     onmouseover="this.innerHTML = 'Sehen Sie?'"
     onmouseout="this.innerHTML = 'Ich bin dynamisch'"
     onclick="toggle_bgcolor();">Ich bin dynamisch</p>
  </body>
</html>
```

Erläuterung

Das Beispiel zeigt ein vollständiges HTML-Dokument. Im Dokumentkopf ist ein Script-Bereich notiert. Der Dokumentkörper stellt insgesamt drei kleine Beispiele für Event-Handler im Zusammenhang mit Mausereignissen vor.

Einige Ereignisse hängen komplementär zusammen. So etwa die Ereignisse `onmousedown` (Maustaste wurde gedrückt) und `onmouseup` (Maustaste wurde wieder losgelassen) oder `onmouseover` (Maus wird über ein Element bewegt) und `onmouseout` (Maus wird aus einem Element herausbewegt).

Im ersten der Beispiele wird eine Schaltfläche (`<input type="button">`) definiert. Darin sind die beiden Event-Handler `onmousedown` (wenn die Maustaste gedrückt wurde) und `onmouseup` (wenn die Maustaste wieder losgelassen wurde) notiert. Wenn eines der beiden Ereignisse eintritt, wird der Wert des Elementattributs `value` mit einem entsprechenden Text überschrieben. Das bedeutet: Die Schaltfläche zeigt zunächst *Klick mich* an. Wenn der Anwender darauf klickt, ändert sich die Schaltflächenbeschriftung in *Maustaste wurde gedrückt*, und wenn der Anwender den Mausklick beendet, ändert sie sich nochmals, nämlich in *Maustaste wurde losgelassen*. Die Wertzuweisungen an die Event-Handler `onmousedown` und `onmouseup` sind jeweils ein JavaScript-Statement. Mit `this` wird das aktuelle Element als DOM-HTML-Objekt adressiert. Jedes Attribut des Elements ist dabei eine Objekteigenschaft. Mit `this.attributname` kann lesend oder ändernd auf ein Attribut zugegriffen werden.

Das zweite Beispiel enthält zwei Textabsätze. Der erste enthält zunächst nur ein erzwungenes Leerzeichen (` `) als Inhalt. Der zweite enthält etwas Inhalt und im einleitenden `<p>`-Tag den Event-Handler `onmousemove`. Das Ziel ist, im ersten Textabsatz jederzeit die Koordinaten der aktuellen Mausposition anzuzeigen, während der Anwender die Maus über den Inhalt des zweiten Textabsatzes bewegt. Leider ist das nicht ganz trivial, weshalb das Script-Statement, das dem Event-Handler `onmousemove` zugewiesen ist, eine Funktion namens `show_mouse_pos()` aufruft. Diese Funktion ist in dem Script-Bereich im Dokumentkopf notiert. Sie ruft wiederum eine allgemeinere Funktion namens `mouse_pos()` auf. Letztere ermittelt browserübergreifend die gewünschten Mauskoordinaten und gibt sie in Form eines anonymen Objekts zurück. Das zurückgegebene Objekt von `mouse_pos()`wird in der aufrufenden Funktion `show_mouse_pos()` in einer Variablen namens `pos` gespeichert. In den Objekteigenschaften `pos.top` bzw. `pos.left` stehen die Mauskoordinaten. Diese werden von der Funktion `show_mouse_pos()` dynamisch in den ersten Textabsatz geschrieben.

Das dritte Beispiel besteht aus einem einzigen Textabsatz mit dem Default-Text *Ich bin dynamisch.* Der Event-Handler `onmouseover` (beim Überfahren des Elementinhalts mit der Maus) weist dem Elementinhalt mit `this.innerHTML` einen anderen Inhalt zu, sobald der Anwender den Mauscursor über den Erstreckungsbereich des Elements bewegt. Dieser neue Inhalt würde jedoch auch stehen bleiben, wenn der Anwender den Mauscursor wieder aus dem Elementbereich herausbewegt. Mit dem Event-Handler `onmouseout` wird dieses Ereignis jedoch abgefangen, und wenn es eintritt, wird mit einer weiteren `this.innerHTML`-Zuweisung der ursprüngliche Text wiederhergestellt.Außerdem enthält das <p>-Tag des Textabsatzes noch einen `onclick`-Event-Handler. Zugewiesen ist diesem Event-Handler im Beispiel ein Aufruf einer Funktion namens `toggle_bgcolor()`. Der Event-Handler wird ausgelöst, wenn der Anwender mit der Maus in den Bereich des Elements klickt. Wenn man so will, ist `onclick` die Summe von `onmousedown` und `onmouseup`. Die Funktion `toggle_bgcolor()` bewirkt ein abwechselndes Ändern der Hintergrundfarbe des Elements. In der Variablen `bgcolor` merkt sie sich den jeweils aktuellen Zustand der Hintergrundfarbe.

Bild 10.1: Mouse-Event-Beispiele im Browser

Weitere Hinweise

In den obigen Beispielen wird jedem Event-Handler immer nur ein JavaScript-Statement zugeordnet. Es ist aber durchaus erlaubt, auch mehrere Statements zuzuordnen. Alle außer dem letzten Statement müssen dabei mit einem Semikolon (`;`) abgeschlossen werden.

Heute ist diese Art der Anbindung von Events an Elemente unüblich geworden. Durch die gewünschte Trennung von Inhalt, Layout und Programmierung hat sich die Technik des *unobtrusive Programmings* etabliert. Dadurch werden nicht mehr die Event-Handler bei den jeweiligen Inhalten verwendet, sondern in einem Script die Aktionen dynamisch zugeordnet. Sie können mehr dazu unter *10.5 JavaScript: Unobtrusive Programming* lesen.

Referenzinformationen

Eventreferenz `onmousedown`,
Eventreferenz `onmouseup`,
Eventreferenz `onmouseover`,
Eventreferenz `onmouseout`:

HTML 4.0 | XHTML 1.0

10.1.2 Event-Handler für Tastaturereignisse

Tastaturereignisse sind zwar für alle Elemente verfügbar, ergeben aber nur einen Sinn, wenn ein Element in irgendeiner Form via Tastatur ansteuerbar oder manipulierbar ist. Das gilt vor allem für Formularelemente, in denen man etwas eingeben kann. Letztlich sind Tastaturereignisse aber auf alle Elemente anwendbar, die via Tastatur fokussierbar sind. Da durch das `contenteditable`-Attribut letztlich auch der Inhalt jedes Elements editierbar werden kann, sind Tastaturereignisse letztlich fast universell einsetzbar. Das nachfolgende Beispiel konzentriert sich jedoch auf klassische Formularelemente.

Beispiel

```
<!doctype html>
<html>
  <head>
    <meta charset="utf-8">
    <title>Tastaturereignisse</title>
    <script>
      function show_chars_entered(value) {
        document.getElementById('chars_entered').innerHTML =
        value.length + " Zeichen";
      }
      function check_radio(robj) {
        document.getElementById(robj).checked = true;
      }
    </script>
  </head>
  <body>
    <!-- ~~~~~~~~~~~~~~~~~~~~~~~~~~~~~~~~~~~~~~~~~~~~ -->
    <h1>onkeyup</h1>
    <!-- ~~~~~~~~~~~~~~~~~~~~~~~~~~~~~~~~~~~~~~~~~~~~ -->
    <form>
      Dein Gezwitscher (max. 140 Zeichen):<br>
      <textarea id="message" name="message" cols="70" rows="2"
                onkeyup="show_chars_entered(this.value)">
      </textarea><br>
      <span id="chars_entered">0 Zeichen</span>
    </form>
    <!-- ~~~~~~~~~~~~~~~~~~~~~~~~~~~~~~~~~~~~~~~~~~~~ -->
    <h1>onkeypress</h1>
```

```
    <!-- ~~~~~~~~~~~~~~~~~~~~~~~~~~~~~~~~~~~~~~~~~~~~~~ -->
    <form>
      <input type="radio" id="x" name="bla" value="x">
      <input type="text" name="xtext" value=""
             onkeypress="check_radio('x')"><br>
      <input type="radio" id="y" name="bla" value="y">
      <input type="text" name="ytext" value=""
             onkeypress="check_radio('y')"><br>
      <input type="radio" id="z" name="bla" value="z">
      <input type="text" name="ztext" value=""
             onkeypress="check_radio('z')">
    </form>
  </body>
</html>
```

Erläuterung

Das Beispiel zeigt wieder ein vollständiges HTML-Dokument. Im Dokumentkopf ist ein Script-Bereich definiert. Der darin enthaltene JavaScript-Code wird im Zusammenhang mit den Beispielen benötigt.

Das erste der beiden Beispiele im Dokumentkörper ist praxistypisch. Wer den Microblogging-Service Twitter kennt, weiß auch um die magische 140-Zeichen-Grenze für die Nachrichtenlänge. Das Beispiel besteht aus einem `textarea`-Feld für die Nachrichteneingabe. Unterhalb davon, in einem `span`-Element mit dem `id`-Atrribut `chars_entered`, wird dynamisch bei jedem eingegebenen Zeichen angezeigt, wie viele Zeichen bereits eingegeben wurden. Durch die Anzeigehilfe kann der Anwender seine Nachricht so formulieren, dass sie ins 140-Zeichenraster passt.

Das `textarea`-Element enthält zu diesem Zweck einen Event-Handler `onkeyup`. Dieser tritt ein, wenn der Anwender bei der Eingabe im `textarea`-Feld eine Taste, nachdem er sie gedrückt hat, loslässt. Es handelt sich also um den Abschluss eines Tastendrucks. In diesem Fall wird mit `show_chars_entered(this.value)` eine JavaScript-Funktion namens `show_chars_entered()` aufgerufen. Als Parameter wird ihr der aktuelle Wert (Inhalt) des `textarea`-Feldes übergeben. Die Funktion `show_chars_entered()` ist im JavaScript-Bereich im Dokumentkopf notiert. Sie ändert mit Hilfe der DOM-Zugriffstechnik den Inhalt des Elements mit dem `id`-Wert `chars_enterec`, also den Inhalt des `span`-Elements unterhalb des `textarea`-Elements. Der Inhalt besteht aus der Zeichenkettenlänge des aktuell eingegebenen Nachrichtentextes und dem Wort `Zeichen`.

Bild 10.2: Tastatur-Event-Beispiele im Browser

Das zweite Beispiel besteht aus drei Radiobuttons mit jeweils daneben positionierten Eingabefeldern. Wenn der Anwender in einem der Eingabefelder etwas eingibt, wird automatisch der zugehörige Radiobutton aktiviert.

Dazu wird in den Eingabefeldern jeweils der Event-Handler `onkeypress` notiert. Dieses Ereignis wird ausgelöst, wenn sich der Cursor in dem Eingabefeld befindet und dann eine Taste gedrückt wird. Dem Event-Handler ist der Aufruf einer JavaScript-Funktion namens `check_radio()` zugewiesen. Der dabei übergebene Parameter ('x', 'y' bzw. 'z') ist der Wert des `id`-Attributs des zugehörigen Radiobuttons. Die Funktion `check_radio()`, die im Script-Bereich im Dokumentkopf notiert ist, weiß durch den übergebenen Parameter, welcher Radiobutton aktiviert werden soll. Das Aktivieren geschieht durch einen HTML-DOM-Zugriff auf das `checked`-Attribut, mit dem ein Radiobutton als aktiviert gekennzeichnet werden kann.

Referenzinformationen

Eventreferenz `onkeypress`,
Eventreferenz `onkeyup`:

HTML 4.0 XHTML 1.0

10.1.3 Interaktive Elementereignisse

Event-Handler sind besonders sinnvoll bei Elementen, mit denen der Anwender in irgendeiner Form etwas tun kann, zum Beispiel Hyperlinks, Formularelemente oder eingebettete Video- oder Audio-Player. Solche Elemente kann man im weiteren Sinne als interaktive Elemente verstehen.

Das ist allerdings kein wirklich scharfer Begriff, denn letztlich kann in HTML5 jedes sichtbare Element interaktiv werden. Das nachfolgende Beispiel konzentriert sich auf Formularinhalte.

Beispiel

```
<!doctype html>
<html>
  <head>
    <meta charset="utf-8">
    <title>Ereignisse bei interaktiven Elementen</title>
    <script>
      function hasContent(field_id, message_id) {
        if (document.getElementById(field_id).value.length == 0) {
          document.getElementById(message_id).style.display = "block";
          document.getElementById(field_id).focus();
        }
      }
      function hideMessage(message_id) {
        document.getElementById(message_id).style.display = "none";
      }
      function prepareInput() {
        var toLower =
            document.getElementById('mail').value.toLowerCase();
        document.getElementById('mail').value = toLower;
        return true;
      }
    </script>
  </head>
  <body>
    <form name="Test" action="index.php"
          onsubmit="return prepareInput();">
      <p>
        <label>Name:<br>
          <input type="text" name="name" id="name"
                 onblur="hasContent('name', 'name_msg')"
                 onchange="hideMessage('name_msg')">
        </label><br>
        <span id="name_msg" style="display: none">
          Bitte geben Sie Ihren Namen ein!
        </span>
      </p>
      <p>
        <label>E-Mail:<br>
          <input type="text" name="mail" id="mail"
            onblur="hasContent('mail', 'mail_msg')"
            onchange="hideMessage('mail_msg')">
        </label><br>
        <span id="mail_msg" style="display: none">
          Bitte geben Sie Ihre E-Mail-Adresse ein!
        </span>
      </p>
      <p><input type="submit" value="Newsletter abonnieren"></p>
    </form>
  </body>
</html>
```

Erläuterung

Das Beispiel zeigt ein vollständiges HTML-Dokument. Der Kopfbereich enthält einen Script-Bereich mit JavaScript-Funktionen, die im Zusammenhang mit den verwendeten Event-Handlern benötigt werden. Der Dokumentkörper besteht aus einem Formular, wie es auf einer Seite stehen könnte, wo man einen Newsletter abonnieren kann. In zwei Eingabefeldern soll der Anwender seinen Namen und seine Mailadresse eingeben. Unterhalb jedes der beiden Eingabefelder, ist jeweils ein `span`-Element notiert, das jedoch im Normalfall nicht sichtbar ist. Dafür sorgt die Stylesheet-Angabe `style="display: none"`.

Die `input`-Elemente für die beiden Eingabefelder für Name und Mailadresse enthalten jeweils zwei Event-Handler: `onblur` und `onchange`. Das `blur`-Ereignis wird ausgelöst, wenn der Anwender ein interaktives Element, das zuvor den Fokus hatte, verlässt. Im Fall der `input`-Felder bedeutet das: wenn der Cursor sich zuletzt im Eingabefeld befand und der Anwender nun das Feld verlässt. Dabei ist egal, ob er durch einen Klick woanders hin geht oder mit der Tabulator-Taste. Das `change`-Ereignis wird ausgelöst, sobald sich der Inhalt oder Wert des Elements ändert, also beispielsweise, wenn der Anwender ein Zeichen eingibt, oder wenn er mit Maus und über Kontextmenü Inhalte aus der Zwischenablage in das Feld einfügt.

Dem Event-Handler `onblur` wird in beiden Eingabefeldern der Aufruf einer JavaScript-Funktion namens `hasContent()` zugewiesen. Der Funktion werden zwei Parameter übergeben, nämlich die `id`-Namen des Eingabefeldes und des unterhalb davon notierten `span`-Elements mit dem verborgenen Inhalt. Die Funktion `hasContent()` ist im Script-Bereich im Dokumentkopf notiert. Sie prüft, ob die Anzahl der im Eingabefeld eingegebenen Zeichen 0 ist. Ist das der Fall, wird das verborgene `span`-Element auf sichtbar gesetzt. Der Anwender sieht also die Aufforderung wie z. B. *Bitte geben Sie Ihren Namen ein!* Außerdem wird der Cursor wieder in das Eingabefeld gesetzt. Sobald der Anwender dann ein Zeichen eingibt, wird der Event-Handler `onchange` ausgelöst. Er ruft die Funktion `hideMessage()` auf. Übergeben wird der `id`-Name des `span`-Elements mit dem Aufforderungstext. Die Funktion, ebenfalls im Dokumentkopf notiert, setzt den Aufforderungstext wieder auf unsichtbar.

Im einleitenden <`form`>-Tag des Beispiels ist noch ein weiterer Event-Handler notiert: `onsubmit`. Dieses Ereignis wird ausgelöst, wenn der Anwender das Formular mit Hilfe der Submit-Schaltfläche absendet. Der zugewiesene Scriptcode wird ausgeführt, bevor die beim `action`-Attribut angegebene URL-Adresse aufgerufen wird. Die URL-Adresse wird nur dann aufgerufen, wenn der ausgeführte JavaScript-Code am Ende den Wert `true` (wahr) zurückliefert. Gibt der Scriptcode `false` (falsch) zurück, wird das Absenden des Formulars verhindert. Deshalb wird der `onsubmit`-Handler gerne eingesetzt, um Formulareingaben vor dem Absenden auf Vollständigkeit und Plausibilität zu überprüfen. Im obigen Beispiel wird einfach nur die Eingabe aus dem Feld für die Mailadresse behandelt. Alle darin eingegebenen Großbuchstaben werden in Kleinbuchstaben umgewandelt. Das besorgt im Beispiel die Funktion `prepareInput()`, die bei `onsubmit` aufgerufen wird und ebenfalls im Dokumentkopf notiert ist.

Bild 10.3: Formular-Event-Beispiele im Browser

Weitere Hinweise

Auch wenn es mit Hilfe von JavaScript möglich ist, Formulareingaben schon vor dem Formularversand auf Vollständigkeit und Plausibilität zu kontrollieren: Verlassen Sie sich niemals darauf, dass nach dem Formularversand nur vollständige und ordentliche Daten am Server ankommen! Bei deaktiviertem JavaScript etwa können Anwender ein Formular ohne jede Kontrolle ausfüllen und absenden. Eine clientseitige Eingabekontrolle mittels JavaScript kann also keine serverseitige Überprüfung der Formulardaten ersetzen.

Referenzinformationen

Eventreferenz `onblur`,
Eventreferenz `onchange`,
Eventreferenz `onsubmit`:

Es gibt weitere Event-Handler für interaktive Elemente, beispielsweise die neuen HTML5-Handler für `video`- und `audio`-Elemente (`oncanplay`, `onplay`, `onplaying` usw.). Details finden Sie in *HTML-Eventreferenz.*

10.1.4 Event-Handler für Fenster- und Dokumentereignisse

Einige Ereignisse betreffen das gesamte Dokument oder das gesamte Browser-Fenster. So gibt es beispielsweise das Ereignis `onload`, das eintritt, nachdem ein HTML-Dokument, mit all den darin referenzierten Ressourcen, vollständig geladen ist.

Im Dokumentmodell von HTML5 gibt es die Objekte `window` und `document`, auf deren Ebene solche Ereignisse behandelt werden können. In Form von HTML-Attributen werden diese Event-Handler im einleitenden `<body>`-Tag notiert.

Beispiel

```
<!doctype html>
<html>
  <head>
    <meta charset="utf-8">
    <title>Ereignisse für Fenster und Dokument</title>
    <script>
      var now = new Date();
      var start = now.getTime();
      var max = 5 * 60;
      var elapsed = 0;
      var savedElapsed = 0;
      var expires = new Date(now.getTime()+(1000 * 60 * 60 * 24 * 7));
      if(document.cookie) {
        var valStart = document.cookie.indexOf("=") + 1;
        var valEnd = document.cookie.indexOf(";");
        if(valEnd == -1) valEnd = document.cookie.length;
        saveElapsed = parseInt(document.cookie.substring(
                               valStart, valEnd));
      }
      function showTime() {
        var absSec = Math.round(calcTime());
        var relSec = absSec % 60;
        var absMin = Math.abs(Math.round((absSec - 30 ) / 60));
        var showSec = "" + ((relSec > 9) ? relSec : "0" + relSec);
        var showMin = "" + ((absMin > 9) ? absMin : "0" + absMin);
        document.getElementById('time').innerHTML = showMin + ":"
                                                  + showSec;
        window.setTimeout("showTime()", 1000);
        if(absSec >= max) {
          document.getElementById('time').style.backgroundColor =
                   'yellow';
        }
      }
      function calcTime() {
        var calcNow = new Date();
        elapsed = ((calcNow.getTime() - start) / 1000) + saveElapsed;
        if(elapsed <= max) {
          return(elapsed);
        } else {
          return(max);
        }
      }
      function saveTime() {
        document.cookie =
            "elapsed" + "=" + elapsed + "; expires=" +
            expires.toGMTString() + ";";
      }
      function errorInfo() {
```

```
        document.getElementById('time').innerHTML = "FEHLER!";
        document.getElementById('time').style.backgroundColor =
                'yellow';
      }
    </script>
  </head>
  <body onload="window.setTimeout('showTime()', 1000)"
        onunload="saveTime()" onerror="errorInfo();">
    <b id="time">00:00</b>
    <section>
      <h1>Übungsaufgabe</h1>
      <p>
        Du hast 5 Minuten Zeit, die nachfolgende Übung zu
        absolvieren. Oben siehst du die bisher benötigte Zeit.
      </p>
      <!-- hier die Übungsaufgabe -->
    </section>
  </body>
</html>
```

Erläuterung

Das Beispiel zeigt, wie der Rahmen einer Übungsaufgabe aussehen könnte, die der Anwender innerhalb einer bestimmten Zeit absolvieren muss. Der HTML-Teil des Beispiels stellt ein vollständiges HTML-Dokument dar. Das einleitende `<body>`-Tag enthält drei Event-Handler: `onload`, `onunload` und `onerror`.

Dem Event-Handler `onload` ist ein etwas kompliziert wirkender Aufruf zugewiesen. Es handelt sich um einen Aufruf der JavaScript-Methode `setTimeout()`, die zum Fensterobjekt von JavaScript gehört. Sie ermöglicht es, eine Anweisung zeitverzögert auszuführen. Als erster Parameter wird die gewünschte JavaScript-Anweisung angegeben, als zweiter Parameter die Anzahl Millisekunden für die zeitverzögerte Ausführung. Im Beispiel wird die Funktion `showTime()` mit einer Verzögerung von 1 Sekunde (1.000 Millisekunden) aufgerufen.

Die Funktion `showTime()` ist im Script-Bereich im Dokumentkopf notiert. Ihre Aufgabe besteht darin, die Minuten und Sekunden, die der Anwender bereits auf der Seite ist, jede Sekunde neu anzuzeigen. Die verstrichenen Minuten und Sekunden werden in dem `b`-Element ausgegeben, das unterhalb des `<body>`-Tags zu finden ist. Das Element ist mit dem Inhalt `00:00` vorbelegt. JavaScript sorgt dafür, dass die Zeit im Sekundentakt hochgezählt wird. Auf die Details der Funktion `showTime()` wird an dieser Stelle nicht näher eingegangen, ebenso wenig wie auf die der Funktion `calcTime()`, die innerhalb von `showTime()` aufgerufen wird. Die Aufgabe der Funktionen besteht darin, die Zeit bis zu einem Maximalwert hochzuzählen. Dieser ist in einer Variablen namens `max` definiert, die oberhalb der Funktionen mit `5 * 60` initialisiert wird, so dass maximal bis 300 Sekunden, also 5 Minuten, hochgezählt wird. Danach bleibt die Zeitanzeige stehen und wird eingefärbt, um zu signalisieren, dass die Zeit abgelaufen ist.

Der Event-Handler `onunload` tritt ein, wenn der Anwender die Webseite verlässt, egal ob durch einen Link oder durch Aufruf einer anderen Seite über Browser-Funktionen. Im obigen Beispiel wird bei diesem Ereignis die Funktion `saveTime()` aufgerufen, die ebenfalls im Dokumentkopf notiert ist. Ihre Aufgabe besteht darin, die aktuell verstrichene Zeit in einem permanenten Cookie zu speichern. Der Effekt dieser Merkfunktion wird im oberen Teil des Script-Bereichs, oberhalb der Funktion `showTime()`, genutzt. Da dieser Code nicht in einer Funktion steht, wird er beim Laden der Webseite direkt ausgeführt. Er liest ein eventuell gespeichertes Cookie aus und korrigiert in dem Fall die verstrichene Zeit von 0 auf den Wert, der im Cookie gespeichert ist. Die Zeit läuft also von dem Stand aus weiter, bei dem die Seite zuletzt verlassen wurde.

Der dritte im Beispiel notierte Event-Handler `onerror` hat nichts direkt mit der Zeitanzeige und ihrer Speicherung zu tun. Dieses Ereignis tritt ein, wenn bei einem JavaScript im Dokument ein Fehler auftritt. Sie können auf diese Weise eine eigene Fehlerbehandlung definieren. Im Beispiel wird die Funktion `errorInfo()` aufgerufen, die im Dokumentkopf notiert ist. Im Beispiel zeigt diese Funktion der Einfachheit halber in dem Bereich, in dem sonst die laufende Zeitanzeige erscheint, das Wort `FEHLER` an.

Referenzinformationen

Eventreferenz `onerror`,
Eventreferenz `onload`,
Eventreferenz `onunload`:

Es gibt noch weitere Event-Handler für Fenster- und Dokumentereignisse. Details finden Sie in *Anhang C HTML-Eventreferenz.*

10.2 Script- und Noscript-Bereiche

JavaScripts werden wahlweise innerhalb von Script-Bereichen im HTML-Dokument notiert oder in separaten Textdateien, die dann in solche Script-Bereiche eingebunden werden können.

Beispiel

```
<!doctype html>
<html>
  <head>
    <meta charset="utf-8">
    <title>Die Unix-Zeitansage</title>
    <script>
      function fillHeading() {
        now = new Date();
        document.getElementById('timestamp').innerHTML =
                 now.getTime();
      }
    </script>
  </head>
  <body onload="fillHeading()">
    <h1 id="timestamp"></h1>
```

```
    <p>
      Die Überschrift zeigt den Unix-Zeitstempel des
      Ladezeitpunkts dieser Webseite.
    </p>
  </body>
</html>
```

Erläuterung

Mit <script> leiten Sie einen Bereich für JavaScript innerhalb eines HTML5-Dokuments ein (*script* = Quelltext). Mit </script> wird der Bereich beendet. Innerhalb des Bereichs können Sie Anweisungen der verwendeten Script-Sprache notieren.

Da HTML5 ECMAScript bzw. JavaScript als Defaultsprache für Scripts annimmt, benötigen Sie keine weitere Angabe zur verwendeten Scriptsprache.

Wenn Sie HTML-4.0-kompatibel arbeiten wollen, müssen Sie die verwendete Scriptsprache jedoch in jedem Fall explizit angeben. Dazu notieren Sie <script type="text/javascript">. Die Angabe zum MIME-Typ ist in HTML 4.0(1) Pflicht. Mit type="text/javascript" geben Sie den MIME-Type für JavaScript-Dateien an. In HTML5 müssen Sie das type-Attribut nur verwenden, wenn Sie eine andere Scriptsprache als ECMAScript bzw. JavaScript verwenden.

Weitere Hinweise

Das veraltete, aber immer noch häufig anzutreffende Attribut language="JavaScript" erkennen moderne Browser zwar noch, doch sie sollen es HTML5 zufolge nur dann versuchen zu interpretieren, wenn das <script>-Tag kein type-Attribut enthält.

Aus Sicht eines Browsers, der das script-Element kennt, wird alles, was innerhalb des Bereichs steht, als »nackter Text« betrachtet. Bei Parsern, die das script-Element nicht kennen, kann es jedoch zu Konflikten mit JavaScript-Inhalten kommen. Ein solcher Parser betrachtet den Script-Bereich nämlich als beendet, sobald er auf die nächste Zeichenfolge </ stößt.

Noscript-Bereiche definieren

Sie können einen Bereich definieren, der nur angezeigt wird, wenn die verwendete Scriptsprache nicht verfügbar ist oder wenn der Anwender sie in seinem Browser deaktiviert hat.

Wichtig ist eine solche Angabe beispielsweise, wenn Ihre Seiten intensiv JavaScript benutzen, um Inhalte anzuzeigen oder Navigationen zu steuern. In solchen Fällen ist ein Projekt ohne JavaScript kaum nutzbar. Mit einem Noscript-Bereich können Sie alternative HTML-Inhalte einbauen, beispielsweise zusammenfassende Inhalte oder einfache Navigationslisten.

Das nachfolgende Beispiel greift die h1-Überschrift des Beispiels weiter oben wieder auf:

```
<h1 id="timestamp"><noscript>[nicht ermittelbar]</noscript></h1>
```

In diesem Fall wird die Überschrift nicht wie im Beispiel weiter oben mit leerem Inhalt vorbelegt, sondern mit einem Noscript-Bereich. Mit `<noscript>` leiten Sie einen Noscript-Bereich ein, mit `</noscript>` beenden Sie ihn.

Browser, die das `noscript`-Element kennen, zeigen den Inhalt dazwischen nur dann an, wenn der Anwender die benutzte Scriptsprache deaktiviert hat oder der Browser die Scriptsprache nicht kennt. Browser, die gar keine Scriptsprachen kennen, kennen zwar in der Regel auch das `noscript`-Element nicht, aber wenn sie HTML-konform interpretieren, ignorieren sie die Auszeichnung einfach und zeigen den Inhalt des Elements ganz normal an.

Sie können `noscript`-Bereiche überall notieren. Was im Elementinhalt erlaubt ist, richtet sich nach der Umgebung, in der ein `noscript`-Element steht. Wird es im Dokumentkopf notiert, darf es nur typische Kopfelemente wie `style`, `link`, `base` oder `meta` enthalten. Im obigen Beispiel darf es nur Phrasing-Context-Elemente enthalten, weil es innerhalb einer Überschrift notiert ist, die als Elementinhalt nur Phrasing-Context erlaubt (lesen Sie dazu auch *4.6.1 Content-Modelle*).

Referenzinformationen

Elementreferenz `<script>`,
Elementreferenz `<noscript>`:

HTML 4.0 | XHTML 1.0

10.2.1 Externe Scripts einbinden

Seit der Sprachversion 1.1 von JavaScript und seit HTML 4.0 ist es möglich, JavaScript-Code in separaten Dateien zu notieren. Das ist sehr nützlich, wenn Sie gleiche JavaScript-Funktionen in mehreren oder vielen HTML-Dokumenten verwenden wollen. So brauchen Sie den Code nur einmal zu notieren und können ihn beliebig oft referenzieren.

Beispiel (HTML-Dokument)

```
<!doctype html>
<html>
  <head>
    <meta charset="utf-8">
    <title>Say Hello!</title>
    <script src="say-something.js" charset="utf-8" defer>
    </script>
  </head>
  <body onload="sayHello()">
  </body>
</html>
```

Beispiel (say-something.js)

```
function sayHello() {
  document.getElementsByTagN ame("body")[0].innerHTML =
          '<span style="font-size: 100px;">Hello World!</span>';
}
```

Erläuterung

Das Beispiel zeigt ein HTML-Dokument, das einen Script-Bereich enthält, markiert durch <script>...</script>. Der Inhalt ist in diesem Fall jedoch leer. Stattdessen wird mit Hilfe des src-Attributs eine externe JavaScript-Datei namens *say-something.js* eingebunden. Für das src-Attribut gelten die gleichen Regeln für die Referenzierung, wie unter *2.1.5 Referenzierung* beschrieben.

Mit dem charset-Attribut können Sie eine Angabe zur Zeichenkodierung machen, die in der externen JavaScript-Datei verwendet wird. Das ist beispielsweise nötig, wenn das Script Ausgaben in einer Sprache wie Deutsch erzeugt, die nicht nur ASCII-Zeichen enthält (wie in *2.2 Zeichenkodierung in HTML* dargestellt).

Das defer-Attribut können Sie angeben, wenn das extern eingebundene Script erst dann ausgeführt werden darf, nachdem das HTML-Dokument (und damit dessen Dokumentobjekt-Struktur) vollständig geladen ist. Im obigen Beispiel ist das eigentlich nicht nötig, da der ausgeführte Scriptcode in einer Funktion steht, die durch den Event-Handler onload im <body>-Tag ausgeführt wird, was den gleichen Effekt hat. Das defer-Attribut ist ein Standalone-Attribut. Seine Wirkung tritt ein, wenn es notiert wird, wie im obigen Beispiel. Wenn Sie XHTML-konform arbeiten, notieren Sie es in der Form defer="defer".

> Mit HTML5 wurde das defer-Attribut um ein weiteres Attribut ergänzt: nämlich um das Attribut async.

Damit weisen Sie den Browser an, mit der Ausführung des externen Scripts sofort zu beginnen, sobald das möglich ist, auch dann, wenn das HTML-Dokument noch gar nicht vollständig geladen ist. Im Unterschied zum Default-Verhalten, das darin besteht, dass ein ladendes Script das weitere Laden des HTML-Dokuments erst mal verzögert, wird bei Angabe von async das HTML-Dokument weiter geladen (das Laden der Scriptdatei unterbricht also nicht das Laden des HTML-Dokuments).

Weitere Hinweise

Bei der Wertzuweisung an das src-Attribut gelten alle Möglichkeiten, welche in *2.1.5 Referenzierung* beschrieben sind. Sie können also lokal gespeicherte Scriptdateien referenzieren, aber auch solche von anderen Webservern. Lokal gespeicherte Scripts können Sie absolut oder relativ adressieren.

Beispiele

```
<script src="verzeichnis/datei.js">
<script src="/verzeichnis/unterverz/datei.js">
<script src="../datei.js">
<script src="http://www.example.org/verzeichnis/datei.js">
```

Die referenzierte Datei sollte, wenn es sich um ECMAScript/JavaScript handelt, die Dateinamenerweiterung *.js* erhalten. Die Datei muss eine reine Textdatei sein und darf nichts anderes als JavaScript-Code enthalten.

JavaScript-Code zwischen `<script>` und `</script>` wird ignoriert, wenn das einleitende `<script>`-Tag eine externe JavaScript-Datei einbindet. Sie können aber natürlich einen weiteren Script-Bereich notieren, in dem Sie den Code direkt im HTML-Dokument notieren.

Es kann passieren, dass ein JavaScript, das in einer separaten Datei notiert ist, lokal einwandfrei funktioniert, aber nach dem Hochladen der Dateien auf einen Webserver plötzlich nicht mehr. In diesem Fall muss in der Konfiguration des Webservers der MIME-Type *text/javascript* für Dateien mit der Endung *.js* hinzugefügt werden. Alternativ können Sie auch probieren, im einleitenden `<script>`-Tag beim `type`-Attribut den MIME-Type `application/x-javascript` anstelle von `text/javascript` zu notieren. Bei einigen Servern kann es mit dieser Version zum Erfolg führen.

10.3 ECMA/JavaScript-Grundlagen

Im Rahmen dieses Abschnitts kann ECMAScript bzw. JavaScript nur in groben Ansätzen vermittelt werden. Um systematisch JavaScript zu lernen, sind entsprechende Fachbücher oder im Web verfügbare Dokumentationen erforderlich. Der nachfolgende Abschnitt soll dazu befähigen, die Funktionsweise von JavaScript und vorhandenen Scriptcode etwas besser zu verstehen.

10.3.1 Sprachbestandteile von ECMAScript/JavaScript

Anweisungen, Ausdrücke und Blöcke

JavaScript besteht letztendlich aus einer kontrollierten Anordnung von Anweisungen. Das sind Befehle, die der JavaScript-Interpreter des WWW-Browsers bewertet und in Maschinencode umsetzt, der auf dem Rechner des Anwenders ausführbar ist.

Beispiel

```
var Zahl = 42;
Quadrat = Zahl * Zahl;
if (Zahl > 1000) {
  Zahl = 0;
}
alert("Das Quadrat von " + Zahl + " = " + Ergebnis);
```

Erläuterung

Eine Anweisung in JavaScript wird mit einem Strichpunkt ; oder einem Zeilenumbruch abgeschlossen. In neueren Netscape-Dokumentationen zu JavaScript wird der Strichpunkt am Ende von einfachen Anweisungen zwar häufig weggelassen, aber um unnötige Fehler zu vermeiden, ist es ratsam, sich anzugewöhnen, alle Anweisungen auf diese Weise abzuschließen.

Hinweis

In diesem Abschnitt werden – anders als in anderen JavaScript-Beispielen in diesem Buch – deutschsprachige Namen für Variablen, Funktionsnamen usw. verwendet. Das ist in der Programmierung nicht sehr üblich, erleichtert aber das Verständnis dafür, was selbst vergebene Namen sind und was zum Sprachumfang von JavaScript gehört.

Eine Anweisung ist zum Beispiel

- Wenn Sie einer Variablen einen Wert zuweisen, wie in der ersten Beispielanweisung.
- Wenn Sie einer Variablen das Ergebnis einer Operation oder eines Ausdrucks zuweisen, wie in der zweiten Beispielanweisung.
- Wenn Sie das Ausführen einer Anweisung von einer Bedingung abhängig machen, wie im dritten Beispiel.
- Wenn Sie eine Funktion oder eine Objektmethode aufrufen, bzw. wenn Sie eine Objekteigenschaft auslesen oder ändern, wie im vierten Beispiel.

Mehrere Anweisungen in Folge können einen **Anweisungsblock** bilden. Das ist dann der Fall, wenn etwa eine Reihe von Anweisungen von einer Bedingung abhängen oder eine Reihe von Anweisungen als Funktion oder Unterprogramm ausgeführt werden soll.

Beispiel

```
function SagEinmaleins (x) {
  var Ergebnis = x * x;
  if(Ergebnis > 100) {
    Ergebnis = 0;
    Neustart();
  }
  alert(Ergebnis);
}
```

Erläuterung

Ein Anweisungsblock wird durch eine öffnende geschweifte (= geschwungene) Klammer { begonnen und durch eine schließende geschweifte Klammer } beendet. Sie können die geschweiften Klammern jeweils in eine eigene Zeile schreiben. Es ist aber auch erlaubt, die Klammern in derselben Zeile zu notieren, wie die Anweisungen selbst.

Das Beispiel zeigt eine kleine JavaScript-Funktion. Eine Funktion stellt einen Block aus Anweisungen, mit einem eigenen Namen, dar. Deshalb wird ihr Inhalt stets in geschweifte Klammern eingeschlossen. Bei Kontrollstrukturen wie `if`-Bedingungen müssen Sie die Klammern dann notieren, wenn mehr als eine Anweisung von ein und derselben Bedingung abhängig sein soll. Viele Programmierer notieren die Klammern aus Gründen der Konsequenz jedoch sogar dann, wenn nur eine abhängige Anweisung folgt.

Von ***Ausdrücken*** (engl. *expressions*) ist dann die Rede, wenn Variablen, Werte und Operatoren gemischt werden. Häufig ist eine Anweisung zugleich ein Ausdruck, etwa die Anweisung:

```
var Zahl = 42;
```

Anweisungen können jedoch auch sehr komplex sein und sich aus mehreren Ausdrücken zusammensetzen. Zum Beispiel in diesem Fall:

```
Zahl > 99 ? Zahl -= 99 : Zahl;
```

Diese zusammengesetzte Anweisung besteht aus drei Ausdrücken: `Zahl > 99`, `Zahl -= 99` und `Zahl`. Besser verständlich ist aber die Ausführung als Bedingungen:

```
If (Zahl > 99) {
  return (Zahl - 99);
} else {
  return Zahl;
}
```

Selbst vergebene Namen

An vielen Stellen in JavaScript müssen Sie selbst Namen vergeben, zum Beispiel für eigene Funktionen, Objekte oder Variablen. Bei selbst vergebenen Namen gelten folgende Regeln:

- Sie dürfen keine Leerzeichen enthalten.
- Sie dürfen nur aus Buchstaben und Ziffern bestehen – das erste Zeichen muss ein Buchstabe sein. Aber es sind Groß- und Kleinbuchstaben erlaubt. Groß- und Kleinschreibung werden aber unterschieden!
- Sie dürfen keine deutschen Umlaute oder ein scharfes S enthalten.
- Sie dürfen als einziges Sonderzeichen den Unterstrich (_) enthalten.
- Sie dürfen nicht mit einem reserviertem Wort identisch sein.

Infos

Reservierte Wörter in JavaScript:

`abstract boolean break byte case catch char class const continue debugger default delete do double else enum export extends false final finally float for function goto if implements import instanceof in int interface long native new null package private protected public return short static super switch synchronized this throw throws transient true typeof var void volatile`

Kommentare

Bei komplexeren Programmteilen können Sie Kommentare benutzen, um einzelne Anweisungen zu erklären. Auch wenn Sie Ihre Copyright-Angaben innerhalb eines selbst geschriebenen JavaScript-Codes unterbringen wollen, können Sie dies mit Hilfe eines Kommentars tun. Kommentare werden vom JavaScript-Interpreter des WWW-Browsers ignoriert.

Beispiel

```
while (i <= 99) {
  /* solange i kleiner gleich 99,
```

```
    Quadrat von i bilden */
  Quadrat = i * i;
  i = i + 1;        // i um eins erhoehen, damit es irgendwann 99 ist
}
```

Erläuterung

Einen wahlweise ein- oder mehrzeiligen Kommentar leiten Sie mit /*, also einem Schrägstrich, gefolgt von einem Sternzeichen, ein. Mit der umgekehrten Folge */, also einem Sternzeichen, gefolgt von einem Schrägstrich, beenden Sie den Kommentar.

Einen einzeiligen Kommentar starten Sie mit der Zeichenfolge //. Der Browser ignoriert dann den nachfolgenden Text bis zum nächsten Zeilenende.

Variablen und Werte

Variablen sind Speicherbereiche, in denen Sie Daten, die Sie im Laufe Ihrer Scripts benötigen, speichern können. Der Inhalt, der in einer Variablen gespeichert ist, wird als Wert bezeichnet. Sie können den Wert einer Variablen jederzeit ändern. Um mit Variablen arbeiten zu können, müssen Sie die benötigten Variablen zuerst deklarieren.

Beispiel

```
<div id="Ausgabe"></div>
<script type="text/javascript">
  var Hinweis = "Gleich werden Quadratzahlen ausgegeben";
  alert(Hinweis);
  function SchreibeQuadrate () {
    var SinnDesLebens = 42;
    var html = "";
    var i, x;
    var Satzteil = "Das Quadrat von ";
    for (i = 1; i <= SinnDesLebens; i++) {
      x = i * i;
      html += Satzteil + i + " ist " + x + "<br>";
    }
    document.getElementById("Ausgabe").innerHTML = html;
  }
  SchreibeQuadrate();
</script>
```

Erläuterung

Das Beispiel gibt beim Aufruf der Seite eine Meldung aus, dass gleich Quadratzahlen ausgegeben werden. Bestätigt der Anwender das Meldungsfenster, werden die Quadrate der Zahlen von 1 bis 42 in den div-Bereich mit id="Ausgabe" geschrieben. Dadurch erscheinen sie dynamisch im entsprechenden Bereich der Webseite.

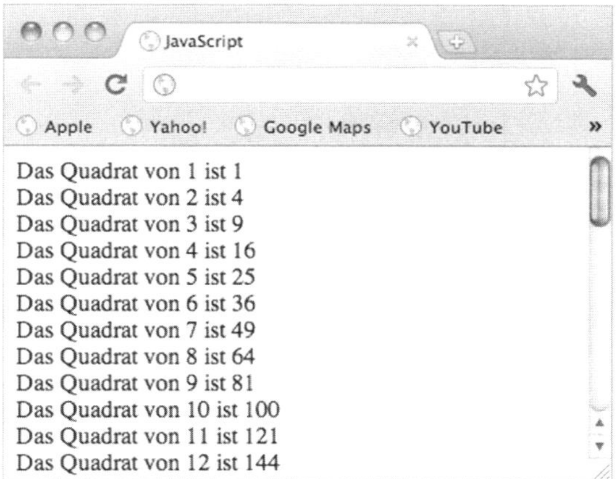

Bild 10.4: Ausgabe der Funktion im Browser

Es gibt ***globale*** Variablen und ***lokale*** Variablen. Eine lokale Variable erhalten Sie durch die Deklaration der Variablen mit `var` innerhalb eines Anweisungsblocks. Im obigen Beispiel sind die Variablen `SinnDesLebens`, `html`, `i`, `x` und `Satzteil` innerhalb der Funktion `SchreibeQuadrate()` als lokale Variablen notiert. Diese Variablen sind deshalb nur innerhalb dieser Funktion gültig. Man spricht in diesem Zusammenhang auch von der »Lebensdauer« von Variablen. Parameter, die einer Funktion übergeben werden, werden ebenfalls als lokale Variablen behandelt.

Die Variable `Hinweis` ist dagegen eine globale Variable. Sie ist im gesamten Dokument gültig und steht jederzeit zur Verfügung.

Das Einführen einer neuen Variablen wird als Variablendeklaration bezeichnet. In den meisten Fällen wird eine Variable dabei ***initialisiert***, d. h. es wird ihr ein Anfangswert zugewiesen. Im obigen Beispiel werden nur die Variablen `i` und `x` nicht initialisiert. Eine Variablendeklaration wird mit einem Strichpunkt abgeschlossen, da sie eine ganz normale Anweisung darstellt.

i Infos

Wenn Sie innerhalb von Funktionen Variablen ***ohne*** das Schlüsselwort `var` deklarieren, dann sind diese Variablen global!

Sie können mehrere Variablen auf einmal deklarieren, so wie die beiden Variablen `i` und `x` im Beispiel. Dazu trennen Sie die Variablennamen durch Kommata. Das ist natürlich auch in Verbindung mit zugewiesenen Anfangswerten möglich.

Variablen können sehr unterschiedliche Werte speichern, etwa:

- Zahlen
- Zeichenketten
- Handles von Objektinstanzen
- Boolesche Werte (`TRUE` oder `FALSE`)

Beispiel

```
var Zahl = 42;
var Name = "Stefan";
var jetzt = new Date();
var checkInput = TRUE;
```

Erläuterung

Zahlen werden ohne Anführungszeichen notiert, Zeichen und Zeichenketten dagegen mit Anführungszeichen. Als Anführungszeichen sind doppelte und einfache hohe Anführungszeichen erlaubt. Die Wahrheitswerte `TRUE` und `FALSE` (auch klein geschrieben gültig) werden, sofern sie tatsächlich als boolesche Werte gemeint sind, ebenfalls ohne Anführungszeichen notiert. Das Beispiel `var jetzt = new Date();` zeigt eine Variable, in der die Instanz eines Objekts gespeichert wird, in diesem Fall die eines `Date`-Objekts.

Kontrollstrukturen

Sie können die Ausführung von Anweisungen von Bedingungen abhängig machen. Ferner können Sie Anweisungen in Schleifen so oft wiederholen, wie die Schleifenbedingung erfüllt ist.

Beispiel für eine if-Bedingung

```
var Passwort = "Traumtaenzer";
var Eingabe = window.prompt("Bitte geben Sie das Passwort ein", "");
if (Eingabe != Passwort) {
  alert("Falsches Passwort!");
} else {
  location.href = "geheim.htm";
}
```

Erläuterung

Im Beispiel fordert ein Dialogfenster (`window.prompt()`) den Anwender auf, ein Passwort einzugeben. Der Rückgabewert, das eingegebene Passwort, wird in der Variablen `Eingabe` gespeichert. Mit `if (Eingabe != Passwort)` fragt das Script ab, ob die Eingabe anders lautet als der der Variablen `Passwort` zuvor zugewiesene Wert `Traumtaenzer`. Ist dies der Fall, sind also beide Werte nicht gleich, dann war die Eingabe falsch. In diesem Fall wird mit `alert()` eine entsprechende Meldung ausgegeben. Im anderen Fall (`else`), wenn Eingabe und Passwort den gleichen Wert haben, wird mit `location.href` eine andere Seite aufgerufen, nämlich die »geschützte« Seite.

Mit `if` leiten Sie eine Bedingung ein. Dahinter folgt, in runden Klammern, die Formulierung der Bedingung. Um Bedingungen zu formulieren, brauchen Sie Vergleichsoperatoren und in den meisten Fällen Variablen. Für Fälle, in denen die Bedingung nicht erfüllt ist, können Sie einen »andernfalls«- Zweig definieren. Dies geschieht durch `else` (*else* = sonst). Der `else`-Zweig ist nicht zwingend erforderlich. Wenn Sie mehr als eine Anweisung unterhalb und abhängig von `if` oder `else` notieren wollen, müssen Sie die Anweisungen in geschweifte Klammern einschließen und damit einen Anweisungsblock erzeugen.

Eine vereinfachte `if-else`-Konstruktion können Sie verwenden, wenn beide Zweige existieren und beide nur aus einer Anweisung bestehen.

Beispiel

```
var Ergebnis = document.getElementById("Eingabe").value == "42") ?
TRUE : FALSE
```

Dabei wird der Variablen `Ergebnis` einer der booleschen Werte `TRUE` oder `FALSE` zugewiesen, und zwar abhängig davon, ob ein Formular-Eingabefeld mit `id="Eingabe"` den Wert `42` hat oder nicht.

Beispiel für eine Fallunterscheidung

```
switch (Eingabe) {
  case "1":
    alert("Sie sind sehr bescheiden");
    break;
  case "2":
    alert("Sie sind ein aufrichtiger Zweibeiner");
    break;
  case "3":
    alert("Sie haben ein Dreirad gewonnen");
    break;
  case "4":
    alert("Gehen Sie auf allen Vieren und werden Sie bescheidener");
    break;
  default:
    alert("Sie bleiben leider dumm");
    break;
}
```

Erläuterung

Mit `switch` leiten Sie eine Fallunterscheidung ein (*switch* = Schalter). Dahinter folgt, in runde Klammern eingeschlossen, eine Variable oder ein Ausdruck, für dessen aktuellen Wert Sie die Fallunterscheidung durchführen. Im Beispiel ist das die Variable mit dem Namen `Eingabe`, in der beispielsweise eine Formulareingabe gespeichert sein könnte.

Die einzelnen Fälle, die Sie abfragen möchten, werden in einem Anweisungsblock, in geschweiften Klammern, notiert. Jeden einzelnen Fall leiten Sie mit `case` ein (*case* = Fall). Dahinter folgt die Angabe des Wertes, auf den Sie prüfen wollen, gefolgt von einem Doppelpunkt. Die Anweisung `case "1":` im obigen Beispiel bedeutet dann so viel wie: *wenn die Variable Eingabe den Wert "1" hat.* Im Beispiel wird für jeden Fall eine individuelle Meldung ausgegeben.

Infos: Wichtig ist dabei auch das Wort `break` am Ende jedes Falls (*break* = abbrechen). Wenn Sie das Wort weglassen, werden nämlich alle nachfolgenden Fälle auch ausgeführt, aber das wollen Sie ja in der Regel nicht.

Für den Fall, dass keiner der definierten Fälle zutrifft, können Sie am Ende der Fallunterscheidung den Fall `default:` definieren. Die darunter stehenden Anweisungen werden ausgeführt, wenn keiner der anderen Fälle zutrifft.

Beispiel für Schleifen

```
var Eingabe = "";
var Zaehler = 1;
while (Eingabe != "how to make love" && Zaehler <= 3) {
  Eingabe = window.prompt(Zaehler +
                         ". Versuch: Was bedeutet 'HTML'?", "");
  Zaehler++;
}
if (Eingabe != "how to make love")
  document.write("<big>Lernen Sie erst mal HTML! ...<\/big>");
else
  document.write("<big>Fein, Sie haben verstanden, " +
                 "worum es geht! ...<\/big>");
var html = "";
for (var i = 10; i <= 36; i++) {
  html = html + '<b style="font-size:' + i + 'px">';
  html = html + i + '-Pixel-Schrift<\/v><br>';
}
document.getElementById("HTMLAusgabe").innerHTML = html;
```

Erläuterung

Mit Hilfe von `while`-Schleifen können Sie Programmanweisungen solange wiederholen, wie die Bedingung, die in der Schleife formuliert wird, erfüllt ist. Solche Schleifen eignen sich dann, wenn Sie nicht wissen, wie oft die Schleife durchlaufen werden soll. Die Schleifenbedingung einer `for`-Schleife dagegen sieht von vornherein einen Zähler und eine Abbruchbedingung vor.

Das Beispiel der `while`-Schleife bittet den Anwender bis zu drei Mal in einem Dialogfenster (`window.prompt()`), die Bedeutung der Abkürzung *HTML* einzugeben. Die Schleife kann aus zwei Gründen beendet werden: Entweder der Anwender gibt die richtige Bedeutung der Abkürzung ein, oder die Variable `Zaehler`, welche die Anzahl der Versuche mitzählt, hat einen Wert größer als `3`. Wenn die Schleife beendet ist, steht also nicht fest, aus welchen der beiden möglichen Ursachen sie beendet wurde. Um das zu entscheiden, wird im Beispiel deshalb anschließend mit Hilfe einer `if`-Abfrage nochmals überprüft, ob die Schleife beendet wurde, weil die Eingabe falsch war. Je nachdem, ob das zutrifft oder nicht, wird eine entsprechende Meldung ausgegeben.

Achten Sie bei `while`-Schleifen immer darauf, dass es mindestens eine Möglichkeit gibt, die Schleife nach einer angemessenen Zeit zu beenden. Andernfalls erzeugen Sie eine sogenannte Endlosschleife, die besonders ältere Browser leicht zum Absturz bringen kann.

Eine `for`-Schleife beginnt mit dem Wort `for`. Dahinter wird, in Klammern stehend, die Schleifenbedingung formuliert. Bei der `for`-Schleife gilt dabei eine feste Syntax. Innerhalb der Schleifenbedingung werden drei Anweisungen notiert. In der ersten Anweisung wird ein Schleifenzähler deklariert und initialisiert. Im Beispiel wird ein Zähler `i` deklariert und mit dem Wert `10` initialisiert. Die zweite Anweisung enthält die Bedingung für den Schleifenablauf. Die Schleife wird ausgeführt, wenn und solange diese zutrifft. Dazu brauchen Sie Vergleichsoperatoren. In der dritten Anweisung wird der Schleifenzähler so verändert, dass er irgendwann die in der zweiten Anweisung notierte Bedingung nicht mehr erfüllt. Im Beispiel wird der Zähler mit `i++` nach jedem Schleifendurchgang um 1 erhöht. An dieser Stelle könnte aber auch so etwas stehen wie `i=i+10` (für jeden Schleifendurchgang die Zählvariable um 10 erhöhen).

Funktionen

Mit Hilfe von Funktionen können Sie eigene, in sich abgeschlossene JavaScript-Prozeduren programmieren, die Sie dann über den Aufruf der Funktion ausführen können. Dabei können Sie bestimmen, bei welchem Ereignis (zum Beispiel, wenn der Anwender einen Button anklickt) die Funktion aufgerufen und ihr Programmcode ausgeführt wird.

Infos: JavaScript-Code, der nicht innerhalb einer Funktion steht, wird beim Einlesen der Datei vom Browser sofort ausgeführt.

Beispiel

```
function BruttoBetrag (Netto, Prozente) {
  var Ergebnis = Netto * (1 + (Prozente / 100));
  return Ergebnis;
}
var Preis = 56.00;
var Endkundenpreis = BruttoBetrag(Preis, 19);
```

Erläuterung

Im Beispiel wird eine Funktion namens `BruttoBetrag` definiert. Sie erwartet zwei Parameter mit den Namen `Netto` und `Prozente`. Mit diesen übergebenen Daten ermittelt sie aus einem Nettobetrag einen Bruttobetrag auf Basis der angegebenen Mehrwertsteuer-Prozente. Das errechnete Ergebnis gibt sie zurück. Unterhalb der Funktion wird eine Variable namens `Preis` deklariert und mit 56.00 (das könnte man auch als 56 notieren) initialisiert. Dann wird eine weitere Variable namens `Endkundenpreis` deklariert. Ihre Initialisierung besteht in einem Aufruf der Funktion `BruttoBetrag`. Als Nettobetrag wird der Funktion der Wert der zuvor erzeugten Variablen `Preis` übergeben, und für den Parameter `Prozente` der Wert 19.

Mit dem Schlüsselwort `function` leiten Sie eine Funktion ein. Dahinter folgt ein frei wählbarer Funktionsname. Diesen Namen können Sie nach den gleichen Regeln wie Variablennamen vergeben. Unmittelbar hinter dem Funktionsnamen folgt eine öffnende Klammer. Wenn die Funktion keine Parameter erwarten soll, notieren Sie dahinter sofort wieder eine schließende Klammer. Wenn die Funktion Parameter übergeben bekommen soll, notieren Sie innerhalb der Klammer die Namen der Parameter. Die Namen der Parameter sind frei wählbar und auch wie Variablennamen zu erzeugen.

Eine Funktion ist mit ihrem Namen von überall aus aufrufbar (auch aus anderen Funktionen heraus). Auch beim Funktionsaufruf werden runde Klammern hinter dem Funktionsnamen notiert. Wenn die Funktion Parameter erwartet, müssen Sie für jeden Parameter einen erlaubten Wert übergeben.

Funktionen als Objekte

In neueren JavaScripts werden Sie häufig Funktionen finden, die keinen Namen haben und die direkt einer Variablen zugeordnet sind, die sogenannten ***anonymen Funktionen.*** Damit wird die Variable zum Funktionsobjekt.

Beispiel

```
var x = function(a, b) {
  return(a * b);
}
alert(x(4, 5));
```

Erläuterung

In dem Beispiel wird eine Variable `x` deklariert, der eine Funktion zugewiesen wird. Die Funktion wird wie üblich, durch das Schlüsselwort `function` eingeleitet. Dahinter folgt jedoch kein Name, sondern es folgen direkt die Parameterklammern. Die Funktion im Beispiel erwartet zwei Parameter. Ihre Leistung besteht darin, das Produkt der beiden übergebenen Werte zu errechnen und zurückzugeben. Unterhalb des Funktionsobjekts ist eine Beispielverwendung notiert. Mit `alert()` wird die Variable `x` aufgerufen, die so behandelt werden muss wie die ihr zugeordnete Funktion. Es werden beim Aufruf Parameterklammern notiert und Werte für die erwarteten Parameter übergeben. Das Beispiel gibt am Ende das Produkt aus `4` und `5`, also `20` aus.

Objekte, Eigenschaften und Methoden

Objekte sind fest umgrenzte Datenelemente mit Eigenschaften und oft auch mit objektgebundenen Funktionen, die innerhalb von Objekten als Methoden bezeichnet werden.

JavaScript bietet eine Reihe vordefinierter Objekte rund um die Umgebung einer aktuell angezeigten Webseite an. Dazu kommt das Document Object Model (kurz DOM) , mit dessen Hilfe sich unter anderem die gesamte Markupstruktur des HTML-Dokuments einer aktuell angezeigten Webseite in JavaScript abbilden lässt. Programmierer können darüber hinaus eigene Objekte für beliebige Zwecke erstellen. Die Bedeutung der objektorientierten JavaScript-Programmierung hat in den letzten Jahren stark zugenommen.

Beispiel für vordefinierte Objekte

```
var Jetzt = new Date();
var Tag = Jetzt.getDate();
var Monat = Jetzt.getMonth() + 1;
var Jahr = Jetzt.getFullYear();
var Stunden = Jetzt.getHours();
var Minuten = Jetzt.getMinutes();
var NachVoll = ((Minuten < 10) ? ":0" : ":");
var html = "<p>Guten Tag! Heute ist der ";
html += html Tag + "." + Monat + "." + Jahr + ". ";
html += "Es ist jetzt " + Stunden + NachVoll + Minuten + " Uhr</p>";
```

Erläuterung

In diesem Beispiel wird mit dem von JavaScript bereitgestellten Objekt `Date` gearbeitet. Es erlaubt das Arbeiten mit und das Manipulieren von Datums- und Zeitangaben.

Von den meisten Objekten müssen sogenannte ***Instanzen*** erzeugt werden. Das sind gewissermaßen Kopien des Objekts. Die Objektinstanz wird in einer Variablen gespeichert. Über die Variable können Sie dann auf Eigenschaften und Methoden des Objekts zugreifen. Im Beispiel ist das die Variable `Jetzt`. Diese Variable soll auf Daten des `Date`-Objekts zugreifen können. Dies geschieht durch ein Istgleich-Zeichen hinter dem Variablennamen. Dahinter folgen das reservierte Wort `new` und dahinter, durch ein Leerzeichen getrennt, der Aufruf von `Date()` zum Erzeugen einer neuen Instanz des Objekts `Date`.

Um die einzelnen Daten der Objektinstanz von `Date`, also Tag, Monat, Jahr usw., anzusprechen, stehen entsprechende Methoden zur Verfügung. Diese Methoden, z. B. `getDate()` oder `getHours()`, haben als Rückgabewert jeweils einen Datums-/Uhrzeit-Bestandteil. So liefert `getDate()` den aktuellen Tag des Monats und `getHours()` die aktuelle Stundenzahl des Tages. Im Beispiel wird für jeden der benötigten Bestandteile eine Variable definiert. In der Variablen `Tag` wird durch Aufruf von `Jetzt.getDate()` der aktuelle Tag des Monats gespeichert.

Die Anweisung im Beispiel, die mit `NachVoll` ... beginnt, erzeugt eine saubere Formatierung der Uhrzeit. Wie Sie weiter oben gelesen haben, ist dies eine verkürzte `if`-Anweisung. Es wird überprüft ob die Minutenanzahl ein- bzw.- zweistellig ist und entsprechend dem Resultat eine führende Null erzeugt.

Eigenschaften und Methoden

Objekte können Eigenschaften haben. Ein selbst definiertes Objekt »Mensch« könnte zum Beispiel Eigenschaften wie Name, Alter, Geschlecht und Muttersprache haben. Vordefinierte JavaScript-Objekte haben ebenfalls Eigenschaften. So hat das Objekt `Math` zum Beispiel eine Eigenschaft `PI (Math.PI)` . Auf diese Weise lässt sich mit der mathematischen Konstante PI rechnen, ohne deren genauen Wert zu kennen.

Methoden sind Funktionen, die Aktionen ausführen. Sie sind, aber im Gegensatz zu alleinstehenden Funktionen, an ein bestimmtes Objekt gebunden sind. Viele vordefinierte JavaScript-Objekte haben Methoden. So gibt es zum Beispiel das vordefinierte JavaScript-Objekt `history`, in dem die bereits besuchten URLs eines Browser-Fensters gespeichert sind. Dazu gibt es eine Methode `history.back()`, mit der Sie in JavaScript einen Rücksprung zu einer bereits besuchten Adresse erzwingen können.

Die JSON-Objektnotation

In modernerem JavaScript-Code werden Sie sehr häufig die sogenannte ***JavaScript Object Notation*** (JSON) vorfinden. Diese ist hervorragend geeignet, um komplexe, verschachtelte Datenstrukturen abzubilden. Viele Programmierer und JavaScript-Frameworks nutzen nur noch diese Schreibweise, wodurch die Scripts optisch deutlich anders aussehen als herkömmliches JavaScript. Zusätzlich wird JSON oft zum Datenaustausch mit AJAX zwischen Browser und Server verwendet.

Beispiel

```
/* Adresse als JSON-Objekt */
var Anschrift = {
     "Strasse" : "Phantasiestraße 7",
     "PLZ"     : 10001,
     "Ort"     : "Berlin"
    };
alert(Anschrift.Strasse + ", " + Anschrift.PLZ + " " + Anschrift.Ort);

/* eMail als verschachteltes JSON-Objekt */
var MailObjekt = {
   "MailHeader": {
      "from"        : "stefan.muenz@example.org",
      "to"          : ["clemens.gull@example.com", "info@franzis.de"],
      "contentType" : "text/plain",
      "subject"     : "Eine kleine Mail",
   },
   "MailText": "Hallo! Wollte nur kurz mitteilen, dass ... usw.",
   "MailSendeTimestamp": 1283410414
};
```

Erläuterung

Das erste Beispiel ist recht einfach. Es deklariert ein Objekt mit drei einfachen Eigenschaften, um eine Adresse zu speichern. Nach der Deklaration werden die Eigenschaften des Objekts mit der `alert`-Methode ausgegeben.

Das zweite Beispiel ist komplexer. Dort wird in der Variablen `MailObjekt` eine komplexe Datenstruktur gespeichert.

Objekte werden in JSON-Notation generell in `{...}` eingeschlossen. Jedes Objekt besteht aus einer kommagetrennten Liste von Eigenschaften.

Jede Eigenschaft wird in der Form `"Eigenschaftenname": "Wert"` notiert (bei nummerischen oder den Ausdrücken `true`, `false` oder `null` entfallen die Anführungszeichen beim Wert). Jeder Wert kann selber wieder ein Objekt, ein Array, eine Zeichenkette, eine Zahl oder einer der Ausdrücke `true`, `false` oder `null` sein.

Arrays (Ketten von Werten, die einer Eigenschaft zugeordnet sind), werden in eckige Klammern `[...]` eingeschlossen.

Das obige Beispiel `MailObjekt` besteht also aus den Eigenschaften `MailHeader`, `MailText` und `MailSendeZeitstempel`, wobei `MailHeader` selbst wieder ein Objekt ist, das aus den Eigenschaften `from`, `to`, `contentType` und `subject` besteht. Die Eigenschaft `to` ist ein Array, mit zwei eMail-Adressen.

Operatoren

Operatoren sind diejenigen Sprachelemente, mit deren Hilfe sich Variablen und Werte verändern oder vergleichen lassen. Es gibt viele unterschiedliche Typen in JavaScript:

- **Zuweisungsoperator** ist das Gleichheitszeichen (=).

- **Vergleichsoperatoren** werden benötigt, um `if`- oder Schleifenbedingungen zu formulieren. Dazu gehören die Operatoren == (ist gleich), != (ist nicht gleich), < (kleiner als), > (größer als), <= (kleiner oder gleich), >= (größer oder gleich).
- **Rechenoperatoren** wie +, -, / und * für die Grundrechenarten, `%` für Modulo-Division (Restwert-Ermittlung) sowie Operatoren, die dazu dienen, einen vorhandenen Wert zu verändern: +=, -=, *=, /=, ++ (entspricht +=1) oder – - (entspricht -=1).
- **Logische Operatoren** zur Verknüpfung von Ausdrücken, nämlich `&&` (logisches Und) und `||` (logisches inklusives Oder).
- **Bit-Operatoren** zur direkten Wertmanipulation auf Bit-Ebene, nämlich » (verschiebt Bits nach rechts), « verschiebt Bits nach links, `&` (definiert in einer Bitmaske eine logische Und-Bedingung), `|` (definiert in einer Bitmaske eine inklusive Oder-Bedingung), ^ (definiert in einer Bitmaske eine exklusive Oder-Bedingung) und ~ (bitweiser Nicht-Operator, tauscht alle Nullen in Einsen und umgekehrt).
- **Zeichenverknüpfungs-Operator** ist in JavaScript das Pluszeichen (+).

Dazu kommen benannte Operatoren. So lässt sich beispielsweise mit `typeof Zahl` ermitteln, welchen Datentyp (Zahl, Zeichenkette usw.) eine Variable namens `Zahl` aktuell hat. Mit Hilfe des `void`-Operators lassen sich Rückgabewerte unterdrücken, und mit Hilfe des `delete`-Operators lassen sich Variablen löschen, etwa mit `delete Zahl`.

Komplexe JavaScript-Anweisungen bestehen aus mehreren Ausdrücken und Operatoren. JavaScript verwendet dabei eine interne Operatorenrangfolge, nach welcher die Zusammensetzung der Ausdrücke aufgelöst wird. In der Praxis ist es jedoch ratsam, im Zweifelsfall alles, was man zusammenhalten und von etwas anderem abgrenzen möchte, in runde Klammern einzuschließen, so wie in zusammengesetzten Rechenausdrücken, bei denen man die Punkt-vor-Strich-Regel durch Klammerung verändern kann.

Steuerzeichen in Zeichenketten

Bei Zeichenketten gibt es die Möglichkeit, Steuerzeichen in die Zeichenkette einzufügen. Steuerzeichen dieser Art werden durch das Zeichen \ (dem Backslash) eingeleitet. Dahinter folgt ein Buchstabe, der das Steuerzeichen markiert.

- Die Zeichenfolge `\"` müssen Sie notieren, wenn Sie innerhalb einer Zeichenkette ein Anführungszeichen verwenden möchten.
- Die Zeichenfolge `\\` müssen Sie notieren, um einen einzelnen Backslash zu erhalten.
- Die Zeichenfolge `\n` ist z. B. in `alert`-Meldungen sinnvoll, um innerhalb des auszugebenden Textes einen Zeilenumbruch einzufügen.

Notation von Zahlen

Sie können Zahlen ganz normal notieren. Beachten Sie dabei nur, dass bei Kommazahlen anstelle eines Kommas ein Punkt verwendet werden muss. So wird die Zahl Pi beispielsweise als 3.1415 notiert. Für sehr hohe und sehr niedrige Zahlen sowie für komplexe Kommazahlen gibt es noch andere Notationsmöglichkeiten. Dabei bestimmen Sie mit `e` oder `E` die Zehnerpotenz bzw. die Anzahl Nullen, die hinter der Zahl vor dem `e` bzw. `E` stehen.

- `1E1` ist beispielsweise eine 1 mit einer 0 dahinter, also 10.
- `1.2345E4` ist eine andere Schreibweise für 12345. Der Dezimalpunkt wird um so viele Stellen nach rechts verschoben, wie hinter dem `E`-Zeichen angegeben.
- `2e-3` ist eine andere Schreibweise für 0.002. Der Dezimalpunkt wird um so viele Stellen nach links verschoben, wie hinter dem `e`-Zeichen angegeben. Diese umgekehrte Richtung wird durch das Minuszeichen bewirkt, das hinter dem `e` folgt.

10.3.2 DOM-Scripting – Zugriff auf Webseiteninhalte

Das Document Object Model (DOM) ist eine vom W3-Konsortium verabschiedete Norm, die den Programmiersprachen-Zugriff auf beliebige Elemente eines Auszeichnungssprachen-Dokuments beschreibt. Das DOM ist also weder selber eine Programmiersprache, noch ist es auf HTML beschränkt. Es definiert lediglich Objekte, Eigenschaften und Methoden, die eine Programmiersprache umsetzen sollte, wenn sie sich als DOM-fähig bezeichnen will. Anwendbar sollen diese Objekte, Eigenschaften und Methoden auf alle Dokumente sein, die in einer XML-gerechten Auszeichnungssprache geschrieben sind.

Die JavaScript-Interpreter moderner Browser haben das DOM des W3-Konsortiums implementiert. Ähnlich wie bei anderen Sprachen ist der Implementierungsfortschritt dabei unterschiedlich. Die Grundlagen, welche in diesem Abschnitt vorgestellt werden, funktionieren jedoch in allen heute verbreiteten Browsern. Das Anwenden des DOM in JavaScript wird auch als ***DOM-Scripting*** bezeichnet.

10.3.3 Markupstruktur und Knoten

Eine Auszeichnungssprache wie HTML oder auch jede andere, XML-basierte Sprache ist als hierarchische Baumstruktur abbildbar. Die einzelnen Bestandteile einer solchen Baumstruktur werden als **Knoten** bezeichnet. Es gibt verschiedene Knotentypen. Innerhalb eines gewöhnlichen HTML-Dokuments gibt es auf jeden Fall drei wichtige Knotentypen, die Sie unterscheiden müssen: Elementknoten, Attributknoten und Textknoten.

Betrachten Sie zum Verständnis das folgende einfache HTML-Konstrukt:

```
<h1 lang="de">Hallo Welt</h1>
```

In diesem Konstrukt gibt es einen Elementknoten, nämlich den Elementknoten des `h1`-Elements. Ferner gibt es einen Attributknoten, nämlich den des `lang`-Attributs. Und schließlich gibt es Inhalte, die an zwei Stellen vorkommen: nämlich einmal der Inhalt des `h1`-Elements, und einmal der Inhalt der Wertzuweisung an das `lang`-Attribut. Diese Inhalte stellen selbst Knoten dar, nämlich Textknoten.

Ein weiteres Beispiel

```
<h1 lang="de">Hallo <em>Welt</em></h1>
```

In diesem Beispiel ist die `em`-Auszeichnung um das Wort `Welt` hinzugekommen. Wichtig ist dabei zu verstehen, wie die Knotenhierarchie aussieht:

Das `h1`-Element ist in diesem kleinen Strukturbaum-Ausschnitt der Ausgangsknoten. Dieser Knoten hat nach den Regeln des DOM zwei Kindknoten und einen assoziierten Knoten: Die Kindknoten sind zum einen der Textknoten mit dem Wort `Hallo` und dem Leerzeichen dahinter sowie der Elementknoten des `em`-Elements. Das `lang`-Attribut im einleitenden `<h1>`-Tag ist dagegen kein Kindknoten, sondern ein assoziierter Knoten. Der Attributknoten hat jedoch selbst wiederum einen Kindknoten, nämlich den zugewiesenen Wert (`de`). Auch der Elementknoten des `em`-Elements hat wieder einen Kindknoten, nämlich den Textknoten seines Zeicheninhalts, also das Wort `Welt`.

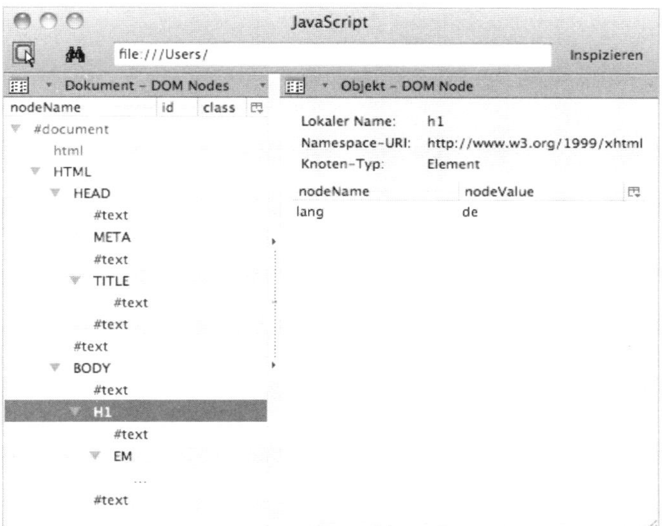

Bild 10.5: Darstellung des Beispiels als Baumstruktur

Die Baumstruktur einer komplexen Web-Seite kann, wie sich aus diesen einfachen Beispielen erschließt, sehr umfangreich und tief verschachtelt sein. In einer Script-Sprache muss es aber möglich sein, möglichst schnell und effizient auf einzelne Knoten zugreifen zu können. Im DOM gibt es daher einige wichtige Methoden, um auf jeden beliebigen Elementknoten direkt zugreifen zu können:

- `document.getElementById()` liefert ein ganz bestimmtes Element als Objekt. Anwendbar auf Elemente, die ein `id`-Attribut haben (so lässt sich z. B. auf `<p id="Anlesertext">...</p>` mit `document.getElementById("Anlesertext")` zugreifen).
- `document.getElementsByName()` liefert einen Array (eine Kette aus mehreren) Elementen als Objekte. Anwendbar auf Elemente, die ein `name`-Attribut haben (z. B. lässt sich auf `<input name="Vorname">` mit `document.getElementByName ("Vorname")` zugreifen).
- `document.getElementsByTagName()` liefert einen Array (eine Kette aus mehreren Elementen) als Objekte. Anwendbar auf alle Elemente. Es werden alle Elemente mit einem bestimmten Elementnamen gefunden, z. B. alle `a`-Elemente mit `document.`

getElementsByTagName("a"). Auf die einzelnen Elemente kann dann in Form eines 0-basierten Arrays zugegriffen werden. So greift document.getElementsByTagName ("a")[0] beispielsweise auf das erste a-Element im Dokument zu, document. getElementsByTagName("a")[1] auf das zweite a-Element usw.

10.3.4 Auf Elemente des HTML-Dokuments zugreifen

Das nachfolgende Beispiel zeigt eine Anwendungsmöglichkeit von vielen. In dem HTML-Dokument wird eine nummerierte Liste von Großstädten zunächst alphabetisch sortiert ausgegeben. Unterhalb der Liste kann der Anwender jedoch mit Hilfe zweier Formular-Buttons zwischen alphabetischer Sortierung oder geografischer Sortierung wechseln.

Beispiel

```
<!DOCTYPE html>
<html>
  <head>
    <meta charset="utf-8">
    <title>Städte</title>
    <script>
      var geoArray = new Array(6, 7, 0, 1, 4, 3, 8, 9,
                               2, 5, 11, 12, 10);
      var Art = "ABC";
      function ABC () {
        if (Art == "ABC")
          return;
        Art = "ABC";
        var Staedte = new Array();
        for (var i = 0;
             i < document.getElementsByTagName("li").length; i++) {
          Staedte[Staedte.length] =
          document.getElementsByTagName("li")[i].firstChild.nodeValue;
        }
        Staedte.sort();
        for (i=0;i<document.getElementsByTagName("li").length; i++) {
         document.getElementsByTagName("li")[i].firstChild.nodeValue=
                  Staedte[i];
        }
        document.getElementById("Art").firstChild.nodeValue =
                  "alphabetisch von A bis Z";
      }
      function GEO () {
        if (Art == "GEO")
          return;
        Art = "GEO";
        var Staedte = new Array();
        for (var i = 0; i<document.getElementsByTagName("li").length;
             i++)
          Staedte[Staedte.length] =
          document.getElementsByTagName("li")[i].firstChild.nodeValue;
```

```
        for (i=0; i<document.getElementsByTagName("li").length; i++)
          document.getElementsByTagName("li")[i].firstChild.nodeValue=
                   Staedte[geoArray[i]];
        document.getElementById("Art").firstChild.nodeValue =
                 "geografisch von Nord nach Süd";
      }
    </script>
  </head>
  <body>
    <h1>
      Große Städte <span id="Art">alphabetisch von A bis Z</span>
    </h1>
    <ol>
      <li>Berlin</li>
      <li>Dortmund</li>
      <li>Dresden</li>
      <li>Düsseldorf</li>
      <li>Essen</li>
      <li>Frankfurt</li>
      <li>Hamburg</li>
      <li>Hannover</li>
      <li>Köln</li>
      <li>Leipzig</li>
      <li>München</li>
      <li>Nürnberg</li>
      <li>Stuttgart</li>
    </ol>
    <form name="Formular" action="">
      <input type="button" name="abc" value="alphabetisch"
             onclick="ABC()">
      <input type="button" name="geo" value="geographisch"
             onclick="GEO()">
    </form>
  </body>
</html>
```

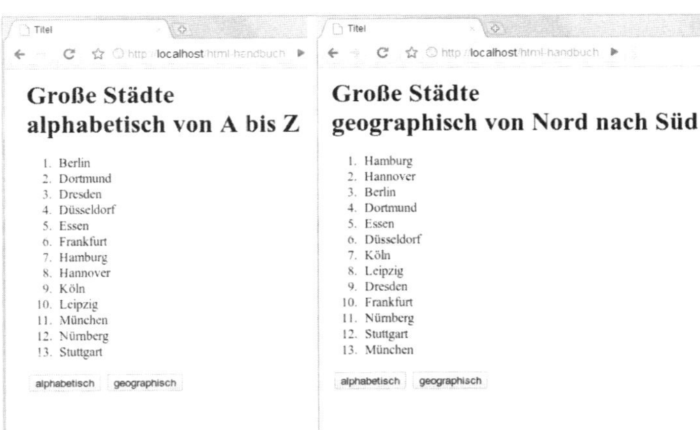

Bild 10.6: Unterschiedliche Listensortierung, abhängig von der angeklickten Option

Erläuterung

Im Beispiel ist die nummerierte Liste zunächst mit den Städtenamen in alphabetischer Sortierfolge notiert. In dem Formular unterhalb der Liste sind zwei Buttons notiert. Der eine ruft die Funktion `ABC()` auf, der andere die Funktion `GEO()`. Die Funktion `GEO()`, die im Script-Bereich im Dokumentkopf notiert ist, prüft zunächst über die Variable `Art`, ob die Liste bereits geografisch sortiert ist. Wenn dies der Fall ist, wird die Funktion vorzeitig mit `return` ohne Rückgabewert beendet. Andernfalls erfolgt die Sortierung. Dazu wird mit zuerst `var Staedte = new Array();` ein neues, leeres Array definiert. Das Vorhaben ist, diesem Array mit den Städtenamen aus der Liste zu füllen. Dazu geht die Funktion der Reihe nach, in einer `for`-Schleife, alle Elemente vom Typ `li` durch, welche in dem Dokument vorkommen. Dieser Zugriff erfolgt mit `document.getElementsByTagName("li")`.

Über `document.getElementsByTagName("li").length` kann die Anzahl der `li`-Elemente im Dokument ermittelt werden. Diese Information benutzt die Funktion als Abbruchbedingung für die `for`-Schleife. Innerhalb der Schleife wird dem Array der Inhalt des jeweils aktuellen `li`-Elements hinzugefügt.

Mit `document.getElementsByTagName("li")[i].firstChild.nodeValue` wird dabei auf den Inhalt des jeweiligen `li`-Elements zugegriffen. Aus DOM-Sicht ist `document.getElementsByTagName("li")[i]` ein Knoten, nämlich der `i`-te `li`-Elementknoten im Dokument. `firstChild` ist eine Eigenschaft von DOM-Knoten. Über diese Eigenschaft können Sie auf den ersten Kindknoten eines Knotens zugreifen. Der erste Kindknoten aller `li`-Elemente im Dokument ist deren Textinhalt, also jeweils ein Städtename. Die Eigenschaft `firstChild` liefert aber noch nicht den Inhalt des Elements, sondern nur das Objekt des Inhalts. Um tatsächlich an den Inhalt heranzukommen, also an den konkreten Städtenamen, muss eine weitere Eigenschaft des Knoten-Objekts bemüht werden, nämlich die Eigenschaft `nodeValue`. Die Kombination `firstChild.nodeValue` wird häufig verwendet, um den Inhalt eines Elements zu ermitteln oder ihn festzulegen.

Nachdem das Array mit den Städtenamen gefüllt ist, macht die Funktion `GEO()` einfach das Umgekehrte und schreibt den Array wieder zurück in die Liste – ebenfalls mit einer `for`-Schleife.

Der bekannte Ausdruck `document.getElementsByTagName("li")[i].firstChild.nodeValue` steht diesmal links von der Zuweisung. Dadurch wird dem Inhalt des Listenelements dynamisch ein neuer Wert zugewiesen. Im Beispiel ist das der kompliziert aussehende Wert `Staedte[geoArray[i]]`. Die Städte sollen geografisch ausgegeben werden. Nun gibt es keinen Algorithmus, welcher die geografische Lage von Städten kennt. Ganz oben im Script-Bereich ist daher ein Array namens `geoArray` notiert. Die Zahlen, mit denen er initialisiert wird, sind einfach die Indexnummern der alphabetisch sortierten Städte. So hat `geoArray[0]` beispielsweise den Wert 6. Dank dieser Information kennt die Funktion `GEO()`, dass die nördlichste der Städte diejenige ist, welche in der alphabetischen Sortierung die Indexnummer 6 hat (Hamburg). Mit `Staedte[geoArray[i]]` benutzt die Funktion als aktuellen Index für die Stadt, die in die Liste geschrieben werden soll, also einfach den Zugriff auf `geoArray`.

Die Funktion `ABC()` geht ganz genauso vor wie die Funktion `GEO()`. Sie unterscheidet sich nur dadurch von letzterer, dass sie nach dem Einlesen des `STAEDTE`-Arrays die

Objektmethode `sort()` auf den Array anwendet, um die Einträge zu sortieren. Dann schreibt sie das sortierte Array zurück in die nummerierte Liste.

Ein weiteres Element wird von beiden Funktionen ebenfalls noch geändert: nämlich das `span`-Element innerhalb der Überschrift. Da für dieses Element im HTML-Code mit `id="Art"` ein ID-Wert notiert ist, lässt sich mit `document.getElementById("Art")` bequem darauf zugreifen. Mit der üblichen Syntax `firstChild.nodeValue` wird der Text des Elements angesprochen und dynamisch geändert.

10.3.5 HTML-Elementobjekte und HTML-Attribute als Objekteigenschaften

Der HTML-Variante des DOM zufolge, stellt jedes HTML-Element in einem HTML-Dokument ein Objekt dar. Der Zugriff auf die Elemente ist wie zuvor beschrieben über Objektmethoden wie `document.getElementById()` oder `document.getElementsByTagName()` möglich.

Jedes HTML-Element hat Eigenschaften. So stellt jedes erlaubte Attribut eines HTML-Elements eine DOM-Eigenschaft dieses Elements dar. Das HTML-Element `input` hat beispielsweise ein erlaubtes Attribut `value`, und das HTML-Element `h1` hat ein erlaubtes globales Attribut `title`. Im DOM gibt es folglich ein `input`-Elementobjekt mit der Eigenschaft `value` und ein `h1`-Elementobjekt mit der Eigenschaft `title`.

Darüber hinaus definiert das DOM für einige der HTML-Elemente eigene Methoden. So gibt es beispielsweise für das `form`-Elementobjekt (also das DOM-Objekt des HTML-Elements `form`) die Methoden `submit()` (Formular absenden) und `reset()` (Formulareingaben verwerfen).

Das folgende Beispiel zeigt, wie Sie Verweise dynamisch ändern können.

```
<!DOCTYPE html>
<html>
  <head>
    <meta charset="utf-8">
    <title>Coole Links</title>
    <script>
      var Links = ["http://www.storiesinflight.com/html5/",
                   "http://html5boilerplate.com/",
                   "http://www.cssclip.com/",
                   "http://www.iconarchive.com/",
                   "http://www.oswd.org/"];
      var AktuellerLink = 0;
      function CoolLink() {
        document.getElementById("CoolerLink").href =
                Links[AktuellerLink];
        document.getElementById("CoolerLink").innerHTML =
                Links[AktuellerLink];
        AktuellerLink += 1;
        if(AktuellerLink >= Links.length)
          AktuellerLink = 0;
```

```
      }
    </script>
  </head>
  <body onload="CoolLink();">
    <div style="width: 500px; padding: 5px;
               border: 2px solid silver; font-size: 20px">
      <a id="CoolerLink"></a>
    </div>
    <form style="width: 500px; padding: 5px;
               border: 2px solid silver; background-color: silver;">
      <button type="button" onclick="CoolLink();">&gt;</button>
    </form>
  </body>
</html>
```

Bild 10.7: Jeder Klick auf den Button ändert den angezeigten Link.

Erläuterung

Das Beispiel enthält im sichtbaren Bereich einen Hyperlink mit ic="CoolerLink", der zunächst ein reiner Anker ist und weder ein Verweisziel definiert, noch einen Elementinhalt hat. Unterhalb davon ist ein Formular mit einem Button notiert. Der Button enthält einen Event-Handler onclick, der beim Anklicken des Buttons ausgelöst wird. In diesem Fall wird die Funktion CoolLink() aufgerufen, welche im Script-Bereich im Dokumentkopf notiert ist.

Diese Funktion greift mit document.getElementById("CoolerLink").href direkt auf das href-Attribut des Links mit <a id="CoolerLink"></a> zu. Wenn es, wie im Beispiel, in HTML noch gar nicht gesetzt ist, wird es durch die JavaScript-Anweisung gesetzt. Die Funktion weist dem href-Attribut einen der Links zu, welche weiter oben im Script-Bereich als Array deklariert worden sind, und zwar den jeweils nächsten Link. Dazu wird die Variable AktuellerLink als Kontrollzähler benutzt. Wenn AktuellerLink den Wert 0 hat, wird der erste Link zugewiesen, bei 1 der zweite Link usw. Damit sich die Links ändern, wird der Kontrollzähler mit AktuellerLink += 1; nach jedem Klick auf den Button um 1 erhöht. Wenn er die Anzahl der verfügbaren Links erreicht hat, wird er wieder auf 0 gesetzt. Auf diese Weise kann der Anwender mit dem Button endlos durch die verfügbaren Links klicken.

Im Browser hat die Zuweisung an das href-Attribut den Effekt, dass der Link nun ausführbar ist und zu der zugewiesenen URL-Adresse führt. Das ist aber nur die eine Hälfte der Aufgabe. Außerdem muss noch der sichtbare, anklickbare Linktext gesetzt bzw. geändert werden. Das geschieht in der Funktion CoolLink() durch die Wertzuweisung an innerHTML. Diese Objekteigenschaft ist zwar kein ganz sauberes DOM-Scripting, aber in der Praxis sehr bequem, um Elementen dynamisch einen Inhalt zuzuweisen. Im Browser hat dies den Effekt, dass bei jedem Klick auf den Button nicht nur das `href`-Attribut des Links wechselt, sondern auch der angezeigte, anklickbare Linktext.

10.3.6 CSS-Eigenschaften von HTML-Elementen als Objekteigenschaften

Seit der DOM-Version 2.0 ist auch geregelt, wie auf CSS-Eigenschaften eines HTML-Elements zugegriffen werden kann. Dabei hat man sich weitgehend an das seinerzeit von Microsoft eingeführte `style`-Objekt angelehnt. Das folgende Beispiel zeigt, wie Sie mit Hilfe der DOM-Technik, eine kleine Animation schreiben können. Dazu dient die Möglichkeit, Elemente mit Hilfe von CSS-Eigenschaften absolut zu positionieren.

Beispiel

```
<!DOCTYPE html>
<html>
  <head>
    <meta charset="utf-8">
    <title>Kreisen ums Ich</title>
    <script>
      var rp, bp, ich;
      var rpGeschw = 10, bpGeschw = 20;
      var rpGrad = 0, bpGrad = 0;
      var rpX = 170, rpY = 170, bpX = 170, bpY = 170;
      var rpRadius = 150, bpRadius = 150;

      function Init () {
        rp = document.getElementById("roterPunkt");
        bp = document.getElementById("blauerPunkt");
        ich = document.getElementById("ich");
        rp.style.position = "absolute";
        rp.style.top = 20 + "px";
        rp.style.left = 320 + "px";
        bp.style.position = "absolute";
        bp.style.top = 320 + "px";
        bp.style.left = 320 + "px";
        ich.style.position = "absolute";
        ich.style.top = 110 + "px";
        ich.style.left = 90 + "px";
        ich.style.fontFamily = "Courier New,Courier";
        ich.style.fontSize = "96px";
        ich.style.fontWeight = "bold";
        ich.style.color = "#009900";
        rpKreis();
        bpKreis();
      }
      function rpKreis () {
        rpGrad += rpGeschw / 1000;
        if (rpGrad > 360) {rpGrad = 0;}
```

```
        rp.style.top = Math.round(rpY + (rpRadius * Math.cos(rpGrad)))
                       + "px";
        rp.style.left = Math.round(rpX + (rpRadius *
                        Math.sin(rpGrad))) + "px";
        window.setTimeout("rpKreis()", 100 / rpGeschw);
      }
      function bpKreis () {
        bpGrad += bpGeschw / 1000;
        if (bpGrad > 360) {bpGrad = 0;}
        bp.style.top = Math.round(bpY + (bpRadius * Math.cos(bpGrad)))
                       + "px";
        bp.style.left = Math.round(bpX + (bpRadius *
                        Math.sin(bpGrad))) + "px";
        window.setTimeout("bpKreis()", 100 / bpGeschw);
      }
    </script>
  </head>
  <body onload="Init()">
    <div id="roterPunkt">
      <img src="ichkreis1.gif" width="20" height="20" border="0"
           alt="roter Punkt">
    </div>
    <div id="blauerPunkt">
      <img src="ichkreis2.gif" width="20" height="20" border="0"
           alt="blauer Punkt">
    </div>
    <div id="ich">ICH</div>
  </body>
</html>
```

Bild 10.8: Zwei Punkte kreisen in unterschiedlicher Geschwindigkeit um das Wort ICH.

Erläuterung

Innerhalb des `body`-Bereichs werden im Beispiel drei `div`-Bereiche ohne weitere Formatierungen notiert. Die ersten beiden enthalten jeweils eine kleine Grafik – `ichkreis1.gif` ist ein roter Punkt, `ichkreis2.gif` ein blauer Punkt. Beide Grafiken erhalten einen transparenten Hintergrund. Das ist wichtig, da sich die Punkte im späteren Verlauf des Geschehens öfter überlagern werden.

Im einleitenden `<body>`-Tag ist der Event-Handler `onload` notiert. Dieser tritt in Aktion, sobald das Dokument und die Grafiken vollständig im Browser geladen sind. Dann wird die Funktion `Init()` aufgerufen, die im `script`-Element des Kopfbereichs notiert ist. Diese Funktion speichert zunächst einmal Objekte der drei `div`-Elemente in den drei Variablen `rp`, `bp` und `ich`, um die darauffolgenden Zugriffe auf diese Elemente zu verkürzen. Da alle drei `div`-Bereiche ein `id`-Attribut haben, ist der Zugriff auf den entsprechenden Elementknoten mit `getElementById("roterPunkt")` usw. möglich. Anschließend lässt sich mit beispielsweise `rp` genauso arbeiten, als wenn man jedes Mal wieder `document.getElementById("roterPunkt")` notieren würde.

Über die Variablen `rp`, `bp` und `ich` ist dann auch das `style`-Objekt ansprechbar. Die Funktion `Init()` stattet die drei `div`-Bereiche erst einmal mit anfänglichen CSS-Eigenschaften aus. Alle drei Bereiche werden mit `style.position = "absolute"` absolut im Browserfenster positioniert, also aus dem übrigen Elementfluss herausgelöst. Die linke obere Ecke jedes Bereichs wird mit `style.left` und `style.top` bestimmt. Der Inhalt des `ich`-Bereichs, also das Wort ICH, wird groß und auffällig formatiert.

Am Ende ruft die Funktion `Init()` die beiden anderen Funktionen `rpKreis()` und `bpKreis()` auf. Jede dieser beiden Funktionen kontrolliert die Kreisbewegung eines der beiden Punkte, indem sie letztlich die linke obere Ecke des `div`-Bereichs, der die jeweilige Grafik enthält, neu berechnet. Dabei kommen die Kreisfunktionen für Sinus (`Math.sin()`) und Cosinus (`Math.cos()`) zum Einsatz. Am Ende ruft jede der beiden Funktionen sich selber rekursiv mit `window.setTimeout()` wieder auf. Damit ist es möglich, die nächste Position des `div`-Bereichs mit der Grafik zu setzen. Die Variablen wie `bpGrad`, `bpGeschw` usw., mit denen diese Funktionen arbeiten, wurden zuvor im globalen Bereich des Scripts initialisiert.

10.3.7 Elemente, Attribute und Text im DOM erzeugen

DOM-Scripting besteht nicht nur darin, auf bereits in HTML vorhandene Elemente zuzugreifen, sondern auch neue zu erzeugen und in den Strukturbaum einzuhängen. Wie das funktioniert, zeigt das folgende Beispiel. Es stellt einen primitiven Webseiten-Editor dar.

Beispiel

```
<!DOCTYPE html>
<html>
  <head>
    <meta charset="utf-8">
    <title>Webseiteninhalt bitte selber schreiben!</title>
    <script type="text/javascript">
    function Hinzufuegen () {
      var Elementtyp = document.getElementById("Elementtyp");
      var Elementinhalt = document.getElementById("Elementinhalt");
      var Typ = Elementtyp.options[Elementtyp.selectedIndex].value;
      var Element = document.createElement(Typ);
      if (Typ != "HR") {
        var Text = document.createTextNode(Elementinhalt.value);
```

```
        Element.appendChild(Text);
      }
      document.getElementById("User").appendChild(Element);
    }
  </script>
  </head>
  <body>
    <form action="">
      <select id="Elementtyp" size="1">
        <option value="h1" selected>Überschrift 1</option>
        <option value="h2">Überschrift 2</option>
        <option value="h3">Überschrift 3</option>
        <option value="p">Textabsatz</option>
        <option value="hr">Trennlinie</option>
      </select>
      <input type="text" id="Elementinhalt" size="50">
      <input type="button" value="Hinzufügen" onclick="Hinzufuegen()">
    </form>
    <div id="User"></div>
  </body>
</html>
```

Bild 10.9: Hier kann der Anwender den Seiteninhalt selber schreiben.

Erläuterung

Das Beispiel enthält im Dokumentkörper ein Formular mit einer Auswahlliste, einem Eingabefeld und einem Button. Unterhalb ist noch ein `div`-Bereich mit `id="User"` notiert, der jedoch noch keinen konkreten Inhalt hat. In der Auswahlliste des Formulars kann der Anwender einen HTML-Elementtyp auswählen – in den `value`-Attributen der `option`-Elemente sind die tatsächlichen HTML-Elementnamen der jeweiligen Auswahl gespeichert. Im Eingabefeld des Formulars kann der Anwender einen Textinhalt für das ausgewählte Element eingeben. Wenn er dann auf den Button klickt, ruft der Event-Handler `onclick` die Funktion `Hinzufuegen()` auf, die im Dokumentkopf in einem Script-Bereich notiert ist.

Im Script-Bereich im Dokumentkopf werden in den Variablen `Elementtyp` und `Elementinhalt` erst einmal die DOM-Objekte des `select`-Elements zur Elementtyp-auswahl und des `input`-Elements für den vom Anwender eingegebenen Elementinhalt gespeichert.

Die Anweisung `var Typ = Elementtyp.options[Elementtyp.selectedIndex].value;` initialisiert eine Variable namens `Typ` mit dem vom Anwender ausgewählten Eintrag aus der Auswahlliste. In `Typ` ist anschließend – je nach Auswahl – so etwas wie `h1`, `h2`, `h3`, `p` oder `hr` gespeichert.

Mit `document.createElement(Typ)` wird dann ein leeres, neues Element vom Typ `Typ` erzeugt, also je nach Wert der Variablen z. B. ein `h1`-Element oder ein `p`-Element. Damit wird das Element aber noch nicht angezeigt. `document.createElement()` erzeugt lediglich den Elementknoten, hängt ihn aber noch nicht in den Strukturbaum des Dokuments ein. Der neue Elementknoten schwebt gewissermaßen noch im luftleeren Raum, außerhalb des HTML-Dokuments.

Vor dem Einhängen des neuen Elements in die Dokumentstruktur muss das Beispielscript jedoch noch zwischen Elementen unterscheiden, die einen Textinhalt haben, und solchen, die keinen haben. Das `hr`-Element für Trennlinien, welches der Anwender ebenfalls auswählen kann, kann keinen Textinhalt haben. Dagegen können alle anderen auswählbaren Elemente einen eigenen Inhalt haben. Durch eine `if`-Anweisung wird daher abgefragt, ob die Variable `Typ` den Wert `"hr"` besitzt. Nur wenn dies nicht der Fall ist, wird der Textknoten mit der Methode `document.createTextNode()` erzeugt. Als Parameter erhält diese Methode den Text, den der Anwender ins Eingabefeld des Formulars eingegeben hat.

Auch erzeugte Textknoten schweben zunächst im luftleeren Raum, ohne Bezug zu anderen Knoten. Deshalb hängt das Script den erzeugten Textknoten an den zuvor erzeugten Elementknoten an.

Für alle »Einhäng«-Vorgänge wird die Methode `appendChild()` verwendet. Anwendbar ist die Methode auf Knoten, die Kindknoten haben dürfen, also beispielsweise Elementknoten. Als Parameter erwartet die Methode einen Knoten, der als Kindknoten eingehängt werden soll.

Wenn im Beispiel also steht: `Element.appendChild(Text);`, dann ist `Element` eine Variable, in der zuvor durch `createElement()` ein Elementobjekt erzeugt wurde, und `Text` ist eine Variable, die zuvor durch Aufruf von `createTextNode()` einen Textknoten gespeichert hat.

Mit `document.getElementById("User").appendChild(Element)` wird auf den zunächst leeren `div`-Bereich im Dokument zugegriffen. Diesem Element wird der gesamte neu erzeugte Elementknoten mit der `appendChild()`-Methode hinzugefügt.

10.4 JavaScript: Backgrounds

JavaScript war von Beginn an als Programmiersprache konzipiert, um aktuell angezeigte Webseiteninhalte zur Laufzeit zu verändern. Sowohl die Scriptsprache selbst als auch die Objekte des Document Object Models (DOM) haben jedoch eine wechselvolle Geschichte. Vieles davon findet sich immer noch in zahlreichen Scripts in Form veralteter Dokumentzugriffe, abenteuerlicher Browserweichen und ähnlichem wieder. Dabei ist JavaScript weiter im Umbruch.

HTML5 führt diverse neue Scripting-Schnittstellen ein, die jedoch, was ihre Praxisrelevanz betrifft, teilweise noch im Anfangsstadium stecken.

10.4.1 JavaScript-Objekte

Die JavaScript-Implementierungen heutiger Browser stellen eine Mixtur verschiedener, historisch gewachsener Vorgängersprachen, DOM-Modelle und dem Industriestandard ECMA-262 dar. Weitgehend unproblematisch war stets die Unterstützung der ECMAScript-Standardobjekte, die gar nichts mit dem Document Object Model zu tun haben. Das sind folgende Objekte:

- ein namenloses globales Objekt,
- ein Prototyp-Objekt für alle anderen sowie eigene Objekte,
- ein Array-Objekt für Arrays,
- ein Boolean-Objekt für boolesche Variablen (`TRUE`/`FALSE`),
- ein `Date`-Objekt für Operationen mit Datum und Uhrzeit,
- ein `Function`-Objekt für Funktionen,
- ein `Math`-Objekt für Konstanten und Methoden mathematischer Operationen,
- ein `Number`-Objekt für Zahlen,
- ein `RegExp`-Objekt für reguläre Ausdrücke,
- ein `String`-Objekt für Zeichenketten.

Daneben gibt es Objekte, die sich auf die Browser-Umgebung beziehen:

- ein Window-Objekt für das Browser-Fenster,
- ein Navigator-Objekt für allgemeine Browsereigenschaften wie Plugins, Browserversion, usw.,
- ein Screen-Objekt für Daten zum Bildschirm/Display des Benutzers,
- ein History-Objekt für die Liste zuvor besuchter URLs,
- ein Location-Objekt für die Adresszeile des Browsers.

JavaScript-Versionen:

JavaScript 1.0 (ab 1995)
Netscape 2.0 führte JavaScript seinerzeit erstmals ein.
Keine Spezifikation mehr verfügbar.

JavaScript 1.1 (ab 1996)
Die Sprachversion von Netscape 3.0
Keine Spezifikation mehr verfügbar.

JavaScript 1.2 (ab 1997)
Die Sprachversion von Netscape 4.0
Keine Spezifikation mehr verfügbar.

JavaScript 1.3 (ab 1998)
Die Sprachversion ab Netscape 4.06, entspricht ECMA-262 1st Edition/ ECMA-262 2nd Edition.
http://devedge-temp.mozilla.org/library/manuals/2000/javascript/1.3/reference/

JavaScript 1.5 (ab 2000) Die Sprachversion des völlig neu programmierten, auf der Gecko-Engine basierenden, Netscape 6.0, die erstmals auch Teile des W3C-DOM umsetzt, entspricht ECMA-262 3rd Edition.
http://devedge-temp.mozilla.org/library/manuals/2000/javascript/1.5/reference/

JavaScript 1.6, 1.7, 1.8.x (ab 2005) Weiterentwicklung von JavaScript durch Mozilla
https://developer.mozilla.org/en/JavaScript/Reference

Weiterhin gibt es das ursprünglich von Microsoft eingeführte, aber allseits übernommene, für moderne Webanwendungen so wichtige `XMLHttpRequest`-Objekt, hinter dem sich die sogenannte **AJAX**-Technologie verbirgt. Dieses Objekt ermöglicht es JavaScript, HTTP-Requests an den Webserver zu senden, von dem die Webseite geladen wurde. In Verbindung mit DOM-Scripting ist es Webanwendungen damit möglich, Daten – während eine Webseite angezeigt wird – vom Webserver zu ermitteln und ins aktuell im Browserfenster angezeigte HTML-Dokument einzubauen.

Mit HTML5 werden weitere Scripting-Schnittstellen eingeführt, die AJAX bzw. dem XMLHttpRequest-Objekt vergleichbar sind. Dazu gehören:

- Die **Canvas**-Schnittstelle – dabei bislang vor allem das CanvasRenderingContext2D-Objekt, das in *7.2.4 Generierte Vektorgrafik mit dem canvas-Element* beschrieben wird.
- Die **Web-Storage**-Schnittstelle mit dem Storage-Objekt, das es Browsern ermöglicht, in größerem Umfang und robuster als es mit Cookies möglich ist, clientseitig Daten zu speichern, die von Webanwendungen benötigt werden.
- Die **Web-Sockets**-Schnittstelle mit einem entsprechenden Objekt, das mit einem Web-Sockets-Server kommunizieren kann. Das Web-Sockets-Protokoll ermöglicht, dass auch der Server von sich aus an einen Client senden kann. Auf diese Weise wird direkte Kommunikation in beiden Richtungen möglich. Dies ist eine ideale Grundlage für Anwendungen wie Chat, Instant Messaging oder gemeinsames Arbeiten an Dokumenten.
- Die **Geolocation**-Schnittstelle zur Übermittlung von GPS-Daten an den Webserver.

Diese und weitere Schnittstellen werden JavaScript in Zukunft noch erheblich erweitern.

10.4.2 Das document-Objekt

Das eigentliche DOM beginnt unterhalb des `window`-Objekts, nämlich mit dem im Browserfenster angezeigten HTML-Dokument. Das oberste Objekt des DOM in der Abbildung der Dokumentstruktur ist das `document`-Objekt. Zu den Methoden dieses Objekts gehören unter anderem die Elementzugriffsmethoden `getElementById()`, getElementsByName() und getElementsByTagName(). Die Methoden zum Erzeugen von Knoten im DOM, wie createElement() oder createAttribute() gehören ebenfalls direkt zum document-Objekt. Das document-Objekt hat aber auch einige wichtige Eigenschaften, wie z. B. charset (Zeichenkodierung des Dokuments), URL (URL-Adresse des Dokuments) oder cookie (Cookies der Webseite).

10.4.3 Die verschiedenen DOM-Modelle

Ausgehend vom document-Objekt gab es in der Vergangenheit leider verschiedene »Objekt-Philosophien«, wobei die älteren Modelle aber mittlerweile dem DOM des W3-Konsortiums weitgehend gewichen sind: Im klassischen, von Netscape entwickelten JavaScript lässt sich mittels Scripting nämlich nur auf bestimmte Elemente zugreifen, zum Beispiel auf Grafiken – markiert durch ein images-Objekt, oder Formulare – markiert durch ein forms-Objekt. Formulare wiederum bestehen aus Formularelementen – markiert durch ein elements-Objekt.

Mit dem Internet Explorer 4 führte Microsoft ein wesentlich ausgereifteres DOM ein, mit dessen Hilfe auf jedes beliebige Element zugegriffen werden konnte. Die Zentrale des Microsoft-Modells war ein all-Objekt, über das der Zugriff auf alle Elemente, Attribute und Style-Eigenschaften möglich war.

Das Modell von Microsoft war also ein wichtiger Meilenstein auf dem Weg zum DOM des W3-Konsortiums. Das DOM weicht aber insofern von dem Microsoft-Ansatz ab, als es nicht auf HTML fixiert ist, sondern gleich alle XML-kompatiblen Sprachen abdeckt.

Das W3C-DOM

Am 1. Oktober 1998 wurde das DOM eine offizielle W3-Empfehlung (*recommendation*) in der Version 1.0, die seit dem 29. September 2000 in einer zweiten Ausgabe vorliegt. Seit 13. November 2000 ist die Version 2.0 des DOM eine offizielle W3-Empfehlung. Das entsprechende Dokument ist jedoch über mehrere Einzeldokumente verteilt. Version 3.0 hat teilweise seit Jahren den Empfehlungsstatus. Andere Teile sind jedoch noch im Stadium einer *Working Draft*.

Ein wichtiger Aspekt des DOM ist, dass es nicht nur für HTML-ergänzende Script-Sprachen konzipiert ist, sondern auch für Script-Sprachen, die jegliche XML-basierte Auszeichnungssprache erweitern sollen. Das DOM orientiert sich daher in seinem Kern nicht an bestimmten HTML-Elementen. Stattdessen geht es in abstrakter Weise von einem »Dokument« aus (das in XHTML geschrieben sein kann, aber auch in einer anderen XML-basierten Sprache). Es definiert, wie auf die einzelnen Elemente dieses Dokuments zugegriffen wird und welche Manipulationsmöglichkeiten es gibt. Da man aber bei der Entwicklung des DOM auch auf die Gegebenheiten und die Verbreitung von HTML und JavaScript Rücksicht nehmen wollte, wurde dem sogenannten »Kern-DOM« ein »HTML-Anwendungs-DOM« zur Seite gestellt. Letzteres versucht, Teile des gewachsenen JavaScript und MS-JScript zu sanktionieren und Bestandteile des »Kern-DOM« darin zu integrieren.

DOM 1.0 grenzt noch zahlreiche erweiterte Aspekte aus, wie etwa das Event-Handling (Behandlung von Anwenderereignissen wie Mausklicks, Tastatureingaben usw.) oder die Integration von Stylesheets in das, was Programmierer dynamisch verändern können. In den Versionen 2.0 und 3.0 werden vom Document Object Model auch diese Aspekte behandelt.

Links

DOM-Versionen und Dokumente:

DOM Level 1 (W3C-Empfehlung, 2000)
http://www.w3.org/TR/REC-DOM-Level-1/

DOM Level 2 Core (W3C-Empfehlung, 2000)
http://www.w3.org/TR/DOM-Level-2-Core

DOM Level 2 Views (W3C-Empfehlung, 2000)
http://www.w3.org/TR/DOM-Level-2-Views

DOM Level 2 Events (W3C-Empfehlung, 2000)
http://www.w3.org/TR/DOM-Level-2-Events

DOM Level 2 Style (W3C-Empfehlung, 2000)
http://www.w3.org/TR/DOM-Level-2-Style

DOM Level 2 Traversal and Range (W3C-Empfehlung, 2000)
http://www.w3.org/TR/DOM-Level-2-Traversal-Range

DOM Level 2 HTML (W3C-Empfehlung, 2003)
http://www.w3.org/TR/DOM-Level-2-HTML

DOM Level 3 Core (W3C-Empfehlung, 2004)
http://www.w3.org/TR/DOM-Level-3-Core

DOM Level 3 Load and Save (W3C-Empfehlung, 2004)
http://www.w3.org/TR/DOM-Level-3-LS

DOM Level 3 Requirements (W3C-Working-Group-Notiz, 2004)
http://www.w3.org/TR/DOM-Requirements

DOM Level 3 Views and Formatting (W3C-Working-Group-Notiz, 2004)
http://www.w3.org/TR/DOM-Level-3-Views

DOM Level 3 Events (W3C-Working-Group-Notiz, 2003)
http://www.w3.org/TR/DOM-Level-3-Events

DOM Level 3 Abstract Schemas (W3C-Working-Group-Notiz, 2002)
http://www.w3.org/TR/DOM-Level-3-AS

10.5 JavaScript: Unobtrusive Programming

Schon seit längerer Zeit können Browser Event-Handler durch Script-Anweisungen einbinden. In der Anfangszeit war es üblich – und ist aus Gründen des besseren Verständnisses auch in diesem Buch so dargestellt –, dass JavaScript *inline* eingebunden wurde. Eben über die entsprechenden Event-Handler beim HTML-Element direkt.

Dies entspricht aber nicht der Vorgabe, Inhalt, Stil und Verhalten in einem Dokument strikt voneinander zu trennen. Erst die externe Bindung macht die Auszeichnung sauber, flexibel und portabel.

Durch die Attribute `id`, `name` bzw. `class` lässt sich jedes HTML-Element mit den Methoden des DOM ansprechen und mit JavaScript manipulieren. Beispielsweise können alle Hyperlinks einer Seite in einem Array gespeichert werden.

```
var aTags = document.getElementsByTagName("a");
```

10.5.1 Elemente mit speziellen Eigenschaften ermitteln

Mit der Methode `test()` können auch verschiedene spezielle Elemente des Arrays gefiltert werden. Diese Methode erwartet am Anfang einen regulären Ausdruck und prüft diesen gegen einen übergebenen String,

Beispiel

```
var aTags = document.getElementsByTagName("a");
var aTagsClass = new Array();
for (var i = 0; i < aTags.length; i++) {
  if (/external/.test(aTags[i].className)) {
    aTagsClass[] = aTags[i];
  }
}
```

Erläuterung

Im vorhergehenden Beispiel werden alle `a`-Elemente einer Seite in einem Array `aTags` gespeichert. Danach wird ein leeres Array angelegt, um die zu suchenden Elemente speichern zu können. Nun wird mit einer `for`-Schleife das Array `aTags` durchgegangen. Sobald ein Element das Attribut `class="external"` besitzt, wird es als Element dem Array `aTagsClass` hinzugefügt.

Referenzinformationen

JavaScript-Referenz `test()`:

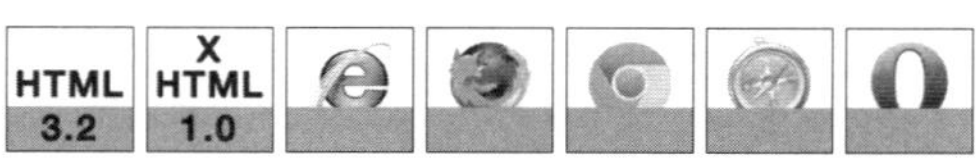

10.5.2 Event-Handler im Skript anmelden

Bis jetzt wurden die Event-Handler direkt im HTML-Markup notiert, wie in diesem Beispiel zu sehen:

```
<div id="message" onclick="changeColor();">
  //sehr viel Informationen
</div>
```

Durch die Technik des unaufdringlichen Programmierens werden die Handler nun direkt im Kopfbereich einer Webseite notiert. Natürlich können diese Notierungen auch in eine externe JavaScript-Datei ausgelagert werden, welche in der Folge mit dem `link`-Element eingebunden wird. Dies ist sozusagen die Königsdisziplin. Durch eine Auslagerung aller Stile und JavaScripts in externe Dateien sind in einer HTML-Datei nur noch Inhalt und semantische Markups zu finden. Der Rest wird über `link`-Elemente eingefügt. Durch den Einsatz des `rel`-Attributs kann auch noch genau und semantisch definiert werden, welche Funktionen diese externen Dateien besitzen.

Beispiel

```
<!doctype html>
<html>
  <head>
    <meta charset="utf-8">
    <title>Unobtrusive Programming</title>
    <style>
      div#message {
        margin: 20px;
        padding: 16px;
        background-color: silver;
      }
    </style>
    <script>
      function changeColor(evtHandler) {
        this.setAttribute('style', 'background: orange');
      }
    </script>
  </head>
  <body>
    <h1>Testen von Unobtrusive Programming</h1>
    <div id="message">
      <p>Klick mich und ich werde orange!</p>
    </div>
    <script>
      document.getElementById("message").onclick = changeColor;
    </script>
  </body>
</html>
```

Erläuterung

Zugegeben, das Markup ist nicht sehr elegant, aber es erfüllt seinen Zweck. Im Kopfbereich des Dokuments wird ein `style`-Element eingesetzt, um das `div`-Element des Dokumentkörpers zu formatieren. Darauf folgt ein `script`-Element, um eine Funktion für das Ändern der Hintergrundfarbe des `div`-Elements zu erzeugen. Die Funktion `changeColor` besitzt einen Übergabeparameter (`evtHandler`), nämlich das Event selbst. Damit können Sie in der Folge feststellen, welches Event die Funktion ausgelöst hat.

Im `body`-Element ist ein einfacher Markup mit einem `h1`-Element und einem `div`-Element notiert. Das `div`-Element muss das Attribut `id` besitzen, damit Sie es über das

DOM ansprechen können. Dies erfolgt im `script`-Element am Ende des Dokumentkörpers. Hier ermitteln Sie das `div`-Element mit der Methode `getElementById()`. Als Übergabeparameter ist der Wert des `id`-Attributs notiert. Achten Sie darauf, dass JavaScript Groß- und Kleinschreibung unterscheidet. In der Folge werden der Event-Handler `onclick` und die Funktion `changeColor()` zugewiesen. Hier ist zu beachten, dass die Funktion nur mit ihrem eigentlichen Namen geschrieben wird, ohne Klammern und Parameter. Der Event-Handler `onclick` muss in Kleinbuchstaben notiert werden.

Die Technik, mit zwei `script`-Elementen zu arbeiten, ist notwendig, da der HTML-Parser eines Browsers das Dokument sequentiell abarbeitet. Würden Sie den Event-Handler bereits im `head`-Element ansprechen, würde der Parser das Element mit `id="message"` noch nicht kennen, denn es wird erst viel später geparst. Daher notieren Sie die Zuordnung erst am Ende des `body`-Elements, denn jetzt wurden alle Elemente geparst und sind im DOM bekannt.

Diese Art des Markups ist natürlich noch kein Idealzustand, da die Scripts jetzt noch mehr in der HTML-Seite verteilt sind. Mit einem zusätzlichen Event-Handler des DOMs kann aber eine Verbesserung und komplette Zusammenfassung erzielt werden. In der Folge können Sie mit dieser Technik auch das vollständige Script in eine externe Datei auslagern.

Beispiel

```
<!doctype html>
<html>
  <head>
    <meta charset="utf-8">
    <title>Unobtrusive Programming</title>
    <style>
      div#message {
        margin: 20px;
        padding: 16px;
        background-color: silver;
      }
    </style>
    <script>
      function changeColor(evtHandler) {
        this.setAttribute('style', 'background: orange');
      }
      window.onload = function() {
        document.getElementById("message").onclick = changeColor;
      }
    </script>
  </head>
  <body>
    <h1>Testen von Unobtrusive Programming</h1>
    <div id="message">
      <p>Klick mich und ich werde orange!</p>
    </div>
  </body>
</html>
```

Erläuterung

Bei dem obigen Beispiel wurde das zweite `script`-Element ersatzlos gelöscht. Dafür wurde im `script`-Bereich des `head`-Elements der Event-Handler `onload` verwendet. Dies ist ein Event des `window`-Objekts und wird ausgelöst, sobald die gesamt HTML-Datei geladen und geparst wurde. Dadurch sind auch alle Elemente im DOM registriert und können verwendet werden.

In diesem Fall wurde eine anonyme Funktion verwendet – eine JavaScript-Funktion ohne Namen. Da nur der Event-Handler `onclick` registriert werden soll, ist dies eine übliche Technik, denn die Funktion selbst ist sehr kurz. Sollen jedoch mehrere Aktionen durchgeführt werden, sollten Sie eine eigene Funktion (z. B. mit dem Namen `init()`) erstellen und diese dem Event-Handler zuweisen.

Links

Document Object Model (DOM) Level 2 Events Specification
http://www.w3.org/TR/DOM-Level-2-Events/Overview.html

11 HTML und XHTML

- *Was Sie in Bezug auf XHTML beachten müssen*

11.1 Unterschiede zwischen HTML und XHTML

11.1.1 Unterschied: MIME-Typen

Der MIME-Typ für gewöhnliche HTML-Dokumente lautet stets `text/html`. XHTML-Dokumente können diesen MIME-Type ebenfalls haben. Doch dann werden sie in Browsern nicht von XML-Parsern verarbeitet, sondern vom HTML-Parser. Das ist zwar robust rückwärtskompatibel, stellt jedoch die Verwendung von XHTML in Frage. Seine Vorteile kann XHTML eigentlich nur ausspielen, wenn es als XML-Dokument von einem XML-Parser verarbeitet wird.

Wenn Sie – wie es eigentlich vorgesehen ist – XHTML als XML-Dokument ausliefern möchten, stehen dafür die MIME-Typen `text/xml` und `application/xml` zur Verfügung. Diese Typen, sind für alle von XML abgeleiteten Sprachen gedacht. Das W3-Konsortium hat zusätzlich den MIME-Type `application/xhtml+xml` speziell für XHTML etabliert. Für das Erstellen von XHTML-Dokumenten hat das zunächst keine Bedeutung, wohl aber für die Kommunikation zwischen Web-Browser und Webserver. Wenn der Server dem Browser die angeforderte XHTML-Datei mit dem Typ `application/xhtml+xml` sendet, muss der Browser in der Lage sein, diesen MIME-Type zu verarbeiten und Dateien dieses Typs am Bildschirm anzuzeigen. Anderenfalls kann es passieren, dass der Browser dem Anwender die Datei zum Download anbietet, statt sie ins Anzeigefenster zu laden.

Links: Das W3-Konsortium hat eine Übersicht über die Browserunterstützung der verschiedenen MIME-Typen zusammengestellt.
http://www.w3.org/People/mimasa/test/xhtml/media-types/results

Der Unterschied der MIME-Typen ist kein theoretischer. Bei `text/html` nutzen die Browser den herkömmlichen HTML-Parser zur Verarbeitung des Quellcodes. Die heute üblichen HTML-Parser der Browser lassen syntaktische Fehler im Dokument einfach durchgehen und versuchen, das Dokument irgendwie anzuzeigen. Bei `application/xhtml+xml` behandelt ein Browser, der den MIME-Type korrekt verarbeitet, das XHTML-Dokument als echtes XML-Dokument und benutzt dafür seinen XML-Parser. Der XML-Parser arbeitet im Gegensatz zum HTML-Parser nach fest vorgegebenen Regeln. Er erwartet, dass das Dokument die strengen Syntaxregeln von XML einhält. Wenn er auf einen syntaktischen Fehler stößt, muss er die Verarbeitung abbrechen. Im Anzeigefenster des Browsers erscheint dann entweder nur eine Fehlermeldung anstelle des Dokuments oder, wie bei vielen aktuellen Browsern, das Dokument nur bis zur

Stelle des Fehlers. Wenn Sie also den MIME-Type `application/xhtml+xml` verwenden, müssen Sie genau darauf achten, dass Ihre XHTML-Dateien wohlgeformt sind.

> Links
>
> Dies können und sollten Sie beispielsweise mit dem Validator des W3-Konsortiums prüfen.
> *http://validator.w3.org/*

11.1.2 Unterschied: Dateinamen

Wenn keine MIME-Type-Angabe existiert, die festlegt, wie ein Dokument zu behandeln ist, prüfen viele XML-fähige Browser die Dateinamenerweiterung. Wenn Sie in einer Datei zwar alle Regeln von XHTML einhalten, die Datei aber mit den typischen Endungen *.htm* oder *.html* abspeichern, benutzen diese Browser ihre HTML-Parser. Speichern Sie die Datei dagegen mit einer anderen Endung ab, z. B. *xhtml*, dann benutzen die Browser unter Umständen ihre XML-Parser. Dies wirkt sich genauso aus wie bei den verschiedenen MIME-Typen.

Der Unterschied hinsichtlich der Dateinamen ist mit dem der MIME-Typen verknüpft. Ein Webserver unterscheidet eine HTML-Datei für gewöhnlich über deren Dateinamenerweiterung von einer XHTML-Datei. Dementsprechend wählt er einen geeigneten MIME-Type, also etwa `text/html`, `application/xml` oder `application/xhtml+xml`.

11.1.3 Unterschied: Die XML-Deklaration und die Zeichenkodierung

Die erste Zeile, welche in einem XHTML-Dokument, welches als XML verarbeitet werden soll, notiert wird, ist eine sogenannte ***XML-Deklaration***. Damit geben Sie an, dass das folgende Dokument XML-gerechte Daten enthält. Außerdem können Sie in dieser ersten Zeile bereits die Zeichenkodierung der nachfolgenden Daten angeben. Eine solche Deklaration gibt es in HTML nicht, sie ist also XHTML-spezifisch.

```
<?xml version="1.0" encoding="UTF-8" ?>
<!-- restliche XML-Datei folgt ab hier -->
```

Die XML-Deklaration ist eine besondere, alleinstehende Auszeichnung, die in der ersten Zeile eines XML-Dokuments stehen muss. Das erste und letzte Zeichen innerhalb der spitzen Klammern < und > ist ein Fragezeichen. Unmittelbar hinter dem Anfangsfragezeichen muss `xml` (kleingeschrieben) stehen. Dahinter können verschiedene Angaben in Form von Attributen folgen.

Das `version`-Attribut ist obligatorisch und deshalb auch in der einfachen Variante erforderlich. Die Versionsnummer bezieht sich auf die Version der Sprachspezifikation von XML. Verwenden Sie die Angabe 1.0, wenn Sie keine besonderen Gründe dafür haben, die ebenfalls mögliche Angabe 1.1 zu wählen.

Beim Attribut `encoding` können Sie die Zeichenkodierung angeben, nach der das XHTML-Dokument zu verarbeiten ist. Die Angabe `utf-8` ist empfehlenswert. Details zum Thema Zeichenkodierung können Sie in Abschnitt *2.2 Zeichenkodierung in HTML* erfahren.

11.1.4 Unterschied: Dokumenttyp-Deklaration

XHTML 1.0 und HTML 4.0(1) haben unterschiedliche Dokumenttyp-Deklarationen. Die Dokumenttyp-Deklaration (der ***Doctype***) nimmt Bezug auf die DTD (Dokumenttyp-Definition) und die Sprachversion, die Sie im Dokument verwenden und an deren Regeln Sie sich halten. Mit XHTML5 ändert sich die Lage insofern, als XHTML5 gar keine Dokumenttyp-Deklaration mehr fordert – aus dem einfachen Grund, dass für XHTML5 gar keine DTD existiert. XHTML5 ist lediglich eine XML-gerechte Variante von HTML5. Und HTML5 basiert nicht mehr auf Markup-Dokumenttyp-Deklarationen, sondern auf DOM-Datenstrukturen.

Nachfolgendes Beispiel zeigt den Beginn eines typischen XHTML1.0-Dokuments:

```
<?xml version="1.0" encoding="UTF-8" ?>
<!DOCTYPE html PUBLIC "-//W3C//DTD XHTML 1.0 Strict//EN"
        "http://www.w3.org/TR/xhtml1/DTD/xhtml1-strict.dtd">
<html xmlns="http://www.w3.org/1999/xhtml">
  <!-- usw. -->
</html>
```

In XHTML5 entfällt die Dokumenttyp-Deklaration:

```
<?xml version="1.0" encoding="UTF-8" ?>
<html xmlns="http://www.w3.org/1999/xhtml">
  <!-- usw. -->
</html>
```

11.1.5 Unterschied: HTML-Wurzelelement mit Namensraumangabe

Das einleitende `<html>`-Tag hat in HTML meistens keine Attribute. In XHTML müssen Sie jedoch den Namensraum für XHTML explizit angeben.

```
<html xmlns="http://www.w3.org/1999/xhtml">
  <!-- Inhalt des Dokuments -->
</html>
```

Notieren Sie in XHTML im einleitenden `<html>`-Tag immer das Attribut `xmlns`, das einen XML-Namensraum bezeichnet, und weisen Sie ihm den Wert `http://www.w3.org/1999/xhtml` zu. Das Attribut `xmlns` gehört übrigens nicht zum Sprachumfang von HTML, sondern ist ein allgemeines XML-Attribut.

11.1.6 Unterschied: Kleinschreibung

In HTML ist es gleichgültig, ob Sie `<TABLE CLASS="border">`, `<TABLE class="border">` oder `<Table Class="border">` notieren. HTML unterscheidet bei Namen von HTML-Elementen und Attributnamen nicht zwischen Groß- und Kleinschreibung. Nur bei der Wertzuweisung an manche Attribute wird Groß-/Kleinschreibung unterschieden – aber auch nur im Hinblick auf andere Sprachen. Bei Attributen mit festen erlaubten Werten, wie etwa `shape` bei Image-Maps, ist es egal, ob Sie `RECT` oder `rect` als

Wert zuweisen. Nicht so bei XHTML. XML unterscheidet nämlich strikt zwischen Groß- und Kleinschreibung. Das bedeutet, `<TABLE>` ist etwas anderes als `<table>`.

Für XHTML wurde festgelegt, dass alle Elementnamen und Attributnamen klein geschrieben werden. Das Gleiche gilt auch für die festen Wertzuweisungen wie `rect`.

11.1.7 Unterschied: Leere Elemente

In HTML gibt es diverse leere Elemente. Das Abschluss-Tag ist deshalb verboten, weil die Elemente als inhaltsleer definiert sind. Beispiele: `<img>`, `<br>`, `<input>`, `<hr>`. In XML-basierten Sprachen, also auch in XHTML, müssen solche leeren Elemente gesondert gekennzeichnet werden.

Was in HTML so aussieht:

```
<p>
  Text mit<br>
  Zeilenumbruch
</p>
<p>
  <img src="bild.png" alt="ein Bild">
</p>
```

... wird in XHTML typischerweise so notiert:

```
<p>
  Text mit<br />
  Zeilenumbruch
</p>
<p>
  <img src="bild.png" alt="ein Bild" />
</p>
```

Notieren Sie unmittelbar vor der schließenden spitzen Klammer des alleinstehenden Tags einen Schrägstrich, sodass am Ende die Zeichenfolge `/>` steht. Vor dem Schrägstrich sollte ein Leerzeichen stehen, um die Funktionalität in alten Browsern zu gewährleisten. Alternativ dazu können Sie auch ein Element mit Anfangs- und End-Tag notieren, z. B. `<br></br>`. Dabei darf jedoch nichts, auch kein Leerzeichen und kein Zeilenumbruch, zwischen dem Anfangs- und dem End-Tag stehen, andernfalls entsteht ungültiges XHTML.

11.1.8 Unterschied: Elemente mit optionalem Abschluss-Tag

In HTML dürfen einige Elemente, historisch bedingt, trotz Elementinhalt ohne Abschluss-Tag notiert werden, auch wenn das aus heutiger Sicht keineswegs mehr empfehlenswert ist. Beispiele solcher Elemente sind `<body>`, `<p>`, `<td>`, `<dd>`, `<dt>` oder `<option>`. In XHTML sind Abschluss-Tags bei Elementen mit Inhalt dagegen immer Vorschrift.

HTML darf (leider) auch so aussehen:

```
<select name="Auswahl" size="1">
  <option>1. Eintrag
  <option>2. Eintrag
</select>
```

In XHTML muss ein solches Konstrukt immer so aussehen:

```
<select name="Auswahl" size="1">
  <option>1. Eintrag</option>
  <option>2. Eintrag</option>
</select>
```

11.1.9 Unterschied: Attributwerte in Anführungszeichen

In HTML dürfen Sie Attributen Werte zuweisen, ohne diese mit Hochkommata zu umschließen – auch wenn das nicht empfehlenswert ist. In XHTML sind die Hochkommata jedoch zwingend erforderlich.

In HTML ist es erlaubt, zu notieren:

```
<a id=anker>
  Anker
</a>
```

XHTML dagegen schreibt vor:

```
<a name="anker">
  Anker
</a>
```

11.1.10 Unterschied: Alleinstehende (leere) Attribute

In HTML gibt es einige Attribute, die keine Wertzuweisung erhalten, wie beispielsweise `checked`, `readonly`, `disabled`, `multiple` oder `defer`.

In XML-basierten Sprachen dagegen ***muss*** allen Attributen ein Wert zugewiesen werden. Da alleinstehende Attribute nur einen möglichen Wert annehmen können, hat man sich darauf verständigt, als Wert einfach den Attributnamen zu nehmen. Notieren Sie in XHTML also:

```
checked="checked"
readonly="readonly"
disabled="disabled"
multiple="multipe"
defer="defer"
```

11.1.11 Unterschied: Leerraum in Attribut-Wertzuweisungen

Bei Wertzuweisungen an Attribute müssen Sie in XHTML besser aufpassen als in HTML. Leerzeichen sind dort erlaubt, wo sie erforderlich sind, doch Zeilenumbrüche sollten Sie vermeiden.

Empfohlenes XHTML 1.0 ist:

```
<p title="Anfang der Geschichte">Text Text Text</p>
```

Problematisch ist dagegen:

```
<p title="Anfang
der
Geschichte">Text Text Text</p>
```

11.1.12 Unterschied: Verweise zu Ankern

In HTML können Sie Verweise zu Ankern notieren, die mit einem `name`-Attribut definiert sind, z. B.:

```
<a href="#anker">Verweis</a>
```

Wobei der Zielanker mit

```
<a name="anker">irgendwas</a>
```

ausgezeichnet ist. Auch andere Attribute verwenden diese Technik in HTML, wie etwa das `usemap`-Attribut beim `img`-Element zum Verweis auf ein `map`-Element, bei dem ein entsprechendes `name`-Attribut notiert ist.

In XML-verarbeiteten XHTML funktionieren solche Verweise nicht. XML benötigt zwingend das globale Attribut `id` für Anker. Allerdings ist es seit Version 4.0 auch in HTML so, dass Elemente mit `id`-Attribut Anker darstellen, z. B.:

```
<h2 id="ueberschrift_2">Überschrift</h2>
```

Insofern ist es aus heutiger Sicht sinnvoll, Verweiszielanker innerhalb von Dokumenten vorzugsweise mit dem `id`-Attribut auszuzeichnen.

11.1.13 Unterschied: Das lang-Attribut

XML-basierte Sprachen benutzen normalerweise anstelle von `lang` das XML-Universalattribut `xml:lang`. Da das `lang`-Attribut in XHTML jedoch ebenfalls zur Verfügung steht, existieren also zwei Attribute für die gleiche Sache. XHTML-Parser bevorzugen im Zweifelsfall das Attribut `xml:lang`, das aber von reinen HTML-Parsern nicht erkannt wird. Notieren Sie deshalb in XHTML am besten beide Varianten, wenn Sie `lang` verwenden.

In HTML genügt also:

```
<p lang="de">
...
</p>
```

In XHTML ist es sinnvoll, zu notieren:

```
<p lang="de" xml:lang="de">
...
</p>
```

11.1.14 Unterschied: Inhalt von Script- und Style-Bereichen

In HTML wird der Inhalt der Elemente `script` und `style` vom HTML-Parser nicht beachtet, während ein XML-Parser in XHTML die Inhalte dieser Elemente, wie alle anderen Elementinhalte interpretiert. Im Klartext bedeutet dies, dass bei HTML innerhalb eines Script-Bereichs oder Style-Bereichs HTML-eigene Zeichen wie <, >, `&` und `"` nicht maskiert werden müssen. Nicht so in XHTML. Wenn Sie beispielsweise in einem JavaScript innerhalb einer Bedingung vergleichen, ob ein Wert kleiner oder größer als ein anderer Wert ist, müssen Sie die spitzen Klammern außerhalb einer Zeichenkette notieren und können sie daher an der Stelle auch nicht maskieren. Um das Problem zu lösen, können Sie das Script in einen sogenannten CDATA-Abschnitt anschließen. Dies ist eine XML-typische Notation.

Da XML-Parser HTML-Kommentare (und damit auch den enthaltenen JavaScript-Code) entfernen dürfen, sollte auf die früher übliche Auskommentierung des Scripts verzichtet werden, die für die heute verwendeten Browser auch nicht mehr erforderlich ist.

Beispiel für HTML:

```
<script>
  /* JavaScript-Kommentar: jetzt folgt ein kleines Script */
  if (parseInt(navigator.appVersion) < 5)
    alert("Oh, ein sehr alter Browser");
  /* und damit ist das Script auch schon zu ende */
</script>
```

Entsprechendes Beispiel für XHTML:

```
<script type="text/javascript">
/* <![CDATA[ */
  /* JavaScript-Kommentar: jetzt folgt ein kleines Script */
  if (parseInt(navigator.appVersion) < 5)
    alert("Oh, ein sehr alter Browser");
  /* und damit ist das Script auch schon zu ende */
/* ]]> */
</script>
```

Der CDATA-Abschnitt beginnt mit `<![CDATA[` und endet mit `]]>`. Ohne diese Umklammerung würde ein XML-Parser das <-Zeichen innerhalb des Scripts als Fehler ankreiden. Damit der Browser die Anfang- und Endmarkierung des CDATA-Abschnitts nicht als JavaScript-Code zu interpretieren versucht, werden sie durch JavaScript-Kommentare vor ihm versteckt. Den Inhalt von `style`-Elementen können Sie ebenso umschließen und analog die Markierungen mit CSS-Kommentaren vor dem CSS-Parser verbergen.

Um Fehler bei JavaScript-Interpretern zu vermeiden, bleibt außerdem die Möglichkeit, JavaScript in separaten Dateien zu notieren. Auch bei Stylesheets besteht die Möglichkeit, Formate zentral in einer separaten CSS-Datei zu definieren.

11.1.15 Unterschied: Ausnahmen von Verschachtelungsregeln

In der Dokumenttyp-Definition von HTML 4.01 sind einige Ausnahmen bei Verschachtelungsregeln für Elemente definiert. Dies ist beispielsweise bei dem `a`-Element nötig, das kein anderes a-Element enthalten darf. Die DTD kann zwar festlegen, dass ein a-Element nicht direkt ein a-Element enthalten darf, sodass <a><a>...</a></a> nicht erlaubt ist. Ein a-Element darf jedoch andere Elemente enthalten, die ihrerseits ein a-Element enthalten dürfen, z. B. span. In diesem Fall greifen die normalen Regeln nicht und es ist eine Ausnahmeregel nötig, um z. B. <a><span><a>...</a></span></a> zu verbieten.

Mit Hilfe von SGML ist die Formulierung solcher Ausnahmen möglich. So ist beispielsweise festgelegt, dass ein a-Element auch als indirektes Kindelement kein anderes a-Element enthalten darf. XML dagegen bietet keine Möglichkeit, solche Ausnahmen zu formulieren. In den XML-basierten Dokumenttyp-Definitionen von XHTML fehlen solche Verschachtelungsverbote daher. Somit ist z. B. <a><a>...</a></a> gemäß den Regeln der DTDs von XHTML zunächst erlaubt. Um eine möglichst hundertprozentige Kompatibilität zwischen HTML und XHTML zu erreichen, blieb dem W3-Konsortium nur der Ausweg, solche Verschachtelungsverbote verbal als »normativen Anhang« zu den DTDs zu erklären.

In HTML5 ist das allerdings auch nicht anders. Da HTML5 nicht mehr DTD-basiert ist, liegen Ausnahmeregeln bei Elementverschachtelungen dort ebenfalls nicht maschinenlesbar vor.

11.2 Backgrounds: XML-Grundlagen

XHTML ist aus HTML5-Sicht nur dann sinnvoll, wenn die Dokumente auch tatsächlich von einem XML-Parser verarbeitet werden und damit die Vorteile der XML-Welt nutzen können. Ein paar Grundlagen und die Vorteile der XML-Welt sollen in diesem Hintergrundabschnitt behandelt werden.

11.2.1 Semantische Auszeichnung beliebiger Daten

XML ist für viele Anwender deshalb etwas schwer greifbar, weil es eigentlich nicht viel tut. Seine Leistung besteht darin, dass man mit den Konzepten und Regeln, die es bereitstellt, eigene Auszeichnungssprachen definieren kann, die ähnlich funktionieren wie HTML. All diese Sprachen bestehen immer wieder aus Elementen, markiert durch Tags, deren Verschachtelungsregeln und aus Attributen mit erlaubten Wertzuweisungen.

Zwei einfache Beispiele für Auszeichnungssprachen

```
<rechteck oben="100" links="185" breit="427" hoch="110">
  <hintergrund typ="verlauf" richtung="waagerecht"
               startfarbe="#0000FF" endfarbe="#FFFFFF">
    <inhalt typ="text" format="stil_6">
      Ein kleiner Text
    </inhalt>
  </hintergrund>
</rechteck>
```

```
<projekt sprache="perl" name="Performance-Test IC-Baustein TL410"
        typ="shell" stand="02-10-2001">
  <modul name="main" stand="02-10-2001"
        ablage="/usr/scripts/tl410/tl410.pl">
    <funktion name="datenversorgung" stand="14-09-2001">
      <beschreibung>
        versorgt den Speicherbaustein mit sinnvollen
        Anfangswerten aus Testreihe T3.
      </beschreibung>
    </funktion>
  </modul>
</projekt>
```

Erläuterung

Es wurden absichtlich zwei Beispiele gewählt, um zu verdeutlichen, wie beliebig sich das Auszeichnungssprachenkonzept einsetzen lässt. Im ersten Beispiel geht es um die Definition eines vektorgrafischen Elements. Im zweiten Beispiel ist es die Dokumentation der Arbeits-Scripts eines Elektrotechnikers. Ebenso gut lassen sich auf diese Weise Konstruktionszeichnungen, musikalische Kompositionen, Theaterstücke und biochemische Prozesse beschreiben, eigentlich alles, was irgendwelche benennbaren und beschreibbaren Strukturen aufweist. Mit welcher Software man diese Daten visualisieren, abspielen oder anderweitig verarbeiten kann, ist damit noch nicht festgelegt. Es geht zunächst nur darum, Daten sinnvoll zu strukturieren und vollständig zu beschreiben.

Die beiden Beispiele enthalten ganz unterschiedliche Elemente, Attribute, Wertzuweisungen und typische Verschachtelungen. Gemeinsam ist ihnen jedoch, dass sie offensichtlich aus bestimmten erlaubten Elementen, Attributen, Wertzuweisungen und Regeln zur Verschachtelung bestehen. In den beiden Beispielen finden Sie diese Regeln nirgendwo beschrieben. Insofern sind es einfach Fantasiebeispiele. Es gibt jedoch ein standardisiertes Verfahren, um solche Regeln zu definieren und in den Auszeichnungssprachen anzugeben, auf welche Regeln man sich bezieht und wo diese Regeln definiert sind. Dieses standardisierte Verfahren ist XML.

11.2.2 XML, DTDs und Validierung

Die Regeln für erlaubte Elemente, Attribute und Verschachtelungsmöglichkeiten einer XML-gerechten Auszeichnungssprache werden unabhängig von den eigentlichen Daten definiert. Die Daten mit den Definitionen stellen eine sogenannte ***Dokumenttyp-Definition*** (engl. *document type definition*, Abkürzung DTD) dar. XML-fähige Software sollte idealerweise in der Lage sein, solche DTDs auszulesen und Daten, die auf diese DTD Bezug nehmen, nach den Regeln der DTD zu beurteilen. Dabei kann die Software feststellen, ob innerhalb der XML-Daten, die sich auf eine bestimmte DTD beziehen, ungültige Notationen vorkommen. Ungültige Notationen sind z. B. Element- oder Attributnamen, die in der DTD nicht definiert werden, oder Elemente an Stellen, an denen sie aufgrund der DTD-Regeln nicht erlaubt sind. Das Verfahren, um zu überprüfen, ob eine XML-Datei nach den Regeln ihrer zugehörigen DTD fehlerfrei ist, nennt man ***Validierung*** (von engl. *valid* = gültig).

Neben den DTDs hat sich mittlerweile ein zweites Verfahren etabliert, um XML-Sprachen zu definieren: ***XML-Schemata*** oder kurz ***XSD***. Ein Vorteil von XML-Schemata gegenüber herkömmlichen DTDs besteht darin, dass es sich selbst um eine XML-Sprache handelt. Die DTD-Syntax leitet sich dagegen von SGML ab, der historischen Mutter aller Auszeichnungssprachen. Ein anderer Vorteil besteht darin, dass sich in XML-Schemata Datentypen definieren lassen. Dadurch lässt sich angeben, ob Elementinhalte beispielsweise nummerisch oder als Datum zu interpretieren sind.

Das Verfahren mit den Sprachdefinition und der Validierung mag anfangs etwas umständlich und aufwendig erscheinen. Doch nur durch dieses Verfahren ist sichergestellt, dass XML-Sprachen nicht nur Fantasiegebilde sind, sondern Sprachen, welche sich an bestimmte, genau definierte Regeln halten. Nur so ist es möglich, dass sich verschiedene Autoren und verschiedene Software-Produkte an die Konventionen einer Sprache halten und diese nicht durch spontane, undefinierte Erweiterungen verwässert und für interpretierende Software unbrauchbar wird. Eine DTD- oder XML-Schema-basierte XML-Sprache zu erweitern ist durchaus möglich, aber wenn, dann auf dem dafür vorgesehenen Weg, nämlich durch Erweiterung der entsprechenden DTD oder des Schemas.

Beispielauszug aus einer DTD

```
<!ELEMENT nachricht (titel,text,datum,redakteur)>
<!-- Eine Nachricht besteht aus Titel, Text, Datum und Redakteur -->

  <!ELEMENT titel (#PCDATA)>
  <!-- Der Titel enthaelt den Titeltext, sonst nichts -->

  <!ELEMENT text (#PCDATA)>
  <!-- Der Text enthält den Nachrichtentext, sonst nichts -->

  <!ELEMENT datum (#PCDATA)>
  <!-- Das Datum enthaelt die Datumsangabe, sonst nichts -->

  <!ELEMENT redakteur (#PCDATA)>
  <!-- "redakteur" enthaelt die Angabe zum Redakteur, sonst nichts -->
```

Erläuterung

Das Beispiel zeigt, wie DTD-Definitionen aussehen und welche Konsequenzen sie haben. In dem Beispiel werden verschiedene Elementtypen definiert. Das sind gewissermaßen die logischen Vorlagen für Elemente. Eine Definition wie z. B. `<!ELEMENT titel (#PCDATA)>` bedeutet, dass es in dieser XML-Sprache ein Element `titel` gibt, das durch die Tags `<titel>`...`</titel>` ausgezeichnet wird. Aus den Regeln des Beispiels geht außerdem hervor, dass `<titel>`...`</titel>` (und ebenso `<text>`...`</text>`, `<datum>`...`</datum>` und `<redakteur>`...`</redakteur>`) nur innerhalb von `<nachricht>`...`</nachricht>` vorkommen darf. Alles, was im Beispiel zwischen `<!-` ... `->` steht, ist ein Kommentar und gehört nicht zu den eigentlichen Definitionen.

Aufgrund der Definitionen im obigen Beispiel könnte eine XML-Datei, die sich auf diese Definitionen bezieht, folgende Daten enthalten:

Beispieldaten aufgrund der DTD

```
<nachricht>
  <titel>HTML5-Handbuch erschienen!</titel>
  <text>
    Wie der Franzis-Buchverlag heute mitteilte,
    ist das HTML5-Handbuch mittlerweile an den Handel
    ausgeliefert worden. Von Schlangen, die sich vor Öffnung der
    Buchläden an den Türen bildeten, ist zwar nichts bekannt.
    Aber das kann sich ja noch ändern.
  </text>
  <datum>10.12.2010</datum>
  <redakteur>Ferdinand Schreiberling</redakteur>
</nachricht>
```

Erläuterung

Dem Beispiel können Sie entnehmen, dass die Regeln, welche zuvor in der Beispiel-DTD definiert wurden, eingehalten wurden. Es gibt das übergreifende Element `nachricht`, ausgezeichnet durch die Tags `<nachricht>...</nachricht>`. Innerhalb davon sind die anderen Elemente, die eine Nachricht ausmachen, notiert und mit konkreten Daten versehen. Fragen, die Sie sich jetzt stellen mögen, etwa die, wie eine Datendatei sich auf eine DTD bezieht, werden an dieser Stelle ausgeklammert. Es geht hier nur darum, das Verständnis dafür zu entwickeln, dass das, was man als XML bezeichnet, immer aus dieser Zweiteilung besteht: nämlich aus der Definition von Regeln für eine bestimmte Auszeichnungssprache und aus der konkreten Anwendung dieser Regeln innerhalb dieser Auszeichnungssprache.

11.2.3 Baumstruktur und Knoten eines XML-Dokuments

Ein XML-gerechtes Dokument besteht aus Elementen, Attributen, ihren Wertzuweisungen und dem Inhalt der Elemente, der aus Text oder aus untergeordneten Elementen bestehen kann. Diese können ihrerseits wieder Attribute mit Wertzuweisungen und Inhalt haben. Es gibt Elemente mit und ohne Attribute, Elemente, innerhalb derer viele andere Elemente vorkommen können, und solche, innerhalb derer nur Text vorkommen kann. Es gibt sogar leere Elemente, die keinen Inhalt haben können. Die Struktur, die aus diesen Bestandteilen und ihren Grundregeln entsteht, lässt sich als Baumstruktur begreifen.

Beispiel-Code (XML)

```
<spielfilme>
  <film regie="Tom Tykwer" titel="Lola rennt">
    <beschreibung>
      <name typ="w">Lola</name> rennt für
      <name typ="m">Manni</name>, der 100000 Mark
      liegengelassen hat und noch 20 Minuten Zeit hat,
      das Geld auszuliefern.
    </beschreibung>
  </film>
</spielfilme>
```

Knoten

Wenn man von Knoten redet, meint man die Bestandteile der Baumstruktur. Jedes XML-Dokument beginnt mit einem Wurzelknoten. Dieser hat jedoch keine konkrete Ausprägung, sondern ist nur der abstrakte Ursprung der Daten. Erst sein unmittelbarer Abkömmling in der Baumstruktur hat eine konkrete Ausprägung: nämlich das Dokument-Element, also das äußerste, den gesamten übrigen Inhalt umfassende Element. Im obigen Beispiel ist das das Element `spielfilme`. Aus XML-Sicht ist es das ***Dokumentelement***. Dieser oberste Knoten unterhalb des abstrakten Wurzelknotens hat im Beispiel einen Kindknoten namens `film`. Aus Sicht des Knotens `film` ist der Knoten `spielfilme` der Elternknoten. Der Knoten `film` hat drei untergeordnete Knoten, nämlich die Attribute `regie` und `titel` sowie das Element `beschreibung`. In der XML-Praxis werden jedoch Attribute eines Elements anders eingestuft als der Inhalt des Elements. Bei Attributknoten spricht man von ***assoziierten Knoten***, beim Inhalt dagegen von ***Kindknoten***. Ein Attribut wie `regie` hat zwar selber noch mal einen eigenen Kindknoten, nämlich den Text `Tom Tykwer`, aber der Wert eines Attributes kann in XML nicht direkt adressiert werden. Jeder andere in der Baumstruktur abbildbare Bestandteil ist also ein Knoten.

Knoten-Sets

Wenn man von Knoten-Sets redet, denkt man aus Sicht der Wege zu den einzelnen Knoten.

Um einzelne Knoten zu adressieren, kann man den ***Pfad*** dorthin angeben, ganz ähnlich wie in einer Struktur aus Verzeichnissen, Unterverzeichnissen und Dateien. So hat im Beispiel das erste vorkommende Element `name`, das ja auch ein Knoten ist, den Pfad `/spielfilme/film/beschreibung`. Das zweite vorkommende Element `name` hat allerdings den gleichen Pfad, ebenso wie der restliche Text, der den Inhalt des Elements `beschreibung` bildet. Wenn man also aus Sicht eines Pfades in der Baumstruktur denkt, gibt es unterhalb eines solchen Pfades keinen, einen oder mehrere Knoten. Diese zunächst unbestimmte Anzahl von Knoten, die unterhalb eines bestimmten Pfades liegen, bezeichnet man als ***Knoten-Set***.

11.2.4 XSL oder CSS – Formatierung für XML-Elemente

XML-basierte Dateien enthalten nichts anderes als logische Auszeichnungen (auch semantische Auszeichnungen genannt). Eine Auszeichnung wie `<beschreibung>`... `</beschreibung>` sagt nur etwas über die Bedeutung der an dieser Stelle gespeicherten Daten aus, aber nichts darüber, wie solche Daten darzustellen sind. Die so bezeichneten Daten sind völlig unabhängig vom Ausgabemedium (etwa Bildschirm, Display, Lautsprecher, Drucker), und sie enthalten keinerlei Angaben zur Formatierung (Schriftart, Schriftgröße, Farben usw.). Im Gegensatz zu HTML-Daten, für deren Darstellung ein Browser Default-Werte benutzt, hat er bei XML-Daten keine Anhaltspunkte, wie diese darzustellen sind. Bevor Sie solche Daten also präsentieren können, müssen Sie mit Hilfe einer Style-Sprache angeben, wie die Daten formatiert werden sollen.

Dazu stehen heute zwei Formatsprachen zur Verfügung: CSS und XSL. CSS (*Cascading Stylesheets*), das auch für HTML eingesetzt wird, ist dabei die »Brot- und Buttersprache«.

Sie genügt, um einem Web-Browser mitzuteilen, wie er die Elemente einer XML-Datei darstellen soll. XSL (Extensible Stylesheet Language) ist dagegen wesentlich mächtiger und enger an den Konzepten von XML orientiert.

11.2.5 Transformation mit XSLT

XSLT ist eine Komponente der XML-Style-Sprache XSL. Mit Hilfe von XSLT können Sie Daten von einer XML-Sprache in eine beliebige andere XML-Sprache transferieren (konvertieren). So können Sie beispielsweise auch XML-Daten in (X)HTML transformieren – und zwar, bevor der Browser überhaupt etwas davon mitbekommt, also serverseitig. Der Webserver benötigt dazu eine Schnittstelle, die das Einbinden eines XSL/XSLT-verarbeitenden Software-Moduls erlaubt.

Wenn Sie beispielsweise XML-Daten in HTML transformieren, dann stellen Sie eine Verbindung zwischen Elementen und Attributen Ihrer XML-Daten und bestimmten HTML-Konstrukten her. So können Sie im XSLT-Stylesheet beispielsweise angeben, dass ein Element namens vorname in den HTML-Code <td>[...]</td> umgesetzt werden soll. Wenn Sie nun in Ihren XML-Anwendungsdaten das XSL-Stylesheet einbinden und beispielsweise <vorname>Stefan</vorname> notieren, dann wird daraus beim Transformieren als Ergebnis das HTML-Konstrukt <td>Stefan</td> erzeugt.

Man spricht auch von Umwandlung von einem ***Quellbaum*** in einen ***Ergebnisbaum***. Dahinter steht die Tatsache, dass sich alle XML-basierten Daten als Baumstruktur darstellen lassen. Das folgende Schaubild verdeutlicht, wie aus einem Quellbaum ein Ergebnisbaum wird – natürlich handelt es sich dabei nur um einen kleinen Ausschnitt:

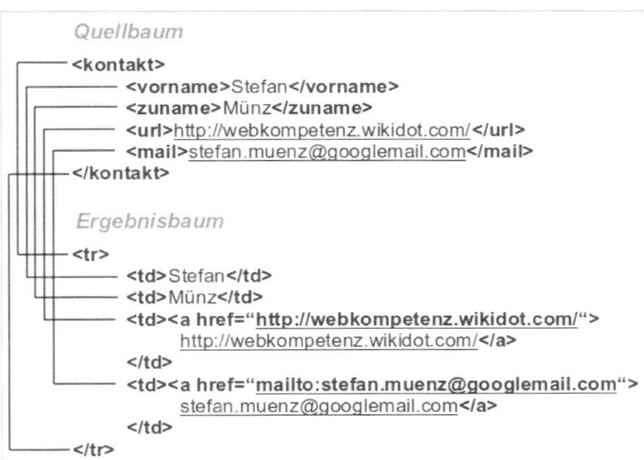

Bild 11.1: Konvertierung von Markup-Daten mittels XSLT

11.2.6 XML-Namensräume

Durch die Zuordnung zu einer DTD gehören Elemente und Attribute dem Namensraum dieser DTD an. Fehlt jedoch die Dokumenttyp-Deklaration, dann gibt es keine solche eindeutige Zuordnung. Es bleibt unklar, woher (d. h. aus welchem Namensraum) die verwendeten Element- und Attributnamen kommen. Dazu besteht die Möglichkeit, bei einem Element- oder Attributnamen explizit einen Namensraum anzugeben.

Besonders wichtig ist die Bezeichnung des Namensraums, wenn sich Namen von Elementen oder Attributen aus unterschiedlichen Namensräumen in die Quere kommen. Angenommen, in einem XML-Dokument gibt es zweimal ein Element namens `div`. Einmal bezieht es sich auf einen eigenen Namensraum, und einmal soll es als HTML-Element fungieren. Nur durch die Zuordnung zu einem bestimmten Namensraum ist in dem Fall klar, in welchem Kontext das Element interpretiert werden soll.

Zu diesem Zweck hat das W3-Konsortium den Begriff der ***qualifizierten Namen*** (engl. *qualified names*) eingeführt. Qualifizierte Namen bestehen immer aus einem ***Präfix***, welches den Namensraum bezeichnet, und einem lokalen Namensteil, der den Namen des Elements oder Attributs innerhalb des Namensraums bezeichnet. Beim gleichzeitigen Arbeiten mit mehreren Namensräumen ist es wichtig, qualifizierte Namen zu notieren.

Sie können innerhalb eines XML-Dokuments »Inseln« mit Daten aus bestimmten Namensräumen definieren.

Beispiel

```
<?xml version="1.0" encoding="utf-8" ?>
<buch xmlns="http://www.meinserver.de/XML/buch">
  <kapitel nummer="1">
    <html xmlns="http://www.w3.org/1999/xhtml">
      <head><title>Einleitung</title></head>
      <body>
        <h1>Einleitung</h1>
        <p>Das Buch beginnt mit diesem Text...</p>
      </body>
    </html>
  </kapitel>
</buch>
```

Erläuterung

Das Beispiel zeigt ein XML-Dokument. Es enthält ein Dokumentelement namens `buch`. In dessen Einleitungs-Tag ist eine XML-Namensraumdeklaration enthalten. Dazu wird in dem einleitenden Tag das Attribut `xmlns` notiert (`xmlns` = *XML name space*, also XML-Namensraum). Dahinter folgt eine URL-Adresse, die angibt, auf welchen anderen Namensraum in diesem Element Bezug genommen wird. Die URL muss nicht unbedingt eine tatsächlich aufrufbare Adresse sein. Es handelt sich um eine reine Konvention, vergleichbar mit einer eindeutigen Namensvergabe. Bei eigenen XML-Sprachen können Sie diese Adressen selbst vergeben. Im Beispiel wird `http://www.meinserver.de/XML/buch` gewählt. Das `buch`-Element selbst und seine untergeordneten Elemente (Kindelemente) – z. B. das Element `kapitel` – beziehen sich nun auf den definierten Namensraum. Unterhalb des `kapitel`-Elements ist im Beispiel jedoch wieder ein Element mit Namensraumdeklaration enthalten: ein `html`-Element mit `xmlns`-Attribut. Im Fall von XHTML 4.0 sieht das W3-Konsortium dazu die Angabe `http://www.w3.org/1999/xhtml` vor. Alle Kindelemente, die nun zwischen `<html>` und `</html>` stehen, gehören zum XHTML-Namensraum (oder: zur XHTML-Dateninsel).

12 Veraltetes HTML

- *Elemente und Attribute, auf die Sie in der Praxis stoßen können, die aber nicht mehr zum HTML-Standard gehören oder noch nie zum HTML-Standard gehörten*

12.1 Obsoletes HTML

Obsolete Sprachbestandteile sind solche, die in früheren HTML-Versionen zum Standard gehörten, in HTML5 jedoch nicht mehr.

HTML5: Das betrifft vor allem Elemente und Attribute, die physischen Auszeichnungen dienen. HTML5 verbannt solche Elemente und Attribute noch konsequenter als HTML 4.01 in der Strict-Variante.

12.1.1 Obsolete Elemente

Nachfolgende Tabelle listet Elemente früherer HTML-Standards auf, die zum Teil noch in der Praxis vorkommen, in neuen Projekten aber nicht mehr verwendet werden sollten.

Element	*HTML-Versionen*	*Bedeutung*	*Ersatz*
`<acronym>...</acronym>`	HTML 4.0 strict transitional	Aussprechbare Abkürzung, z. B. NATO oder WYSIWYG. Wurde wegen der Ähnlichkeit zum `abbr`-Element und der Tatsache, dass kaum jemand die Bedeutungen auseinanderhalten kann, in HTML5 entfernt.	kein Ersatz
`<applet>...</applet>`	HTML 3.2 HTML 4.0 transitional	Element zum Einbinden von Java-Applets.	`object`-Element, `embed`-Element.

Element	HTML-Versionen	Bedeutung	Ersatz
`<basefont>`	HTML 3.2 HTML 4.0 transitional	Festlegen von Standardschriftattributen für nachfolgende Inhalte: Schriftgröße mit dem Attribut `size`, Schriftart mit dem Attribut `type` und Schriftfarbe mit dem Attribut `color`.	HTML-Elemente für ganze Abschnitte in Verbindung mit CSS-Eigenschaften wie `font-size`, `font-family` und `color`.
`<big>...</big>`	HTML 3.2 HTML 4.0	Größere Schrift als normal.	CSS: `font-size: large;`
`<center>...</center>`	HTML 3.2 HTML 4.0	Zentriert dargestellter Bereich.	CSS: `text-align: center;`
`<font>...</font>`	HTML 3.2 HTML 4.0 transitional	Schriftattribute für Elementinhalt: Schriftgröße mit dem Attribut `size`, Schriftart mit dem Attribut `type` und Schriftfarbe mit dem Attribut `color`.	HTML-Elemente in Verbindung mit CSS-Eigenschaften wie `font-size`, `font-family` und `color`.
`<frame>`	HTML 4.0 frameset	Standalone-Element zur Definition eines Framefensters innerhalb eines Framesets (`<frameset>...</frameset>`).	CSS: `position: fixed` in Verbindung mit größeren Bereichen.
`<frameset>...</frameset>`	HTML 4.0 frameset	Element zur Definition eines Framesets. Dabei wird das Browserfenster in mehrere, voneinander unabhängige Bereiche aufgeteilt, wobei in jedes Framefenster eine eigene URL-Adresse geladen wird.	CSS: `position: fixed` in Verbindung mit größeren Bereichen.
`<isindex>`	HTML 2.0 HTML 3.2 HTML 4.0 transitional	Standalone-Element zur Definition eines Site-Suchfelds. Die Suche muss serverseitig realisiert werden.	`<input type="search">`

Element	*HTML-Versionen*	*Bedeutung*	*Ersatz*
`<listing>...` `</listing>`	HTML 2.0, HTML 3.2	Für zeilenorientierten Quelltext von Programmiersprachen. Dicktengleicher Text.	CSS: `font-family: monospace;`
`<noframes>...` `</noframes>`	HTML 4.0 frameset	Alternativinhalt für Browser, die keine Framesets anzeigen können.	kein Ersatz
`<plaintext>...` `</plaintext>`	HTML 2.0, HTML 3.2	Für reinen Text, in dem auch alle HTML-Auszeichnungen bis `</plaintext>` ignoriert und als Text dargestellt werden. Bewirkt dicktengleichen Text.	CSS: `font-family: monospace;`
`<s>...` `</s>`	HTML 4.0 transitional	Durchgestrichener Text.	CSS: `text-decoration: line-through`
`<small>...` `</small>`	HTML 3.2, HTML 4.0	Kleinere Schrift als normal.	CSS: `font-size: small;`
`<strike>...` `</strike>`	HTML 2.0, HTML 3.2	Durchgestrichener Text.	CSS: `text-decoration: line-through`
`<tt>...` `</tt>`	HTML 2.0, HTML 3.2, HTML 4.0 transitional	Dicktengleicher Text.	CSS: `font-family: monospace;`
`<u>...` `</u>`	HTML 3.2, HTML 4.0 transitional	Unterstrichener Text.	CSS: `text-decoration: underline;`
`<xmp>...` `</xmp>`	HTML 2.0, HTML 3.2	Für Quellcode-Beispiele. Dicktengleicher Text.	CSS: `font-family: monospace;`

12.1.2 Obsolete Attribute

Nachfolgende Tabelle listet Attribute früherer HTML-Standards auf, die zum Teil auch noch in der Praxis vorkommen, in HTML5 aber aus dem Standard entfernt wurden.

Die meisten der betroffenen Attribute bewirken physische Formateigenschaften, die mittlerweile nur noch mit Hilfe von CSS realisiert werden sollten. Besonders diese Attribute sollten in neu entstehendem HTML-Code nicht mehr verwendet werden. Es gibt jedoch auch Attribute, die aus Relevanzgründen aus dem HTML5-Standard gefallen sind, die aber bei Verwendung einer bestimmten Technologie erforderlich sein können. So etwa Attribute wie `codebase` oder `classid`.

Da jedoch die Verwendung unbekannter Attribute dem HTML5-Standard nicht widerspricht, ist es kein Problem, diese Attribute auch in HTML5 zu verwenden und trotzdem HTML5-konform zu bleiben.

Attribut	*HTML-Versionen*	*Bedeutung*	*Ersatz*
`abbr`	HTML 4.0 strict	Definiert einen kurzen Hinweistext für die Zuordnung der Tabellenzelle. Anwendbar in `td`-Elementen. Wegen mangelnder Praxisrelevanz aus HTML5 gestrichen.	
`axis`	HTML 4.0 strict	Liste von Kategorien, zu der eine Tabellenzelle gehört. Anwendbar in `td`-Elementen. Wegen mangelnder Praxisrelevanz aus HTML5 gestrichen.	
`align`	HTML 3.2 HTML 4.0 transitional	Ausrichtung von Elementinhalten: `left` = links, `right` = rechts, `center` = zentriert, `justify` = Blocksatz.	CSS: `text-align: center;`
`alink`	HTML 3.2 HTML 4.0 transitional	Dokumentweite Farbe für aktive Verweise. Verwendbar im einleitenden <body>-Element.	CSS-Pseudoformate `a:hover` und `a:active`
`archive`	HTML 3.2 HTML 4.0 transitional	Liste mit Archivdateien für ein Java-Applet oder Objekt.	
`background`	HTML 3.2 HTML 4.0 transitional	Hintergrundgrafik, z. B. des gesamten Dokuments, von Tabellen oder Tabellenzellen.	CSS-Eigenschaft `background-image`
`bgcolor`	HTML 3.2 HTML 4.0 transitional	Hintergrundfarbe, z. B. des gesamten Dokuments, von Tabellen oder Tabellenzellen.	CSS-Eigenschaft `background-color`
`border`	HTML 3.2 HTML 4.0 transitional	Rahmendicke bei Tabellen, Tabellenzellen, Bildern, Objekten usw.	CSS-Eigenschaft `border`
`cellpadding`	HTML 4.0 strict	Innenabstand von Tabellenzellen einer Tabelle. Anwendbar in `table`-Elementen.	CSS-Eigenschaft `padding` in zentralen Stylesheets auf `th`- und `td`-Elemente anwenden

Attribut	*HTML-Versionen*	*Bedeutung*	*Ersatz*
cellspacing	HTML 4.0 strict	Abstand zwischen Tabellenzellen einer Tabelle. Anwendbar in table-Elementen.	CSS-Eigenschaft border-spacing
char	HTML 4.0 strict	Bestimmt in Verbindung mit align = "char" das Ausrichtungszeichen bei einer Ausrichtung an einem Dezimalzeichen in Tabellenzellen.	Derzeit existiert kein direkter Ersatz.
charoff	HTML 4.0 strict	Bestimmt in Verbindung mit align = "char" die Position des Ausrichtungszeichens bei einer Ausrichtung an einem Dezimalzeichen in Tabellenzellen.	Derzeit existiert kein direkter Ersatz.
charset	HTML 4.0 strict	In Verbindung mit den Elementen a und link in HTML5 aus dem Standard entfernt. Gibt dort die Zeichenkodierung des Linkziels an.	
classid	HTML 4.0 strict	Eindeutige Bezeichnung eines Objekts im object-Element.	
compact	HTML 3.2 HTML 4.0 transitional	Bestimmt bei den Elementen dir, dl und pre eine schmalere Schrift.	CSS-Eigenschaft letter-spacing
clear	HTML 3.2 HTML 4.0 transitional	Aufhebung eines Elementumflusses. Verwendbar im -Tag.	CSS-Eigenschaft clear
code	HTML 3.2 HTML 4.0 transitional	Klassendatei eines Java-Applets. Zusammen mit dem applet-Element aus HTML5 entfernt.	
codebase	HTML 3.2 HTML 4.0 transitional	Basis-URI für ein Java-Applet. Zusammen mit dem applet-Element aus HTML5 entfernt.	
codetype	HTML 4.0 strict	MIME-Type des Quelltexts der Datenquelle eines object-Elements.	
color	HTML 3.2 HTML 4.0 transitional	Schriftfarbe in den Elementen basefont oder font. Zusammen mit diesen beiden Elementen aus HTML5 entfernt.	CSS-Eigenschaft color

Attribut	*HTML-Versionen*	*Bedeutung*	*Ersatz*
`declare`	HTML 4.0 strict	Soll bewirken, dass das Objekt eines `object`-Elements zwar geladen, aber nicht initialisiert (z. B. nicht abgespielt) wird. Standalone-Attribut. Wegen mangelnder Praxisrelevanz aus HTML5 gestrichen.	
`event`	HTML 4.0 strict	Führt den Code eines `script`-Elements aus, wenn ein bestimmtes Ereignis eintritt.	Wird heute mit Event-Listening innerhalb von JavaScript gelöst
`for`	HTML 4.0 strict	Im Zusammenhang mit dem `script`-Element: Script-Code für ein Element mit einem anzugebenden `id`-Namen.	
`face`	HTML 3.2 HTML 4.0 transitional	Schriftart in den Elementen `basefont` oder `font`. Zusammen mit diesen beiden Elementen aus HTML5 entfernt.	CSS-Eigenschaft `font-family`
`frame`	HTML 4.0 strict	Bei Tabellen mit Rahmen bestimmt dieses Attribut, welche Außenramen angezeigt werden sollen. Anwendbar in `table`-Elementen. Erlaubte Werte sind `void`, `above`, `below`, `hsides`, `lhs`, `rhs`, `vsides`, `box` und `border`.	CSS-Eigenschaften wie `border-left`, `border-right`, `border-top` und `border-bottom`
`frameborder`	HTML 4.0 frameset	Rahmendicke von Framefenstern. Zusammen mit den Elementen `frameset` und `frame` aus HTML5 entfernt.	Bei `iframe` mit CSS-Eigenschaft `border` arbeiten
`hspace`	HTML 3.2 HTML 4.0 transitional	Horizontale Abstände links und rechts von Elementen, die von anderen Elementen umflossen werden. Werte bedeuten Pixel.	CSS-Eigenschaften `margin-left` und `margin-right`
`link`	HTML 3.2 HTML 4.0 transitional	Dokumentweite Farbe für Verweise zu noch nicht besuchten Verweiszielen. Verwendbar im einleitenden `<body>`-Element.	CSS-Pseudoformate `a:link`
`longdesc`	HTML 4.0 strict	URL-Adresse einer Quelle mit einer Langbeschreibung für Grafiken, Framefenster und Objekte. Wurde aus HTML5 ersatzlos entfernt.	
`marginheight`	HTML 4.0 frameset	Anzahl Pixel für den Abstand des Fensterinhalts zum oberen und unteren Fensterrand. Zusammen mit den Elementen `frameset` und `frame` aus HTML5 entfernt.	Bei `iframe` mit CSS-Eigenschaft `padding` arbeiten

Attribut	*HTML-Versionen*	*Bedeutung*	*Ersatz*
`marginwidth`	HTML 4.0 frameset	Anzahl Pixel für den Abstand des Fensterinhalts zum linken und rechten Fensterrand. Zusammen mit den Elementen `frameset` und `frame` aus HTML5 entfernt.	Bei `iframe` mit CSS-Eigenschaft `padding` arbeiten
`nohref`	HTML 3.2 HTML 4.0 strict	Verweissensitiver Bereich ohne Verweisziel in einem `area`-Element. Standalone-Attribut.	Keinen entsprechenden Bereich notieren
`noresize`	HTML 4.0 frameset	Kein Verändern der Framefenstergröße. Standalone-Attribut. Zusammen mit den Elementen `frameset` und `frame` aus HTML5 entfernt.	
`noshade`	HTML 4.0 transitional	Flache und 3D-lose Darstellung von Trennlinien (`hr`-Element). Standalone-Attribut.	CSS: `height: 2px; border-width: 0; color: gray; background-color:gray`
`nowrap`	HTML 3.2 HTML 4.0 transitional	Zeilenumbruch in Tabellenzellen verhindern.	CSS-Angabe `white-space: nowrap` auf `td`-Elemente anwenden
`profile`	HTML 4.0 strict	URL-Adresse für Meta-Informationen. Verwendbar im einleitenden <head>-Tag. Wurde aus HTML5 entfernt.	Techniken wie RDF, Mikroformate usw.
`prompt`	HTML 2.0 HTML 3.2 HTML 4.0 transitional	Aufforderungstext bei `isindex`. Zusammen mit dem `isindex`-Element aus HTML5 entfernt.	
`rev`	HTML 2.0 HTML 3.2 HTML 4.0 strict	Zeichnet einen Link in den Elementen `link`, `a` oder `area` als rückbezügliche Verknüpfung aus, komplementär zum `rel`-Attribut. Wurde in HTML5 wegen mangelnder Praxisrelevanz ersatzlos entfernt.	
`rules`	HTML 4.0 strict	Bei Tabellen mit Rahmen bestimmt dieses Attribut, welche Gitternetzlinien angezeigt werden sollen. Anwendbar in `table`-Elementen. Erlaubte Werte sind `none`, `groups`, `rows`, `cols` und `all`	CSS-Eigenschaft `border` auf Elemente wie `col`, `colgroup`, `tr`, `thead`, `tbody` oder `tfoot` anwenden

Attribut	*HTML-Versionen*	*Bedeutung*	*Ersatz*
`scrolling`	HTML 4.0 frameset	Scrollen in Framefenstern: Werte `yes`, `no` und `auto`. Zusammen mit den Elementen `frameset` und `frame` aus HTML5 entfernt.	Bei `iframe`: CSS-Eigenschaft `overflow`
`scheme`	HTML 4.0 strict	Gibt in einem `meta`-Element ein Schema an. Wurde in HTML5 wegen Ansätzen wie Mikrodaten, RDF, usw. entfernt.	
`size`	HTML 3.2 HTML 4.0 transitional	Schriftgröße in den Elementen `basefont` oder `font`. Zusammen mit diesen beiden Elementen aus HTML5 entfernt. In HTML5 jedoch weiterhin im Zusammenhang mit dem `input`-Element erlaubt.	CSS-Eigenschaft `font-size`
`standby`	HTML 4.0 strict	Meldungstext, der angezeigt wird, während das Objekt eines `object`-Elements geladen wird.	
`text`	HTML 3.2 HTML 4.0 transitional	Dokumentweite Textfarbe. Verwendbar im einleitenden `<body>`-Element.	CSS-Eigenschaft `color` auf `body`-Element anwenden
`valuetype`	HTML 4.0 strict	Gibt in einem `param`-Element eines `object`-Elements an, wie der Initialisierungswert von `value` zu interpretieren ist. Erlaubte Werte sind `data`, `ref` und `object`.	
`version`	HTML 4.0 strict	HTML-Version. Verwendbar im einleitenden `<html>`-Tag. Wurde aus HTML5 entfernt.	
`vlink`	HTML 3.2 HTML 4.0 transitional	Dokumentweite Farbe für Verweise zu bereits besuchten Verweiszielen. Verwendbar im einleitenden `<body>`-Element.	CSS-Pseudoformate `a:visited`
`vspace`	HTML 3.2 HTML 4.0 transitional	Vertikale Abstände oben und unten von Elementen, die von anderen Elementen umflossen werden. Werte bedeuten Pixel.	CSS-Eigenschaften `margin-top` und `margin-bottom`

12.2 Proprietäres HTML

Proprietäre Sprachbestandteile sind solche, die nie zum HTML-Standard gehörten, sondern von einzelnen Browser-Produkten eingeführt wurden. Es sind Elemente und Attribute, die eine gewisse Verbreitung gefunden haben, aber möglichst nicht verwendet werden sollten.

12.2.1 Proprietäre Elemente

Nachfolgende Elemente werden hier nur aufgelistet, um Quelltexte, in denen sie noch vorkommen, besser zu verstehen. Von der Verwendung dieser Elemente wird ausdrücklich abgeraten.

Element	*Eingeführt von*	*Bedeutung*	*Ersatz*
`<bgsound>`	Microsoft	Automatisch startende Hintergrundmusik auf einer Webseite.	Wird heute, wenn überhaupt noch gewagt, meistens mit Hilfe von Flash realisiert, das über JavaScript mit dem Event-Handler onload gestartet wird.
`<blink>... </blink>`	Netscape	Blinkender Text.	CSS3-Angabe `text-decoration: blink`.
`<ilayer>... </ilayer>`	Netscape	Absolut oder relativ positionierbare, aus dem Standard-Textfluss herausgelöste Inline-Bereiche.	CSS-Angaben `position: absolute` oder `position: relative`
`<layer>... </layer>`	Netscape	Absolut oder relativ positionierbare, aus dem Standard-Textfluss herausgelöste Block-Bereiche.	CSS-Angaben `position: absolute` oder `position: relative`
`<marquee>... </marquee>`	Microsoft	Horizontaler Lauftext nach Art eines Börsentickers. Eigenschaften des Lauftextes sind über Attribute steuerbar.	CSS3-Eigenschaften `overflow-style`, `marquee-direction`, `marquee-play-count`, `marquee-speed`, `marquee-style`
`<multicol>... </multicol>`	Netscape	Automatischer mehrspaltiger Textfluss im Zeitungsstil. Inhalt wird gleichmäßig auf mehrere Spalten verteilt, der Spaltenumbruch erfolgt automatisch.	CSS3-Eigenschaften `column-count`, `column-width`, `column-gap` und `column-rule`
`<nobr>... </nobr>`	Netscape	Text, der nicht umbrochen werden darf.	CSS-Angabe `white-space: nowrap`
`<spacer>... </spacer>`	Netscape	Raumerzwingendes Element.	CSS-Eigenschaften `margin`, `padding` und andere

12.2.2 Proprietäre Attribute

Die meisten der hier aufgelisteten Attribute gehören zu entsprechenden proprietären Elementen. Von der Verwendung all dieser Attribute wird ausdrücklich abgeraten.

Attribut	*Eingeführt von*	*Bedeutung*	*Ersatz*
`above`	Netscape	Name eines zuvor definierten Layers. Dieser soll bei Überlappung über dem aktuellen Layer angeordnet werden.	CSS-Eigenschaft `z-index`
`behavior`	Microsoft	Im `marquee`-Element die Art, wie sich ein Lauftext verhalten soll. Übliche Angabe: `behavior="alternate"` (hin- und herlaufender Text).	
`below`	Netscape	Name eines zuvor definierten Layers. Dieser soll bei Überlappung unter dem aktuellen Layer angeordnet werden.	CSS-Eigenschaft `z-index`
`bgproperties`	Microsoft	In Verbindung mit dem obsoleten Attribut `background` im `<body>`-Tag: fixes Hintergrundbild, das nicht mitscrollt.	CSS-Angabe `background-attachment: fixed` auf `body`-Element anwenden
`bordercolor`	Microsoft	Rahmenfarbe einer Tabelle.	
`bordercolordark`	Microsoft	3D-Rahmen einer Tabelle: dunkle Farbe.	
`bordercolorlight`	Microsoft	3D-Rahmen einer Tabelle: helle Farbe.	
`clip`	Netscape	Anzeigebereich eines Layers beschneiden.	CSS-Eigenschaft `clip`
`controls`	Microsoft	Im `img`-Element und in Verbindung mit dem `dynsrc`-Attribut die Angabe, dass Bedienelemente für ein Video angezeigt werden sollen. Standalone-Attribut.	
`direction`	Microsoft	Im `marquee`-Element die Richtung eines Lauftexts.	
`framespacing`	Microsoft	Abstand von Framefenstern voneinander – `framespacing="0"` bewirkt nahtlose Frames ohne sichtbare Rahmen.	

Attribut	*Eingeführt von*	*Bedeutung*	*Ersatz*
`dynsrc`	Microsoft	Funktioniert das `img`-Element in ein Element für Videos um. Wird anstelle eines `src`-Attributs verwendet, um ein Video anzuzeigen.	
`gutter`	Netscape	Spaltenabstand bei mehrspaltigem Textfluss mit dem `multicol`-Element.	CSS-Eigenschaften `padding-left` und `padding-right`
`internal`	Netscape	Interne Browser-Grafik in einem `img`-Element referenzieren.	
`left`	Netscape	Linksposition eines Layers	CSS-Eigenschaft `left`
`leftmargin`	Microsoft	Abstand des Seiteninhalts vom linken und rechten Rand des Browserfensters. Anwendbar im `<body>`-Tag.	CSS-Eigenschaften `padding-left` und `padding-right` auf `body`-Element anwenden
`loop`	Netscape	Endlosschleife für das Abspielen eines Videos oder eines Sound-Tracks im `<embed>`-Tag.	
`lowsrc`	Netscape	Grafiken in zwei Versionen laden: `<img lowsrc= "niedrigaufloesend.jpg" src="hochaufloesend.jpg">`	
`scrollamount`	Microsoft	Im `marquee`-Element ein von zwei Aspekten der Laufgeschwindigkeit: Pixelanzahl zwischen den Scroll-Zuständen.	
`scrolldelay`	Microsoft	Im `marquee`-Element ein von zwei Aspekten der Laufgeschwindigkeit: Verzögerung zwischen zwei Scroll-Zuständen in Millisekunden.	
`start`	Microsoft	Im `img`-Element und in Verbindung mit dem `dynsrc`-Attribut der Startauslöser zum Abspielen eines Videos. Üblich ist die Angabe `start="mouseover"`.	
`top`	Netscape	Obenposition eines Layers	CSS-Eigenschaft `top`

Attribut	*Eingeführt von*	*Bedeutung*	*Ersatz*
`topmargin`	Microsoft	Abstand des Seiteninhalts vom oberen und unteren Rand des Browserfensters. Anwendbar im `<body>`-Tag.	CSS-Eigenschaften `padding-top` und `padding-bottom` auf `body`-Element anwenden.
`wrap`	Netscape	Umbruchkontrolle bei `textarea`-Element: mögliche Angaben sind `virtual` (scheinbarer Zeilenumbruch), `physical` (tatsächliches Einfügen von Zeilenumbruchzeichen) oder `off` (kein Zeilenumbruch).	
`z-index`	Netscape	Absolute Schichtposition bei Layern, die sich überlappen.	CSS-Eigenschaft `z-index`

13 CSS (Cascading Stylesheets)

- *Wie Sie CSS in HTML einbinden*
- *Die Grammatik von CSS verstehen und richtig einsetzen*
- *Wie Sie CSS-Formate für HTML-Elemente Ihrer Websites definieren*

13.1 CSS in HTML einbinden

Es gibt drei Arten, HTML-Inhalte mit CSS zu versehen:

- Style-Definitionen in separaten CSS-Dateien,
- im Kopfbereich eines HTML-Dokuments oder
- inline in einzelnen HTML-Elementen.

Alle drei Varianten haben ihre Berechtigung und Vorteile. Außerdem gibt es eine Rangfolge: Definitionen im Kopfbereich eines HTML-Dokuments überschreiben im Konfliktfall Definitionen aus eingebundenen, separaten CSS-Dateien, und Inline-Definitionen in einzelnen HTML-Elementen überschreiben im Konfliktfall Definitionen aus CSS-Dateien und Definitionen aus dem Dokumentkopfbereich. In größeren Projekten ist es durchaus üblich, dass alle drei Varianten gezielt zum Einsatz kommen.

13.1.1 Style-Definitionen in separaten CSS-Dateien

In vielen Fällen sind einheitliche Formate für alle HTML-Dokumente eines Projekts erstrebenswert. Nur dann sind einheitliche Layouts und so etwas wie Corporate Design möglich. CSS-Formate, die global für ein Projekt gelten, werden deshalb häufig in separaten CSS-Dateien notiert. Das sind einfache Textdateien, welche in jedem gewünschten HTML-Dokument eingebunden werden. Wenn Sie die Angaben in der separaten Datei ändern, wirken sich die Änderungen einheitlich auf alle HTML-Dokumente aus, in denen die separate CSS-Datei eingebunden ist.

In HTML stehen zwei Möglichkeiten zur Verfügung, CSS-Dateien in HTML zu referenzieren. Die eine ist HTML-Syntax, die andere CSS-Syntax. Eine dritte Möglichkeit ist XHTML-spezifisch, weil sie auf XML basiert.

Beispiel 1: Referenzierung mittels HTML-Syntax

```
<head>
  <!-- andere Definitionen im HTML-Kopfbereich -->
  <link rel="stylesheet" type="text/css" href="formate.css">
  <link rel="stylesheet" type="text/css"
```

```
      href="spezial/ie-korrekturen.css">
</head>
```

Beispiel 2: Referenzierung mittels CSS-Syntax

```
<head>
  <!-- andere Definitionen im HTML-Kopfbereich -->
  <style type="text/css">
    @import "formate.css";
    @import url("spezial/ie-korrekturen.css");
  </style>
</head>
```

Beispiel 3: XML-spezifische Referenzierung

```
<?xml-stylesheet type="text/css" href="formate.css" ?>
<?xml-stylesheet type="text/css" href="spezial/ie-korrekturen.css" ?>
```

Erläuterung

Bei der HTML-Syntax können Sie mit Hilfe des `<link>`-Tags eine CSS-Datei referenzieren, die CSS-Formatdefinitionen enthält. Innerhalb des `<link>`-Tags müssen die Angaben `rel="stylesheet" type="text/css"` stehen (*rel* = *relation* = Bezug, *type* = MIME-Typ). Beim Attribut `href` geben Sie die gewünschte Datei an (*href* = *hyper reference* = Hypertext-Referenz). Wenn sich die CSS-Datei in einem anderen Verzeichnis oder auf einem anderen Server befindet, müssen Sie an dieser Stelle Pfadangaben oder absolute URLs notieren. Es gelten alle Regeln und Möglichkeiten der Referenzierung, wie sie in *2.1.5 Referenzierung* beschrieben sind.

Bei der CSS-Syntax notieren Sie im Dokumentkopfbereich, also zwischen `<head>` und `</head>`, einen `style`-Bereich, markiert durch `<style>...</style>`. Innerhalb davon können Sie mit `@import "cssdatei"` oder `@import url("cssdatei")` eine separate CSS-Datei einbinden. Bei der Angabe der CSS-Datei gelten ebenfalls alle Möglichkeiten und Regeln der HTML-Referenzierung.

Die XML-spezifische Syntax ist eine sogenannte XML-Verarbeitungsanweisung. Mit der Verarbeitungsanweisung `<?xml-stylesheet ...?>` und den Attributen `type` für die Angabe des MIME-Types und `href` für die URL-Adresse der Style-Datei können Sie externe Stylesheets in XHTML einbinden. Das funktioniert jedoch nur, wenn das XHTML-Dokument im Browser von einem XML-Parser verarbeitet wird. HTML-Parser können mit der XML-Verarbeitungsanweisung nichts anfangen.

Weitere Hinweise

Wenn Sie mit `<link...>` eine CSS-Datei referenzieren, brauchen Sie keinen Bereich `<style...>...</style>`. Es ist jedoch möglich und durchaus üblich, zusätzlich einen oder sogar mehrere `style`-Bereiche zu notieren. So können Sie beide Arten, Formate zu definieren, miteinander kombinieren. Wenn Sie beide Arten benutzen, haben Formate, die direkt innerhalb von `<style...>...</style>` direkt definiert werden, im Konfliktfall Vorrang vor den referenzierten, externen Formaten.

Sie können problemlos mehrere CSS-Dateien einbinden. Es ist auch kein Problem, CSS-Dateien von verschiedenen Quellen, etwa von verschiedenen Servern, parallel einzubinden. In der Praxis werden CSS-Formate häufig nach bestimmten Aufgaben auf mehrere CSS-Dateien aufgeteilt, beispielsweise Formate fürs Webseitenlayout, Formate für sogenannte CSS-Resets, Formate für bestimmte Klassen von Textformaten und Formate mit Korrekturangaben für bestimmte Browser.

13.1.2 Kodierung von externen Stylesheets mittels @charset

CSS selbst besteht ausschließlich aus englischsprachigen Bezeichnern und gängigen Interpunktionszeichen, die alle im ASCII-Zeichensatz vorkommen. Doch CSS-Wertzuweisungen können teilweise auch Zeichenketten enthalten, in denen sprachabhängige oder beliebige andere Zeichen möglich sind. Wenn Sie mit solchen CSS-Wertzuweisungen arbeiten, besteht die Möglichkeit, die Zeichenkodierung einer CSS-Datei anzugeben. Die Angabe wird nicht im referenzierenden HTML-Dokument, sondern in der separaten CSS-Datei notiert.

Beispiel

```
@charset "utf-8";
/* hier beginnen Style-Definitionen, zum Beispiel: */
h2.austria:before { content:"Österreich: "; }
```

Erläuterung

Notieren Sie die CSS-Regel `@charset` in einer eigenen Zeile und dahinter in Anführungszeichen eine gültige Angabe zur Zeichenkodierung. Empfehlenswert ist die Angabe `"utf-8"`. Andere denkbare Angaben sind beispielsweise Zeichensätze der ISO-8859-Familie, etwa »iso-8859-1« für den Zeichensatz Latin-1, der auch die deutschen Umlaute und das scharfe S abdeckt.

Wichtig ist, dass die CSS-Datei tatsächlich mit der angegebenen Zeichenkodierung abgespeichert wird. Andernfalls kann es zu Darstellungsproblemen kommen.

Weitere Hinweise

Im Gegensatz zu separaten CSS-Dateien gilt bei CSS-Definition innnerhalb von HTML-Dokumenten die Regel, dass diese die Zeichenkodierung des HTML-Dokuments übernehmen.

13.1.3 Style-Bereiche im HTML-Dokumentkopf

Sie können im `head`-Element eines HTML-Dokuments einen Bereich für CSS-Formate definieren.

Beispiel

```
<head>
  <!-- andere Angaben im Dokumentkopf -->
  <style type="text/css">
```

```
    h1 {font-family: FreeSans, Arial, Helvetica, sans-serif;
        font-weight: normal;
        font-size: 26px;
        color: #DD9900;
        line-height: 1.3em;
        padding-bottom: 9px;
        border-bottom: dotted 3px #DD9900;}
    /* weitere CSS-Formatdefinitionen */
  </style>
</head>
<body>
  <h1>Das style-Element</h1>
  <!-- weitere Inhalte -->
</body>
```

Erläuterung

Mit `<style...>...</style>` markieren Sie einen Bereich für Stylesheet-Formatdefinitionen (*style* = Stil, Format). Im einleitenden `<style>`-Tag können Sie den MIME-Type der Stylesheet-Sprache angeben. Für CSS ist das die Angabe `type="text/css"`. Zwischen dem einleitenden Tag und dem abschließenden `</style>` können Sie CSS-Formate definieren. Im obigen Beispiel wird ein Format für `h1`-Überschriften mit verschiedenen Formateigenschaften definiert.

Bild 13.1: CSS-Format aus zentralem *style*-Bereich im Browser

Weitere Hinweise

Die Angabe des MIME-Typs ist bei HTML5 im Zusammenhang mit CSS nicht mehr zwingend erforderlich, da CSS als Default angenommen wird.

In HTML 4.01 war das `type`-Attribut dagegen Pflicht.

Sie können beliebig viele `style`-Bereiche innerhalb des HTML-Dokumentkopfs notieren.

13.1.4 Inline-Styles in HTML-Elementen

Sie können einzelne HTML-Elemente innerhalb des sichtbaren HTML-Dokuments mit Hilfe von Stylesheet-Eigenschaften formatieren. Die Formatdefinitionen gelten dann nur für den Geltungsbereich des betreffenden HTML-Elements. Sinnvoll ist diese Möglichkeit, wenn Sie sonst auf CSS verzichten und es nur mal für ein paar Ausnahmen benötigen, oder wenn Sie zentrale Formate verwenden, einzelne Elemente aber ausnahmsweise anders gestalten möchten.

Beispiel

```
<body>
  <h1>Die Seite mit dem besonderen Element</h1>
  <p>Das folgende Element soll etwas Besonderes sein:</p>
  <p style="background-color:#808040; color:#D8FD02;
           font-family:'Century Schoolbook',serif;
           font-size:2em; letter-spacing:3px;
           padding:40px; border:double #D8FD02 4px;"
     title="Zitat von Francis Picabia">
    Unser Kopf ist rund, damit das Denken die Richtung wechseln kann!
  </p>
</body>
```

Erläuterung

Sie können Formate für ein HTML-Element definieren, indem Sie innerhalb des einleitenden HTML-Tags das globale Attribut `style` notieren. Die Wertzuweisung an das `style`-Attribut besteht in einer oder mehreren CSS-Formatdefinitionen. Dabei gelten die gleiche Grammatik und Syntax wie bei zentralen Formaten. Schließen Sie jede Formatdefinition jeweils durch einen Strichpunkt ab. Nur bei der letzten Formatdefinition vor dem abschließenden Anführungszeichen darf der Strichpunkt entfallen. Aber aus Gründen der besseren Lesbarkeit und Wartbarkeit, sollte er trotzdem immer angeführt werden.

Bild 13.2: HTML-Element mit individueller CSS-Formatierung

Im obigen Beispiel werden die individuellen Formatangaben auf ein gewöhnliches p-Element angewendet. Es erhält mit Hilfe der CSS-Eigenschaften für Hintergrundfarbe (background-color), Schriftfarbe (color), Schriftart (font-family), Schriftgröße (font-size), Zeichenabstand (letter-spacing), Innenabstand zum Rand (padding) und einem Rahmen (border) ein Aussehen, das überhaupt nicht mehr an einen Textabsatz erinnert.

13.2 Grundsätzliche Grammatik von CSS

In diesem Abschnitt lernen Sie die Grammatik und Syntax von CSS näher kennen und auch anwenden.

13.2.1 CSS-Regeln (Rules)

Regeln in CSS sind erkennbar an dem führenden @-Zeichen. Sie haben die Aufgabe, Rahmenbedingungen für die eigentlichen Formatdefinitionen zu schaffen. Eine Regel ist entweder eine einzelne Verarbeitungsanweisung, die mit einem Semikolon beendet wird – beispielsweise die @import-Regel zum Einbinden externer CSS-Dateien. Oder es handelt sich um einen Block, der eine Reihe von Formatdefinitionen einschließt – wie etwa die @page-Regel.

@-Regeln sind in CSS nicht zwingend erforderlich. Viele Stylesheets kommen ganz ohne sie aus. Einige Regeln gewinnen jedoch zunehmend an Bedeutung. Besonders die @media-Regel eröffnet weitreichende Möglichkeiten für gezieltes Gestalten für unterschiedliche Ausgabemedien.

13.2.2 @import: CSS-Dateien einbinden

Sie können externe Stylesheets mit Hilfe von URL-Adressen einbinden.

Beispiel, Teil 1: Inhalt eines style-Bereichs im HTML-Dokument

```
@import url(../styles/css-reset.css);
h1 {color: red;
    font-size: 28px;
    font-family: sans-serif;
    margin-top: 28px;
    margin-bottom: 14px;}
```

Beispiel, Teil 2: Inhalt der externen CSS-Datei css-reset.css

```
html, body, div, span, object, iframe, h1, h2, h3, h4, h5, h6, p,
blockquote, pre, abbr, address, cite, code, del, dfn, em, img, ins,
kbd, q, samp, small, strong, sub, sup, var, b, i, dl, dt, dd,
ol, ul, li, fieldset, form, label, legend, table, caption, tbody,
tfoot, thead, tr, th, td, article, aside, figure, footer, header,
hgroup, menu, nav, section, menu, time, mark, audio, video {
  margin:0;
```

```
  padding:0;
  border:0;
  outline:0;
  font-size:100%;
  vertical-align:baseline;
  background:transparent;
}
```

Erläuterung

Mit `@import url(url-der-datei.css)` oder `@import "url-der-datei.css"` binden Sie ein externes Stylesheet ein. Bei der Angabe der URL-Adresse gelten die gleichen Regeln und Möglichkeiten wie bei der Referenzierung von externen Ressourcen in HTML, wie sie in *2.1.5 Referenzierung* beschrieben sind.

In einem `style`-Bereich können Sie problemlos `@import`-Regeln mit weiteren Formatdefinitionen mischen, so wie im ersten Teil des obigen Beispiels zu sehen. Wichtig zu wissen ist, dass Formatdefinitionen, die Sie im `style`-Bereich notieren, im Konfliktfall Vorrang vor den importierten Formatdefinitionen haben.

13.2.3 @charset: Zeichenkodierung für externe Stylesheets

Diese Regel erzwingt eine bestimmte Zeichenkodierung für eine CSS-Datei. Wenn, dann sollte sie als erste Zeile einer separaten CSS-Datei notiert werden. Denn sie gilt für alle nachfolgenden Inhalte der Datei. Das Notieren einer `@charset`-Regel ist jedoch nur erforderlich, wenn in Wertzuweisungen an Formateigenschaften Zeichen vorkommen, die nicht im ASCII-Zeichensatz enthalten sind. Das Vokabular von CSS selbst und ebenso alle festen möglichen Eigenschaftswerte kommen nämlich mit dem ASCII-Zeichensatz aus und benötigen deshalb keine explizite Angabe zur Zeichenkodierung.

Beispiel

```
@charset UTF-8;
blockquote {
  font-family: Sütterlin, phantasy;
}
```

Erläuterung

Im Beispiel wird zunächst UTF-8 als Zeichenkodierung festgelegt. Eine solche Angabe ist in diesem Fall wichtig, da die font-family-Definition für das `blockquote`-Element im nachfolgenden Stylesheet-Inhalt ein »ü« in der Wertzuweisung enthält.

Infos

Wichtig:

Die CSS-Datei muss auch tatsächlich mit der Zeichenkodierung abgespeichert werden, die bei `@charset` angegeben ist.

13.2.4 @media: Formate für bestimmte Ausgabegeräte (Media Queries)

Die `@media`-Regel brauchen Sie dann, wenn Sie innerhalb eines Stylesheets Formate für unterschiedliche Ausgabemedien definieren. Eine `@media`-Regel ist dabei ein Block, der eine beliebige Menge an Formaten umschließt.

Beispiel

```
@media screen {
  h1 {font-family: Arial, sans-serif;
     font-size: 28px; }
   a {text-decoration: underline;}
}
@media screen and (max-width: 300px) {
  h1 {font-family: Arial, sans-serif;
      font-size: 14px;}
   a {text-decoration: none;
      font-style: italic;}
}
```

Erläuterung

Eine `@media`-Regel beginnt mit `@media`. Dahinter folgt eine Medienabfrage (*media query*). Im einfachsten Fall ist das wie im ersten der beiden `@media`-Blöcke im Beispiel einer der verfügbaren Medienausgabetypen wie `screen`, `print`, `speech` usw. Im Anschluss daran folgt ein Block, der durch die geschweiften Klammern `{` und `}` gestartet bzw. beendet wird. Innerhalb eines solchen Blocks können Sie beliebig viele CSS-Formate definieren. Alle Formate innerhalb des Blocks werden jedoch nur angewendet, wenn die HTML-Inhalte auf einem Ausgabegerät angezeigt werden, das der Medienabfrage entspricht. Das zweite obige `@media`-Beispiel zeigt eine gezieltere Medienabfrage. Der Block enthält nur Formate für Ausgabegeräte, deren Maximalbreite kleiner als 300 Pixel ist.

Medienabfragen seit CSS 2.0

Seit CSS 2.0 sind als Medienabfragen folgende generische Typen von Ausgabegeräten möglich:

- `all` für alle Gerätetypen
- `braille` für Braille-Zeilen-basierte Ausgabegeräte für blinde Benutzer
- `embossed` für Braille-basierte Drucker
- `handheld` für Mobilfunkgeräte bzw. Smartphones mit kleinen Displays und limitierter Bandbreite
- `print` für Drucker
- `projection` für Overhead-Projektoren bzw. Leinwandpräsentationen
- `screen` für alle bildschirmorientierten Ausgabegeräte

- `speech` für Sprachsynthesizer
- `tty` für ältere nicht-grafische Computerterminals ohne Möglichkeiten der Schriftformatierung
- `tv` für Fernsehgeräte und andere bildschirmorientierte Wiedergabegeräte mit begrenzten Software-Ressourcen.

Mit `@media projection` können Sie also beispielsweise einen Stylesheet-Abschnitt schreiben, dessen Formatdefinitionen speziell für die öffentliche Präsentation auf einer Leinwand optimiert sind. Und mit `@media handheld` können Sie Ihr Webseitenlayout für Mobiltelefone fit machen. Auch Stylesheet-Abschnitte mit `@media print` sind in der Praxis bereits bewährt, da die meisten Browser die so definierten Formate berücksichtigen, wenn Anwender Webseiten ausdrucken.

Kombinationen verschiedener Medientypen, wie `@media handheld, tv`, sind ebenfalls möglich. Wobei hier eine Oder-Beziehung hergestellt wird. Im obigen Beispiel werden Stile für Handhelds oder TV-Geräte angewendet.

Erweiterte Medienabfragen seit CSS 3.0

Mit CSS3 wird die Abfragelogik so stark erweitert, dass Media Queries der künftige Schlüssel für geräteübergreifendes Webdesign werden. Das liegt an der Einführung von logischen Operatoren wie `AND` und an der Einführung von Medieneigenschaften wie `device-max-width` oder `orientation`. Hier noch einige Beispiele für die Möglichkeiten:

- `@media screen and (min-width: 1000px)` enthält Stylesheet-Angaben für bildschirmorientierte Ausgabegeräte, bei denen mindestens 1000 Pixel Breite im Anzeigefenster zur Verfügung stehen.
- `@media (orientation: portrait)` enthält Stylesheet-Angaben für Hochkant-Ausgabe (egal ob es sich um die Papierausrichtung beim Drucker handelt oder darum, wie ein Anwender ein modernes, die Orientierung anpassendes Smartphone in der Hand hält) – `@media (orientation: landscape)` ist das Gegenteil und bezieht sich auf die Querformat-Ausgabe.
- `@media not screen and (color)` enthält Stylesheet-Angaben für Ausgabegeräte, die nicht bildschirmbasiert sind, aber Farbe darstellen können (z. B. Farbdrucker).
- `@media screen (device-aspect-ratio: 16/9)` enthält Stylesheet-Angaben für Bildschirme mit dem HD/Full-HD-Seitenformat 16:9.
- `@media not handheld and screen and (max-weight: 3kg)` enthält Stylesheet-Angaben für Notebooks und Netbooks.

Insgesamt stellt CSS3 folgende Medieneigenschaften zum Einbauen in Medienabfragen zur Verfügung:

- `min-width` bzw. `max-width` zur Abfrage der tatsächlich verfügbaren Darstellungsbreite (z. B. Browserfenstergröße),
- `min-height` bzw. `max-height` für das Gleiche in Bezug auf die Darstellungshöhe,

- `device-min-width` bzw. `device-max-width` zur Abfrage der physisch möglichen Darstellungsbreite (z. B. die Breite eines Displays),
- `device-min-height` bzw. `device-max-height` für das Gleiche in Bezug auf die Darstellungshöhe,
- `orientation` für die Abfrage, ob hochkant oder querkant,
- `aspect-ratio` für die Abfrage des tatsächlichen Seitenverhältnisses (z. B. des aktuellen Browserfensters),
- `device-aspect-ratio` für die Abfrage des physisch möglichen Seitenverhältnisses (z. B. des Bildschirms)
- `color` zur Abfrage, ob das Gerät farbige Ausgaben erlaubt,
- `color-index` zur Abfrage, ob das Gerät eine Tabelle mit indizierten Farben verwendet, wobei mit einer Abfrage wie `(min-color-index: 256)` auch die Mindestanzahl der Farben der Farbtabelle abgefragt werden kann,
- `monochrome` zur Abfrage, ob das Gerät nur einfarbige Ausgaben erlaubt,
- `resolution` zur Abfrage von dpi-Werten des Ausgabegeräts in einer Form wie `(min-resolution: 300dpi)`,
- `scan` zur Abfrage, ob TV-orientierte Geräte progressiv oder interlaced arbeiten,
- `grid` zur Abfrage, ob ein Ausgabegerät nicht-grafisch ist, also etwa ältere Computerterminals oder Mobiltelefone mit textbasiertem Display.

13.2.5 @page: Formate für Print-Layouts

Die `@page`-Regel erlaubt das Definieren von Seitenformaten für Ausdrucke auf Papier. Verwendet werden dabei gewöhnliche CSS-Eigenschaften. Die Besonderheit besteht darin, dass die Formatdefinitionen sich nicht auf HTML-Elemente beziehen, sondern auf ein Blatt Papier.

Beispiel

```
@page {
  size: 21cm 29.7cm;
  margin-top: 2cm;
  margin-bottom: 3cm;
}
@page :left {
  margin-left: 2cm;
  margin-right: 3cm;
}
@page :right {
  margin-left: 3cm;
  margin-right: 2cm;
}
```

Erläuterung

Die @page-Regel bildet ähnlich wie die @media-Regel einen Block, der durch geschweifte Klammern { und } markiert wird. Innerhalb davon können Sie Formate für die Seite definieren. Eine spezifische CSS-Eigenschaft dafür ist size (*size* = Größe). Entweder weisen Sie dieser Eigenschaft als Wert wie im Beispiel oben zwei Angaben zu, wobei die erste als Breite und die zweite als Höhe interpretiert wird. Oder Sie notieren eines der beiden Schlüsselwörter portrait (für Hochformat) oder landscape (für Querformat).

Eine weitere Besonderheit ist die Möglichkeit, mittels @page: left und @page: right unterschiedliche Formate für linke und rechte Seiten zu definieren. Das ist dann von Bedeutung, wenn die Druckseiten zu einem Heft gebunden werden sollen. Im obigen Beispiel werden unterschiedliche Werte für margin-left (Rand links) und margin-right (Rand rechts) notiert, um so einen Heftrand für linke und rechte Seiten zu lassen.

13.2.6 @font-face: Formatbereich für Web-Schriftarten

Die @font-face-Regel dient zum Definieren von Schriftarten, deren Ressourcen auf dem Webserver hinterlegt werden. Diese sogenannten Web-Schritfarten werden bei Bedarf zusammen mit dem HTML-Code einer Webseite, Grafiken, CSS- und JavaScript-Dateien und anderen Ressourcen beim Aufruf der Webseite zum Browser übertragen. Schriftarten, die mit der @font-face-Regel definiert wurden, können Sie im weiteren Verlauf des Stylesheets genauso wie andere Schriftarten angeben.

Beispiel

```
@font-face {
  font-family: Mido;
  src: url('/sources/fonts/Mido.otf');
}
h1 {
  font-family: Mido;
  font-size: 180%;
}
p {
  font-family: Liberation Sans, Arial, Helvetica, sans-serif;
  font-size: 90%;
}
```

Erläuterung

Die @font-face-Regel bildet einen Block, innerhalb dessen Sie eine serverseitige Schriftart definieren können. Die Definition selbst besteht aus zwei Teilen.

Mit font-family: Schriftartenname; wird der Name definiert, unter dem die Schriftart im weiteren Stylesheet-Verlauf verwendet werden kann, etwa in der Eigenschaft font-family.

Mit src: url(URL-Adresse-der-Schriftartendatei); referenzieren Sie die zugehörige, auf dem Server-Rechner abgelegte Schriftartendatei. Bei der URL-Adresse gelten ebenso wie bei der @import-Regel alle Aussagen der Referenzierung in HTML.

Das obige Beispiel zeigt, wie die mit `@font-face` definierte Server-Schriftart im weiteren Verlauf des Stylesheets ganz normal verwendet wird. Während für das `h1`-Element im Beispiel die serverseitige Schriftart bereitsteht, wird bei der Schriftartenangabe zum `p`-Element darauf vertraut, dass eine der aufgezählten Schriftarten beim Anwender verfügbar ist.

13.2.7 Selektoren

Bei Inline-Styles, also bei CSS-Formatdefinitionen im `style`-Attribut eines HTML-Tags, ist der Bezugsrahmen der Definitionen stets das Element. Bei zentralen Stylesheets oder externen, eingebundenen Stylesheets fehlt ein derartiger Bezug. Deshalb haben Formatdefinitionen innerhalb eines `style`-Elements oder einer separaten CSS-Datei folgenden typischen Aufbau:

```
Selektor {
  Eigenschaft-1: Wert;
  Eigenschaft-2: Wert;
  /* usw. */
}
```

Dabei bestimmt der ***Selektor***, für welche HTML-Elemente die Formatdefinitionen gelten, die innerhalb des Blocks notiert werden, der durch `{` und `}` markiert wird. Der Selektor kann der Name eines HTML-Elements sein. Dann gelten die Formatdefinitionen im Block für alle Elemente mit diesem Namen. Es gibt aber auch komplexere Selektoren, beispielsweise um nur Elemente in einer bestimmten Verschachtelungssituation oder Elemente mit bestimmten Klassennamen oder anderen Eigenschaften zu bestimmen. Auch das Adressieren einzelner Elemente, die ein `id`-Attribut haben, ist möglich.

13.2.8 Formate für HTML-Elemente

In einem `style`-Bereich oder in einer externen CSS-Datei können Sie für alle HTML-Elemente eines bestimmten Namens, zum Beispiel für alle `h1`-Überschriften, alle `td`-Tabellenzellen oder alle `ul`-Listen, CSS-Formate definieren.

Beispiel

```
body {
  background-color:#FFFFCC;
  margin-left:100px; }
* {color:blue;}
h1 {
  font-size:300%;
  color:#FF0000;
  font-style:italic;
  border-bottom:solid thin black;
}
p, li {
  font-size:110%;
```

```
  line-height:140%;
  font-family:Helvetica,Arial,sans-serif;
  letter-spacing:0.1em;
  word-spacing:0.3em;
}
```

Erläuterung

Um ein zentrales Format für alle HTML-Elemente eines bestimmten Typs zu definieren, notieren Sie als Selektor den Namen des HTML-Elementtyps, und zwar ohne spitze Klammern. Im obigen Beispiel werden `body` (Dokument) , `h1` (Überschriften 1. Ordnung), `p` (Textabsätze) und `li` (Listeneinträge) auf diese Weise notiert. Über den Universalselektor `*` haben Sie die Möglichkeit, Eigenschaften für alle Elemente zu definieren, wobei jedem Element nur die jeweils zulässigen Eigenschaften zugewiesen werden.

Wenn Sie ein Format für mehrere HTML-Elementtypen definieren wollen, geben Sie alle gewünschten Elementtypen an und trennen sie durch Kommata, so wie im obigen Beispiel `p, li`.

Es bedeutet also das Gleiche, wenn Sie notieren:

```
h1 { font-family:Helvetica,sans-serif; }
h2 { font-family:Helvetica,sans-serif; }
```

Oder wenn Sie notieren:

```
h1, h2 { font-family:Helvetica,sans-serif; }
```

Dahinter folgen die gewünschten Definitionen. Im obigen Beispiel werden dem `body`-Element eine hellgelbe Hintergrundfarbe (`background-color: #FFFFCC;`) und ein linker Randabstand von 100 Pixeln (`margin-left:100px;`) zugewiesen. Über den Universalselektor wird für alle Elemente zunächst eine blaue Schriftfarbe (`color: blue;`) definiert. Überschriften 1. Ordnung (`h1`) erhalten eine Schriftgröße von 300 Prozent (`font-size:300%;`), die abweichende Schriftfarbe Rot (`color: #FF0000;`) und den Schriftstil kursiv (`font-style:italic;`). Textabsätze (`p`) und Listenpunkte (`li`) sollen in 110 Prozent Schriftgröße (`font-size: 110%;`), mit einer Zeilenhöhe von 140 Prozent (`line-height: 140%;`) in der Schriftart Helvetica oder wenn nicht verfügbar, in Arial, und wenn ebenfalls nicht verfügbar, in irgendeiner Sans-Serif-Schrift dargestellt werden (`font-family: Helvetica, Arial, sans-serif;`). Außerdem werden auch noch Angaben zum Zeichenabstand (`letter-spacing`) und zum Wortabstand (`word-spacing`) gemacht.

13.2.9 Formate für verschachtelte HTML-Elemente

Wenn Sie nichts anderes angeben, übernimmt ein HTML-Element, das innerhalb eines anderen HTML-Elements vorkommt, dessen Eigenschaften und fügt seine eigenen Eigenschaften nur hinzu. Wenn Sie beispielsweise für Überschriften 1. Ordnung die Schriftart Times und die Farbe Rot definieren, erscheint Text, der innerhalb einer solchen Überschrift mit `<em>...</em>` formatiert wird, ebenfalls rot und in Times, aber zusätzlich kursiv.

Mit Hilfe von CSS können Sie jedoch bestimmen, dass ein HTML-Element bestimmte Eigenschaften nur dann hat, wenn es innerhalb eines bestimmten anderen HTML-Elements vorkommt. So können Sie etwa bestimmen, dass <em>...</em> innerhalb von Überschriften nicht kursiv, stattdessen aber in blauer Farbe dargestellt wird, während das gleiche Element innerhalb anderer HTML-Tags nach wie vor nichts anderes als eine kursive Darstellung bewirkt.

Beispiel

```
h1 i {
  color:blue;
  font-style:normal;
}
div * b {
  color:violet;
}
div > p {
  color:blue;
}
div + p {
  margin-top:5em;
}
```

Erläuterung

Zunächst wird festgelegt, dass Textabschnitte, die mit <i>...</i> ausgezeichnet sind, nicht wie sonst üblich kursiv, sondern normal (*font-style: normal;*), stattdessen aber mit blauer Farbe (`color: blue;`) dargestellt werden. Aber nicht immer, sondern nur dann, wenn das `i`-Element innerhalb einer Überschrift 1. Ordnung (`h1`) vorkommt. Dazu notieren Sie zuerst den Namen des übergeordneten Elementtyps, im Beispiel `h1`, und dahinter, durch Leerraum getrennt, den Namen des inneren Elementtyps, im Beispiel `i`.

Man spricht bei diesen allgemeinen Verschachtelungsangaben von ***Nachfahren-Selektoren.*** Daneben gibt es noch weitere, genauere Möglichkeiten für Selektoren-Angaben zu verschachtelten Elementen. Denn die einfache Verschachtelungsregel berücksichtigt nicht die Verschachtelungstiefe. So wird das `i`-Element auch dann blau formatiert, wenn es z. B. in dieser Form vorkommt: <h1><span><i>...</i></span></h1>. Das nachfolgende Beispiel berücksichtigt dagegen die Verschachtelungssituation genauer:

```
div * b { color: violet; }
```

Der Universalselektor `*` wird hier als Platzhalter für ein beliebiges Element und damit für eine weitere Verschachtelungsebene verwendet. Im Beispiel wird festgelegt, dass `b`-Elemente, die innerhalb eines `div`-Bereichs vorkommen, nur dann violette Textfarbe (`color: violet;`) erhalten, wenn das `b`-Element in dieser oder einer vergleichbaren Form vorkommt: <div><p><b></b></p></div>, also mindestens zwei Ebenen unterhalb des `div`-Elements.

Dazu etwas HTML-Code:

```
<div>
  Text in einem div-Bereich mit <b>nur fettem Text</b> und
```

```
    <i>kursivem und <b>dazu fettem</b> Text</i>.
    <p>
      Textabsatz in einem div-Bereich mit <b>nur fettem Text</b>
      und <i>kursivem und <b>dazu fettem</b> Text</i>.
    </p>
    <table>
      <tr>
        <td><p>Textabsatz in einer Tabellenzelle.</p></td>
      </tr>
    </table>
  </div>
  <p>
    Textabsatz außerhalb eines div-Bereichs mit <b>nur fettem Text</b>
    und <i>kursivem und <b>dazu fettem</b> Text</i>.
  </p>
  <p>Noch ein Textabsatz.</p>
```

Im HTML-Ausschnitt sind verschiedene Textstellen an verschiedenen Stellen mit `<b>...</b>` ausgezeichnet. Das erste `b`-Element in dem Text, der zuerst und direkt innerhalb des `div`-Bereichs notiert ist, erhält noch keine violette Farbe, wohl aber das nächste `b`-Element im gleichen Satz, da dieses Element bereits zwei Ebenen unterhalb des `div`-Elements liegt (das `i`-Element liegt dazwischen).

Eine weitere Möglichkeit besteht darin, die Vererbung von Eigenschaften nach unten hin zu beschneiden.

```
div > p { color:blue; }
```

Mit dem Zeichen > wird in diesem Selektor festgelegt, dass `p`-Elemente, sofern sie innerhalb eines `div`-Bereichs vorkommen, nur dann blaue Textfarbe erhalten, wenn das `p`-Element in dieser Form vorkommt: `<div><p></p></div>`, also in der Ebene direkt unterhalb des `div`-Elements (als ein direktes Kind-Element ist). Im obigen Beispiel ist innerhalb des `div`-Bereichs unter anderem auch eine Tabelle notiert, in der noch mal ein `p`-Element vorkommt. Dort greift die Formatierung der blauen Farbe nicht, weil das `p`-Element mehr als eine Verschachtelungsebene unterhalb des `div`-Elements liegt (die Tabellenelemente sind dazwischen).

Auch für Elemente, die auf gleicher Ebene hintereinander notiert werden, gibt es Selektoren:

```
div + p { margin-top: 40px; }
```

Mit dem Zeichen + wird in diesem Selektor festgelegt, dass `p`-Elemente, die unmittelbar auf ein `div`-Element folgen, einen Abstand von 40 Pixeln nach oben hin erhalten (`margin-top: 40px;`). Im HTML-Code weiter oben ist das beim vorletzten `p`-Element der Fall. Dieses folgt unmittelbar hinter dem `div`-Bereich auf gleicher Hierarchie-Ebene.

13.2.10 Formate für Elemente mit bestimmten Attributen

Mit Hilfe attributbedingter Formate können Sie in Selektoren angeben, dass Formatdefinitionen nur für Elemente mit bestimmten Attributen oder sogar nur für Elemente mit bestimmten Wertzuweisungen an Attribute gelten sollen.

Beispiel

```
input[src] {
  margin: 5px;
}
input[type=password] {
  color: blue;
}
td[abbr~=Berlin] {
  background-color:#FFFF00 }
}
*[lang|=en] {
  background-color: #FF0000;
  color: #FFFFFF;
}
```

Erläuterung

In dem Beispiel ist zunächst eine Formatdefinition für alle `input`-Elemente notiert, die ein Attribut `src` im einleitenden Tag haben (grafische Submit-Schaltflächen des Typs `<input type="image" src="...">`). Solche Elemente erhalten einen Randabstand von 5 Pixeln zu allen Seiten hin.

Mit dem Attribut-Selektor `input[type=password]` werden alle `input`-Elemente erfasst, die ein `type`-Attribut mit dem Wert `password` haben (Passworteingabefelder – `<input type="password">`).

Mit `td[abbr~=Berlin]` werden alle Tabellenzellen des Typs `td` erfasst, die ein Attribut `abbr` besitzen und bei denen in der Wertzuweisung an dieses Attribut das Wort `Berlin` vorkommt. Diese Syntax findet eines von mehreren, durch Leerzeichen getrennten Wörtern in Wertzuweisungen an Attribute.

Mit `*[lang|=en]` schließlich werden alle Elemente erfasst, die ein globales Attribut `lang` mit einem Wert, der mit `en` beginnt, aufweisen, und danach eventuell einen Bindestrich enthalten (wie `en` oder `en-US`).

13.2.11 Formate für Elemente mit class-Attribut

Sie können Formate für Klassen definieren. Anwenden können Sie solche Klassen in HTML mit dem globalen Attribut `class`.

Beispiel

```
img.left { float: left; margin-right: 25px; margin-bottom: 12px; }
img.right { float: right; margin-left: 25px; margin-bottom: 12px; }
.lichtblau { color: rgb(210, 225, 250); }
.fett { font-weight: bold; }
```

Im Beispiel werden zwei Klassen für das `img`-Element von HTML sowie zwei allgemeine Klassen definiert. In allen Fällen müssen die Elemente entsprechende `class`-Attribute haben, damit die Formate angewendet werden. Selektoren für Klassen sind am charakteristischen Punkt erkennbar. Sie können eine Kombination von Elementnamen und

Klassennamen erzwingen, wie bei `img.left` oder `img.right`, oder allgemeine, in jedem Element mögliche Klassennamen, wie im Beispiel bei `.lichtblau` und `.fett`. Im letzteren Fall beginnt der Selektor einfach mit einem Punkt (die Schreibweise `*.lichtblau` ist aber auch korrekt).

Angewendet werden die beiden ersten Beispielformate also auf Elemente mit Tags wie `<img src="spd-logo.png" class="left">` oder `<img src="cdu-logo.png" class="right">`. Bilder mit `class="left"` erzeugen laut Formatdefinition einen Textumfluss, und zwar so, dass die Bilder links angeordnet werden und rechts von nachfolgendem Inhalt umflossen werden (`float: left;`). Zusätzlich werden Abstände zum umfließenden Text rechts und unten (`margin-right` und `margin-bottom`) definiert. Die Formatdefinitionen für den Selektor `img.right` bewirken den umgekehrten Fall. Das Bild wird rechts ausgerichtet und links vom nachfolgenden Inhalt umflossen. Dafür werden Abstände links und unten definiert.

Die Beispiel-Selektoren `.lichtblau` und `.fett` treffen auf Tags wie `<h1 class="lichtblau">` oder `<time class="fett">` zu. Beide Beispielselektoren definieren im obigen Beispiel nur jeweils eine Formateigenschaft. Es können natürlich auch mehrere sein. Doch gerade bei allgemeinen Klassen, die auf beliebige HTML-Elemente anwendbar sind, ist es oft sinnvoll, viele Einzeleigenschaften mit nur jeweils einer Formatdefinition zur Verfügung zu haben. Da es möglich ist, beim `class`-Attribut in HTML mehrere Klassennamen anzugeben, kann man auf diese Weise sehr schön kombinieren. Mit `<blockquote class="lichtblau fett">` erreichen Sie also, dass der Elementinhalt des so ausgezeichneten `blockquote`-Elements die Formateigenschaften von `.lichtblau` und `.fett` erhält.

13.2.12 Formate für Elemente mit id-Attribut

So wie Sie Formate für Klassen definieren können, die in HTML ein globales Attribut `class` haben, können Sie auch Formate für Elemente definieren, die ein `id`-Attribut haben. Da `id`-Namen dokumentweit eindeutig sein müssen, ist ein bestimmtes Element auf diese Weise ohne Umwege direkt für Selektoren adressierbar.

Beispiel

```
#roterBereich {
  position:absolute;
  top:130px;
  left:30px;
  width:320px;
  padding:10px;
  margin:0px;
  border:4px solid #EE0000;
}
div#blauerBereich {
  position:absolute;
  top:130px;
  left:400px;
  width:320px;
  padding:10px;
```

```
  margin:0px;
  border:4px solid #0000EE;
}
```

Erläuterung

In dem Beispiel werden zwei Formate für Elemente mit id-Attributen definiert, nämlich für HTML-Elemente mit id="roterBereich" und id="blauerBereich". Charakteristisch ist in diesem Fall beim Selektor das Gatterzeichen #, unmittelbar gefolgt vom id-Namen. Ebenso wie bei Elementen für Klassen können Sie dabei einen bestimmten Elementnamen erzwingen, wie im Beispiel div#blauerBereich, oder den Elementtyp offen lassen, wie im Beispiel #roterBereich. Der Unterschied ist, dass das Format mit dem Selektor div#blauerBereich nur auf <div id="blauerBereich"> angewendet wird, nicht aber auf <h1 id="blauerBereich">. Das Format des Selektors #roterBereich ist dagegen sowohl auf <section id="roterBereich"> als auch auf <tbody id="roterBereich"> anwendbar.

13.2.13 Formate für »Pseudo-Elemente und Pseudo-Klassen«

Unter Pseudo-Elementen werden hier HTML-Elemente verstanden, die im HTML-Quelltext keinen eigenen Niederschlag finden, aber durchaus einen wichtigen, wahrnehmbaren Zustand eines Elementinhalts bedeuten. Bestes Beispiel sind Links zu bereits besuchten Inhalten und Links zu noch nicht besuchten Inhalten. Beide werden in HTML mit <a href="...">...</a> markiert. Doch Browser stellen Links, sofern nichts anderes für sie angegeben ist, in unterschiedlichen Farben dar – abhängig davon, ob sich das Linkziel schon in der Browser-History befindet oder nicht. In CSS können Sie solche »nicht tatsächlich vorhandenen« Elemente mit Hilfe von Selektoren ansprechen. Auch für unmarkierte Textstellen wie »erstes Zeichen eines Absatzes« oder »erste Zeile eines Absatzes« gibt es Selektoren.

Beispiel

```
a { font-weight:bold; }
a:link {
  color: #EE0000;
  text-decoration: none;
}
a:visited {
  color: #EEAAAA;
  text-decoration: none;
}
a:hover {
  color: #EE0000;
  text-decoration: underline;
}
a:active {
  color: #0000EE;
  text-decoration: underline;
}
```

Erläuterung

Notieren Sie zuerst das betroffene HTML-Element, im Beispiel das `a`-Element für Hyperlinks. Dahinter folgt ein Doppelpunkt und dahinter eine erlaubte Angabe, im Beispiel etwa `link` (für noch nicht besuchte Verweisziele), `visited` (für bereits besuchte Verweisziele), `hover` (für Verweise, während der Anwender mit der Maus darüber fährt) und `active` (für angeklickte Verweise). Beachten Sie, dass dies keine frei wählbaren Namen sind, sondern feste Schlüsselwörter, und dass auch die Reihenfolge von Bedeutung ist, da später notierte Angaben die zuvor notierten überschreiben.

Das obige Beispiel zeigt auch, wie Sie CSS-Formate sinnvoll aufteilen können. Im Beispiel soll die Eigenschaft »fett dargestellt« (`font-weight: bold`) für alle Links gelten. Deshalb wird sie in einem Format für das Element `a` notiert. Diejenigen Eigenschaften, die sich in den einzelnen Zuständen unterscheiden sollen – im Beispiel die Linkfarbe (`color`) und die Linkunterstreichung (`text-decoration: none` = nicht unterstrichen, `text-decoration: underline` = unterstrichen) – werden dagegen in den Selektoren für Pseudo-Elemente notiert.

13.2.14 Formate

Aus Textverarbeitungsprogrammen wie MS Word oder Open Office kennen Sie vermutlich Formatvorlagen. Das sind benannte Absatz- oder Zeichenformate mit einer Reihe von gespeicherten Style-Eigenschaften. Wenn Sie ein Absatz- oder Zeichenformat anwenden, bekommt der aktuell markierte oder den Cursor umgebende Inhalt alle Style-Eigenschaften der entsprechenden Formatvorlage.

In HTML/CSS finden an dieser Stelle zwei Vorgänge statt. Zunächst weisen Sie Inhalten mit Hilfe von HTML logische Container zu, nämlich geeignete HTML-Elemente. In einem davon getrennten Vorgang können Sie, mittels CSS, Style-Eigenschaften auf die vorhandene Markup-Struktur anwenden. Das, wofür Sie jeweils ein Set von Style-Eigenschaften definieren möchten, kann ein bestimmtes HTML-Element sein. Es kann sich aber auch um komplexere Bedingungen handeln. Zu diesem Zweck gibt es die zuvor beschriebenen Selektoren. Formate sind dagegen das jeweilige Set von CSS-Eigenschaften und ihren Wertzuweisungen.

Beispiel

```
h1 {
  color: maroon;
  background-color: #FDE8D2;
  font-size: 3em;
  border: 3px solid maroon;
  border-radius: 9px;
}
```

Erläuterung

Als »Format« wird hier der Block bezeichnet, der von einem Selektor abhängig ist und durch die geschweiften Klammern `{` und `}` markiert wird. Das Original-Vokabular des W3-Konsortiums spricht von einem ***Deklarationsblock***. Es handelt sich um eine oder mehrere, beliebig viele ***Deklarationen*** (einzelne Formateigenschaftsdefinitionen). Jede Deklaration hat wiederum einen bestimmten Aufbau. Zunächst wird der Name einer CSS-Eigenschaft notiert. Dahinter folgen ein Doppelpunkt und dahinter der Wert, den Sie der CSS-Eigenschaft zuweisen. Abgeschlossen wird eine Deklaration üblicherweise durch ein Semikolon (`;`). Nur bei der letzten Deklaration vor der schließenden geschweiften Klammer darf der Strichpunkt auch entfallen. Um Fehler zu vermeiden, ist es jedoch besser, das Abschluss-Semikolon grundsätzlich zu notieren.

Im obigen Beispiel betrifft der Selektor alle `h1`-Überschriften. Der zugehörige Deklarationsblock besteht im Beispiel aus fünf Deklarationen: Mit `color: maroon;` erhalten die Überschriften 1. Ordnung eine dunkelrote Textfarbe, mit `background-color: #FDE8D2;` einen hellgelben Hintergrund, mit `font-size: 3em;` eine Schriftgröße 3 mal größer als normal, mit `border: 3px solid maroon;` einen 3 Pixel dicken dunkelroten Rahmen, und mit `border-radius: 9px;` werden die Ecken dieses Rahmen sanft abgerundet.

Weitere Hinweise

Die eigentlichen Style-Eigenschaften werden im Buchkapitel *14 CSS-Eigenschaften* behandelt. Im vorliegenden Buch werden die Begriffe »Deklaration« und »Deklarationsblock« ansonsten nicht verwendet. Stattdessen ist von »Formaten« und »Formatdefinitionen« die Rede.

13.2.15 Kaskadierung und Vererbung

Wird ein HTML-Dokument, das kein Stylesheet referenziert und auch selbst keinerlei CSS-Formatierungen enthält, im Browser aufgerufen, so wird es dennoch mit einem Basis-Layout dargestellt. Überschriften weisen in grafischen Browsern beispielsweise einen größeren Schriftgrad auf, werden fett dargestellt und erzeugen einen neuen Absatz. Der Grund dafür ist das sogenannte ***Browser-Stylesheet***, das grundlegende Informationen über darzustellende Elemente für die Anzeige im Browser enthält.

Infos

Browser-Stylesheet
Für HTML 4.0 ist beim W3-Konsortium ein Stylesheet hinterlegt, das Browser-Entwicklern empfiehlt, wie die Elemente von HTML 4.0 dargestellt werden sollen.

Links

Browser-Stylesheet für HTML 4.0
http://www.w3.org/TR/REC-CSS2/sample.html

Wenn Sie CSS-Stylesheets in HTML einbinden, ergänzen oder überschreiben Sie damit das Browser-Stylesheet. Solche autorenseitig definierten Stylesheets werden als ***Autoren-Stylesheets*** bezeichnet.

Darüber hinaus bieten einige Browser oder Browser-Erweiterungen ihren Benutzern die Möglichkeit an, sogenannte ***Benutzer-Stylesheets*** einzubinden. Auch darin sind CSS-Formate definiert – nämlich solche, die für den jeweiligen Benutzer optimal sind.

Durch diese unterschiedlichen Arten von Stylesheets – aber auch schon durch Angaben innerhalb von einzelnen Stylesheets – entstehen häufig widersprüchliche Format-Definitionen.

Beispiel

Zuerst der HTML-Quelltext:

```
<ul id="nav">
  <li>
    Listenpunkt mit <a class="xy" href="ziel.htm">Verweis</a>
  </li>
</ul>
```

Und hier die CSS-Definitionen dazu:

```
a:link { color: blue; }
.xy { color: yellow; }
#nav a.xy { color: green; }
li a { color: magenta; }
#nav li a { color: black; }
```

Erläuterung

Die Selektoren des Beispiels wirken alle auf das im HTML-Quelltext notierte `a`-Element. Wenn Sie möchten, können Sie gerne versuchen herauszufinden, in welcher Farbe der Hyperlink letztlich dargestellt wird. Darüber hinaus enthält bereits das Browser-Stylesheet Format-Definitionen für das `a`-Element. Ein etwaiges Benutzer-Stylesheet kann zusätzliche Format-Definitionen enthalten.

Um herauszufinden, wie Elemente letztendlich darzustellen sind, folgen Browser den nachfolgend beschriebenen Regeln.

Sortierung nach Ursprung und Priorität

Im ersten Schritt wird ermittelt, ob für ein Element CSS-Eigenschaften definiert wurden, die für den aktuellen **Medientyp** gelten. Medientypen sind beispielweise Bildschirm, Papier, Projektor, Handheld-Display, Fernseher, Braille-Zeile oder Screenreader. Dabei wird in allen Fällen zwischen Browser-, Autoren- und Benutzer-Stylesheets unterschieden. Werden in den unterschiedlichen Stylesheets mehrere Angaben gefunden, die auf die gleichen Elemente der HTML-Dokumentstruktur zutreffen, wird nach folgender Reihenfolge und absteigender Priorität (Wichtigkeit) sortiert:

1. Benutzer-Stylesheet-Definitionen mit `!important`
2. Autoren-Stylesheet-Definitionen mit `!important`
3. Autoren-Stylesheet-Definitionen
4. Benutzer-Stylesheet-Definitionen
5. Browser-Stylesheet-Definitionen

Die Basis für die Darstellung bildet das Browser-Stylesheet. Enthält ein Benutzer-Stylesheet jedoch widersprüchliche Angaben, überschreiben diese die Angaben im Browser-Stylesheet. Kommt nun ein Autoren-Stylesheet mit Formatierungen hinzu (das sind die Stylesheets, die Sie als Webseiten-Anbieter bereitstellen), so werden diese im Konfliktfall höher gewichtet als die des Benutzer-Stylesheets. Das gilt allerdings **nicht** für Format-Definitionen des Benutzer-Stylesheets, die mit der `!important`-Anweisung (siehe weiter unten) versehen sind. Bei so ausgezeichneten Format-Definitionen behält das Benutzer-Stylesheet oberste Priorität.

Der Grund für diese oberste Priorität ist, dass Menschen mit Beeinträchtigungen in der Wahrnehmung letztlich für beliebige Webseiten selbst bestimmen können sollen, wie sie die Inhalte präsentiert bekommen. In der Praxis ist diese schöne Theorie jedoch sehr grau. Denn welcher Benutzer macht sich schon die Mühe und verfügt über das nötige Fachwissen, um sich alle möglichen Websites auf eigene Bedürfnisse zuzuschneiden? Intelligente Software könnte solche Benutzer-Stylesheets aber nach allgemeinen Vorlieben und Vorgaben automatisieren.

Die !important-Regel

Mit `!important` ausgezeichnete Format-Definitionen haben Vorrang vor widersprechenden Angaben, die keine solche Anweisung enthalten. Der Einsatz von `!important` ist sowohl in Autoren- als auch in Benutzer-Stylesheets möglich.

Beispiel

```
p { font-size: 1em !important; }
```

Erläuterung

Die Zeichenkette `!important` (Ausrufezeichen und das unmittelbar anschließende Wort *important* = wichtig) wird hinter der Wertzuweisung an eine CSS-Eigenschaft notiert. Erst dann folgt das abschließende Semikolon.

13.2.16 Spezifität – Gewichtung der Selektoren

Nicht nur zwischen Browser-, Benutzer- und Autoren-Stylesheets gibt es festgelegte Rangfolgen. Auch unter den Selektoren, die innerhalb eines Stylesheets versammelt sind, herrschen Prioritätsregeln. Dabei werden alle Selektoren zunächst in ihre Bestandteile zerlegt und diese in folgende Kategorien unterteilt:

- Kategorie A erhält den Wert 1, wenn CSS-Format-Definitionen direkt im `style`-Attribut eines HTML-Elements notiert sind.
- Kategorie B erhält den Wert 1 bei Selektoren für Elemente mit `id`-Attributen.
- Kategorie C entspricht der Anzahl der von einem Selektor betroffenen Klassen und Pseudoklassen.
- Kategorie D entspricht der Anzahl der von einem Selektor betroffenen Elementnamen und Pseudo-Elemente.

Beispiele

Selektor	*A*	*B*	*C*	*D*
`style="..."` (HTML)	1	0	0	0
`#nav a.xy`	0	1	1	1
`#nav li a`	0	1	0	2
`#nav a`	0	1	0	1
`#nav`	0	1	0	0
`ul li .xy`	0	0	1	2
`a:link`	0	0	1	1
`a.xy`	0	0	1	1
`ul[id="nav"]`	0	0	1	1
`*.xy`	0	0	1	0
`li a`	0	0	0	2
`a:first-line`	0	0	0	2
`a`	0	0	0	1

Erläuterung

Die Tabelle zeigt die Kategorisierung aller Bestandteile der angeführten Selektoren in absteigender Reihenfolge ihrer Spezifität. Zunächst werden alle Selektoren nach ihrem in Spalte *A* angeführten Wert absteigend sortiert, danach nach dem in den Spalten ***B***, ***C*** und zuletzt nach Spalte ***D***. Ein Wert von "1 0 0 0" ist daher höher als "0 1 2 0" oder "0 0 1 2". Im oben angeführten Beispiel erreicht der Selektor `#nav a.xy` die höchste Spezifität (0 1 1 1) und überschreibt damit die vorangegangenen Deklarationen. Die nachfolgend notierten Selektoren `li a` (0 0 0 2) und `#nav li a` (0 1 0 2) weisen eine geringere Spezifität auf und werden daher übergangen:

Selektor	*A*	*B*	*C*	*D*
`a:link`	0	0	1	1
`.xy`	0	0	1	0
`#nav a.xy`	**0**	**1**	**1**	**1**
`li a`	0	0	0	2
`#nav li a`	0	1	0	2

Existiert im Stylesheet nur ***ein*** Selektor mit der höchsten ermittelten Spezifität, wird sein Format angewendet. Andernfalls entscheidet die Reihenfolge des Vorkommens (siehe weiter unten).

Weitere Hinweise

Der Universalselektor `*` und obsolete HTML-Formatierungen wie `align="center"` finden in dieser Rangfolgenermittlung keine Berücksichtigung.

CSS 2.1 weicht in folgenden Punkten von CSS 2.0 ab:

Direkt in HTML notierte `style`-Attribute waren in CSS 2.0 noch `id`-Attributen gleichgestellt und erhöhten den (nun) unter Kategorie ***B*** angeführten Wert. Die Kategorie ***A*** existierte in CSS 2.0 noch gar nicht.

Pseudoelemente wie `:first-line`, `:first-letter`, `:before` und `:after`, die seit CSS 2.1 unter Kategorie ***D*** verbucht werden, wurden in CSS 2.0 gänzlich ignoriert.

Sortierung nach der Reihenfolge des Vorkommens

Existieren zwei oder mehrere Selektoren bezüglich Ursprung und Priorität sowie identischer Spezifität, entscheidet die Reihenfolge des Vorkommens. Später notierte Selektoren überschreiben vorangegangene. Deklarationen aus importierten Stylesheets werden hierbei als zuerst vorkommend betrachtet, auch wenn beispielsweise einer `@import`-Regel bereits Format-Definitionen vorangehen.

13.3 Das Boxmodell von CSS

Zum Grundverständnis für das Arbeiten mit CSS gehört auch das Wissen darüber, wie ein Element sich genau über das Browserfenster erstreckt. Wichtig wird dieses Wissen dann, wenn der Erstreckungsraum eines Elements optisch sichtbar wird, etwa durch Hintergrundfarben oder Rahmen. In diesem Abschnitt wird das im Rahmen von CSS standardisierte Boxmodell vorgestellt. Auf ältere, davon abweichende Browser-Modelle, Kompatibilitätsmodi und Browser-Hacks wird dagegen verzichtet.

13.3.1 Das Verhalten von Block-Elementen

Grundsätzlich ist innerhalb des Textflusses zwischen Block- und Inline-Elementen zu unterscheiden. Block-Elemente nehmen dabei, wenn nichts anderes erzwungen wird, in der Breite so viel Raum wie möglich ein und in der Höhe so viel Raum wie erforderlich.

Beispiel

```
<h1 style="background-color: silver; color: black;">
  Ein schöner Tag
</h1>
```

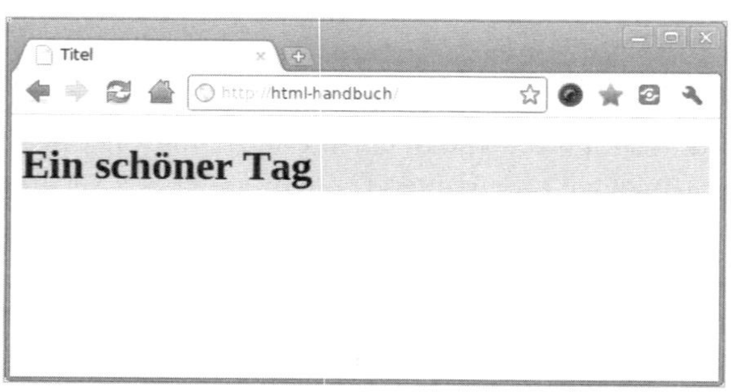

Bild 13.3: Block-Elemente: so viel Breite wie möglich, so viel Höhe wie erforderlich

Erläuterung

Eine Überschrift 1. Ordnung (h1-Element) gehört zu den Block-Elementen, also Elementen, die einen neuen Absatz im Textfluss erzeugen. Durch die silbergraue Hintergrundfarbe, die dem Element im Beispiel mit CSS zugewiesen wird, wird der Erstreckungsraum des h1-Elements sichtbar.

Weitere Hinweise

Mit Hilfe der CSS-Eigenschaft width können Sie die Breite von Block-Elementen genau definieren. Die Angabe width: 100%; entspricht dem Default-Verhalten. Mit einer Angabe wie width: 50%; oder width: 345px; können Sie die eingenommene Breite reduzieren. Die Grundeigenschaft, dass Block-Elemente eine neue Zeile im Textfluss erzeugen, wird davon jedoch nicht berührt. Um Block-Elemente tatsächlich nebeneinander anzuordnen, ist die CSS-Eigenschaft float erforderlich. Damit können Sie ein Element von nachfolgenden Elementen umfließen lassen.

13.3.2 Das Verhalten von Inline-Elementen

Inline-Elemente nehmen, wenn nichts anderes erzwungen wird, sowohl in der Breite als auch in der Höhe nur so viel Raum ein wie erforderlich.

Beispiel

```
<p>
  An einem <em style="background-color: silver; color: black;">
  wirklich schönen Tag</em> im September ...
</p>
```

Bild 13.4: Inline-Elemente: nur so viel Breite und Höhe wie erforderlich

Erläuterung

Ein em-Element gehört zu den Inline-Elementen, also Elementen, die ***keinen*** neuen Absatz im Textfluss erzeugen. Durch die silbergraue Hintergrundfarbe wird der Erstreckungsraum des em-Elements sichtbar.

Weitere Hinweise

Manchmal besteht der Wunsch, Inline-Elemente wegen ihrer passenden Bedeutung beizubehalten, ihnen aber die Charakteristik von Block-Elementen zu verleihen. Das ist mit der

CSS-Formatdefinition `display: block;` möglich. Wenn Sie beispielsweise mehrere `a`-Elemente hintereinander notieren, erscheinen diese untereinander und verhalten sich wie Block-Elemente, wenn sie eine derartige Formatdefinition erhalten. Umgekehrt ist es manchmal wünschenswert, Block-Elementen die Charakteristik von Inline-Elementen zu geben. Mit `display: inline;` ist das möglich. So lässt sich etwa ein `address`-Element bequem zu einem Inline-Element umfunktionieren, wenn die Kontaktangaben nicht vom übrigen Text abgesetzt erscheinen sollen, sondern Teil des Textes sind.

13.3.3 Container für Elemente

Jedes HTML-Element, egal ob Block- oder Inline-Element, »lebt« in einem Container. D. h. es gibt immer ein übergeordnetes Element, das der Bezug für ein gegebenes Element ist. Auch für das oberste Element der HTML-Hierarchie, nämlich das Dokumentelement, markiert durch <html>…</html>, gibt es einen Container. Dieser Container wird als ***Viewport*** bezeichnet. Letztlich ist das der Anzeigebereich, der einem HTML-Dokument im Browser zur Verfügung steht, also der Inhalt des Browserfensters oder Browser-Tabs.

Beispiel

```
html {
  background-color: #E2EAF8;
}
```

Erläuterung

Indem Sie dem `html`-Element eine flächenwirksame Eigenschaft wie `background-color` zuordnen, wird das gesamte Anzeigefenster entsprechend eingefärbt. Denn das `html`-Element füllt den Viewport. Alternativ könnten Sie im obigen Beispiel auch

```
body { background-color: #E2EAF8; }
```

notieren. Denn speziell bei der CSS-Eigenschaft `background-color` nimmt das `body`-Element aus historischen Gründen die Aufgabe des Lieferanten für die dokumentweite Hintergrundfarbe wahr. Bei anderen Eigenschaften, z. B. bei Rahmen, wird dagegen deutlich, dass das `body`-Element in Wirklichkeit ein gewöhnliches Block-Element ist.

Beispiel

```
<!DOCTYPE html>
<html>
  <head>
    <meta charset="utf-8">
    <title>Titel</title>
    <style>
      body {
        border: solid 1px black;
        padding: 20px;
      }
      header {
        border: solid 1px black;
```

```
        padding: 20px;
      }
      h1 {
        border: solid 1px black;
        padding: 20px;
      }
      em {
        border: solid 1px black;
         padding: 20px;
      }
    </style>
  </head>
  <body>
    <header>
      <h1>Ein <em>schöner</em> Tag</h1>
    </header>
  </body>
</html>
```

Erläuterung

Das Beispiel enthält im Dokumentkopf einen `style`-Bereich mit Formatdefinitionen für die Elemente `body`, `header`, `h1` und `em`. Alle diese Elemente erhalten einen dünnen schwarzen Rahmen (`border: solid 1px black;`) und einen Innenabstand (Abstand zwischen Elementgrenze und Elementinhalt, also z. B. Text) von 20 Pixeln (`padding: 20px;`).

Bild 13.5: Die Boxen der sichtbar gemachten Elementerstreckungsräume

Das Beispiel zeigt auch, dass der äußerste dünne schwarze Rahmen, der dem `body`-Element gehört, nicht bis ans untere Fensterende reicht. Das `body`-Element nimmt also wie andere Blockelemente (im Beispiel `header` und `h1`) die verfügbare Breite ein, aber nicht die verfügbare, sondern nur die zur vollständigen Anzeige notwendige, Höhe ein.

Der Grund für die Abstände zwischen den Rahmenlinien im Beispiel sind übrigens zum Teil die `padding`-Definitionen. Denn dem `header`-Element, das zum Elementinhalt des `body`-Elements gehört, werden an jeder Seite 20 Pixel abgezogen. Denn das `body`-

Element hat 20 Pixel Innenabstand zu seinem Elementinhalt. Ebenso verhält es sich mit den anderen inneren Elementen im Beispiel.

Kalkulation für das genaue Ausmaß von Elementen

Die Gesamtbreite und die Gesamthöhe eines Elements errechnen sich aus der Addition von:

1. der Breite/Höhe des Elementinhalts (`width/height`),
2. des Innenabstands (`padding`),
3. der Rahmenstärke (`border-width`) und
4. des Außenabstands (`margin`).

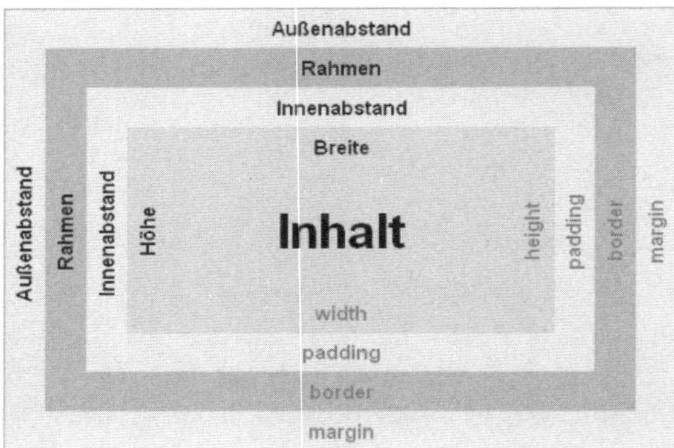

Bild 13.6: Elementausmaß = padding + border + margin

Beispiel

```
#linke-spalte {
  float: left;
  width: 200px;
  margin-left: 0;
  margin-right: 30px;
  border-right: solid 5px #77AADD;
  padding: 20px;
  background-color: #CCEEFF;
}
```

Erläuterung

Das ist eine praxistypische Definition eines Elements, das einmal eine Spalte im Webseitenlayout darstellen soll. Um nun die ***tatsächliche Breite*** dieses Elements zu ermitteln, ist folgende Addition erforderlich (alle Angaben in Pixeln):

Faktor	*Ursache*	*Wert*
Breite	Angabe `width`	200
Innenabstand links	Angabe `padding`, die für links, rechts, oben, unten gilt	20
Innenabstand rechts	Angabe `padding`, die für links, rechts, oben, unten gilt	20
Rand rechts	Angabe `border-right`	5
Abstand links	Angabe `margin-left`	0
Abstand rechts	Angabe `margin-right`	30

Die tatsächliche Breite der Spalte beträgt also 275 Pixel.

Bild 13.7: Tatsächliche Elementbreite

Weitere Hinweise

Kalkulationen dieser Art können schnell schwierig bis unmöglich werden. Beispielsweise dann, wenn mit relativen Angaben wie Prozentwerten gearbeitet wird. Der MS Internet Explorer hatte deshalb zunächst ein abweichendes Boxmodell implementiert, bei dem die `width`-Angabe zu einem Element bindend war und Angaben zu `padding`, `border` und `margin` zu Lasten der Breite des Elementinhalts gingen. Das machte Elementausdehnungen in vielen Fällen besser kalkulierbar. Da andere Browser jedoch das eigentlich verbindliche Modell des W3-Konsortiums implementierten, kam es zu Konflikten, die Webdesignern noch bis auf den heutigen Tag zu schaffen machen.

CSS3 führt eine Möglichkeit ein, um Werte etwa für Elementbreiten berechnen zu können, statt eine feste numerische Angabe notieren zu müssen. Zuvor war das zwar auch schon mit Hilfe von JavaScript bzw. DOM-Scripting möglich, doch funktionierte das nur bei aktiviertem JavaScript.

13.4 Wertangaben in CSS

CSS-Formatdefinitionen bestehen aus CSS-Eigenschaften, denen Sie Werte zuweisen. Diese Werte können ganz verschiedener Natur sein. So gibt es:

- feste mögliche Werte (wie etwa `left`, `right`, `center` und `justify` bei der Ausrichtungseigenschaft `text-align`),
- Zeichenketten, häufig in Verbindung mit Aufzählungen (etwa eine Liste von Schriftartennamen bei der Eigenschaft `font-family`),
- nummerische Werte (etwa bei Angaben zu Höhen, Breiten, Abständen, Schriftgrößen usw.),

- Farbangaben (etwa bei Vorder- und Hintergrundfarben oder Rahmenfarben),
- Angaben eines bestimmten Formats, etwa URL-Adressen,
- je nach Ausgabemedium möglicherweise noch andere Angaben (etwa die in CSS 2.0 enthaltenen, in CSS 2.1 wieder entfernten und in CSS 3.0 neu aufgelegten auralen Stylesheets mit Audio-Eigenschaften wie Frequenzen).

Bei nummerischen Angaben stellt CSS ein umfangreiches und flexibles Set möglicher Maßangaben zur Verfügung, die Sie kennen sollten. Bei Farbangaben sind verschiedene Notationsmodelle sowie vordefinierte Farbnamen möglich.

13.4.1 Maßeinheiten für nummerische Werte

Bei nummerischen Angaben zu CSS-Eigenschaften, also etwa bei Schriftgrößen, Absatzabständen oder Rändern, stehen Ihnen die weitverbreiteten Maßeinheiten zur Verfügung. Dabei sind absolute Angaben (z. B. Millimeter) und relative Angaben (z. B. Prozentwerte) möglich. Nachfolgende Tabelle listet die verfügbaren Maßeinheiten auf.

Abkürzung	*Angabetyp*	*Bedeutung*	*Beispiel*
`%`	relativ	Steht für Prozent. Je nach CSS-Eigenschaft relativ zur elementeigenen Größe oder zu der des Elternelements oder zu einem allgemeineren Kontext. Bei nebenstehendem Beispiel ist die Angabe zur Zeilenhöhe (`line-height`) relativ zur Schriftgröße (`font-size`) zu interpretieren.	`line-height: 120%;`
`cm`	absolut	Steht für Zentimeter. Allgemeines Längenmaß. 100. Teil des Urmeters.	`top: 2.54cm;`
`em`	relativ	Steht für die Schriftgröße des Elements. Ausnahme: Wenn die `font-size`-Eigenschaft (also die Schriftgröße selbst) mit dieser Maßangabe versehen wird, steht diese bezogen auf die Schriftgröße des Elternelements.	`font-size: 1.2em;`
`ex`	relativ	Steht für die Höhe des Kleinbuchstabens x in diesem Element. Ausnahme: Wenn die `font-size`-Eigenschaft (also die Schriftgröße selbst) mit dieser Maßangabe versehen wird, steht diese für die Höhe des Kleinbuchstabens x im Elternelement.	`font-size: 1.3ex;`
`in`	absolut	Steht für Inch. Allgemeines Längenmaß im angelsächsischen Raum. 1 Inch (zoll) entspricht 2,54 Zentimetern.	`border-width: 0.1in;`
`mm`	absolut	Steht für Millimeter. Allgemeines Längenmaß. 1000. Teil des Urmeters.	`margin-bottom: 10mm;`

Abkürzung	Angabetyp	Bedeutung	Beispiel
`pc`	absolut	Steht für Pica. Typografische Maßeinheit. 1 Pica entspricht 12 Punkt.	`line-height: 1.2pc;`
`pt`	absolut	Steht für Punkt. Typografische Maßeinheit. 1 Punkt entspricht 1/72 Inches (Zoll).	`font-size: 12pt;`
`px`	absolut relativ	Steht für Pixel. Abhängig von der Pixeldichte des Ausgabegeräts, relativ also von Ausgabegerät zu Ausgabegerät, absolut dagegen auf ein und dasselbe Ausgabegerät bezogen.	`border-width: 3px;`

Infos

Verwenden Sie bei Bruchzahlen stets den Punkt als Dezimalzeichen, nicht das deutsche Komma, also etwa `0.2cm` und **nicht** `0,2cm`.

Auch Minuswerte sind bei vielen nummerischen Wertzuweisungen möglich, markiert wie üblich durch das Minuszeichen.

Infos

Negative Längenangaben können bei der Breite (`width`), Höhe (`height`) oder auch bei Abständen (`padding`) nicht verwendet werden. Bei Angaben wie oben (`top`) oder links (`left`) verschieben sie das Element relativ zum Bezugspunkt des Elternobjekts über den Nullpunkt hinaus. Ist das Elternobjekt das `body`-Element, wird der ober bzw. linke Browserrand als Bezugspunkt angenommen.

Sie können also sehr exakte Angaben notieren, doch Web-Seiten werden in der Regel auf Bildschirmen ausgegeben, und Bildschirme bestehen aus Pixeln, wobei die Pixeldichte der einzelnen Bildschirme sehr unterschiedlich sein kann. Der Computer muss Ihre Angaben für die Ausgabe am Bildschirm letztlich in Pixel umrechnen. Dabei kann es zu enttäuschenden Ergebnissen kommen. So erscheinen Schriftgrößen, die an einem Bildschirm gut lesbar sind, in einer anderen Umgebung eventuell als zu klein. Auch die unterschiedlichen Basiseinstellungen der Betriebssysteme tragen zur Verwirrung bei. So wird unter Windows-Systemen eine Berechnungsgrundlage von 72 bzw. 96dpi (Dots per Inch) für die Darstellung von Schriftarten verwendet (bei der Einstellung »große Schriftarten« gar 120dpi), unter Systemen wie Linux sind es 72dpi und Apple sind es dagegen bis zu 130dpi. Deshalb erscheinen Schriftgrößen, die unter Windows sauber aussehen, unter den anderen genannten Systemen oft mickrig, während Schriftgrößen, die dort angenehm aussehen, unter Windows wiederum klobig wirken. Aber auch direkte Angaben in Pixeln lösen das Problem nicht unbedingt. Ein Pixel auf einem 13-Zoll-Notebook-Bildschirm wirkt ganz anders als ein Pixel auf einem 19-Zoll-Desktop-Bildschirm mit der gleichen Bildschirmauflösung.

Angaben wie `em` oder Prozentwerte umgehen zwar das Problem der unterschiedlichen Bildschirmdarstellungen – doch erstens kann man bei einer Angabe wie `1.2em` kaum von »Formatierung« reden, und zweitens bereiten solche Angaben auch andere Probleme. So kann es beispielsweise durch das Prinzip der natürlichen Vererbung passieren, dass Schriftarten bei mehrfach verschachtelten Elementen (etwa bei Listen oder Tabellen) immer kleiner oder größer werden. Immerhin bietet CSS2 Möglichkeiten an, Formate für verschachtelte Elemente zu definieren, so dass sich diese Probleme in den Griff bekommen lassen.

Um die »richtigen« und »falschen« Maßangaben hat es in vergangenen Jahren einen regelrechten Glaubenskrieg gegeben. Mittlerweile sind jedoch glücklicherweise so viele Faktoren hinzugekommen, auch auf Benutzerseite (z. B. die Möglichkeit des Browser-Zooms), dass Diskussionen dieser Art zunehmend an Bedeutung verlieren.

13.4.2 Farbwerte und Farbnamen

Hexadezimale Farbangaben

Diese Art, Farben anzugeben, kommt ursprünglich von HTML. Vergangene Versionen, in denen es zahlreiche, heute obsolete Attribute zur physischen Formatierung gab, boten zwei Möglichkeiten an, Farbwerte zu notieren. Die eine bestand in vordefinierten Farbnamen, die andere in dem hier vorgestellten Format.

Beispiel

```
h1 {
  color: #20A020;
  background-color: #F4E8D0;
}
```

Erläuterung

In dem Beispiel wird für Überschriften 1. Ordnung (`h1`-Element) eine grüne Schriftfarbe und eine hellgelbe Hintergrundfarbe festgelegt.

Das Format der hexadezimalen Farbdefinition ist sechsstellig und hat das Schema: `#RRGGBB`.

Zunächst notieren Sie also ein Gatterzeichen #. Dahinter folgen sechs Stellen für die Farbdefinition. Die ersten beiden Stellen stellen den Rot-Wert der Farbe dar, die zweiten beiden Stellen den Grünwert und die letzten beiden Stellen den Blau-Wert.

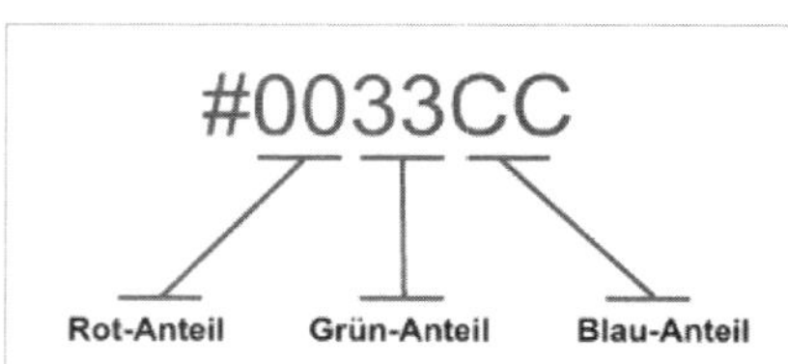

Bild 13.8: Lesart der Hexadezimal-Notation von Farbangaben

Jede der Ziffern ist eine hexadezimale Ziffer. Hexadezimale Ziffern und ihre dezimale Entsprechung sind:

dezimal	*hexadezimal*	*dezimal*	*hexadezimal*
0	0	8	8
1	1	9	9
2	2	10	A
3	3	11	B

dezimal	hexadezimal	dezimal	hexadezimal
4	4	12	C
5	5	13	D
6	6	14	E
7	7	15	F

Eine hexadezimale Ziffer kann also 16 Zustände haben. Für jeden Farbwert (Rot, Grün, Blau) stehen zwei Ziffern zur Verfügung. Das macht 16 x 16 (= 256) mögliche Zustände pro Farbwert und insgesamt 256^3 = ca. 16,7 Millionen unterschiedliche Farben. Das Format deckt damit das volle RGB-Farbschema ab.

Anstelle der Großbuchstaben bei den hexadezimalen Ziffern `A` bis `F` dürfen Sie auch die Kleinbuchstaben `a` bis `f` verwenden.

Bei doppelten Ziffern pro Farbwert dürfen Sie auch nur eine davon notieren. So sind etwa auch Angaben wie `#04A` oder `#ffe` erlaubt. Diese bedeuten in Wirklichkeit `#0044AA` bzw. `#FFFFEE`.

Farbangaben mit dem rgb-Format

Das Schema zu dieser weiteren Möglichkeit, Farben in CSS zu definieren, lautet `rgb(rrr,ggg,bbb)`.

Beispiel

```
body {
  background-color: rgb(51,0,102);
}
blockquote {
  border-left: dotted 5px rgb(60%,90%,75%)
}
```

Erläuterung

Im Beispiel erhält die gesamte Webseite mit `background-color` eine blauviolette Hintergrundfarbe, und Blockzitate erhalten mit `border-left` links einen gepünktelten, 5 Pixel dicken, grünlichen Rahmen.

Der Ausdruck `rgb(...)` ist dabei immer gleich. Innerhalb der Klammern müssen drei Dezimalwerte oder drei Prozentwerte stehen, durch Kommata voneinander getrennt. Für alle drei Werte sind entweder absolute Zahlen zwischen 0 (kein Anteil der entsprechenden Farbe) und 255 (maximaler Anteil der entsprechenden Farbe) oder Prozentwerte von 0% (kein Anteil an der entsprechenden Farbe) bis 100% (maximaler Anteil der entsprechenden Farbe) erlaubt. Der erste Farbwert bedeutet den Rot-Anteil (r), der zweite Farbwert den Grün-Anteil (g) und der dritte den Blau-Anteil (b) der gewünschten Farbe.

Farbangaben mit dem rgba-Format

Das Schema zu dieser Möglichkeit, Farben in CSS zu definieren, lautet `rgb(rrr, ggg,bbb,a.a)`. Wobei vorherige Angabe um einen vierten Wert ergänzt wird.

Beispiel

```
body {
  background: #EEE;
}
blockquote {
  background: #008080; /* Nur fuer IE <= 8 */
  background: rgba(0, 128, 128, 0.6)
  color: #FFF;
}
```

Erläuterung

Im Beispiel erhält die gesamte Webseite mit `background` eine hellgraue Hintergrundfarbe, und Blockzitate erhalten mit der ersten Definition des Hintergrunds ein helles blaugrün als Füllfarbe. Dies ist notwendig, da der Internet Explorer erst ab der Version 9 diesen Befehl interpretieren kann. Die zweite Zeile gilt für alle modernen/aktuellen Browser. Hier wird dieselbe Farbe mit `rgba(...)` definiert, wie im vorhergehenden Beispiel aus den Werten für Rot (r), Grün (g) und Blau (b). Zusätzlich wird als vierter Wert ein Alphakanal mit 60% angegeben. Damit wird festgelegt, dass die Hintergrundfarbe durchscheinend (transparent) ist. Die Deckkraft wird um 40% herabgesetzt. Wobei Angaben von 1.0 (100% Deckkraft, nicht durchsichtig) bis 0.0 (0% Deckkraft, vollständig durchsichtig) erlaubt sind.

Infos: Im Gegensatz zur Angabe der Transparenz mit `opacity`, welche sich auf den kompletten Elementinhalt bezieht (also auch Texte und Bilder einbezieht), ist bei `rgba(...)` nur die angegebene Eigenschaft – im Beispiel `background` – betroffen.

Anwender-relative Farbwörter (Systemfarben)

Seit CSS 2.0 gibt es die Möglichkeit, anwenderrelative Farbwörter zu verwenden, hinter denen sich Farben verbergen, die der Anwender an seinem Rechner als Arbeitsumgebung eingestellt hat. Auf diese Weise können Sie zur Gestaltung Ihrer Inhalte Farben verwenden, welche auf die Bildschirmumgebungsfarben des Anwenderrechners abgestimmt sind, ohne dass Sie diese Farben kennen. Die erlaubten anwenderrelativen Farbwörter werden im Folgenden erläutert.

Beispiel

```
div.tooltipp {
  color: InfoText;
  background-color: InfoBackground;
}
```

Erläuterung

Im Beispiel wird für eine CSS-Klasse namens `tooltipp` festgelegt, dass `div`-Bereiche mit `class="tooltipp"` als Hintergrund bzw. Vordergrund die Farben erhalten, die der Anwender in seiner grafischen Benutzeroberfläche für Tooltipp-Fenster eingestellt hat. Die nachfolgende Tabelle listet Farbwörter dieser Art auf.

Farbwort	*Bedeutung*
`ActiveBorder`	Rahmenfarbe des aktiven Fensters.
`ActiveCaption`	Hintergrundfarbe der aktiven Fenstertitelzeile.
`AppWorkspace`	Farbe des Hintergrunds der aktiven Anwendung.
`Background`	Farbe des Desktop-Hintergrunds.
`ButtonFace`	Farbe von Buttons in Dialogfenstern.
`ButtonHighlight`	Farbe für 3D-Lichteffekte von Buttons in Dialogfenstern.
`ButtonShadow`	Farbe für 3D-Schatten von Buttons in Dialogfenstern.
`ButtonText`	Farbe von Texten beschrifteter Buttons in Dialogfenstern.
`CaptionText`	Farbe von Überschriften in Dialogfenstern.
`GrayText`	Farbe von deaktiviertem Text in Dialogfenstern.
`Highlight`	Farbe von ausgewählten Einträgen in Auswahllisten.
`HighlightText`	Farbe von selektiertem Text.
`InactiveBorder`	Rahmenfarbe eines nicht aktiven Fensters.
`InactiveCaption`	Hintergrundfarbe einer nicht aktiven Fenstertitelzeile.
`InactiveCaptionText`	Farbe der Überschrift in einer nicht aktiven Fenstertitelzeile.
`InfoBackground`	Farbe für Tooltipps und Hints (kleine Popup-Hilfen).
`InfoText`	Textfarbe für Tooltipps und Hints (kleine Popup-Hilfen).
`Menu`	Farbe für Menüleisten.
`MenuText`	Farbe für Menüeinträge.
`Scrollbar`	Farbe der Scroll-Leiste in Fenstern.
`ThreeDDarkShadow`	Dunkle Farbe bei Schatten von 3D-Elementen.
`ThreeDFace`	Farbe von 3D-Elementen.
`ThreeDHighlight`	Farbe von gerade angeklickten 3D-Elementen.
`ThreeDLightShadow`	Helle Farbe bei Schatten von 3D-Elementen.
`ThreeDShadow`	Dunkle Farbe bei Schatten von 3D-Elementen.
`Window`	Hintergrundfarbe von Dokumentfenstern.
`WindowFrame`	Farbe von Fensterrahmen.
`WindowText`	Farbe von normalem Text in Dokumentfenstern.

13.4.3 Farbnamen

Seit CSS 1.0 besteht die Möglichkeit, für Standard-VGA-Farben auch entsprechende Farbnamen anzugeben. Da in dieser Palette die Farbe Orange fehlt, wurde diese in CSS 2.1 noch als Extra-Farbe mit aufgenommen.

Beispiel

```
body {
  color: black;
  background-color: white;
}
```

Das Beispiel definiert für das Dokument einen weißen Hintergrund und schwarze Schrift.

Nachfolgende Tabelle listet die Farbnamen und die ihnen entsprechenden Hexadezimalangaben auf.

Farbname	Entsprechende Hexadezimalangabe
black	#000000
gray	#808080
maroon	#800000
red	#FF0000
green	#008000
lime	#00FF00
olive	#808000
yellow	#FFFF00
navy	#000080
blue	#0000FF
purple	#800080
fuchsia	#FF00FF
teal	#008080
aqua	#00FFFF
silver	#C0C0C0
white	#FFFFFF
orange	#FFA500

Da Farbnamen sehr praktisch und benutzerfreundlich sind, hat der Netscape-Browser bereits frühzeitig ein umfangreicheres Set von insgesamt 120 Farbnamen entwickelt. Diese Farbnamen gehören zwar nicht zum CSS-Standard, werden aber von allen modernen Browsern erkannt und erzeugen zumindest keine syntaktischen Fehler in CSS:

aliceblue, antiquewhite, aquamarine, azure, beige, blueviolet, brown, burlywood, cadetblue, chartreuse, chocolate, coral, cornflowerblue, cornsilk, crimson, darkblue, darkcyan, darkgoldenrod, darkgray, darkgreen, darkkhaki, darkmagenta, darkolivegreen, darkorange, darkorchid, darkred, darksalmon, darkseagreen, darkslateblue, darkslategray, darkturquoise, darkviolet, deeppink, deepskyblue, dimgray, dodgerblue, firebrick, floralwhite, forestgreen, gainsboro, ghostwhite, gold, goldenrod, greenyellow, honeydew, hotpink, indianred, indigo, ivory, khaki, lavender, lavenderblush, lawngreen, lemonchiffon, lightblue, lightcoral, lightcyan, lightgoldenrodyellow, lightgreen, lightgrey, lightpink, lightsalmon, lightseagreen, lightskyblue, lightslategray, lightsteelblue, lightyellow, limegreen, linen, mediumaquamarine, mediumblue, mediumorchid, mediumpurple, mediumseagreen, mediumslateblue, mediumspringgreen, mediumturquoise, mediumvioletred, midnightblue, mintcream, mistyrose, moccasin, navajowhite, oldlace, olivedrab, orange, orangered, orchid, palegoldenrod, palegreen, paleturquoise, palevioletred, papayawhip, peachpuff, peru, pink, plum, powderblue, rosybrown, royalblue, saddlebrown, salmon, sandybrown, seagreen, seashell, sienna, skyblue, slateblue, slategray, snow, springgreen, steelblue, tan, thistle, tomato, turquoise, violet, wheat, whitesmoke, yellowgreen

13.4.4 Netscape-Farbpalette

Ebenfalls aus der Frühzeit des Web und ebenfalls von Netscape stammt das Konzept der reduzierten Farbpalette, das auf Anzeigegeräte mit maximal 256 Anzeigefarben zugeschnitten ist. Für heutige PCs und Monitore ist dieses Thema längst nicht mehr relevant. Doch durch tragbare Kleingeräte als Web-Zugangsgeräte ist die Netscape-Farbpalette wieder interessant geworden.

Es handelt sich um 216 als plattformübergreifend deklarierte Farbwerte, die in CSS in Form der weiter oben beschriebenen Notationsformen `#RRGGBB` oder `rgb(rrr,ggg, bbb)` verwendet werden können. Nachfolgend werden die erlaubten Farbwerte dieser Palette in Hexadezimalschreibweise aufgelistet. Erkennbar ist, dass immer nur die RGB-Werte mit den Hexadezimalwerten `00`, `33`, `66`, `99`, `CC` und `FF` zum Einsatz kommen. Das entspricht den Dezimalwerten `51`, `102`, `153`, `204` und `255`. Dass so nur 216 Farben zustande kommen und nicht 256, ist Absicht. 40 Farben sollten auf 256-Farben-Displays für System- und Umgebungsfarben übrig bleiben.

#000000	#000033	#000066	#000099	#0000CC	#0000FF
#330000	#330033	#330066	#330099	#3300CC	#3300FF
#660000	#660033	#660066	#660099	#6600CC	#6600FF
#990000	#990033	#990066	#990099	#9900CC	#9900FF
#CC0000	#CC0033	#CC0066	#CC0099	#CC00CC	#CC00FF
#FF0000	#FF0033	#FF0066	#FF0099	#FF00CC	#FF00FF
#003300	#003333	#003366	#003399	#0033CC	#0033FF
#333300	#333333	#333366	#333399	#3333CC	#3333FF
#663300	#663333	#663366	#663399	#6633CC	#6633FF
#993300	#993333	#993366	#993399	#9933CC	#9933FF
#CC3300	#CC3333	#CC3366	#CC3399	#CC33CC	#CC33FF
#FF3300	#FF3333	#FF3366	#FF3399	#FF33CC	#FF33FF
#006600	#006633	#006666	#006699	#0066CC	#0066FF
#336600	#336633	#336666	#336699	#3366CC	#3366FF
#666600	#666633	#666666	#666699	#6666CC	#6666FF
#996600	#996633	#996666	#996699	#9966CC	#9966FF
#CC6600	#CC6633	#CC6666	#CC6699	#CC66CC	#CC66FF
#FF6600	#FF6633	#FF6666	#FF6699	#FF66CC	#FF66FF
#009900	#009933	#009966	#009999	#0099CC	#0099FF
#339900	#339933	#339966	#339999	#3399CC	#3399FF
#669900	#669933	#669966	#669999	#6699CC	#6699FF
#999900	#999933	#999966	#999999	#9999CC	#9999FF

#CC9900	#CC9933	#CC9966	#CC9999	#CC99CC	#CC99FF
#FF9900	#FF9933	#FF9966	#FF9999	#FF99CC	#FF99FF
#00CC00	#00CC33	#00CC66	#00CC99	#00CCCC	#00CCFF
#33CC00	#33CC33	#33CC66	#33CC99	#33CCCC	#33CCFF
#66CC00	#66CC33	#66CC66	#66CC99	#66CCCC	#66CCFF
#99CC00	#99CC33	#99CC66	#99CC99	#99CCCC	#99CCFF
#CCCC00	#CCCC33	#CCCC66	#CCCC99	#CCCCCC	#CCCCFF
#FFCC00	#FFCC33	#FFCC66	#FFCC99	#FFCCCC	#FFCCFF
#00FF00	#00FF33	#00FF66	#00FF99	#00FFCC	#00FFFF
#33FF00	#33FF33	#33FF66	#33FF99	#33FFCC	#33FFFF
#66FF00	#66FF33	#66FF66	#66FF99	#66FFCC	#66FFFF
#99FF00	#99FF33	#99FF66	#99FF99	#99FFCC	#99FFFF
#CCFF00	#CCFF33	#CCFF66	#CCFF99	#CCFFCC	#CCFFFF
#FFFF00	#FFFF33	#FFFF66	#FFFF99	#FFFFCC	#FFFFFF

13.5 CSS3

Seit 1999 wird der CSS3-Standard beim W3-Konsortium entwickelt. Ein wahres Mammutwerk ist dieses Œuvre, bestehend aus etwa 30 Einzelspezifikationen. Nicht Weniges davon wird wohl rein akademisch bleiben. Doch andererseits spezifiziert CSS3 erstmals offiziell Style-Eigenschaften, die in der Praxis seit Jahren heiß begehrt sind und auch von neueren Browsern schon leidlich umgesetzt werden. Grund genug für einen Überblick über die Baustellen von CSS3.

Man kann diesen Abschnitt durchaus schon als Überleitung zum nächsten Buchkapitel über CSS-Eigenschaften verstehen. Denn der CSS3-Überblick zeigt auch, welche CSS-Eigenschaften im künftigen CSS3-Standard wo behandelt werden.

Die Module von CSS3 sind die eigentliche Weiterentwicklung des Sprachumfangs von CSS. Die Module übernehmen den CSS-2.1-Standard und erweitern diesen. Die Aufteilung in Module hat den Vorteil, dass jedes dieser Module eine eigene W3-Spezifikation ist. Jedes dieser Module hat folglich auch eine eigene Dynamik bei der Entwicklung und beim Review-Prozess.

Modul: Animations

Dieses Modul enthält eine neue Regel namens `@keyframes` sowie ein paar neue CSS-Eigenschaften wie z. B. `animation-duration`, `animation-iteration-count`, `animation-play-state` usw. Mit deren Hilfe lassen sich beliebige andere CSS-Eigenschaften von Elementen dynamisch auf einer Zeitachse verändern. Auf diese Weise werden einfache Animationen ohne JavaScript möglich. Dennoch definiert das Modul auch eine DOM-Schnittstelle, um erweitertes Event-Handling zu ermöglichen. Das Animation-Modul ermöglicht zeitgesteuerte Zustände. Verfeinern lassen sich solche Animationen mit den Möglichkeiten des weiter unten beschriebenen Transition-Moduls.

CSS Animations Module Level 3

Status zum Redaktionszeitpunkt: *Working Draft* (Arbeitsentwurf)
Priorität laut W3-Konsortium: mittel
http://www.w3.org/TR/css3-animations/

Obwohl es sich um einen Arbeitsentwurf handelt, wird dieses Modul von allen aktuellen Browsern (außer Internet Explorer 9, für Version 10 ist die Umsetzung geplant) mit proprietären Präfixes unterstützt.

Modul: Backgrounds and Borders

Dieses Modul erweitert das Set der CSS-Eigenschaften, die mit `background-` und `border-` beginnen, ist also zuständig für Hintergrundfarben und Rahmen. Hervorzuheben sind folgende Neuerungen gegenüber CSS 2.1:

- die Eigenschaft `background-size` zum Skalieren eines Hintergrundbildes im Erstreckungsraum eines Elements,
- die Eigenschaft `border-radius` zum Definieren abgerundeter Ecken und
- das neue Set von Eigenschaften, beginnend mit `border-image-`, das die Definition grafischer Schmuckrahmen ermöglicht.

CSS Backgrounds and Borders Module Level 3

Status zum Redaktionszeitpunkt: Recommendation (offizielle Empfehlung)
http://www.w3.org/TR/css3-background/

Alle Browser unterstützen dieses CSS3-Modul. Der Microsoft Internet Explorer unterstützt dieses Modul aber erst in der neuesten Version 9.

Modul: Basic User Interface

In diesem Modul werden Style-Bestandteile behandelt, die im Zusammenhang mit interaktiven Elementen wie Formularelementen, Hyperlinks oder anderweitig interaktiv verwendeten Elementen von Bedeutung sind. Auch die Gestaltung des Cursors (die bereits bekannte Eigenschaft `cursor`) gehört in dieses Modul. An Neuigkeiten hervorzuheben ist ein neues Set von wichtigen Eigenschaften, die mit `outline-` beginnen. Es handelt sich dabei um Rahmen um Elemente, die jedoch im Gegensatz zu Rahmen mit `border`-Eigenschaften keinen zusätzlichen Raum einnehmen, sondern nur zur interaktiven Hervorhebung des Elements in bestimmten Zusammenhängen dienen. Weiterhin enthält das Modul eine ganze Reihe neuer Pseudo-Klassen, etwa `:valid` und `:invalid` zur optischen Unterscheidung gültiger und ungültiger Inhalte (etwa eines Formularelements), oder `:in-range` und `:out-of-range`, um Werte im gültigen Bereich und Werte außerhalb des gültigen Bereichs optisch zu kennzeichnen.

Für einigen Wirbel in der Szene hat auch eine unscheinbare neue Eigenschaft namens `box-sizing` gesorgt, die in diesem Modul beheimatet ist. Diese Eigenschaft hebelt kurzerhand das bisher gültige Boxmodell des W3-Konsortiums aus und ersetzt es durch das früherer Internet-Explorer-Versionen, das aus Sicht von einigen Layoutgestaltern durchaus seine Vorteile hat.

Links

CSS3 Basic User Interface Module
Status zum Redaktionszeitpunkt: *Candidate Recommendation* (Kandidat für offizielle Empfehlung)
Priorität laut W3-Konsortium: mittel
http://www.w3.org/TR/css3-ui

Infos

Obwohl dieses Modul noch kein offizieller Standard ist, wird es von den meisten Browsern – wenn auch mit proprietären Präfixes – unterstützt.

Modul: Basic Box Model

In diesem Modul werden zahlreiche aus CSS 2.1 bekannte Eigenschaften versammelt, wie `display`, `float` und `clear`, `width`, `height`, `overflow`, `margin`- und `padding`-Eigenschaften. Wichtige Neuerungen sind hier die `rotation`-Eigenschaften, mit deren Hilfe das Kippen bzw. Schräg- oder Senkrechtstellen von Text möglich ist.

Links

CSS basic box model
Status zum Redaktionszeitpunkt: *Working Draft* (Arbeitsentwurf)
Priorität laut W3-Konsortium: mittel
http://www.w3.org/TR/css3-box

Infos

Die unter CSS 2.1 bekannten Eigenschaften werden von allen Browsern unterstützt. Die neue Eigenschaft `rotation` wird von allen aktuellen Browser mit einem propritären Präfix unterstützt.

Modul: Behavioral Extensions to CSS

Dieses Modul definiert eine CSS-Schnittstelle für Style-Bezüge von HTML-Elementen, die nichts mit CSS zu tun haben. So gibt es etwa die vom Mozilla-Projekt entwickelte XML-Sprache ***XBL*** (*XML Binding Language*), mit deren Hilfe sich das Aussehen und Verhalten von HTML-Elementen beschreiben lässt. Das CSS-Modul definiert eine CSS-Eigenschaft namens `binding`, über die der Bezug zu URLs mit solchen Beschreibungen hergestellt werden kann.

Links

Behavioral Extensions to CSS
Status zum Redaktionszeitpunkt: *Working Draft* (Arbeitsentwurf)
Priorität laut W3-Konsortium: niedrig
http://www.w3.org/TR/becss

Infos

Die Eigenschaft `binding` wird nur von Browsern mit der Gecko-Engine (bspw. Firefox) mit dem zusätzlichen Präfix `-moz` unterstützt.

Modul: Cascading and Inheritance

Dieses Modul beschreibt die Prinzipien von Kaskadierung und Vererbung von CSS-Eigenschaften an Kindelemente. Das Modul enthält keine wesentlichen Neuerungen gegenüber CSS 2.0/2.1.

Links

CSS3 module: Cascading and inheritance

Status zum Redaktionszeitpunkt: *Working Draft* (Arbeitsentwurf)
Priorität laut W3-Konsortium: mittel
http://www.w3.org/TR/css3-cascade

Infos

Da es sich bei diesem Modul um eine weitgehende Zusammenfassung bestehender Standards handelt, wird es von allen Browsern unterstützt.

Modul: Color

Dieses Modul beschreibt die bekannte `color`-Eigenschaft, weiterhin jedoch auch die neue, wichtige Eigenschaft `opacity` für halbtransparente Elemente (unterhalb positionierte Elemente scheinen je nach Deckungsgrad mehr oder weniger stark durch – Effekte also, die aus Computerspielen, aber auch aus neueren Bestriebssystem-Oberflächen wie Mac OS X oder dem Aero-Theme von Windows bekannt sind und beim Webdesign stark nachgefragt werden. Dazu kommen neue Möglichkeiten, Farben zu definieren. So wird der bekannten `rgb()`-Methode eine `hsl()`-Methode zur Seite gestellt, die Farben auf der Basis von HSL (H = *hue* = Farbton, S = *saturation* = Sättigung, L = *lightness* = Leuchtkraft) mittels Prozentwerten beschreibt. Weiterhin lassen sich RGBa-Farben mit der Methode `rgba()` definieren. Das `a` steht für den Alphakanal und beschreibt die Transparenz bzw. Deckkraft einer Farbe. Auch eine entsprechende Methode für den HSL-Farbraum mit Alphakanal – `hsla()` – ist enthalten.

Links

CSS3 module: Cascading and inheritance

Status zum Redaktionszeitpunkt: *Recommendation* (Empfehlung)
Priorität laut W3-Konsortium: mittel
http://www.w3.org/TR/css3-color

Infos

Alle Methoden und Eigenschaften werden von den gängigen Browsern unterstützt. Microsoft Internet Explorer unterstützt dieses Modul ab der Version 9.

Modul: Flexible Box Layout

Dieses Modul bietet neue Möglichkeiten an, Elemente anzuordnen. In CSS 2.0/2.1 lassen sich manche Anordnungen, etwa zwei nebeneinander angeordnete Buttons in einem Bereich, wobei der eine links- und der andere rechtsbündig ausgerichtet sein soll, nur mit umfangreichen Code und einigen Tricks erreichen. Manche Designer greifen auch gleich zur althergebrachten blinden Tabelle, um solche Aufgaben zu lösen. Das Flexbox-Modul von CSS3 schafft mit `box-orientation`, `box-direction`, `box-align` und anderen, mit `box-` beginnenden Eigenschaften neue Möglichkeiten der Anordnung.

Links

Flexible Box Layout Module

Status zum Redaktionszeitpunkt: *Working Draft* (Arbeitsentwurf)
Priorität laut W3-Konsortium: mittel
http://www.w3.org/TR/css3-flexbox

Infos

Das FlexBox-Modul wird von allen Browser mit einem proprietären Präfix unterstützt. Für den Internet Explorer ist die Unterstützung für die Version 10 geplant.

Modul: Fonts

In diesem Modul werden die aus früheren CSS-Versionen bereits bekannten Eigenschaften versammelt, die mit `font-` beginnen.

Links

CSS Fonts Module Level 3

Status zum Redaktionszeitpunkt: *Working Draft* (Arbeitsentwurf)
Priorität laut W3-Konsortium: mittel
http://dev.w3.org/csswg/css3-fonts

Infos

Die Umsetzung dieses Moduls ist bei allen Browsern vorhanden.

Modul: Generated Content for Paged Media

Dieses Modul erweitert die mit CSS 2.0 eingeführten Möglichkeiten, CSS für Printlayouts bzw. seitenorientierte Ausgaben zu nutzen. In CSS3 werden die Möglichkeiten stark erweitert, etwa um laufende Kopf- und Fußzeilen mit automatisiertem Überschriftenbezug, um Seiten- und Kapitelnummerierung, Fußnotenautomatik, usw.

Links

CSS Generated Content for Paged Media Module

Status zum Redaktionszeitpunkt: *Working Draft* (Arbeitsentwurf)
Priorität laut W3-Konsortium: mittel
http://www.w3.org/TR/css3-gcpm

Infos

Die Umsetzung für dieses Modul ist, soweit es Empfehlungen aus CSS2 betrifft, durchgeführt. Die neu hinzugekommenen Eigenschaften werden noch nicht unterstützt.

Modul: Generated and Replaced Content

In dieses Modul gehören bereits aus CSS 2.0 bekannte Pseudo-Klassen wie `:before` und `:after` sowie die Möglichkeit, die automatische Nummerierung von Elementen mit CSS zu realisieren. In CSS3 gesellen sich weitere Möglichkeiten hinzu, etwa die `move-to`-Eigenschaft, um Elemente innerhalb des HTML-Dokuments zu verschieben, oder die `quotes`-Eigenschaft, die es beispielsweise erlaubt, sprachabhängige Anführungszeichen zu definieren.

Links

CSS3 Generated and Replaced Content Module

Status zum Redaktionszeitpunkt: *Working Draft* (Arbeitsentwurf)
Priorität laut W3-Konsortium: niedrig
http://www.w3.org/TR/css3-content

Infos: Soweit es CSS2-Standards betrifft ist die Umsetzung erfolgt. Alle neu in CSS3 definierten Eigenschaften, werden noch nicht unterstützt.

Modul: Grid Positioning

Grid bedeutet so viel wie Raster. Das Grid-Modul bringt neue Eigenschaften und sogar eine neue Maßeinheit namens `gr` (1 grid) ins Spiel, um Webdesign-Konzepte zu unterstützen, die in Tabellen denken: mehrere Spalten (`grid-columns`-Eigenschaft), mehrere Zeilen (`grid-rows`-Eigenschaft), erkennbare gedachte Linien sowohl senkrecht als auch waagerecht, was bei inhaltlich vollgepfropften Seiten für mehr Übersichtlichkeit und Ruhe sorgen soll. In manchen Kreisen der Webdesign-Szene wird gridbasiertes Layout favorisiert, weshalb dieses Modul bereits viel Beachtung erhalten hat. Seine Entwicklung schreitet aber nur schleppend voran.

Links: **CSS Grid Positioning Module Level 3**
Status zum Redaktionszeitpunkt: *Working Draft* (Arbeitsentwurf)
Priorität laut W3-Konsortium: mittel
http://www.w3.org/TR/css3-grid

Infos: Eine Umsetzung des Grid-Layouts ist noch nicht erfolgt.

Modul: Hyperlink Presentation

Dieses Modul verlagert das `target`-Attribut von HTML in CSS und erweitert es um ein Set neuer Eigenschaften wie `target-name`, `target-new`, `target-position` und `target-property`. Das ist durchaus sinnvoll, denn so lassen sich beispielsweise klassenabhängig Links in neuen Fenstern/Tabs öffnen, also etwa nur Links zu externen Zielen.

Links: **CSS3 Hyperlink Presentation Module**
Status zum Redaktionszeitpunkt: *Working Draft* (Arbeitsentwurf)
Priorität laut W3-Konsortium: niedrig
http://www.w3.org/TR/css3-hyperlinks

Infos: Ein Umsetzung dieses Moduls durch die Browserhersteller ist noch nicht erfolgt

Modul: Image Values and Replaced Content

Dieses Modul beschreibt ein neues Format namens `image()`. Anders als bei `url()` besteht dabei die Möglichkeit, optionale Angaben zu notieren. Das können Bildauflösungsangaben sein, alternative Farben, falls das Bild nicht angezeigt werden kann, oder – und das ist besonders interessant – Angaben, um nur einen bestimmten Bildausschnitt anzuzeigen. Letztere Möglichkeit ist die Basis der sogenannten *CSS-Sprites*. Dabei werden kleinere Grafikressourcen einer Website alle in einer Grafik angeordnet. So müssen nicht Dutzende von Grafikdateien via HTTP übertragen werden, sondern nur eine. Und es wird jeweils nur ein bestimmter Bildausschnitt angezeigt, der eine jeweils benötigte Grafik zeigt.

Links

CSS Image Values Module Level 3
Status zum Redaktionszeitpunkt: *Working Draft* (Arbeitsentwurf)
Priorität laut W3-Konsortium: mittel
http://www.w3.org/TR/css3-images

Infos

Die Umsetzung dieses Moduls ist noch nicht erfolgt.

Modul: Line Box

In CSS 2.0/2.1 erschöpft sich die Möglichkeit der Kontrolle von Elementen innerhalb einer Zeile im Wesentlichen auf die Eigenschaften `line-height` und `vertical-align`. Diese Eigenschaften finden sich auch im Line-Grid-Modul wieder, gehen dort aber fast unter in einer Fülle weiterer neuer Eigenschaften, etwa die `line-stack`-Eigenschaften, die das Ausfüllen von Blockelementen mit Inhalten regeln, oder die `alignment`-Eigenschaften, die vor allem diverse Arten von typografischen Basislinien berücksichtigen. Einige dieser Eigenschaften sind vorwiegend für fernöstliche Silbensprachen von Bedeutung.

Links

CSS3 module: line
Status zum Redaktionszeitpunkt: *Working Draft* (Arbeitsentwurf)
Priorität laut W3-Konsortium: mittel
http://www.w3.org/TR/css3-linebox

Infos

Die Umsetzung dieses Moduls ist noch nicht erfolgt.

Modul: Lists and Counters

Dieses Modul greift im Wesentlichen die Listeneigenschaften von CSS 2.0/2.1 auf (`list-style` usw.). Neu ist das Pseudo-Element `:marker`, das es erlaubt, Aufzählungszeichen oder Nummerierungszahlen genau zu formatieren.

Links

CSS Lists and Counters Module Level 3
Status zum Redaktionszeitpunkt: *Working Draft* (Arbeitsentwurf)
Priorität laut W3-Konsortium: niedrig
http://www.w3.org/TR/css3-lists

Infos

Die bereits in CSS2 eingeführten Eigenschaften, werden von allen Browsern unterstützt. Die neuen Eigenschaften sind noch nicht umgesetzt worden.

Modul: Marquee

Dieses Modul lässt das Microsoft-proprietäre HTML-Element `marquee` wieder auferstehen. Mit Hilfe eines Sets von Eigenschaften namens `overflow-style`, `marquee-style`, `marquee-play-count`, `marquee-direction` und `marquee-speed` lässt sich jedes HTML-Element in einen animierten Lauftext verwandeln.

Links

CSS Marquee Module Level 3

Status zum Redaktionszeitpunkt: Candidate Recommendation (Kanditat für offizielle Empfehlung)
Priorität laut W3-Konsortium: hoch
http://www.w3.org/TR/css3-marquee

Infos

Dieses Modul wurde noch nicht umgesetzt.

Modul: Multi-column Layout

Mit diesem Modul wird ein alter HTML-Ansatz von Netscape wieder aufgegriffen, nämlich mehrspaltiger Textfluss mit automatischem Spaltenumbruch. Ein Set neuer Eigenschaften, nämlich `column-width`, `column-count`, `columns`, `column-gap`, `column-rule-color`, `column-rule-style`, `column-rule-width`, `column-rule` und `column-span` ermöglicht das Definieren von Spalten, Spaltenbreiten, Abständen, Verhaltensweisen, usw.

Links

CSS Multi-column Layout Module

Status zum Redaktionszeitpunkt: *Candidate Recommendation* (Kanditat für offizielle Empfehlung)
Priorität laut W3-Konsortium: mittel
http://www.w3.org/TR/css3-multicol

Infos

Die Eigenschaften dieses Moduls wurden in allen gängigen Browsern, mit proprietären Präfixes umgesetzt. Der Microsoft Internet Explorer 9 setzt dieses Modul noch nicht um, für die Version 10 ist es aber geplant.

Modul: Namespaces

Dieses Modul ist vor allem im Zusammenhang mit der XML-Verarbeitung von XHTML oder anderen XML-basierten Sprachen von Bedeutung. Es erlaubt mit Hilfe einer neuen Regel namens `@namespace` das Definieren von Namensräumen analog zu XML. Dadurch lassen sich namensraumabhängige Elemente über Selektoren gezielt adressieren.

Links

CSS Namespaces Module

Status zum Redaktionszeitpunkt: *Candidate Recommendation* (Kanditat für offizielle Empfehlung)
Priorität laut W3-Konsortium: mittel
http://www.w3.org/TR/css3-namespace

Infos

Dieses Modul wurde noch nicht umgesetzt.

Modul: Paged Media

Dieses Modul setzt auf den bereits in CSS 2.0 eingeführten CSS-Konzepten für Print-Layouts bzw. seitenorientierten Ausgaben auf. So lässt sich etwa die Seitengröße definieren, linke und rechte Seiten lassen sich unterscheiden, Seitenränder bestimmen, und Angaben zur Seitenumbruchkontrolle können notiert werden. Neu sind die Bezeichnungen zur genauen, Layout abhängigen Adressierung bestimmter Kopf-, Fuß- und Randbereiche sowie Angaben zur Darstellung von Bildern, die größer als die Seite sind.

CSS3 Module: Paged Media
Status zum Redaktionszeitpunkt: *Working Draft* (Arbeitsentwurf)
Priorität laut W3-Konsortium: mittel
http://www.w3.org/TR/css3-page

Dieses Modul wurde noch nicht umgesetzt.

Modul: Presentation Levels

Dieses Modul bietet eine Möglichkeit an, die Elemente eines HTML-Dokuments intern mit Nummern für Hierarchie-Ebenen oder mit Laufnummern zu versehen. Damit erhalten die Elemente DOM-Informationen, die von Scripts genutzt werden können, um den Inhalt eines solchen HTML-Elements in besonderer Form darzustellen, z. B. als Outlining (Gliederungsansicht) oder als Slideshow (Diashow).

CSS3 module: Presentation Levels
Status zum Redaktionszeitpunkt: *Working Draft* (Arbeitsentwurf)
Priorität laut W3-Konsortium: niedrig
http://www.w3.org/TR/css3-preslev

Dieses Modul wurde noch nicht umgesetzt.

Modul: Ruby

HTML5 bietet bereits auf logischer Auszeichnungsebene die Möglichkeit an, Ruby-Text zu notieren – eine in fernöstlichen Sprachen vorkommende Art und Weise, Schriftzeichen mit zusätzlichen Informationen auszustatten, um die im Kontext gemeinte Bedeutung der Schriftzeichen zu präzisieren. Das CSS-Ruby-Modul ergänzt diesen Ansatz um eine Reihe neuer CSS-Eigenschaften, nämlich `ruby-position`, `ruby-align`, `ruby-overhang` und `ruby-span`, mit deren Hilfe sich Ruby-Annotationen exakter positionieren lassen.

CSS3 Ruby Module
Status zum Redaktionszeitpunkt: *Working Draft* (Arbeitsentwurf)
Priorität laut W3-Konsortium: mittel
http://www.w3.org/TR/css3-ruby

Dieses Modul wird bereits von allen gängigen Browsern unterstützt.

Modul: Speech

In diesem Modul werden die auralen Stylesheet-Eigenschaften weiterentwickelt, die bereits mit CSS 2.0 eingeführt wurden, im 2.1-Standard jedoch wegen mangelnder

Praxisrelevanz erst einmal wieder entfernt wurden. Es handelt sich um Eigenschaften zur Steuerung von Sprachsynthesizern.

Links

CSS Speech Module
Status zum Redaktionszeitpunkt: *Working Draft* (Arbeitsentwurf)
Priorität laut W3-Konsortium: mittel
http://www.w3.org/TR/css3-speech

Infos

Dieses Modul wurde noch nicht umgesetzt.

Modul: Syntax

Dieses Modul beschreibt innerhalb von CSS3 die allgemeine Syntax, die Grammatik und das Fachvokabular von CSS.

Links

CSS3 module: Syntax
Status zum Redaktionszeitpunkt: *Working Draft* (Arbeitsentwurf)
Priorität laut W3-Konsortium: niedrig
http://www.w3.org/TR/css3-syntax

Modul: Text

In diesem Modul werden Eigenschaften rund um die Textkontrolle versammelt. Darunter sind aus früheren CSS-Versionen bekannte Eigenschaften wie `text-align`, `white-space`, `word-spacing` oder `letter-spacing`. Es kommen jedoch auch neue Eigenschaften hinzu, etwa `text-wrap` für die Textumbruchkontrolle sowie die beiden bereits sehr beliebten neuen Eigenschaften `text-shadow` und `text-outline` für grafische Schrifteffekte.

Links

CSS Text Level 3
Status zum Redaktionszeitpunkt: *Working Draft* (Arbeitsentwurf)
Priorität laut W3-Konsortium: mittel
http://www.w3.org/TR/css3-text

Infos

Die Eigenschaften dieses Moduls werden von allen gängigen Browsern unterstützt.

Modul: Template Layout

Dieses Modul spezifiziert eine neuartige Möglichkeit, komplexe Webseitenlayouts zu definieren. Dazu wird der Anzeigebereich in Regionen unterteilt, welche sich mit Hilfe entsprechender Angaben anordnen lassen. Das Ganze erinnert an die alte, obsolete HTML-Technik der Framesets und stellt wohl auch den Versuch dar, Framesets auf CSS-Basis zu realisieren.

CSS Template Layout Module

Status zum Redaktionszeitpunkt: *Working Draft* (Arbeitsentwurf)

Priorität laut W3-Konsortium: mittel

http://www.w3.org/TR/css3-layout

Dieses Modul wurde noch nicht umgesetzt.

Module: 2D Transforms, 3D Transforms

Diese Module stellen neue Eigenschaften bereit, um HTML-Text zweidimensional bzw. dreidimensional zu drehen oder zu dehnen.

CSS 2D Transforms Module Level 3

Status zum Redaktionszeitpunkt: *Working Draft* (Arbeitsentwurf)
Priorität laut W3-Konsortium: mittel
http://www.w3.org/TR/css3-2d-transforms

CSS 3D Transforms Module Level 3

Status zum Redaktionszeitpunkt: *Working Draft* (Arbeitsentwurf)
Priorität laut W3-Konsortium: mittel
http://www.w3.org/TR/css3-3d-transforms

Die Umsetzung der Eigenschaften ist in allen gängigen Browsern (Internet Explorer ab Version 9) mit proprietären Präfixes erfolgt.

Modul: Transitions

Dieses Modul führt ein Set neuer Eigenschaften ein: `transition`, `transition-delay`, `transition-duration`, `transition-property` und `transition-timing-function`. Mit Hilfe dieser Eigenschaften lassen sich sanfte Übergänge zwischen verschiedenen Werten zu einer visuellen CSS-Eigenschaft definieren.

CSS Transitions Module Level 3

Status zum Redaktionszeitpunkt: *Working Draft* (Arbeitsentwurf)
Priorität laut W3-Konsortium: mittel
http://www.w3.org/TR/css3-transitions

Die Umsetzung der Eigenschaften ist in allen gängigen Browsern (Internet Explorer geplant ab Version 10) mit proprietären Präfixes erfolgt.

Modul: Values and Units

Das Modul beschreibt die in CSS3 verwendeten Wertetypen für Eigenschaften und die verwendeten Maßeinheiten. Es kommen diverse neue Maßeinheiten hinzu, nämlich:

- `gd` für die Spalten- oder Reihenzahl in einem Grid-Layout
- `rem` für die Schriftgröße des Wurzelelements

- `vw` für die Breite des Viewports, also des für die Webseite verfügbaren Bereichs im Anzeigefenster des Browsers
- `vh` für die Höhe des Viewports
- `vm` für die kleinere Seite des Viewports (Breite oder Höhe, je nachdem, wie der Viewport beschaffen ist oder wie herum das zugehörige Gerät aktuell gehalten wird)
- `ch` für die Breite des Glyphens ***0*** in der aktuell verwendeten Schriftart
- `deg` für Grad (1/360 eines Kreises)
- `grad` für Gon (geodätisches Winkelmaß)
- `rad` für Radiant
- `turn` für Turn (400 Gon)
- `ms` für Millisekunden
- `s` für Sekunden
- `Hz` für Hertz
- `kHz` für Kilohertz

Links

CSS3 Values and Units

Status zum Redaktionszeitpunkt: *Working Draft* (Arbeitsentwurf)
Priorität laut W3-Konsortium: mittel
http://www.w3.org/TR/css3-values

Infos

Die Umsetzung ist bis jetzt teilweise bei Firefox (mit proprietärem Präfix) durchgeführt worden.

Modul: Writing Modes

Dieses Modul befindet sich noch im Frühstadium. Es überträgt die HTML-Konzepte für bidirektionalen Text (`bdo`-Element) in CSS und stellt Eigenschaften zur Kontrolle von Textrichtungswechseln innerhalb eines Dokuments bereit.

Links

CSS Writing Modes Module Level 3

Status zum Redaktionszeitpunkt: *Working Draft* (Arbeitsentwurf)
Priorität laut W3-Konsortium: mittel
http://www.w3.org/TR/css3-writing-modes/

Infos

Dieses Modul wurde noch nicht umgesetzt.

13.5.1 CSS3-Profile

CSS wird künftig nicht nur aus Versionen bestehen, sondern auch aus sogenannten ***Profilen***. CSS-Profile sind CSS-Subsets für bestimmte Ausgabemedien. Zum Redaktionszeitpunkt existieren die ersten drei dieser Profile: das Mobile-Profil für Mobiltelefone und PDAs, das Print-Profil für Druckmedien und das TV-Profil für Fernsehgeräte.

Mobile-Profil

Das Mobile-Profil beschreibt ein Subset von CSS-Regeln, -Selektoren und -Eigenschaften für höherwertige Mobilfunkgeräte und Handhelds. Das Eigenschaften-Set besteht aus den meisten visuellen Eigenschaften von CSS 2.1, ergänzt um die Marquee-Eigenschaften von CSS3, wohl in der Annahme, dass Lauftext für kleine Displays eine Design-Alternative sein könnte.

Links

CSS Mobile Profile 2.0

Status zum Redaktionszeitpunkt: Version 2.0, *Candidate Recommendation* (Kandidat für offizielle Empfehlung)

http://www.w3.org/TR/css-mobile

Print-Profil

Dieses Profil legt fest, welche Regeln, Selektoren und Eigenschaften Drucker von CSS interpretieren und umsetzen können sollten, wenn kein spezieller Druckertreiber installiert werden kann oder soll. Dazu gehören natürlich vor allem die Regeln und Eigenschaften für Paged Media, darunter auch die neueren Regeln zum Ansprechen bestimmter Seitenrandbereiche.

Links

CSS Print Profile

Status zum Redaktionszeitpunkt: *Working Draft* (Arbeitsentwurf)

http://www.w3.org/TR/css-print

TV-Profil

In diesem Profil wird beschrieben, über welche CSS-Fähigkeiten ein in TV-Geräte integrierter Web-Browser verfügen sollte. Im Wesentlichen entspricht das dem Sprachumfang von CSS 2.1, ergänzt um einige wichtige neuere CSS3-Eigenschaften.

Links

CSS TV Profile 1.0

Status zum Redaktionszeitpunkt: *Candidate Recommendation* (Kandidat für offizielle Empfehlung)

http://www.w3.org/TR/css-tv

14 CSS-Eigenschaften

- *Welche Eigenschaften es in CSS zur Definition von Formaten gibt*
- *Wie Sie CSS-Eigenschaften jeweils richtig anwenden*

Dieser Abschnitt gibt an Hand von kleinen Beispielen einen Überblick über die gängigen CSS-Eigenschaften. Von CSS3 werden dabei nur Eigenschaften berücksichtigt, die bereits in der Praxis anwendbar sind. Auf die Beschreibung von Eigenschaften für Print-Layouts wird verzichtet, ebenso auf die von Eigenschaften für Sprachsynthesizer. Die Referenzinformationen am Ende der einzelnen Abschnitte beziehen sich auf die CSS-Referenz im Anhang.

14.1 Schriftformatierung

Unter Schriftformatierung sind Angaben zu Schriftarten, Schriftgrößen, Schriftfarben, Schriftgewicht, Zeichen- und Wortabständen, usw. zu verstehen. Sinnvoll sind solche Angaben für alle HTML-Elemente, die Text enthalten können. Dazu gehören alle Elemente, die im Kapitel *4 Textstrukturierung* beschrieben werden, aber natürlich auch Elemente für Tabellen oder Formulare. Auch auf das `html`- und das `body`-Element lassen sich die hier beschriebenen Eigenschaften anwenden – in diesem Fall gelten die Formatdefinitionen für alle Text-Elemente des HTML-Dokuments.

14.1.1 Schriftart

Schriftarten sind beispielsweise Arial, Helvetica, Times New Roman usw. Auch generische Schriftfamilien wie Sans Serif gehören dazu. Bei der hier beschriebenen CSS-Eigenschaft `font-family` können Sie Schriftarten angeben, ohne sich darum kümmern zu müssen, ob und wie die Schriftart beim Anwender angezeigt werden kann. Falls keine der angegebenen Schriftarten angezeigt werden kann, bleibt die Angabe wirkungslos. Eine Möglichkeit, Schriftarten durch Angabe einer serverseitig installierten, mit übertragenen Schriftart zu erzwingen, wird in *14.2 Schriftformatierung mit Schriftartendatei* beschrieben.

Beispiel

```
<p>
  <span style="font-family: 'Times New Roman', Times, serif">
    kleiner Beispieltext in Times New Roman
  </span><br>
  <span style="font-family: 'Times New Roman', Times, serif;
               font-size:200%">
    großer Beispieltext in Times New Roman
```

```
  </span>
</p>
```

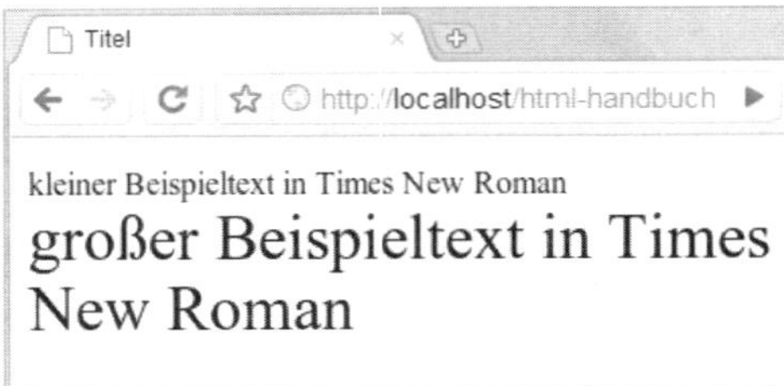

Bild 14.1: Ein font-family-Beispiel im Browser

Erläuterung

Mit `font-family:` können Sie eine oder mehrere Schriftarten bestimmen. Bei mehreren angegebenen Schriftarten ist die Reihenfolge der Angabe entscheidend: Ist die erste angegebene Schriftart verfügbar, wird diese verwendet. Ist sie nicht verfügbar, wird die zweite Schriftart verwendet, falls diese verfügbar ist, usw.

Trennen Sie mehrere Schriftartennamen durch Kommata. Das W3-Konsortium empfiehlt, Schriftartnamen, die Leerzeichen enthalten, in Anführungszeichen zu setzen, also z. B. `font-family:"Century Schoolbook", Times`. Sie können dazu die doppelten oder die einfachen Anführungszeichen (Hochkomma) verwenden. Falls die CSS-Eigenschaften wie im obigen Beispiel innerhalb eines `style`-Attributs im HTML-Quelltext vorkommen, dürfen Sie nicht die gleichen Anführungszeichen verwenden wie bei der HTML-Attributzuweisung. Im obigen Beispiel sehen Sie, dass die Wertzuweisung an das `style`-Attribut in doppelten Anführungszeichen steht. Innerhalb davon werden für `'Times New Roman'` deshalb einfache Anführungszeichen verwendet, um Konflikte zu vermeiden.

Generische Schriftfamilien

Folgende generische Schriftfamilien sind fest vordefiniert – diese Angaben können Sie also neben Schriftartnamen benutzen:

- `serif` = eine Schriftart mit Serifen (beispielsweise Times),
- `sans-serif` = eine Schriftart ohne Serifen (beispielsweise Arial),
- `cursive` = eine Schriftart für Schreibschrift,
- `fantasy` = eine Schriftart für ungewöhnliche Schrift,
- `monospace` = eine Schriftart mit dicktengleichen Zeichen (bspw. Courier).

Es empfiehlt sich, generische Schriftarten als letzte Angabe einer Wertzuweisung an `font-family` zu notieren – wie im ersten der obigen Beispiele. Damit bieten Sie dem Browser die Chance, eine Schriftart auszuwählen, die zumindest vom Typ her der gewünschten entspricht, falls die andere Schrift nicht auf dem System vorhanden ist.

Weitere Hinweise

Achten Sie auf die genaue Schreibweise der Schriftartenbezeichnung. Im Zweifelsfall ist es sinnvoll, sich mit Hilfe eines Font-Management-Programms die Schriftart anzeigen zu lassen. Dabei wird auch die korrekte Schriftartenbezeichnung mit ausgegeben.

Referenzinformationen

CSS-Eigenschaft `font-family`:

CSS 1.0

14.1.2 Schriftvariante, Schriftgewicht, Schriftstil und Schriftgröße

All diese Eigenschaften für die Standard-Schriftformatierung beginnen ebenso wie `font-family` mit `font-`.

Beispiel

```
<!DOCTYPE html>
<html>
  <head>
    <meta charset="utf-8">
    <title>Titel</title>
    <style>
      .kursiv { font-style: italic; }
      .grosskursiv { font-style: italic; font-size: large; }
    </style>
  </head>
  <body>
    <p>
      <span class="kursiv">
        kleiner Beispieltext mit Schriftstil italic
      </span><br>
      <span class="grosskursiv">
        großer Beispieltext mit Schriftstil italic
      </span>
    </p>
    <p style="font-variant: small-caps; font-size: 5em">
      sehr großer Beispieltext mit Kapitälchen
    </p>
    <p>
      <span style="font-weight: bold">
        kleiner fetter Beispieltext
      </span><br>
      <span style="font-weight: 600; font-size: 200%">
        großer Beispieltext mit Schriftgewicht 600 von 900
      </span>
    </p>
  </body>
</html>
```

Bild 14.2: Schriftvariante, Schriftgewicht, Schriftstil und Schriftgröße im Browser

Erläuterung

Mit `font-style:` können Sie die Neigung der Schrift beeinflussen. Mit `italic` weisen Sie wie im Beispiel im zentralen `style`-Bereich einen kursiven Schriftstil zu, mit `normal` einen Schriftstil ohne Neigung. Anstelle von `italic` können Sie auch `oblique` zuweisen.

Mit `font-variant:` können Sie eine alternative Darstellungsform der Schrift erzwingen. Derzeit wird dabei nur die Option `small-caps` unterstützt, mit der Sie eine Kapitälchen-Schrift erzwingen. Innerhalb eines so ausgezeichneten Elements können Sie innere Elemente mit `font-variant: normal;` formatieren, um die Kapitälchendarstellung wieder zu beenden.

Mit `font-size:` können Sie die Schriftgröße bestimmen. Erlaubt sind nummerische Angaben, aber auch Prozentangaben. Prozentwerte beziehen sich auf die Schriftgröße des Elternelements.

Alternativ zu nummerischen Angaben sind auch absolute und relative Schlüsselworte möglich, nämlich `medium` für Normalschriftgröße, `small`, `x-small` und `xx-small` für kleinere, sehr kleine und winzige Schriftgrößen sowie `large`, `x-large` und `xx-large` für größere, sehr große und riesige Schriftgrößen. Auch die beiden relativen Angaben `smaller` für etwas kleiner als normal und `larger` für etwas größer als normal sind erlaubt.

Mit `font-weight:` können Sie das Schriftgewicht angeben, also die Dicke und Stärke einer Schrift. Als mögliche Wertzuweisungen stehen verbale Angaben zur Verfügung, nämlich `bold` für Fettschrift, `bolder` für etwas fetter als normal, `lighter` für eine Light-Variante der Schrift und `normal`, um explizit das Standard-Schriftgewicht zu erzwingen. Ferner können Sie einen der Werte `100`, `200`, `300`, `400`, `500`, `600`, `700`, `800` oder `900` an `font-weight:` zuordnen. Das ist eine Skala von extradünn (`100`) bis extrafett (`900`).

In der Praxis wird allerdings außer den Angaben bold und normal kaum einer der möglichen Werte verwendet.

Referenzinformationen

CSS-Eigenschaften font-style,
CSS-Eigenschaften font-weight,
CSS-Eigenschaften font-variant,
CSS-Eigenschaften font-size:

CSS 1.0

14.1.3 Die zusammenfassende font-Eigenschaft

Die font-Eigenschaft fasst folgende Einzelangaben zusammen: font-style, font-variant, font-weight, font-size, line-height und font-family.

Beispiel

```
<!DOCTYPE html>
<html>
  <head>
    <meta charset="utf-8">
    <title>Titel</title>
    <style>
      #Text01 { font: bold .9em Times; }
      #Text02 { font: italic 1cm Helvetica; }
      #Text03 { font: small-caps 110% Verdana; }
      #Text04 { font: 2em/180% Courier; }
    </style>
  </head>
  <body>
    <p id="Text01">Beispieltext mit Schrift: bold 0.9em Times</p>
    <p id="Text02">Beispieltext mit Schrift: italic 1cm Helvetica</p>
    <p id="Text03">Beispieltext mit Schrift:
                   small-caps 110% Verdana</p>
    <p id="Text04">
      Beispieltext mit Schrift: 2em/180% Courier<br>
      und einem Zeilenumbruch
    </p>
  </body>
</html>
```

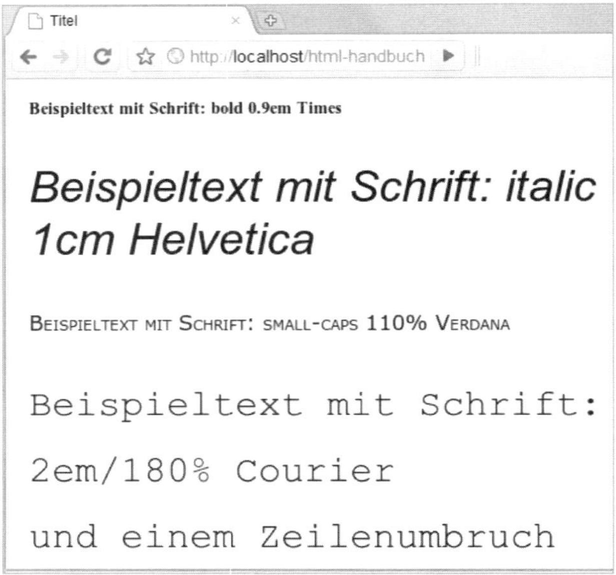

Bild 14.3: font-Beispiel im Browser

Erläuterung

Mit `font:` können Sie verschiedene Schriftformatierungen kombinieren. Erlaubt sind die üblichen Wertangaben zu den möglichen Eigenschaften, die in `font` zusammengefasst sind. Es müssen nicht alle Eigenschaften angegeben werden. Jedoch sind Angaben zu Schriftgröße und Schriftart verpflichtend. Auch eine einzuhaltende Reihenfolge und ein paar besondere Regeln gibt es: `font-family` wird als letzte Eigenschaft notiert. Die Eigenschaften für Schriftgröße und Zeilenhöhe müssen, sofern sie beide notiert werden, wie im vierten obigen Beispiel mit einem Schrägstrich getrennt werden. Der erste Wert bedeutet die Schriftgröße, der zweite die Zeilenhöhe. Wenn Sie nur einen nummerischen Wert angeben, bedeutet dieser automatisch die Schriftgröße, nicht die Zeilenhöhe.

Referenzinformationen

CSS-Eigenschaften `font`:

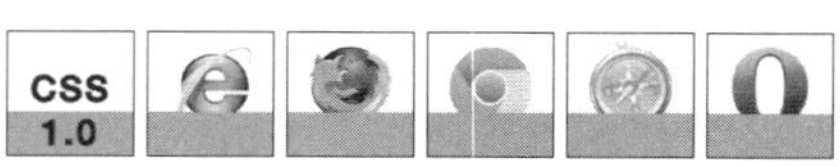

14.1.4 Zeichenabstand, Wortabstand und Schriftlaufweite

Schriftart, Schriftgröße und Zeilenhöhe sind wichtige Aspekte für das typografische Erscheinungsbild größerer Texte. Aber auch die hier beschriebenen Eigenschaften für Abstände und Laufweite beeinflussen das Erscheinungsbild von Schriften nachhaltig. Allerdings sind sie tendenziell eher für besondere, abweichende Formatierungen gedacht und weniger für Standard-Formate.

Beispiel

```
<p>
  <span style="word-spacing: 0.5em">
    Beispieltext mit Wortabstand 0.5em
  </span><br>
  <span style="word-spacing: 1em">
    Beispieltext mit Wortabstand 1em
  </span><br>
  <span style="letter-spacing: 0.1em">
    Beispieltext mit Zeichenabstand 0.1em
  </span><br>
  <span style="letter-spacing: 0.3em">
    Beispieltext mit Zeichenabstand 0.3em
  </span>
</p>
<p>
  <span style="font-stretch: wider">
    kleiner Beispieltext mit Laufweite wider
  </span><br>
  <span style="font-stretch:wider; font-size: 200%">
    großer Beispieltext mit Laufweite wider
  </span>
</p>
<p>
  <span style="font-stretch: narrower">
    kleiner Beispieltext mit Laufweite narrower
  </span><br>
  <span style="font-stretch: narrower; font-size:200%">
    großer Beispieltext mit Laufweite narrower
  </span>
</p>
```

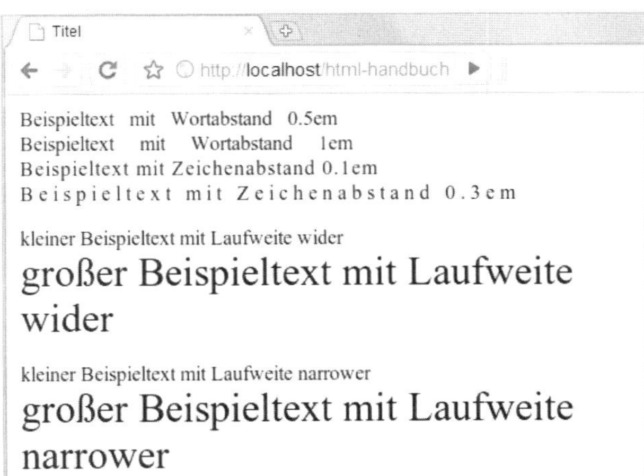

Bild 14.4: Die Angabe zur Schriftlaufweite ist noch nicht praxisrelevant.

Erläuterung

Mit `word-spacing:` können Sie den Abstand zwischen Wörtern bestimmen, mit `letter-spacing` die Abstände zwischen allen einzelnen Zeichen. Erlaubt sind in beiden Fällen nummerische Angaben, jedoch keine Prozentangaben.

Die Eigenschaft `font-stretch:` (Schriftlaufweite) stellt höhere Anforderungen an die Rendering-Fähigkeiten von Betriebssystem und Browser. In CSS2 war sie gelistet, in CSS 2.1 wegen mangelnder Praxisrelevanz nicht mehr, doch in CSS3 ist sie wieder zu finden. Die Laufweite wird mit Schlüsselwörtern angegeben. So bedeutet `wider` weiter als normal, `narrower` enger als normal, `condensed` gedrängt, `semi-condensed` halb gedrängt, `extra-condensed` stark gedrängt, `ultra-condensed` extrastark gedrängt, `expanded` geweitet, `semi-expanded` halb geweitet, `extra-expanded` stark geweitet und `ultra-expanded` extrastark geweitet.

Referenzinformationen

CSS-Eigenschaften `word-spacing`,
CSS-Eigenschaften `letter-spacing:`

CSS 1.0

CSS-Eigenschaften `font-stretch:`

CSS 2.0 CSS 3.0

14.1.5 Schriftfarbe und Schrift mit Schatteneffekt

Die Schriftfarbe ist eine wichtige und fast in allen Stylesheets vorkommende Eigenschaft. Der Grund ist einerseits, dass in Webseitenlayouts häufig farbige oder unterlegte Flächen vorkommen. Text auf solchen Flächen muss so angepasst werden, dass er hinreichend kontrastiert. Aber auch bei gewöhnlichen »Schwarz-auf-Weiß«-Texten wird häufig unauffällig die Schriftfarbe gesetzt. Denn reines Schwarz auf reinem Weiß wirkt auf modernen Computermonitoren bei größeren Texten schnell ermüdend. Deshalb wird häufig eine nicht ganz schwarze Schriftfarbe gewählt.

Während die Schriftfarbe zu den Standard-Eigenschaften gehört, die in fast jedem Stylesheet dutzendfach vorkommen, sind Schriftschatten eher für hervorgehobene Schriftzüge gedacht. Im Webdesign der letzten Jahre werden Schriftschatten häufig sehr dezent eingesetzt, um Schriftzügen dadurch eine individuelle Prägung zu verleihen.

Beispiel

```
<p>
  <span style="color: blue">
    kleiner Beispieltext mit blauer Farbe
  </span><br>
  <span style="color: #F0B020; font-size: 200%">
    großer Beispieltext mit oranger Farbe
```

```
  </span>
</p>
<p style="text-shadow: black 3px 2px 4px; font-size: 3em;
          color: blue;">
  Großer blauer Text mit schwarzem Schatten
</p>
```

Bild 14.5: Schriftfarbe und Schriftschatten

Erläuterung

Die Schriftfarbe bestimmen Sie mit der Eigenschaft `color`. Erlaubt sind als Wert alle Arten von Farbangaben in CSS, wie sie auch in *13.4.2 Farbwerte und Farbnamen* beschrieben sind.

Mit `text-shadow`: können Sie einen Textschatten erzwingen. Erlaubt sind auch hierbei Farbangaben oder der explizite Wert `none` für »keinen Textschatten« sowie nummerische Angaben, jedoch keine Prozentangaben.

Der erste nummerische Wert definiert die horizontale Position des Schattens unter dem Text, der zweite Wert die vertikale. Eine optionale dritte Längenangabe definiert den Unschärferadius, das heißt, wie weit sich der Schatten in den Hintergrund erstreckt. Es lassen sich mehrere Schatten für ein Element definieren, indem weitere Sätze dieser Angaben nach einem Komma hinzugefügt werden. Beispielsweise erzeugt `text-shadow: black 0 0 5px, red 5px 5px 3px`; einen schwarzen sowie einen roten Schatten.

Beispiel

CSS-Eigenschaften `color`:

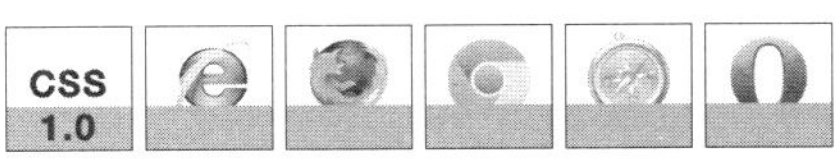

CSS-Eigenschaften `text-shadow`:

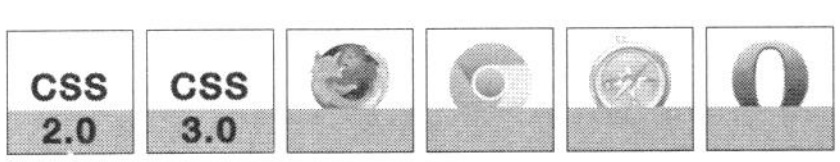

14.1.6 Schriftattribute und automatische Text-Transformationen

Für das Schriftgewicht (Fettschrift) und die Schriftneigung (Kursivschrift) gibt es eigene CSS-Eigenschaften (`font-weight` und `font-style`). Einige weitere typische Schriftattribute, wie ***unterstrichen*** oder ***durchgestrichen*** werden in CSS dagegen mit Hilfe der hier beschriebenen Eigenschaft `text-decoration` realisiert. Die Eigenschaft `text-transform` ergänzt die Möglichkeiten um Effekte wie automatisch groß geschriebene Wortanfänge und dergleichen.

Beispiel

```
<!DOCTYPE html>
<html>
  <head>
    <meta charset="utf-8">
    <title>Titel</title>
    <style>
      a:link { text-decoration: none; }
      a:visited { text-decoration: line-through; }
      a:hover { text-decoration: underline; }
      a:active { text-decoration: underline; }
      a:focus { text-decoration: blink; }
    </style>
  </head>
  <body>
    <p>
      Sie kennen sicher die <a href="../../../index.htm">
      Einstiegsseite</a>.<br>
      Aber kennen Sie auch die <a href="../../../spezial.htm">
      Spezialseite</a>?
    </p>
    <p>
      <span style="text-transform: capitalize">
        kleiner Beispieltext mit Text-Transformation capitalize
      </span><br>
      <span style="text-transform: capitalize; font-size: 200%">
        großer Beispieltext mit Text-Transformation capitalize
      </span>
    </p>
  </body>
</html>
```

Erläuterung

Die Eigenschaft `text-decoration` ersetzt obsolete HTML-Formatierungen zum Unterstreichen (`text-decoration: underline;`) und Durchstreichen (`text-decoration: line-through;`) von Text. Dazu kommt die mögliche Angabe `text-decoration: overline;` für überstrichenen Text. Und last but not least springt die Eigenschaft auch ein, um das uralte, proprietäre und berüchtigte `<blink>`-Tag von Netscape zu ersetzen: `text-decoration: blink;` erzeugt blinkenden Text.

Mit `text-transform:` können Sie wie im obigen Beispiel Wortanfänge als Großbuchstaben erzwingen (`text-transform: capitalize`). Ferner können Sie für einen normal notierten Text die durchgängige Darstellung in Großbuchstaben (`text-transform: uppercase`) oder in Kleinbuchstaben (`text-transform: lowercase`) erzwingen.

Weitere Hinweise

Nicht jeder Browser kennt die korrekten Umformungsregeln für Großbuchstaben bei der Angabe `uppercase`, so kann es z. B. geschehen, dass das ß nicht zu ss umgewandelt wird.

Referenzinformationen

CSS-Eigenschaften `text-decoration`,
CSS-Eigenschaften `text-transform:`

CSS 1.0

14.2 Schriftformatierung mit Schriftartendatei

Die Idee der sogenannten ***Web-Fonts*** ist schon sehr alt. Web-Fonts sind Schriftarten, deren Schriftartendatei einfach wie ein externes Stylesheet oder eine Grafik zusammen mit dem HTML-Code einer Webseite vom Webserver an den Browser übertragen wird. Einmal heruntergeladen und installiert oder interpretiert, befähigt sie den Browser, einen Text in dieser Schriftart anzuzeigen. Die Web-Font-Bemühungen der Vergangenheit waren jedoch ein unerquickliches und letztlich unfruchtbares Gerangel proprietärer Ansätze mit rein kommerziellem Hintergrund. Die Belange der Web-Designer blieben dabei außen vor. Mittlerweile ist allerdings Bewegung in die Sache gekommen. Moderne Browser akzeptieren diverse gängige Schriftartenformate wie TrueType oder OpenType ohne Domain-Bindung und Ähnliches. Wer Wert auf individuelle Typografie mit nicht alltäglichen Schriftarten legt, kann die Schriftart einfach als Beipack zusammen mit den Webseiten ausliefern – vorausgesetzt, die Lizenzform der Schriftart erlaubt eine solche Verwendung.

Beispiel

```
<!doctype html>
<html>
  <head>
    <meta charset="utf-8">
    <title>Titel</title>
    <style>
      @font-face {
        font-family: "Grana PadanoMedium";
        src: url("http://openfontlibrary.org/content/Daniel_J/104/
                GranaPadano.otf");
        format("opentype");
```

```
      font-weight:  500;
      font-style:   normal;
      font-variant: normal;
      font-stretch: normal;
    }
    h1 {
      font-family: "Grana PadanoMedium";
      font-size: 38px;
      color: #770055;
    }
  </style>
</head>
<body>
  <h1>In Grana Padano</h1>
  <p>
    So einfach geht das auf
    <a href="http://openfontlibrary.org/">openfontlibrary.org</a>!
  </p>
</body>
</html>
```

Bild 14.6: font-face-Beispiel im Browser

Erläuterung

Zunächst notieren Sie in einem zentralen Stylesheet – es kann sich um ein `style`-Element im Dokumentkopf oder um eine externe CSS-Datei handeln – eine `@font-face`-Regel. Diese Regel umschließt einen Block von Angaben zur Schriftartendatei. Die Angaben wie im obigen Beispiel sind typisch. Obligatorisch sind diese Angaben:

Mit `font-family` innerhalb eines `@font-face`-Blocks deklarieren Sie explizit den Namen der Schriftart. Unter diesem Namen können Sie die Schriftart anschließend in der normalen `font-family`-Eigenschaft (außerhalb eines `@font-face`-Blocks) oder in der generischen `font`-Eigenschaft verwenden.

Mit `src: url(URL-Adresse);` geben Sie die Quelle der Schriftartendatei an. Es kann sich um eine Quelle auf dem eigenen Webserver oder auf einem fremden Webserver handeln. Erlaubt sind letztlich alle Regeln und Möglichkeiten der Referenzierung wie in HTML.

Darüber hinaus sind weitere Angaben möglich oder erforderlich. Dazu gehören wie im obigen Beispiel die Standard-CSS-Eigenschaften, beginnend mit `font-`. Dabei handelt es sich aber nicht um Wunschangaben, sondern um tatsächliche Default-Eigenschaften des Schriftschnitts.

Nachdem eine Schriftart mit `@font-face` eingebunden ist, kann sie im Stylesheet verwendet werden. Das obige Beispiel verwendet die Schriftart, um `h1`-Überschriften zu formatieren.

Geeignete Schriftartenformate

Am häufigsten kommen derzeit die Schriftartenformate ***TrueType*** und ***OpenType*** zum Einsatz.

TrueType-Schriften sind aus der Windows-Welt hinreichend bekannt. Dort sind sie das Default-Schriftartenformat. Es gibt unzählige Schriften ganz unterschiedlicher Qualität in diesem Format. Die meisten unterstützen einen bestimmten Codepage-Zeichensatz, andere auch größere Teile des Unicode-Zeichenvorrats. Mit TrueType können aber auch neuere Mac- und Linux-Systeme umgehen.

Das OpenType-Format ist aus einer gemeinsamen Anstrengung von Microsoft und Adobe entstanden. Es ist dem TrueType-Format in verschiedener Hinsicht überlegen (so speichert es zum Teil Platz sparender, erlaubt sprachspezifische Ligaturen und dynamische Zeichenkombinationen sowie digitale Signaturen (Wasserzeicheneffekte zum Urheberschaftsnachweis).

In Zukunft könnte sich auch das ***Web Open Font Format (WOFF)*** durchsetzen. Dieses Format ist ein Containerformat für TrueType- oder OpenType-Schriften. Es bietet die Möglichkeit, die Schriftarten mit zusätzlichen Meta-Daten auszuzeichnen. Außerdem komprimiert es besonders gut, so dass weniger Daten übertragen werden müssen. WOFF stammt aus der Mozilla-Schmiede. Und damit erkennt Firefox ab der Version 3.6 erkennt dieses Format. Die neuesten Webkit-Browser Chrome (ab Version 5.0), Safari (ab Version 5.1) und der Internet Explorer (ab Version 9.0) beherrschen ebenfalls dieses Containerformat.

Weniger verbreitet sind reine Postscript-Schriften. Auch frühere Versuche, Web-Fonts zu etablieren, mit Formaten wie EOT, PFR usw., spielen keine wesentliche Rolle mehr.

Weitere Hinweise

Das Erstellen von hochwertigen Schriftarten ist extrem arbeitsintensiv und erfordert hohes Fachwissen. Deshalb sind viele Schriftarten nur käuflich zu erwerben, und die Mehrzahl von ihnen unterliegt Nutzungsbedingungen, die nicht mit einer Bereitstellung auf Webservern vereinbar sind. Achten Sie deshalb, bevor Sie Schriftarten für die Einbindung mit `@font-face` auf den Webserver laden, stets darauf, ob die Lizenz der Schriftarten ein beliebiges Weitergeben und Kopieren erlauben.

Links

Google WebFonts
Stellt mehr als 250 Schriften zur Verwendung auf der eigenen Webseite bereit. Mit der von Google zur Verfügung gestellten Technik wird der Webfont als externe CSS-Datei in die HTML-Datei eingebunden.
http://www.google.com/webfonts

> **OpenFont Library**
> Webseite mit einer Sammlung von über 80 Schriften welche verschiedenen Lizenzen zur freien Verwendung unterliegen.
> *http://www.openfontlibrary.org/fonts*

Referenzinformationen

CSS-Regel `@font-face`:

14.3 Ausrichtung und Absatzkontrolle

Für Textblöcke oder Textabsätze gibt es absatztypische Eigenschaften. Absätze können beispielsweise links- oder rechtsbündig ausgerichtet sein. Bei Tabellenzellen oder anderen Elementen, die eine berechnete oder definierte Höhe haben können und mehr Platz lassen, als der Text darin einnimmt, wird häufig eine vertikale Ausrichtung oben, mittig oder unten bündig erforderlich.

Zu den typischen Eigenschaften der Absatzformatierung gehören ferner die Merkmale Einzug und Zeilenhöhe und schließlich auch noch die Angabe, wie der Fließtext innerhalb des Absatzes umbrochen werden soll.

14.3.1 Horizontale und vertikale Ausrichtung

Bei der horizontalen Ausrichtung sind zwei Fälle zu unterscheiden: Einerseits können Sie Inhalte von Textabsätzen bzw. innerhalb eines Blocks ausrichten. Andererseits können Sie aber auch Blockelemente selbst ausrichten. Der erste Fall ist die übliche Textausrichtung. Der zweite Fall wird in CSS mit Hilfe von Randabständen realisiert.

Eine vertikale Ausrichtung gewinnt dann an Bedeutung, wenn Sie mehrere, unterschiedlich hohe Elemente in einer Ebene haben. Das können nebeneinander angeordnete Inline-Elemente sein, etwa eine `select`-Auswahlliste in einem Formular mit voranstehender Beschriftung oder eine Grafik mit Text davor und/oder dahinter. Aber auch auf die Zellen einer Tabellenzeile ist die vertikale Ausrichtung anwendbar, denn auch in diesem Fall existiert eine Höhe, die nicht alle Elemente in der Reihe erreichen.

Beide Formen der Ausrichtung gehören zum Standard-Repertoire von CSS-Formatierungen und kommen in der Praxis in fast jedem Stylesheet vor.

Beispiel

```
<p style="text-align: justify; margin-left:50px; margin-right:50px">
  Der Absatz, den Sie gerade lesen, wurde mit <b>text-align</b>
  als Blocksatz ausgerichtet. Ferner wurde ein Rand vcn 50px
  eingestellt, just for fun oder auch, damit Sie sehen, wie die
  einzelnen Stylesheet-Angaben zusammenspielen.<br>
```

```
  Noch eine Textzeile<br>
  Noch eine Textzeile
</p>
<table style="border: solid 1px gray; border-collapse: collapse;">
  <tr style="height:200px;">
    <td style="vertical-align:top; background-color:#CCCCCC;">
      Text oben
    </td>
    <td style="vertical-align:middle; background-color:#DDDDDD;">
      Text mittig
    </td>
    <td style="vertical-align:bottom; background-color:#EEEEEE;">
      Text unten
    </td>
  </tr>
</table>
```

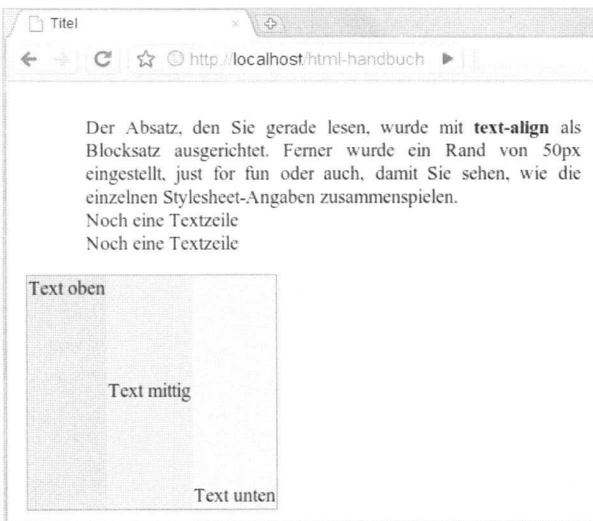

Bild 14.7: Horizontale und vertikale Ausrichtung

Erläuterung

Mit `text-align:` können Sie Textinhalte und Inline-Elemente innerhalb von Block-Elementen ausrichten. Möglich sind linksbündige Ausrichtung (`text-align: left;`), rechtsbündige Ausrichtung (`text-align: right;`), zentrierter Inhalt (`text-align: center;`) sowie Blocksatz (`text-align: justify;`).

Um Blockelemente selbst auszurichten, benötigen Sie wie im obigen Beispiel angedeutet die Eigenschaften `margin-left` und `margin-right` (Abstand nach links und nach rechts). Eine linksbündige Ausrichtung erreichen Sie, indem Sie für `margin-right` einen Wert definieren, für `margin-left` jedoch nicht bzw. `margin-left: 0;` notieren. Umgekehrt erreichen Sie eine rechtsbündige Ausrichtung, indem Sie für `margin-left` einen Wert notieren und dafür sorgen, dass `margin-right` den Wert 0 hat. Eine zentrierte Anordnung eines Blockelements erzwingen Sie, indem Sie für `margin-left` und margin-right gleich große Werte angeben. Beachten Sie, dass die Ausrichtung eines Blockelements nichts mit der Ausrichtung der Inhalte innerhalb dieses Blockelements zu tun hat. Gegebenenfalls müssen Sie die Inhalte zusätzlich mit text-align ausrichten.

Mit vertical-align: können Sie die vertikale Ausrichtung bestimmen. Die drei gebräuchlichsten Angaben sind vertical-align: top; für oben bündige Ausrichtung, vertical-align: middle; für mittige Ausrichtung, und vertical-align: bottom; für unten bündige Ausrichtung. In einigen Fällen sind genauere Angaben erwünscht. So gibt es noch die Werte baseline (an der Basislinie der Schrift ausrichten oder unten bündig, wenn es keine Basislinie gibt), text-top (am oberen Schriftrand ausrichten), text-bottom (am unteren Schriftrand ausrichten), sub (tiefergestellte Ausrichtung) und super (höhergestellte Ausrichtung).

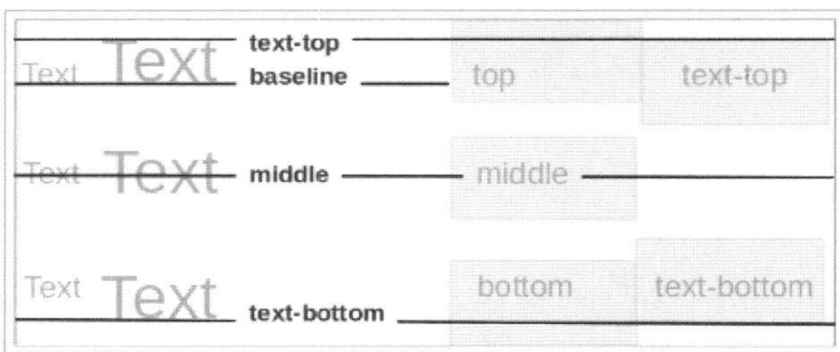

Bild 14.8: Vertikale Ausrichtung

Weitere Hinweise

Blocksatz ist bei alphabetischen Sprachen im Web nicht so überzeugend wie im Drucksatz, da die Browser üblicherweise keine Silbentrennung vornehmen. Dadurch entstehen häufig unschöne Wortabstände.

Referenzinformationen

CSS-Eigenschaften text-align,
CSS-Eigenschaften vertical-align:

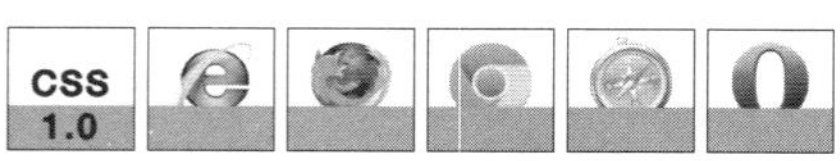

14.3.2 Texteinrückung

Sie können für einen mehrzeiligen Fließtext bestimmen, dass die erste Zeile eingerückt wird. Dieses Gestaltungselement ist in Büchern und Zeitschriften sehr verbreitet. Um einen ganzen Absatz einzurücken, müssen Sie einen Innenabstand links setzen.

Beispiel

```
<p style="text-indent: 1em;">
  Dieser Textabsatz hat eine Texteinrückung von 1em.
  Texteinrückungen sind an die Ästhetik von Büchern oder Zeitungen
  angelehnt, wo häufig mit dieser Formatierung gearbeitet wird.
</p>
```

```
<p style="padding-left: 1em;">
  Dieser Textabsatz erscheint komplett um 1em eingerückt.
  In Wirklichkeit ist er aber  nicht eingerückt, sondern hat
  einen linken Innenabstand.
</p>
```

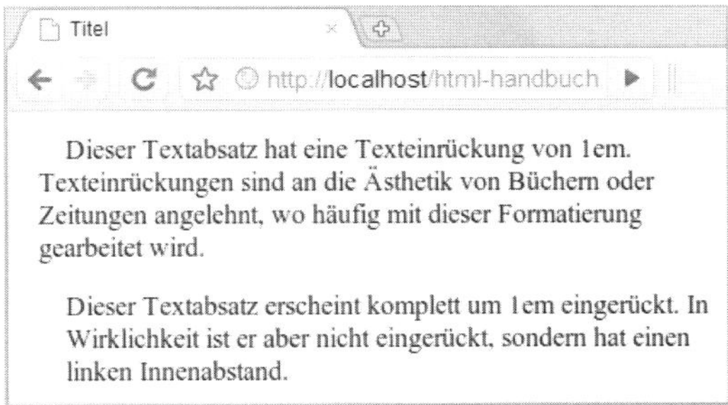

Bild 14.9:
Texteinrückung im Browser

Erläuterung

Mit `text-indent:` können Sie eine Einrückung für die erste Zeile bestimmen. Erlaubt ist eine nummerische Angabe.

Mit `padding-left:` können Sie ein Blockelement komplett links einrücken. Dabei definieren Sie in Wirklichkeit einen Innenabstand.

Weitere Hinweise

Mit einem negativen Wert für `text-indent`, also z. B. `text-indent: -10px;`, bewirken Sie eine Text*aus*rückung in der ersten Fließtextzeile.

Negative Werte für `padding-left` haben keine Wirkung.

Referenzinformationen

CSS-Eigenschaften `text-indent`:

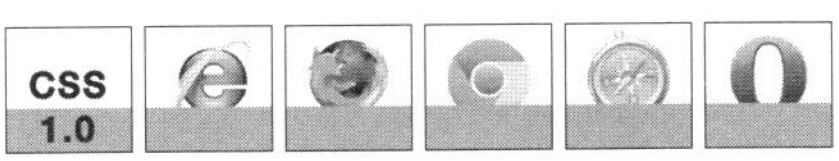

14.3.3 Zeilenhöhe

Sie können für Elemente mit viel Fließtext die Zeilenhöhe bestimmen. Diese Angabe ist vor allem in Verbindung mit einer Angabe zur Schriftgröße (`font-size`) interessant.

Beispiel

```
<p style="line-height: 140%; font-size: 13px;">
  Die Zeilenhöhe ist ein altbekanntes DTP-Feature zur Formatierung
  von Absätzen. Um damit richtig umzugehen, sind jedoch Kenntnisse
  in der typografischen Wirkung von Text hilfreich. ...
</p>
```

Erläuterung

Mit `line-height:` können Sie die Zeilenhöhe bestimmen. Erlaubt ist eine nummerische Angabe, aber auch Prozentangaben. Prozentwerte beziehen sich dabei auf die Schriftgröße des Elements, für das die Zeilenhöhe bestimmt wird. Im obigen Beispiel ist eine Schriftgröße von 13 Pixeln angegeben. Die Zeilenhöhe wird auf 140% eingestellt. 140% von 13 Pixeln sind 18,2 Pixel, was zu 18 Pixeln abgerundet wird. Dies wäre im Beispiel die errechnete Zeilenhöhe.

Weitere Hinweise

Bei erzwungener Zeilenhöhe ist es möglich, dass ein interpretierendes Programm dieser Angabe den Vorrang einräumt und Elemente abschneidet, die höher sind, beispielsweise eine im Fließtext referenzierte Grafik.

Referenzinformationen

CSS-Eigenschaften `line-height:`

CSS 1.0

14.3.4 Textumbruchkontrolle

Sie können festlegen, wie der Zeilenumbruch innerhalb von Elementen mit Text erfolgen soll.

Beispiel

```
<!doctype html>
<html>
  <head>
    <meta charset="utf-8">
    <title>Titel</title>
    <style>
      #editor { white-space:pre; }
      td  { white-space:nowrap; }
    </style>
  </head>
  <body>
    <p id="editor">
      Der Absatz, den Sie gerade lesen,
        wurde als predefiniert definiert.
          Zeilenumbrüche sollten dabei so interpretiert
             werden, wie sie im Editor eingegeben wurden.
    </p>
    <table>
      <tr>
        <td>Hier wird nichts umgebrochen,
            auch wenns länger sein sollte.</td>
        <td>Hier auch nicht, denn der Umbruch wird für
```

```
            alle Tabellenzellen verhindert</td>
      </tr>
    </table>
  </body>
</html>
```

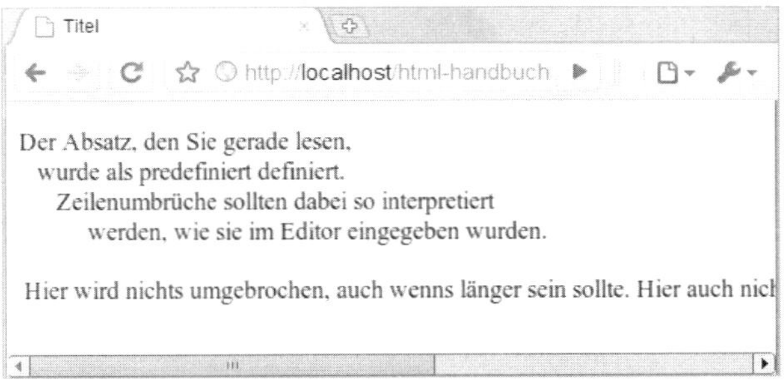

Bild 14.10: Umbruchkontrolle im Browser

Erläuterung

Mit `white-space:` können Sie das Verhalten für den Zeilenumbruch festlegen. Zwei wichtige Angaben sind dabei möglich, nämlich `pre` und `nowrap`.

Mit `pre` erreichen Sie den Effekt, den auch das `pre`-Element in HTML hat: Text wird so umbrochen wie eingegeben, und alle Leerraumzeichen werden wiedergegeben, auch mehrere in Folge – gut geeignet zur Darstellung von Quelltexten mit Einrückungen.

Mit `nowrap` verhindern Sie den Zeilenumbruch. Diese Angabe wird häufig für Tabellenzellen verwendet, in denen Umbrüche je nach Inhalt sehr störend sein können, etwa bei Währungsbeträgen und nachfolgendem, durch Leerzeichen getrennten Währungszeichen.

Mit CSS 2.1 werden noch die folgenden Werte eingeführt: `pre-wrap` ist eine Variante von `pre`, bei der automatisch ein Umbruch eingefügt wird, wenn die Breite der Box zur Anzeige der Zeile nicht ausreicht. `pre-line` verhält sich fast wie normales HTML. Mehrere Leerraumzeichen werden zu einem zusammengefasst. Jedoch werden im Text eingegebene Zeilenumbrüche als solche umgesetzt.

Weitere Hinweise

Interessant ist die Angabe `pre-line` vor allem beim Wiedergeben von Texten aus mehrzeiligen Formular-Eingabefeldern, also etwa von Kommentaren in Blogs. Spezialbehandlungen wie die PHP-Funktion `nl2br()`, die Zeilenumbrüche in `<br>`-Elemente verwandelt, können damit entfallen.

Referenzinformationen

CSS-Eigenschaften `white-space:`

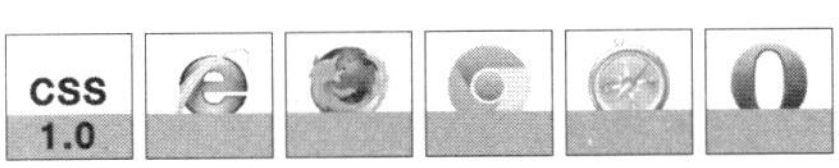

14.4 Außenrand und Abstand

Außenrand oder Abstand bedeutet: erzwungener Leerraum zwischen dem aktuellen Element und seinem Elternelement oder Nachbarelement. Für ein p-Element etwa, also einen Textabsatz, der direkt innerhalb eines div-Elements notiert ist, markieren Angaben zu linkem und rechtem Außenrand seinen Abstand zu den Elementgrenzen des elterlichen div-Elements. Wenn mehrere solcher p-Absätze aufeinanderfolgen, markieren Angaben zum Außenrand oben und unten den Abstand zwischen den Absätzen.

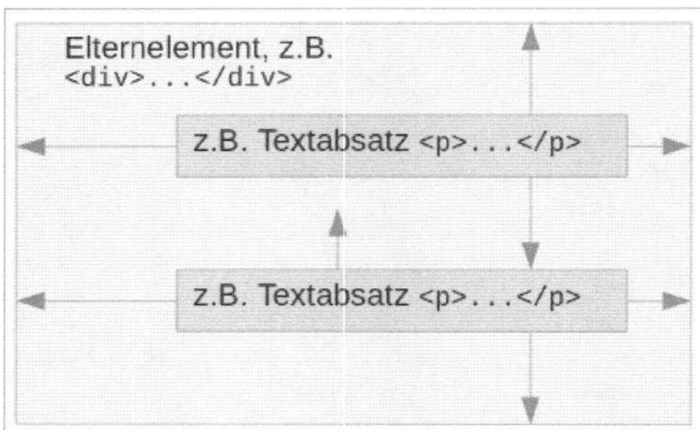

Bild 14.11: Außenränder und Abstände, hier von zwei p-Elementen

Sinnvoll anwendbar sind die hier beschriebenen CSS-Eigenschaften vor allem auf HTML-Elemente, die einen eigenen Absatz erzeugen bzw. einen Block bilden, also etwa für header, article, h[1-6], p oder pre. Auch bei der Positionierung von Formularelementen oder Elementen, die durch die CSS-Eigenschaft float vom nachfolgenden Inhalt umgeben werden, spielen Abstände häufig eine Rolle. Sogar auf body lassen sich diese Stylesheet-Angaben anwenden. In diesem Fall werden Abstände zum Anzeigefenster definiert.

Mit negativen Werten, also Angaben wie beispielsweise -50px, können Sie für besondere gestalterische Zwecke erreichen, dass sich Elemente überlappen.

Beispiel

```
<!doctype html>
<html>
  <head>
    <meta charset="utf-8">
    <title>Titel</title>
    <style>
      .typA { margin: 1em; background-color:#99FF99; }
      .typB { margin: 1em 2em; background-color:#FFFF99; }
      .typC { margin: 1em 2em 3em; background-color:#99FFFF; }
      .typD { margin: 1em 2em 3em 4em; background-color:#FF99FF; }
    </style>
  </head>
  <body>
    <div class="typA"><h1>typA mit margin: 1em</h1></div>
    <hr style="margin-left: 1em; margin-right: 1em;
               margin-top: 1em; margin-bottom: 1em;">
    <div class="typB"><h1>typB mit margin: 1em 2em</h1></div>
```

```
    <hr style="margin-left: 2em; margin-right: 2em;
               margin-top: 1em; margin-bottom: 1em;">
    <div class="typC"><h1>typC mit margin: 1em 2em 3em</h1></div>
    <hr style="margin-left: 2em; margin-right: 2em;
               margin-top: 1em; margin-bottom: 3em;">
    <div class="typD">
      <h1>typD mit margin: 1em 2em 3em 4em</h1>
    </div>
    <hr style="margin-left: 4em; margin-right: 2em;
               margin-top: 1em; margin-bottom: 3em;">
  </body>
</html>
```

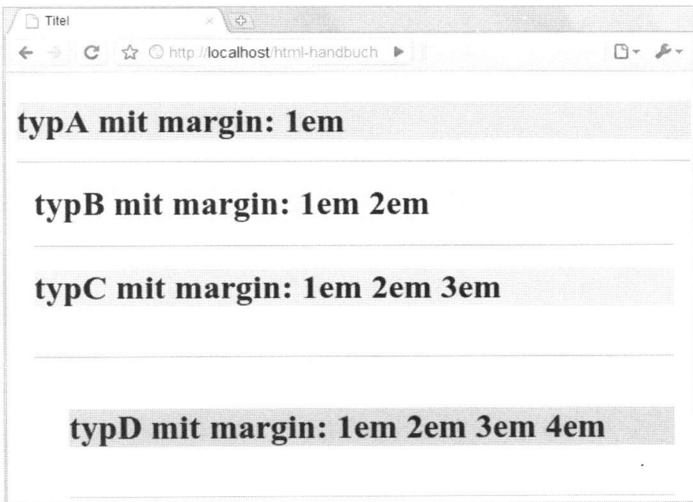

Bild 14.12: Das margin-Beispiel im Browser

Erläuterung

Sie haben die Wahl zwischen einer zusammenfassenden Angabe mit `margin:` oder mit einzelnen Angaben für Abstand nach links (`margin-left`), Abstand nach rechts (`margin-right`), Abstand nach oben (`margin-top`) und Abstand nach unten (`margin-bottom`). Erlaubt sind jeweils nummerische Angaben oder einer der Werte `auto` (für »automatisch berechnet«) oder `inherit` (für »wie beim Elternelement«).

Bei `margin` können Sie einen, zwei, drei oder vier Werte notieren (mehrere Werte sind durch Leerzeichen zu trennen).

- Eine Angabe bedeutet: Alle vier Ränder des Elements erhalten den gleichen Außenabstand.
- Zwei Angaben bedeuten: Die erste Angabe bezeichnet den Abstand für oben und unten, die zweite den Abstand für rechts und links.
- Drei Angaben bedeuten: Die erste Angabe bezeichnet den Abstand für oben, die zweite den Abstand für rechts und links und die dritte den Abstand für unten.

- Vier Angaben bedeuten: Die erste Angabe bezeichnet den Abstand für oben, die zweite den Abstand für rechts, die dritte den Abstand für unten und die vierte den Abstand für links.

Weitere Hinweise

Bei hintereinander folgenden Elementen auf gleicher Ebene, also etwa bei Textabsätzen eines Fließtextes, werden Angaben zum Abstand oben (`margin-top`) und unten (`margin-bottom`) nicht einfach addiert. Wenn das Vorgänger- oder Elternelement eine Angabe zu `margin-bottom` und ein gegebenes Element eine zu `margin-top` hat, dann gilt nur eine der beiden Angaben für den Gesamtabstand zwischen den beiden Elementen – nämlich diejenige, die den größten Abstand definiert. Wenn also ein erster Textabsatz `margin-bottom: 10px` hat und ein folgender Textabsatz `margin-top: 15px`, dann wird der Abstand zwischen beiden Absätzen auf 15px gesetzt. Wenn eine der beiden Gegen-Angaben negativ ist, wird der tatsächliche Abstand zwischen den beiden Elementen aus dem Wert der positiven abzüglich der negativen Angabe berechnet.

Die Eigenschaften `margin-left` und `margin-right` gehen häufig eine Verbindung mit der Eigenschaft `width` ein – nämlich dann, wenn ein Blockelement, das nicht die gesamte verfügbare Breite nutzt, innerhalb der verfügbaren Breite zentriert werden soll: `<div style="width: 66%; margin-left: auto; margin-right: auto">` ist so eine Angabe. In diesem Fall beanspruchen das `div`-Element und sein gesamter Inhalt nicht mehr als 66% der verfügbaren Breite. Um es innerhalb dieser Breite zentriert anzuordnen, werden die Außenabstände für links und rechts auf `auto` gesetzt.

Referenzinformationen

CSS-Eigenschaften `margin`,
CSS-Eigenschaften `margin-left`,
CSS-Eigenschaften `margin-right`,
CSS-Eigenschaften `margin-top`,
CSS-Eigenschaften `margin-bottom`:

CSS 1.0

14.5 Innenabstand

Innenabstand bezeichnet den Leerraum zwischen dem Rand eines Elements und seinem Inhalt, also z. B. zwischen dem Rand eines Elements und seinem Text oder inneren, enthaltenen HTML-Elementen.

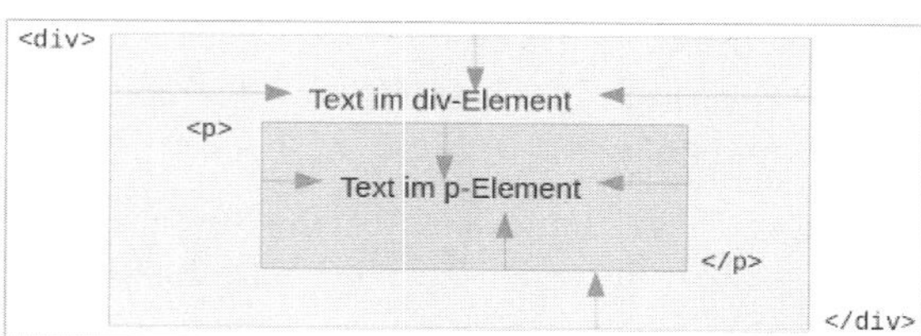

Bild 14.13: Abstände zwischen Elementrand und Elementinhalt

Innenabstände sind vor allem dann gefragt, wenn mit Hilfe von CSS ein Rahmen um ein Element gezogen wird oder wenn der Elementerstreckungsraum durch eine Farbe oder Hintergrundgrafik sichtbar wird. Auch bei Tabellenzellen sind Innenabstände, also Abstände zwischen Zelleninhalt und Zellenrand (z. B. Gitternetz), ein wichtiges Kriterium zur optischen Gestaltung.

Beispiel

```
<!doctype html>
<html>
  <head>
    <meta charset="utf-8">
    <title>Titel</title>
    <style>
      #art1 {
        padding-right: 50px;
        background-color: #E6E6E6;
        width: 400px;
      }
      #art2 {
        padding-right: 50px;
        background-color: #D0D0D0;
        width: 450px;
      }
      #art3 {
        padding-right: 50px;
        background-color: #969696;
        color: white;
        width: 500px;
      }
    </style>
  </head>
  <body>
    <article id="art1">
      <h1 style="padding: 0; margin: 0; text-align: right;">
        Der erste Artikel art1
      </h1>
    </article>
    <article id="art2">
      <h1 style="padding: 0; margin: 0; text-align: right;">
        Der zweite Artikel art2
      </h1>
    </article>
    <article id="art3">
      <h1 style="padding: 0; margin: 0; text-align: right;">
        Der dritte Artikel art3
      </h1>
    </article>
  </body>
</html>
```

Bild 14.14: Das *padding*-Beispiel im Browser

Erläuterung

Analog zu den Eigenschaften der `margin`-Gruppe für den Außenabstand eines Elements stehen für Innenabstände wahlweise die Einzeleigenschaften `padding-left` (Abstand Elementinhalt zum linken Elementrand), `padding-right` (Abstand zum rechten Elementrand), `padding-top` (Abstand zum oberen Elementrand) und `padding-bottom` (Abstand zum unteren Elementrand) oder die zusammenfassende Eigenschaft `padding` zur Verfügung. Im obigen Beispiel kommt im zentralen `style`-Bereich dreimal die Einzeleigenschaft `padding` zum Einsatz und in den `h1`-Elementen im Dokumentkörper die zusammenfassende Eigenschaft `padding`.

Alle Eigenschaften erwarten eine nummerische Angabe wie `30px`, `1em` oder `5mm`, oder – wie im obigen Beispiel die `h1`-Elemente – den Wert `0` .

Bei `padding:` sind ein bis vier nummerische Angaben erlaubt.

- Eine Angabe bedeutet: Alle vier Ränder des Elements erhalten den gleichen Innenabstand. Bei mehreren Angaben werden die Angaben intern nach der angenommenen Reihenfolge für 1=oben, 2=rechts, 3=unten, 4=links interpretiert.
- Zwei Angaben bedeuten: Die erste Angabe bezeichnet den Innenabstand für oben und unten, die zweite den Innenabstand für rechts und links.
- Drei Angaben bedeuten: Die erste Angabe bezeichnet den Innenabstand für oben, die zweite den Innenabstand für rechts und links und die dritte den Innenabstand für unten.
- Vier Angaben bedeuten: Die erste Angabe bezeichnet den Innenabstand für oben, die zweite den Innenabstand für rechts, die dritte den Innenabstand für unten und die vierte den Innenabstand für links.

Referenzinformationen

CSS-Eigenschaften `padding`,
CSS-Eigenschaften `padding-left`,
CSS-Eigenschaften `padding-right`,
CSS-Eigenschaften `padding-top`,
CSS-Eigenschaften `padding-bottom`:

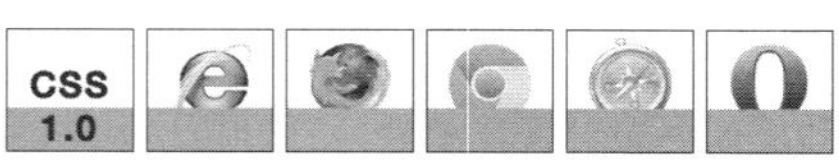

14.6 Rahmen, Ecken und Konturen

Es gibt in CSS zwei Arten von Rahmen: Die erste Sorte ist in CSS an Eigenschaften erkennbar, die mit `border-` beginnen. Diese Art von Rahmen – man könnte sie auch als Schmuckrahmen bezeichnen – erweitern dem Boxmodell des W3C zufolge den Erstreckungsraum eines Elements um die Dicke der Rahmen. Die andere Sorte sollte man eher als Funktionsrahmen bezeichnen. Es handelt sich dabei um CSS-Eigenschaften, beginnend mit `outline-`. Im Gegensatz zu `border`-Rahmen erweitern `outline`-Rahmen ***nicht*** den Erstreckungsraum eines Elements. Auch ist der Gestaltungsspielraum bei `outline`-Rahmen stärker eingeschränkt. Gedacht sind `outline`-Eigenschaften eher für dynamische Hervorhebungszwecke, z. B. um Suchtreffer in einem Dokument optisch hervorzuheben. Deshalb werden sie in CSS3 auch in der Spezifikation über User-Interface-CSS beschrieben, und nicht, wie `border-`, in der Spezifikation über Rahmen- und Hintergrundgestaltung.

Bei Schmuckrahmen (`border`) gibt es folgende optischen Aspekte:

- die Dicke des Rahmens (`border-width`),
- die Art des Rahmens (`border-style`),
- die Rahmenfarbe (`border-color`),
- die Rahmenrundung (`border-radius`),
- Rahmengrafiken (`border-image`) und
- Rahmenschatten (`border-shadow`).

Bei Funktionsrahmen (`outline`) sind es die folgenden Aspekte:

- Dicke (`outline-width`),
- Art (`outline-style`),
- Farbe (`outline-color`) und
- Abstand vom Elementinhalt zum Rahmen (`outline-offset`).

14.6.1 Schmuckrahmen (border)

Wie auch bei anderen CSS-Eigenschaften haben Sie bei der Rahmengestaltung die Wahl zwischen Einzelangaben für bestimmte Rahmenseiten und Rahmenaspekte oder zusammenfassenden Angaben. Wegen der verschiedenen optischen Aspekte von Rahmen entsteht insgesamt eine Fülle von CSS-Einzeleigenschaften. Beschrieben werden hier zunächst einmal die seit CSS 1.0 bekannten Gestaltungsaspekte: Rahmendicke, Rahmenart und Rahmenfarbe.

- `border-left-width`, `border-right-width`, `border-top-width` und `border-bottom-width` für die Dicke des Rahmens links, rechts, oben und unten.
- `border-left-style`, `border-right-style`, `border-top-style` und `border-bottom-style` für die Art des Rahmens links, rechts, oben und unten.
- `border-left-color`, `border-right-color`, `border-top-color` und `border-bottom-color` für die Farbe des Rahmens links, rechts, oben und unten.

Dazu kommen gleich mehrere zusammenfassende Eigenschaften:

- `border-width` für die Dicke der Rahmen aller vier Seiten der Elementbox.
- `border-style` für die Art der Rahmen aller vier Seiten der Elementbox.
- `border-color` für die Farbe der Rahmen aller vier Seiten der Elementbox.
- `border-left` für die Dicke, Art und Farbe des Rahmens links.
- `border-right` für die Dicke, Art und Farbe des Rahmens rechts.
- `border-top` für die Dicke, Art und Farbe des Rahmens oben.
- `border-bottom` für die Dicke, Art und Farbe des Rahmens unten.
- `border` für die Dicke, Art und Farbe der Rahmen aller vier Seiten der Elementbox.

Beispiel

```
<!doctype html>
<html>
  <head>
    <meta charset="utf-8">
    <title>Titel</title>
    <style>
      html { background-color: white; }
      body {
         background-color: #DDD;
         margin: 4%;
         border: solid 20px #CCC;
         padding: 20px;
      }
      blockquote {
         padding: 5px;
         width: 80%;
         margin-left: auto;
         margin-right: auto;
         margin-bottom: 1.2em;
         font-family: UnBatang, FreeSerif, Georgia, serif;
         font-size: 1.2em;
         background-color: white;
      }
      blockquote i { color: blue; }
    </style>
  </head>
  <body>
    <blockquote style="border-style: double;
                       border-color: gray; border-width: 4px;">
      Unsere Fehlschläge sind oft erfolgreicher
      als unsere Erfolge.<br><i>Henry Ford</i>
    </blockquote>
    <blockquote style="border: outset 8px silver;">
      Bei der Stapelung der Wohnungen nach oben geht zuerst der
      Mensch zugrunde und dann die Natur. Bei der Stapelung in die
      Breite läuft es umgekehrt.<br>
      <i>Friedensreich Hundertwasser</i>
```

```
    </blockquote>
    <blockquote style="border-left: solid 12px black;
                       border-right: 12px solid black;
                       border-top: 2px solid blue;
                       border-bottom: blue 2px solid;">
      Wenn zwei Philosophen zusammentreffen, ist es am
      vernünftigsten, wenn sie zueinander bloß 'Guten Morgen'
      sagen.<br>
      <i>Jean Paul Sartre</i>
    </blockquote>
    <blockquote style="border: dotted 2px gray;">
      Wer glaubt, ein Christ zu sein, weil er die Kirche besucht,
      irrt sich. Man wird ja auch kein Auto, wenn man in eine
      Garage geht.<br>
      <i>Albert Schweitzer</i>
    </blockquote>
  </body>
</html>
```

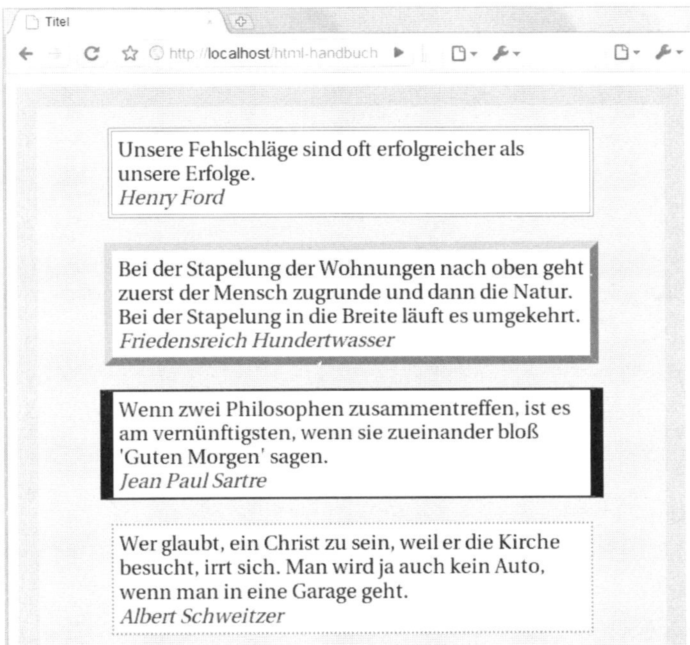

Bild 14.15: Das Rahmen-Beispiel im Browser

Erläuterung

Das Beispiel enthält eine Reihe von Zitaten, die zweckgerecht als `blockquote`-Elemente realisiert sind. Jedes Zitat hat eine individuelle Rahmengestaltung, doch darüber hinaus haben alle Zitatbereiche auch gemeinsame Formateigenschaften. Die gemeinsamen Eigenschaften werden im `style`-Bereich im Dokumentkopf notiert. Die `style`-Attribute der einleitenden `<blockquote>`-Tags enthalten die individuellen Definitionen zum Rahmen.

Der ***Rahmentyp*** (`border-style`, `border-left-style`, Angaben innerhalb von `border`, `border-left` usw.) wird mit Hilfe von Schlüsselwörtern bestimmt. Typische Angaben sind `solid` (durchgezogene Linie), `double` (doppelt durchgezogene Linie) oder `dotted` (gepunkteter Rahmen). Nicht ganz so häufig verwendet, aber ebenfalls erlaubt sind die Angaben `dashed` (gestrichelter Rahmen), sowie die 3D-Effekt-Angaben `inset`, `outset`, `groove` und `ridge`.

Ebenfalls wichtig sind die Angaben `none` oder `hidden`. Denn in der Praxis kommen öfter Fälle vor, in denen Rahmen unterdrückt werden sollen, etwa um nahtlos eingebettete Frames zu erzwingen oder bei Grafiken im Elementinhalt von Hyperlinks. Solche Grafiken werden nämlich, wenn Sie sonst nichts angeben, vom Browser mit einem nicht besonders attraktiven Rahmen versehen. Die Angabe `hidden` ist für benachbarte Tabellenzellen gedacht. Während die Angabe `none` nur den Rahmen des Elements unterdrückt, für das sie gilt, bewirkt `hidden`, dass auch Rahmen von Nachbarelementen unterdrückt werden, sofern diese Rahmen besitzen. Voraussetzung dafür ist allerdings, dass auf das zugehörige `table`-Element die CSS-Angabe `border-collapse: collapse;` angewendet wird.

Die ***Rahmendicke*** (`border-width`, `border-left-width`, Angaben innerhalb von `border`, `border-left` usw.) wird wahlweise mit Hilfe der Schlüsselwörter `thin` (dünn), `medium` (mittelstark) oder `thick` (dick) oder mit Hilfe eines nummerischen Werts wie etwa `5px` oder `0.4cm` bestimmt.

Angaben zur Rahmendicke werden nur dann interpretiert, wenn in irgendeiner Form außerdem eine Angabe zum Rahmentyp erfolgt, also etwa:

```
<p style="border-style:solid; border-width:thin">
```

Die ***Rahmenfarbe*** (`border-color`, `border-left-color`, Angaben innerhalb von `border`, `border-left` usw.) erlaubt als Wertzuweisung alle Möglichkeiten von Farbwerten und Farbnamen, also etwa `#39A5E4`, `rgb(230, 150, 80)` oder `maroon`.

Auch Angaben zur Rahmenfarbe werden nur berücksichtigt, wenn außerdem der Rahmentyp angegeben wird, also etwa:

```
<p style="border-style:solid; border-color:red">
```

Zusammenfassende Eigenschaften

Bei den zusammenfassenden Eigenschaften sind üblicherweise eine, zwei, drei oder vier Angaben erlaubt.

Um für einzelne Seiten des Elements einen unterschiedlichen Rahmentyp zu bestimmen, gibt es zwei Möglichkeiten. Die eine besteht darin, Einzelangaben wie `border-left-style`, `border-top-style` usw. zu notieren. Erlaubt sind aber auch Angaben wie `border-style:solid double;`. Das sind unterschiedliche Angaben für die einzelnen Rahmenseiten.

Dabei gelten folgende Regeln:

- Eine Angabe: die Angabe bedeutet den Rahmentyp für alle Rahmenseiten.
- Zwei Angaben: die erste Angabe bedeutet den Rahmentyp für oben und unten, die zweite Angabe den Rahmentyp für rechts und links.

- Drei Angaben: die erste Angabe bedeutet den Rahmentyp für oben, die zweite den Rahmentyp für rechts und links und die dritte den Rahmentyp für unten.
- Vier Angaben: die erste Angabe bedeutet den Rahmentyp für oben, die zweite den Rahmentyp für rechts, die dritte den Rahmentyp für unten und die vierte den Rahmentyp für links.

Bei Rahmendicke und Rahmenfarbe ist es ähnlich:

- Eine Angabe: Rahmendicke oder -farbe für alle Rahmenseiten.
- Zwei Angaben: die erste Angabe bedeutet die Rahmendicke oder -farbe für oben und unten, die zweite Angabe gilt für rechts und links.
- Drei Angaben: die erste Angabe bedeutet die Rahmendicke oder -farbe für oben, die zweite die für rechts und links und die dritte die für unten.
- Vier Angaben: die erste Angabe bedeutet die Rahmendicke oder -farbe für oben, die zweite die für rechts, die dritte die für unten und die vierte die für links.

Weitere Hinweise

Wenn Sie bei Rahmendefinitionen nichts weiter angeben, kann es sein, dass die Inhalte von Elementen sehr nah an dem sie umgebenden Rahmen kleben. Zu diesem Zweck können Sie Innenabstände definieren. Dadurch schaffen Sie einen Abstand zwischen Rahmen und Elementinhalt.

Einige der Effekte (z. B. `groove`) kommen nur zustande, wenn Sie eine Farbe angeben, die sich von Schwarz unterscheidet.

Referenzinformationen

CSS-Eigenschaften `border`,
CSS-Eigenschaften `border-left`, `border-right`, `border-top`, `border-bottom`,
CSS-Eigenschaften `border-width`,
CSS-Eigenschaften `border-left-width`, `border-right-width`, `border-top-width`, `border-bottom-width`,
CSS-Eigenschaften `border-style`,
CSS-Eigenschaften `border-left-style`, `border-right-style`, `border-top-style`, `border-bottom-style`,
CSS-Eigenschaften `border-color`,
CSS-Eigenschaften `border-left-color`, `border-right-color`, `border-top-color`, `border-bottom-color`:

CSS 1.0

14.6.2 Abgerundete Ecken (border-radius)

Sie benötigen*keinen* expliziten Rahmen um ein Element , um dem Element abgerundete Ecken zuzuordnen. Es ist jedoch durchaus möglich, explizite Rahmen, so wie weiter oben beschrieben, mit runden Ecken zu kombinieren. Die `border-radius`-Eigenschaften werden erst offiziell mit CSS3 eingeführt, sind jedoch seit Jahren in der Praxis beliebt, um die für das Web 2.0, typischen soften Ecken zu erzwingen. Allerdings funktionieren sie im Internet Explorer erst ab Version 9.0. Für manche ältere Browser, beispielsweise Safari 4.0, sind noch proprietäre Präfixe notwendig.

Insgesamt stehen die zusammenfassende Eigenschaft `border-radius` sowie die Einzeleigenschaften `border-top-left-radius` (linke obere Ecke), `border-top-right-radius` (rechte obere Ecke), `border-bottom-left-radius` (linke untere Ecke) und `border-bottom-right-radius` (rechte untere Ecke) zur Verfügung.

Beispiel

```
<!doctype html>
<html>
  <head>
    <meta charset="utf-8">
    <title>Programmier-Blog</title>
    <style>
      body {
        background-color: #DDD;
        padding: 30px;
        font-family: monospace;
        font-size: 110%;
      }
      #articles {
        width: 60%;
        float: left;
        margin-right: 5%;
      }
      article {
        background-color: white;
        padding: 10px;
        margin-bottom: 2em;
        border-top-left-radius: 6em 3em;
        border-bottom-right-radius: 6em 3em;
        border-top-right-radius: 3em;
        border-bottom-left-radius: 3em;
        -moz-border-top-left-radius: 6em 3em;
        -moz-border-bottom-right-radius: 6em 3em;
        -moz-border-top-right-radius: 3em;
        -moz-border-bottom-left-radius: 3em;
        -webkit-border-top-left-radius: 6em 3em;
        -webkit-border-bottom-right-radius: 6em 3em;
        -webkit-border-top-right-radius: 3em;
        -webkit-border-bottom-left-radius: 3em;
      }
    </style>
  </head>
  <body style="">
    <header>
      <h1 style="margin: 0; background-color: orange;
                 color: white; font-size: 4em; font-weight: bold;
```

```
                padding: 12px; border-radius: 15px;
                -moz-border-radius: 15px;
                -webkit-border-radius: 15px;">
        Programmier-Blog
      </h1>
    </header>
    <section id="articles">
      <h1>Artikel</h1>
      <article>
        <h2>Programmieren mit CSS?</h2>
        <p>
          Eigentlich ist CSS ja eine Beschreibungssprache.
          Doch nicht selten übernimmt sie auch Aufgaben,
          die man auch mit JavaScript lösen könnte.
        </p>
      </article>
    </section>
  </body>
</html>
```

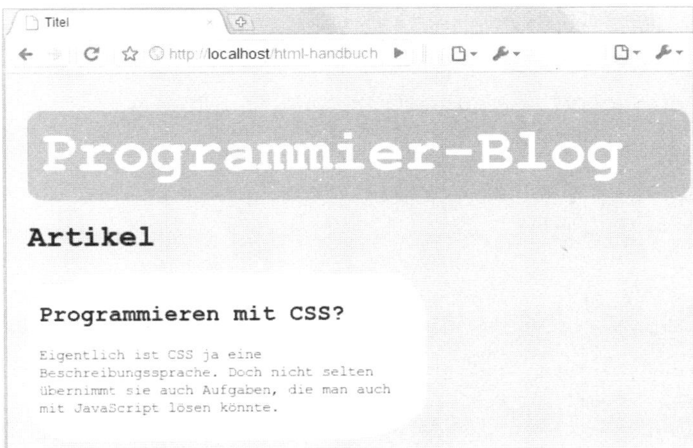

Bild 14.16: Runde Ecken im Browser

Erläuterung

Das Beispiel zeigt ein vollständiges HTML-Dokument mit einigen typischen Bestandteilen eines Blogs. Wegen der unterschiedlichen Hintergrundfarben (CSS-Eigenschaft `background-color`) sind die Elementboxen der Überschrift im Header-Bereich und die von Artikeln gut sichtbar. In beiden Fällen wird mit runden Ecken gearbeitet.

Sowohl die Einzeleigenschaften `border-top-left-radius`, `border-top-right-radius`, `border-bottom-left-radius` und `border-bottom-right-radius` als auch die für alle vier Ecken gültige Eigenschaft `border-radius` erwarten eine oder zwei nummerische Angaben. Bei zwei nummerischen Angaben sind diese durch Leerzeichen zu trennen. Mit ***einer Angabe*** können Sie eine Viertelkreisrundung bestimmen, mit ***zwei Angaben*** eine elliptische Rundung. Das obige Beispiel enthält beide Typen von Angaben. Bei der elliptischen Rundung stehen der erste Wert für den X-Radius und der zweite

Wert für den Y-Radius. Nachfolgende Grafik verdeutlicht dies mit den Werten aus dem obigen Beispiel

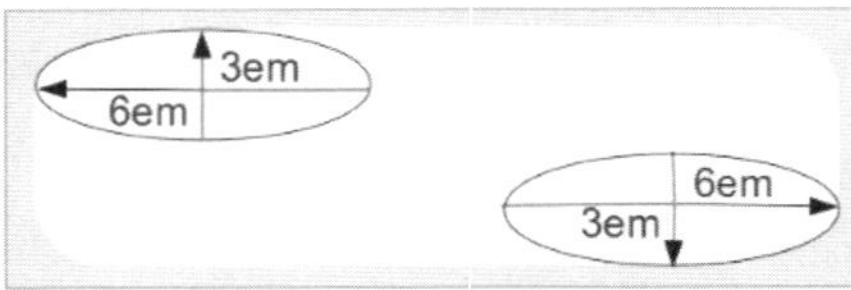

Bild 14.17: border-top-left-radius: 6em 3em; und border-bottom-right-radius: 6em 3em;

Weitere Hinweise

Bis auf Weiteres ist es noch zweckmäßig, die herstellerspezifischen Implementierungseigenschaften wie -moz-border-radius oder -webkit-border-radius wie im obigen Beispiel zusätzlich zur eigentlichen Definition zu border-radius zu notieren. Obwohl diese nur mehr der Firefox bis Version 3.6 und Safari bis Version 4.0 benötigen.

Falls Sie zusätzlich zu runden Ecken mit sichtbaren Rahmen und unterschiedlichen Rahmenstärken an den einzelnen Elementseiten (border-left-width usw.) arbeiten, ist es Aufgabe der Browser, die runden Ecken korrekt zu rendern.

Referenzinformationen

CSS-Eigenschaften border-radius,
CSS-Eigenschaften border-top-left-radius, border-top-right-radius, border-bottom-left-radius, border-bottom-right-radius:

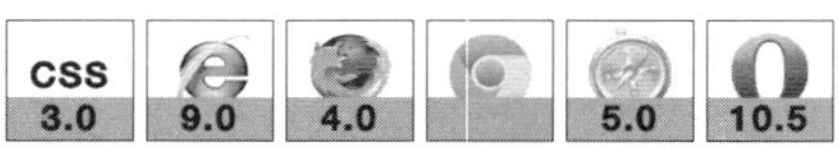

14.6.3 Grafische Rahmen (border-image)

Für aufwendigere Rahmeneffekte steht seit CSS3 die Möglichkeit zur Verfügung, Grafiken als Basis für Rahmen zu verwenden. Wie bei den übrigen Rahmeneigenschaften gibt es auch in diesem Fall eine zusammenfassende Eigenschaft, nämlich border-image. Daneben gibt es Einzeleigenschaften für die Detailaspekte der Rahmendefinitionen. Dies sind die Eigenschaften border-image-source (Referenzierung der Rahmengrafik), border-image-slice (Werte, die festlegen, wie die Grafik zerteilt wird), border-image-width (Bildbreite des Rahmens), border-image-outset (Offset des Bildrahmens, ähnlich wie bei outline-offset) und border-image-repeat (Art, wie das Bild die vier Seitenrahmen des Elements ausfüllen soll – z. B. durch Wiederholung oder Streckung). Die Eigenschaften border-image-width und border-image-outset spielen in der Praxis derzeit noch keine Rolle.

Beispiel

```
<div style="width: 50%; margin-left: auto; margin-right: auto;
            margin-top: 1em; padding: 16px; font-size: 32px;
            border-width: 32px;
            -moz-border-image: url(border.png) 32 repeat;
```

```
            -webkit-border-image: url(border.png) 32 repeat;
            border-image: url(border.png) 32 repeat;">
  RAHMENINHALT
</div>
<div style="width: 50%; margin-left: auto; margin-right: auto;
            margin-top: 1em; padding: 16px; font-size: 32px;
            border-width: 32px;
            -moz-border-image: url(border.png) 32 stretch;
            -webkit-border-image: url(border.png) 32 stretch;
            border-image: url(border.png) 32 stretch;">
  RAHMENINHALT
</div>
```

Bild 14.18: Grafische Rahmen im Browser

Erläuterung

Zunächst benötigen Sie eine Grafik, die einen Rahmen realisiert. Im obigen Beispiel ist das die nachfolgende Grafik.

Bild 14.19: Grafik für border-image

Die Grafik muss nicht die Ausmaße des Elements haben, als dessen Rahmen sie dienen soll. Grafiken wie die des Beispiels eignen sich insofern gut, weil sie für alle Bereiche des Rahmens, nämlich für die vier Ecken und die vier Seiten, klar definierte, gleich große, quadratische Bereiche enthält. Die quadratische Grafik hat eine Gesamtseitenlänge von 96 Pixeln. Jede Rahmenecke und jede -strecke dazwischen hat demzufolge ein Drittel davon, also 32 Pixel.

Das obige Code-Beispiel zeigt, wie die Grafik in Verbindung mit der `border-image`-Eigenschaft eingesetzt werden kann. Wichtig ist, dass eine geeignete Rahmendicke definiert wird. Das geschieht in den Beispielen mit Hilfe von `border-width: 32px;` . Dies ist genau das Ausmaß der Teilquadrate der Rahmengrafik.

Die zusammenfassende `border-image`-Eigenschaft, wie sie im obigen Beispiel verwendet wird, erwartet mehrere Werte (derzeit typischerweise drei). Der eine ist eine Referenz auf die Rahmengrafik und entspricht der Einzeleigenschaft `border-image-source`. Wie auch bei anderen CSS-Eigenschaften werden solche Referenzen durch `url(URL-Adresse)` notiert. Bei der URL-Adresse gelten alle Regeln und Möglichkeiten der Referenzierung, wie sie in Abschnitt *2.1.5 Referenzierung* beschrieben sind.

Eine weitere Angabe besteht aus einem bis maximal vier nummerischen Werten. Im obigen Beispiel ist das einfach die Zahl 32, welche für 32 Pixel steht (die Seitenlänge der Einzelelemente der Beispielrahmengrafik). Diese ein bis vier Werte entsprechen der Einzeleigenschaft `border-image-slicing` und bestimmen die Art, wie die Rahmengrafik zerteilt wird.

- Eine Angabe bedeutet: Der Wert gilt für alle vier Seiten.
- Bei zwei Angaben bezeichnet die erste Angabe den Abstand von oben und unten, die zweite Angabe den Abstand von rechts und links.
- Bei drei Angaben bezeichnet die erste Angabe den Abstand von oben, die zweite den Abstand von rechts und links und die dritte den Abstand von unten.
- Bei vier Angaben bezeichnet die erste Angabe den Abstand von oben, die zweite den Abstand von rechts, die dritte den Abstand von unten und die vierte den Abstand von links.

Stellen Sie sich, um diese Angaben besser zu verstehen, vor, Sie zerschneiden die obige Beispielrahmengrafik so, dass für jede der vier Rahmenseiten und die vier Rahmenecken jeweils ein Element entsteht. Sie beginnen beispielsweise damit, das obere Drittel der Grafik abzuschneiden. Dann ist die Höhe des Papierstreifens das, was hier als Abstand von oben bezeichnet wird. Ebenso verhält es sich mit den übrigen Schnitten.

Zahlen ohne Maßeinheit werden als Pixel interpretiert. Auch Prozentangaben sind möglich. Dabei ist die Breite bzw. Höhe der Rahmengrafik der 100%-Bezug. Außerdem gibt es noch die Möglichkeit, das Schlüsselwort `fill` zuzuweisen. In diesem Fall wird der mittlere Teil der Grafik (in der Beispielgrafik oben das weiße Quadrat im Zentrum) mit berücksichtigt, um den Elementinhalt ähnlich wie eine Hintergrundgrafik zu füllen.

Die dritte Angabe bestimmt, wie die Seitenlängen der Rahmengrafik auf die tatsächlichen Seitenlängen des HTML-Elements übertragen werden sollen. Werfen Sie zum Verständnis nochmals einen Blick auf die obige Beispielrahmengrafik. Deren Quadrate für die Seitenlängen haben wie die übrigen Quadrate ein Ausmaß von 32 mal 32 Pixeln. Angenommen, das HTML-Element, auf das die Rahmengrafik angewendet wird, ist 500 Pixel breit und 356 Pixel hoch. Es müssen also irgendwie die 32 Pixel Seitenlänge auf 500 Pixel und 356 tatsächliche Seitenlängen gebracht werden. Eine Möglichkeit besteht darin, die 32 Pixel periodisch zu wiederholen. Wenn Sie das möchten, weisen Sie `repeat` (*wiederholen*) als Wert zu. Eine andere Möglichkeit ist, die 32 Pixel auf die tatsächliche Länge zu strecken – dies geschieht durch die Wertzuweisung `stretch` (*strecken*). Die beiden `div`-Bereiche im obigen Beispiel unterscheiden sich in den Angaben zu dieser Eigenschaft.

border-image-generator

Da das manuelle Definieren von grafischen Rahmen doch einiges Abstraktionsvermögen verlangt, sei auf einen Web-Service verwiesen, mit dessen Hilfe sich grafische Rahmen bequem interaktiv gestalten lassen:
http://border-image.com/

Referenzinformationen

CSS-Eigenschaften `border-image`:

Die Eigenschaft wird zwar von allen den genannten Browsern unterstützt, aber nur mit den proprietären Präfixes, der jeweiligen Engine.

14.6.4 Funktionsrahmen (outline)

Funktionsrahmen können Sie wahlweise mit der zusammenfassenden Eigenschaft `outline` oder mit den Einzeleigenschaften `outline-style` (Rahmentyp), `outline-width` (Rahmendicke) und `outline-color` (Rahmenfarbe) bestimmen. Ergänzt wird dieses Ensemble durch die spezielle Eigenschaft `outline-offset`, mit deren Hilfe sich der Abstand des Funktionsrahmens zum Elementinhalt verändern lässt, ohne dass dabei benachbarte Elemente in ihrer Position verschoben werden.

Beispiel

```
<!doctype html>
<html>
  <head>
    <meta charset="utf-8">
    <title>Titel</title>
    <style>
      body { padding: 10px; }
      p.info {
        outline: 4px solid orange;
        outline-offset: 5px;
        background-color: #FCE2A0;
        padding: 4px;
      }
      span.rahmen {
        outline-width: 4px;
        outline-style: solid;
        outline-color: orange;
      }
    </style>
  </head>
  <body>
    <p>
      Im <span class="rahmen">Rahmen</span>
```

```
      unseres heutigen Vortrags ...
    </p>
    <p class="info">... informieren wir</p>
  </body>
</html>
```

Erläuterung

Das Beispiel zeigt zwei Elemente, die einen Funktionsrahmen erhalten: ein Inline-Element (`span`) und ein Block-Element (`p`). Die Eigenschaften der Funktionsrahmen werden im Dokumentkopf in einem `style`-Bereich für entsprechende Klassennamen definiert.

Im Fall des `p`-Elements wird die zusammenfassende Eigenschaft `outline` verwendet. Sie erwartet eine Angabe zur Rahmendicke, zum Rahmentyp und zur Rahmenfarbe. Als Werte können Sie alles zuweisen, was auch bei der bereits beschriebenen `border`-Eigenschaft möglich ist. Beim `span`-Element werden im Beispiel die Einzeleigenschaften `outline-width`, `outline-style` und `outline-color` verwendet, um das Aussehen des Funktionsrahmens zu bestimmen.

Beim `p`-Element kommt außerdem die Eigenschaft `outline-offset` zum Einsatz. Der Rahmen wird dadurch im Beispiel mit 5 Pixeln mehr Abstand um das Element gezogen. Dadurch werden allerdings keine Nachbarelemente anders positioniert. Notfalls überschneiden sich der Rahmen und die Inhalte von Nachbarelementen.

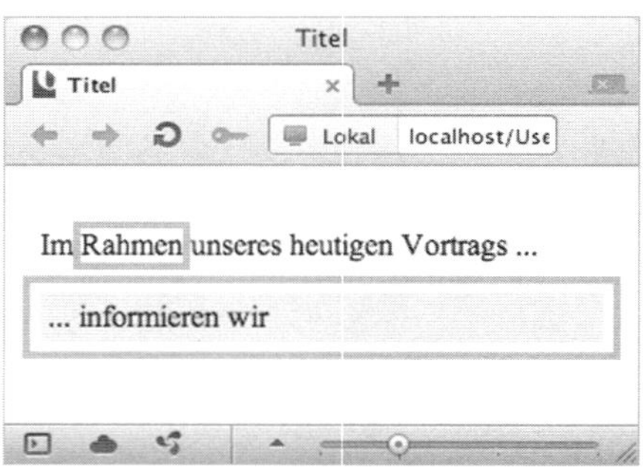

Bild 14.20: Darstellung der Rahmen mit der outline-Eigenschaft

Weitere Hinweise

Bei `outline`-Rahmen sind derzeit keine Einzeleigenschaften für einzelne Rahmenseiten vorgesehen. Die Argumentation dahinter ist, dass Funktionsrahmen im Gegensatz zu Schmuckrahmen nur für Signaleffekte genutzt werden sollten, typischerweise auch in Verbindung mit Scripting. Ein Anwendungsfall könnte etwa sein, beim Überprüfen von Formulareingaben den Fokus in ein Pflichtfeld zu setzen, in dem der Anwender nichts eingegeben hat. Gleichzeitig könnte das Script dafür sorgen, dass dieses Eingabefeld mittels eines `outline`-Rahmens signalisierend hervorgehoben wird.

Referenzinformationen

CSS-Eigenschaften `outline`,
CSS-Eigenschaften `outline-width`, `outline-style`, `outline-color`, `outline-offset`:

14.7 Hintergrundfarben und Hintergrundbilder

Fast alle sichtbaren Elemente eignen sich potentiell für eine Hintergrundgestaltung. Die Gründe, ein Element mit einer Hintergrundfarbe oder einer Hintergrundgrafik zu versehen, können sehr unterschiedlich sein. So ist die Hintergrundgestaltung ein sehr wichtiges Mittel des Webseitenlayouts, denn es ist das Mittel der Wahl, um farbige Flächen zu erzeugen. Manchmal werden Hintergrundfarben oder Hintergrundbilder aber auch verwendet, um Signalwirkungen zu erzeugen, oder etwa für automatische Hyperlink-Icons.

14.7.1 Hintergrundfarben

Sie können für ein HTML-Element eine Hintergrundfarbe definieren.

Beispiel

```
<!doctype html>
<html>
  <head>
    <meta charset="utf-8">
    <style>
      body {
        background-color:#E0E0E0;
        color: black;
        font-weight: bold;
        font-family: Arial;
        font-size: 120%;
      }
      .bluebox {
        background-color: #3333DD;
        color: white;
        padding: 6px;
        margin: 0;
      }
      .blue {
        background-color: #3333DD;
        color: white;
        padding: 2px;
      }
      .gelbbox {
```

```
      background-color: #FFFF66;
      color: black;
      padding: 6px;
      margin: 0;
    }
    .gelb {
      background-color: #FFFF66;
      color: black;
      padding: 2px;
    }
  </style>
  <title>Titel</title>
 </head>
 <body>
  <h1>Hintergründig!</h1>
  <p class="bluebox">
    Hinter dem Internet kommt das
    <span class="gelb">Hinternet</span>
  </p>
  <p>Dies hat nichts zu sagen</p>
  <p class="gelbbox">
    Im Kinderzimmer herrscht das
    <span class="blue">Kindernet</span>
  </p>
  <p>Auch jenes nicht minder</p>
 </body>
</html>
```

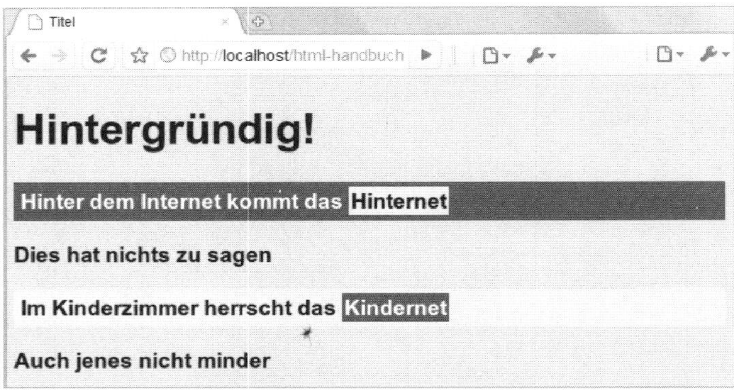

Bild 14.21: Das Hintergrundfarben-Beispiel im Browser

Erläuterung

Mit `background-color:` können Sie eine Hintergrundfarbe bestimmen. Zulässige Wertzuweisungen sind alle Arten von Farbwerten und Farbnamen sowie der Default-Wert `transparent` oder der Wert `inherit` (gleiche Hintergrundfarbe wie Elternelement).

Weitere Hinweise

Hintergrund- und Vordergrundfarben sollten – außer für spezielle Effekte – stets gut kontrastieren. Wenn Sie Hintergrundfarben verwenden, ist es deshalb grundsätzlich eine gute Idee, explizit passende Vordergrundfarben zu definieren. Das obige Beispiel macht davon Gebrauch.

Wenn Ihnen der Abstand zwischen Textgrenzen und dem Farbblock, der durch die Hintergrundfarbe entsteht, zu klein ist, können Sie wie im obigen Beispiel mit `padding` einen Innenabstand definieren.

Referenzinformationen

CSS-Eigenschaften `background-color`:

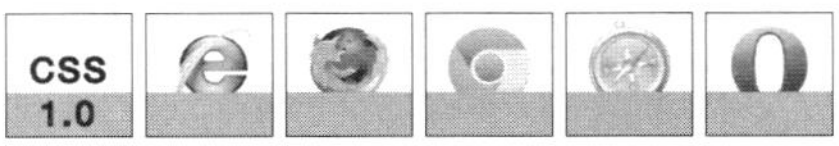

14.7.2 Hintergrundgrafiken

Sie können für beliebige HTML-Elemente mit sichtbarem Erstreckungsraum ein eigenes Hintergrundbild definieren. Dazu gibt es folgendes Ensemble von CSS-Eigenschaften:

- `background-image` referenziert die Hintergrundgrafik,
- `background-repeat` ermöglicht Wiederholungseffekte für Muster (Wallpaper),
- `background-attachment` erlaubt die Fixierung von Hintergrundgrafiken, so dass diese nicht mit scrollen,
- `background-position` bestimmt die Position der Hintergrundgrafik innerhalb des Erstreckungsraums des Elements.

All diese Eigenschaften sind übrigens gemeinsam mit der zuvor beschriebenen Eigenschaft `background-color` in der zusammenfassenden Eigenschaft `background` kombinierbar.

Hintergrundgrafiken lassen sich mit sehr unterschiedlicher Wirkung einsetzen. Das nachfolgende Beispiel versucht, einige Aspekte davon aufzuzeigen.

Beispiel

```
<!DOCTYPE html>
<html>
  <head>
    <meta charset="utf-8">
    <style>
      body {
        background-image: url(back-wall-1.gif);
        background-repeat: repeat-y;
        background-position: right;
        background-attachment: fixed;
        color: black;
        padding-right: 150px;
        font-family: 'DejaVu Serif', Georgia, serif;
      }
      nav {
```

```
      background-image: url(back-wall-2.jpg);
      color: white;
      padding: 1em;
      float: left;
      margin-right: 2em;
      margin-bottom: 1em;
      border-radius: 1em;
    }
    nav a {
      color: white;
      text-decoration: underline;
    }
  </style>
  <title>Titel</title>
</head>
<body>
  <nav>
    <h2>Auswahl</h2>
    <ul>
      <li><a href="/angebote/">Angebote</a></li>
      <li><a href="/referenzen/">Referenzen</a></li>
      <li>und so weiter</li>
    </ul>
  </nav>
  <h1>Neues</h1>
  <p>
    Lorem ipsum dolor sit amet, consetetur sadipscing elitr,
    sed diam nonumy eirmod tempor invidunt ut labore et
    dolore magna aliquyam erat, sed diam voluptua. At vero
    eos et accusam et justo duo dolores et earebum. Stet
    clita kasd gubergren, no sea takimata sanctus est Lorem
    ipsum dolor sit amet.
  </p>
</body>
</html>
```

Bild 14.22: Das Hintergrundgrafik-Beispiel im Browser

Erläuterung

Zum besseren Verständnis noch die oben verwendeten Grafiken:

Bild 14.23: Die Hintergrundgrafik des body-Elements im Beispiel

Bild 14.24: Die Hintergrundgrafik des nav-Elements im Beispiel

Mit `background-image: url(URL-Adresse);` können Sie eine Hintergrundgrafik bestimmen. Die Grafik kann von einer beliebigen eigenen oder fremden Quelle stammen. Es gelten alle Regeln und Möglichkeiten der Referenzierung, wie in *2.1.5 Referenzierung* beschrieben.

Per Voreinstellung wird eine Hintergrundgrafik wie ein Wallpaper (Tapetenmuster) wiederholt. Das ist bei einigen Grafiken erwünscht, so wie im obigen Beispiel im `nav`-Element. Die Hintergrundgrafik für das `body`-Element wird im Beispiel ebenfalls wiederholt – aber nur vertikal in einem Streifen rechts. Dies wird durch Angaben zu `background-repeat` und `background-position` erreicht.

Bei `background-repeat` wird im obigen Beispiel mit `repeat-y` erreicht, dass die Hintergrundgrafik nur eine »Spalte« lang vertikal wiederholt wird. Das Gegenstück, `repeat-x`, bewirkt die Wiederholung nur eine »Zeile« lang. Ebenfalls wichtig ist die Wertzuweisung `no-repeat`. Diesen Wert müssen Sie dann zuweisen, wenn die Hintergrundgrafik nur einmal angezeigt und nicht wiederholt wird. Standardwert ist der Wert `repeat` (zeilen- und spaltenweise endlos wiederholen = Tapeteneffekt).

Normalerweise würde `background-repeat: repeat-y` bewirken, dass die Grafik links eine Spalte lang wiederholt wird. Dass sie wie im obigen Beispiel am rechten Rand wiederholt wird, liegt an der Angabe `background-position: right;`. Mit `background-position` können Sie die Hintergrundgrafik ausrichten bzw. positionieren. Sinnvoll ist diese Angabe allerdings nur in Verbindung mit `background-repeat` und dort einem anderen Wert als `repeat`.

Bei `background-position` können Sie neben `right` eines der Schlüsselwörter `left` (linksbündig), `top` (oben bündig), `center` (horizontal und vertikal mittig) oder `bottom` (unten bündig) angeben. Auch Kombinationen wie `bottom left` oder `top right` sind möglich (die Reihenfolge der Schlüsselwörter ist egal). Neben den Schlüsselwörtern sind außerdem nummerische Werte möglich. Auch die Kombination von Schlüsselwörtern und nummerischen Werten ist erlaubt. Dadurch ergeben sich zahlreiche Möglichkeiten, die teilweise etwas Herumprobieren erfordern. Generell gilt:

Infos: Wenn bei `background-position` nur ein Wert angegeben wird, wird der zweite automatisch auf `center` gesetzt.

Bei zwei Werten wird, wenn wenigstens einer davon nummerisch ist, die Angabe als Offset vom linken oberen Eck des Elements interpretiert, wobei der erste Wert der Offset von links ist und der zweite Wert der Offset von oben.

Weiterhin sind Angaben wie `background-position: bottom 10px right 20px;` möglich. Auf diese Weise lässt sich ein beliebiges Elementeck als Ausgangspunkt definieren (im Beispiel `bottom right`, also das rechte untere Eck). Die nummerischen Angaben sind dann der jeweilige Offset, also im Beispiel 10 Pixel von unten und 20 Pixel von rechts. Wenn Sie einen der beiden nummerischen Werte weglassen, wird dieser als 0 interpretiert.

Mit `background-attachment:` können Sie das Scroll-Verhalten einer Hintergrundgrafik kontrollieren. Erlaubt ist eines der Schlüsselwörter `scroll` (Hintergrundgrafik scrollt mit und orientiert sich an der Position des jeweiligen Elements) oder `fixed` (das Hintergrundbild bleibt stehen und orientiert sich am Anzeigefenster). Das Default-Verhalten ist `scroll`. Im obigen Beispiel wird der `body`-Hintergrund auf `fixed` gesetzt, dies verleiht der Seite beim Scrollen mehr Ruhe.

Mit `background:` können Sie Angaben für den Hintergrund zusammenfassen. Notieren Sie Angaben zur Hintergrundfarbe, zum Hintergrundbild und zu dessen Wiederholungen, Position usw. Die Reihenfolge der Einzelangaben ist egal. Es ist nicht erforderlich, zu allen Angaben etwas zu notieren. So können Sie mit Angaben wie

```
<div style="background: #FFFFCC url(background1.gif) background-
attachment: fixed;">
```

ein jeweils gewünschtes Eigenschaften-Set definieren.

Weitere Hinweise

Wenn das Element, für das die Hintergrundgrafik definiert wird, in der Höhe oder Breite kleiner ist als die Hintergrundgrafik, wird die Hintergrundgrafik in der Darstellung an den Grenzen des Elements abgeschnitten. Abhilfe bietet hierbei die weiter unten beschriebene, mit CSS3 neu eingeführte Eigenschaft `background-size`.

Neuere Browser unterstützen auch die Möglichkeit, mehrere Hintergrundgrafiken für ein Element zu definieren:

```
background-image: url(/media/katz.png), url(/media/maus.png);
```

Trennen Sie einfach mehrere URL-Angaben durch Kommata.

Referenzinformationen

CSS-Eigenschaften `background-image`,
CSS-Eigenschaften `background-repeat`,
CSS-Eigenschaften `background-position`,
CSS-Eigenschaften `background-attachment`:

CSS 1.0

14.7.3 Zusätzliche Eigenschaften für die Hintergrundgestaltung in CSS3

CSS3 führt weitere Eigenschaften zur Kontrolle von Hintergrundfarben und/oder Hintergrundgrafiken ein. Einige Eigenschaften funktionieren nur in Form herstellerspezifischer Präfix-Varianten. So funktioniert beispielsweise `-moz-background-clip` in Gecko-basierten Browsern wie Firefox Version 3.6 oder `-webkit-background-clip` in Gecko-basierten Browsern wie Safari bei Version 4.0, die Originaleigenschaft `background-clip` dagegen erst bei aktuelleren Versionen. Der Microsoft Internet Explorer ist, wie so oft, ein Sonderfall. Denn hier werden die meisten Eigenschaften erst in der aktuellsten Version 9.0 unterstützt.

background-clip: Erstreckungsraum von Hintergrundangaben

Innerhalb des Boxmodells von CSS beginnen Hintergrundfarben und Hintergrundbilder normalerweise am äußersten Erstreckungsrand eines Elements. Bei Elementen mit definierten Rahmen ist das der äußere Rand des Rahmens. Mit Hilfe der Eigenschaft `background-clip` können Sie das ändern:

- `background-clip: padding-box;` bewirkt, dass die Hintergrundangaben sich auf den Erstreckungsraum beziehen, der durch Angaben zu `padding` (Innenabstände) zustande kommt.
- `background-clip: content-box;` bewirkt, dass die Hintergrundangaben sich auf den Erstreckungsraum des Elementinhalts beziehen.
- Die Default-Angabe ist `background-clip: border-box;`.

Links

Transparente Rahmen

Die Eigenschaft `background-clip` könnte jedoch im Webdesign der Zukunft eine durchaus interessante Rolle spielen. Denn mit etwas Trickserei erlaubt sie den Effekt transparenter Rahmen. Näheres erläutert der englischsprachige Artikel *Transparent Borders with background-clip:*
http://css-tricks.com/transparent-borders-with-background-clip/

Referenzinformationen

CSS-Eigenschaften `background-clip`:

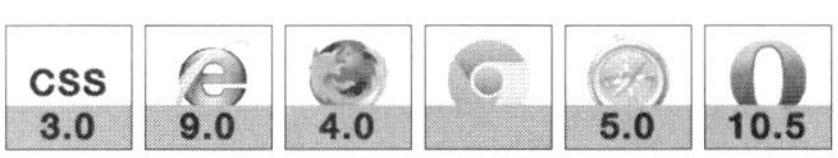

background-size: Größe von Hintergrundgrafiken

Diese neue Eigenschaft ist vor allem interessant wegen der Möglichkeit, Hintergrundgrafiken auf die tatsächlichen Elementausmaße zu strecken, die ja bei den meisten Elementen nicht unbedingt bekannt ist. Sinnvoll ist das eigentlich nur in Verbindung mit `background-repeat: no-repeat;`, also mit Hintergrundgrafiken, die nicht wiederholt werden.

- `background-size: contain;` bedeutet: Die Grafik wird so groß wie möglich angezeigt, aber so, dass sie noch vollständig angezeigt wird, dass ihre eigenen Seitenverhältnisse erhalten bleiben und dass sie sowohl in Breite als auch in Höhe kleiner oder gleich den Ausmaßen ist, die sich auf Grund der Positionierung der Grafik ergeben.
- `background-size: cover;` bedeutet: Die Grafik wird so klein wie möglich angezeigt, aber so, dass ihre eigenen Seitenverhältnisse erhalten bleiben und dass sowohl ihre Breite als auch ihre Höhe größer oder gleich den Ausmaßen ist, die sich auf Grund der Positionierung der Grafik ergeben.

Darüber hinaus sind absolute und relative nummerische Angaben möglich, um die Anzeigegröße der Grafik zu bestimmen, also etwa `background-size: 200px 100px;`. Das bedeutet: Die Hintergrundgrafik soll mit 200 Pixeln Breite und 100 Pixeln Höhe angezeigt werden, ohne Rücksicht auf ihre tatsächliche Größe.

Referenzinformationen

CSS-Eigenschaften `background-size`:

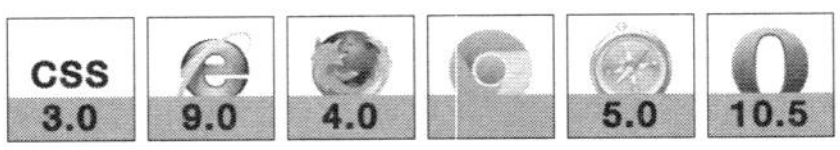

Bei Firefox wird diese Eigenschaft nur mit dem Präfix `-moz-` unterstützt.

14.8 Listenformatierung

Für `<ul>`- und `<ol>`-Listen stehen in CSS spezielle Formatierungsmöglichkeiten zur Verfügung. Dazu gehören bei ungeordneten Listen (`ul`) etwa grafische Aufzählungszeichen und bei geordneten Listen (`ol`) speziellere Nummerierungen wie römisch oder alphabetisch.

14.8.1 Gestaltungsmöglichkeiten für ungeordnete Listen

Für die Listengestaltung von `ul`-Listen stehen folgende CSS-Eigenschaften zur Verfügung:

- Mit `list-style-type` lässt sich das Aussehen des Aufzählungszeichens beeinflussen,
- mit `list-style-image` lässt sich eine beliebige Grafik als Aufzählungszeichen definieren,
- und mit `list-style-position` lässt sich das Einrückverhalten einer Liste einstellen.

Ebenso wie bei anderen Sets von Einzeleigenschaften gibt es auch in diesem Fall eine CSS-Eigenschaft namens `list-style` für zusammenfassende Angaben.

Beispiel

```
<h4>ul-Liste mit Darstellungstyp <i>disc</i></h4>
<ul style="list-style-type: disc">
  <li>Probieren geht<br>über Studieren</li>
```

```
  <li>Liebe geht<br>über Triebe</li>
  <li>Tante geht<br>über Kante</li>
</ul>
<h4>
  ul-Liste mit Darstellungstyp <i>circle</i> und Position
  <i>inside</i>
</h4>
<ul style="list-style-type: circle; list-style-position: inside">
  <li>Probieren geht<br>über Studieren</li>
  <li>Liebe geht<br>über Triebe</li>
  <li>Tante geht<br>über Kante</li>
</ul>
<h4>ul-Liste mit eigener Bullet-Grafik <i>disc</i></h4>
<ul style="list-style-image: url(bluemchen.gif)">
  <li>Probieren geht über Studieren</li>
  <li>Liebe geht über Triebe</li>
  <li>Tante geht über Kante</li>
</ul>
```

Bild 14.25: ul-Listen mit CSS-Listeneigenschaften im Browser

Erläuterung

Mit `list-style-type:` können Sie im Zusammenhang mit `ul`-Listen ein Standard-Aufzählungszeichen bestimmen. Folgende Angaben sind seit langem möglich: `disc` (gefüllter Kreis), `circle` (leerer Kreis) und `square` (gefülltes Quadrat). Mit CSS3 kommen weitere Aufzählungszeichen hinzu: `box` (leeres Quadrat), diamond (Diamant-Symbol, z. B. Zeichen mit Rhombus-Form), `check` (ein √-Symbol) und `hyphen` (Bindestrich).

Wichtig ist auch die mögliche Wertzuweisung `none`. Damit verhindern Sie ein Aufzählungszeichen. Das mag zunächst widersinnig erscheinen. Doch ungeordnete Listen sind das semantische Mittel der Wahl etwa für Navigationsmenüs. Und dort sollen die Listen nicht unbedingt wie Listen im Fließtext erscheinen, sondern mit Hilfe diverser CSS-Eigenschaften eher wie ein Menü in einer Anwendung reagieren.

Mit `list-style-position:` können Sie bestimmen, wie der Listeninhalt eingerückt wird. Mit dem Schlüsselwort `inside` bewirken Sie eine eingerückte Darstellung. Der Standardwert ist `outside` (ausgerückt). Die ersten beiden Listen im obigen Beispiel enthalten erzwungene Zeilenumbrüche (`<br>`), damit die Unterschiede zwischen den beiden Angaben sichtbar werden. Die erste Liste im Beispiel (`ul`-Liste mit Darstellungstyp `disc`) enthält keine Angabe zu `list-style-position:`, was `outside` entspricht. Die zweite Liste dagegen enthält explizit die Notation `list-style-position: inside`.

Mit `list-style-image: url(URL-Adresse)` können Sie eine Grafik als Aufzählungszeichen bestimmen. Als Grafikdateitypen sollten Sie die in HTML üblichen Formate GIF, PNG oder JPG verwenden. Die Grafik sollte nicht größer als ein kleines Icon (16 x 16 Pixel) sein. Bei der URL-Adresse sind alle Regeln und Möglichkeiten der Referenzierung erlaubt und möglich, wie in *2.1.5 Referenzierung* beschrieben.

Bei der zusammenfassenden Eigenschaft `list-style` (kommt im obigen Beispiel nicht vor) sind diese Angaben möglich:

```
<ol style="list-style: url(../zeigefinger.png) inside">
```

Referenzinformationen

CSS-Eigenschaften `list-style-type`,
CSS-Eigenschaften `list-style-image`,
CSS-Eigenschaften `list-style-position:`

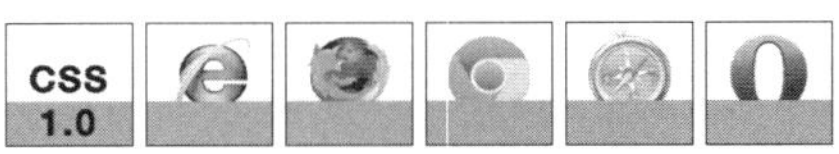

Die weiter oben beschriebenen CSS3-Auszeichnungssymbole für unsortierte Listen werden noch von keinem Browser unterstützt.

14.8.2 Gestaltungsmöglichkeiten für geordnete Listen

Für die Listengestaltung von `ol`-Listen werden folgende CSS-Eigenschaften angeboten:

- Mit `list-style-type` lässt sich die Art der Nummerierung beeinflussen,
- und mit `list-style-position` lässt sich das Einrückverhalten einer Liste einstellen (wie zuvor bei ungeordneten Listen beschrieben).

Auch in diesem Fall können Sie die CSS-Eigenschaft `list-style` für zusammenfassende Angaben verwenden.

Beispiel

```
<h4>ol-Liste mit Darstellungstyp <i>decimal</i></h4>
<ol style="list-style-type: decimal">
  <li>Tagesordnung</li>
  <li>Pause</li>
  <li>Vorbesprechung</li>
```

```
  <li>Mittagessen</li>
  <li>Vortrag zum Thema "Komme nie zu früh zur Sache!"</li>
  <li>Pause</li>
  <li>Gemütlicher Ausklang</li>
</ol>
<h4>ol-Liste mit Darstellungstyp <i>lower-roman</i></h4>
<ol style="list-style-type: lower-roman">
  <li>Tagesordnung</li>
  <li>Pause</li>
  <li>Vorbesprechung</li>
  <li>Mittagessen</li>
  <li>Vortrag zum Thema "Komme nie zu früh zur Sache!"</li>
  <li>Pause</li>
  <li>Gemütlicher Ausklang</li>
</ol>
```

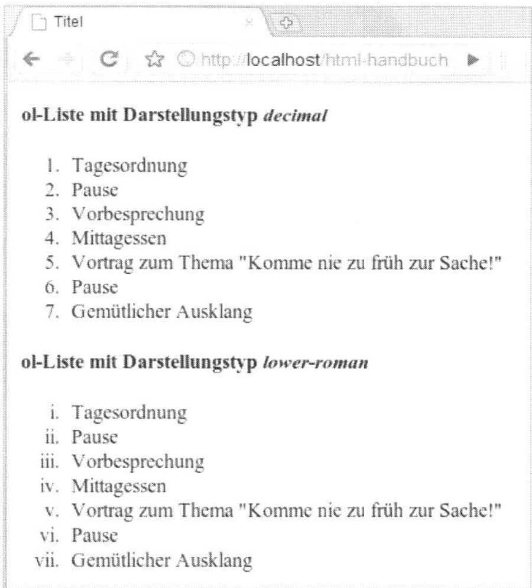

Bild 14.26: ol-Listen mit CSS-Listeneigenschaften im Browser

Erläuterung

Im Zusammenhang mit nummerierten Listen hat das W3-Konsortium mittlerweile an jede nur erdenkliche Form der Nummerierung gedacht. Relativ bedenkenlos sind davon in der Praxis jedoch bislang nur diejenigen Formen verwendbar, die vor CSS3 eingeführt wurden. Das obige Beispiel zeigt zweimal die gleiche Liste – einmal mit Dezimalzahlen (`decimal`) als Nummerierung, und einmal mit kleinen römischen Ziffern (`lower-roman`).

In CSS 1.0 wurden folgende Schlüsselwörter eingeführt: `decimal` (Nummerierung 1., 2., 3., 4. usw.), `lower-roman` (Nummerierung i., ii., iii., iv. usw.), `upper-roman` (Nummerierung I., II., III., IV. usw.), `lower-alpha` oder `lower-latin` (Nummerierung a., b., c., d. usw.), sowie `upper-alpha` oder `upper-latin` (Nummerierung A., B., C., D. usw.).

In CSS 2.0 kamen folgende hinzu: `lower-greek` (Nummerierung mit griechischen Buchstaben α., β., γ., δ. usw.), `hebrew` (Nummerierung mit den hebräischen Buchstaben), `decimal-leading-zero` (Nummerierung mit führender 0: 01., 02., 03., 04., … 98., 99. usw.), `cjk-ideographic` (Nummerierung mit ideographischen Zeichen), hiragana (Nummerierung in Japanisch: a, i, u, e, o, ka, ki, …), katakana (Nummerierung in Japanisch: A, I, U, E, O, KA, KI, …), hiragana-iroha (Nummerierung in Japanisch: i, ro, ha, ni, ho, he, to, …) und katakana-iroha (Nummerierung in Japanisch: I, RO, HA, NI, HO, HE, TO, …).

CSS3 erweitert diese Möglichkeiten um algorithmische Nummerierungssysteme wie armenian und lower-armenian, einem additiven Nummerierungsschema für Zahlen von 1 bis 99999999, ethiopic-numeric (äthiopische Nummerierung), georgian (additives Nummerierungsschema für Zahlen von 1 bis 19999), japanese-formal, japanese-informal, trad-chinese-formal, trad-chinese-informal, simp-chinese-formal und simp-chinese-informal (fernöstliche Nummerierungsvarianten mit Gruppen- und Ziffernmarker), syriac (nahöstliches Nummerierungssystem), tamil (tamilische Nummerierung) und upper-armenian (armenische Nummerierung). Bei Zahlensystemen ermöglicht CSS3 zusätzlich zu den bereits bekannten Systemen viele weitere Systeme aus aller Welt und aus der IT-Welt: arabic-indic, binary, bengali, cambodian, devanagari, gujarati, gurmukhi, kannada, khmer, lao, lower-hexadecimal, malayalam, mongolian, myanmar, octal, oriya, persian, telugu, tibetan, thai, upper-hexadecimal und urdu.

Ähnlich verhält es sich bei den Möglichkeiten alphabetischer Nummerierung. Hier unterstützt CSS3 zusätzlich die Angaben afar, amharic, amharic-abegede, cjk-earthly-branch, cjk-heavenly-stem, ethiopic, ethiopic-abegede, ethiopic-abegede-am-et, ethiopic-abegede-gez, ethiopic-abegede-ti-er, ethiopic-abegede-ti-et, ethiopic-halehame-aa-er, ethiopic-halehame-aa-et, ethiopic-halehame-am-et, ethiopic-halehame-gez, ethiopic-halehame-om-et, ethiopic-halehame-sid-et, ethiopic-halehame-so-et, ethiopic-halehame-ti-er, ethiopic-halehame-ti-et, ethiopic-halehame-tig, hangul, hangul-consonant, lower-norwegian, oromo, sidama, somali, tigre, tigrinya-er, tigrinya-er-abegede, tigrinya-et, tigrinya-et-abegede und upper-norwegian.

Außerdem erlaubt CSS3 die symbolischen Angaben asterisks (Sternchen-Nummerierung *, **, ***, ****, …) sowie footnotes (*, †, ‡, ** usw.).

Weitere Hinweise

Die CSS-Eigenschaften für Listeneinrückung (list-style-position) und die zusammenfassende Angabe zu list-style funktionieren bei geordneten Listen genauso wie bei ungeordneten Listen.

Referenzinformationen

CSS-Eigenschaften list-style-type,
CSS-Eigenschaften list-style-position:

CSS 1.0

Infos

Bei list-style-type wird je nach Browser nur ein Teil der möglichen Angaben interpretiert. Sollte eine Angabe noch nicht umgesetzt sein, so stellt der Browser automatisch eine dezimale Nummerierung dar.

14.8.3 Abstand zu Aufzählungszeichen/Nummerierung

Leider gibt es für den Abstand zwischen Aufzählungszeichen oder Nummerierung und dem Inhalt des zugehörigen Listeneintrags keine spezielle CSS-Eigenschaft. Auch für die linksbündige Ausrichtung des Aufzählungs- oder Nummerierungszeichens zum übrigen Text gibt es keine eindeutige Angabe. Die CSS-Eigenschaften, mit deren Hilfe sich die Anzeige diesbezüglich steuern lässt, sind `margin-left` und `padding-left`.

Beispiel

```
<ul style="margin-left: 0; padding-left: 0">
  <li>Probieren geht über Studieren</li>
  <li>Liebe geht über Triebe</li>
  <li>Tante geht über Kante</li>
</ul>
<ul style="margin-left: 0em; padding-left: 1.5em">
  <li>Probieren geht über Studieren</li>
  <li>Liebe geht über Triebe</li>
  <li>Tante geht über Kante</li>
</ul>
  <ul style="margin-left: 1.5em; padding-left: 0em">
  <li>Probieren geht über Studieren</li>
  <li>Liebe geht über Triebe</li>
  <li>Tante geht über Kante</li>
</ul>
<ul style="margin-left: 1.5em; padding-left: 1.5em">
  <li style="padding-left: 2.5em">Probieren geht über Studieren</li>
  <li style="padding-left: 1.25em">Liebe geht über Triebe</li>
  <li>Tante geht über Kante</li>
</ul>
<ul style="margin-left: 0.6em; padding-left: 0.6em">
  <li>Probieren geht über Studieren</li>
  <li>Liebe geht über Triebe</li>
  <li>Tante geht über Kante</li>
</ul>
```

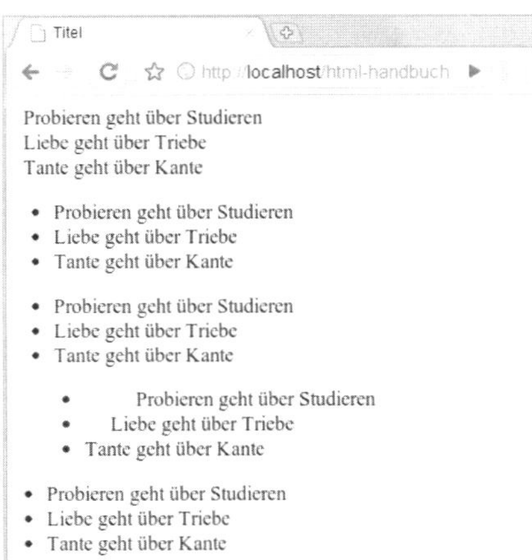

Bild 14.27: Listen (hier ul-Listen) mit padding-left- und margin-left-Eigenschaften

Erläuterung

Im Beispiel wird fünfmal die gleiche `ul`-Liste mit unterschiedlichen Angaben zu `padding-left` und `margin-left` definiert. Werden beide Werte wie in der ersten Liste auf 0 gesetzt, hat das die gleiche Wirkung wie `list-style-type: none` – das Aufzählungszeichen wird gar nicht mehr angezeigt.

Die zweite und die dritte Liste im Beispiel lassen jeweils eine der beiden Eigenschaften auf 0 und setzen die andere auf `1.5em`. Das muss nicht unbedingt – wie in der obigen Abbildung, die den Output von Google Chrome zeigt – in allen Browsern gleich aussehen. So beachtet etwa der MS Internet Explorer nur die `margin-left`-Eigenschaft, während ihm `padding-left` egal ist. Bei den meisten anderen Browsern ist es umgekehrt. Um browserübergreifend eine ordentliche Anzeige zu erhalten, ist es deshalb am besten, beide Eigenschaften zu verwenden und ihnen außerdem den gleichen Wert zuzuweisen, so wie in der letzten Liste im obigen Beispiel.

Infos

Der dort verwendete Wert von `0.6em` ist übrigens ein erprobter Wert, um eine linksbündige Ausrichtung des Aufzählungszeichens zum übrigen Text zu erreichen und gleichzeitig einen mittleren, typischen Abstand zwischen Aufzählungszeichen und Inhalt des Listeneintrags.

Um den Abstand zwischen Aufzählungszeichen/Nummerierung und Inhalt des Listeneintrags zu beeinflussen, müssen Sie anstelle des Listenelements (`ul` oder `ol`) die enthaltenen `li`-Elemente formatieren, so wie im obigen Beispiel in der vierten Liste. Das ist natürlich auch mit Hilfe zentral notierter Selektoren möglich und so auf alle `li`-Elemente oder jene mit bestimmten Eigenschaften anwendbar. Das obige Beispiel nutzt die Inline-Formatierung mittels `style`-Attribut, um unterschiedliche Möglichkeiten zu demonstrieren.

14.9 Tabellenformatierung

Für Tabellen gibt es einige spezielle CSS-Eigenschaften. Dennoch lassen sich natürlich auch andere Eigenschaften auf Tabellen, Spalten und Zeilen anwenden – egal ob Angaben zur Schriftformatierung, zu Ausrichtung, Innenabständen, Rahmen oder zur Hintergrundgestaltung ganzer Tabellen, einzelner Spalten, Zeilen oder Zellen. CSS-Eigenschaften sind auf alle Tabellenelemente anwendbar, also wahlweise auf die ganze Tabelle (`table`), auf einzelne Spaltengruppen und Spalten (`colgroup` und `col`), auf Tabellenkopfbereich, -fußbereich und -körper (`thead`, `tfoot` und `tbody`), auf Tabellenzeilen (`tr`), Kopf- und Datenzellen (`th` und `td`) sowie auf die Tabellenbeschriftung (`caption`).

14.9.1 Typische CSS-Formatierungen für Tabellen

Zunächst soll ein allgemeines Beispiel zeigen, wie Sie HTML-Tabellen mit Hilfe von CSS typischerweise formatieren können.

Beispiel

```
<!doctype html>
<html>
  <head>
    <meta charset="utf-8">
    <style>
      table { border: 1px solid gray; }
      th, td {
        border: 1px solid gray;
        padding: 3px;
        font-family: 'Liberation Sans', Arial, Helvetica, sans-serif;
        font-size: 90%;
        text-align: center;
        vertical-align: top;
      }
      th {
        background-color: #DDD;
        font-weight: bold;
      }
      td.sum {
        width: 5em;
        text-align: right;
      }
    </style>
    <title>Titel</title>
  </head>
  <body>
    <table>
      <caption style="text-align: left; padding-bottom: 12px;
                      font-size: 120%;
                      font-family: 'Liberation Sans', Arial,
                      Helvetica, sans-serif;">
        Kleine Entfernungstabelle
      </caption>
      <tr>
        <th></th>
        <th title="Barcelona">BCN</th>
        <th title="Kairo">CAI</th>
        <th title="Frankfurt">FRA</th>
        <th title="New York">JFK</th>
        <th title="Moskau">MOW</th>
        <th style="text-align: right;">Summe</th>
      </tr>
      <tr>
        <th title="Barcelona">BCN</th>
        <td></td>
        <td title="Barcelona nach Kairo">2900</td>
        <td title="Barcelona nach Frankfurt">1090</td>
        <td title="Barcelona nach New York">6150</td>
        <td title="Barcelona nach Moskau">3030</td>
        <td class="sum">13170</td>
```

```
      </tr>
      <tr>
        <th title="Kairo">CAI</th>
        <td title="Kairo nach Barcelona">2900</td>
        <td></td>
        <td title="Kairo nach Frankfurt">2910</td>
        <td title="Kairo nach New York">9010</td>
        <td title="Kairo nach Moskau">2900</td>
        <td class="sum">17720</td>
      </tr>
      <tr>
        <th title="Frankfurt">FRA</th>
        <td title="Frankfurt nach Barcelona">1090</td>
        <td title="Frankfurt nach Kairo">2910</td>
        <td></td>
        <td title="Frankfurt nach New York">6180</td>
        <td title="Frankfurt nach Moskau">2030</td>
        <td class="sum">12210</td>
      </tr>
      <tr>
        <th title="New York">JFK</th>
        <td title="New York nach Barcelona">6150</td>
        <td title="New York nach Kairo">9010</td>
        <td title="New York nach Frankfurt">6180</td>
        <td></td>
        <td title="New York nach Moskau">7500</td>
        <td class="sum">28840</td>
      </tr>
      <tr>
        <th title="Moskau">MOW</th>
        <td title="Moskau nach Barcelona">3030</td>
        <td title="Moskau nach Kairo">2900</td>
        <td title="Moskau nach Frankfurt">2030</td>
        <td title="Moskau nach New York">7500</td>
        <td></td>
        <td class="sum">15460</td>
      </tr>
    </table>
  </body>
</html>
```

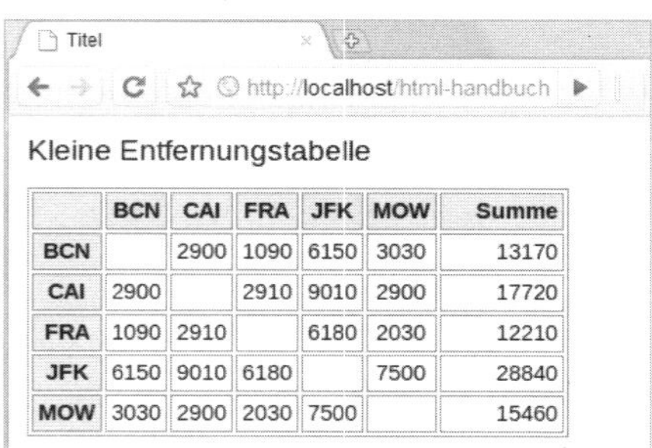

	BCN	CAI	FRA	JFK	MOW	Summe
BCN		2900	1090	6150	3030	13170
CAI	2900		2910	9010	2900	17720
FRA	1090	2910		6180	2030	12210
JFK	6150	9010	6180		7500	28840
MOW	3030	2900	2030	7500		15460

Bild 14.28:
CSS-formatierte Tabelle

Erläuterung

Das Beispiel zeigt ein vollständiges HTML-Dokument. Im Dokumentkopf werden in einem `style`-Bereich zentrale Formate für Tabellen (`table`) und Tabellenzellen (`th` und `td`) definiert.

Das ist vor allem ein Rahmen für die Tabelle sowie für die einzelnen Tabellenzellen. Sowohl die Tabelle als auch die Kopf- und Datenzellen erhalten jeweils einen grauen, dünnen, durchgezogenen Rahmen (`border: 1px solid gray;`). Erkennbar ist, dass daraus im Browser sichtbar voneinander getrennte Rahmenlinien werden. Mit Hilfe der weiter unten beschriebenen Rahmenoptionen können Sie veranlassen, dass die Rahmen zwischen den Tabellenzellen und der äußere Tabellenrahmen zusammenfallen.

Mit `padding: 3px;` erhalten die Tabellenzellen einen praxistypischen Innenabstand zwischen Zellrahmen und Zellinhalt. Die Angaben zu `font-family` und `font-size` regeln Schriftart und Schriftgröße von Zellinhalten.

Mit der Eigenschaft `text-align` können Sie Inhalte von Tabellenzellen links (`left`), rechts (`right`) oder zentriert (`center`) ausrichten. Auch die Angabe `justify` (Blocksatz) ist natürlich möglich, innerhalb von Tabellenzellen aber in den meisten Fällen nicht sinnvoll. Wenn Sie wie im obigen Beispiel die Eigenschaft `vertical-align` auf Tabellenzellen oder auch Tabellenzeilen (`tr`) anwenden, können Sie Inhalte mit unterschiedlich hohen Inhalten oben bündig (`top`), unten bündig (`bottom`) oder mittig (`middle`) ausrichten.

Mit `background-color` erhalten die Kopfzellen im obigen Beispiel eine hellgraue Hintergrundfarbe. Die letzte Spalte der Tabelle, welche `td`-Elemente mit `class="sum"` enthält, bekommt mit `width` eine Breite von `5em` vorgegeben.

Weitere Hinweise

Die `border`-Eigenschaft wird detaillierter in *14.6 Rahmen, Ecken und Konturen* beschrieben, die Eigenschaften `font-family`, `font-size` und `font-weight` in *14.1 Schriftformatierung*, `padding` in *14.5 Innenabstand* und `background-color` in *14.7 Hintergrundfarben und Hintergrundbilder*.

14.9.2 Rahmenoptionen

Sie können festlegen, ob Einzelrahmen von Tabellenzellen zusammenfallen sollen oder nicht. Umgekehrt können Sie den Abstand zwischen Zellen beeinflussen und z. B. vergrößern.

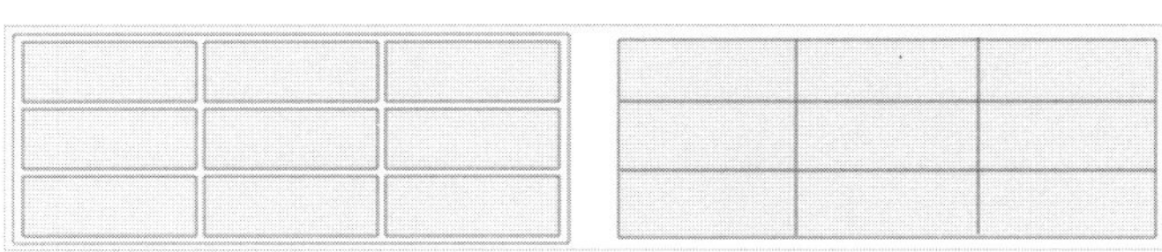

Bild 14.29: Gitternetzrahmen von Tabellenzellen können zusammenfallen oder auch nicht.

Per Default (laut dem vom W3-Konsortium empfohlenen Browser-Stylesheet) sollen Browser Tabellen mit sichtbarem Gitternetz so darstellen wie im linken Teil zu sehen, also mit kleinen Abständen zwischen den Zellen sowie zum äußeren Tabellenrahmen. Sie können jedoch eine Darstellung wie rechts zu sehen erzwingen.

Beispiel zu border-collapse

```
<table>
  <tr>
    <th colspan="3" style="text-align: left;">
      <h1>Ohne collapse</h1>
    </th>
  </tr>
  <tr>
    <td style="border:medium solid gray; padding: 10px;">
      von meinem Haus
    </td>
    <td style="border:medium dashed gray; padding: 10px;">
      mit meinem Auto
    </td>
    <td style="border:medium dotted gray; padding: 10px;">
      zu meinem Boot
    </td>
  </tr>
</table>
<table style="border-collapse:collapse">
  <tr>
    <th colspan="3" style="text-align: left;">
      <h1>Mit collapse</h1>
    </th>
  </tr>
  <tr>
    <td style="border:medium solid gray; padding: 10px;">
      von meinem Haus
    </td>
    <td style="border:medium dashed gray; padding: 10px;">
      mit meinem Auto
    </td>
    <td style="border:medium dotted gray; padding: 10px;">
      zu meinem Boot
    </td>
  </tr>
</table>
```

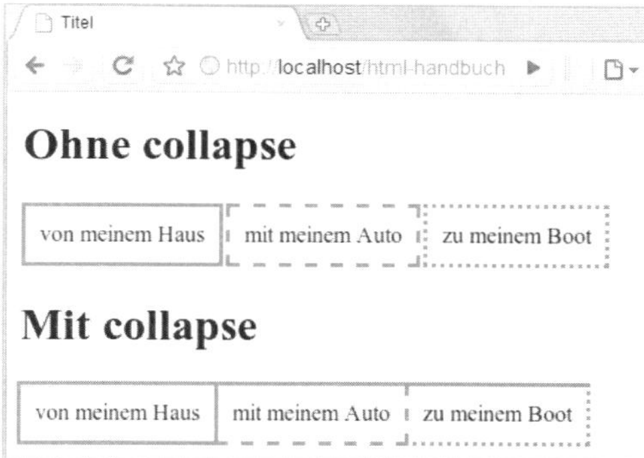

Bild 14.30: Prioritäten beim Zusammenfallen von Rahmen

Erläuterung zu border-collapse

Mit der Angabe `border-collapse: collapse;` bei `table`-Elementen erreichen Sie, dass die Rahmen von Zellen sowie ein für die gesamte Tabelle definierter Außenrahmen zusammenfallen. Die umgekehrte Angabe (der Browser-Standard) ist `border-collapse: separate;`. Das obige Beispiel zeigt, wie sich Rahmen mit unterschiedlichem Rahmentyp überlagern, wenn Sie nichts anderes anordnen.

Die Angabe `border-collapse: collapse;` ist nämlich nur so lange unproblematisch, wie alle Rahmen in Farbe, Dicke und Typ gleich sind. Wenn jedoch Rahmen mit unterschiedlichen Eigenschaften zusammenfallen sollen, entsteht eine Konfliktsituation. Rahmen, die dabei in jedem Fall Vorrang haben und den gemeinsamen Grenzrahmen der Nachbarzelle überlagern sollen, müssen zu diesem Zweck die CSS-Angabe `border-style: hidden` erhalten. Rahmen, die in jedem Fall nachrangig sein und von dem Grenzrahmen der Nachbarzelle überlagert werden sollen, müssen die CSS-Angabe `border-style: none;` erhalten. Wenn keine der Zellen die Angabe `border-style: hidden` enthält, aber eine davon die Angabe `border-style: none;`, entscheidet die Breitenangabe (`border-width`) zum Rahmen, welche Formatierung beim gemeinsamen Grenzrahmen Vorrang hat. Breitere Rahmen haben dann Vorrang. Falls auch die Breitenangabe keine Konfliktlösung bringt, da die Breitenangaben gleich sind, dann entscheidet die folgende Reihenfolge von Rahmentypen (`border-style:`): `double`, `solid`, `dashed`, `dotted`, `ridge`, `outset`, `groove`, `inset`.

Das Gegenteil von `border-collapse: collapse;` ist jedoch manchmal auch gewünscht: nämlich die explizite Verbreiterung der Abstände zwischen Zellrahmen untereinander und zwischen Zellrahmen und Tabellenrahmen. Dafür stellt CSS ebenfalls eine Eigenschaft bereit, nämlich `border-spacing`.

Beispiel zu border-spacing

```
<table style="border: solid 3px gray;
              border-spacing: 9px; border-radius: 6px">
  <tr>
    <td style="border: solid 3px gray; padding: 10px;
               border-radius: 6px">
      von meinem Haus
    </td>
    <td style="border: solid 3px gray; padding: 10px;
```

```
                border-radius: 6px">
        mit meinem Auto
    </td>
    <td style="border: solid 3px gray; padding: 10px;
                border-radius: 6px">
        zu meinem Boot
    </td>
  </tr>
</table>
```

Bild 14.31:
Rahmen mit vergrößertem Zellabstand

Erläuterung zu border-spacing

Notieren Sie die gewünschte Angabe zu `border-spacing` für `table`-Elemente, entweder im `style`-Attribut eines `<table>`-Tags oder zentral für bestimmte oder alle `table`-Elemente. Im Beispiel wird der Abstand der Zellen untereinander und der zum äußeren Tabellenrahmen auf 9 Pixel gesetzt. Die Zellen und Tabelle müssen natürlich explizite Rahmendefinitionen enthalten. Im Beispiel wird dabei außerdem von runden Ecken Gebrauch gemacht.

Referenzinformationen

CSS-Eigenschaften `border-collapse`,
CSS-Eigenschaften `border-spacing`:

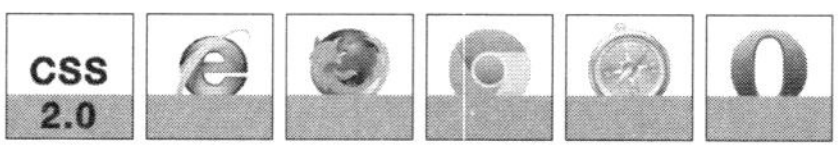

14.9.3 Anzeige leerer Tabellenzellen

Sie können bestimmen, ob Tabellenzellen ohne Inhalt bei sichtbarem Gitternetz einen Rahmen erhalten sollen oder nicht.

Beispiel

```
<p>Auch leere Zellen werden eingerahmt:</p>
<table style="border: 1px solid black; empty-cells: show">
  <tr>
    <td style="border: 1px solid black; width: 100px;">Inhalt</td>
    <td style="border: 1px solid black; width: 100px;">Inhalt</td>
    <td style="border: 1px solid black; width: 100px;"></td>
  </tr>
</table>
<p>Leere Zellen werden nicht eingerahmt:</p>
<table style="border: 1px solid black; empty-cells: hide">
```

```
  <tr>
    <td style="border: 1px solid black; width: 100px;">Inhalt</td>
    <td style="border: 1px solid black; width: 100px;">Inhalt</td>
    <td style="border: 1px solid black; width: 100px;"></td>
  </tr>
</table>
```

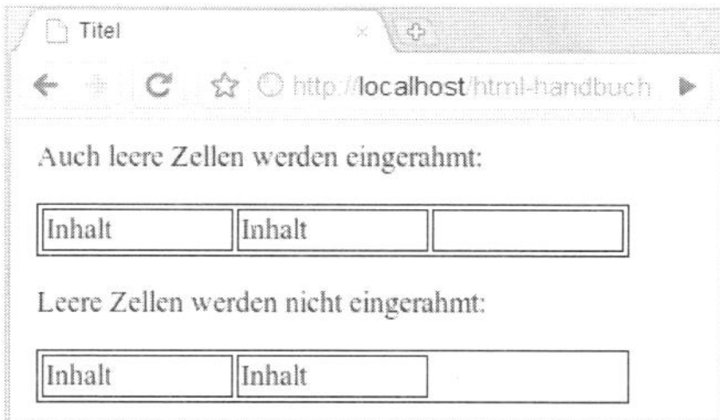

Bild 14.32: Wahlweise Einrahmung inhaltsleerer Zellen

Erläuterung

Notieren Sie die Eigenschaft `empty-cells` für `table`-Elemente entweder im `style`-Attribut eines `<table>`-Tags oder zentral für bestimmte oder alle `table`-Elemente. Mit `empty-cells: show;` werden Zellenrahmen leerer Tabellenzellen angezeigt, mit `empty-cells: hide;` werden sie nicht angezeigt. Letzteres ist übrigens die Voreinstellung! Wenn Sie also durchgängige Rahmen innerhalb einer Tabelle wünschen, auch dann, wenn die Tabelle leere Zellen enthält, ist die Angabe `empty-cells: show;` notwendig.

Weitere Hinweise

Der MS Internet Explorer interpretiert diese Angabe erst seit Version 8.0. Ein einfacher Weg, um rückwärtskompatibel eine Umrahmung zu erzwingen, besteht darin, in leeren Tabellenzellen einfach ein erzwungenes Leerzeichen zu notieren, also etwa `<td> </td>`. Damit erhalten die Zellen einen Inhalt, doch es wird kein sichtbarer Inhalt angezeigt. Aus semantischer Sicht sind solche Workarounds allerdings nicht optimal.

Referenzinformationen

CSS-Eigenschaften: `empty-cells:`

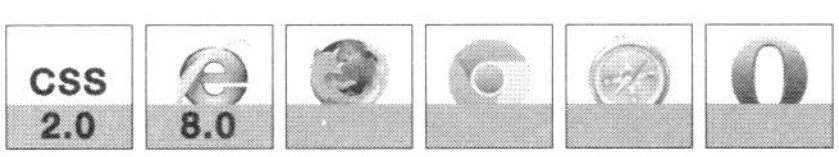

14.9.4 Ausrichtung der Tabellenbeschriftung

Sie können für Tabellen mit dem `caption`-Element die Position der Tabellenbeschriftung festlegen.

Beispiel

```
<!doctype html>
<html>
  <head>
```

```
    <meta charset="utf-8">
    <style>
      th, td {
        border: 1px dotted black;
        padding: 5px;
        text-align: center;
      }
    </style>
    <title>Titel</title>
  </head>
  <body>
    <table style="border: 1px dotted black;
                  border-collapse: collapse;">
      <caption style="caption-side: bottom; padding: 5px;
                      font-weight: bold;
                      border-bottom: 1px dotted black;">
        = Assoziationen =
      </caption>
      <tr>
        <th>Berlin</th>
        <th>Hamburg</th>
        <th>München</th>
      </tr>
      <tr>
        <td>Miljöh</td>
        <td>Kiez</td>
        <td>Bierdampf</td>
      </tr>
      <tr>
        <td>Buletten</td>
        <td>Frikadellen</td>
        <td>Fleischpflanzerl</td>
      </tr>
    </table>
  </body>
</html>
```

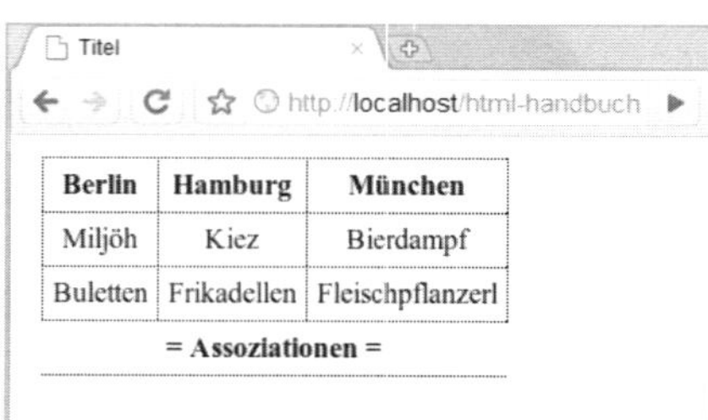

Bild 14.33: Positionierung und Gestaltung der Tabellenbeschriftung

Erläuterung

Das Beispiel zeigt zum einen, wie Sie auch das `caption`-Element so mit CSS formatieren können, dass es optisch zur Tabelle passt. Zum anderen positioniert es die Tabellenbeschriftung mit `caption-side: bottom;` unterhalb der Tabelle. Erlaubt sind nach

CSS 2.0 die Wertzuweisungen `top` (oberhalb der Tabelle), `bottom` (unterhalb der Tabelle), `left` (links neben der Tabelle) und `right` (rechts neben der Tabelle). Wegen mangelnder Browserunterstützung wurden die Werte `left` und `right` in CSS 2.1 jedoch nicht übernommen.

Weitere Hinweise

Die Tatsache, dass der MS Internet Explorer `caption-side` erst seit Version 8.0 interpretiert, macht den Einsatz zum Redaktionszeitpunkt noch etwas problematisch.

Referenzinformationen

CSS-Eigenschaften `caption-side`:

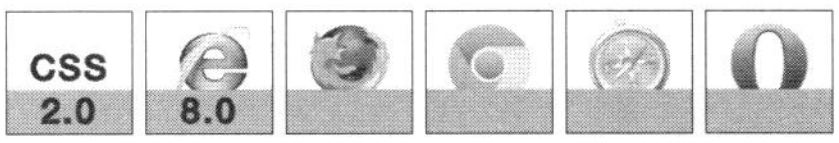

14.10 Breite und Höhe von Elementen

Blockelemente (in HTML5: Elemente aus den Content-Modellen Heading, Sectioning, Grouping und teilweise Flow) nehmen per Default so viel Breite ein wie möglich und so viel Höhe wie nötig. Mit Hilfe von CSS können Sie Breiten und Höhen erzwingen, sowohl zum Beschränken als auch zum Strecken. Dabei können allerdings Konfliktsituationen entstehen, die der Browser lösen muss. Etwa dann, wenn ein Inhalt eigentlich mehr Breite erfordert als angegeben, z. B. wegen einer enthaltenen Grafik, die mehr Breite benötigt. Dieses Konfliktverhalten können Sie ebenfalls beeinflussen. Insgesamt stehen CSS-Eigenschaften für Breite und Höhe (`width` und `height`), Mindestbreite und Mindesthöhe (`min-width` und `min-height`) sowie Maximalbreite und Maximalhöhe (`max-width` und `max-height`) zur Verfügung. Ferner gehört die `overflow`-Eigenschaft dazu, mit deren Hilfe sich regeln lässt, wie der Browser verfahren soll, wenn Inhalte definitiv zu groß sind für definierte Elementausmaße.

Beispiel

```
<h1 style="width:200px; border:10px solid silver;
           padding:3px; font-size:3em; overflow:hidden;">
  Möglicherweise
</h1>
<h1 style="width:200px; border:10px solid silver;
           padding:3px; font-size:3em;">
  Möglicherweise
</h1>
<div style="width: 50%; min-width: 300px;
            max-width: 800px; height: 200px;
            border:10px solid silver; padding:3px;">
  Lorem ipsum dolor sit amet, consetetur sadipscing elitr,
  sed diam nonumy eirmod tempor invidunt ut labore et
  dolore magna aliquyam erat, sed diam voluptua.
  At vero eos et accusam et justo duo et ea rebum.
```

```
  Stet clita kasd gubergren, no sea takimata sanctus est
  Lorem ipsum dolor sit amet.
</div>
```

Bild 14.34: Breiten, Höhen und Overflow

Erläuterung

Die Eigenschaften `width`, `height`, `min-width`, `min-height`, `max-width` und `max-height` erwarten eine nummerische Angabe oder das Schlüsselwort `auto` (der Browser soll die geeignete Breite ermitteln).

Im Beispiel ist zunächst zweimal eine `h1`-Überschrift mit dem Inhalt `Möglicherweise` notiert. In beiden Fällen wird eine `width`-Angabe notiert, die nicht genügend Platz bietet, um das Wort `Möglicherweise` in der großen `h1`-Schrift darzustellen. Im Normalfall wird der Browser die `width`-Angabe insofern missachten, als er das Element auf die erforderliche Breite ausdehnt, so wie in der zweiten `h1`-Überschrift des Beispiels.

Die Eigenschaft `overflow: hidden;` verhindert dies und sorgt dafür, dass der überbreite Inhalt einfach abgeschnitten wird. Weitere mögliche Angaben für `overflow` sind `visible` (Inhalt ragt aus dem Element so weit heraus, dass sein Inhalt auf jeden Fall komplett sichtbar ist), `scroll` (Inhalt wird abgeschnitten, wenn er die Grenzen des Elements überschreitet; der Browser sollte jedoch Scroll-Leisten anbieten, ähnlich wie bei einem eingebetteten Frame-Fenster) sowie `auto` (der Browser soll entscheiden, wie das Element im Konfliktfall angezeigt wird – möglicherweise auch durch Anbieten von Scroll-Leisten).

Der untere Bereich im obigen Beispiel zeigt zum einen die Verwendung von `height`, um Elemente in der Höhe zu strecken, und ein typisches Zusammenspiel der Eigenschaften `width`, `min-width` und `max-width`. Die Breite wird relativ mit 50% angegeben. Einschränkend wird jedoch festgelegt, dass der Bereich mindestens 300 Pixel und maximal 800 Pixel breit sein darf. Das bedeutet: Wenn die verfügbare Breite zwischen 600 und 1.600 Pixeln liegt, wird der Bereich auf 50% davon ausgedehnt. Beträgt die verfügbare Breite dagegen nur 500 Pixel, bleibt der Anzeigebereich mindestens 300 Pixel breit und nimmt also mehr als 50% der verfügbaren Breite ein. Beträgt letztere mehr als 1.600 Pixel, bleibt der Bereich 800 Pixel breit und nimmt also weniger als 50% ein.

Referenzinformationen

CSS-Eigenschaften `width`,
CSS-Eigenschaften `height`:

CSS 1.0

CSS-Eigenschaften `min-width`,
CSS-Eigenschaften `min-height`:

CSS 2.0

CSS-Eigenschaften `overflow`:

CSS 2.0

14.11 Positionierte Elemente

Etwa um 1997 entstanden zwei konkurrierende Methoden, Elemente aus dem normalen Textfluss herauszunehmen und unabhängig davon im Anzeigefenster zu positionieren. Die eine war rein HTML-basiert, stammte von Netscape und wurde unter dem Schlagwort *Layer-Technik* bekannt. Die andere stammte von Microsoft und verwendete CSS. Letztere wurde schließlich vom W3-Konsortium übernommen. Seit der CSS-Version 2.0 besteht die Möglichkeit, HTML-Elemente exakt im Anzeigefenster des WWW-Browsers zu positionieren.

Aus dem Elementfluss herausgelöste Elemente haben durchaus Vorteile. So können Sie beispielsweise im HTML-Dokument zuerst den Seiteninhalt und erst am Ende die Navigation notieren, obwohl am Ende die Navigation dank Positionierung links vor dem Seiteninhalt angeordnet ist. Ein solcher HTML-Quelltext gilt als besonders suchmaschinen- und screenreaderfreundlich.

Es gibt folgende Arten der Positionierung:

- ***Absolute Positionierung:*** Dabei wird das Element aus dem normalen Elementfluss herausgelöst. Seine Position orientiert sich am Rand des nächsthöheren Elternelements, welches selbst mittels Positionierung aus dem normalen Elementfluss herausgelöst wurde. Gibt es kein solches Elternelement, beziehen sich die Positionsangaben auf das Dokumentelement. Wenn der Anwender im Inhalt scrollt, scrollen absolut positionierte Elemente mit.

- *Relative Positionierung:* Dabei wird das Element aus dem normalen Elementfluss herausgelöst. Angaben zu seiner Positionierung orientieren sich an der Position, die das Element im Normalfall einnehmen würde. Wenn der Anwender im Inhalt scrollt, scrollen relativ positionierte Elemente mit.
- *Fixe Positionierung:* Dabei wird das Element aus dem normalen Elementfluss herausgelöst und ohne Rücksicht auf eventuell positionierte Elternelemente direkt an einer gewünschten Stelle im Anzeigefenster positioniert. Wenn der Anwender im Inhalt scrollt, scrollen fix positionierte Elemente ***nicht*** mit.

Für die Positionsangabe selbst stehen ebenfalls CSS-Eigenschaften zur Verfügung.

Beispiel

```
<!doctype html>
<html>
  <head>
    <meta charset="utf-8">
    <style>
      body {
        margin: 0;
        padding: 0;
        height: 1500px;
      }
      div {
        border: 1px solid #888;
        padding:  2px;
        font-family:  sans-serif;
        font-weight:  bold;
        color:  black;
      }
      #s1 { width: 150px; height: 35px; }
      #s2 { width: 150px; height: 35px; }
      #r3 { width: 150px; height: 35px;
            position: relative; top: 5px;
            left: 25px; background-color: #dfd; }
      #s4 { width: 150px; height: 35px; }
      #s5 { width: 150px; height: 35px; }
      #r6 { width: 150px; height: 35px;
            position: relative; top: -15px;
            left: 10px; background-color: #fdd; }
      #s7 { width: 150px; height: 35px; }
      #s8 { width: 150px; height: 35px; }

      #a1 { position: absolute; top: 35px;
            left: 240px; width: 150px; height: 150px;
            z-index: 1; background-color: #ddf; }
      #a2 { position: absolute; top: 90px; left: 230px;
            width: 120px; height: 70px;
            z-index: 2; background-color: #ccf; }
      #a3 { position: absolute; top: 220px; left: 200px;
            width: 250px; height: 250px;
```

```
            z-index: 3; background-color: #ffa; }
      #a4 { position: absolute; top: 20px; left: 20px;
            width: 70px; height: 70px;
            z-index: 1; background-color: #ff5; }
      #a5 { position: absolute; top: 20px; right: 20px;
            width: 70px; height: 70px;
            z-index: 2; background-color: #dd2; }
      #a6 { position: absolute; top: 130px; left: -50px;
            width: 190px; height: 70px;
            z-index: -1; background-color: #fdd; }
      #a7 { position: absolute; top: 530px; left: 50px;
            bottom: 50px; right: 50px;
            background-color: #fdd; }
      #f1 { position: fixed; top: 45px; left: 430px;
            width: 150px; height: 150px;
            background-color: #afa; }
    </style>
    <title>Titel</title>
  </head>
  <body>
    <div id="s1">s1 static</div>
    <div id="s2">s2 static</div>
    <div id="r3">r3 relative</div>
    <div id="s4">s4 static</div>
    <div id="s5">s5 static</div>
    <div id="r6">r6 relative</div>
    <div id="s7">s7 static</div>
    <div id="a1">a1 absolute</div>
    <div id="a2">a2 absolute</div>
    <div id="a3">
      a3 absolute
      <div id="a4">a4 absolute</div>
      <div id="a5">a5 absolute</div>
      <div id="a6">a6 absolute</div>
    </div>
    <div id="a7">a7 absolute</div>
    <div id="f1">f1 fixed</div>
    <div id="s8">s8 static</div>
  </body>
</html>
```

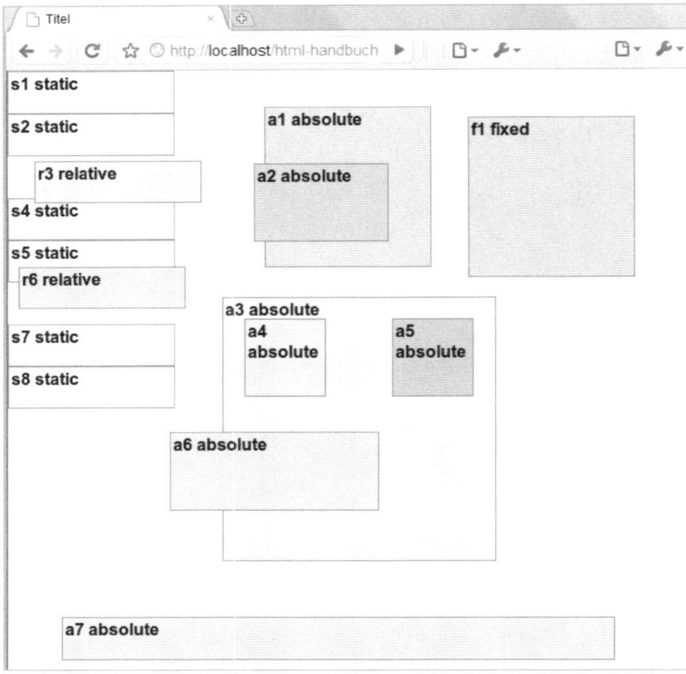

Bild 14.35: Absolute, relative und fixe Positionierung

Erläuterung

Das Beispiel definiert eine ganze Reihe von positionierten `div`-Bereichen. Die CSS-Definitionen stehen dabei im `style`-Bereich im Dokumentkopf. An den `id`-Namen ist erkennbar, wie die Bereiche positioniert sind. Selektoren wie `#s1`, `#s2`, `#s3`, usw. beziehen sich auf Bereiche, die statisch positioniert werden. Das ist die Default-Einstellung (gleichzusetzen mit keiner Positionierung), also das Verbleiben des Elements im normalen Textfluss. Selektoren wie `#r1`, `#r2`, `#r3`, usw. beziehen sich auf relativ positionierte Elemente, `#a1`, `#a2`, `#a3`, usw. beziehen sich auf absolut positionierte Elemente, und mit `#f1` wird ein fix positioniertes Element adressiert.

Mit der CSS-Eigenschaft `position:` wird die Positionsart bestimmt. Erlaubt sind die Schlüsselwörter `relative` (relative Positionierung gemessen an der Normalposition oder Anfangsposition des Elements selbst), `absolute` (absolute Positionierung, gemessen am Rand des nächsthöheren Vorfahrenelements, welches nicht die Normaleinstellung `position: static;` aufweist), `fixed` (feste Positionierung, gemessen am Viewport, d. h. am Browserfenster) sowie `static` (Default-Wert, Element bleibt im Textfluss).

Die Angabe `position:` allein legt nur die Positionierungsart fest, aber noch nicht, wo genau ein Element beginnen soll. Die gewünschte Position müssen Sie zusätzlich angeben. Dazu werden üblicherweise die Eigenschaften `top`, `left`, `bottom` und `right` verwendet:

- `top` bedeutet: Offset-Position von oben, gemessen an der Position, die das Element ohne diese Angabe hätte.
- `bottom` bedeutet: Offset-Position von unten, gemessen an der Position, die das Element ohne diese Angabe hätte.

- `left` bedeutet: Offset-Position von links, gemessen an der Position, die das Element ohne diese Angabe hätte.
- `right` bedeutet: Offset-Position von rechts, gemessen an der Position, die das Element ohne diese Angabe hätte.

Üblicherweise werden eine oder zwei dieser Angaben notiert, wobei zwei Angaben aus einer horizontalen und einer vertikalen Angabe bestehen, beispielsweise `left: 100px;` oder `top: 50px; left: 100px;`. Erlaubt ist bei `left`, `top`, `right` und `bottom` eine nummerische Angabe oder das Schlüsselwort `auto` für automatisch berechnete Positionierung.

Besonders das Verhalten von `position: absolute;` und `position: relative;` ist anfangs etwas verwirrend. Denn `absolute` verhält sich durchaus relativ, wie die inneren `div`-Elemente mit `id="a4"` bis `id="a6"` des obigen Beispiels zeigen: relativ nämlich zum Rand des Elternelements (`id="a3"`), vorausgesetzt dieses Element ist mit `absolute`, `fixed` oder `relative` positioniert. Falls kein solches Elternelement existiert, bezieht sich die Positionierung auf das `body`-Element.

Die Angabe `relative` bezieht sich auf die Normalposition des Elements selbst und verschiebt es entsprechend (Elemente `id="r3"` und `id="r6"` im Beispiel). Der ursprünglich eingenommene Raum bleibt hinsichtlich nachfolgender Elemente – wie die Elemente `id="s4"` und `id="s7"` demonstrieren – erhalten.

Mit `absolute` oder `fixed` positionierte Elemente werden aus dem normalen Elementfluss entfernt und haben damit keinen Einfluss auf nachfolgende Elemente. Im Beispiel folgt demnach das Element mit `id="s8"` bei der Anzeige direkt auf das mit `id="s7"`, ohne sich an den im Quelltext dazwischen liegenden Elementen `id="a1"` bis `id="a7"` und `id="f1"` zu orientieren.

Weitere Hinweise

In der Regel werden positionierte Elemente auch mit weiteren CSS-Eigenschaften versehen. Besonders wichtig sind in der Regel Angaben zur Breite, da aus dem Elementfluss herausgelöste Elemente keine »verfügbare Breite« haben, die sie einnehmen können. Sie verhalten sich diesbezüglich eher wie Inline-Elemente, die nur so viel Breite einnehmen, wie es ihr Inhalt erfordert.

Die Angabe `position: fixed;` wird vom Internet Explorer für Windows bis Version 6.0 gar nicht und von Version 7.0 nur im standardkonformen Modus unterstützt.

Referenzinformationen

CSS-Eigenschaften `position`,
CSS-Eigenschaften `top`,
CSS-Eigenschaften `left`,
CSS-Eigenschaften `bottom`,
CSS-Eigenschaften `right`:

CSS 2.0

14.12 Floatende Elemente

Sie können für einen Bereich oder ein Element bestimmen, dass nachfolgende Elemente diesen Bereich bzw. dieses Element umfließen. Das klingt zunächst nach einer eher speziellen Funktion, die beispielsweise dazu dienen kann, Text um Grafiken fließen zu lassen. Doch in Ermangelung anderer Techniken und ausgehend von der Kritik an den herkömmlichen Tabellenlayouts ist die Float-Technik gemeinsam mit derjenigen für positionierte Elemente zur Basis für zeitgenössische Webseitenlayouts geworden. Denn sie ermöglicht es, Bereiche flexibel und nebeneinander anzuordnen.

Beispiel

```
<!doctype html>
<html>
  <head>
    <meta charset="utf-8">
    <style>
      * {
         margin: 0;
         padding: 0;
         font-family: sans-serif;
      }
      html, body { }
      #wrap {
         width: 960px;
         margin: 0 auto;
         background: url(back.png) repeat-y;
      }
      #page_header {
         background-color: darkkhaki;
         padding: 30px 30px 10px 30px;
      }
      #page_right_nav {
         width: 200px;
         float: right;
         padding: 10px 30px 10px 30px;
      }
      #page_content {
         width: 640px;
         float: left;
         padding: 10px 30px 10px 30px;
      }
      #page_footer {
         clear: both;
         padding: 0;
         background: darkkhaki;
         padding: 10px 30px 10px 30px;
      }
      p { margin-bottom: 0.4em; }
    </style>
    <title>Titel</title>
```

```
  </head>
  <body>
    <div id="wrap">
      <header id="page_header"><h1>Header</h1></header>
      <div id="page_content">
        <p>
          <img src="bild.png" style="width: 259px; height: 181px;
                                     float: left; margin-right: 1em;
                                     margin-bottom: 0.4em;" alt="">
          Lorem ipsum dolor sit amet, consetetur sadipscing elitr,
          sed diam nonumy eirmod tempor invidunt ut labore et
          dolore magna aliquyam erat, sed diam voluptua. At vero
          eos et accusam et justo duo dolores et ea rebum. Stet
          clita kasd gubergren, no sea takimata sanctus est
          Lorem ipsum dolor sit amet.
        </p>
        <p>
          At vero eos et accusam et justo duo dolores et ea rebum.
          Stet clita kasd gubergren, no sea takimata sanctus est
          Lorem ipsum dolor sit amet. Lorem ipsum dolor sit amet,
          consetetur sadipscing elitr, sed diam nonumy eirmod
          tempor invidunt ut labore et dolore magna aliquyam erat,
          sed diam voluptua.
        </p>
      </div>
      <nav id="page_right_nav">
        <p>Navigation</p>
      </nav>
      <footer id="page_footer">
        <p>Fußbereich</p>
      </footer>
    </div>
  </body>
</html>
```

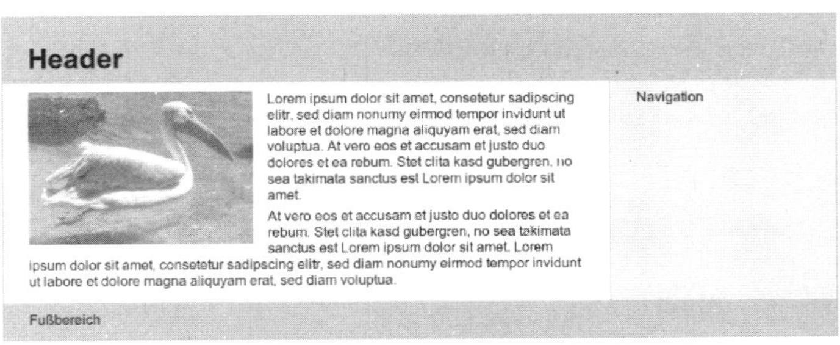

Bild 14.36: Das float-Beispiel im Browser

Erläuterung

Das Beispiel zeigt, wie sich die `float`-Eigenschaft nutzen lässt, um ein vollständiges Seitenlayout zu realisieren. Und wie sie andererseits dazu dient, innerhalb normaler Fließtextinhalte den Textfluss zu definieren. Dabei wird `float` zum einen im `style`-Bereich des Dokumentkopfs verwendet, um den Inhaltsbereich und die Navigation nebeneinander anzuordnen. Innerhalb des Fließtextes im Inhaltsbereich wird `float` dagegen verwendet, um eine Grafik vom nachfolgenden Text umfließen zu lassen.

Erlaubte Angaben zu `float:` sind `left` (linksbündige Ausrichtung, nachfolgender Inhalt fließt rechts davon herum), `right` (rechtsbündige Ausrichtung, nachfolgender Inhalt fließt links davon herum) oder `none` (explizit kein Umfluss).

Wichtig im Zusammenhang mit `float` ist auch eine weitere CSS-Eigenschaft, nämlich `clear`. Damit können Sie einen Textfluss explizit stoppen. Ab dem Element (das Element inklusive), das eine `clear`-Eigenschaft enthält, wird ein andernfalls noch wirksamer Umfluss gestoppt. Der nachfolgende Inhalt beginnt in jedem Fall unterhalb des Elements mit der `float`-Eigenschaft. Erlaubte Eigenschaften bei `clear:` sind `left`, `right` oder `both` (beide Seiten). Verwenden Sie die Angabe analog zu der, die beim zugehörigen `float` verwendet wurde – d. h. wenn ein Element mit `float: left;` ausgezeichnet wurde und dieser Umfluss gestoppt werden soll, verwenden Sie `clear: left;`. Im obigen Beispiel bekommt der Fußbereich (`#page_footer`) im zentralen `style`-Bereich die Formatierung `clear: both;` zugewiesen. Der Grund ist, dass für die vorangehenden Elemente sowohl ein `float: left;` (in `#page_content`) als auch ein `float: right;` (in `#page_right_nav`) erzeugt wurde.

Weitere Hinweise zum Beispiel

Im `body`-Bereich des vollständig wiedergegebenen HTML-Dokuments ist die logische Struktur erkennbar: Ein `header`-Element ist für den Seitenkopfbereich zuständig, ein `div`-Element mit `id="page_content"` für den Seiteninhalt, ein `nav`-Element für die Navigation und ein `footer`-Element für den Fußbereich der Seite. Auffällig ist, dass all diese Bereiche in einen `div`-Bereich mit `id="wrap"` eingeschlossen sind, der gewissermaßen zwischen dem `body`-Element und den inhaltstragenden Elementen steht. Dieses Element hat logisch betrachtet keine Funktion, wird jedoch für das angestrebte Seitenlayout benötigt. Solche ***Wrapper*** sind in der Praxis übrigens häufig anzutreffen.

Im Dokumentkopf werden innerhalb eines `style`-Bereichs diverse CSS-Formate definiert. Zunächst werden mit dem `*`-Selektor die Randabstände und Innenabstände aller Elemente auf 0 gesetzt. Dies ist eine praxistypische, anfängliche Tabula-Rasa-Aktion. Man spricht dabei auch von sogenannten ***CSS-Resettern***. Solche Resets haben die Aufgabe, das interne Browser-Stylesheet zu überschreiben, um von Grund auf eigene Verhältnisse zu schaffen.

i Infos

CSS-Reset des Browsers

Da jede Browser-Engine ein eigenes Default-Stylesheet implementiert hat, ist es normal, dass am Anfang ein Standard hergestellt wird. Damit hat man im Webdesign die Möglichkeit bei allen Browsern von gleichen Startbedingungen auszugehen. Beispielsweise wird dies so durchgeführt:

```
body {
  padding: 0px;
  margin: 0px;
  background-color: white;
  color: black;
  font-family: Arial, Helvetica, sans-serif;
```

```
  font-size: 12px;
  font-weight: normal;
}
```

CSS-Reset

Auch eine eigene Klasse für einen Reset ist im Webdesign üblich. Jeder Designer hat hier seine eigenen Vorlieben. Aber allen gleich ist das kontrollierte Zurücksetzen von vorher definierten Stilen. Beispielsweise könnte dies so aussehen:

```
.reset {
  padding: 0px;
  margin: 0px;
  font-size: 1px;
  height: 1px;
  float: none;
  clear: both;
}
```

Der Wrapper-Bereich hat die Aufgabe, das Layout im Anzeigebereich zu zentrieren und auf eine feste Gesamtbreite von 960 Pixeln zu bringen. Damit wird ein sogenanntes ***fixes Layout*** mit fester Breite realisiert. Außerdem bekommt der `wrap`-Bereich folgende Hintergrundgrafik zugewiesen (hier eingerahmt, um es besser sichtbar zu machen):

Bild 14.37: Hintergrundgrafik für den wrap-Bereich

Die Grafik hat im Original eine Breite von 960 Pixeln, also genau die fixe Breite des Gesamtlayouts. Sie wird vertikal wiederholt. Dadurch wird eine wichtige Tatsache verschleiert. Denn in Wirklichkeit sind Inhaltsbereich und Navigationsbereich nicht gleich lang. Würde man anstelle der Hintergrundgrafik etwa mit Hintergrundfarben und Rahmen im Navigationsbereich arbeiten, würde der dadurch erzeugte Block nicht bis zum Footer reichen, wenn der Inhaltsbereich länger ist.

Dies alles sind gängige Tricks, die derzeit üblich sind, um auch Layoutwünsche mit `float`-basierten Seitenlayouts zu realisieren, für die `float` eigentlich gar nicht gedacht ist.

Wrapper zentrieren

Oft ist es im Webdesign gewünscht, den Inhalt einer Webseite zentriert im Viewport anzuzeigen. Genau für diese Aufgabe ist auch das sogenannte Wrapper-Element – wie es im Beispiel verwendet wird – gedacht. Dabei wird der gesamte Inhalt der Webseite in ein `div`-Element mit der `id="wrapper"` »eingewickelt«. Zusätzlich wird ein eigener Stil definiert:

```
div.wrapper {
  position: absolute;
  top: 0px;
  left: 50%;
  width: 960px;
  height: 500px;
```

```
    margin: 0px auto 0px -480px;
}
```

Natürlich können die Werte für `width` und `height` angepasst werden. Der Trick liegt hier in der festen Breite des `div`-Elements. Die Positionierung erfolgt über die Eigenschaft `left`, welche das Element in die Mitte des Viewports positioniert. Danach wird es mit `margin` genau um die Hälfte der Breite nach links verschoben. Damit ist das Element, und auch dessen Inhalt, exakt in der Mitte des Viewport positioniert.

Weitere Hinweise

Wenn Sie für ein Element eine Angabe zu `float` notieren, mussten Sie bisher gemäß der CSS2-Spezifikation auch zwingend eine Angabe zu `width` definieren. Gemäß CSS 2.1 (und der tatsächlichen Umsetzung in den Browsern) ist dies nicht mehr erforderlich; die Breite richtet sich in diesem Fall nach dem Inhalt.

Referenzinformationen

CSS-Eigenschaften `float`,
CSS-Eigenschaften `clear`:

CSS 1.0

14.13 Anzeigesteuerung von Elementen

Mit Hilfe von CSS können Sie auch bewirken, dass Elemente samt Inhalt und untergeordneten Elementen überhaupt nicht angezeigt werden, oder explizit angeben, dass sie angezeigt werden. Gedacht ist dies vor allem für das Zusammenspiel mit Scripting. Ferner können Sie das Content-Modell von Elementen umdefinieren. So können Sie beispielsweise aus Überschriften Phrasing-Elemente (Inline-Elemente) machen, die sich auch so verhalten.

14.13.1 Sichtbarkeit von Inhalten

Es gibt insgesamt zwei CSS-Eigenschaften, um Elemente unsichtbar oder sichtbar zu machen: `display` und `visiblity`. Dabei ist `display` die allgemeinere Eigenschaft, die auch andere Aspekte der Anzeige-Steuerung abdeckt. Es gibt jedoch auch einen wichtigen optischen Unterschied zwischen beiden Eigenschaften. Was Sie mit `display` unsichtbar machen, wird vollständig aus dem sichtbaren HTML-Output und dem Textfluss entfernt. Was Sie dagegen mit `visibility` unsichtbar machen, hinterlässt einfach nur einen Leerraum in dem Erstreckungsraum, den das Element normalerweise einnehmen würde.

Das nachfolgende Beispiel verwendet JavaScript, um die Möglichkeiten der beiden Eigenschaften zu demonstrieren. Auf das JavaScript wird in den Erläuterungen jedoch nicht weiter eingegangen.

Beispiel

```
<!doctype html>
<html>
  <head>
    <meta charset="utf-8">
    <script>
      function toggle_display(elem_id, mode) {
       if(document.getElementById(elem_id)) {
          var display =
              document.getElementById(elem_id).style.display;
          if(display == "block" || display == "inline") {
            document.getElementById(elem_id).style.display = "none";
            return;
          }
          if(display == "none") {
            document.getElementById(elem_id).style.display = mode;
            return;
          }
        }
      }
      function glossar() {
        document.getElementById('glossar').style.visibility="visible";
        document.getElementById('glossarlink').style.display="none";
      }
    </script>
    <title>Titel</title>
  </head>
  <body>
    <h1>Glossar</h1>
    <p id="glossarlink">
      <a href="javascript:glossar();">Glossar anzeigen</a>
    </p>
    <dl id="glossar" style="border: solid 4px silver;
                          border-radius: 9px; font-size: 110%;
                          padding: 9px; visibility: hidden">
      <dt>
        <a href="javascript:toggle_display('webauftritt', 'block');">
          Webauftritt
        </a>
      </dt>
      <dd id="webauftritt" style="display: none;">
        Die Begriffe Webauftritt und Webpräsenz stammen aus der
        kommerziellen Welt und werden immer dann gebraucht, wenn
        es um Seiten mit Präsentationscharakter geht, also um
        Unternehmensporträts, Informationsseiten zu Messen oder
        Großveranstaltungen, usw.
      </dd>
      <dt>
        <a href="javascript:toggle_display('webdesigner', 'block');">
          Webdesigner
        </a>
```

```
      </dt>
      <dd id="webdesigner" style="display: none;">
        Ein Webdesigner entwirft und erstellt Webseiten. Dabei
        umfasst sein Aufgabengebiet jedoch weniger das Erstellen
        von Inhalten als vielmehr das Umsetzen von
        Layoutvorstellungen. Von Fall zu Fall gehört auch das
        Verteilen von Information auf verschiedene Seiten sowie
        das Verlinken von Seiten zu seinen Aufgaben.
      </dd>
      <dt>
        <a href="javascript:toggle_display('weblog', 'block');">
          Weblog
        </a>
      </dt>
      <dd id="weblog" style="display: none;">
        auch: "Blog". Steht für "Web-Tagebuch", wobei auch weniger
        privat klingende Begriffe wie "Logbuch", "Jahrbuch",
        "Journal" und "Chronik" mitschwingen. Blogs sind vorrangig
        autorenorientiert und werden meist von Privatpersonen
        oder Unternehmen betrieben.
      </dd>
    </dl>
    <footer>
      <p>Das Glossar wurde Ihnen präsentiert von GlossyPossy</p>
    </footer>
  </body>
</html>
```

Bild 14.38:
Zustand 1 des Sichtbarkeitsbeispiels – visibility

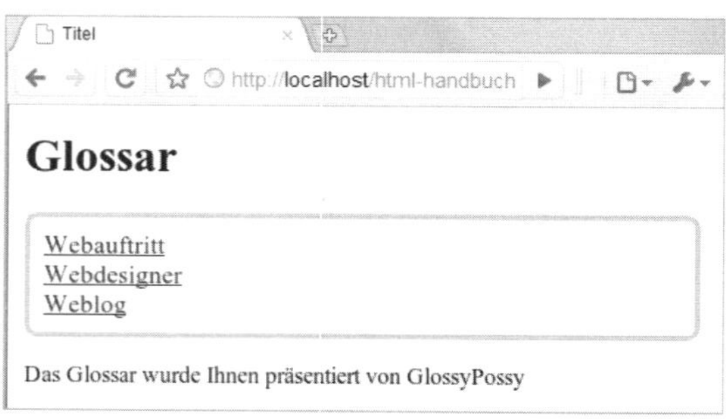

Bild 14.39:
Zustand 2 des Sichtbarkeitsbeispiels – display: none

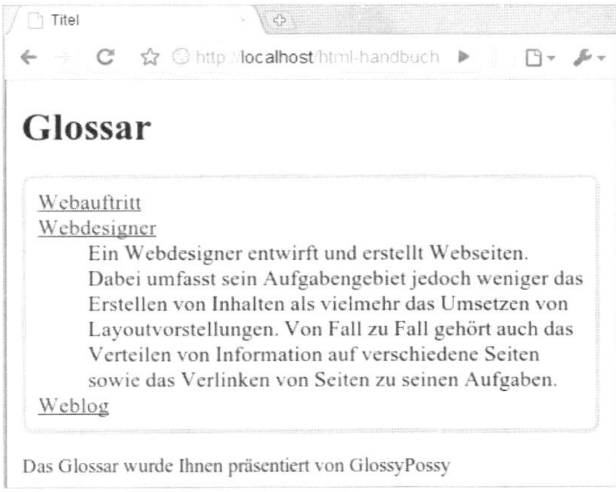

Bild 14.40:
Beispiel-Zustand 3 des Sichtbarkeitsbeispiels – display: block

Erläuterung

Nach dem Laden wird das Beispiel-HTML-Dokument so angezeigt wie in der ersten der drei Abbildungen zu sehen. Unterhalb der Überschrift ist ein Link mit dem Text *Glossar anzeigen* notiert. Darunter ist ein größerer Leerraum, bevor der Inhalt des Footer-Bereichs folgt. Der Leerraum entsteht dadurch, dass das Glossar selbst, die `dl`-Liste, zunächst verborgen ist, und zwar mit `visibility: hidden;`. Diese Angabe bewirkt, dass der Raum, den das Element normalerweise einnehmen würde, als Leerraum dargestellt wird.

Klickt der Anwender den Link *Glossar anzeigen* an, wird der Link selbst mittels Scripting ausgeblendet, und zwar mit `display: none;` , wodurch er ohne Leerraumersatz verschwindet. Stattdessen wird nun der Zustand sichtbar, der in der zweiten Abbildung zu sehen ist. Das Glossar ist so gestaltet, dass die `dt`-Elemente sichtbar sind. Die zugehörigen Definitionen in den `dd`-Elementen sind dagegen mit `display: none`; auf unsichtbar ohne Platzhalterleerraum gesetzt. Die Glossar-Begriffe in den `dt`-Elementen bestehen aus Hyperlinks. Klickt der Anwender einen der Hyperlinks an, wird das zugehörige `dd`-Element mittels Scripting eingeblendet. Genauer: dessen `display`-Eigenschaft wird mittels Scripting auf den Wert `block` gesetzt. Dadurch wird das `dd`-Element als Blockelement angezeigt, so wie im dritten Bild zu sehen. Ein weiterer Klick auf den zugehörigen Link blendet die Definition übrigens wieder aus. Mit den übrigen Glossareinträgen funktioniert das genauso.

Mit `visibility:` können Sie bestimmen, ob ein Element mit Platzhalterleerraum angezeigt wird oder nicht. Mögliche Wertzuweisungen sind die Schlüsselwörter `visible` (der Inhalt des Elements wird angezeigt = Normaleinstellung) oder `hidden` (der Inhalt des Elements wird nicht angezeigt).

Ferner gibt es noch die Angabe `collapse`. Sie ist speziell für Tabellen gedacht. So ausgezeichnete Spalten oder Reihen einer Tabelle werden versteckt und geben den zuvor benötigten Platz frei. Auf alle anderen Elemente wirkt `collapse` so wie `hidden`.

Mit `display:` können Sie die Anzeige von Elementen unterdrücken oder die Art der Anzeige festlegen. Zu den möglichen Wertzuweisungen gehören unter anderem die Schlüsselwörter `none` (Element ist unsichtbar ohne Leerraum), `block` (Element wird sichtbar als Blockelement angezeigt) und `inline` (Element wird sichtbar als Inline-Element angezeigt).

Referenzinformationen

CSS-Eigenschaften `display`:

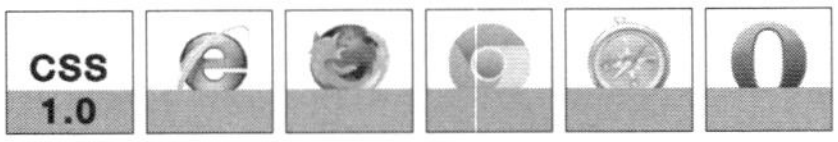

CSS-Eigenschaften `visibility`:

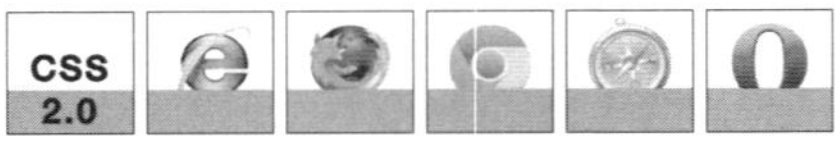

Internet Explorer unterstützt die Werte `inherit` und `collapse` nicht.

14.13.2 Content-Modelle von Elementen umdefinieren

Die `display`-Eigenschaft hat noch mehr Aufgaben, als nur zwischen »Element anzeigen« und »nicht anzeigen« zu wechseln. Das ist schon an den beiden möglichen Angaben `block` und `inline` deutlich geworden. Die Eigenschaft erlaubt es letztlich, das Content-Modell von Elementen umzudefinieren. Dazu steht eine ganze Reihe von Möglichkeiten zur Verfügung.

Folgende Angaben sind insgesamt möglich:

- `block` erzwingt einen Block. Das Element erzeugt eine neue Zeile.
- `inline` erzwingt die Anzeige im Text. Das Element wird im laufenden Textfluss angezeigt.
- `inline-block` erzeugt äußerlich einen Block, für den Breite, Höhe und Außenabstand angegeben werden können, belässt das Element jedoch im laufenden Textfluss – ähnlich einem »inline replaced element« wie `img`. Dieser Wert wird erst mit CSS 2.1 eingeführt.
- `list-item` erzeugt die gleiche Wirkung wie `block`, jedoch mit einem Aufzählungszeichen (Bullet) davor.
- `run-in` bewirkt, dass das Element kontextabhängig als Block-Element oder als Inline-Element dargestellt wird.
- `none` unterdrückt die Anzeige des Elements. Es wird auch kein Platzhalter freigelassen.

In CSS 2.0 waren noch die folgenden Werte vorgesehen, die wegen mangelnder Browserunterstützung in CSS 2.1 nicht übernommen wurden. In CSS3 werden sie jedoch wieder mit aufgenommen:

- `marker` sollte automatisch generierten Inhalt für das Element deklarieren.
- `compact` sollte wie `run-in` bewirken, dass ein Element kontextabhängig als Block-Element oder als Inline-Element dargestellt wird.

Speziell für die Erzeugung von Tabellen mit Nicht-Tabellen-Elementen stehen weitere Angaben zu `display` zur Verfügung. Gedacht sind sie für die tabellarische Darstellung von XML-Daten. Denn XML kennt kein Handling, um Daten als tabellarisch auszuzeichnen. Das muss die Style-Sprache übernehmen, mit deren Hilfe die XML-Daten angezeigt werden. In CSS hat man die `display`-Eigenschaft zu diesem Zweck auserkoren. Folgende Angaben zu `display:` sind in diesem Zusammenhang möglich:

- `table` macht ein Element zu einem Element, das dem `table`-Element in HTML entspricht.
- `inline-table` wirkt wie das `table`-Element in HTML, aber inline.
- `table-row` macht ein Element zu einem HTML-`tr`-Element.
- `table-cell` macht Elemente zu HTML-`th` und -`td`-Elementen.
- `table-row-group` macht ein Element zu einem HTML-`tbody`.
- `table-header-group` macht ein Element zu einem HTML-`thead`-Element.
- `table-footer-group` macht ein Element zu einem HTML-`tfoot`-Element.
- `table-column` macht ein Element zu einem HTML-`col`-Element.
- `table-column-group` macht ein Element zu einem HTML-`colgroup`-Element.
- `table-caption` macht ein Element zu einem HTML-`caption`-Element.

Beispiel

```
<!doctype html>
<html>
  <head>
    <meta charset="utf-8">
    <style>
      div.table {
        display: table;
        border-collapse: collapse;
      }
      div.tr { display: table-row; }
      div.td {
        display: table-cell;
        border: thin solid red;
        padding: 5px;
      }
    </style>
    <title>Titel</title>
  </head>
  <body>
    <div class="table">
      <div class="tr">
        <div class="td">ich</div>
        <div class="td">bin</div>
        <div class="td">eine</div>
        <div class="td">Tabelle</div>
      </div>
    </div>
  </body>
</html>
```

Bild 14.41: div-Elemente als Tabelle

Erläuterung

Das Beispiel definiert Klassen für `div`-Elemente. Die Klassennamen heißen genauso wie bekannte HTML-Tabellenelemente. Das muss nicht so sein und ist hier nur zu Demonstrationszwecken so. Die jeweiligen Klassen erhalten mit Hilfe von `display` Eigenschaften, durch die sich die Elemente, denen sie zugewiesen werden, wie die entsprechenden HTML-Elemente für Tabellen verhalten. Innerhalb des Dateikörpers wird dann im Beispiel eine waschechte Tabelle aus `div`-Elementen mit `class`-Attributen zusammengebaut.

14.14 Layer-Technik und Transparenz

Durch Positionierung oder auch durch negative Abstände wie z. B. `margin-top: -100px` ist es möglich, Elemente ganz oder teilweise übereinander anzuordnen.

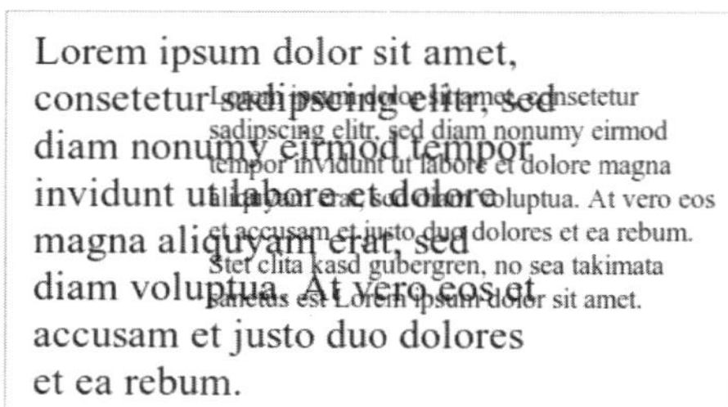

Bild 14.42: Transparente HTML-Elemente mit teilweiser Überlappung

Sichtbare HTML-Elemente sind normalerweise per Voreinstellung transparent. Überschneiden sich Inhalte solcher Elemente, zeigt sich ein ähnlicher Effekt, wie er in der Abbildung zu sehen ist. Anders wird es, wenn CSS-Hintergrund-Definitionen hinzukommen.

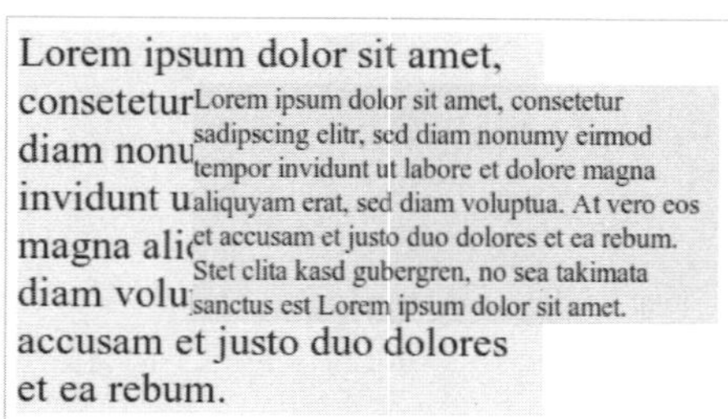

Bild 14.43: HTML-Elemente mit teilweiser Überlappung und definiertem CSS-Hintergrund

In diesem Fall überdeckt das später angezeigte Element das früher angezeigte Element. CSS bietet in dieser Situation folgende Möglichkeiten:

- Es ist möglich anzugeben, welches Element **vor** welchem anderen angezeigt werden soll (Schichtposition).
- Es ist möglich, Elemente mit einem beliebigen Transparenzgrad zwischen voll deckend und voll durchsichtig zu versehen, um darunter liegende Inhalte ganz, teilweise oder gar nicht durchscheinen zu lassen.

14.14.1 Schichtposition von Elementen

Wenn Sie mehrere Elemente positionieren, deren Anzeigebereiche sich überlappen, werden die Elemente normalerweise in der Reihenfolge übereinander angezeigt, in der sie definiert werden. Im Quelltext später notierte Elemente überdecken vorhergehende. Sie können die Reihenfolge ändern, indem Sie für die einzelnen Elemente Werte vergeben. Elemente mit höherem Wert überdecken Elemente mit niedrigerem.

Beispiel

```
<div style="position: absolute; top: 100px; left: 100px;
            z-index: 2; border: 1px solid #888; background: #f88;">
  <b>A:2</b><img src="mandala.png" alt=""
                 style="width: 200px; height: 200px;">
</div>
<div style="position: absolute; top: 130px; left: 130px;
            z-index:1; border: 1px solid #888; background: #88f;">
  <b>B:1</b><img src="mandala.png" alt=""
                 style="width: 200px; height: 200px;">
</div>
<div style="position: absolute; top: 190px; left: 270px;
            width: 280px; height: 280px; z-index: 3;
            border: 1px solid #888; background: #eee;">
  <b>C:3</b>
  <div style="position: absolute; top: 30px; left: -30px;
              z-index: 2; border: 1px solid #888; background: #8f8;">
    <b>D:2</b><img src="mandala.png" alt=""
                   style="width: 200px; height: 200px;">
  </div>
  <div style="position: absolute; top: -30px; left: 40px;
              z-index: 3; border: 1px solid #888; background: #ff8;">
    <b>E:3</b><img src="mandala.png" alt=""
                   style="width: 200px; height: 200px;">
  </div>
  <div style="position: absolute; top: 60px; left: -60px;
              z-index: -1; border: 1px solid #888; background: #8ff;">
  <b>F:-1</b><img src="mandala.png" alt=""
                  style="width: 200px; height: 200px;">
  </div>
</div>
```

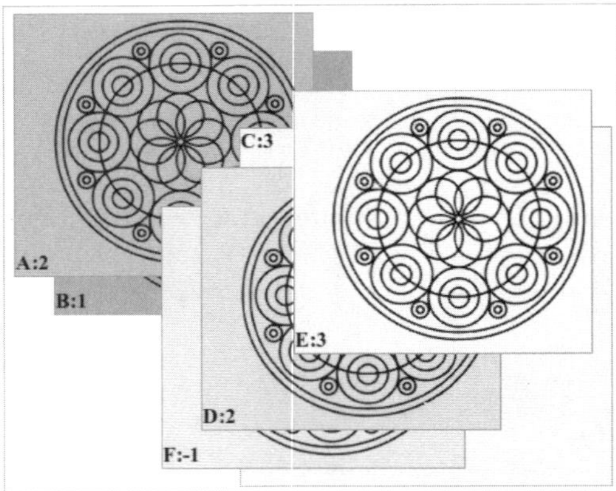

Bild 14.44:
Mit z-index beeinflusste Schichtposition von überlappenden Elementen

Erläuterung

Mit `z-index:` können Sie die Reihenfolge bei sich überlappenden Elementen bestimmen. Notieren Sie für jedes Element, für das Sie eine eindeutige Schichtposition festlegen wollen, eine Zahl. Je höher die Zahl, desto weiter oben liegt das Element, je niedriger, desto weiter unten liegt das Element im gedachten Stapel der Schichten. Die Schichtposition orientiert sich darüber hinaus an der des Elternelements. Positionierte Elemente erzeugen für sich und ihre Nachfahren einen eigenen Stapel-Kontext. So werden im Beispiel die Boxen D, E und F als Kindelemente der Box C gesondert sortiert: Box F (`z-index: -1`) überdeckt trotz niedrigerem Wert die Box B (`z-index: 1`), da sie als Kindelement von Box C (diese liegt mit `z-index: 3` über Box B) lediglich innerhalb dieser sortiert wird. Außerhalb des neuen Kontexts liegende Elemente (wie die Elemente A und B im Beispiel) können nicht dazwischen gestapelt werden.

Referenzinformationen

CSS-Eigenschaften `z-index:`

CSS 2.0

14.14.2 Transparenz von Elementen

Offiziell eingeführt wird das Einstellen des Transparenzgrads (der Deckkraft) von Elementen erst mit CSS3. Wegen der Beliebtheit des Features ist die entsprechende CSS-Eigenschaft `opacity` aber schon längst in neueren Browsern verfügbar – zumindest in Verbindung mit herstellerspezifischen Präfixen. Außerdem gibt es eine schon sehr alte CSS-Technik von Microsoft, die auch den Internet Explorer seit langem befähigt, halbtransparente Elemente anzuzeigen.

Beispiel

```
<!doctype html>
<html>
  <head>
```

```
    <meta charset="utf-8">
    <title>Titel</title>
    <style>
      body {
        margin: 0;
        padding: 0;
      }
      #topnavwrap {
        position: relative;
        background: url(wasser.jpg) no-repeat;
        width: 960px;
        height: 172px;
        margin-left: auto;
        margin-right: auto;
      }
      #topnav ul {
        position: absolute;
        bottom: 0;
        right: 0;
        margin: 0;
        padding: 0;
      }
      #topnav ul li {
        display: inline-block;
        list-style: none;
        width: 130px;
        height: 60px;
        background: url(linkback.png) repeat-x;
        position: relative;
        opacity: 0.5;
        -moz-opacity: 0.5;
        -khtml-opacity: 0.5;
        -ms-filter:"progid:DXImageTransform.Microsoft.Alpha(Opacity=50)";
        filter:alpha(opacity=50);
      }
      #topnav ul li a {
        position: absolute;
        bottom: 5px;
        left: 5px;
        font-family: Georgia,'DejaVu Serif',sans-serif;
        font-size: 23px;
        font-weight: bold;
        color: white;
        text-decoration: none;
      }
    </style>
  </head>
  <body>
    <div id="topnavwrap">
      <nav id="topnav">
        <ul>
          <li><a href="/home/">HOME</a></li>
```

```
            <li><a href="/blog/">Blog</a></li>
            <li><a href="/stuff/">Stuff</a></li>
            <li><a href="/contact/">Contact</a></li>
         </ul>
      </nav>
   </div>
  </body>
</html>
```

Bild 14.45: Halbtransparente Navigation auf Hintergrundbild

Erläuterung

Das Beispiel realisiert eine halbtransparente Navigation auf einem Hintergrundbild. In ähnlicher Form sind häufig Kopfbereiche von Blogs oder Sites mit wenigen Hauptmenüpunkten aufgebaut. Die erforderlichen CSS-Eigenschaften sind im `style`-Bereich innerhalb des HTML-Kopfbereichs notiert. Die Maßnahmen zum Positionieren und Aussehen der horizontal dargestellten, ungeordneten Liste werden an dieser Stelle nicht näher erläutert. Zum Verständnis des Transparenz-Effekts wichtig ist jedoch die zweite verwendete Grafik, nämlich `linkback.png`.

Bild 14.46: *linkback.png* – die Grafik wird als Hintergrund der halbtransparenten Listenelemente verwendet

Der eigentliche Transparenzeffekt wird durch `opacity` hergestellt. Im Beispiel wird der Wert `0.5` zugewiesen. Erlaubt sind Integer- und Float-Werte zwischen 0 (voll transparent, keine Deckkraft) und 1 (gar nicht transparent, volle Deckkraft – definierter Hintergrund vorausgesetzt).

Da nicht alle Browser die erst mit CSS3 eingeführte `opacity`-Eigenschaft interpretieren, zieht die `opacity`-Angabe im Beispiel eine ganze Reihe von weiteren Formatdefinitionen nach sich, die letztlich alle die gleiche Angabe enthalten. Einige davon sind herstellerspezifische Präfix-Varianten. So werden mit `-moz-opacity` Firefox-Versionen bedient, die das Transparenz-Feature zunächst nur experimentell implementiert haben. Auffälliger sind jedoch die beiden Sprachkonstrukte, die mit `-ms-filter` bzw. `filter` beginnen. Beide Angaben sind für den MS Internet Explorer gedacht, der `opacity` bis einschließlich Version 8.0 nicht kennt. Die `-ms-filter`-Angabe bedient den IE 8.0, die `filter`-Angabe ältere IE-Versionen. Wichtig ist, dass zuerst die `-ms-filter`-Angabe und danach die `-filter`-Angabe notiert wird. Als Wert wird in beiden Fällen ein Wert zwischen 0 und 100 (Prozent) zugewiesen. 0 steht für voll transparent, 100 für gar nicht transparent (opak, volle Deckkraft) und alles dazwischen für mehr oder weniger halbtransparent.

Referenzinformationen

CSS-Eigenschaften `opacity`:

CSS-Eigenschaften `-ms-filter`:

CSS-Eigenschaften `filter`:

14.15 Pseudo-Klassen für Hyperlinks

Sie können das Erscheinungsbild von Verweisen zu noch nicht besuchten Seiten, zu bereits besuchten Seiten und zu Elementen, die per Tastatur selektiert, gerade mit der Maus überfahren oder angeklickt werden, bestimmen.

Auch auf andere Elemente als Hyperlinks sind diese Pseudoklassen anwendbar. Sinnvoll kann das sein, wenn Elemente in irgendeiner Form wie Hyperlinks reagieren.

Beispiel

```
<!doctype html>
<html>
  <head>
    <meta charset="utf-8">
    <title>Titel</title>
    <style>
      a:link {
        font-weight: bold;
        color: blue;
        text-decoration: none;
      }
      a:visited {
        font-weight: bold;
        color: gray;
        text-decoration: none;
      }
      a:focus {
        font-weight: bold;
        color: red;
        text-decoration: underline;
      }
      a:hover {
        font-weight: bold;
        color: green;
```

```
        text-decoration: none;
      }
      a:active {
        font-weight: bold;
        color: lime;
        text-decoration: underline;
      }
      h1:focus { background-color:red; }
      h1:hover { background-color:silver; }
      h1:active { background-color:green; }
    </style>
  </head>
  <body>
    <h1>Bekannte Suchdienste</h1>
    <ul>
      <li><a href="http://www.google.de/">Google</a></li>
      <li><a href="http://www.bing.com/">Bing</a></li>
      <li><a href="http://de.yahoo.com/">Yahoo</a></li>
      <li><a href="http://web.de/">Web.de</a></li>
    </ul>
  </body>
</html>
```

Erläuterung

Pseudoklassen können nur zentral definiert werden, also in einem `style`-Bereich oder in einem externen Stylesheet.

Notieren Sie zunächst einen Element-Selektor, dahinter einen Doppelpunkt und dahinter den Namen einer Pseudoklasse. Im obigen Beispiel ist der Element-Selektor nur ein jeweils bestimmter Elementtyp wie `a:` oder `h1:`. Möglich sind aber auch Angaben wie `a.nav:` oder `#header ul li a:`. Hinter dem Doppelpunkt wird die gewünschte Pseudoklasse notiert. Bei den Pseudoklassen für Hyperlinks stehen folgende zur Auswahl:

`:link` gilt für Verweise zu noch nicht besuchten Seiten.

`:visited` gilt für Verweise zu bereits besuchten Seiten.

`:focus` gilt für Elemente, die den Fokus erhalten, z. B. durch »Durchsteppen« mit der Tabulator-Taste.

`:hover` gilt für Elemente, während der Anwender mit der Maus darüber fährt.

`:active` gilt für gerade angeklickte Elemente.

Den so definierten Pseudoklassen können Sie beliebige geeignete CSS-Eigenschaften zuweisen.

Die Pseudoklassen `:link` und `:visited` sind speziell für Hyperlinks gedacht, also vor allem für `a`-Elemente. Die Pseudoklassen `:focus`, `:hover` und `:active` gelten dagegen auch für andere Elemente. Wenn Sie beispielsweise für `h1:hover` CSS-Eigenschaften definieren und dann mit der Maus über eine `h1`-Überschrift fahren, nimmt diese, solange die Maustaste über dem Bereich bleibt, die definierten Eigenschaften an.

Weitere Hinweise

Um die in der Regel gewünschte Darstellung der Pseudoklassen bei Hyperlinks zu erreichen, sollten Sie die Reihenfolge wie im obigen Beispiel einhalten:

1. `:link`
2. `:visited`
3. `:focus`
4. `:hover`
5. `:active`

Die Pseudoklasse `:focus` wird in der Praxis seltener verwendet als die übrigen, da Tastaturbedienung unter grafischen Oberflächen nicht so verbreitet ist und seltener getestet wird. Es ist jedoch ein Mehrwert-Effekt, für den kein großer Aufwand nötig ist, auch die Situation »Anwender wählt Element mit Tastatur an« als Pseudoklasse mit definierten Formaten zu bedienen.

Referenzinformationen

CSS-Pseudoklassen `:link`,
CSS-Pseudoklassen `:visited`,
CSS-Pseudoklassen `:hover`,
CSS-Pseudoklassen `:focus`,
CSS-Pseudoklassen `:active`:

CSS 1.0

14.16 Pseudoklassen und -elemente für Textabsätze

Sie können für Absätze mit längerem Fließtext für die erste Zeile des Absatzes ein separates Erscheinungsbild erzwingen. Ferner können Sie für das erste Zeichen der ersten Zeile ein separates Erscheinungsbild erzwingen. Und schließlich können Sie sogar bestimmen, dass ein erstes Kindelement eines Elements ein besonderes Aussehen erhält. Das alles sind typografische Effekte, die von Druckschriften her bekannt sind.

Beispiel

```
<!doctype html>
<html>
  <head>
    <meta charset="utf-8">
    <title>Titel</title>
    <style>
      p {
        margin-bottom: 1.5em;
        padding: 0.1em;
      }
```

```
      p:first-line { font-weight: bold; }
      p:first-letter {
        font-size: 300%;
        color: maroon;
      }
      div { background-color: #E0E0E0; }
      div p:first-child { background-color: #C0C0C0; }
    </style>
  </head>
  <body>
    <p>
      Man kann nur Brücken schlagen zwischen Ufern die man
      auseinanderhält.<br>
      Denn wo es keine Gräben gibt, da gibt es auch keine
      Unterschiede, und wo es keine Unterschiede gibt, da ist
      kein Leben.
    </p>
    <div>
      <p class="normal">Und die Moral von der Geschicht:</p>
      <p class="normal">Traue Philosophen nicht!</p>
    </div>
  </body>
</html>
```

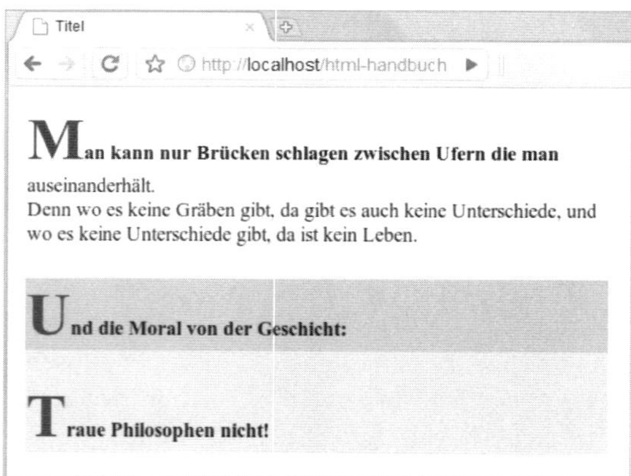

Bild 14.47: p-Elemente mit Pseudoklassen und -elementen für Textabsätze

Erläuterung

Die Pseudoklassen und Pseudoelemente werden zentral notiert, also in einem `style`-Bereich oder einer externen CSS-Datei. Die hier beschriebenen Pseudoklassen und -elemente sind für Absatz- oder Überschriftenelemente in HTML gedacht. In den zugehörigen Formatdefinitionen können Sie beliebige, geeignete CSS-Eigenschaften zuweisen. Es bedeuten:

`:first-child` (Pseudoklasse) betrifft das Element, welches das erste Kindelement eines anderen Elements ist.

`:first-line` (Pseudoelement) betrifft die erste Textzeile eines Elements.

`:first-letter` (Pseudoelement) betrifft das erste Zeichen im Text des Elementinhalts.

Referenzinformationen

CSS-Pseudoklassen `:first-child`,
CSS-Pseudoklassen `:first-line`,
CSS-Pseudoklassen `:first-letter`:

CSS 1.0

14.17 Automatische Inhalte und Nummerierung

CSS bietet die Möglichkeit an, dem Inhalt von Elementen automatisch eingefügten Inhalt voran oder hintan zu stellen. Dies eignet sich für verschiedene Anwendungszwecke, von denen in diesem Abschnitt einige vorgestellt werden sollen.

14.17.1 Automatische Inhalte vor und nach einem Element

CSS bietet Pseudo-Elemente an, die vor bzw. hinter einem tatsächlichen Element das Einfügen von Inhalt ermöglichen.

Beispiel

```
<!doctype html>
<html>
  <head>
    <meta charset="utf-8">
    <title>Titel</title>
    <style>
      blockquote.de:before { content: url(de.png)" "; }
      blockquote.en:before { content: url(en.png)" "; }
      blockquote.fr:before { content: url(fr.png)" "; }
      blockquote {
        font-family: 'DejaVu Serif', Georgia, sans-serif;
        font-size: 20px;
      }
      blockquote span {
        color: #BB22BB;
        font-size: 16px;
        font-style: italic;
        display: block;
        padding-top: 6px;
      }
    </style>
  </head>
  <body>
    <blockquote class="de">
      Ein Optimist ist ein Mensch, der ein Dutzend Austern bestellt,
      in der Hoffnung, sie mit der Perle, die er darin findet,
      bezahlen zu können.
      <span>Theodor Fontane, dt. Schriftsteller</span>
```

```
    </blockquote>
    <blockquote class="en">
      We make a living by what we get. We make a life by what we give.
      <span>Winston Churchill, br. Staatsmann</span>
    </blockquote>
    <blockquote class="fr">
      Je sais que la poésie est indispensable,
      mais je ne sais pas à quoi.
      <span>
        Jean Cocteau, fr. Schriftsteller, Regisseur und Maler
      </span>
    </blockquote>
  </body>
</html>
```

Bild 14.48: Flaggensymbole als automatisch vorangestellter Inhalt

Erläuterung

Die Pseudo-Elemente werden in einem `style`-Bereich oder in einer externen CSS-Datei notiert.

Mit `:before` wird Inhalt vor dem eigentlichen Element eingefügt.

Mit `:after` wird Inhalt nach dem eigentlichen Element eingefügt (dieser Fall kommt im obigen Beispiel nicht vor).

Innerhalb der geschweiften Klammern bestimmen Sie dann mit einer Eigenschaft namens `content:`, was vor bzw. nach dem HTML-Elementinhalt automatisch eingefügt werden soll.

Im obigen Beispiel werden mit dieser Technik sprachidentifizierende Flaggen definiert, die `blockquote`-Elementen vorangestellt werden. Mit einem Selektor wie `blockquote.de:before` werden etwa alle Elemente `<blockquote class="de">` ausgewählt. Vor solchen Elementen wird eine Grafik eingefügt, referenziert mit `url(...)` in der Wertzuweisung an `content:`. Dabei gelten wie üblich alle Regeln und Möglichkeiten der Referenzierung. Hinter `url(...)` ist noch die Zeichenkette `" "` notiert. Zeichenketten für normalen Text werden in Hochkommazeichen notiert. Das Beispiel fügt also einfach noch ein Leerzeichen hinter der Grafik und vor dem Elementinhalt als Abstandhalter ein.

Die Wertzuweisung an `content:` erlaubt neben Text auch noch Anführungszeichen und Funktionen für verschiedene Zwecke. Die `url()`-Funktion zum Einfügen von Grafiken ist ein Beispiel dafür. Auf Anführungszeichen und Zähler wird weiter unten eingegangen. HTML-Inhalte sind als Wertzuweisung nicht erlaubt, jedoch CSS-Formate. Außerdem ist das Abgreifen von Inhalten aus HTML-Attributen möglich. Ein Beispiel soll dies demonstrieren:

Beispiel

```
<!doctype html>
<html>
  <head>
    <meta charset="utf-8">
    <title>Titel</title>
    <style>
      *[title]:after {
        content:" ("attr(title)")";
        font-weight: normal;
        font-style: italic;
      }
    </style>
  </head>
  <body>
    <h1 title="Wichtige Meta-Hinweise zum Verständnis">Einleitung</h1>
  </body>
</html>
```

Bild 14.49: Dargestellter Inhalt aus dem `title`-Attribut

Der Inhalt des `style`-Bereichs in diesem Beispiel ist so zu interpretieren: Für alle Elemente mit `title`-Attribut (Selektor-Teil `*[title]`) wird am Ende (`:after`) ein generierter Inhalt hinzugefügt. Und zwar (`content:`) zunächst ein Leerzeichen als Abstandshalter und eine öffnende Klammer – diese beiden Zeichen bilden eine Zeichenkette. Dann folgt ein Funktionsaufruf von `attr()`. Damit lassen sich Wertzuweisungen von Attributen ermitteln – mit `attr(title)` also der Wert des `title`-Attributs. Ebenso könnten Sie mit `attr(href)` die URL-Adressen von Hyperlinks oder Grafiken feststellen. Hinter dem Funktionsaufruf von `attr()` folgt im Beispiel wieder eine

Zeichenkette, die nur aus einer schließenden Klammer besteht. Dahinter wird die Wertzuweisung an `content:` mit einem Semikolon abgeschlossen. Es können beliebige weitere CSS-Formate folgen. Diese Formatdefinitionen werden auf den generierten Text angewendet.

Wenn Sie innerhalb von generiertem Text spezielle Sonderzeichen verwenden möchten, können Sie diese mit Hilfe eines Backslash-Zeichens (\), gefolgt von dem hexadezimalen Unicode-Wert des Zeichens, in den Text einfügen. Zum Beispiel können Sie mit `\2022` ein Bullet-Zeichen in den Text einer Zeichenkette einfügen.

Referenzinformationen

CSS-Pseudoelemente `:before`,
CSS-Pseudoelemente `:after`:

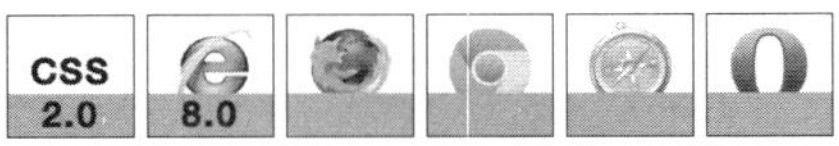

CSS-Eigenschaften `content:`:

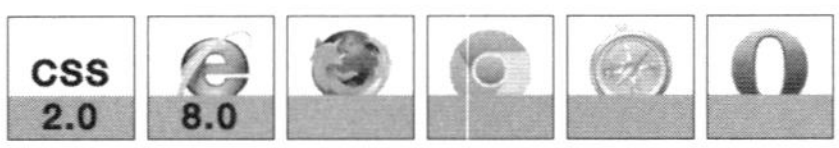

Viele Browser unterstützten jedoch nicht alle Möglichkeiten der `content`-Eigenschaft.

14.17.2 Automatische Anführungszeichen

Eine erweiterte Syntax der Pseudoelemente `:before` und `:after` erlaubt das automatische Handling von Anführungszeichen, etwa zur Auszeichnung direkter Rede oder von Zitaten.

Beispiel

```
<!doctype html>
<html>
  <head>
    <meta charset="utf-8">
    <title>Titel</title>
    <style>
      :lang(de)    { quotes:"\201E" "\201C" "\201A" "\2018"; }
      :lang(de-DE) { quotes:"\00BB" "\00AB" "\203A" "\2039"; }
      :lang(de-CH) { quotes:"\00AB" "\00BB" "\2039" "\203A"; }
      :lang(en)    { quotes:"\201C" "\201D" "\2018" "\2019"; }
      :lang(fr)    {
        quotes:"\00AB\00A0" "\00A0\00BB" "\2039\00A0" "\00A0\203A";
      }
      q:before { content: open-quote; color: #009; }
      q:after { content: close-quote; color: #009; }
      q q:before { content: open-quote; color: #900; }
      q q:after { content: close-quote; color: #900; }
```

```
      q { font-size:20px;
          color:#009;
      }
      q q { color:#900; }
    </style>
  </head>
  <body>
    <p>
      <q lang="de">Sie sagte <q>es geht mir gut</q></q> deutsch
    </p>
    <p>
      <q lang="de-de">Sie sagte <q>es geht mir gut</q></q>
      deutsch (französische Variante)
    </p>
    <p>
      <q lang="de-ch">Sie sagte <q>es geht mir gut</q></q>
      deutsch (Schweiz)
    </p>
    <p>
      <q lang="en">She said <q>I am fine</q></q>
      englisch
    </p>
    <p>
      <q lang="fr">Elle dit <q>Je vais bien</q></q>
      französisch
    </p>
  </body>
</html>
```

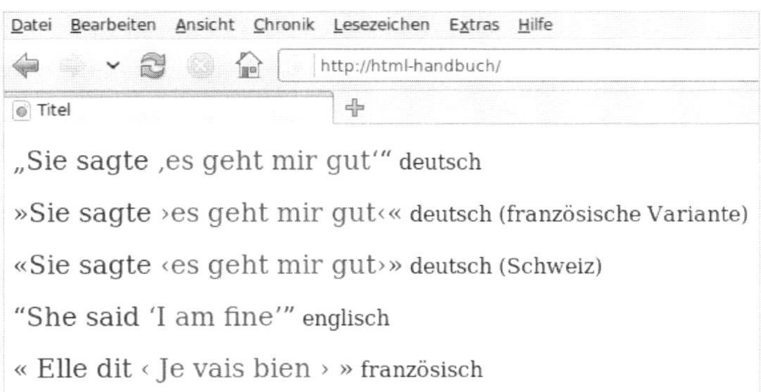

Bild 14.50: Sprachabhängige Anführungszeichen als automatisch generierter Inhalt

Erläuterung

Zunächst kommt dazu eine weitere Pseudo-Klasse zum Einsatz, nämlich `:lang`. Damit können Sie Elemente, die ein `lang`-Attribut zur Bezeichnung der Sprache des Elementinhalts haben, formatieren. Hinter `:lang` wird in runden Klammern jeweils ein Sprachenkürzel notiert. Auch erweiterte Angaben wie `de-DE` oder `en-US` sind dabei erlaubt.

Ein Selektor wie :lang(de) trifft also auf alle Elemente wie <a lang="de">, <input lang="de"> oder <nav lang="de"> zu. Erlaubt sind beliebige, geeignete Formatdefinitionen. Im obigen Beispiel besteht der Block mit Formatdefinitionen für die Pseudo-Klasse allerdings nur aus einer Definition. Dabei werden einer CSS-Eigenschaft namens quotes: vier Werte zugewiesen. Der erste Wert steht für das öffnende Anführungszeichen, der zweite für das schließende. Die beiden folgenden stehen analog dazu für verschachtelte Zitate, wenn also innerhalb eines Zitats oder eine direkten Rede nochmals zitiert oder direkte Rede wiedergegeben wird. Im Beispiel werden die typografischen Anführungszeichen mit Hilfe der weiter oben erwähnten Umschreibung (Backslash plus hexadezimaler Unicode-Wert) angegeben.

Die quotes-Eigenschaft bewirkt jedoch noch keinen eigenen Output. Wirksam werden die Definitionen erst dadurch, dass sie einem geeigneten HTML-Element wie dem q-Element (das Zitate bzw. direkte Rede auszeichnet) zugeordnet werden. Dies geschieht durch q:before bzw. q:after und die Wertzuweisung der Schlüsselwörter open-quote (öffnende Anführungszeichen) bzw. close-quote (schließende Anführungszeichen) an die content-Eigenschaft.

Weitere Hinweise

Der Microsoft Internet Explorer unterstützt diese CSS-Funktionalität nur wenn eine *Document Type Definition* angegeben wird.

Referenzinformationen

CSS-Pseudoelemente :before,
CSS-Pseudoelemente :after:

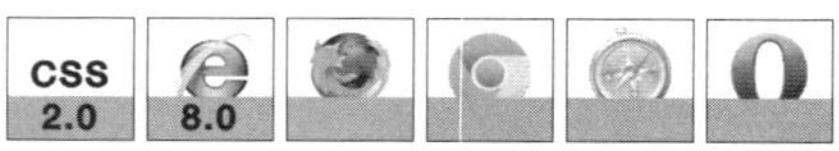

CSS-Eigenschaften quotes:

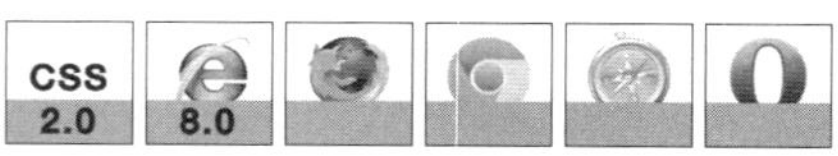

14.17.3 Automatische Nummerierung

Eine erweiterte Syntax des Pseudo-Elements :before in Verbindung mit der Eigenschaft content: erlaubt die automatische Nummerierung von Elementen, z. B. von Überschriften. Das nachfolgende Beispiel demonstriert eine automatische Nummerierung über zwei Überschriftenebenen.

Beispiel

```
<!doctype html>
<html>
  <head>
    <meta charset="utf-8">
    <title>Titel</title>
```

```
    <style>
      * {
        margin: 0;
        padding: 0;
      }
      body {
        counter-reset: Ebene01;
        font-family: sans-serif;
        font-size: 90%;
        margin: 0 2em; 1em 2em;
      }
      h1:before {
        content: counter(Ebene01) "\A0\A0\A0";
        counter-increment: Ebene01;
      }
      h1 {
        counter-reset: Ebene02;
        margin: 1em 0 0.2em 0;
      }
      h2:before {
        content: counter(Ebene01) "." counter(Ebene02) "\A0\A0\A0";
        counter-increment: Ebene02;
      }
      h2 { margin: 0.8em 0 0.2em 0; }
    </style>
  </head>
  <body>
    <h1>Einleitung</h1>
    <p>Ich will berichten von ...</p>
    <h2>Idee</h2>
    <p>An einem Sonntag im Bett dachte ich ...</p>
    <h2>Planung</h2>
    <p>Zunächst galt es, alles gut zu planen ...</p>
    <h1>Umsetzung</h1>
    <p>Sodann ging ich ans Werk ...</p>
    <h2>Erste Schritte</h2>
    <p>Es funktionierte überraschend gut ...</p>
    <h2>Durchstarten</h2>
    <p>Es war toll ...</p>
    <h2>Zweifel</h2>
    <p>Was mir zu denken gab, war ...</p>
    <h1>Ende</h1>
    <p>Ich ließ es schließlich sein, weil ...</p>
  </body>
</html>
```

Bild 14.51: Automatische Nummerierung über zwei Überschriftenebenen

Erläuterung

In der Regel werden Sie für die automatische Nummerierung Überschriftenelemente wie `h1` oder `h2` angeben und die Nummerierung vor deren Text setzen. Dann müssen Sie zur Anzeige der Nummerierung Selektoren wie `h1:before` oder `h2:before` notieren. In den geschweiften Klammern folgt dann, wie bei `:before` und `:after` üblich, die Eigenschaft `content` , gefolgt von einer Zuweisung der Funktion `counter([Name])` , um den Wert des Nummerierungszählers mit dem Namen `Name` an die aktuelle Stelle einzufügen.

Mit `counter-increment:[Name]` zählen Sie den Zähler mit dem angegebenen Namen um eins hoch. Sie können auch eine positive oder negative ganze Zahl angeben, mit der gezählt werden soll. So wird mit `counter-increment:[Name] -2` um zwei heruntergezählt.

Mit `counter-reset:[Name]` setzen Sie einen Zähler auf einen Anfangswert von 1. Auch hierbei können Sie eine positive oder negative ganze Zahl anfügen. Damit setzen Sie den Zähler auf diese Zahl als Anfangswert.

Das Zurücksetzen des Zählers ist vor allem wichtig, wenn Sie mit einer Kapitel-Unterkapitel-Nummerierung arbeiten wie im obigen Beispiel. Dort wird beim Vorkommen eines neuen `h1`-Elements der Zähler für `h2`-Elemente wieder auf 1 gesetzt.

Neben den Funktionen für die Zählerkontrolle kann auch statischer Text notiert werden. Im obigen Beispiel wird als statischer Text eine Folge von drei erzwungenen Leerzeichen notiert, und zwar in der Form `\A0`. Zwischen `counter(Ebene01)` und `counter(Ebene02)` wird als statischer Text jeweils ein Punkt notiert. So entsteht durch die Verwaltung der beiden Zähler für Überschriften erster und zweiter Ordnung ein Nummerierungsschema wie 1, 1.1, 1.2, 2, 2.1, 2.2, 2.3, 3 usw.

Weitere Hinweise

Der Microsoft Internet Explorer unterstützt diese CSS-Funktionalität nur wenn eine *Document Type Definition* angegeben wird.

Referenzinformationen

CSS-Eigenschaften `content: counter()`,
CSS-Eigenschaften `counter-increment:`

CSS 2.0 | 8.0

14.18 Cursor-Anzeige

Sie können für ein HTML-Element einen Cursor definieren. Wenn der Anwender mit der Maus über die Fläche fährt, welche das Element einnimmt, nimmt der Mauszeiger die angegebene Gestalt an.

Beispiel

```
<h1 draggable="true" style="cursor: move;">Zieh mich</h1>
<h1 style="margin-top: 100px;" ondragover="return false">
und lass mich hier los
</h1>
```

Erläuterung

Mit `cursor:` können Sie das Aussehen des Mauszeigers für den Fall definieren, dass der Anwender mit der Maus über den entsprechenden Bereich fährt. Im obigen Beispiel wird das Schlüsselwort `move` zugewiesen, das einen Cursor formt, der signalisiert, dass das Element mit der Maus »gezogen« (*drag*) werden kann. Dazu erhält das `h1`-Element im Beispiel zusätzlich ein `draggable`-Attribut. Das zweite `h1`-Element wird durch `ondragover="return false"` zu einem potenziellen Loslass-Ziel (*drop*) für Elemente, die gerade mit der Maus gezogen werden. In der obigen Form funktioniert das Beispiel zwar in neueren Browsern, doch ohne Scripting geschieht bei dem Drag & Drop-Vorgang nichts weiter. Folgende Angaben sind bei der CSS-Eigenschaft `cursor:` erlaubt:

- `auto` bewirkt einen automatischen Cursor (Normaleinstellung).
- `default` bewirkt einen plattformunabhängigen Standard-Cursor.
- `crosshair` bewirkt einen Cursor in Form eines einfachen Fadenkreuzes.

- `pointer` bewirkt einen Cursor in Form eines Zeigers, wie man ihn bei Hyperlinks sieht.
- `move` bewirkt einen Cursor in Form eines Kreuzes, das die Fähigkeit zum Bewegen des Elements signalisiert.
- `n-resize` bewirkt einen Cursor in Form eines Pfeils, der nach oben zeigt (n = Norden).
- `ne-resize` bewirkt einen Cursor in Form eines Pfeils, der nach rechts oben zeigt (ne = Nordosten).
- `e-resize` bewirkt einen Cursor in Form eines Pfeils, der nach rechts zeigt (e = Osten).
- `se-resize` bewirkt einen Cursor in Form eines Pfeils, der nach rechts unten zeigt (se = Südosten).
- `s-resize` bewirkt einen Cursor in Form eines Pfeils, der nach unten zeigt (s = Süden).
- `sw-resize` bewirkt einen Cursor in Form eines Pfeils, der nach links unten zeigt (sw = Südwesten).
- `w-resize` bewirkt einen Cursor in Form eines Pfeils, der nach links zeigt (w = Westen).
- `nw-resize` bewirkt einen Cursor in Form eines Pfeils, der nach links oben zeigt (nw = Nordwesten).
- `text` bewirkt einen Cursor in einer Form, die normalen Text symbolisiert.
- `wait` bewirkt einen Cursor in Form eines Symbols, das einen Wartezustand signalisiert.
- `help` bewirkt einen Cursor in Form eines Symbols, das Hilfe zu dem Element signalisiert.
- `progress` bewirkt einen Cursor in Form eines Symbols, das einen Programmfortschritt signalisiert, welcher aber anders als `wait` eine Interaktion zulässt. Dieser Wert wurde mit CSS 2.1 eingeführt.

Mit `cursor: url([Datei]);` können Sie außerdem eigene Bilddateien als Mauszeiger definieren. Dieses Feature wurde ebenfalls mit CSS 2.1 eingeführt.

Zwingend ist für alle Browser, die das Feature unterstützen, dass zusätzlich zur Grafikangabe auch eine Alternative in Form einer Standardangabe berücksichtigt wird. Es ist außerdem möglich, ähnlich wie bei Schriftarten mehrere externe Grafiken aufzulisten. Trennen Sie alle einzelnen Angaben durch ein Komma, beispielsweise `cursor: url (cursor.gif), move;`.

Referenzinformationen

CSS-Eigenschaften `cursor`:

14.19 Media-Queries für mobile Devices

Die Zeiten im Web haben sich eindeutig geändert. Zwar erfolgen die meisten Zugriffe auf eine Webseite noch immer mit den Desktop-Browsern. Aber die Abrufe über mobile

Devices wie Smartphones, Tablets oder Spielekonsolen werden immer mehr. Daher ist es notwendig, sich mit den Möglichkeiten dieser Anzeigegeräte auseinanderzusetzen.

Einerseits können Sie mit sogenannten Browserweichen für jedes Gerät eine eigene Webseite erstellen. Dies ist aber sicher nicht sinnvoll, da die Inhalte und Designs für alle Einheiten neu erstellt werden müssen. Der bessere Weg besteht darin, die neuen Möglichkeiten von CSS3 zu nutzen. Wie in *13.2.4 @media: Formate für bestimmte Ausgabegeräte (Media Queries)* beschrieben, gibt es mit der CSS-Regel `@media` die Möglichkeit, auf verschiedenste Ausgabemedien zu reagieren.

14.19.1 Media-Types in CSS2

Mit CSS2 wurden die Medien-Typen eingefügt, um eine Formatierung für die verschiedenen Ausgabeeinheiten definieren zu können. Dadurch war es möglich, Formate für den Bildschirm, aber auch für den Drucker zu definieren.

```
// Stylesheet für den Bildschirm
<link href="css/screen.css" type="text/css" rel="stylesheet"
      media="screen" />
// Stylesheet für den Drucker
<link href="css/print.css" type="text/css" rel="stylesheet"
      media="print" />
```

Sie können aber nicht nur komplette externe Stylesheets für die verschiedenen Medien definieren. Auch innerhalb eines externen CSS oder eines `style`-Elements können die Formatierungen zugeordnet werden.

Beispiel

```
/* Definition für den Bildschirm */
@media screen {
  div.content { background-color: orange; }
/* Definition für den Ausdruck */
@media print {
  div.content {
    background-color: white;
    border: 1px solid black;
    padding: 10px;
  }
```

Erläuterung

Am Bildschirm werden die `div`-Elemente mit der Klasse `content` mit einem orangen Hintergrund dargestellt. Da dies aber im Ausdruck kostenintensiv sein kann und zudem schwer lesbar ist, wird das Format geändert. Sobald die Webseite gedruckt wird, stellt sich das `div`-Element mit weißem Hintergrund und einer schwarzen Umrandung dar. Diese Art der Medienunterscheidung ist für einfache Zwecke durchaus ausreichend.

Referenzinformationen

CSS-Regeln `@media`:

CSS 2.0 CSS 3.0 9.0 3.5 4.0 9.5

14.19.2 Media-Queries in CSS3

Mit CSS3 wurden weitere Möglichkeiten zur Feststellung des Ausgabemediums festgelegt. Diese sind besonders interessant, wenn die Anzeigegröße auf einem Bildschirm und auch die Ausrichtung (Portrait- oder Landscape-Modus) festgestellt werden sollen. Eine vollständige Referenz finden Sie im *Anhang A HTML-Elementreferenz* des Buches.

Der Einsatz der neuen Queries ist analog zum vorherigen Abschnitt. Entweder sie verwenden diese mit einem `link`-Element oder innerhalb eines `style`-Elements.

> Infos
>
> Es gibt einen eigenen Medien-Typ `handheld`. Diesen würde man prinzipiell für alle mobilen Devices vermuten. Das ist leider nicht richtig, denn Smartphones und Tablets melden sich mit dem Typ `screen` an.

Das Ziel dieser Art von Designs ist, dass die Geräte die ideale Darstellung einer Webseite erhalten. Wir gehen davon aus, dass wir eine typische Webseite mit einem Kopf- und einem Fußbereich haben. Dazwischen sollen der Inhalt und rechts davon zwei Seitenleisten angezeigt werden. Das ist auf einem Desktop-Browser eine übliche und einfache Darstellung. In HTML präsentiert sich das Dokument wie im Folgenden dargestellt.

```
<!doctype html>
<html>
  <head>
    <meta charset="utf-8">
    <title>Media-Queries mit CSS3 </title>
    <link href="css/main.css" type="text/css" rel="stylesheet">
  </head>
  <body>
    <div id="wrapper">
      <div id="header">Responsive WebDesign</div>
      <div id="content">
        <article>Erster Artikeltext </article>
        <article>Zweiter Artikeltext </article>
        <article>Noch viel mehr Artikeltext </article>
      </div>
      <div id="sidebar_nav">
        <nav>Hier stehen verschiedene Navigationselemente</nav>
      </div>
      <div id="sidebar_info">
        Zusatzinfos &amp; Werbung
      </div>
      <div class="reset">&amp;nbsp;</div>
```

```
      <div id="footer">&copy; 2011 - Clemens Gull</div>
    </div>
  </body>
</html>
```

Nun können Sie als erstes die Stile für die Darstellung der Desktop-Version definieren. Dies erledigen Sie in einer eigenen CSS-Datei (`main.css`), welche im `head`-Element mit `link` eingebunden wird.

Beispiel

```
@charset "UTF-8"

/* Browser Reset */
* {
  margin: 0;
  padding: 0;
  background-color: white;
}
div#wrapper {
  margin: 8px auto;
  width: 960px;

}
div#header {
  width: 100%;
  background: #FFE;
  margin-bottom: 2%;
  height: 120px;

}
div#content {
  float: left;
  width: 67%;
  margin-right: 2%;
  background: #EEE;
  height: 400px;
}
div#sidebar_nav {
  float: left;
  width: 15%;
  margin-right: 1%;
  background: #003163;
  color: white;
  height: 400px;

}
div#sidebar_info {
  float: left;
  width: 15%;
  background: #008080;
```

```
  color: white;
  height: 400px;
}
.reset {
  float: none;
  clear: both;
  padding: 0;
  margin: 0;
  font-size: 0px;
  height: 0px;
  display: block;
}
div#footer {
  width: 100%;
  background: #FFE;
  margin-bottom: 0;
  height: 40px;
}
```

Erläuterung

Die Definition selbst ist ein typischer Markup für dieses Layout. Die Breite des Wrappers ist fix mit `960px` angegeben. Diese Breite ist ein Standard im Webdesign. Die restlichen Elemente wurden mit relativen Werten (hier Prozent) definiert. Dadurch müssen Sie bei den einzelnen Devices nur mehr das äußere Element anpassen. Der Rest sollte sich dann automatisch ins Layout einfügen oder kann einfach über die relativen Werte angepasst werden.

Anpassungen für Tablets

Tablets werden oft quer gehalten (Landscape-Modus) und haben eine typische Fensterbreite von 1.024 Pixel. Daher müssen wir das Layout so anpassen, dass die Seitenleiste mit den Infos oberhalb des Fußbereichs angezeigt und dafür das `div`-Element mit dem Inhalt breiter dargestellt wird.

Beispiel

```
/* Media-Query für Tablets */
@media only screen and (max-device-width: 1024px) {
  div#wrapper { width:100%; }
  div#content { width: 83%; } /* 2% margin von der ersten Definition */
  div#sidebar_nav {
    width:15%;
    margin-right: 0;
    margin-bottom: 1%;
  }
  div#sidebar_info {
    width: 100%;
    height: 160px;
  }

}
```

Erläuterung

Durch den Media-Query wenden Sie jetzt zusätzliche CSS-Stile an. Diese ergänzen die vorher definierten Stile. Aber nur unter der Bedingung, dass die Webseite auf einem Bildschirm (`only screen`) dargestellt wird und dieser eine maximale Breite (die mögliche Anzeigebreite wird mit `max-device-width` festgelegt) von 1.024 Pixeln besitzt.

Dadurch werden die Breiten der mittleren Elemente verändert. Besonders die Info-Seitenleiste verschiebt sich unter dem Inhalt, da sie mit 100% Breite nicht mehr rechts angezeigt werden kann.

> **Infos:** Wollen Sie die Einstellungen auf einem Desktop-Browser prüfen, können Sie statt mit `max-device-width` mit dem Media-Query `max-width` arbeiten. So können Sie durch die Änderungen der Browserbreite die Stile testen.

Anpassungen für Smartphones

Smartphones haben generell kleinere Anzeigen. Daher müssen Sie auch für diese Devices die CSS-Datei ergänzen und das Layout entsprechend ändern. Natürlich besitzen die meisten Smartphones eine Zoom-Funktion, aber besonders benutzerfreundlich ist dies nicht. Besser wäre es, wenn Sie dem Benutzer sofort eine passende Version Ihrer Webseite anzeigen.

```
/* Media-Query für Smartphones */
@media only screen and (max-device-width: 480px) {
  div#wrapper {
    width: 100%;
    margin-right: 0;
    margin-bottom: 2%;
  }
  div#content {
    width: 98%;
    margin: 0 auto;
  }
  div#sidebar_nav {
    width: 100%;
    height: 200px;
    margin-right: 0;
    margin-bottom: 1%;
  }
  div#sidebar_info {
    width: 100%;
    height: 160px;
    margin-top: 1%;
  }
}
```

Erläuterung

Durch den Media-Query wenden Sie jetzt zusätzliche CSS-Stile für Smartphones an. Diese ergänzen die vorher definierten Stile für den Desktop-Browser, lassen aber jene für

Tablets außer Acht. Jedoch nur unter der Bedingung, dass die Webseite auf einem Bildschirm (`only screen`) angezeigt wird und dieser eine maximale Breite (die mögliche Anzeigebreite wird mit `max-device-width` festgelegt) von 480 Pixeln besitzt.

Dadurch werden die Breiten der mittleren Elemente verändert. Vor allem schieben sich die Seitenleisten unter den Inhalt, da sie mit 100% Breite nicht mehr rechts angezeigt werden können.

Zusätzlich passen wir das `div`-Element mit der `id="content"` an. Denn wenn die Seitenleisten keinen Platz mehr benötigen, können Sie es auf die maximale Anzeigebreite vergrößern. Dadurch erzeugen Sie für den Benutzer eine höhere Usability, denn er sieht die Artikel sofort in voller Breite.

Weitere Anpassung für Mobile Devices

Mobile Anzeigegeräte können sich auch noch in der Orientierung ändern. Damit ist gemeint, dass der Anwender das Gerät im Hochformat (Portrait-Modus) oder auch im Querformat (Landscape-Modus) halten kann. Idealerweise passt sich auch hier das Layout automatisch an. Klarerweise verhält sich ein Tablet im Portrait-Modus ähnlich wie ein Smartphone.

Beispiel

```
@media only screen and (min-device-width: 768px) and (max-device-width:
1024px) and (orientation: portrait) {
  /* Stile für Tablets im Portrait-Modus /*
}
```

Erläuterung

Bei diesem Beispiel wird die minimale (mit `min-device-width`) und die maximale (mit `max-device-width`) Anzeigebreite geprüft. Wenn diese zwischen 768 und 1.024 Pixel liegt, dann erfolgt die Prüfung auf die Ausrichtung.

Wenn dann die Ausrichtung (`orientation`) zusätzlich im Hochformat-Modus (`portrait`) vorliegt, werden die definierten Stile angewendet. Bei nachfolgendem Beispiel wird dieselbe Media-Query eingesetzt, aber auf die Ausrichtung im Querformat überprüft.

Beispiel

```
@media only screen and (min-device-width: 768px) and (max-device-width:
1024px) and (orientation: landscape) {
  /* Stile für Tablets im Landscape-Modus /*
}
```

Wenn Sie beide Media-Queries in ein Stylesheet einbauen, erreichen Sie eine dynamische Änderung des Layouts der Webseite, je nachdem wie der Anwender seine Anzeigeeinheit dreht.

Weitere Hinweise

Die Browserunterstützung ist erst bei modernen Browsern gegeben. Besonders mobile Devices mit Internet Explorer können die Media-Queries erst ab der Version 9.0 nutzen.

Um die Zoom-Funktion und den Anfangszoom festzulegen, kann folgendes `meta`-Element im `head`-Bereich notiert werden.

```
//maximaler Zoom für Android-Geräte
<meta name="viewport" content="width=device-width; initial-scale=1.3;
minimum-scale=1.3; maximum-scale=1.3; "/>

//Zoom auf 100% einstellen und Zoom-Funktion deaktivieren
<meta name="viewport" content="width=device-width; initial-scale=1.0;
maximum-scale=1.0; user-scalable=0;" />
```

Referenzinformationen

CSS-Regeln `@media`:

CSS	IE	Firefox	Chrome	Safari	Opera
3.0	9.0	3.5		4.0	

A HTML-Elementreferenz

Die HTML-Elementreferenz listet für jedes HTML-Element auf, in welchen anderen HTML-Elementen es vorkommen und welche anderen HTML-Elemente es in seinem Elementinhalt enthalten kann. Bei jedem genannten Element führt ein Verweis zu den jeweiligen Attributen des Elements, die in der HTML-Attributreferenz behandelt werden.

In der HTML-Elementreferenz wird nur der HTML-Standard nach HTML5 berücksichtigt. Browsereigene Abweichungen sowie browserspezifische HTML-Elemente, die im Standard nicht vorkommen, sind in der Referenz nicht berücksichtigt.

A.1 Liste der HTML5-Elemente

Die nachfolgende Liste enthält eine Übersicht aller im HTML5-Standard vorgesehenen Elemente in alphabetischer Reihenfolge.

a	HTML 2.0, XHTML 1.0
Bezeichnung	anchor
Bedeutung	Verweis (Hyperlink) und Anker für Verweise
Notation	<a [Attribute]>[Elementinhalt]</a>
Elternelemente	<abbr>, <address>, <article>, <aside>, <b>, <bdo>, <blockquote>, <canvas>, <caption>, <cite>, <code>, <command>, <dd>, <del>, <details>, <dfn>, <div>, <dt>, <em>, <fieldset>, <figcaption>, <figure>, <footer>, <form>, <h1> – <h6>, <header>, <i>, <iframe>, <ins>, <kbd>, <label>, <legend>, <li>, <map>, <mark>, <meter>, <nav>, <noscript>, <object>, <output>, <p>, <pre>, <progress>, <q>, <rp>, <rt>, <samp>, <section>, <small>, <span>, <strong>, <sub>, <sup>, <var>
Elementinhalt	Text und <abbr>, <address>, <article>, <aside>, <b>, <bdo>, <blockquote>, <button>, <canvas>, <caption>, <cite>, <code>, <command>, <dd>, <del>, <details>, <dfn>, <div>, <dt>, <em>, <fieldset>, <figcaption>, <figure>, <footer>, <form>, <h1> – <h6>, <header>, <i>, <iframe>, <ins>, <kbd>, <label>, <legend>, <li>, <map>, <mark>, <meter>, <nav>, <noscript>, <object>, <output>, <p>, <pre>, <progress>, <q>, <rp>, <rt>, <samp>, <section>, <small>, <span>, <strong>, <sub>, <sup>, <var>

a	HTML 2.0 · XHTML 1.0
Attribute	href, hreflang, media, ping, rel, target, type accesskey, class, contenteditable, contextmenu, data, dir, draggable, hidden, id, item, itemprop, lang, spellcheck, style, subject, tabindex, title
Events	onabort, onblur, onchange, onclick, oncontextmenu, ondblclick, ondrag, ondragend, ondragenter, ondragleave, ondragover, ondragstart, ondrop, onfocus, onkeydown, onkeypress, onkeyup, onmousedown, onmousemove, onmouseout, onmouseover, onmouseup, onmousewheel, onscroll

abbr	HTML 4.0 · XHTML 1.0
Bezeichnung	abbrevation
Bedeutung	Abkürzung
Notation	<abbr [Attribute]>Elementinhalt</abbr>
Elternelemente	<a>, <abbr>, <address>, <article>, <aside>, <b>, <bdo>, <blockquote>, <button>, <canvas>, <caption>, <cite>, <code>, <command>, <dd>, <del>, <details>, <dfn>, <div>, <dt>, <em>, <fieldset>, <figcaption>, <figure>, <footer>, <form>, <h1> – <h6>, <header>, <i>, <iframe>, <ins>, <kbd>, <label>, <legend>, <li>, <map>, <mark>, <meter>, <nav>, <noscript>, <object>, <output>, <p>, <pre>, <progress>, <q>, <rp>, <rt>, <samp>, <section>, <small>, <span>, <strong>, <sub>, <sup>, <var>
Elementinhalt	Text und <a>, <abbr>, <article>, <aside>, <b>, <bdo>, <button>, <canvas>, <caption>, <cite>, <code>, <command>, <dd>, <details>, <dfn>, <dt>, <em>, <figcaption>, <figure>, <footer>, <header>, <i>, <iframe>, <kbd>, <label>, <legend>, <map>, <mark>, <meter>, <nav>, <object>, <output>, <progress>, <q>, <rp>, <rt>, <samp>, <section>, <small>, <span>, <strong>, <sub>, <sup>, <var>
Attribute	accesskey, class, contenteditable, contextmenu, data, dir, draggable, hidden, id, item, itemprop, lang, spellcheck, style, subject, tabindex, title
Events	onabort, onblur, onchange, onclick, oncontextmenu, ondblclick, ondrag, ondragend, ondragenter, ondragleave, ondragover, ondragstart, ondrop, onfocus, onkeydown, onkeypress, onkeyup, onmousedown, onmousemove, onmouseout, onmouseover, onmouseup, onmousewheel, onscroll

address	HTML 2.0, XHTML 1.0
Bezeichnung	address
Bedeutung	Kontaktangabe zum Autor eines Inhalts (Credits)
Notation	<address [Attribute]>[Elementinhalt]</address>
Elternelemente	<blockquote>, <body>, <button>, <dd>, <del>, <div>, <fieldset>, <form>, <iframe>, <ins>, <li>, <map>, <noscript>, <object>, <td>, <th>
Elementinhalt	Text und <a>, <abbr>, <article>, <aside>, <b>, <bdo>, <button>, <canvas>, <caption>, <cite>, <code>, <command>, <dd>, <details>, <dfn>, <dt>, <em>, <figcaption>, <figure>, <footer>, <header>, <i>, <iframe>, <kbd>, <label>, <legend>, <map>, <mark>, <meter>, <nav>, <object>, <output>, <progress>, <q>, <rp>, <rt>, <samp>, <section>, <small>, <span>, <strong>, <sub>, <sup>, <var>
Attribute	accesskey, class, contenteditable, contextmenu, data, dir, draggable, hidden, id, item, itemprop, lang, spellcheck, style, subject, tabindex, title
Events	onabort, onblur, onchange, onclick, oncontextmenu, ondblclick, ondrag, ondragend, ondragenter, ondragleave, ondragover, ondragstart, ondrop, onfocus, onkeydown, onkeypress, onkeyup, onmousedown, onmousemove, onmouseout, onmouseover, onmouseup, onmousewheel, onscroll

area	HTML 3.2, XHTML 1.0
Bezeichnung	area
Bedeutung	Verweis-sensitiver Bereich in einer Image-Map-Grafik
Notation	<area [Attribute]> XHTML: <area [Attribute] />
Elternelemente	<map>
Elementinhalt	Standalone-Element ohne End-Tag und ohne Inhalt
Attribute	alt, coords, href, hreflang, media, ping, rel, shape, target, type accesskey, class, contenteditable, contextmenu, data, dir, draggable, hidden, id, item, itemprop, lang, spellcheck, style, subject, tabindex, title
Events	onabort, onblur, onchange, onclick, oncontextmenu, ondblclick, ondrag, ondragend, ondragenter, ondragleave, ondragover, ondragstart, ondrop, onfocus, onkeydown, onkeypress, onkeyup, onmousedown, onmousemove, onmouseout, onmouseover, onmouseup, onmousewheel, onscroll

article	HTML5 · XHTML 5 · 9.0 · 4.0 · · 5.0 · 11.0 · Semantik
Bezeichnung	Article
Bedeutung	Artikel (z. B. einer von mehreren Blog-Artikeln auf einer Seite)
Notation	<article [Attribute]>[Elementinhalt]</article>
Elternelemente	<body>
Elementinhalt	Text und <a>, <abbr>, <address>, <article>, <aside>, <b>, <bdo>, <blockquote>, <button>, <canvas>, <caption>, <cite>, <code>, <command>, <dd>, <del>, <details>, <dfn>, <div>, <dt>, <em>, <fieldset>, <figcaption>, <figure>, <footer>, <form>, <h1> – <h6>, <header>, <i>, <iframe>, <ins>, <kbd>, <label>, <legend>, <li>, <map>, <mark>, <meter>, <nav>, <noscript>, <object>, <output>, <p>, <pre>, <progress>, <q>, <rp>, <rt>, <samp>, <section>, <small>, <span>, <strong>, <sub>, <sup>, <var>
Attribute	accesskey, class, contenteditable, contextmenu, data, dir, draggable, hidden, id, item, itemprop, lang, spellcheck, style, subject, tabindex, title
Events	onabort, onblur, onchange, onclick, oncontextmenu, ondblclick, ondrag, ondragend, ondragenter, ondragleave, ondragover, ondragstart, ondrop, onfocus, onkeydown, onkeypress, onkeyup, onmousedown, onmousemove, onmouseout, onmouseover, onmouseup, onmousewheel, onscroll

aside	HTML5 · XHTML 5 · 9.0 · 4.0 · · 5.0 · 11.0 · Semantik
Bezeichnung	aside
Bedeutung	Marginalbereich
Notation	<aside [Attribute]>[Elementinhalt]</aside>
Elternelemente	<body>
Elementinhalt	Text und <a>, <abbr>, <address>, <article>, <aside>, <b>, <bdo>, <blockquote>, <button>, <canvas>, <caption>, <cite>, <code>, <command>, <dd>, <del>, <details>, <dfn>, <div>, <dt>, <em>, <fieldset>, <figcaption>, <figure>, <footer>, <form>, <h1> – <h6>, <header>, <i>, <iframe>, <ins>, <kbd>, <label>, <legend>, <li>, <map>, <mark>, <meter>, <nav>, <noscript>, <object>, <output>, <p>, <pre>, <progress>, <q>, <rp>, <rt>, <samp>, <section>, <small>, <span>, <strong>, <sub>, <sup>, <var>
Attribute	accesskey, class, contenteditable, contextmenu, data, dir, draggable, hidden, id, item, itemprop, lang, spellcheck, style, subject, tabindex, title

aside	HTML · XHTML 5 · 9.0 · 4.0 · · 5.0 · 11.0 · Semantik
Events	onabort, onblur, onchange, onclick, oncontextmenu, ondblclick, ondrag, ondragend, ondragenter, ondragleave, ondragover, ondragstart, ondrop, onfocus, onkeydown, onkeypress, onkeyup, onmousedown, onmousemove, onmouseout, onmouseover, onmouseup, onmousewheel, onscroll

audio	HTML · XHTML 5 · 9.0 · 3.5 · · 4.0 · 10.5
Bezeichnung	audio
Bedeutung	Eingebettete Audio-Ressource (Musik, Podcast, usw.)
Notation	<audio [Attribute]>[Elementinhalt]</audio>
Elternelemente	<a>, <abbr>, <address>, <article>, <aside>, <b>, <bdo>, <blockquote>, <button>, <canvas>, <caption>, <cite>, <code>, <command>, <dd>, <del>, <details>, <dfn>, <div>, <dt>, <em>, <fieldset>, <figcaption>, <figure>, <footer>, <form>, <h1> – <h6>, <header>, <i>, <iframe>, <ins>, <kbd>, <label>, <legend>, <li>, <map>, <mark>, <meter>, <nav>, <noscript>, <object>, <output>, <p>, <pre>, <progress>, <q>, <rp>, <rt>, <samp>, <section>, <small>, <span>, <strong>, <sub>, <sup>, <var>
Elementinhalt	<source>
Attribute	autoplay, controls, loop, preload, src accesskey, class, contenteditable, contextmenu, data, dir, draggable, hidden, id, item, itemprop, lang, spellcheck, style, subject, tabindex, title
Events	onabort, onblur, oncanplay, oncanplaythrough, onchange, onclick, oncontextmenu, ondblclick, ondrag, ondragend, ondragenter, ondragleave, ondragover, ondragstart, ondrop, ondurationchange, onemptied, onerror, onfocus, onkeydown, onkeypress, onkeyup, onloadeddata, onloadstart, onmousedown, onloadedmetadata, onmousemove, onmouseout, onmouseover, onmouseup, onmousewheel, onpause, onplay, onplaying, onprogress, onratechange, onreadystatechange, onscroll, onseeked, onseeking, onstalled, onsuspend, ontimeupdate, onvolumechange, onwaiting

b	HTML 2.0 · XHTML 1.0
Bezeichnung	bold
Bedeutung	Stilistische Hervorhebung im Text (üblicherweise fett dargestellt)
Notation	<b [Attribute]>[Elementinhalt]</b>

b	HTML 2.0, XHTML 1.0
Elternelemente	<a>, <abbr>, <address>, <article>, <aside>, <b>, <bdo>, <blockquote>, <button>, <canvas>, <caption>, <cite>, <code>, <command>, <dd>, <del>, <details>, <dfn>, <div>, <dt>, <em>, <fieldset>, <figcaption>, <figure>, <footer>, <form>, <h1> – <h6>, <header>, <i>, <iframe>, <ins>, <kbd>, <label>, <legend>, <li>, <map>, <mark>, <meter>, <nav>, <roscript>, <object>, <output>, <p>, <pre>, <progress>, <q>, <rp>, <rt>, <samp>, <section>, <small>, <span>, <strong>, <sub>, <sup>, <var>
Elementinhalt	Text und <a>, <abbr>, <article>, <aside>, <b>, <bco>, <button>, <canvas>, <caption>, <cite>, <code>, <command>, <dd>, <details>, <dfn>, <dt>, <em>, <figcaption>, <figure>, <footer>, <header>, <i>, <iframe>, <kbd>, <label>, <legend>, <map>, <mark>, <meter>, <nav>, <object>, <output>, <progress>, <q>, <rp>, <rt>, <samp>, <section>, <small>, <span>, <strong>, <sub>, <sup>, <var>
Attribute	accesskey, class, contenteditable, contextmenu, data, dir, draggable, hidden, id, item, itemprop, lang, spellcheck, style, subject, tabindex, title
Events	onabort, onblur, onchange, onclick, oncontextmenu, ondblclick, ondrag, ondragend, ondragenter, ondragleave, ondragover, ondragstart, ondrop, onfocus, onkeydown, onkeypress, onkeyup, onmousedown, onmousemove, onmouseout, onmouseover, onmouseup, onmousewheel, onscroll

base	HTML 3.2, XHTML 1.0
Bezeichnung	base URL
Bedeutung	Basis-URL für Referenzen
Notation	<base [Attribute]> XHTML: <base [Attribute] />
Elternelemente	<head>
Elementinhalt	Standalone-Element ohne End-Tag und ohne Inhalt
Attribute	href, target
Events	keine

bdo	HTML 4.0, XHTML 1.0
Bezeichnung	bidirectional orientation
Bedeutung	Richtungsänderung bei bidirektionalem Text
Notation	<bdo [Attribute]>[Elementinhalt]</bdo>

bdo	HTML 4.0, XHTML 1.0
Elternelemente	<a>, <abbr>, <address>, <article>, <aside>, <b>, <bdo>, <blockquote>, <button>, <canvas>, <caption>, <cite>, <code>, <command>, <dd>, <del>, <details>, <dfn>, <div>, <dt>, <em>, <fieldset>, <figcaption>, <figure>, <footer>, <form>, <h1> – <h6>, <header>, <i>, <iframe>, <ins>, <kbd>, <label>, <legend>, <li>, <map>, <mark>, <meter>, <nav>, <noscript>, <object>, <output>, <p>, <pre>, <progress>, <q>, <rp>, <rt>, <samp>, <section>, <small>, <span>, <strong>, <sub>, <sup>, <var>
Elementinhalt	Text und <a>, <abbr>, <address>, <article>, <aside>, <b>, <bdo>, <blockquote>, <button>, <canvas>, <caption>, <cite>, <code>, <command>, <dd>, <del>, <details>, <dfn>, <div>, <dt>, <em>, <fieldset>, <figcaption>, <figure>, <footer>, <form>, <h1> – <h6>, <header>, <i>, <iframe>, <ins>, <kbd>, <label>, <legend>, <li>, <map>, <mark>, <meter>, <nav>, <noscript>, <object>, <output>, <p>, <pre>, <progress>, <q>, <rp>, <rt>, <samp>, <section>, <small>, <span>, <strong>, <sub>, <sup>, <var>
Attribute	accesskey, class, contenteditable, contextmenu, data, dir, draggable, hidden, id, item, itemprop, lang, spellcheck, style, subject, tabindex, title
Events	onabort, onblur, onchange, onclick, oncontextmenu, ondblclick, ondrag, ondragend, ondragenter, ondragleave, ondragover, ondragstart, ondrop, onfocus, onkeydown, onkeypress, onkeyup, onmousedown, onmousemove, onmouseout, onmouseover, onmouseup, onmousewheel, onscroll

blockquote	HTML 2.0, XHTML 1.0
Bezeichnung	blocked quote
Bedeutung	Zitat in Form eines eigenen Textabsatzes
Notation	<blockquote [Attribute]>[Elementinhalt]</blockquote>
Elternelemente	<article>, <aside>, <blockquote>, <body>, <button>, <dd>, <del>, <details>, <div>, <fieldset>, <footer>, <form>, <header>, <iframe>, <ins>, <li>, <map>, <noscript>, <object>, <section>, <td>, <th>
Elementinhalt	Text und <address>, <blockquote>, <del>, <div>, <fieldset>, <form>, <h1> – <h6>, <ins>, <li>, <menu>, <noscript>, <p>, <pre>
Attribute	accesskey, cite, class, contenteditable, contextmenu, data, dir, draggable, hidden, id, item, itemprop, lang, spellcheck, style, subject, tabindex, title
Events	onabort, onblur, onchange, onclick, oncontextmenu, ondblclick, ondrag, ondragend, ondragenter, ondragleave, ondragover, ondragstart, ondrop, onfocus, onkeydown, onkeypress, onkeyup, onmousedown, onmousemove, onmouseout, onmouseover, onmouseup, onmousewheel, onscroll

body	HTML 2.0, XHTML 1.0
Bezeichnung	body
Bedeutung	Inhaltsbereich eines HTML-Dokuments
Notation	`<body [Attribute]>[Elementinhalt]</body>`
Elternelemente	`<html>`
Elementinhalt	Text und `<a>, <address>, <article>, <aside>, <blockquote>, <canvas>, <del>, <details>, <div>, <dl>, <embed>, <fieldset>, <figure>, <footer>, <form>, <h1> - <h6>, <header>, <hr>, <iframe>, <img>, <ins>, <li>, <menu>, <nav>, <noscript>, <object>, <ol>, <output>, <p>, <pre>, <ruby>, <script>, <section>, <table>, <ul>, <video>`
Attribute	`accesskey, class, contenteditable, contextmenu, data, dir, draggable, hidden, id, item, itemprop, lang, spellcheck, style, subject, tabindex, title`
Events	`onabort, onafterprint, onbeforeprint, onbeforeonload, onblur, onchange, onclick, oncontextmenu, ondblclick, ondrag, ondragend, ondragenter, ondragleave, ondragover, ondragstart, ondrop, onerror, onfocus, onhaschange, onload, onkeydown, onkeypress, onkeyup, onmessage, onmousedown, onmousemove, onmouseout, onmouseover, onmouseup, onmousewheel, onoffline, ononline, onpagehide, onpageshow, onpopstate, onresize, onscroll, onstorage, onundo, onunload`

br	HTML 2.0, XHTML 1.0
Bezeichnung	break bzw. line-break
Bedeutung	Erzwungener Zeilenumbruch an der betreffenden Stelle
Notation	` ` XHTML: ` `
Elternelemente	`<a>, <abbr>, <address>, <article>, <aside>, <b>, <bdo>, <blockquote>, <button>, <canvas>, <caption>, <cite>, <code>, <command>, <dd>, <del>, <details>, <dfn>, <div>, <dt>, <em>, <fieldset>, <figcaption>, <figure>, <footer>, <form>, <h1> – <h6>, <header>, <i>, <iframe>, <ins>, <kbd>, <label>, <legend>, <li>, <map>, <mark>, <meter>, <nav>, <noscript>, <object>, <output>, <p>, <pre>, <progress>, <q>, <rp>, <rt>, <samp>, <section>, <small>, <span>, <strong>, <sub>, <sup>, <var>`
Elementinhalt	Standalone-Element ohne End-Tag und ohne Inhalt
Attribute	`accesskey, class, contenteditable, contextmenu, data, dir, draggable, hidden, id, item, itemprop, lang, spellcheck, style, subject, tabindex, title`

br	HTML 2.0, XHTML 1.0
Events	onabort, onblur, onchange, onclick, oncontextmenu, ondblclick, ondrag, ondragend, ondragenter, ondragleave, ondragover, ondragstart, ondrop, onfocus, onkeydown, onkeypress, onkeyup, onmousedown, onmousemove, onmouseout, onmouseover, onmouseup, onmousewheel, onscroll

button	HTML 4.0, XHTML 1.0
Bezeichnung	button
Bedeutung	Schaltfläche in einem Formular
Notation	<button [Attribute]>[Elementinhalt]</button>
Elternelemente	<a>, <abbr>, <address>, <article>, <aside>, <b>, <bdo>, <blockquote>, <canvas>, <caption>, <cite>, <code>, <command>, <dd>, <del>, <details>, <dfn>, <div>, <dt>, <em>, <fieldset>, <figcaption>, <figure>, <footer>, <form>, <h1> – <h6>, <header>, <i>, <iframe>, <ins>, <kbd>, <label>, <legend>, <li>, <map>, <mark>, <meter>, <nav>, <noscript>, <object>, <output>, <p>, <pre>, <progress>, <q>, <rp>, <rt>, <samp>, <section>, <small>, <span>, <strong>, <sub>, <sup>, <var>
Elementinhalt	Text und <abbr>, <address>, <b>, <bdo>, <blockquote>, , <cite>, <code>, <dfn>, <div>, <dl>, <em>, <h1>-<h6>, <hr>, <i>, <img>, <kbd>, <map>, <menu>, <noscript>, <object>, <ol>, <p>, <pre>, <q>, <samp>, <script>, <small>, <span>, <strong>, <sub>, <sup>, <table>, <ul>, <var>
Attribute	autofocus, disabled, form, formaction, formenctype, formmethod, formnovalidate, formtarget, name, type, value accesskey, class, contenteditable, contextmenu, data, dir, draggable, hidden, id, item, itemprop, lang, spellcheck, style, subject, tabindex, title
Events	onabort, onblur, onchange, onclick, oncontextmenu, ondblclick, ondrag, ondragend, ondragenter, ondragleave, ondragover, ondragstart, ondrop, onfocus, onformchange, onforminput, oninput, oninvalid, onkeydown, onkeypress, onkeyup, onmousedown, onmousemove, onmouseout, onmouseover, onmouseup, onmousewheel, onscroll, onselect, onsubmit

canvas	HTML5, XHTML 5, 9.0
Bezeichnung	canvas
Bedeutung	Bereich für scriptgesteuerte Grafik und/oder Interaktion
Notation	<canvas [Attribute]>[Elementinhalt]</canvas>

canvas	
Elternelemente	<a>, <abbr>, <address>, <article>, <aside>, <b>, <bdo>, <blockquote>, <button>, <caption>, <cite>, <code>, <command>, <dd>, <del>, <details>, <dfn>, <div>, <dt>, <em>, <fieldset>, <figcaption>, <figure>, <footer>, <form>, <h1> – <h6>, <header>, <i>, <iframe>, <ins>, <kbd>, <label>, <legend>, <li>, <map>, <mark>, <meter>, <nav>, <noscript>, <object>, <output>, <p>, <pre>, <progress>, <q>, <rp>, <rt>, <samp>, <section>, <small>, <span>, <strong>, <sub>, <sup>, <var>
Elementinhalt	Text und <a>, <abbr>, <address>, <article>, <aside>, <b>, <bdo>, <blockquote>, <button>, <canvas>, <caption>, <cite>, <code>, <command>, <dd>, <del>, <details>, <dfn>, <div>, <dt>, <em>, <fieldset>, <figcaption>, <figure>, <footer>, <form>, <h1> – <h6>, <header>, <i>, <iframe>, <ins>, <kbd>, <label>, <legend>, <li>, <map>, <mark>, <meter>, <nav>, <noscript>, <object>, <output>, <p>, <pre>, <progress>, <q>, <rp>, <rt>, <samp>, <section>, <small>, <span>, <strong>, <sub>, <sup>, <var>
Attribute	height, width accesskey, class, contenteditable, contextmenu, data, dir, draggable, hidden, id, item, itemprop, lang, spellcheck, style, subject, tabindex, title
Events	onabort, onblur, onchange, onclick, oncontextmenu, ondblclick, ondrag, ondragend, ondragenter, ondragleave, ondragover, ondragstart, ondrop, onfocus, onkeydown, onkeypress, onkeyup, onmousedown, onmousemove, onmouseout, onmouseover, onmouseup, onmousewheel, onscroll

caption	
Bezeichnung	caption
Bedeutung	Tabellenüberschrift bzw. -unterschrift
Notation	<caption [Attribute]>[Elementinhalt]</caption>
Elternelemente	<table>
Elementinhalt	Text und <a>, <abbr>, <article>, <aside>, <b>, <bdo>, <button>, <canvas>, <caption>, <cite>, <code>, <command>, <dd>, <details>, <dfn>, <dt>, <em>, <figcaption>, <figure>, <footer>, <header>, <i>, <iframe>, <kbd>, <label>, <legend>, <map>, <mark>, <meter>, <nav>, <object>, <output>, <progress>, <q>, <rp>, <rt>, <samp>, <section>, <small>, <span>, <strong>, <sub>, <sup>, <var>
Attribute	accesskey, class, contenteditable, contextmenu, data, dir, draggable, hidden, id, item, itemprop, lang, spellcheck, style, subject, tabindex, title

caption	HTML 3.2, XHTML 1.0
Events	onabort, onblur, onchange, onclick, oncontextmenu, ondblclick, ondrag, ondragend, ondragenter, ondragleave, ondragover, ondragstart, ondrop, onfocus, onkeydown, onkeypress, onkeyup, onmousedown, onmousemove, onmouseout, onmouseover, onmouseup, onmousewheel, onscroll

cite	HTML 2.0, XHTML 1.0
Bezeichnung	citation
Bedeutung	Zitat innerhalb eines Absatzes
Notation	<cite [Attribute]>[Elementinhalt]</cite>
Elternelemente	<a>, <abbr>, <address>, <article>, <aside>, <b>, <bdo>, <blockquote>, <button>, <canvas>, <caption>, <cite>, <code>, <command>, <dd>, <del>, <details>, <dfn>, <div>, <dt>, <em>, <fieldset>, <figcaption>, <figure>, <footer>, <form>, <h1> – <h6>, <header>, <i>, <iframe>, <ins>, <kbd>, <label>, <legend>, <li>, <map>, <mark>, <meter>, <nav>, <noscript>, <object>, <output>, <p>, <pre>, <progress>, <q>, <rp>, <rt>, <samp>, <section>, <small>, <span>, <strong>, <sub>, <sup>, <var>
Elementinhalt	Text und <a>, <abbr>, <article>, <aside>, <b>, <bdo>, <button>, <canvas>, <caption>, <cite>, <code>, <command>, <dd>, <details>, <dfn>, <dt>, <em>, <figcaption>, <figure>, <footer>, <header>, <i>, <iframe>, <kbd>, <label>, <legend>, <map>, <mark>, <meter>, <nav>, <object>, <output>, <progress>, <q>, <rp>, <rt>, <samp>, <section>, <small>, <span>, <strong>, <sub>, <sup>, <var>
Attribute	accesskey, class, contenteditable, contextmenu, data, dir, draggable, hidden, id, item, itemprop, lang, spellcheck, style, subject, tabindex, title
Events	onabort, onblur, onchange, onclick, oncontextmenu, ondblclick, ondrag, ondragend, ondragenter, ondragleave, ondragover, ondragstart, ondrop, onfocus, onkeydown, onkeypress, onkeyup, onmousedown, onmousemove, onmouseout, onmouseover, onmouseup, onmousewheel, onscroll

code	HTML 2.0, XHTML 1.0
Bezeichnung	Sourcecode
Bedeutung	Quelltext-Auszug innerhalb eines Absatzes
Notation	<code [Attribute]>[Elementinhalt]</code>

code	HTML 2.0, XHTML 1.0
Elternelemente	<a>, <abbr>, <address>, <article>, <aside>, <b>, <bdo>, <blockquote>, <button>, <canvas>, <caption>, <cite>, <code>, <command>, <dd>, <del>, <details>, <dfn>, <div>, <dt>, <em>, <fieldset>, <figcaption>, <figure>, <footer>, <form>, <h1> – <h6>, <header>, <i>, <iframe>, <ins>, <kbd>, <label>, <legend>, <li>, <map>, <mark>, <meter>, <nav>, <roscript>, <object>, <output>, <p>, <pre>, <progress>, <q>, <rp>, <rt>, <samp>, <section>, <small>, <span>, <strong>, <sub>, <sup>, <var>
Elementinhalt	Text und <a>, <abbr>, <article>, <aside>, <b>, <bdo>, <button>, <canvas>, <caption>, <cite>, <code>, <command>, <dd>, <details>, <dfn>, <dt>, <em>, <figcaption>, <figure>, <footer>, <header>, <i>, <iframe>, <kbd>, <label>, <legend>, <map>, <mark>, <meter>, <nav>, <object>, <output>, <progress>, <q>, <rp>, <rt>, <samp>, <section>, <small>, <span>, <strong>, <sub>, <sup>, <var>
Attribute	accesskey, class, contenteditable, contextmenu, data, dir, draggable, hidden, id, item, itemprop, lang, spellcheck, style, subject, tabindex, title
Events	onabort, onblur, onchange, onclick, oncontextmenu, ondblclick, ondrag, ondragend, ondragenter, ondragleave, ondragover, ondragstart, ondrop, onfocus, onkeydown, onkeypress, onkeyup, onmousedown, onmousemove, onmouseout, onmouseover, onmouseup, onmousewheel, onscroll

col	HTML 4.0, XHTML 1.0
Bezeichnung	column
Bedeutung	Tabellenspalte
Notation	<col [Attribute]> XHTML: <col [Attribute] />
Elternelemente	<colgroup> und <table>
Elementinhalt	Standalone-Element ohne End-Tag und ohne Inhalt
Attribute	span accesskey, class, contenteditable, contextmenu, data, dir, draggable, hidden, id, item, itemprop, lang, spellcheck, style, subject, tabindex, title
Events	onabort, onblur, onchange, onclick, oncontextmenu, ondblclick, ondrag, ondragend, ondragenter, ondragleave, ondragover, ondragstart, ondrop, onfocus, onkeydown, onkeypress, onkeyup, onmousedown, onmousemove, onmouseout, onmouseover, onmouseup, onmousewheel, onscroll

colgroup	HTML 4.0, XHTML 1.0
Bezeichnung	column group
Bedeutung	Gruppe von Tabellenspalten
Notation	`<colgroup [Attribute]>[Elementinhalt]</colgroup>`
Elternelemente	`<table>`
Elementinhalt	`<col>`
Attribute	span accesskey, class, contenteditable, contextmenu, data, dir, draggable, hidden, id, item, itemprop, lang, spellcheck, style, subject, tabindex, title
Events	onabort, onblur, onchange, onclick, oncontextmenu, ondblclick, ondrag, ondragend, ondragenter, ondragleave, ondragover, ondragstart, ondrop, onfocus, onkeydown, onkeypress, onkeyup, onmousedown, onmousemove, onmouseout, onmouseover, onmouseup, onmousewheel, onscroll

command	HTML, XHTML 5, 8.0, 3.5, 4.0 (eingeschränkte Unterstützung)
Bezeichnung	command
Bedeutung	Menübefehl
Notation	`<command [Attribute]>[Elementinhalt]</command>`
Elternelemente	`<menu>`
Elementinhalt	`<a>`, `<abbr>`, `<address>`, `<article>`, `<aside>`, `<b>`, `<bdo>`, `<blockquote>`, `<button>`, `<canvas>`, `<caption>`, `<cite>`, `<code>`, `<dd>`, `<del>`, `<details>`, `<dfn>`, `<div>`, `<dt>`, `<em>`, `<fieldset>`, `<figcaption>`, `<figure>`, `<footer>`, `<form>`, `<h1>` – `<h6>`, `<header>`, `<i>`, `<iframe>`, `<ins>`, `<kbd>`, `<label>`, `<legend>`, `<li>`, `<map>`, `<mark>`, `<meter>`, `<nav>`, `<noscript>`, `<object>`, `<output>`, `<p>`, `<pre>`, `<progress>`, `<q>`, `<rp>`, `<rt>`, `<samp>`, `<section>`, `<small>`, `<span>`, `<strong>`, `<sub>`, `<sup>`, `<var>`
Attribute	checked, disabled, icon, label, radiogroup, type accesskey, class, contenteditable, contextmenu, data, dir, draggable, hidden, id, item, itemprop, lang, spellcheck, style, subject, tabindex, title
Events	onabort, onblur, onchange, onclick, oncontextmenu, ondblclick, ondrag, ondragend, ondragenter, ondragleave, ondragover, ondragstart, ondrop, onfocus, onkeydown, onkeypress, onkeyup, onmousedown, onmousemove, onmouseout, onmouseover, onmouseup, onmousewheel, onscroll

datalist	HTML, X HTML 5, 4.0, 9.0
Bezeichnung	list with selectable data
Bedeutung	Liste angebotener Einträge einer Kombobox in einem Formular
Notation	<datalist [Attribute]>[Elementinhalt]</datalist>
Elternelemente	<a>, <abbr>, <address>, <article>, <aside>, <b>, <bdo>, <blockquote>, <button>, <canvas>, <caption>, <cite>, <code>, <command>, <dd>, <del>, <details>, <dfn>, <div>, <dt>, <em>, <fieldset>, <figcaption>, <figure>, <footer>, <form>, <h1> – <h6>, <header>, <i>, <iframe>, <ins>, <kbd>, <label>, <legend>, <li>, <map>, <mark>, <meter>, <nav>, <noscript>, <object>, <output>, <p>, <pre>, <progress>, <q>, <rp>, <rt>, <samp>, <section>, <small>, <span>, <strong>, <sub>, <sup>, <var>
Elementinhalt	<option>
Attribute	accesskey, class, contenteditable, contextmenu, data, dir, draggable, hidden, id, item, itemprop, lang, spellcheck, style, subject, tabindex, title
Events	onabort, onblur, onchange, onclick, oncontextmenu, ondblclick, ondrag, ondragend, ondragenter, ondragleave, ondragover, ondragstart, ondrop, onfocus, onformchange, onforminput, oninput, oninvalid, onkeydown, onkeypress, onkeyup, onmousedown, onmousemove, onmouseout, onmouseover, onmouseup, onmousewheel, onscroll, onselect, onsubmit

dd	HTML 2.0, X HTML 1.0
Bezeichnung	definition description
Bedeutung	Definition, Beschreibung, detaillierter Inhalt zu einem dt-Element
Notation	<dd [Attribute]>[Elementinhalt]</dd>
Elternelemente	<dl> und soll auf <dt> folgen
Elementinhalt	Text und <a>, <abbr>, <address>, <article>, <aside>, <b>, <bdo>, <blockquote>, <button>, <canvas>, <caption>, <cite>, <code>, <command>, <dd>, <del>, <details>, <dfn>, <div>, <dt>, <em>, <fieldset>, <figcaption>, <figure>, <footer>, <form>, <h1> – <h6>, <header>, <i>, <iframe>, <ins>, <kbd>, <label>, <legend>, <li>, <map>, <mark>, <meter>, <nav>, <noscript>, <object>, <output>, <p>, <pre>, <progress>, <q>, <rp>, <rt>, <samp>, <section>, <small>, <span>, <strong>, <sub>, <sup>, <var>
Attribute	accesskey, class, contenteditable, contextmenu, data, dir, draggable, hidden, id, item, itemprop, lang, spellcheck, style, subject, tabindex, title

dd	HTML 2.0, XHTML 1.0
Events	onabort, onblur, onchange, onclick, oncontextmenu, ondblclick, ondrag, ondragend, ondragenter, ondragleave, ondragover, ondragstart, ondrop, onfocus, onkeydown, onkeypress, onkeyup, onmousedown, onmousemove, onmouseout, onmouseover, onmouseup, onmousewheel, onscroll

del	HTML 2.0, XHTML 1.0
Bezeichnung	deleted
Bedeutung	gelöschter Inhalt (Änderungsmarkierung)
Notation	<del [Attribute]>[Elementinhalt]</del>
Elternelemente	<a>, <abbr>, <address>, <article>, <aside>, <b>, <bdo>, <blockquote>, <button>, <canvas>, <caption>, <cite>, <code>, <command>, <dd>, <del>, <details>, <dfn>, <div>, <dt>, <em>, <fieldset>, <figcaption>, <figure>, <footer>, <form>, <h1> – <h6>, <header>, <i>, <iframe>, <ins>, <kbd>, <label>, <legend>, <li>, <map>, <mark>, <meter>, <nav>, <noscript>, <object>, <output>, <p>, <pre>, <progress>, <q>, <rp>, <rt>, <samp>, <section>, <small>, <span>, <strong>, <sub>, <sup>, <var>
Elementinhalt	Text und <a>, <abbr>, <address>, <article>, <aside>, <b>, <bdo>, <blockquote>, <button>, <canvas>, <caption>, <cite>, <code>, <command>, <dd>, <del>, <details>, <dfn>, <div>, <dt>, <em>, <fieldset>, <figcaption>, <figure>, <footer>, <form>, <h1> – <h6>, <header>, <i>, <iframe>, <ins>, <kbd>, <label>, <legend>, <li>, <map>, <mark>, <meter>, <nav>, <noscript>, <object>, <output>, <p>, <pre>, <progress>, <q>, <rp>, <rt>, <samp>, <section>, <small>, <span>, <strong>, <sub>, <sup>, <var>
Attribute	cite, datetime accesskey, class, contenteditable, contextmenu, data, dir, draggable, hidden, id, item, itemprop, lang, spellcheck, style, subject, tabindex, title
Events	onabort, onblur, onchange, onclick, oncontextmenu, ondblclick, ondrag, ondragend, ondragenter, ondragleave, ondragover, ondragstart, ondrop, onfocus, onkeydown, onkeypress, onkeyup, onmousedown, onmousemove, onmouseout, onmouseover, onmouseup, onmousewheel, onscroll

details	HTML5, XHTML 5, 12.0
Bezeichnung	details
Bedeutung	Erläuterung

details	HTML5 HTML · XHTML 5 · 12.0
Notation	<details [Attribute]>[Elementinhalt]</details>
Elternelemente	<a>, <abbr>, <address>, <article>, <aside>, <b>, <bdo>, <blockquote>, <button>, <canvas>, <caption>, <cite>, <code>, <command>, <dd>, <del>, <details>, <dfn>, <div>, <dt>, <em>, <fieldset>, <figcaption>, <figure>, <footer>, <form>, <h1> – <h6>, <header>, <i>, <iframe>, <ins>, <kbd>, <label>, <legend>, <li>, <map>, <mark>, <meter>, <nav>, <noscript>, <object>, <output>, <p>, <pre>, <progress>, <q>, <rp>, <rt>, <samp>, <section>, <small>, <span>, <strong>, <sub>, <sup>, <var>
Elementinhalt	Text und <a>, <abbr>, <address>, <article>, <aside>, <b>, <bdo>, <blockquote>, <button>, <canvas>, <caption>, <cite>, <code>, <command>, <dd>, <del>, <details>, <dfn>, <div>, <dt>, <em>, <fieldset>, <figcaption>, <figure>, <footer>, <form>, <h1> – <h6>, <header>, <i>, <iframe>, <ins>, <kbd>, <label>, <legend>, <li>, <map>, <mark>, <meter>, <nav>, <noscript>, <object>, <output>, <p>, <pre>, <progress>, <q>, <rp>, <rt>, <samp>, <section>, <small>, <span>, <strong>, <sub>, <sup>, <var>
Attribute	open accesskey, class, contenteditable, contextmenu, data, dir, draggable, hidden, id, item, itemprop, lang, spellcheck, style, subject, tabindex, title
Events	onabort, onblur, onchange, onclick, oncontextmenu, ondblclick, ondrag, ondragend, ondragenter, ondragleave, ondragover, ondragstart, ondrop, onfocus, onkeydown, onkeypress, onkeyup, onmousedown, onmousemove, onmouseout, onmouseover, onmouseup, onmousewheel, onscroll

dfn	HTML 3.2 · XHTML 1.0
Bezeichnung	definition
Bedeutung	Definition innerhalb eines Absatzes
Notation	<dfn [Attribute]>[Elementinhalt]</dfn>
Elternelemente	<address>, <blockquote>, <del>, <div>, <fieldset>, <form>, <h1> – <h6>, <ins>, <li>, <menu>, <noscript>, <p>, <pre>,
Elementinhalt	Text und <a>, <abbr>, <article>, <aside>, <b>, <bdo>, <button>, <canvas>, <caption>, <cite>, <code>, <command>, <dd>, <details>, <dfn>, <dt>, <em>, <figcaption>, <figure>, <footer>, <header>, <i>, <iframe>, <kbd>, <label>, <legend>, <map>, <mark>, <meter>, <nav>, <object>, <output>, <progress>, <q>, <rp>, <rt>, <samp>, <section>, <small>, <span>, <strong>, <sub>, <sup>, <var>
Attribute	accesskey, class, contenteditable, contextmenu, data, dir, draggable, hidden, id, item, itemprop, lang, spellcheck, style, subject, tabindex, title

dfn	HTML 3.2 · XHTML 1.0
Events	onabort, onblur, onchange, onclick, oncontextmenu, ondblclick, ondrag, ondragend, ondragenter, ondragleave, ondragover, ondragstart, ondrop, onfocus, onkeydown, onkeypress, onkeyup, onmousedown, onmousemove, onmouseout, onmouseover, onmouseup, onmousewheel, onscroll

div	HTML 3.2 · XHTML 1.0
Bezeichnung	division
Bedeutung	Allgemeiner Bereich
Notation	<div [Attribute]>[Elementinhalt]</div>
Elternelemente	<blockquote>, <body>, <button>, <dd>, <del>, <div>, <fieldset>, <form>, <iframe>, <ins>, <li>, <map>, <noscript>, <object>, <td>, <th>
Elementinhalt	Text und <a>, <abbr>, <address>, <article>, <aside>, <b>, <bdo>, <blockquote>, <button>, <canvas>, <caption>, <cite>, <code>, <command>, <dd>, <del>, <details>, <dfn>, <div>, <dt>, <em>, <fieldset>, <figcaption>, <figure>, <footer>, <form>, <h1> – <h6>, <header>, <i>, <iframe>, <ins>, <kbd>, <label>, <legend>, <li>, <map>, <mark>, <meter>, <nav>, <noscript>, <object>, <output>, <p>, <pre>, <progress>, <q>, <rp>, <rt>, <samp>, <section>, <small>, <span>, <strong>, <sub>, <sup>, <var>
Attribute	accesskey, class, contenteditable, contextmenu, data, dir, draggable, hidden, id, item, itemprop, lang, spellcheck, style, subject, tabindex, title
Events	onabort, onblur, onchange, onclick, oncontextmenu, ondblclick, ondrag, ondragend, ondragenter, ondragleave, ondragover, ondragstart, ondrop, onfocus, onkeydown, onkeypress, onkeyup, onmousedown, onmousemove, onmouseout, onmouseover, onmouseup, onmousewheel, onscroll

dl	HTML 2.0 · XHTML 1.0
Bezeichnung	definition list
Bedeutung	Liste mit dt- und dd-Elementen für Definitionslisten, Dialoge usw.
Notation	<dl [Attribute]>[Elementinhalt]</dl>
Elternelemente	<blockquote>, <body>, <button>, <dd>, <del>, <div>, <fieldset>, <form>, <iframe>, <ins>, <li>, <map>, <noscript>, <object>, <td>, <th>
Elementinhalt	<dd>, <dt>

dl	HTML 2.0, XHTML 1.0
Attribute	accesskey, class, contenteditable, contextmenu, data, dir, draggable, hidden, id, item, itemprop, lang, spellcheck, style, subject, tabindex, title
Events	onabort, onblur, onchange, onclick, oncontextmenu, ondblclick, ondrag, ondragend, ondragenter, ondragleave, ondragover, ondragstart, ondrop, onfocus, onkeydown, onkeypress, onkeyup, onmousedown, onmousemove, onmouseout, onmouseover, onmouseup, onmousewheel, onscroll

dt	HTML 2.0, XHTML 1.0
Bezeichnung	definition term
Bedeutung	Zu definierender Ausdruck in einer Definitionsliste, Sprechername in einem Dialog usw.
Notation	<dt [Attribute]>[Elementinhalt]</dt>
Elternelemente	<dl>
Elementinhalt	Text und <a>, <abbr>, <article>, <aside>, <b>, <bdo>, <button>, <canvas>, <caption>, <cite>, <code>, <command>, <dd>, <details>, <dfn>, <dt>, <em>, <figcaption>, <figure>, <footer>, <header>, <i>, <iframe>, <kbd>, <label>, <legend>, <map>, <mark>, <meter>, <nav>, <object>, <output>, <progress>, <q>, <rp>, <rt>, <samp>, <section>, <small>, <span>, <strong>, <sub>, <sup>, <var>
Attribute	accesskey, class, contenteditable, contextmenu, data, dir, draggable, hidden, id, item, itemprop, lang, spellcheck, style, subject, tabindex, title
Events	onabort, onblur, onchange, onclick, oncontextmenu, ondblclick, ondrag, ondragend, ondragenter, ondragleave, ondragover, ondragstart, ondrop, onfocus, onkeydown, onkeypress, onkeyup, onmousedown, onmousemove, onmouseout, onmouseover, onmouseup, onmousewheel, onscroll

em	HTML 2.0, XHTML 1.0
Bezeichnung	emphasized
Bedeutung	emphatischer Ausdruck innerhalb eines Absatzes (z. B. überspitzte Formulierung)
Notation	<em [Attribute]>[Elementinhalt]</em>

em	HTML 2.0, XHTML 1.0
Elternelemente	<a>, <abbr>, <address>, <article>, <aside>, <b>, <bdo>, <blockquote>, <button>, <canvas>, <caption>, <cite>, <code>, <command>, <dd>, <del>, <details>, <dfn>, <div>, <dt>, <em>, <fieldset>, <figcaption>, <figure>, <footer>, <form>, <h1> – <h6>, <header>, <i>, <iframe>, <ins>, <kbd>, <label>, <legend>, <li>, <map>, <mark>, <meter>, <nav>, <noscript>, <object>, <output>, <p>, <pre>, <progress>, <q>, <rp>, <rt>, <samp>, <section>, <small>, <span>, <strong>, <sub>, <sup>, <var>
Elementinhalt	Text und <a>, <abbr>, <article>, <aside>, <b>, <bdo>, <button>, <canvas>, <caption>, <cite>, <code>, <command>, <dd>, <details>, <dfn>, <dt>, <em>, <figcaption>, <figure>, <footer>, <header>, <i>, <iframe>, <kbd>, <label>, <legend>, <map>, <mark>, <meter>, <nav>, <object>, <output>, <progress>, <q>, <rp>, <rt>, <samp>, <section>, <small>, <span>, <strong>, <sub>, <sup>, <var>
Attribute	accesskey, class, contenteditable, contextmenu, data, dir, draggable, hidden, id, item, itemprop, lang, spellcheck, style, subject, tabindex, title
Events	onabort, onblur, onchange, onclick, oncontextmenu, ondblclick, ondrag, ondragend, ondragenter, ondragleave, ondragover, ondragstart, ondrop, onfocus, onkeydown, onkeypress, onkeyup, onmousedown, onmousemove, onmouseout, onmouseover, onmouseup, onmousewheel, onscroll

embed	HTML, XHTML 5
Bezeichnung	embedded object
Bedeutung	Eingebettetes Element, für das ein Plug-In erforderlich ist
Notation	<embed [Attribute]> XHTML: <embed [Attribute] />
Elternelemente	<a>, <abbr>, <address>, <article>, <aside>, <b>, <bdo>, <blockquote>, <button>, <canvas>, <caption>, <cite>, <code>, <command>, <dd>, <del>, <details>, <dfn>, <div>, <dt>, <em>, <fieldset>, <figcaption>, <figure>, <footer>, <form>, <h1> – <h6>, <header>, <i>, <iframe>, <ins>, <kbd>, <label>, <legend>, <li>, <map>, <mark>, <meter>, <nav>, <noscript>, <object>, <output>, <p>, <pre>, <progress>, <q>, <rp>, <rt>, <samp>, <section>, <small>, <span>, <strong>, <sub>, <sup>, <var>
Elementinhalt	Standalone-Element ohne End-Tag und ohne Inhalt

embed	HTML 5, XHTML 5
Attribute	height, src, type, width accesskey, class, contenteditable, contextmenu, data, dir, draggable, hidden, id, item, itemprop, lang, spellcheck, style, subject, tabindex, title
Events	onabort, onblur, oncanplay, oncanplaythrough, onchange, onclick, oncontextmenu, ondblclick, ondrag, ondragend, ondragenter, ondragleave, ondragover, ondragstart, ondrop, ondurationchange, onemptied, onended, onerror, onfocus, onkeydown, onkeypress, onkeyup, onloadeddata, onloadedmetadata, onloadstart, onmousedown, onmousemove, onmouseout, onmouseover, onmouseup, onmousewheel, onpause, onplay, onplaying, onprogress, onratechange, onreadystatechange, onscroll, onseeked, onseeking, onstalled, onsuspend, ontimeupdate, onvolumechange, onwaiting

fieldset	HTML 4.0, XHTML 1.0
Bezeichnung	set of input fields
Bedeutung	Gruppe von Elementen in einem Formular, Reiter in einem Dialog
Notation	<fieldset [Attribute]>[Elementinhalt]</fieldset>
Elternelemente	<blockquote>, <body>, <button>, <dd>, <del>, <div>, <fieldset>, <form>, <iframe>, <ins>, <li>, <map>, <noscript>, <object>, <td>, <th>
Elementinhalt	<legend> gefolgt von <a>, <abbr>, <address>, <article>, <aside>, <b>, <bdo>, <blockquote>, <button>, <canvas>, <caption>, <cite>, <code>, <command>, <dd>, <del>, <details>, <dfn>, <div>, <dt>, <em>, <fieldset>, <figcaption>, <figure>, <footer>, <form>, <h1> – <h6>, <header>, <i>, <iframe>, <ins>, <kbd>, <label>, <legend>, <li>, <map>, <mark>, <meter>, <nav>, <noscript>, <object>, <output>, <p>, <pre>, <progress>, <q>, <rp>, <rt>, <samp>, <section>, <small>, <span>, <strong>, <sub>, <sup>, <var>
Attribute	disabled, form, name accesskey, class, contenteditable, contextmenu, data, dir, draggable, hidden, id, item, itemprop, lang, spellcheck, style, subject, tabindex, title
Events	onabort, onblur, onchange, onclick, oncontextmenu, ondblclick, ondrag, ondragend, ondragenter, ondragleave, ondragover, ondragstart, ondrop, onfocus, onformchange, onforminput, oninput, oninvalid, onkeydown, onkeypress, onkeyup, onmousedown, onmousemove, onmouseout, onmouseover, onmouseup, onmousewheel, onscroll, onselect, onsubmit

figcaption	HTML · XHTML 5 · 9.0 · 4.0 · · 5.0 · 11.0
Bezeichnung	caption of a figure
Bedeutung	Beschreibung einer Grafik
Notation	<figcaption [Attribute]>[Elementinhalt]</figcaption>
Elternelemente	<figure>
Elementinhalt	Text und <a>, <abbr>, <article>, <aside>, <b>, <bdo>, <button>, <canvas>, <caption>, <cite>, <code>, <command>, <dd>, <details>, <dfn>, <dt>, <em>, <figcaption>, <figure>, <footer>, <header>, <i>, <iframe>, <kbd>, <label>, <legend>, <map>, <mark>, <meter>, <nav>, <object>, <output>, <progress>, <q>, <rp>, <rt>, <samp>, <section>, <small>, <span>, <strong>, <sub>, <sup>, <var>
Attribute	accesskey, class, contenteditable, contextmenu, data, dir, draggable, hidden, id, item, itemprop, lang, spellcheck, style, subject, tabindex, title
Events	onabort, onblur, onchange, onclick, oncontextmenu, ondblclick, ondrag, ondragend, ondragenter, ondragleave, ondragover, ondragstart, ondrop, onfocus, onkeydown, onkeypress, onkeyup, onmousedown, onmousemove, onmouseout, onmouseover, onmouseup, onmousewheel, onscroll

figure	HTML · XHTML 5 · 9.0 · 4.0 · · 5.0 · 11.0 · Semantik
Bezeichnung	figure
Bedeutung	Grafikinklusive Beschreibung
Notation	<figure [Attribute]>[Elementinhalt]</figure>
Elternelemente	<a>, <abbr>, <address>, <article>, <aside>, <b>, <bdo>, <blockquote>, <button>, <canvas>, <caption>, <cite>, <code>, <command>, <dd>, <del>, <details>, <dfn>, <div>, <dt>, <em>, <fieldset>, <figcaption>, <figure>, <footer>, <form>, <h1> – <h6>, <header>, <i>, <iframe>, <ins>, <kbd>, <label>, <legend>, <li>, <map>, <mark>, <meter>, <nav>, <noscript>, <object>, <output>, <p>, <pre>, <progress>, <q>, <rp>, <rt>, <samp>, <section>, <small>, <span>, <strong>, <sub>, <sup>, <var>
Elementinhalt	Text und <a>, <abbr>, <address>, <article>, <aside>, <b>, <bdo>, <blockquote>, <button>, <canvas>, <caption>, <cite>, <code>, <command>, <dd>, <del>, <details>, <dfn>, <div>, <dt>, <em>, <fieldset>, <figcaption>, <figure>, <footer>, <form>, <h1> – <h6>, <header>, <i>, <iframe>, <ins>, <kbd>, <label>, <legend>, <li>, <map>, <mark>, <meter>, <nav>, <noscript>, <object>, <output>, <p>, <pre>, <progress>, <q>, <rp>, <rt>, <samp>, <section>, <small>, <span>, <strong>, <sub>, <sup>, <var>

figure	HTML, XHTML 5, 9.0, 4.0, 5.0, 11.0, Semantik
Attribute	accesskey, class, contenteditable, contextmenu, data, dir, draggable, hidden, id, item, itemprop, lang, spellcheck, style, subject, tabindex, title
Events	onabort, onblur, onchange, onclick, oncontextmenu, ondblclick, ondrag, ondragend, ondragenter, ondragleave, ondragover, ondragstart, ondrop, onfocus, onkeydown, onkeypress, onkeyup, onmousedown, onmousemove, onmouseout, onmouseover, onmouseup, onmousewheel, onscroll

footer	HTML, XHTML 5, 9.0, 4.0, 5.0, 11.0, Semantik
Bezeichnung	footer
Bedeutung	Sichtbarer Fußbereich einer Webseite
Notation	<footer [Attribute]>[Elementinhalt]</footer>
Elternelemente	<a>, <abbr>, <address>, <article>, <aside>, <b>, <bdo>, <blockquote>, <button>, <canvas>, <caption>, <cite>, <code>, <command>, <dd>, <del>, <details>, <dfn>, <div>, <dt>, <em>, <fieldset>, <figcaption>, <figure>, <form>, <h1> – <h6>, <i>, <iframe>, <ins>, <kbd>, <label>, <legend>, <li>, <map>, <mark>, <meter>, <nav>, <noscript>, <object>, <output>, <p>, <pre>, <progress>, <q>, <rp>, <rt>, <samp>, <section>, <small>, <span>, <strong>, <sub>, <sup>, <var>
Elementinhalt	<a>, <abbr>, <address>, <article>, <aside>, <b>, <bdo>, <blockquote>, <button>, <canvas>, <caption>, <cite>, <code>, <command>, <dd>, <del>, <details>, <dfn>, <div>, <dt>, <em>, <fieldset>, <figcaption>, <figure>, <form>, <h1> – <h6>, <i>, <iframe>, <ins>, <kbd>, <label>, <legend>, <li>, <map>, <mark>, <meter>, <nav>, <noscript>, <object>, <output>, <p>, <pre>, <progress>, <q>, <rp>, <rt>, <samp>, <section>, <small>, <span>, <strong>, <sub>, <sup>, <var>
Attribute	accesskey, class, contenteditable, contextmenu, data, dir, draggable, hidden, id, item, itemprop, lang, spellcheck, style, subject, tabindex, title
Events	onabort, onblur, onchange, onclick, oncontextmenu, ondblclick, ondrag, ondragend, ondragenter, ondragleave, ondragover, ondragstart, ondrop, onfocus, onkeydown, onkeypress, onkeyup, onmousedown, onmousemove, onmouseout, onmouseover, onmouseup, onmousewheel, onscroll

form	HTML 2.0 XHTML 1.0
Bezeichnung	form
Bedeutung	Formular, Dialog
Notation	<form [Attribute]>[Elementinhalt]</form>
Elternelemente	<blockquote>, <body>, <button>, <dd>, <del>, <div>, <fieldset>, <form>, <iframe>, <ins>, <li>, <map>, <noscript>, <object>, <td>, <th>
Elementinhalt	Text und <address>, <blockquote>, <del>, <div>, <fieldset>, <h1> – <h6>, <ins>, <li>, <menu>, <noscript>, <p>, <pre>,
Attribute	accept-charset, action, autocomplete, enctype, method, name, novalidate, target accesskey, class, contenteditable, contextmenu, data, dir, draggable, hidden, id, item, itemprop, lang, spellcheck, style, subject, tabindex, title
Events	onabort, onblur, onchange, onclick, oncontextmenu, ondblclick, ondrag, ondragend, ondragenter, ondragleave, ondragover, ondragstart, ondrop, onfocus, onformchange, onforminput, oninput, oninvalid, onkeydown, onkeypress, onkeyup, onmousedown, onmousemove, onmouseout, onmouseover, onmouseup, onmousewheel, onscroll, onselect, onsubmit

h1 bis h6	HTML 2.0 XHTML 1.0
Bezeichnung	heading 1, heading 2, heading 3, ...
Bedeutung	Überschrift 1. bis 6. Ordnung
Notation	<h1 [Attribute]>[Elementinhalt]</h1> <h2 [Attribute]>[Elementinhalt]</h2> <h3 [Attribute]>[Elementinhalt]</h3> <h4 [Attribute]>[Elementinhalt]</h4> <h5 [Attribute]>[Elementinhalt]</h5> <h6 [Attribute]>[Elementinhalt]</h6>
Elternelemente	<blockquote>, <body>, <button>, <dd>, <del>, <div>, <fieldset>, <form>, <iframe>, <ins>, <li>, <map>, <noscript>, <object>, <td>, <th>
Elementinhalt	Text und <a>, <abbr>, <article>, <aside>, <b>, <bdo>, <button>, <canvas>, <caption>, <cite>, <code>, <command>, <dd>, <details>, <dfn>, <dt>, <em>, <figcaption>, <figure>, <footer>, <header>, <i>, <iframe>, <kbd>, <label>, <legend>, <map>, <mark>, <meter>, <nav>, <object>, <output>, <progress>, <q>, <rp>, <rt>, <samp>, <section>, <small>, <span>, <strong>, <sub>, <sup>, <var>

h1 bis h6	HTML 2.0 · XHTML 1.0
Attribute	accesskey, class, contenteditable, contextmenu, data, dir, draggable, hidden, id, item, itemprop, lang, spellcheck, style, subject, tabindex, title
Events	onabort, onblur, onchange, onclick, oncontextmenu, ondblclick, ondrag, ondragend, ondragenter, ondragleave, ondragover, ondragstart, ondrop, onfocus, onkeydown, onkeypress, onkeyup, onmousedown, onmousemove, onmouseout, onmouseover, onmouseup, onmousewheel, onscroll

head	HTML 2.0 · XHTML 1.0
Bezeichnung	head
Bedeutung	Kopfbereich eines HTML-Dokuments
Notation	<head [Attribute]>[Elementinhalt]</head>
Elternelemente	<html>
Elementinhalt	<base>, <link>, <meta>, <object>, <script>, <style>
Attribute	accesskey, class, contenteditable, contextmenu, data, dir, draggable, hidden, id, item, itemprop, lang, spellcheck, style, subject, tabindex, title
Events	keine

header	HTML5 · XHTML 5 · 9.0 · 4.0 · 5.0 · 11.0 · Semantik
Bezeichnung	header
Bedeutung	Sichtbarer Kopfbereich einer Webseite
Notation	<header [Attribute]>[Elementinhalt]</header>
Elternelemente	<a>, <abbr>, <address>, <article>, <aside>, <b>, <bdo>, <blockquote>, <button>, <canvas>, <caption>, <cite>, <code>, <command>, <dd>, <del>, <details>, <dfn>, <div>, <dt>, <em>, <fieldset>, <figcaption>, <figure>, <form>, <h1> – <h6>, <i>, <iframe>, <ins>, <kbd>, <label>, <legend>, <li>, <map>, <mark>, <meter>, <nav>, <noscript>, <object>, <output>, <p>, <pre>, <progress>, <q>, <rp>, <rt>, <samp>, <section>, <small>, <span>, <strong>, <sub>, <sup>, <var>

header	HTML · XHTML 5 · 9.0 · 4.0 · · 5.0 · 11.0 · Semantik
Elementinhalt	<a>, <abbr>, <address>, <article>, <aside>, <b>, <bdo>, <blockquote>, <button>, <canvas>, <caption>, <cite>, <code>, <command>, <dd>, <del>, <details>, <dfn>, <div>, <dt>, <em>, <fieldset>, <figcaption>, <figure>, <form>, <h1> – <h6>, <i>, <iframe>, <ins>, <kbd>, <label>, <legend>, <li>, <map>, <mark>, <meter>, <nav>, <noscript>, <object>, <output>, <p>, <pre>, <progress>, <q>, <rp>, <rt>, <samp>, <section>, <small>, <span>, <strong>, <sub>, <sup>, <var>
Attribute	accesskey, class, contenteditable, contextmenu, data, dir, draggable, hidden, id, item, itemprop, lang, spellcheck, style, subject, tabindex, title
Events	onabort, onblur, onchange, onclick, oncontextmenu, ondblclick, ondrag, ondragend, ondragenter, ondragleave, ondragover, ondragstart, ondrop, onfocus, onkeydown, onkeypress, onkeyup, onmousedown, onmousemove, onmouseout, onmouseover, onmouseup, onmousewheel, onscroll

hgroup	HTML · XHTML 5 · 9.0 · 4.0 · · 10.5 · Semantik
Bezeichnung	heading group
Bedeutung	Gruppe mehrerer ohne sonstigen Inhalt aufeinanderfolgender Überschriften
Notation	<hgroup [Attribute]>[Elementinhalt]</hgroup>
Elternelemente	<address>, <blockquote>, <del>, <div>, <fieldset>, <form>, <h1> – <h6>, <ins>, <li>, <menu>, <noscript>, <p>, <pre>
Elementinhalt	<h1>, <h2>, <h3>, <h4>, <h5> und <h6>
Attribute	accesskey, class, contenteditable, contextmenu, data, dir, draggable, hidden, id, item, itemprop, lang, spellcheck, style, subject, tabindex, title
Events	onabort, onblur, onchange, onclick, oncontextmenu, ondblclick, ondrag, ondragend, ondragenter, ondragleave, ondragover, ondragstart, ondrop, onfocus, onkeydown, onkeypress, onkeyup, onmousedown, onmousemove, onmouseout, onmouseover, onmouseup, onmousewheel, onscroll

hr	HTML 2.0, XHTML 1.0
Bezeichnung	horizontal ruler
Bedeutung	Trennlinie
Notation	`<hr [Attribute]>` XHTML: `<hr [Attribute] />`
Elternelemente	`<blockquote>`, `<body>`, `<button>`, `<dd>`, `<del>`, `<div>`, `<fieldset>`, `<form>`, `<iframe>`, `<ins>`, `<li>`, `<map>`, `<noscript>`, `<object>`, `<td>`, `<th>`
Elementinhalt	Standalone-Element ohne End-Tag und ohne Inhalt
Attribute	`accesskey`, `class`, `contenteditable`, `contextmenu`, `data`, `dir`, `draggable`, `hidden`, `id`, `item`, `itemprop`, `lang`, `spellcheck`, `style`, `subject`, `tabindex`, `title`
Events	`onabort`, `onblur`, `onchange`, `onclick`, `oncontextmenu`, `ondblclick`, `ondrag`, `ondragend`, `ondragenter`, `oncragleave`, `ondragover`, `ondragstart`, `ondrop`, `onfocus`, `onkeydown`, `onkeypress`, `onkeyup`, `onmousedown`, `onmousemove`, `onmouseout`, `onmouseover`, `onmouseup`, `onmousewheel`, `onscroll`

html	HTML 2.0, XHTML 1.0
Bezeichnung	hypertext markup language
Bedeutung	Dokumentelement von HTML-Dokumenten, schließt das gesamte Dokument ein
Notation	`<html [Attribute]>[Elementinhalt]</html>`
Elternelemente	keine
Elementinhalt	`<head>` und `<body>`
Attribute	`manifest, xmlns` `accesskey`, `class`, `contenteditable`, `contextmenu`, `data`, `dir`, `draggable`, `hidden`, `id`, `item`, `itemprop`, `lang`, `spellcheck`, `style`, `subject`, `tabindex`, `title`
Events	keine

i	HTML 2.0, XHTML 1.0
Bezeichnung	idiom
Bedeutung	spezieller Ausdruck im Text, z. B. Fachterminus oder Idiom (üblicherweise kursiv dargestellt)
Notation	`<i [Attribute]>[Elementinhalt]</i>`

i	HTML 2.0, XHTML 1.0
Elternelemente	<a>, <abbr>, <address>, <article>, <aside>, <b>, <bdo>, <blockquote>, <button>, <canvas>, <caption>, <cite>, <code>, <command>, <dd>, <del>, <details>, <dfn>, <div>, <dt>, <em>, <fieldset>, <figcaption>, <figure>, <footer>, <form>, <h1> – <h6>, <header>, <i>, <iframe>, <ins>, <kbd>, <label>, <legend>, <li>, <map>, <mark>, <meter>, <nav>, <noscript>, <object>, <output>, <p>, <pre>, <progress>, <q>, <rp>, <rt>, <samp>, <section>, <small>, <span>, <strong>, <sub>, <sup>, <var>
Elementinhalt	Text und <a>, <abbr>, <article>, <aside>, <b>, <bdo>, <button>, <canvas>, <caption>, <cite>, <code>, <command>, <dd>, <details>, <dfn>, <dt>, <em>, <figcaption>, <figure>, <footer>, <header>, <i>, <iframe>, <kbd>, <label>, <legend>, <map>, <mark>, <meter>, <nav>, <object>, <output>, <progress>, <q>, <rp>, <rt>, <samp>, <section>, <small>, <span>, <strong>, <sub>, <sup>, <var>
Attribute	accesskey, class, contenteditable, contextmenu, data, dir, draggable, hidden, id, item, itemprop, lang, spellcheck, style, subject, tabindex, title
Events	onabort, onblur, onchange, onclick, oncontextmenu, ondblclick, ondrag, ondragend, ondragenter, ondragleave, ondragover, ondragstart, ondrop, onfocus, onkeydown, onkeypress, onkeyup, onmousedown, onmousemove, onmouseout, onmouseover, onmouseup, onmousewheel, onscroll

iframe	HTML 4.0, XHTML 1.0
Bezeichnung	internal frame
Bedeutung	Eingebettetes Framefenster für beliebige andere Inhalte
Notation	<iframe [Attribute]>[Elementinhalt]</iframe>
Elternelemente	<a>, <abbr>, <address>, <article>, <aside>, <b>, <bdo>, <blockquote>, <canvas>, <caption>, <cite>, <code>, <command>, <dd>, <del>, <details>, <dfn>, <div>, <dt>, <em>, <fieldset>, <figcaption>, <figure>, <footer>, <form>, <h1> – <h6>, <header>, <i>, <iframe>, <ins>, <kbd>, <label>, <legend>, <li>, <map>, <mark>, <meter>, <nav>, <noscript>, <object>, <output>, <p>, <pre>, <progress>, <q>, <rp>, <rt>, <samp>, <section>, <small>, <span>, <strong>, <sub>, <sup>, <var>

iframe	HTML 4.0, XHTML 1.0
Elementinhalt	Text und <a>, <abbr>, <address>, <article>, <aside>, <b>, <bdo>, <blockquote>, <button>, <canvas>, <caption>, <cite>, <code>, <command>, <dd>, <del>, <details>, <dfn>, <div>, <ct>, <em>, <fieldset>, <figcaption>, <figure>, <footer>, <form>, <h1> – <h6>, <header>, <i>, <iframe>, <ins>, <kbd>, <label>, <legend>, <li>, <map>, <mark>, <meter>, <nav>, <noscript>, <object>, <output>, <p>, <pre>, <progress>, <q>, <rp>, <rt>, <samp>, <section>, <small>, <span>, <strong>, <sub>, <sup>, <var>
Attribute	height, name, sandbox, seamless, src, srcdoc, width accesskey, class, contenteditable, contextmenu, data, dir, draggable, hidden, id, item, itemprop, lang, spellcheck, style, subject, tabindex, title
Events	onabort, onblur, onchange, onclick, oncontextmenu, ondblclick, ondrag, ondragend, ondragenter, ondragleave, ondragover, ondragstart, ondrop, onfocus, onkeydown, onkeypress, onkeyup, onmousedown, onmousemove, onmouseout, onmouseover, onmouseup, onmousewheel, onscroll

img	HTML 2.0, XHTML 1.0
Bezeichnung	image
Bedeutung	Referenzierte und eingebettete Grafik
Notation	<img [Attribute]> XHTML: <img [Attribute] />
Elternelemente	<a>, <abbr>, <address>, <article>, <aside>, <b>, <bdo>, <blockquote>, <button>, <canvas>, <caption>, <cite>, <code>, <command>, <dd>, <del>, <details>, <dfn>, <div>, <dt>, <em>, <fieldset>, <figcaption>, <figure>, <footer>, <form>, <h1> – <h6>, <header>, <i>, <iframe>, <ins>, <kbd>, <label>, <legend>, <li>, <map>, <mark>, <meter>, <nav>, <noscript>, <object>, <output>, <p>, <progress>, <q>, <rp>, <rt>, <samp>, <section>, <small>, <span>, <strong>, <sub>, <sup>, <var>
Elementinhalt	Standalone-Element ohne End-Tag und ohne Inhalt
Attribute	alt, src, height, ismap, usemap, width accesskey, class, contenteditable, contextmenu, data, dir, draggable, hidden, id, item, itemprop, lang, spellcheck, style, subject, tabindex, title
Events	onabort, onblur, onchange, onclick, oncontextmenu, ondblclick, ondrag, ondragend, ondragenter, ondragleave, ondragover, ondragstart, ondrop, onfocus, onkeydown, onkeypress, onkeyup, onmousedown, onmousemove, onmouseout, onmouseover, onmouseup, onmousewheel, onscroll

input	HTML 2.0, XHTML 1.0
Bezeichnung	input field
Bedeutung	Formularelement, verwendbar für diverse Typen wie Eingabefelder, Schaltflächen, Auswahlfelder usw.
Notation	`<input [Attribute]>` XHTML: `<input [Attribute] />`
Elternelemente	<a>, <abbr>, <address>, <article>, <aside>, <b>, <bdo>, <blockquote>, <canvas>, <caption>, <cite>, <code>, <command>, <dd>, <del>, <details>, <dfn>, <div>, <dt>, <em>, <fieldset>, <figcaption>, <figure>, <footer>, <form>, <h1> – <h6>, <header>, <i>, <iframe>, <ins>, <kbd>, <label>, <legend>, <li>, <map>, <mark>, <meter>, <nav>, <noscript>, <object>, <output>, <p>, <pre>, <progress>, <q>, <rp>, <rt>, <samp>, <section>, <small>, <span>, <strong>, <sub>, <sup>, <var>
Elementinhalt	Standalone-Element ohne End-Tag und ohne Inhalt
Attribute	accept, alt, autocomplete, autofocus, checked, disabled, form, formaction, formenctype, formmethod, formnovalidate, formtarget, height, list, max, maxlength, min, multiple, name, pattern, placeholder, readonly, required, size, src, step, type, value, width accesskey, class, contenteditable, contextmenu, data, dir, draggable, hidden, id, item, itemprop, lang, spellcheck, style, subject, tabindex, title
Events	onabort, onblur, onchange, onclick, oncontextmenu, ondblclick, ondrag, ondragend, ondragenter, ondragleave, ondragover, ondragstart, ondrop, onfocus, onformchange, onforminput, oninput, oninvalid, onkeydown, onkeypress, onkeyup, onmousedown, onmousemove, onmouseout, onmouseover, onmouseup, onmousewheel, onscroll, onselect, onsubmit

ins	HTML 4.0, XHTML 1.0
Bezeichnung	inserted
Bedeutung	Eingefügter Inhalt (Änderungsmarkierung)
Notation	`<ins [Attribute]>[Elementinhalt]</ins>`
Elternelemente	<a>, <abbr>, <address>, <article>, <aside>, <b>, <bdo>, <blockquote>, <button>, <canvas>, <caption>, <cite>, <code>, <command>, <dd>, <del>, <details>, <dfn>, <div>, <dt>, <em>, <fieldset>, <figcaption>, <figure>, <footer>, <form>, <h1> – <h6>, <header>, <i>, <iframe>, <ins>, <kbd>, <label>, <legend>, <li>, <map>, <mark>, <meter>, <nav>, <noscript>, <object>, <output>, <p>, <pre>, <progress>, <q>, <rp>, <rt>, <samp>, <section>, <small>, <span>, <strong>, <sub>, <sup>, <var>

ins	HTML 4.0, XHTML 1.0
Elementinhalt	Text und <a>, <abbr>, <address>, <article>, <asice>, <b>, <bdo>, <blockquote>, <button>, <canvas>, <caption>, <cite>, <code>, <command>, <dd>, <del>, <details>, <dfn>, <div>, <dt>, <em>, <fieldset>, <figcaption>, <figure>, <footer>, <form>, <h1> – <h6>, <header>, <i>, <iframe>, <ins>, <kbd>, <label>, <legend>, <li>, <map>, <mark>, <meter>, <nav>, <noscript>, <object>, <output>, <p>, <pre>, <progress>, <q>, <rp>, <rt>, <samp>, <section>, <small>, <span>, <strong>, <sub>, <sup>, <var>
Attribute	cite, datetime accesskey, class, contenteditable, contextmenu, data, dir, draggable, hidden, id, item, itemprop, lang, spellcheck, style, subject, tabindex, title
Events	onabort, onblur, onchange, onclick, oncontextmenu, ondblclick, ondrag, ondragend, ondragenter, ondragleave, ondragover, ondragstart, ondrop, onfocus, onkeydown, onkeypress, onkeyup, onmousedown, onmousemove, onmouseout, onmouseover, onmouseup, onmousewheel, onscroll

kbd	HTML 2.0, XHTML 1.0
Bezeichnung	keyboard
Bedeutung	Darstellung eines über Tastatur einzugebenden Textes im Text
Notation	<kbd [Attribute]>[Elementinhalt]</kbd>
Elternelemente	<a>, <abbr>, <address>, <article>, <aside>, <b>, <bdo>, <blockquote>, <button>, <canvas>, <caption>, <cite>, <code>, <command>, <dd>, <del>, <details>, <dfn>, <div>, <dt>, <em>, <fieldset>, <figcaption>, <figure>, <footer>, <form>, <h1> – <h6>, <header>, <i>, <iframe>, <ins>, <kbd>, <label>, <legend>, <li>, <map>, <mark>, <meter>, <nav>, <noscript>, <object>, <output>, <p>, <pre>, <progress>, <q>, <rp>, <rt>, <samp>, <section>, <small>, <span>, <strong>, <sub>, <sup>, <var>
Elementinhalt	Text und <a>, <abbr>, <article>, <aside>, <b>, <bdo>, <button>, <canvas>, <caption>, <cite>, <code>, <command>, <dd>, <details>, <dfn>, <dt>, <em>, <figcaption>, <figure>, <footer>, <header>, <i>, <iframe>, <kbd>, <label>, <legend>, <map>, <mark>, <meter>, <nav>, <object>, <output>, <progress>, <q>, <rp>, <rt>, <samp>, <section>, <small>, <span>, <strong>, <sub>, <sup>, <var>
Attribute	accesskey, class, contenteditable, contextmenu, data, dir, draggable, hidden, id, item, itemprop, lang, spellcheck, style, subject, tabindex, title

kbd	HTML 2.0 · XHTML 1.0
Events	onabort, onblur, onchange, onclick, oncontextmenu, ondblclick, ondrag, ondragend, ondragenter, ondragleave, ondragover, ondragstart, ondrop, onfocus, onkeydown, onkeypress, onkeyup, onmousedown, onmousemove, onmouseout, onmouseover, onmouseup, onmousewheel, onscroll

keygen	HTML5 · XHTML 5
Bezeichnung	key generator
Bedeutung	Generiert innerhalb eines Formulars mit Hilfe eines Hash-Algorithmus einen Schlüssel für sichere Datenübertragung
Notation	<keygen [Attribute]> XHTML: <keygen [Attribute] />
Elternelemente	<form>
Elementinhalt	Standalone-Element ohne End-Tag und ohne Inhalt
Attribute	autofocus, challenge, disabled, form, keytype, name accesskey, class, contenteditable, contextmenu, data, dir, draggable, hidden, id, item, itemprop, lang, spellcheck, style, subject, tabindex, title
Events	onabort, onblur, onchange, onclick, oncontextmenu, ondblclick, ondrag, ondragend, ondragenter, ondragleave, ondragover, ondragstart, ondrop, onfocus, onkeydown, onkeypress, onkeyup, onmousedown, onmousemove, onmouseout, onmouseover, onmouseup, onmousewheel, onscroll

label	HTML 4.0 · XHTML 1.0
Bezeichnung	label
Bedeutung	Beschriftungstext eines Formularfeldes
Notation	<label [Attribute]>[Elementinhalt]</label>
Elternelemente	<a>, <abbr>, <address>, <article>, <aside>, <b>, <bdo>, <blockquote>, <canvas>, <caption>, <cite>, <code>, <command>, <dd>, <del>, <details>, <dfn>, <div>, <dt>, <em>, <fieldset>, <figcaption>, <figure>, <footer>, <form>, <h1> – <h6>, <header>, <i>, <iframe>, <ins>, <kbd>, <label>, <legend>, <li>, <map>, <mark>, <meter>, <nav>, <noscript>, <object>, <output>, <p>, <pre>, <progress>, <q>, <rp>, <rt>, <samp>, <section>, <small>, <span>, <strong>, <sub>, <sup>, <var>

label	HTML 4.0, XHTML 1.0
Elementinhalt	Text und <a>, <abbr>, <article>, <aside>, <b>, <bdo>, <button>, <canvas>, <caption>, <cite>, <code>, <command>, <dd>, <details>, <dfn>, <dt>, <em>, <figcaption>, <figure>, <footer>, <header>, <i>, <iframe>, <kbd>, <legend>, <map>, <mark>, <meter>, <nav>, <object>, <output>, <progress>, <q>, <rp>, <rt>, <samp>, <section>, <small>, <span>, <strong>, <sub>, <sup>, <var>
Attribute	for, form accesskey, class, contenteditable, contextmenu, data, dir, draggable, hidden, id, item, itemprop, lang, spellcheck, style, subject, tabindex, title
Events	onabort, onblur, onchange, onclick, oncontextmenu, ondblclick, ondrag, ondragend, ondragenter, ondragleave, ondragover, ondragstart, ondrop, onfocus, onformchange, onforminput, oninput, oninvalid, onkeydown, onkeypress, onkeyup, onmousedown, onmousemove, onmouseout, onmouseover, onmouseup, onmousewheel, onscroll, onselect, onsubmit

legend	HTML 4.0, XHTML 1.0
Bezeichnung	legend
Bedeutung	Überschrift für eine fieldset-Gruppe von Elementen in einem Formular
Notation	<legend [Attribute]>[Elementinhalt]</legend>
Elternelemente	<fieldset>
Elementinhalt	Text und <a>, <abbr>, <article>, <aside>, <b>, <bdo>, <button>, <canvas>, <caption>, <cite>, <code>, <command>, <dd>, <details>, <dfn>, <dt>, <em>, <figcaption>, <figure>, <footer>, <header>, <i>, <iframe>, <kbd>, <label>, <legend>, <map>, <mark>, <meter>, <nav>, <object>, <output>, <progress>, <q>, <rp>, <rt>, <samp>, <section>, <small>, <span>, <strong>, <sub>, <sup>, <var>
Attribute	accesskey, class, contenteditable, contextmenu, data, dir, draggable, hidden, id, item, itemprop, lang, spellcheck, style, subject, tabindex, title
Events	onabort, onblur, onchange, onclick, oncontextmenu, ondblclick, ondrag, ondragend, ondragenter, ondragleave, ondragover, ondragstart, ondrop, onfocus, onformchange, onforminput, oninput, oninvalid, onkeydown, onkeypress, onkeyup, onmousedown, onmousemove, onmouseout, onmouseover, onmouseup, onmousewheel, onscroll, onselect, onsubmit

li	HTML 2.0, XHTML 1.0
Bezeichnung	list item
Bedeutung	Listenpunkt in einer ul-, ol- oder menu-Liste
Notation	<li [Attribute]>[Elementinhalt]</li>
Elternelemente	<menu, <ol> und <ul>
Elementinhalt	Bei <menu>: <a>, <abbr>, <article>, <aside>, <b>, <bdo>, <button>, <canvas>, <caption>, <cite>, <code>, <command>, <dd>, <details>, <dfn>, <dt>, <em>, <figcaption>, <figure>, <footer>, <header>, <i>, <iframe>, <kbd>, <label>, <legend>, <map>, <mark>, <meter>, <nav>, <object>, <output>, <progress>, <q>, <rp>, <rt>, <samp>, <section>, <small>, <span>, <strong>, <sub>, <sup>, <var> Bei <ol> und <ul>:
Attribute	value accesskey, class, contenteditable, contextmenu, data, dir, draggable, hidden, id, item, itemprop, lang, spellcheck, style, subject, tabindex, title
Events	onabort, onblur, onchange, onclick, oncontextmenu, ondblclick, ondrag, ondragend, ondragenter, ondragleave, ondragover, ondragstart, ondrop, onfocus, onkeydown, onkeypress, onkeyup, onmousedown, onmousemove, onmouseout, onmouseover, onmouseup, onmousewheel, onscroll

link	HTML 2.0, XHTML 1.0
Bezeichnung	hyperlink
Bedeutung	Logische Beziehungen der aktuellen Webseite zu anderen Webseiten
Notation	<link [Attribute]> XHTML: <link [Attribute] />
Elternelemente	<head>
Elementinhalt	Standalone-Element ohne End-Tag und ohne Inhalt
Attribute	href, hreflang, media, rel, sizes, type accesskey, class, contenteditable, contextmenu, data, dir, draggable, hidden, id, item, itemprop, lang, spellcheck, style, subject, tabindex, title
Events	onabort, onblur, onchange, onclick, oncontextmenu, ondblclick, ondrag, ondragend, ondragenter, ondragleave, ondragover, ondragstart, ondrop, onfocus, onkeydown, onkeypress, onkeyup, onmousedown, onmousemove, onmouseout, onmouseover, onmouseup, onmousewheel, onscroll

map	HTML 3.2, XHTML 1.0
Bezeichnung	image map
Bedeutung	Bereich für verweissensitive Grafiken
Notation	<map [Attribute]>[Elementinhalt]</map>
Elternelemente	<a>, <abbr>, <address>, <article>, <aside>, <b>, <bdo>, <blockquote>, <button>, <canvas>, <caption>, <cite>, <code>, <command>, <dd>, <del>, <details>, <dfn>, <div>, <dt>, <em>, <fieldset>, <figcaption>, <figure>, <footer>, <form>, <h1> – <h6>, <header>, <i>, <iframe>, <ins>, <kbd>, <label>, <legend>, <li>, <map>, <mark>, <meter>, <nav>, <noscript>, <object>, <output>, <p>, <pre>, <progress>, <q>, <rp>, <rt>, <samp>, <section>, <small>, <span>, <strong>, <sub>, <sup>, <var>
Elementinhalt	Text und <address>, <area>, <blockquote>, <del>, <div>, <fieldset>, <form>, <h1> – <h6>, <ins>, <li>, <menu>, <noscript>, <p>, <pre>
Attribute	name accesskey, class, contenteditable, contextmenu, data, dir, draggable, hidden, id, item, itemprop, lang, spellcheck, style, subject, tabindex, title
Events	onabort, onblur, onchange, onclick, oncontextmenu, ondblclick, ondrag, ondragend, ondragenter, ondragleave, ondragover, ondragstart, ondrop, onfocus, onkeydown, onkeypress, onkeyup, onmousedown, onmousemove, onmouseout, onmouseover, onmouseup, onmousewheel, onscroll

mark	HTML5, XHTML 5, 9.0, 4.0, 5.0, 11.0, Semantik
Bezeichnung	marked
Bedeutung	als markiert hervorgehobener Text, z. B. für Fundstellen eines gesuchten Ausdrucks
Notation	<mark [Attribute]>[Elementinhalt]</mark>
Elternelemente	<a>, <abbr>, <address>, <article>, <aside>, <b>, <bdo>, <blockquote>, <button>, <canvas>, <caption>, <cite>, <code>, <command>, <dd>, <del>, <details>, <dfn>, <div>, <dt>, <em>, <fieldset>, <figcaption>, <figure>, <footer>, <form>, <h1> – <h6>, <header>, <i>, <iframe>, <ins>, <kbd>, <label>, <legend>, <li>, <map>, <mark>, <meter>, <nav>, <noscript>, <object>, <output>, <p>, <pre>, <progress>, <q>, <rp>, <rt>, <samp>, <section>, <small>, <span>, <strong>, <sub>, <sup>, <var>

mark	HTML5 · XHTML 5 · 9.0 · 4.0 · 5.0 · 11.0 · Semantik
Elementinhalt	Text und <a>, <abbr>, <article>, <aside>, <b>, <bdo>, <button>, <canvas>, <caption>, <cite>, <code>, <command>, <dd>, <details>, <dfn>, <dt>, <em>, <figcaption>, <figure>, <footer>, <header>, <i>, <iframe>, <kbd>, <label>, <legend>, <map>, <mark>, <meter>, <nav>, <object>, <output>, <progress>, <q>, <rp>, <rt>, <samp>, <section>, <small>, <span>, <strong>, <sub>, <sup>, <var>
Attribute	accesskey, class, contenteditable, contextmenu, data, dir, draggable, hidden, id, item, itemprop, lang, spellcheck, style, subject, tabindex, title
Events	onabort, onblur, onchange, onclick, oncontextmenu, ondblclick, ondrag, ondragend, ondragenter, ondragleave, ondragover, ondragstart, ondrop, onfocus, onkeydown, onkeypress, onkeyup, onmousedown, onmousemove, onmouseout, onmouseover, onmouseup, onmousewheel, onscroll

menu	HTML 2.0 · XHTML 1.0
Bezeichnung	menu list
Bedeutung	Menüliste
Notation	<menu [Attribute]>[Elementinhalt]</menu>
Elternelemente	<blockquote>, <body>, <button>, <dd>, <del>, <div>, <fieldset>, <form>, <iframe>, <ins>, <li>, <map>, <noscript>, <object>, <td>, <th>
Elementinhalt	<li>
Attribute	label, type accesskey, class, contenteditable, contextmenu, data, dir, draggable, hidden, id, item, itemprop, lang, spellcheck, style, subject, tabindex, title
Events	onabort, onblur, onchange, onclick, oncontextmenu, ondblclick, ondrag, ondragend, ondragenter, ondragleave, ondragover, ondragstart, ondrop, onfocus, onkeydown, onkeypress, onkeyup, onmousedown, onmousemove, onmouseout, onmouseover, onmouseup, onmousewheel, onscroll

meta	HTML 2.0 · XHTML 1.0
Bezeichnung	meta data
Bedeutung	Meta-Angabe für nicht im Inhalt sichtbare Dokumentinformationen oder für Anweisungen an den Webserver
Notation	<meta [Attribute]> XHTML: <meta [Attribute] />

meta	HTML 2.0, XHTML 1.0
Elternelemente	<head>
Elementinhalt	Standalone-Element ohne End-Tag und ohne Inhalt
Attribute	charset, content, http-equiv, name accesskey, class, contenteditable, contextmenu, data, dir, draggable, hidden, id, item, itemprop, lang, spellcheck, style, subject, tabindex, title
Events	keine

meter	HTML5, XHTML 5, 6.0, 8.0, 11.0 (von einigen Browsern nur teilweise Unterstützung)
Bezeichnung	meter
Bedeutung	Wert in einer bekannten Skala, z. B. Prozentangabe oder Celsius-Temperaturangabe
Notation	<meter [Attribute]>[Elementinhalt]</meter>
Elternelemente	<a>, <abbr>, <address>, <article>, <aside>, <b>, <bdo>, <blockquote>, <button>, <canvas>, <caption>, <cite>, <code>, <command>, <dd>, <del>, <details>, <dfn>, <div>, <dt>, <em>, <fieldset>, <figcaption>, <figure>, <footer>, <form>, <h1> – <h6>, <header>, <i>, <iframe>, <ins>, <kbd>, <label>, <legend>, <li>, <map>, <mark>, <meter>, <nav>, <noscript>, <object>, <output>, <p>, <pre>, <progress>, <q>, <rp>, <rt>, <samp>, <section>, <small>, <span>, <strong>, <sub>, <sup>, <var>
Elementinhalt	Text und <a>, <abbr>, <article>, <aside>, <b>, <bdo>, <button>, <canvas>, <caption>, <cite>, <code>, <command>, <dd>, <details>, <dfn>, <dt>, <em>, <figcaption>, <figure>, <footer>, <header>, <i>, <iframe>, <kbd>, <label>, <legend>, <map>, <mark>, <meter>, <nav>, <object>, <output>, <progress>, <q>, <rp>, <rt>, <samp>, <section>, <small>, <span>, <strong>, <sub>, <sup>, <var>
Attribute	accesskey, class, contenteditable, contextmenu, data, dir, draggable, hidden, id, item, itemprop, lang, spellcheck, style, subject, tabindex, title
Events	onabort, onblur, onchange, onclick, oncontextmenu, ondblclick, ondrag, ondragend, ondragenter, ondragleave, ondragover, ondragstart, ondrop, onfocus, onkeydown, onkeypress, onkeyup, onmousedown, onmousemove, onmouseout, onmouseover, onmouseup, onmousewheel, onscroll

nav	HTML · XHTML 5 · 9.0 · 4.0 · 5.0 · 11.0 · Semantik
Bezeichnung	navigation
Bedeutung	Navigationsbereich einer Webseite
Notation	`<nav [Attribute]>[Elementinhalt]</nav>`
Elternelemente	<a>, <abbr>, <address>, <article>, <aside>, <b>, <bdo>, <blockquote>, <button>, <canvas>, <caption>, <cite>, <code>, <command>, <dd>, <del>, <details>, <dfn>, <div>, <dt>, <em>, <fieldset>, <figcaption>, <figure>, <footer>, <form>, <h1> – <h6>, <header>, <i>, <iframe>, <ins>, <kbd>, <label>, <legend>, <li>, <map>, <mark>, <meter>, <nav>, <noscript>, <object>, <output>, <p>, <pre>, <progress>, <q>, <rp>, <rt>, <samp>, <section>, <small>, <span>, <strong>, <sub>, <sup>, <var>
Elementinhalt	Text und <a>, <abbr>, <article>, <aside>, <b>, <bdo>, <button>, <canvas>, <caption>, <cite>, <code>, <command>, <dd>, <details>, <dfn>, <dt>, <em>, <figcaption>, <figure>, <footer>, <header>, <i>, <iframe>, <kbd>, <label>, <legend>, <map>, <mark>, <meter>, <nav>, <object>, <output>, <progress>, <q>, <rp>, <rt>, <samp>, <section>, <small>, <span>, <strong>, <sub>, <sup>, <var>
Attribute	accesskey, class, contenteditable, contextmenu, data, dir, draggable, hidden, id, item, itemprop, lang, spellcheck, style, subject, tabindex, title
Events	onabort, onblur, onchange, onclick, oncontextmenu, ondblclick, ondrag, ondragend, ondragenter, ondragleave, ondragover, ondragstart, ondrop, onfocus, onkeydown, onkeypress, onkeyup, onmousedown, onmousemove, onmouseout, onmouseover, onmouseup, onmousewheel, onscroll

noscript	HTML 4.0 · XHTML 1.0
Bezeichnung	no script area
Bedeutung	Bereich für Inhalte, die angezeigt werden, wenn JavaScript im Browser deaktiviert oder nicht verfügbar ist
Notation	`<noscript [Attribute]>[Elementinhalt]</noscript>`
Elternelemente	<blockquote>, <body>, <button>, <dd>, <del>, <div>, <fieldset>, <form>, <iframe>, <ins>, <li>, <map>, <noscript>, <object>, <td>, <th>
Elementinhalt	Text und <address>, <blockquote>, <del>, <div>, <fieldset>, <form>, <h1> – <h6>, <ins>, <li>, <menu>, <noscript>, <p>, <pre>
Attribute	accesskey, class, contenteditable, contextmenu, data, dir, draggable, hidden, id, item, itemprop, lang, spellcheck, style, subject, tabindex, title

noscript	HTML 4.0, XHTML 1.0
Events	onabort, onblur, onchange, onclick, oncontextmenu, ondblclick, ondrag, ondragend, ondragenter, ondragleave, ondragover, ondragstart, ondrop, onfocus, onkeydown, onkeypress, onkeyup, onmousedown, onmousemove, onmouseout, onmouseover, onmouseup, onmousewheel, onscroll

object	HTML 4.0, XHTML 1.0
Bezeichnung	object
Bedeutung	Eingebettetes Objekt, geeignet für spezielle Multimedia-Objekte, Java-Applets usw.
Notation	<object [Attribute]>[Elementinhalt]</object>
Elternelemente	<a>, <abbr>, <address>, <article>, <aside>, <b>, <bdo>, <blockquote>, <button>, <canvas>, <caption>, <cite>, <code>, <command>, <dd>, <del>, <details>, <dfn>, <div>, <dt>, <em>, <fieldset>, <figcaption>, <figure>, <footer>, <form>, <h1> – <h6>, <head>, <header>, <i>, <iframe>, <ins>, <kbd>, <label>, <legend>, <li>, <map>, <mark>, <meter>, <nav>, <noscript>, <object>, <output>, <p>, <progress>, <q>, <rp>, <rt>, <samp>, <section>, <small>, <span>, <strong>, <sub>, <sup>, <var>
Elementinhalt	Text und <a>, <abbr>, <address>, <article>, <aside>, <b>, <bdo>, <blockquote>, <button>, <canvas>, <caption>, <cite>, <code>, <command>, <dd>, <del>, <details>, <dfn>, <div>, <dt>, <em>, <fieldset>, <figcaption>, <figure>, <footer>, <form>, <h1> – <h6>, <header>, <i>, <iframe>, <ins>, <kbd>, <label>, <legend>, <li>, <map>, <mark>, <meter>, <nav>, <noscript>, <object>, <output>, <p>, <param>, <pre>, <progress>, <q>, <rp>, <rt>, <samp>, <section>, <small>, <span>, <strong>, <sub>, <sup>, <var>
Attribute	data, form, height, name, type, usemap, width accesskey, class, contenteditable, contextmenu, data, dir, draggable, hidden, id, item, itemprop, lang, spellcheck, style, subject, tabindex, title
Events	onabort, onblur, onchange, onclick, oncontextmenu, ondblclick, ondrag, ondragend, ondragenter, ondragleave, ondragover, ondragstart, ondrop, onfocus, onkeydown, onkeypress, onkeyup, onmousedown, onmousemove, onmouseout, onmouseover, onmouseup, onmousewheel, onscroll

ol	HTML 2.0 · XHTML 1.0
Bezeichnung	ordered list
Bedeutung	Geordnete (z. B. nummerierte) Liste
Notation	`<ol [Attribute]>[Elementinhalt]</ol>`
Elternelemente	<blockquote>, <body>, <button>, <dd>, <del>, <div>, <fieldset>, <form>, <iframe>, <ins>, <li>, <map>, <noscript>, <object>, <td>, <th>
Elementinhalt	<li>
Attribute	reversed, start accesskey, class, contenteditable, contextmenu, data, dir, draggable, hidden, id, item, itemprop, lang, spellcheck, style, subject, tabindex, title
Events	onabort, onblur, onchange, onclick, oncontextmenu, ondblclick, ondrag, ondragend, ondragenter, ondragleave, ondragover, ondragstart, ondrop, onfocus, onkeydown, onkeypress, onkeyup, onmousedown, onmousemove, onmouseout, onmouseover, onmouseup, onmousewheel, onscroll

optgroup	HTML 4.0 · XHTML 1.0
Bezeichnung	grouped options
Bedeutung	Gruppe von Auswahlmöglichkeiten in einer Auswahlliste
Notation	<optgroup [Attribute]>[Elementinhalt]</optgroup>
Elternelemente	<select>
Elementinhalt	<option>
Attribute	disabled, label accesskey, class, contenteditable, contextmenu, data, dir, draggable, hidden, id, item, itemprop, lang, spellcheck, style, subject, tabindex, title
Events	onabort, onblur, onchange, onclick, oncontextmenu, ondblclick, ondrag, ondragend, ondragenter, ondragleave, ondragover, ondragstart, ondrop, onfocus, onformchange, onforminput, oninput, oninvalid, onkeydown, onkeypress, onkeyup, onmousedown, onmousemove, onmouseout, onmouseover, onmouseup, onmousewheel, onscroll, onselect, onsubmit

option	HTML 2.0 · XHTML 1.0
Bezeichnung	option
Bedeutung	Auswahlmöglichkeit in einer Auswahlliste
Notation	<option [Attribute]>[Elementinhalt]</option>

option	HTML 2.0, XHTML 1.0
Elternelemente	<select>, <optgroup>
Elementinhalt	Text
Attribute	disabled, label, selected, value accesskey, class, contenteditable, contextmenu, data, dir, draggable, hidden, id, item, itemprop, lang, spellcheck, style, subject, tabindex, title
Events	onabort, onblur, onchange, onclick, oncontextmenu, ondblclick, ondrag, ondragend, ondragenter, ondragleave, ondragover, ondragstart, ondrop, onfocus, cnformchange, onforminput, oninput, oninvalid, onkeydown, onkeypress, onkeyup, onmousedown, onmousemove, onmouseout, onmouseover, onmouseup, onmousewheel, onscroll, onselect, onsubmit

output	HTML5, XHTML 5, 9.0
Bezeichnung	output
Bedeutung	Bereich für dynamisch erzeugte Ausgaben, z. B. vcn einem JavaScript
Notation	<output [Attribute]>[Elementinhalt]</output>
Elternelemente	<form>
Elementinhalt	Text und <a>, <abbr>, <article>, <aside>, <b>, <bdo>, <button>, <canvas>, <caption>, <cite>, <code>, <command>, <dd>, <details>, <dfn>, <dt>, <em>, <figcaption>, <figure>, <footer>, <header>, <i>, <iframe>, <kbd>, <label>, <legend>, <map>, <mark>, <meter>, <nav>, <object>, <output>, <progress>, <q>, <rp>, <rt>, <samp>, <section>, <small>, <span>, <strong>, <sub>, <sup>, <var>
Attribute	for, form, name accesskey, class, contenteditable, contextmenu, data, dir, draggable, hidden, id, item, itemprop, lang, spellcheck, style, subject, tabindex, title
Events	onabort, onblur, onchange, onclick, oncontextmenu, ondblclick, ondrag, ondragend, ondragenter, ondragleave, ondragover, ondragstart, ondrop, onfocus, onformchange, onforminput, oninput, oninvalid, onkeydown, onkeypress, onkeyup, onmousedown, onmousemove, onmouseout, onmouseover, onmouseup, onmousewheel, onscroll, onselect, onsubmit

p	HTML 2.0, XHTML 1.0
Bezeichnung	paragraph
Bedeutung	Textabsatz

p	HTML 2.0 XHTML 1.0
Notation	<p [Attribute]>[Elementinhalt]</p>
Elternelemente	<address>, <blockquote>, <body>, <button>, <dd>, <del>, <div>, <fieldset>, <form>, <iframe>, <ins>, <li>, <map>, <noscript>, <object>, <td>, <th>
Elementinhalt	Text und <a>, <abbr>, <article>, <aside>, <b>, <bdo>, <button>, <canvas>, <caption>, <cite>, <code>, <command>, <dd>, <details>, <dfn>, <dt>, <em>, <figcaption>, <figure>, <footer>, <header>, <i>, <iframe>, <kbd>, <label>, <legend>, <map>, <mark>, <meter>, <nav>, <object>, <output>, <progress>, <q>, <rp>, <rt>, <samp>, <section>, <small>, <span>, <strong>, <sub>, <sup>, <var>
Attribute	accesskey, class, contenteditable, contextmenu, data, dir, draggable, hidden, id, item, itemprop, lang, spellcheck, style, subject, tabindex, title
Events	onabort, onblur, onchange, onclick, oncontextmenu, ondblclick, ondrag, ondragend, ondragenter, ondragleave, ondragover, ondragstart, ondrop, onfocus, onkeydown, onkeypress, onkeyup, onmousedown, onmousemove, onmouseout, onmouseover, onmouseup, onmousewheel, onscroll

param	HTML 4.0 XHTML 1.0
Bezeichnung	parameters
Bedeutung	Parameter eines Objekts bei object-Element
Notation	<param [Attribute]> XHTML: <param [Attribute] />
Elternelemente	<object>
Elementinhalt	Standalone-Element ohne End-Tag und ohne Inhalt
Attribute	name, value accesskey, class, contenteditable, contextmenu, data, dir, draggable, hidden, id, item, itemprop, lang, spellcheck, style, subject, tabindex, title
Events	onabort, onblur, onchange, onclick, oncontextmenu, ondblclick, ondrag, ondragend, ondragenter, ondragleave, ondragover, ondragstart, ondrop, onfocus, onkeydown, onkeypress, onkeyup, onmousedown, onmousemove, onmouseout, onmouseover, onmouseup, onmousewheel, onscroll

pre	HTML 2.0, X HTML 1.0
Bezeichnung	preformatted
Bedeutung	Präformatierter Text (alle Whitespace-Zeichen werden im Browser so dargestellt wie im Text enthalten)
Notation	<pre [Attribute]>[Elementinhalt]</pre>
Elternelemente	<blockquote>, <body>, <button>, <dd>, <del>, <div>, <fieldset>, <form>, <iframe>, <ins>, <li>, <map>, <noscript>, <object>, <td>, <th>
Elementinhalt	<a>, <abbr>, <b>, <bdo>, , <button>, <cite>, <code>, <dfn>, <em>, <i>, <input>, <iframe>, <kbd>, <label>, <map>, <q>, <samp>, <script>, <select>, <span>, <strong>, <textarea>, <var>
Attribute	accesskey, class, contenteditable, contextmenu, data, dir, draggable, hidden, id, item, itemprop, lang, spellcheck, style, subject, tabindex, title
Events	onabort, onblur, onchange, onclick, oncontextmenu, ondblclick, ondrag, ondragend, ondragenter, ondragleave, ondragover, ondragstart, ondrop, onfocus, onkeydown, onkeypress, onkeyup, onmousedown, onmousemove, onmouseout, onmouseover, onmouseup, onmousewheel, onscroll

progress	HTML5 HTML, X HTML 5, 6.0, 8.0, 11.0 (einige Browser unterstützen das Element nur teilweise)
Bezeichnung	progress
Bedeutung	Element für Fortschrittsbalken einer Aktion, muss von JavaScript dynamisch versorgt werden
Notation	<progress [Attribute]>[Elementinhalt]</progress>
Elternelemente	<form>
Elementinhalt	Text und <a>, <abbr>, <article>, <aside>, <b>, <bdo>, <button>, <canvas>, <caption>, <cite>, <code>, <command>, <dd>, <details>, <dfn>, <dt>, <em>, <figcaption>, <figure>, <footer>, <header>, <i>, <iframe>, <kbd>, <label>, <legend>, <map>, <mark>, <meter>, <nav>, <object>, <output>, <progress>, <q>, <rp>, <rt>, <samp>, <section>, <small>, <span>, <strong>, <sub>, <sup>, <var>
Attribute	max, value accesskey, class, contenteditable, contextmenu, data, dir, draggable, hidden, id, item, itemprop, lang, spellcheck, style, subject, tabindex, title
Events	onabort, onblur, onchange, onclick, oncontextmenu, ondblclick, ondrag, ondragend, ondragenter, ondragleave, ondragover, ondragstart, ondrop, onfocus, onformchange, onforminput, oninput, oninvalid, onkeydown, onkeypress, onkeyup, onmousedown, onmousemove, onmouseout, onmouseover, onmouseup, onmousewheel, onscroll, onselect, onsubmit

q	HTML 4.0, XHTML 1.0
Bezeichnung	quote
Bedeutung	Wörtliche Rede in einem Text
Notation	`<q [Attribute]>[Elementinhalt]</q>`
Elternelemente	<a>, <abbr>, <address>, <article>, <aside>, <b>, <bdo>, <blockquote>, <button>, <canvas>, <caption>, <cite>, <code>, <command>, <dd>, <del>, <details>, <dfn>, <div>, <dt>, <em>, <fieldset>, <figcaption>, <figure>, <footer>, <form>, <h1> – <h6>, <header>, <i>, <iframe>, <ins>, <kbd>, <label>, <legend>, <li>, <map>, <mark>, <meter>, <nav>, <noscript>, <object>, <output>, <p>, <pre>, <progress>, <q>, <rp>, <rt>, <samp>, <section>, <small>, <span>, <strong>, <sub>, <sup>, <var>
Elementinhalt	Text und <a>, <abbr>, <article>, <aside>, <b>, <bdo>, <button>, <canvas>, <caption>, <cite>, <code>, <command>, <dd>, <details>, <dfn>, <dt>, <em>, <figcaption>, <figure>, <footer>, <header>, <i>, <iframe>, <kbd>, <label>, <legend>, <map>, <mark>, <meter>, <nav>, <object>, <output>, <progress>, <q>, <rp>, <rt>, <samp>, <section>, <small>, <span>, <strong>, <sub>, <sup>, <var>
Attribute	cite accesskey, class, contenteditable, contextmenu, data, dir, draggable, hidden, id, item, itemprop, lang, spellcheck, style, subject, tabindex, title
Events	onabort, onblur, onchange, onclick, oncontextmenu, ondblclick, ondrag, ondragend, ondragenter, ondragleave, ondragover, ondragstart, ondrop, onfocus, onkeydown, onkeypress, onkeyup, onmousedown, onmousemove, onmouseout, onmouseover, onmouseup, onmousewheel, onscroll

rp	HTML5, XHTML 5, 5.0 (die Unterstützung des Elements erfolgt teilweise)
Bezeichnung	ruby pronunciation
Bedeutung	Umschließender Inhalt für Ruby-Annotationen
Notation	`<rp [Attribute]>[Elementinhalt]</rp>`
Elternelemente	<ruby>
Elementinhalt	Text und <a>, <abbr>, <article>, <aside>, <b>, <bdo>, <button>, <canvas>, <caption>, <cite>, <code>, <command>, <dd>, <details>, <dfn>, <dt>, <em>, <figcaption>, <figure>, <footer>, <header>, <i>, <iframe>, <kbd>, <label>, <legend>, <map>, <mark>, <meter>, <nav>, <object>, <output>, <progress>, <q>, <rp>, <rt>, <samp>, <section>, <small>, <span>, <strong>, <sub>, <sup>, <var>

rp	HTML · X HTML 5 · 5.0 (die Unterstützung des Elements erfolgt teilweise)
Attribute	accesskey, class, contenteditable, contextmenu, data, dir, draggable, hidden, id, item, itemprop, lang, spellcheck, style, subject, tabindex, title
Events	onabort, onblur, onchange, onclick, oncontextmenu, ondblclick, ondrag, ondragend, ondragenter, ondragleave, ondragover, ondragstart, ondrop, onfocus, onkeydown, onkeypress, onkeyup, onmousedown, onmousemove, onmouseout, onmouseover, onmouseup, onmousewheel, onscroll

rt	HTML · X HTML 5 · 5.0 (die Unterstützung des Elements erfolgt teilweise)
Bezeichnung	ruby term
Bedeutung	Inhalt von Ruby-Annotationen
Notation	<rt [Attribute]>[Elementinhalt]</rt>
Elternelemente	<ruby>
Elementinhalt	Text und <a>, <abbr>, <article>, <aside>, <b>, <bdo>, <button>, <canvas>, <caption>, <cite>, <code>, <command>, <dd>, <details>, <dfn>, <dt>, <em>, <figcaption>, <figure>, <footer>, <header>, <i>, <iframe>, <kbd>, <label>, <legend>, <map>, <mark>, <meter>, <nav>, <object>, <output>, <progress>, <q>, <rp>, <rt>, <samp>, <section>, <small>, <span>, <strong>, <sub>, <sup>, <var>
Attribute	accesskey, class, contenteditable, contextmenu, data, dir, draggable, hidden, id, item, itemprop, lang, spellcheck, style, subject, tabindex, title
Events	onabort, onblur, onchange, onclick, oncontextmenu, ondblclick, ondrag, ondragend, ondragenter, ondragleave, ondragover, ondragstart, ondrop, onfocus, onkeydown, onkeypress, onkeyup, onmousedown, onmousemove, onmouseout, onmouseover, onmouseup, onmousewheel, onscroll

ruby	HTML · X HTML 5 · 5.0 (die Unterstützung des Elements erfolgt teilweise)
Bezeichnung	ruby
Bedeutung	Bereich für Ruby-Annotationen
Notation	<ruby [Attribute]>[Elementinhalt]</ruby>

ruby	HTML5, XHTML 5, 5.0 (die Unterstützung des Elements erfolgt teilweise)
Elternelemente	<a>, <abbr>, <address>, <article>, <aside>, <b>, <bdo>, <blockquote>, <button>, <canvas>, <caption>, <cite>, <code>, <command>, <dd>, <del>, <details>, <dfn>, <div>, <dt>, <em>, <fieldset>, <figcaption>, <figure>, <footer>, <form>, <h1> – <h6>, <header>, <i>, <iframe>, <ins>, <kbd>, <label>, <legend>, <li>, <map>, <mark>, <meter>, <nav>, <noscript>, <object>, <output>, <p>, <pre>, <progress>, <q>, <rp>, <rt>, <samp>, <section>, <small>, <span>, <strong>, <sub>, <sup>, <var>
Elementinhalt	Text und <rp>, <rt>
Attribute	accesskey, class, contenteditable, contextmenu, data, dir, draggable, hidden, id, item, itemprop, lang, spellcheck, style, subject, tabindex, title
Events	onabort, onblur, onchange, onclick, oncontextmenu, ondblclick, ondrag, ondragend, ondragenter, ondragleave, ondragover, ondragstart, ondrop, onfocus, onkeydown, onkeypress, onkeyup, onmousedown, onmousemove, onmouseout, onmouseover, onmouseup, onmousewheel, onscroll

samp	HTML 2.0, XHTML 1.0
Bezeichnung	sample
Bedeutung	Beispieltext in einem dokumentierenden Text
Notation	<samp [Attribute]>[Elementinhalt]</samp>
Elternelemente	<a>, <abbr>, <address>, <article>, <aside>, <b>, <bdo>, <blockquote>, <button>, <canvas>, <caption>, <cite>, <code>, <command>, <dd>, <del>, <details>, <dfn>, <div>, <dt>, <em>, <fieldset>, <figcaption>, <figure>, <footer>, <form>, <h1> – <h6>, <header>, <i>, <iframe>, <ins>, <kbd>, <label>, <legend>, <li>, <map>, <mark>, <meter>, <nav>, <noscript>, <object>, <output>, <p>, <pre>, <progress>, <q>, <rp>, <rt>, <samp>, <section>, <small>, <span>, <strong>, <sub>, <sup>, <var>
Elementinhalt	Text und <a>, <abbr>, <article>, <aside>, <b>, <bdo>, <button>, <canvas>, <caption>, <cite>, <code>, <command>, <dd>, <details>, <dfn>, <dt>, <em>, <figcaption>, <figure>, <footer>, <header>, <i>, <iframe>, <kbd>, <label>, <legend>, <map>, <mark>, <meter>, <nav>, <object>, <output>, <progress>, <q>, <rp>, <rt>, <samp>, <section>, <small>, <span>, <strong>, <sub>, <sup>, <var>
Attribute	accesskey, class, contenteditable, contextmenu, data, dir, draggable, hidden, id, item, itemprop, lang, spellcheck, style, subject, tabindex, title

samp	HTML 2.0 · XHTML 1.0
Events	onabort, onblur, onchange, onclick, oncontextmenu, ondblclick, ondrag, ondragend, ondragenter, ondragleave, ondragover, ondragstart, ondrop, onfocus, onkeydown, onkeypress, onkeyup, onmousedown, onmousemove, onmouseout, onmouseover, onmouseup, onmousewheel, onscroll

script	HTML 4.0 · XHTML 1.0
Bezeichnung	script
Bedeutung	Script-Bereich für JavaScript und andere Scriptsprachen
Notation	<script [Attribute]>[Elementinhalt]</script>
Elternelemente	<a>, <abbr>, <address>, <article>, <aside>, <b>, <bdo>, <blockquote>, <body>, <button>, <canvas>, <caption>, <cite>, <code>, <command>, <dd>, <del>, <details>, <dfn>, <div>, <dt>, <em>, <fieldset>, <figcaption>, <figure>, <footer>, <form>, <h1> – <h6>, <head>, <header>, <i>, <iframe>, <ins>, <kbd>, <label>, <legend>, <li>, <map>, <mark>, <meter>, <nav>, <noscript>, <object>, <output>, <p>, <pre>, <progress>, <q>, <rp>, <rt>, <samp>, <section>, <small>, <span>, <strong>, <sub>, <sup>, <var>
Elementinhalt	Text
Attribute	async, charset, defer, src, type,
Events	keine

section	HTML5 · XHTML 5 · 9.0 · 4.0 · 5.0 · 11.0 · Semantik
Bezeichnung	section
Bedeutung	Logischer Bereich, z. B. Kommentarbereich
Notation	<section [Attribute]>[Elementinhalt]</section>
Elternelemente	<a>, <abbr>, <address>, <article>, <aside>, <b>, <bdo>, <blockquote>, <button>, <canvas>, <caption>, <cite>, <code>, <command>, <dd>, <del>, <details>, <dfn>, <div>, <dt>, <em>, <fieldset>, <figcaption>, <figure>, <footer>, <form>, <h1> – <h6>, <header>, <i>, <iframe>, <ins>, <kbd>, <label>, <legend>, <li>, <map>, <mark>, <meter>, <nav>, <noscript>, <object>, <output>, <p>, <pre>, <progress>, <q>, <rp>, <rt>, <samp>, <section>, <small>, <span>, <strong>, <sub>, <sup>, <var>

section	HTML5 HTML · XHTML 5 · 9.0 · 4.0 · · 5.0 · 11.0 · Semantik
Elementinhalt	Text und <a>, <abbr>, <address>, <article>, <aside>, <b>, <bdo>, <blockquote>, <button>, <canvas>, <caption>, <cite>, <code>, <command>, <dd>, <del>, <details>, <dfn>, <div>, <dt>, <em>, <fieldset>, <figcaption>, <figure>, <footer>, <form>, <h1> – <h6>, <header>, <i>, <iframe>, <ins>, <kbd>, <label>, <legend>, <li>, <map>, <mark>, <meter>, <nav>, <noscript>, <object>, <output>, <p>, <pre>, <progress>, <q>, <rp>, <rt>, <samp>, <section>, <small>, <span>, <strong>, <sub>, <sup>, <var>
Attribute	cite accesskey, class, contenteditable, contextmenu, data, dir, draggable, hidden, id, item, itemprop, lang, spellcheck, style, subject, tabindex, title
Events	onabort, onblur, onchange, onclick, oncontextmenu, ondblclick, ondrag, ondragend, ondragenter, ondragleave, ondragover, ondragstart, ondrop, onfocus, onkeydown, onkeypress, onkeyup, onmousedown, onmousemove, onmouseout, onmouseover, onmouseup, onmousewheel, onscroll

select	HTML 2.0 · XHTML 1.0
Bezeichnung	selection list
Bedeutung	Auswahlliste in einem Formular
Notation	<select [Attribute]>[Elementinhalt]</select>
Elternelemente	<a>, <abbr>, <address>, <article>, <aside>, <b>, <bdo>, <blockquote>, <button>, <canvas>, <caption>, <cite>, <code>, <command>, <dd>, <del>, <details>, <dfn>, <div>, <dt>, <em>, <fieldset>, <figcaption>, <figure>, <footer>, <form>, <h1> – <h6>, <header>, <i>, <iframe>, <ins>, <kbd>, <label>, <legend>, <li>, <map>, <mark>, <meter>, <nav>, <noscript>, <object>, <output>, <p>, <pre>, <progress>, <q>, <rp>, <rt>, <samp>, <section>, <small>, <span>, <strong>, <sub>, <sup>, <var>
Elementinhalt	Text, <option> und <optgroup>
Attribute	autofocus, disabled, form, multiple, name, size accesskey, class, contenteditable, contextmenu, data, dir, draggable, hidden, id, item, itemprop, lang, spellcheck, style, subject, tabindex, title
Events	onabort, onblur, onchange, onclick, oncontextmenu, ondblclick, ondrag, ondragend, ondragenter, ondragleave, ondragover, ondragstart, ondrop, onfocus, onformchange, onforminput, oninput, oninvalid, onkeydown, onkeypress, onkeyup, onmousedown, onmousemove, onmouseout, onmouseover, onmouseup, onmousewheel, onscroll, onselect, onsubmit

small	HTML 3.2, XHTML 1.0
Bezeichnung	small
Bedeutung	kleiner dargestellter Text als Normalschrift
Notation	<small [Attribute]>[Elementinhalt]</small>
Elternelemente	<a>, <abbr>, <address>, <article>, <aside>, <b>, <bdo>, <blockquote>, <button>, <canvas>, <caption>, <cite>, <code>, <command>, <dd>, <del>, <details>, <dfn>, <div>, <dt>, <em>, <fieldset>, <figcaption>, <figure>, <footer>, <form>, <h1> – <h6>, <header>, <i>, <iframe>, <ins>, <kbd>, <label>, <legend>, <li>, <map>, <mark>, <meter>, <nav>, <noscript>, <object>, <output>, <p>, <progress>, <q>, <rp>, <rt>, <samp>, <section>, <small>, <span>, <strong>, <sub>, <sup>, <var>
Elementinhalt	Text und <a>, <abbr>, <article>, <aside>, <b>, <bdo>, <button>, <canvas>, <caption>, <cite>, <code>, <command>, <dd>, <details>, <dfn>, <dt>, <em>, <figcaption>, <figure>, <footer>, <header>, <i>, <iframe>, <kbd>, <label>, <legend>, <map>, <mark>, <meter>, <nav>, <object>, <output>, <progress>, <q>, <rp>, <rt>, <samp>, <section>, <small>, <span>, <strong>, <sub>, <sup>, <var>
Attribute	accesskey, class, contenteditable, contextmenu, data, dir, draggable, hidden, id, item, itemprop, lang, spellcheck, style, subject, tabindex, title
Events	onabort, onblur, onchange, onclick, oncontextmenu, ondblclick, ondrag, ondragend, ondragenter, ondragleave, ondragover, ondragstart, ondrop, onfocus, onkeydown, onkeypress, onkeyup, onmousedown, onmousemove, onmouseout, onmouseover, onmouseup, onmousewheel, onscroll

source	HTML5, XHTML 5, 9.0, 3.5, 4.0, 10.5
Bezeichnung	source
Bedeutung	Für alternative Ressourcen innerhalb eines audio- oder video-Elements
Notation	<source [Attribute]> XHTML: <source [Attribute] />
Elternelemente	<audio> und <video>
Elementinhalt	Standalone-Element ohne End-Tag und ohne Inhalt
Attribute	media, src, type accesskey, class, contenteditable, contextmenu, data, dir, draggable, hidden, id, item, itemprop, lang, spellcheck, style, subject, tabindex, title

source	HTML / XHTML 5 / 9.0 / 3.5 / 4.0 / 10.5
Events	onabort, onblur, oncanplay, oncanplaythrough, onchange, onclick, oncontextmenu, ondblclick, ondrag, ondragend, ondragenter, ondragleave, ondragover, ondragstart, ondrop, ondurationchange, onemptied, onended, onerror, onfocus, onkeydown, onkeypress, onkeyup, onloadeddata, onloadedmetadata, onloadstart, onmousedown, onmousemove, onmouseout, onmouseover, onmouseup, onmousewheel, onpause, onplay, onplaying, onprogress, onratechange, onreadystatechange, onscroll, onseeked, onseeking, onstalled, onsuspend, ontimeupdate, onvolumechange, onwaiting

span	HTML 4.0 / XHTML 1.0
Bezeichnung	span
Bedeutung	allgemeiner Bereich innerhalb eines Absatzes
Notation	<span [Attribute]>[Elementinhalt]</span>
Elternelemente	<a>, <abbr>, <address>, <article>, <aside>, <b>, <bdo>, <blockquote>, <button>, <canvas>, <caption>, <cite>, <code>, <command>, <dd>, <del>, <details>, <dfn>, <div>, <dt>, <em>, <fieldset>, <figcaption>, <figure>, <footer>, <form>, <h1> – <h6>, <header>, <i>, <iframe>, <ins>, <kbd>, <label>, <legend>, <li>, <map>, <mark>, <meter>, <nav>, <noscript>, <object>, <output>, <p>, <pre>, <progress>, <q>, <rp>, <rt>, <samp>, <section>, <small>, <span>, <strong>, <sub>, <sup>, <var>
Elementinhalt	Text und <a>, <abbr>, <article>, <aside>, <b>, <bdo>, <button>, <canvas>, <caption>, <cite>, <code>, <command>, <dd>, <details>, <dfn>, <dt>, <em>, <figcaption>, <figure>, <footer>, <header>, <i>, <iframe>, <kbd>, <label>, <legend>, <map>, <mark>, <meter>, <nav>, <object>, <output>, <progress>, <q>, <rp>, <rt>, <samp>, <section>, <small>, <span>, <strong>, <sub>, <sup>, <var>
Attribute	accesskey, class, contenteditable, contextmenu, data, dir, draggable, hidden, id, item, itemprop, lang, spellcheck, style, subject, tabindex, title
Events	onabort, onblur, onchange, onclick, oncontextmenu, ondblclick, ondrag, ondragend, ondragenter, ondragleave, ondragover, ondragstart, ondrop, onfocus, onkeydown, onkeypress, onkeyup, onmousedown, onmousemove, onmouseout, onmouseover, onmouseup, onmousewheel, onscroll

strong	HTML 2.0, XHTML 1.0
Bezeichnung	strong
Bedeutung	stark betonter Inhalt im Text
Notation	<strong [Attribute]>[Elementinhalt]</strong>
Elternelemente	<a>, <abbr>, <address>, <article>, <aside>, <b>, <bdo>, <blockquote>, <button>, <canvas>, <caption>, <cite>, <code>, <command>, <dd>, <del>, <details>, <dfn>, <div>, <dt>, <em>, <fieldset>, <figcaption>, <figure>, <footer>, <form>, <h1> – <h6>, <header>, <i>, <iframe>, <ins>, <kbd>, <label>, <legend>, <li>, <map>, <mark>, <meter>, <nav>, <noscript>, <object>, <output>, <p>, <pre>, <progress>, <q>, <rp>, <rt>, <samp>, <section>, <small>, <span>, <strong>, <sub>, <sup>, <var>
Elementinhalt	Text und <a>, <abbr>, <article>, <aside>, <b>, <bdo>, <button>, <canvas>, <caption>, <cite>, <code>, <command>, <dd>, <details>, <dfn>, <dt>, <em>, <figcaption>, <figure>, <footer>, <header>, <i>, <iframe>, <kbd>, <label>, <legend>, <map>, <mark>, <meter>, <nav>, <object>, <output>, <progress>, <q>, <rp>, <rt>, <samp>, <section>, <small>, <span>, <strong>, <sub>, <sup>, <var>
Attribute	accesskey, class, contenteditable, contextmenu, data, dir, draggable, hidden, id, item, itemprop, lang, spellcheck, style, subject, tabindex, title
Events	onabort, onblur, onchange, onclick, oncontextmenu, ondblclick, ondrag, ondragend, ondragenter, ondragleave, ondragover, ondragstart, ondrop, onfocus, onkeydown, onkeypress, onkeyup, onmousedown, onmousemove, onmouseout, onmouseover, onmouseup, onmousewheel, onscroll

style	HTML 4.0, XHTML 1.0
Bezeichnung	style definition
Bedeutung	Bereich für Stylesheet-Definitionen, z. B. in CSS
Notation	<style [Attribute]>[Elementinhalt]</style>
Elternelemente	<head>
Elementinhalt	Kann Text, aber keine anderen HTML-Elemente enthalten
Attribute	media, scope, type accesskey, class, contenteditable, contextmenu, data, dir, draggable, hidden, id, item, itemprop, lang, spellcheck, style, subject, tabindex, title

style	HTML 4.0, XHTML 1.0
Events	onabort, onblur, onchange, onclick, oncontextmenu, ondblclick, ondrag, ondragend, ondragenter, ondragleave, ondragover, ondragstart, ondrop, onfocus, onkeydown, onkeypress, onkeyup, onmousedown, onmousemove, onmouseout, onmouseover, onmouseup, onmousewheel, onscroll

sub	HTML 3.2, XHTML 1.0
Bezeichnung	subscript
Bedeutung	Tiefgestellter Text
Notation	_[Elementinhalt]
Elternelemente	<a>, <abbr>, <address>, <article>, <aside>, <b>, <bdo>, <blockquote>, <button>, <canvas>, <caption>, <cite>, <code>, <command>, <dd>, <del>, <details>, <dfn>, <div>, <dt>, <em>, <fieldset>, <figcaption>, <figure>, <footer>, <form>, <h1> – <h6>, <header>, <i>, <iframe>, <ins>, <kbd>, <label>, <legend>, <li>, <map>, <mark>, <meter>, <nav>, <noscript>, <object>, <output>, <p>, <progress>, <q>, <rp>, <rt>, <samp>, <section>, <small>, <span>, <strong>, <sub>, <sup>, <var>
Elementinhalt	Text und <a>, <abbr>, <article>, <aside>, <b>, <bdo>, <button>, <canvas>, <caption>, <cite>, <code>, <command>, <dd>, <details>, <dfn>, <dt>, <em>, <figcaption>, <figure>, <footer>, <header>, <i>, <iframe>, <kbd>, <label>, <legend>, <map>, <mark>, <meter>, <nav>, <object>, <output>, <progress>, <q>, <rp>, <rt>, <samp>, <section>, <small>, <span>, <strong>, <sub>, <sup>, <var>
Attribute	accesskey, class, contenteditable, contextmenu, data, dir, draggable, hidden, id, item, itemprop, lang, spellcheck, style, subject, tabindex, title
Events	onabort, onblur, onchange, onclick, oncontextmenu, ondblclick, ondrag, ondragend, ondragenter, ondragleave, ondragover, ondragstart, ondrop, onfocus, onkeydown, onkeypress, onkeyup, onmousedown, onmousemove, onmouseout, onmouseover, onmouseup, onmousewheel, onscroll

sup	HTML 3.2, XHTML 1.0
Bezeichnung	superscript
Bedeutung	Hochgestellter Text
Notation	^[Elementinhalt]

sup	HTML 3.2, X HTML 1.0
Elternelemente	<a>, <abbr>, <address>, <article>, <aside>, <b>, <bdo>, <blockquote>, <button>, <canvas>, <caption>, <cite>, <code>, <command>, <dd>, <del>, <details>, <dfn>, <div>, <dt>, <em>, <fieldset>, <figcaption>, <figure>, <footer>, <form>, <h1> – <h6>, <header>, <i>, <iframe>, <ins>, <kbd>, <label>, <legend>, <li>, <map>, <mark>, <meter>, <nav>, <noscript>, <object>, <output>, <p>, <progress>, <q>, <rp>, <rt>, <samp>, <section>, <small>, <span>, <strong>, <sub>, <sup>, <var>
Elementinhalt	Text und <a>, <abbr>, <article>, <aside>, <b>, <bdo>, <button>, <canvas>, <caption>, <cite>, <code>, <command>, <dd>, <details>, <dfn>, <dt>, <em>, <figcaption>, <figure>, <footer>, <header>, <i>, <iframe>, <kbd>, <label>, <legend>, <map>, <mark>, <meter>, <nav>, <object>, <output>, <progress>, <q>, <rp>, <rt>, <samp>, <section>, <small>, <span>, <strong>, <sub>, <sup>, <var>
Attribute	accesskey, class, contenteditable, contextmenu, data, dir, draggable, hidden, id, item, itemprop, lang, spellcheck, style, subject, tabindex, title
Events	onabort, onblur, onchange, onclick, oncontextmenu, ondblclick, ondrag, ondragend, ondragenter, ondragleave, ondragover, ondragstart, ondrop, onfocus, onkeydown, onkeypress, onkeyup, onmousedown, onmousemove, onmouseout, onmouseover, onmouseup, onmousewheel, onscroll

table	HTML 3.2, X HTML 1.0
Bezeichnung	table
Bedeutung	Tabelle
Notation	<table [Attribute]>[Elementinhalt]</table>
Elternelemente	<blockquote>, <body>, <button>, <dd>, <del>, <div>, <fieldset>, <form>, <iframe>, <ins>, <li>, <map>, <noscript>, <object>, <td>, <th>
Elementinhalt	<caption>, <col>, <colgroup>, <tbody>, <tfoot>, <thead>, <tr>,
Attribute	summary accesskey, class, contenteditable, contextmenu, data, dir, draggable, hidden, id, item, itemprop, lang, spellcheck, style, subject, tabindex, title
Events	onabort, onblur, onchange, onclick, oncontextmenu, ondblclick, ondrag, ondragend, ondragenter, ondragleave, ondragover, ondragstart, ondrop, onfocus, onkeydown, onkeypress, onkeyup, onmousedown, onmousemove, onmouseout, onmouseover, onmouseup, onmousewheel, onscroll

tbody	HTML 4.0, XHTML 1.0
Bezeichnung	table body
Bedeutung	Tabellenkörper mit den eigentlichen Daten
Notation	`<tbody [Attribute]>[Elementinhalt]</tbody>`
Elternelemente	`<table>`
Elementinhalt	`<tr>`
Attribute	accesskey, class, contenteditable, contextmenu, data, dir, draggable, hidden, id, item, itemprop, lang, spellcheck, style, subject, tabindex, title
Events	onabort, onblur, onchange, onclick, oncontextmenu, ondblclick, ondrag, ondragend, ondragenter, ondragleave, ondragover, ondragstart, ondrop, onfocus, onkeydown, onkeypress, onkeyup, onmousedown, onmousemove, onmouseout, onmouseover, onmouseup, onmousewheel, onscroll

td	HTML 3.2, XHTML 1.0
Bezeichnung	table data
Bedeutung	Tabellenzelle
Notation	`<td [Attribute]>[Elementinhalt]</td>`
Elternelemente	`<tr>`
Elementinhalt	Text und <a>, <abbr>, <address>, <article>, <aside>, <b>, <bdo>, <blockquote>, <button>, <canvas>, <caption>, <cite>, <code>, <command>, <dd>, <del>, <details>, <dfn>, <div>, <dt>, <em>, <fieldset>, <figcaption>, <figure>, <footer>, <form>, <h1> – <h6>, <header>, <i>, <iframe>, <ins>, <kbd>, <label>, <legend>, <li>, <map>, <mark>, <meter>, <nav>, <noscript>, <object>, <output>, <p>, <pre>, <progress>, <q>, <rp>, <rt>, <samp>, <section>, <small>, <span>, <strong>, <sub>, <sup>, <var>
Attribute	colspan, headers, rowspan accesskey, class, contenteditable, contextmenu, data, dir, draggable, hidden, id, item, itemprop, lang, spellcheck, style, subject, tabindex, title
Events	onabort, onblur, onchange, onclick, oncontextmenu, ondblclick, ondrag, ondragend, ondragenter, ondragleave, ondragover, ondragstart, ondrop, onfocus, onkeydown, onkeypress, onkeyup, onmousedown, onmousemove, onmouseout, onmouseover, onmouseup, onmousewheel, onscroll

textarea	HTML 2.0, XHTML 1.0
Bezeichnung	textarea
Bedeutung	Mehrzeiliger Eingabebereich in einem Formular

textarea	HTML 2.0 · XHTML 1.0
Notation	<textarea [Attribute]>[Elementinhalt]</textarea>
Elternelemente	<a>, <abbr>, <address>, <article>, <aside>, <b>, <bdo>, <blockquote>, <button>, <canvas>, <caption>, <cite>, <code>, <command>, <dd>, <del>, <details>, <dfn>, <div>, <dt>, <em>, <fieldset>, <figcaption>, <figure>, <footer>, <form>, <h1> – <h6>, <header>, <i>, <iframe>, <ins>, <kbd>, <label>, <legend>, <li>, <map>, <mark>, <meter>, <nav>, <noscript>, <object>, <output>, <p>, <progress>, <q>, <rp>, <rt>, <samp>, <section>, <small>, <span>, <strong>, <sub>, <sup>, <var>
Elementinhalt	Kann Text, aber keine anderen HTML-Elemente enthalten
Attribute	autofocus, cols, disabled, form, maxlength, name, placeholder, readonly, required, rows, wrap accesskey, class, contenteditable, contextmenu, data, dir, draggable, hidden, id, item, itemprop, lang, spellcheck, style, subject, tabindex, title
Events	onabort, onblur, onchange, onclick, oncontextmenu, ondblclick, ondrag, ondragend, ondragenter, ondragleave, ondragover, ondragstart, ondrop, onfocus, onformchange, onforminput, oninput, oninvalid, onkeydown, onkeypress, onkeyup, onmousedown, onmousemove, onmouseout, onmouseover, onmouseup, onmousewheel, onscroll, onselect, onsubmit

tfoot	HTML 4.0 · XHTML 1.0
Bezeichnung	table footer
Bedeutung	Fußbereich in einer Tabelle, z. B. für summarische Daten
Notation	<tfoot [Attribute]>[Elementinhalt]</tfoot>
Elternelemente	<table>
Elementinhalt	<tr>
Attribute	accesskey, class, contenteditable, contextmenu, data, dir, draggable, hidden, id, item, itemprop, lang, spellcheck, style, subject, tabindex, title
Events	onabort, onblur, onchange, onclick, oncontextmenu, ondblclick, ondrag, ondragend, ondragenter, ondragleave, ondragover, ondragstart, ondrop, onfocus, onkeydown, onkeypress, onkeyup, onmousedown, onmousemove, onmouseout, onmouseover, onmouseup, onmousewheel, onscroll

th	HTML 3.2 · XHTML 1.0
Bezeichnung	table head-data
Bedeutung	Tabellenkopfzelle

th	HTML 3.2 · X HTML 1.0
Notation	<th [Attribute]>[Elementinhalt]</th>
Elternelemente	<tr>
Elementinhalt	Text und <a>, <abbr>, <address>, <article>, <aside>, <b>, <bdo>, <blockquote>, <button>, <canvas>, <caption>, <cite>, <code>, <command>, <dd>, <del>, <details>, <dfn>, <div>, <dt>, <em>, <fieldset>, <figcaption>, <figure>, <footer>, <form>, <h1> – <h6>, <header>, <i>, <iframe>, <ins>, <kbd>, <label>, <legend>, <li>, <map>, <mark>, <meter>, <nav>, <noscript>, <object>, <output>, <p>, <pre>, <progress>, <q>, <rp>, <rt>, <samp>, <section>, <small>, <span>, <strong>, <sub>, <sup>, <var>
Attribute	colspan, headers, rowspan, scope accesskey, class, contenteditable, contextmenu, data, dir, draggable, hidden, id, item, itemprop, lang, spellcheck, style, subject, tabindex, title
Events	onabort, onblur, onchange, onclick, oncontextmenu, ondblclick, ondrag, ondragend, ondragenter, ondragleave, ondragover, ondragstart, ondrop, onfocus, onkeydown, onkeypress, onkeyup, onmousedown, onmousemove, onmouseout, onmouseover, onmouseup, onmousewheel, onscroll

thead	HTML 4.0 · X HTML 1.0
Bezeichnung	table header
Bedeutung	Kopfbereich einer Tabelle
Notation	<thead [Attribute]>[Elementinhalt]</thead>
Elternelemente	<table>
Elementinhalt	<tr>
Attribute	accesskey, class, contenteditable, contextmenu, data, dir, draggable, hidden, id, item, itemprop, lang, spellcheck, style, subject, tabindex, title
Events	onabort, onblur, onchange, onclick, oncontextmenu, ondblclick, ondrag, ondragend, ondragenter, ondragleave, ondragover, ondragstart, ondrop, onfocus, onkeydown, onkeypress, onkeyup, onmousedown, onmousemove, onmouseout, onmouseover, onmouseup, onmousewheel, onscroll

time	HTML · X HTML 5 · 9.0 · 4.0 · 5.0 · 11.0 · Semantik
Bezeichnung	date and time
Bedeutung	Datums-/Zeitangabe
Notation	<time [Attribute]>[Elementinhalt]</time>

time	HTML · X HTML 5 · 9.0 · 4.0 · 5.0 · 11.0 · Semantik
Elternelemente	<a>, <abbr>, <address>, <article>, <aside>, <b>, <bdo>, <blockquote>, <button>, <canvas>, <caption>, <cite>, <code>, <command>, <dd>, <del>, <details>, <dfn>, <div>, <dt>, <em>, <fieldset>, <figcaption>, <figure>, <footer>, <form>, <h1> – <h6>, <header>, <i>, <iframe>, <ins>, <kbd>, <label>, <legend>, <li>, <map>, <mark>, <meter>, <nav>, <noscript>, <object>, <output>, <p>, <pre>, <progress>, <q>, <rp>, <rt>, <samp>, <section>, <small>, <span>, <strong>, <sub>, <sup>, <var>
Elementinhalt	Kann Text, aber keine anderen HTML-Elemente enthalten
Attribute	datetime, pubdate accesskey, class, contenteditable, contextmenu, data, dir, draggable, hidden, id, item, itemprop, lang, spellcheck, style, subject, tabindex, title
Events	onabort, onblur, onchange, onclick, oncontextmenu, ondblclick, ondrag, ondragend, ondragenter, ondragleave, ondragover, ondragstart, ondrop, onfocus, onkeydown, onkeypress, onkeyup, onmousedown, onmousemove, onmouseout, onmouseover, onmouseup, onmousewheel, onscroll

title	HTML 2.0 · X HTML 1.0
Bezeichnung	title
Bedeutung	Titel eines HTML-Dokuments
Notation	<title [Attribute]>[Elementinhalt]</title>
Elternelemente	<head>
Elementinhalt	Kann Text, aber keine anderen HTML-Elemente enthalten
Attribute	accesskey, class, contenteditable, contextmenu, data, dir, draggable, hidden, id, item, itemprop, lang, spellcheck, style, subject, tabindex, title
Events	keine

tr	HTML 3.2 · X HTML 1.0
Bezeichnung	table row
Bedeutung	Tabellenzeile
Notation	<tr [Attribute]>[Elementinhalt]</tr>
Elternelemente	<table>, <tbody>, <tfoot>, <thead>
Elementinhalt	<td>, <th>
Attribute	accesskey, class, contenteditable, contextmenu, data, dir, draggable, hidden, id, item, itemprop, lang, spellcheck, style, subject, tabindex, title

tr	HTML 3.2, XHTML 1.0
Events	onabort, onblur, onchange, onclick, oncontextmenu, ondblclick, ondrag, ondragend, ondragenter, ondragleave, ondragover, ondragstart, ondrop, onfocus, onkeydown, onkeypress, onkeyup, onmousedown, onmousemove, onmouseout, onmouseover, onmouseup, onmousewheel, onscroll

ul	HTML 2.0, XHTML 1.0
Bezeichnung	unordered list
Bedeutung	Unsortierte Liste (Aufzählungsliste)
Notation	<ul [Attribute]>[Elementinhalt]</ul>
Elternelemente	<blockquote>, <body>, <button>, <dd>, <del>, <div>, <fieldset>, <form>, <iframe>, <ins>, <li>, <map>, <noscript>, <object>, <td>, <th>
Elementinhalt	<li>
Attribute	accesskey, class, contenteditable, contextmenu, data, dir, draggable, hidden, id, item, itemprop, lang, spellcheck, style, subject, tabindex, title
Events	onabort, onblur, onchange, onclick, oncontextmenu, ondblclick, ondrag, ondragend, ondragenter, ondragleave, ondragover, ondragstart, ondrop, onfocus, onkeydown, onkeypress, onkeyup, onmousedown, onmousemove, onmouseout, onmouseover, onmouseup, onmousewheel, onscroll

var	HTML 2.0, XHTML 1.0
Bezeichnung	variable
Bedeutung	Variabler Name in einem dokumentierenden Text
Notation	<var [Attribute]>[Elementinhalt]</var>
Elternelemente	<a>, <abbr>, <address>, <article>, <aside>, <b>, <bdo>, <blockquote>, <button>, <canvas>, <caption>, <cite>, <code>, <command>, <dd>, <del>, <details>, <dfn>, <div>, <dt>, <em>, <fieldset>, <figcaption>, <figure>, <footer>, <form>, <h1> – <h6>, <header>, <i>, <iframe>, <ins>, <kbd>, <label>, <legend>, <li>, <map>, <mark>, <meter>, <nav>, <noscript>, <object>, <output>, <p>, <pre>, <progress>, <q>, <rp>, <rt>, <samp>, <section>, <small>, <span>, <strong>, <sub>, <sup>, <var>
Elementinhalt	Text und <a>, <abbr>, <article>, <aside>, <b>, <bdo>, <button>, <canvas>, <caption>, <cite>, <code>, <command>, <dd>, <details>, <dfn>, <dt>, <em>, <figcaption>, <figure>, <footer>, <header>, <i>, <iframe>, <kbd>, <label>, <legend>, <map>, <mark>, <meter>, <nav>, <object>, <output>, <progress>, <q>, <rp>, <rt>, <samp>, <section>, <small>, <span>, <strong>, <sub>, <sup>, <var>

var	HTML 2.0 · XHTML 1.0
Attribute	accesskey, class, contenteditable, contextmenu, data, dir, draggable, hidden, id, item, itemprop, lang, spellcheck, style, subject, tabindex, title
Events	onabort, onblur, onchange, onclick, oncontextmenu, ondblclick, ondrag, ondragend, ondragenter, ondragleave, ondragover, ondragstart, ondrop, onfocus, onkeydown, onkeypress, onkeyup, onmousedown, onmousemove, onmouseout, onmouseover, onmouseup, onmousewheel, onscroll

video	HTML5 · XHTML 5 · 9.0 · 3.5 · 4.0 · 10.5
Bezeichnung	video
Bedeutung	Eingebettete Video-Ressource
Notation	<video [Attribute]>[Elementinhalt]</video>
Elternelemente	<a>, <abbr>, <address>, <article>, <aside>, <b>, <bdo>, <blockquote>, <button>, <canvas>, <caption>, <cite>, <code>, <command>, <dd>, <del>, <details>, <dfn>, <div>, <dt>, <em>, <fieldset>, <figcaption>, <figure>, <footer>, <form>, <h1> – <h6>, <header>, <i>, <iframe>, <ins>, <kbd>, <label>, <legend>, <li>, <map>, <mark>, <meter>, <nav>, <noscript>, <object>, <output>, <p>, <pre>, <progress>, <q>, <rp>, <rt>, <samp>, <section>, <small>, <span>, <strong>, <sub>, <sup>, <var>
Elementinhalt	<source>
Attribute	autoplay, controls, loop, poster, preload, src accesskey, class, contenteditable, contextmenu, data, dir, draggable, hidden, id, item, itemprop, lang, spellcheck, style, subject, tabindex, title
Events	onabort, onblur, oncanplay, oncanplaythrough, onchange, onclick, oncontextmenu, ondblclick, ondrag, ondragend, ondragenter, ondragleave, ondragover, ondragstart, ondrop, ondurationchange, onemptied, onerror, onfocus, onkeydown, onkeypress, onkeyup, onloadeddata, onloadstart, onmousedown, onloadedmetadata, onmousemove, onmouseout, onmouseover, onmouseup, onmousewheel, onpause, onplay, onplaying, onprogress, onratechange, onreadystatechange, onscroll, onseeked, onseeking, onstalled, onsuspend, ontimeupdate, onvolumechange, onwaiting

B HTML-Attributreferenz

Die Attributreferenz beschreibt nur diejenigen Attribute, die im HTML5-Standard vorgesehen sind. Veraltete Attribute aus HTML 4.01 Transitional oder HTML 3.2 werden ebenso wenig wie browserspezifische Attribute beschrieben.

Syntaktisch gehören auch die Event-Handler für Scriptaktionen zu den Attributen von HTML. Diese werden jedoch gesondert in der HTML-Eventreferenz (Anhang C) beschrieben.

Einige Attribute erwarten eine Reihe möglicher fester Werte. In der Attributreferenz sind die möglichen Werte in solchen Fällen angegeben. Dabei wird der Default-Wert sofern vorhanden ***fett*** gekennzeichnet. Dieser Standardwert wird verwendet, wenn das Attribut gar nicht notiert wird.

HTML5 erlaubt das Einfügen nicht-standardisierter Attribute für eigene Zwecke, z. B. `<div person="Michael Mustermann" member-since="2008-11-28">`. Browser sind angewiesen, solche Attribute einfach zu ignorieren. Es ist jedoch möglich, über DOM Scripting auf diese Attribute zuzugreifen. Darin besteht auch ihr Hauptzweck.

B.1 Liste der HTML5-Attribute

Die nachfolgende Tabelle enthält die im HTML5-Standard vorgesehenen Attribute (ohne Event-Handler) in alphabetischer Reihenfolge. Alternativ ist eine Liste der Universalattribute verfügbar, also eine Liste derjenigen Attribute, die theoretisch in allen HTML-Elementen erlaubt sind.

`accept`	HTML 2.0, XHTML 1.0
Bedeutung	Erwartete Dateitypen bei Datei-Upload
Erforderlich?	Nein
Elemente	`<form>`, `<input>`
Attributwert	MIME-Type gemäß RFC-2045, z. B. `accept="application/pdf"`

`accept-charset`	HTML 2.0, XHTML 1.0
Bedeutung	Zeichenkodierung für abgesendete Formulardaten
Erforderlich?	Nein
Elemente	`<form>`
Attributwert	Zeichensatz gemäß RFC-2045, z. B. `accept-charset="UTF-8"`

accesskey	HTML 2.0 · XHTML 1.0
Bedeutung	Tastaturkürzel zum Aktivieren eines Elements
Erforderlich?	Nein
Elemente	Kann in allen HTML-Elementen vorkommen, d. h. es gibt keine Einschränkungen zur Verwendung.
Attributwert	Text, z. B. `accesskey="i"`
Besonderheiten	In einigen Browsern muss die [Alt] und die Taste mit dem Buchstaben gedrückt werden, in Opera die Tastenkombination [Strg][Esc], in Safari die Taste [Strg] und in Firefox die Tastenkombination [Alt][⇧].

action	HTML 2.0 · XHTML 1.0
Bedeutung	Aufruf-URL bei Absenden eines Formulars
Erforderlich?	Ja
Elemente	`<form>`
Attributwert	URI gemäß RFC-2396, z. B. `action="http://www.example.org/sendform.php"`
Besonderheiten	Es ist möglich, als Wert für das Attribut `action` eine E-Mail-Adresse anzugeben, z. B. `action="mailto:fritz.eierschale@example.org"` zusammen mit den Attributen `method="post" enctype="text/plain"`.

alt	HTML 2.0 · XHTML 1.0
Bedeutung	Ersatztext, falls eine Grafik nicht angezeigt werden kann
Erforderlich?	Ja
Elemente	`<img>`, `<input>`
Attributwert	Text, z. B. `alt="Beispieltext"`

async	HTML5 · XHTML 5 · 3.6 · 8.0 · 5.0
Bedeutung	Asynchrone Ausführung eines Scripts
Erforderlich?	Nein
Elemente	`<script>`
Attributwert	`false` (Script ausführen, sobald das HTML-Dokument vollständig geladen ist) `true` (sofort mit der Script-Ausführung beginnen)

autobuffer	HTML · XHTML 5 · 9.0 · 3.5 · · 4.0 · 10.5
Bedeutung	Automatisches Zwischenspeichern der Medien-Ressource ermöglichen
Erforderlich?	Nein
Elemente	`<audio>`, `<video>`
Attributwert	Standalone-Attribut ohne Inhalt, bei XHTML in der Form `autobuffer="autobuffer"` notieren.
Besonderheiten	Wird in HTML5 auch als `preload`-Attribut angeführt.

autocomplete	HTML 2.0 · XHTML 1.0 · 7.0 · · · · 9.0
Bedeutung	Automatisches Vervollständigen von Inhalten in Formularfeldern
Erforderlich?	Nein
Elemente	`<form>`, `<input>`
Attributwert	`on` (Automatisches Vervollständigen aktiviert) `off` (Automatisches Vervollständigen deaktiviert)
Besonderheiten	Der Standardwert ist browserabhängig.

autofocus	HTML · XHTML 5 · 4.0 · · 4.0 · 11.0
Bedeutung	Beim Laden des Dokuments automatisch auf ein Formularelement fokussieren
Erforderlich?	Nein
Elemente	`<button>`, `<fieldset>`, `<form>`, `<input>`, `<optgroup>`, `<option>`, `<select>`, `<textarea>`
Attributwert	Standalone-Attribut ohne Inhalt, bei XHTML in der Form `autofocus="autofocus"` notieren.
Besonderheiten	Der Attributwert darf nur einmal im HTML-Dokument verwendet werden.

autoplay	HTML · XHTML 5 · 9.0 · 3.5 · · 4.0 · 10.5
Bedeutung	Automatisches Abspielen einer Medien-Ressource
Erforderlich?	Nein
Elemente	`<audio>`, `<video>`
Attributwert	Standalone-Attribut ohne Inhalt, bei XHTML in der Form `autoplay="autoplay"` notieren.
Besonderheiten	Falls das Attribut `controls` nicht notiert wird, muss `autoplay` verwendet werden. Sonst wird die Media-Datei nicht abgespielt.

challenge	HTML5 · XHTML 5
Bedeutung	Zusatzangabe zu einem generierten Schlüssel
Erforderlich?	Nein
Elemente	`<keygen>`
Attributwert	Text, z. B. `challenge="AF453CCE99AH"`

charset	HTML 2.0 · XHTML 1.0
Bedeutung	Angabe der verwendeten Zeichenkodierung
Erforderlich?	Nein
Elemente	`<meta>`, `<script>`
Attributwert	Zeichensatz gemäß RFC-2045, z. B. `accept-charset="UTF-8"`

checked	HTML 2.0 · XHTML 1.0
Bedeutung	Aktivierte Checkboxen oder Radiobuttons
Erforderlich?	Nein
Elemente	`<command>`, `<input>`
Attributwert	Standalone-Attribut ohne Inhalt, bei XHTML in der Form `checked="checked"` notieren.
Besonderheiten	Bei `<input>` muss das Attribut `type` auf den Wert `radio` bzw. `checkbox` gesetzt sein.

cite	HTML 4.0 · XHTML 1.0
Bedeutung	Link zur Quelle eines Zitats oder Hinweis zu einer Änderungs- oder Löschmarkierung
Erforderlich?	Nein
Elemente	`<cite>`, `<del>`, `<ins>`, `<q>`, `<section>`
Attributwert	URI gemäß RFC-2396, z. B. `cite="http://www.example.org/"`

class	HTML 2.0 · XHTML 1.0
Bedeutung	Klassenname(n) eines Elements
Erforderlich?	Nein
Elemente	`class` kann in allen HTML-Elementen vorkommen, d. h. es gibt keine Einschränkungen zur Verwendung.
Attributwert	Text, z. B. `class="linkeSpalte"`

cols	HTML 2.0 · XHTML 1.0
Bedeutung	Anzahl Zeichen pro Zeile in einem mehrteiligen Eingabefeld
Erforderlich?	Ja
Elemente	`<textarea>`
Attributwert	Nummerischer Wert (Integer), z. B. `cols="50"`

colspan	HTML 3.2 · XHTML 1.0
Bedeutung	Anzahl Spalten, über die sich eine Tabellenzelle erstrecken soll
Erforderlich?	Nein
Elemente	`<td>`, `<th>`
Attributwert	Nummerischer Wert (Integer), z. B. `colspan="2"`
Besonderheiten	Der Standardwert für `colspan` ist `colspan="1"`

content	HTML 2.0 · XHTML 1.0
Bedeutung	Wert einer Meta-Angabe
Erforderlich?	Ja
Elemente	`<meta>`
Attributwert	Text, z. B. `content="Profilseite"` oder Nummerischer Wert (Integer), z. B. `content="0"`
Besonderheiten	Bei `charset` ist die Angabe von `content` nicht möglich.

contenteditable	HTML5 · XHTML 5 · 3.5 · 3.0 · 9.0
Bedeutung	Editierbares Element
Erforderlich?	Nein
Elemente	`contenteditable` kann in allen HTML-Elementen vorkommen, d. h. es gibt keine Einschränkungen zur Verwendung.
Attributwert	(Default-Wert ist fett dargestellt) `false` (Element ist nicht editierbar) `true` (Element kann bearbeitet werden)

contextmenu	HTML5 · XHTML 5
Bedeutung	`id`-Wert eines Menü-Elements, das einem Element als Kontextmenü zugeordnet wird
Erforderlich?	Nein
Elemente	`contextmenu` kann in allen HTML-Elementen vorkommen, d. h. es gibt keine Einschränkungen zur Verwendung.
Attributwert	Text, z. B. `contextmenu="cMenu_01"`

controls	HTML	X HTML 5	9.0	3.5		4.0	10.5
Bedeutung	Kontrollfunktionen wie z. B. Pause-Schaltfläche beim Abspielen von Medien						
Erforderlich?	Nein						
Elemente	<audio>, <video>						
Attributwert	Standalone-Attribut ohne Inhalt, bei XHTML in der Form `controls="controls"` notieren.						

coords	HTML 3.2	X HTML 1.0					
Bedeutung	Koordinaten einer verweissensitiven Fläche in einer verweissensitiven Grafik (Image Map)						
Erforderlich?	Nein						
Elemente	<area>						
Attributwert	Text, z. B. `coords="11,10,59,29"` (das Format des Strings wird vom Attribut `shape` bestimmt)						

data	HTML 4.0	X HTML 1.0					
Bedeutung	URL-Adresse einer Objekt-Ressource						
Erforderlich?	Nein						
Elemente	<object>						
Attributwert	Text, z. B. `data="schoepfung.txt"`						
Besonderheiten	Wenn das `data`-Attribut nicht angegeben wird, muss `param` verwendet werden.						

datetime	HTML 4.0	X HTML 1.0					
Bedeutung	Datum und/oder Uhrzeit bei Änderungs- oder Löschmarkierungen						
Erforderlich?	Nein						
Elemente	<del>, <ins>, <time>						
Attributwert	Text, z. B. `datetime="2011-06-25T10:59+01:00"` (Datum und Uhrzeit muss im ISO-Format angegeben werden)						
Besonderheiten	wird bei <time> noch nicht unterstützt						

defer	HTML 4.0	X HTML 1.0		3.5	8.0	5.0
Bedeutung	Mit Script-Ausführung warten, bis der HTML-Code der Seite vollständig geparst ist					
Erforderlich?	Nein					
Elemente	<script>					
Attributwert	Standalone-Attribut ohne Inhalt, bei XHTML in der Form `defer="defer"` notieren.					

dir	HTML 2.0 · XHTML 1.0
Bedeutung	Schreibrichtung des Elementinhalts
Erforderlich?	Nein
Elemente	dir kann in allen HTML-Elementen vorkommen, außer <base>, , <hr>, <iframe>, <param>, <script>
Attributwert	ltr (Von links nach rechts schreiben) rtl (Von links nach rechts schreiben)

disabled	HTML 2.0 · XHTML 1.0
Bedeutung	Angezeigtes, aber nicht verfügbares (ausgegrautes) Formularelement
Erforderlich?	Nein
Elemente	<button>, <fieldset>, <input>, <optgroup>, <option>, <select>, <textarea>
Attributwert	Standalone-Attribut ohne Inhalt, bei XHTML in der Form disabled="disabled" notieren.

draggable	HTML · XHTML 5 · 3.5 · 3.0
Bedeutung	Mit der Maus verschiebbares Element
Erforderlich?	Nein
Elemente	Attribut kann in allen HTML-Elementen vorkommen, d. h. es gibt keine Einschränkungen zur Verwendung.
Attributwert	Default-Wert ist fett angegeben: auto (Verschiebbarkeit wie im Browser voreingestellt) true (Element ist verschiebbar) false (Element ist nicht verschiebbar)

enctype	HTML 2.0 · XHTML 1.0
Bedeutung	Art der Formulardaten-Kodierung
Erforderlich?	Nein
Elemente	<form>
Attributwert	MIME-Type gemäß RFC-2045, z. B. enctype="multipart/form-data"
Besonderheiten	Der Standardwert ist enctype="application/x-www-form-urlencoded"

for	HTML 4.0, X HTML 1.0
Bedeutung	id eines oder mehrerer Formularelemente bei Feldbeschriftungen oder generierten (kalkulierten) Ausgaben
Erforderlich?	Nein
Elemente	<label>, <output>
Attributwert	Text, z. B. for="vorname"

form	HTML, X HTML 5, 9.0
Bedeutung	id eines Formulars, mit dem ein außerhalb von Formularen definiertes Formularelement verknüpft ist
Erforderlich?	Nein
Elemente	<button>, <fieldset>, <input>, <optgroup>, <option>, <select>, <textarea>
Attributwert	Text, z. B. form="form_kontakt"

formaction	HTML, X HTML 5, 9.0
Bedeutung	URL-Adresse, die beim Drücken einer Schaltfläche oder Abschließen einer Eingabe aufgerufen werden soll
Erforderlich?	Nein
Elemente	<button>, <fieldset>, <form>, <input>, <optgroup>, <option>, <select>, <textarea>
Attributwert	URI gemäß RFC-2396, z. B. formaction="http://www.example.org/script/sendform.php"

formenctype	HTML, X HTML 5, 9.0
Bedeutung	Formulardatenkodierung, wenn beim Drücken einer Schaltfläche oder Abschließen einer Eingabe das Formular abgesendet wird
Erforderlich?	Nein
Elemente	<button>, <fieldset>, <input>, <optgroup>, <option>, <select>, <textarea>
Attributwert	MIME-Type gemäß RFC-2045, z. B. formenctype="multipart/form-data"
Besonderheiten	Der Standardwert ist formenctype="application/x-www-form-urlencoded"

formmethod	
Bedeutung	HTTP-Aufrufmethode, wenn beim Drücken einer Schaltfläche oder Abschließen einer Eingabe das Formular abgesendet wird
Erforderlich?	Nein
Elemente	<button>, <fieldset>, <input>, <optgroup>, <option>, <select>, <textarea>
Attributwert	get (Formulardaten werden mit der URL gesendet) post (Formulardaten werden im body-Element gesendet)

formnovalidate	
Bedeutung	Validierung von Formulareingaben überspringen
Erforderlich?	Nein
Elemente	<button>, <fieldset>,, <input>, <optgroup>, <option>, <select>, <textarea>
Attributwert	Standalone-Attribut ohne Inhalt, bei XHTML in der Form formnovalidate="formnovalidate" notieren.

formtarget	
Bedeutung	Zielausgabefenster, wenn beim Drücken einer Schaltfläche oder Abschließen einer Eingabe das Formular abgesendet wird
Erforderlich?	Nein
Elemente	<button>, <fieldset>, <form>, <input>, <optgroup>, <option>, <select>, <textarea>
Attributwert	Einer der folgenden Werte (Default-Wert ist fett dargestellt): _self (Zeigt die Antwort im selben Fenster) _blank (Zeigt die Antwort in einem neuen Fenster) _top (Zeigt die Antwort im body des Fenster) _parent (Zeigt die Antwort im aufrufenden Fenster)

headers	
Bedeutung	IDs der Kopfzellen, die einer aktuellen Tabellenzelle zugeordnet sind
Erforderlich?	Nein
Elemente	<td>, <th>
Attributwert	Text, z. B. headers="Stadt_1"

height	HTML 2.0, XHTML 1.0
Bedeutung	Höhe eines Elements
Erforderlich?	Nein
Elemente	`<canvas>`, `<embed>`, `<iframe>`, `<img>`, `<input>`, `<output>`
Attributwert	Nummerischer Wert (Integer), z. B. `height="100"`

hidden	HTML, XHTML 5, 4.0, 5.0
Bedeutung	Nicht relevantes Element, wird nicht angezeigt
Erforderlich?	Nein
Elemente	`hidden` kann in allen HTML-Elementen vorkommen, d. h. es gibt keine Einschränkungen zur Verwendung.
Attributwert	Standalone-Attribut ohne Inhalt, bei XHTML in der Form `hidden="hidden"` notieren.

high	HTML, XHTML 5, 6.0, 8.0, 11.0
Bedeutung	Oberer Wert eines Messbereichs
Erforderlich?	Nein
Elemente	`<meter>`
Attributwert	Nummerischer Wert (Integer), z. B. `high="90"`

href	HTML 2.0, XHTML 1.0
Bedeutung	Ziel eines Hyperlinks oder URL einer Adressbasis
Erforderlich?	Ja
Elemente	`<a>`, `<area>`, `<base>`, `<link>`
Attributwert	URI gemäß RFC-2396, z. B. `href="http://www.example.org/script/sendform.php"`

hreflang	HTML 2.0, XHTML 1.0
Bedeutung	Sprache eines verlinkten Ziels
Erforderlich?	Nein
Elemente	`<a>`, `<area>`, `<link>`
Attributwert	Text, z. B. `hreflang="fr"` (Als Angabe ist ein Sprachenkürzel erlaubt, wie in RFC 4646 definiert.)

http-equiv	HTML 2.0, XHTML 1.0
Bedeutung	HTTP-Anweisung in Meta-Angaben
Erforderlich?	Nein
Elemente	`<meta>`
Attributwert	`content-type` (Definiert die Art des Inhalts und den Zeichensatz) `expires` (Die Seite wird nach einem bestimmten Datum/Zeit vom Originalort geladen, da sie abgelaufen ist) `refresh` (Automatische Weiterleitung nach dem Ablauf einer definierten Zeit) `set-cookie` (Bedeutung)
Besonderheiten	Die Werte für `http-equiv` werden mit dem Attribut `content` angegeben.

icon	HTML, XHTML 5, 8.0, 3.5, 4.0 (eingeschränkte Unterstützung)
Bedeutung	URL-Adresse der Icon-Grafik für ein Kommando
Erforderlich?	Nein
Elemente	`<command>`
Attributwert	URI gemäß RFC-2396, z. B. `icon="/img/neu.png"`

id	HTML 2.0, XHTML 1.0
Bedeutung	Dokumentweit eindeutige ID eines Elements
Erforderlich?	Nein
Elemente	Kann in allen HTML-Elementen vorkommen, d. h. es gibt keine Einschränkungen zur Verwendung.
Attributwert	Text, z. B. `id="artikel_123"` (Muss mit einem Buchstaben `A-Z` oder `a-z` beginnen und darf in der weiteren Zeichenkette ebenfalls nur Buchstaben `A-Z` und `a-z`, Ziffern `0-9`, Bindestriche `-`, Unterstriche `_`, Doppelpunkte `:` und Punkte `.` enthalten.)

ismap	HTML 2.0, XHTML 1.0
Bedeutung	Eine Grafik als Image-Map mit serverseitiger Auswertung deklarieren
Erforderlich?	Nein
Elemente	`<img>`
Attributwert	Standalone-Attribut ohne Inhalt, bei XHTML in der Form `ismap="ismap"` notieren.
Besonderheiten	Bei der Verwendung von `ismap` muss das Element `<img>` von einem `<a>` umschlossen werden. Das Ziel des Verweises bei `href` ist ein auswertendes Serverprogramm, das in der Lage ist, auf die übermittelten Klickkoordinaten zu reagieren.

itemid	HTML X HTML 5
Bedeutung	URL-Adresse für ein Mikrodaten-Set
Erforderlich?	Nein
Elemente	`itemid` kann in allen HTML-Elementen vorkommen, d. h. es gibt keine Einschränkungen zur Verwendung.
Attributwert	Text, z. B. `itemid="978-3645600798"`
Besonderheiten	Notieren Sie das `itemid`-Attribut ebenso wie das `itemtype`-Attribut im gleichen Tag wie das `itemscope`-Attribut.

itemprop	HTML X HTML 5
Bedeutung	Anzahl Zeichen pro Zeile in einem mehrteiligen Eingabefeld
Erforderlich?	Nein
Elemente	`itemprop` kann in allen HTML-Elementen vorkommen, d. h. es gibt keine Einschränkungen zur Verwendung.
Attributwert	Text, z. B. `itemprop="picture"`

itemref	HTML X HTML 5
Bedeutung	Liste von IDs von Bezugelementen in einem Mikrodaten-Set
Erforderlich?	Nein
Elemente	`itemref` kann in allen HTML-Elementen vorkommen, d. h. es gibt keine Einschränkungen zur Verwendung.
Attributwert	Text, z. B. `itemref="vorname nachname ort"` (Die IDs müssen mit Leerzeichen getrennt werden.)
Besonderheiten	Wird `itemref` notiert, muss auch das `itemscope`-Attribut eingesetzt werden.

itemscope	HTML X HTML 5
Bedeutung	Deklaration eines Mikrodaten-Sets
Erforderlich?	Nein
Elemente	`itemscope` kann in allen HTML-Elementen vorkommen, d. h. es gibt keine Einschränkungen zur Verwendung.
Attributwert	Standalone-Attribut ohne Inhalt, bei XHTML in der Form `itemscope="itemscope"` notieren.
Besonderheiten	Notieren Sie das `itemid`-Attribut ebenso wie das `itemtype`-Attribut im gleichen Tag wie das `itemscope`-Attribut. Ein Element, das ein `itemscope`-Attribut enthält, kann außerdem ein `itemref`-Attribut enthalten.

itemtype	HTML5 · XHTML 5
Bedeutung	URL-Adresse der Spezifikation eines Typs von Mikrodaten
Erforderlich?	Nein
Elemente	`itemtype` kann in allen HTML-Elementen vorkommen, d. h. es gibt keine Einschränkungen zur Verwendung.
Attributwert	URI gemäß RFC-2396, z. B. `itemtype = "http://vocab.org/relationship/.html"`
Besonderheiten	Notieren Sie das `itemid`-Attribut ebenso wie das `itemtype`-Attribut im gleichen Tag wie das `itemscope`-Attribut.

keytype	HTML5 · XHTML 5
Bedeutung	Typ des zu generierenden Schlüssels
Erforderlich?	Nein
Elemente	`<keygen>`
Attributwert	`rsa` (den RSA-Algorithmus verwenden)

label	HTML 2.0 · XHTML 1.0
Bedeutung	Sichtbares Label für ein Formularelement
Erforderlich?	Nein
Elemente	`<command>`, `<menu>`, `<optgroup>`, `<option>`
Attributwert	Text, z. B. `label="Produkte"`

lang	HTML 4.0 · XHTML 1.0
Bedeutung	Sprache des Elementinhalts
Erforderlich?	Nein
Elemente	`lang` kann in allen HTML-Elementen vorkommen, außer `<base>`, ` `, `<hr>`, `<iframe>`, `<param>`, `<script>`
Attributwert	Sprachkürzel gemäß RFC-1766, z. B. `lang="fr"`

list	HTML5 · XHTML 5 · 4.0 · 9.0
Bedeutung	ID eines `datalist`-Elements mit Auto-Vervollständigungsoptionen
Erforderlich?	Nein
Elemente	`<input>`
Attributwert	Text, z. B. `list="staatenliste"`
Besonderheiten	Das Attribut `list` kann nur gemeinsam mit `<datalist>` eingesetzt werden.

`loop`	HTML · X HTML 5 · 9.0 · 3.5 · · 4.0 · 10.5
Bedeutung	Endloswiederholung einer Medien-Ressource
Erforderlich?	Nein
Elemente	`<audio>`, `<video>`
Attributwert	Standalone-Attribut ohne Inhalt, bei XHTML in der Form `loop="loop"` notieren.

`low`	HTML · X HTML 5 · 6.0 · 8.0 · 11.0
Bedeutung	Unterer Wert eines Messbereichs
Erforderlich?	Nein
Elemente	`<meter>`
Attributwert	Nummerischer Wert (Float), z. B. `low="2"`

`manifest`	HTML · X HTML 5 · 3.5 · · 4.0
Bedeutung	URL-Adresse für Webanwendungs-Cache
Erforderlich?	Nein
Elemente	`<html>`
Attributwert	URI gemäß RFC-2396, z. B. `manifest="webApp.cache"`

`max`	HTML · X HTML 5 · 6.0 · 8.0 · 11.0
Bedeutung	Maximaler, höchstmöglicher Wert in einem Formularfeld oder einem Maßinhalt
Erforderlich?	Ja
Elemente	`<meter>`
Attributwert	Nummerischer Wert (Float), z. B. `max="50"`

`maxlength`	HTML 2.0 · X HTML 1.0
Bedeutung	Maximale Zeichenlänge eines Formularfeldinhalts
Erforderlich?	Nein
Elemente	`<input>`, `<textarea>`
Attributwert	Nummerischer Wert (Integer), z. B. `maxlength="80"`

media	HTML 2.0 · XHTML 1.0
Bedeutung	Medientyp eines Linkziels oder eine Ressource
Erforderlich?	Nein
Elemente	<a>, <area>, <link>, <source>, <style>
Attributwert	Einer der folgenden Werte (Default-Wert ist fett dargestellt): `all` (Alle Ausgabetypen) `aural` (Sprachsynthesizer) `braille` (Braille-Leisten) `handheld` (Mobile Geräte mit kleinem Display und geringer Bandbreite) `projection` (Projektoren und Beamer) `print` (gedruckte Darstellung) `screen` (Bildschirmausgabe) `tty` (Ausgabe auf Geräten mit fester Zeichenbreite) `tv` (TV-Geräte) **Bei den folgenden Werten kann, außer bei `grid`, `orientation` und `scan`, das Präfix `max-` bzw. `min-` verwendet werden.** `aspect-ratio` (Seitenverhältnis des Bildschirms, z. B. `media="screen and (aspect-ratio:6/9)"`) `color` (Anzahl der Bits für die Farbdarstellung, z. B. `media="screen and (color:8)"`) `color-index` (Anzahl der darstellbaren Farben, z. B. `media="screen and (min-color-index:256)"`) `device-aspect-ratio` (Seitenverhältnis der Ausgabeeinheit, z. B. `media="screen and (device-aspect-ratio:16/9)"`) `device-height` (Höhe der Ausgabeeinheit, z. B. `media="screen and (min-device-height:500px)"`) `device-width` (Breite der Ausgabeeinheit, z. B. `media="screen and (max-device-width:1024px)"`) `grid` (Ist die Ausgabeeinheit Grid 1 oder Bitmap orientiert, z. B. `media="screen and (grid:1)"`) `height` (Höhe des Bildschirms, z. B. `media="screen and (min-height:1024px)"`) `monochrome` (Bits pro Pixel für den Monochrome-Buffer, z. B. `media="screen and (min-monochrome:2)"`) `orientation` (Ausrichtung (`portrait` oder `landscape`) der Ausgabeeinheit, z. B. `media="screen and (orientation:landscape)"`) `resolution` (`dpi` bzw. `dpcm` der Ausgabeeinheit, z. B. `media="print and (resolution:300dpi)"`) `scan` (Art der Scanmethode (`interlace` bzw. `progressive`) des TV-Geräts, z. B. `media="tv and (scan:interlace)"`) `width` (Breite des Bildschirms, z. B. `media="screen and (min-width:800px)"`)
Besonderheiten	Ab HTML5 können die Operatoren UND `and`, NOT `not` und ODER (`,`) mit den weiteren Werten zur Ermittlung der Ausgabetypen eingesetzt werden.

`method`	HTML 2.0, XHTML 1.0
Bedeutung	HTTP-Methode, mit der Formulardaten nach dem Absenden übertragen werden sollen
Erforderlich?	Nein
Elemente	`<form>`
Attributwert	`get` (Formulardaten werden mit der URL gesendet) `post` (Formulardaten werden im body-Element gesendet)

`min`	HTML5, XHTML 5, 6.0, 8.0, 11.0
Bedeutung	Minimaler, niedrigstmöglicher Wert in einem Formularfeld oder einem Maßinhalt
Erforderlich?	Ja
Elemente	`<meter>`
Attributwert	Nummerischer Wert (Float), z. B. `min="5"`

`multiple`	HTML 2.0, XHTML 1.0
Bedeutung	Mehrfachauswahl in einer Auswahlliste ermöglichen
Erforderlich?	Nein
Elemente	`<input>`, `<select>`
Attributwert	Standalone-Attribut ohne Inhalt, bei XHTML in der Form `multiple="multiple"` notieren.

`name`	HTML 2.0, XHTML 1.0
Bedeutung	Name eines Elements
Erforderlich?	Nein
Elemente	`<button>`, `<fieldset>`, `<form>`, `<iframe>`, `<input>`, `<keygen>`, `<map>`, `<meta>`, `<object>`, `<output>`, `<param>`, `<select>`, `<textarea>`, `<var>`
Attributwert	Text, z. B. `name="artikel_123"` (muss mit einem Buchstaben `A-Z` oder `a-z` beginnen und darf in der weiteren Zeichenkette ebenfalls nur Buchstaben `A-Z` und `a-z`, Ziffern `0-9`, Bindestriche `-`, Unterstriche `_`, Doppelpunkte `:` und Punkte `.` enthalten.)

novalidate	HTML 2.0 · XHTML 1.0
Bedeutung	Validierung von Formulareingaben überspringen
Erforderlich?	Nein
Elemente	`<form>`
Attributwert	Standalone-Attribut ohne Inhalt, bei XHTML in der Form `novalidate="novalidate"` notieren.

open	HTML · XHTML 5 · 12.0
Bedeutung	Sichtbarkeit von Details (`details`-Element)
Erforderlich?	Nein
Elemente	`<details>`
Attributwert	Standalone-Attribut ohne Inhalt, bei XHTML in der Form `open="open"` notieren.

optimum	HTML · XHTML 5 · 6.0 · 8.0 · 11.0
Bedeutung	Optimaler Wert in einem Messbereich
Erforderlich?	Nein
Elemente	`<meter>`
Attributwert	Nummerischer Wert (Float), z. B. `optimum="17.3"`

pattern	HTML · XHTML 5 · 6.0 · 13.0 · 11.5
Bedeutung	Regulärer Ausdruck, auf den der Inhalt eines Formularfeldes passen muss
Erforderlich?	Nein
Elemente	`<input>`
Attributwert	Text, z. B. `pattern="[0-9]"` (Der Wert muss ein regulärer Ausdruck sein)

ping	HTML · XHTML 5 · 8.0 · 3.5
Bedeutung	URL-Adressen, die informiert werden sollen, wenn ein Hyperlink angeklickt wird
Erforderlich?	Nein
Elemente	`<a>`, `<area>`
Attributwert	URI gemäß RFC-2396, z. B. `ping="http://www.example.org/"`

placeholder	HTML · X HTML 5 · 4.0 · · 4.0 · 11.0
Bedeutung	Platzhaltertext, der in einem Formularelement angezeigt wird, solange es leer ist
Erforderlich?	Nein
Elemente	`<input>`, `<textarea>`
Attributwert	Text, z. B. `placeholder="Ihr Vorname"`

poster	HTML 2.0 · X HTML 1.0
Bedeutung	URL-Adresse einer Grafik, die angezeigt werden soll, wenn ein anzuzeigendes Video nicht verfügbar ist
Erforderlich?	Nein
Elemente	`<video>`
Attributwert	URI gemäß RFC-2396, z. B. `poster="../titelbild.jpg"`

pubdate	HTML · X HTML 5 · 9.0 · 4.0 · · 5.0 · 11.0 · Semantik
Bedeutung	Bestimmt, dass der Inhalt des `<time>` Elements das Publikationsdatum des aktuellen Artikels oder Dokuments ist
Erforderlich?	Nein
Elemente	`<time>`
Attributwert	Standalone-Attribut ohne Inhalt, bei XHTML in der Form `pubdate="pubdate"` notieren.
Besonderheiten	Der dem `<time>` Element nächste Artikel, wird mit dem Veröffentlichungsdatum assoziiert.

radiogroup	HTML · X HTML 5
Bedeutung	Name einer Gruppe von Radiobuttons
Erforderlich?	Nein
Elemente	`<command>`
Attributwert	Text, z. B. `radiogroup="lagerblock"`
Besonderheiten	Das Attribut `radiogroup` kann nur verwendet werden, wenn das Attribut `type` den Wert `radio` besitzt.

readonly	HTML 4.0, XHTML 1.0
Bedeutung	Das Editieren/Ändern eines Formularelements verhindern (ausgrauen)
Erforderlich?	Nein
Elemente	<button>, <fieldset>, <input>, <optgroup>, <option>, <select>, <textarea>
Attributwert	Standalone-Attribut ohne Inhalt, bei XHTML in der Form `readonly="readonly"` notieren.
Besonderheiten	Im Gegensatz zu dem Attribut `disabled` werden mit `readonly` die Formulardaten übertragen.

rel	HTML 2.0, XHTML 1.0
Bedeutung	Art der Verknüpfung eines Hyperlinks oder einer logischen Dokumentbeziehung
Erforderlich?	Nein
Elemente	<a>, <area>, <audio>, <link>, <video>
Attributwert	`alternate` (alternative Version des Dokuments) `archives` (historische Daten, Archiv) `author` (Autor des Dokuments) `bookmark` (permanente URL, um ein Lesezeichen zu erstellen) `contact` (Kontaktdaten für das Dokument) `external` (externes Dokument) `first` (Erstes Dokument der Serie von Texten) `help` (Dokument mit Hilfe) `icon` (Icon des Dokuments) `index` (Index für das Dokument) `last` (letztes Dokument der Serie von Texten) `license` (urheberrechtliche Informationen) `next` (nächstes Dokument der Serie von Texten) `nofollow` (soll nicht von Suchmaschinen indiziert werden) `noreferrer` (kein HTTP-Referrer soll gesendet werden) `prev` (vorheriges Dokument der Serie von Texten) `search` (Link zu einem Suchfenster) `stylesheet` (Link ist ein Stylesheet) `sidebar` (das Dokument wird in der Seitenleiste des Browsers angezeigt) `tag` (ein Schlüsselwort für das Dokument) `up` (der Kontext für das aktuelle Dokument)
Besonderheiten	`rel` kann nur verwendet werden, wenn auch `href` verwendet wird.

required	HTML · XHTML 5 · 4.0 · 10.0 · 10.0
Bedeutung	Ein Formularelement als Pflichtfeld kennzeichnen
Erforderlich?	Nein
Elemente	`<input>`, `<textarea>`
Attributwert	Standalone-Attribut ohne Inhalt, bei XHTML in der Form `required="required"` notieren.
Besonderheiten	Kann nicht mit den Werten `hidden`, `image`, `button`, `submit` und `reset` beim Attribut `type` verwendet werden.

reversed	HTML · XHTML 5
Bedeutung	Abwärtsnummerierung in einer nummerierten Liste festlegen
Erforderlich?	Nein
Elemente	`<ol>`
Attributwert	Standalone-Attribut ohne Inhalt, bei XHTML in der Form `reversed="reversed"` notieren.

rows	HTML 2.0 · XHTML 1.0
Bedeutung	Anzahl sichtbarer Zeilen in einem mehrzeiligen Eingabefeld
Erforderlich?	Ja
Elemente	`<textarea>`
Attributwert	Nummerischer Wert (Integer), z. B. `rows="10"`

rowspan	HTML 3.2 · XHTML 1.0
Bedeutung	Anzahl Tabellenzeilen, über die sich eine Tabellenzelle erstrecken soll
Erforderlich?	Nein
Elemente	`<td>`, `<th>`
Attributwert	Nummerischer Wert (Integer), z. B. `rowspan="2"`
Besonderheiten	Der Standardwert für `rowspan` ist `rowspan="1"`

sandbox	HTML · XHTML 5 · 5.0
Bedeutung	Sicherheitsrichtlinien für die Scriptkommunikation mit Inhalten eines eingebetteten Frames
Erforderlich?	Nein
Elemente	`<iframe>`
Attributwert	`allow-forms` (Inhalt darf Formulare enthalten) `allow-same-origin` (Herkunft des Inhalts wird als vom selben Host eingestuft) `allow-scripts` (Inhalt darf Scripts enthalten) `allow-top-navigation` (Inhalt darf die umgebende Seite verändern)

scope	HTML 4.0, XHTML 1.0
Bedeutung	Angabe, für welche Tabellenzellen eine Kopfzelle gilt
Erforderlich?	Nein
Elemente	`<th>`
Attributwert	`col` (gilt für die aktuelle Spalte) `colgroup` (gilt für die aktuelle Spaltengruppe, die mit `<colgroup>` definiert wurde) `row` (gilt für die aktuelle Zeile) `rowgroup` (gilt für die aktuelle Zeilengruppe, die mit `<rowgroup>` definiert wurde)

scoped	HTML5, XHTML 5
Bedeutung	Gültigkeitsbereich für ein Stylesheet
Erforderlich?	Nein
Elemente	`<style>`
Attributwert	Standalone-Attribut ohne Inhalt, bei XHTML in der Form `scoped="scoped"` notieren.

seamless	HTML5, XHTML 5
Bedeutung	Stylesheets des aktuellen Dokuments auf den Inhalt eines eingebetteten Frames anwenden
Erforderlich?	Nein
Elemente	`<iframe>`
Attributwert	Standalone-Attribut ohne Inhalt, bei XHTML in der Form `seamless="seamless"` notieren.

selected	HTML 2.0, XHTML 1.0
Bedeutung	Eintrag einer Auswahlliste als vorausgewählt bestimmen
Erforderlich?	Nein
Elemente	`<option>`
Attributwert	Standalone-Attribut ohne Inhalt, bei XHTML in der Form `selected="selected"` notieren.

shape	HTML 3.2, XHTML 1.0
Bedeutung	Art einer verweis-sensitiven Fläche in einer verweis-sensitiven Grafik (Image-Map)
Erforderlich?	Ja
Elemente	`<area>`
Attributwert	`circ` (Kreis) `circle` (Kreis) `rect` (Rechteck) `rectangle` (Rechteck) `poly` (Polygon) `polygon` (Polygon)

size	HTML 2.0, XHTML 1.0
Bedeutung	Größe eines Formularelements
Erforderlich?	Nein
Elemente	`<input>`
Attributwert	Nummerischer Wert (Integer), z. B. `size="150"`

sizes	HTML5, XHTML 5
Bedeutung	Größe für Icons bei `rel="icons"`
Erforderlich?	Nein
Elemente	`<link>`
Attributwert	Text, z. B. `sizes="16x16 32x32"`
Besonderheiten	Kann nur verwendet werden, wenn das Attribut `rel` mit dem Wert `icon` belegt ist.

span	HTML 4.0, XHTML 1.0
Bedeutung	Anzahl von Spalten, über die sich eine Spaltengruppe erstrecken soll
Erforderlich?	Nein
Elemente	`<col>`, `<colgroup>`
Attributwert	Nummerischer Wert (Integer), z. B. `span="3"`

spellcheck	HTML5, XHTML 5, 11.0, 5.0, 11.0
Bedeutung	Rechtschreibung und Grammatik eines Elements überprüfen
Erforderlich?	Nein
Elemente	`spellcheck` kann in allen HTML-Elementen vorkommen, d. h. es gibt keine Einschränkungen zur Verwendung.
Attributwert	`false` (Keine Prüfung) `true` (Prüfung wird durchgeführt)

src	HTML 2.0, XHTML 1.0
Bedeutung	URL-Adresse der Quelle einer Grafik, eines eingebetteten Frames oder einer Multimedia-Ressource
Erforderlich?	Ja
Elemente	<audio>, <embed>, <iframe>, <img>, <script>, <source>, <video>
Attributwert	URI gemäß RFC-2396, z. B. src="../logo.gif"

srcdoc	HTML5, XHTML 5
Bedeutung	HTML-Code als Ressource eines eingebetteten Frames
Erforderlich?	Nein
Elemente	<iframe>
Attributwert	Text, z. B. srcdoc="<p>Das ist ein Versuch, <script> top.location.href ="schmuddelserver.com"</script> Unfug zu treiben</p>"

start	HTML 2.0, XHTML 1.0
Bedeutung	Startwert einer nummerierten Aufzählung
Erforderlich?	Nein
Elemente	<ol>
Attributwert	Nummerischer Wert (Integer), z. B. start="2"

step	HTML5, XHTML 5, 4.0, 10.0
Bedeutung	Schrittwert, mit dem der Wert eines Kontrollfelds veränderbar ist
Erforderlich?	Nein
Elemente	<input>
Attributwert	Nummerischer Wert (Integer), z. B. step="2"
Besonderheiten	Kann nur mit der Einstellung type="range" eingesetzt werden.

style	HTML 2.0, XHTML 1.0
Bedeutung	Elementspezifische Stylesheet-Formatdefinitionen
Erforderlich?	Nein
Elemente	style kann in allen HTML-Elementen vorkommen, d. h. es gibt keine Einschränkungen zur Verwendung.
Attributwert	Text, z. B. style="top: 50px;"

`summary`	HTML 4.0, XHTML 1.0
Bedeutung	Summarischer Inhalt einer Tabelle für Screenreader
Erforderlich?	Nein
Elemente	`<summary>`
Attributwert	Text, z. B. `summary="Die folgende Tabelle ist dreispaltig mit einer Kopfzeile zu Beginn und zwei daran anschließenden Datenzeilen."`

`tabindex`	HTML 2.0, XHTML 1.0
Bedeutung	Bestimmt die Tabulatorreihenfolge bei Hyperlinks und Formularelementen
Erforderlich?	Nein
Elemente	`<button>`, `<fieldset>`, `<input>`, `<optgroup>`, `<option>`, `<select>`, `<textarea>`
Attributwert	Nummerischer Wert (Integer), z. B. `tabindex="5"`

`target`	HTML 2.0, XHTML 1.0
Bedeutung	Zielfenster eines Hyperlinks oder nachfolgend aufgerufenen Inhalts
Erforderlich?	Nein
Elemente	`<a>`, `<area>`, `<base>`, `<form>`
Attributwert	Einer der folgenden Werte (Default-Wert ist fett dargestellt): `_self` (Zeigt die Antwort im selben Fenster) `_blank` (Zeigt die Antwort in einem neuen Fenster) `_top` (Zeigt die Antwort im body des Fenster) `_parent` (Zeigt die Antwort im aufrufenden Fenster)

`title`	HTML 2.0, XHTML 1.0
Bedeutung	Tooltipp-Text für sichtbare Elemente oder Bezeichnung eines alternativen Stylesheets
Erforderlich?	Nein
Elemente	`title` kann in allen HTML-Elementen vorkommen, d. h. es gibt keine Einschränkungen zur Verwendung.
Attributwert	Text, z. B. `title="Besseres Webdesign"`

type	HTML 2.0, XHTML 1.0
Bedeutung	Typ eines Formularelements, eines Kommandos, einer eingebetteten Ressource oder eines Menüs
Erforderlich?	Ja
Elemente	`<input>`
Attributwert	`button` (Knopf) `checkbox` (Kontrollkästchen) `color` (Farbauswahl) `date` (Datumsauswahl) `datetime` (Datums-/Zeitauswahl) `datetime-local` (lokale Datums-/Zeitauswahl) `email` (eMail-Adresse) `file` (Dateiauswahl) `hidden` (verstecktes Feld) `image` (Bild/Grafik) `month` (Monatsauswahl) `number` (Zahlenfeld) `password` (Passworteingabe) `radio` (Optionsfeld) `range` (Auswahlfeld) `reset` (Knopf »Zurücksetzen«) `search` (Suchen) `submit` (Knopf »Absenden«) `tel` (Telefonnummer) `text` (einzeiliges Textfeld) `time` (Zeitauswahl) `url` (Eingabe einer URL) `week` (Wochenauswahl)

usemap	HTML 2.0, XHTML 1.0
Bedeutung	Name eines `map`-Elements zur Steuerung einer verweis-sensitiven Grafik
Erforderlich?	Nein
Elemente	`<img>`
Attributwert	Text, z. B. `usemap="#Landkarte"`
Besonderheiten	Der Wert des Attributs muss dem Attribut `name` des Elements `<map>` entsprechen

`value`	HTML 2.0, XHTML 1.0
Bedeutung	Wert eines (Formular)elements oder Nummerierungsindex eines Listeneintrags
Erforderlich?	Nein
Elemente	`<button>`, `<fieldset>`, `<input>`, `<meter>`, `<optgroup>`, `<option>`, `<select>`, `<textarea>`
Attributwert	Text, z. B. `value="www.example.org"`

`wrap`	HTML 2.0, XHTML 1.0
Bedeutung	Art, den Zeilenumbruch in einem mehrzeiligen Eingabefeld zu behandeln
Erforderlich?	Nein
Elemente	`<textarea>`
Attributwert	`soft` (keine Zeilenumbrüche werden hinzugefügt) `hard` (Alle mit `cols` festgelegten Zeichen wird ein Zeilenumbruch hinzugefügt)

C HTML-Eventreferenz

C.1 Allgemeines zu Eventhandlern und Events

Eventhandler werden in HTML-Elementen als Attribute notiert, also im einleitenden HTML-Tag in der Form `eventhandler="wert"`. Dabei ist `wert` Code in der verwendeten Scriptsprache, also z. B. in ECMAScript. Der Code wird dann ausgeführt, wenn das entsprechende Ereignis in Bezug auf das entsprechende Element eintritt.

Die Eventreferenz listet alle Eventhandler auf, die in HTML5 vorgesehen sind. Nicht berücksichtigt werden browserspezifische Event-Handler.

Die Mehrzahl der Eventhandler kann ähnlich wie universale Attribute in allen HTML-Elementen vorkommen. Das bedeutet, es werden bei solchen Eventhandlern keine Beschränkungen zur Verwendung vorgegeben.

C.2 Auflistung der HTML5-Events und -Eventhandler

Die nachfolgende Aufstellung enthält die im HTML5-Standard vorgesehenen Eventhandler und Events in alphabetischer Reihenfolge.

`onabort`	beim Abbrechen des Ladens (z. B. von Mediadaten wie Bildern oder Audio-Files)
Elemente	`onabort` kann in allen HTML-Elementen vorkommen, d. h. es gibt keine Einschränkungen zur Verwendung
Besonderheiten	Mit HTML5 kann das Event mit jedem Element verwendet werden. Es ist aber nur sinnvoll bei Elementen, die Daten nachladen (`<audio>` | `<body>` | `<embed>` | `<object>` | `<video>`).
Kompatibilität	HTML 2.0, XHTML 1.0

`onafterprint`	bei Druckende, sobald die Druckvorschau oder der Druckdialog erschienen ist
Elemente	`onafterprint` kann in folgenden Elementen vorkommen: `<body>`
Kompatibilität	HTML5, XHTML 5

onbeforeprint	bei Druckbeginn, bevor der Ausdruck oder die Druckvorschau gestartet wird
Elemente	onbeforeprint kann in folgenden Elementen vorkommen:<body>
Kompatibilität	HTML 5, X HTML 5

onbeforeonload	vor dem Laden der Seite, bevor das <body>-Element geladen wird
Elemente	onbeforeonload kann in folgenden Elementen vorkommen:<body>
Kompatibilität	HTML 5, X HTML 5, 9.0, 4.0, 5.0

onblur	beim Verlassen des Elements
Elemente	onblur kann in allen HTML-Elementen vorkommen, d. h. es gibt keine Einschränkungen zur Verwendung
Besonderheiten	Obwohl es laut HTML5 bei allen Elementen eingesetzt werden kann, ist es nur sinnvoll bei Elementen, welche den Fokus erhalten können.
Kompatibilität	HTML 2.0, X HTML 1.0

oncanplay	bei »Abspielbereit«, wenn noch Daten gepuffert werden
Elemente	oncanplay kann in folgenden Elementen vorkommen: <audio> | <video>
Kompatibilität	HTML 5, X HTML 5

oncanplaythrough	bei »Abspielbereit«, wenn noch Daten gepuffert werden
Elemente	oncanplaythrough kann in folgenden Elementen vorkommen: <audio> | <video>
Kompatibilität	HTML 5, X HTML 5

onchange	bei erfolgter Änderung
Elemente	onchange kann in folgenden Elementen vorkommen: <fieldset> | <input> | <optgroup> | <option> | <select> | <textarea>
Kompatibilität	HTML 2.0, X HTML 1.0

`onclick`	beim Klicken auf ein Element
Elemente	`onclick` kann in allen HTML-Elementen vorkommen, d. h. es gibt keine Einschränkungen zur Verwendung.
Besonderheiten	Mit HTML5 kann das Event mit jedem Element verwendet werden. Der Einsatz ist aber nur bei sichtbaren Elementen, die angeklickt werden können, sinnvoll.
Kompatibilität	HTML 2.0, X HTML 1.0

`oncontextmenu`	bei einem Rechtsklick auf ein Element, bevor das Kontextmenü geöffnet wird
Elemente	`oncontextmenu` kann in allen HTML-Elementen vorkommen, d. h. es gibt keine Einschränkungen zur Verwendung.
Besonderheiten	Mit HTML5 kann das Event mit jedem Element verwendet werden. Der Einsatz ist nur bei sichtbaren Elementen sinnvoll.
Kompatibilität	HTML 5 HTML, X HTML 5, 9.0, 3.6, 3.0, 10.5

`oncuechange`	beim Ändern des Abspielstarts
Elemente	`oncuechange` kann in folgenden Elementen vorkommen: (`<audio>` | `<video>`)
Kompatibilität	HTML 5 HTML, X HTML 5

`ondblclick`	beim Doppelklick auf ein Element
Elemente	`ondblclick` kann in allen HTML-Elementen vorkommen, d. h. es gibt keine Einschränkungen zur Verwendung.
Besonderheiten	Mit HTML5 kann das Event mit jedem Element verwendet werden. Der Einsatz ist nur bei sichtbaren Elementen sinnvoll.
Kompatibilität	HTML 2.0, X HTML 1.0

`ondrag`	beim Ziehen eines Elements
Elemente	`ondrag` kann in allen HTML-Elementen vorkommen, d. h. es gibt keine Einschränkungen zur Verwendung.
Besonderheiten	Mit HTML5 kann das Event mit jedem Element verwendet werden. Der Einsatz ist nur bei sichtbaren Elementen sinnvoll.
Kompatibilität	HTML 2.0, X HTML 1.0, 9.0, 3.0

ondragend	Beim Beenden des Drag-Vorgangs. Das Event tritt beim Quellelement auf.
Elemente	ondragend kann in allen HTML-Elementen vorkommen, d. h. es gibt keine Einschränkungen zur Verwendung.
Besonderheiten	Mit HTML5 kann das Event mit jedem Element verwendet werden. Der Einsatz ist nur bei sichtbaren Elementen sinnvoll.
Kompatibilität	HTML 2.0, XHTML 1.0, 9.0, 3.0

ondragenter	Tritt während eines Drag-Vorgangs auf, sobald der Mauszeiger das Element berührt.
Elemente	ondragenter kann in allen HTML-Elementen vorkommen, d. h. es gibt keine Einschränkungen zur Verwendung.
Besonderheiten	Mit HTML5 kann das Event mit jedem Element verwendet werden. Der Einsatz ist nur bei sichtbaren Elementen sinnvoll.
Kompatibilität	HTML 2.0, XHTML 1.0, 9.0

ondragleave	Tritt auf, wenn ein Element bei einem Drag-Vorgang verlassen wird.
Elemente	ondragleave kann in allen HTML-Elementen vorkommen, d. h. es gibt keine Einschränkungen zur Verwendung.
Besonderheiten	Mit HTML5 kann das Event mit jedem Element verwendet werden. Der Einsatz ist nur bei sichtbaren Elementen sinnvoll.
Kompatibilität	HTML 2.0, XHTML 1.0, 9.0, 3.5

ondragover	Tritt periodisch bei einem Element auf, während der Mauszeiger während des Drag-Vorgangs darauf zeigt.
Elemente	ondragover kann in allen HTML-Elementen vorkommen, d. h. es gibt keine Einschränkungen zur Verwendung.
Besonderheiten	Mit HTML5 kann das Event mit jedem Element verwendet werden. Der Einsatz ist nur bei sichtbaren Elementen sinnvoll.
Kompatibilität	HTML 2.0, XHTML 1.0, 9.0

ondragstart	Tritt beim Quellelement auf, sobald der Drag-Vorgang gestartet wird.
Elemente	ondragstart kann in allen HTML-Elementen vorkommen, d. h. es gibt keine Einschränkungen zur Verwendung.
Besonderheiten	Mit HTML5 kann das Event mit jedem Element verwendet werden. Der Einsatz ist nur bei sichtbaren Elementen sinnvoll.
Kompatibilität	HTML 2.0, XHTML 1.0, 9.0, 3.5

`ondrop`	Tritt beim Beenden des Drag-Vorgangs am Zielelement auf.
Elemente	`ondrop` kann in allen HTML-Elementen vorkommen, d. h. es gibt keine Einschränkungen zur Verwendung.
Besonderheiten	Mit HTML5 kann das Event mit jedem Element verwendet werden. Der Einsatz ist nur bei sichtbaren Elementen sinnvoll.
Kompatibilität	HTML 2.0 · XHTML 1.0 · 9.0 · 3.5

`ondurationchange`	Tritt auf, sobald sich die Abspieldauer verändert.
Elemente	`ondurationchange` kann in folgenden Elementen vorkommen: `<audio>` | `<embed>` | `<object>` | `<video>`
Kompatibilität	HTML · XHTML 5

`onemptied`	Tritt auf, sobald ein Multimediaelement den Inhalt (z. B. durch einen Übertragungsfehler) verliert.
Elemente	`onemptied` kann in folgenden Elementen vorkommen: `<audio>` | `<embed>` | `<object>` | `<video>`
Kompatibilität	HTML · XHTML 5

`onended`	Tritt auf, sobald der Multimediainhalt vollständig abgespielt wurde.
Elemente	`onended` kann in folgenden Elementen vorkommen: `<audio>` | `<embed>` | `<object>` | `<video>`
Kompatibilität	HTML · XHTML 5

`onerror`	Tritt bei einem Fehler beim Laden einer externen Datei auf.
Elemente	`onerror` kann in folgenden Elementen vorkommen: `<audio>` | `<embed>` | `<iframe>` | `<img>` | `<link>` | `<object>` | `<script>` | `<source>` | `<style>` | `<video>`
Besonderheiten	Wird das Event bei einem `window`-Objekt verwendet, wird es bei einem Script-Fehler ausgelöst.
Kompatibilität	HTML 2.0 · XHTML 1.0

`onfocus`	Tritt auf, sobald ein Element den Fokus erhält.
Elemente	`onfocus` kann in allen HTML-Elementen vorkommen, d. h. es gibt keine Einschränkungen zur Verwendung.
Besonderheiten	Mit HTML5 kann das Event mit jedem Element verwendet werden. Der Einsatz ist aber nur bei sichtbaren Elementen sinnvoll.
Kompatibilität	HTML 2.0 · XHTML 1.0

`onformchange`	Tritt auf, sobald der Inhalt eines Elements eines Formulars geändert wird.
Elemente	`onformchange` kann in folgenden HTML-Elementen vorkommen: `<form>`
Kompatibilität	HTML5 · XHTML 5

`onforminput`	Tritt auf, sobald eine Eingabe innerhalb eines Elements eines Formulars auftritt.
Elemente	`onforminput` kann in folgenden HTML-Elementen vorkommen: `<form>`
Kompatibilität	HTML5 · XHTML 5

`onhashchange`	Tritt auf, sobald der Hash einer URL (nach dem #-Zeichen) verändert wird.
Elemente	`onhashchange` kann in folgendem HTML-Element vorkommen: `<body>`
Kompatibilität	HTML 2.0 · XHTML 1.0 · 8.0 · 3.6 · 5.0 · 10.6

`oninput`	Tritt auf, sobald der Inhalt eines Elements durch das Benutzerinterface (durch eine Eingabe) verändert wurde.
Elemente	`oninput` kann in folgenden HTML-Elementen vorkommen: `<fieldset>` | `<input>` | `<optgroup>` | `<option>` | `<select>` | `<textarea>`
Kompatibilität	HTML 2.0 · XHTML 1.0 · 9.0

onkeydown	Tritt auf, wenn ein Element den Fokus hat und eine Taste gedrückt wird.
Elemente	onkeydown kann in allen HTML-Elementen vorkommen, d. h. es gibt keine Einschränkungen zur Verwendung.
Besonderheiten	Mit HTML5 kann das Event mit jedem Element verwendet werden. Der Einsatz ist aber nur bei sichtbaren Elementen sinnvoll. Dieses Event wird periodisch ausgelöst, also solange die Taste gedrückt wird. Im Browser Opera wird das Event nur einmal ausgelöst.
Kompatibilität	HTML 2.0, XHTML 1.0

onkeypress	Tritt auf, wenn ein Element den Fokus hat und eine Taste gedrückt wird.
Elemente	onkeypress kann in allen HTML-Elementen vorkommen, d. h. es gibt keine Einschränkungen zur Verwendung.
Besonderheiten	Mit HTML5 kann das Event mit jedem Element verwendet werden. Der Einsatz ist aber nur bei sichtbaren Elementen sinnvoll. Dieses Event wird periodisch ausgelöst, also solange die Taste gedrückt wird. Mit diesem Event werden je nach Browser nicht alle Tasten, wie bei <onkeydown>, erkannt.
Kompatibilität	HTML 2.0, XHTML 1.0

onkeyup	Tritt auf, wenn ein Element den Fokus hat und eine Taste losgelassen wird.
Elemente	onkeyup kann in allen HTML-Elementen vorkommen, d. h. es gibt keine Einschränkungen zur Verwendung.
Besonderheiten	Mit HTML5 kann das Event mit jedem Element verwendet werden. Der Einsatz ist aber nur bei sichtbaren Elementen sinnvoll.
Kompatibilität	HTML 2.0, XHTML 1.0

onload	Tritt auf, sobald ein Objekt vollständig geladen wurde.
Elemente	onload kann in folgenden HTML-Elementen vorkommen: <audio> | <body> | <iframe> | <img> | <input> | <link> | <script> | <style> | <video>
Kompatibilität	HTML 2.0, XHTML 1.0

onloadeddata	Tritt auf, sobald die Mediendaten vollständig geladen wurden.
Elemente	onloadeddata kann in folgenden HTML-Elementen vorkommen: <audio> | <video>
Kompatibilität	HTML, XHTML 5

onloadedmetadata	Tritt auf, sobald die Metadaten eines Multimediaobjekts vollständig geladen wurden.
Elemente	onloadedmetadata kann in folgenden HTML-Elementen vorkommen: <audio> | <video>
Kompatibilität	HTML5, XHTML 5

onloadstart	Tritt auf, sobald die Mediendaten geladen werden.
Elemente	onloadstart kann in folgenden HTML-Elementen vorkommen: <audio> | <video>
Kompatibilität	HTML5, XHTML 5

onmessage	Tritt auf, sobald mit postMessage eine Nachricht an das aktive Fenster gesendet wird.
Elemente	Das Event kann nicht in HTML verwendet werden. Es muss direkt in JavaScript registriert werden.
Kompatibilität	HTML5, XHTML 5, IE 8.0, Firefox 3.0, Chrome, Safari, Opera

onmousedown	Tritt auf, sobald die Maustaste über einem Element gedrückt wird.
Elemente	onmousedown kann in allen HTML-Elementen vorkommen, d. h. es gibt keine Einschränkungen zur Verwendung.
Besonderheiten	Obwohl es laut HTML5 bei allen Elementen eingesetzt werden kann, ist es nur sinnvoll bei Elementen, die den Fokus erhalten können. Wird die linke Maustaste über einem Element gedrückt und wieder losgelassen, tritt ein onclick-Event auf.
Kompatibilität	HTML 2.0, XHTML 1.0, IE, Firefox, Chrome, Safari, Opera

onmousemove	Tritt auf, sobald der Mauszeiger über einem Element bewegt wird, aber keine Maustaste gedrückt ist.
Elemente	onmouseeove kann in allen HTML-Elementen vorkommen, d. h. es gibt keine Einschränkungen zur Verwendung.
Besonderheiten	Obwohl es laut HTML5 bei allen Elementen eingesetzt werden kann, ist es nur sinnvoll bei Elementen, die den Fokus erhalten können. Wird die linke Maustaste über einem Element gedrückt und der Mauszeiger bewegt, tritt ein ondragover-Event auf.
Kompatibilität	HTML 2.0, XHTML 1.0, IE, Firefox, Chrome, Safari, Opera

onmouseout	Tritt auf, sobald der Mauszeiger aus einem Element bewegt wird.
Elemente	onmouseout kann in allen HTML-Elementen vorkommen, d. h. es gibt keine Einschränkungen zur Verwendung.
Besonderheiten	Obwohl es laut HTML5 bei allen Elementen eingesetzt werden kann, ist es nur sinnvoll bei Elementen, die den Fokus erhalten können. Wird die linke Maustaste über einem Element gedrückt und der Mauszeiger hinausbewegt, tritt ein ondragleave-Event auf.
Kompatibilität	HTML 2.0 · XHTML 1.0

onmouseover	Tritt auf, sobald der Mauszeiger in ein Element bewegt wird.
Elemente	onmouseover kann in allen HTML-Elementen vorkommen, d. h. es gibt keine Einschränkungen zur Verwendung.
Besonderheiten	Obwohl es laut HTML5 bei allen Elementen eingesetzt werden kann, ist es nur sinnvoll bei Elementen, die den Fokus erhalten können. Wird die linke Maustaste gedrückt und der Zeiger in das Element bewegt, tritt ein ondragenter-Event auf.
Kompatibilität	HTML 2.0 · XHTML 1.0

onmouseup	Tritt auf, sobald die linke Maustaste losgelassen wird.
Elemente	onmouseup kann in allen HTML-Elementen vorkommen, d. h. es gibt keine Einschränkungen zur Verwendung.
Besonderheiten	Obwohl es laut HTML5 bei allen Elementen eingesetzt werden kann, ist es nur sinnvoll bei Elementen, die den Fokus erhalten können. Wird die linke Maustaste über einem Element gedrückt und der Mauszeiger hinausbewegt, tritt ein onclick-Event auf.
Kompatibilität	HTML 2.0 · XHTML 1.0

onmousewheel	Tritt auf, sobald das Mausrad bewegt wird.
Elemente	onmousewheel kann in allen HTML-Elementen vorkommen, d. h. es gibt keine Einschränkungen zur Verwendung.
Besonderheiten	Obwohl es laut HTML5 bei allen Elementen eingesetzt werden kann, ist es nur sinnvoll bei Elementen, die den Fokus erhalten können. Der Browser Firefox kennt dieses Event unter dem Namen DOMMouseScroll. Das Event wird auch ausgelöst, wenn ein Element keinen Rollbalken besitzt. Um festzustellen, ob der Inhalt eines Elements gescrollt wird, sollte das Event onscroll benutzt werden.
Kompatibilität	HTML5 · XHTML 5

`onoffline`	Tritt auf, sobald der Browser in den Offline-Modus wechselt.
Elemente	`onoffline` kann in folgendem HTML-Element verwendet werden: `<body>`
Kompatibilität	HTML 2.0, XHTML 1.0, 8.0, 3.0

`ononline`	Tritt auf, sobald der Browser in den Online-Modus wechselt.
Elemente	`ononline` kann in folgendem HTML-Element verwendet werden: `<body>`
Kompatibilität	HTML 2.0, XHTML 1.0, 8.0, 3.0

`onpause`	Tritt auf, sobald die Wiedergabe einer Mediendatei pausiert.
Elemente	`onpause` kann in folgenden HTML-Elementen verwendet werden: `<audio>` | `<video>`
Kompatibilität	HTML5, XHTML 5

`onplay`	Tritt auf, sobald die Wiedergabe einer Mediendatei startet und die Datei abgespielt wurde.
Elemente	`onplay` kann in folgenden HTML-Elementen verwendet werden: `<audio>` | `<video>`
Kompatibilität	HTML5, XHTML 5

`onplaying`	Tritt auf, sobald die Wiedergabe einer Mediendatei gestartet wurde und die Datei abgespielt wurde.
Elemente	`onplaying` kann in folgenden HTML-Elementen verwendet werden: `<audio>` | `<video>`
Kompatibilität	HTML5, XHTML 5

`onprogress`	Tritt auf, sobald weitere Mediendaten nachgeladen werden.
Elemente	`onprogress` kann in folgenden HTML-Elementen verwendet werden: `<audio>` | `<video>`
Kompatibilität	HTML5, XHTML 5

`onratechange`	Tritt auf, sobald die Wiedergaberate einer Mediendatei geändert wurde.
Elemente	`onratechange` kann in folgenden HTML-Elementen verwendet werden: `<audio>` | `<video>`
Kompatibilität	HTML5, XHTML 5

onreadystatechange	Tritt auf, sobald sich der Lade-Status einer externen Datei verändert.
Elemente	onreadystatechange kann in folgenden HTML-Elementen verwendet werden: <audio> | <embed> | <iframe> | <img> | <link> | <object> | <script> | <source> | <style> | <video>
Kompatibilität	HTML · X HTML 5 · 9.0

onreset	Tritt auf, bevor ein Formular auf die Initialwerte zurückgesetzt wird.
Elemente	onreset kann in folgenden HTML-Elementen verwendet werden: <form> | <keygen>
Kompatibilität	HTML 2.0 · X HTML 1.0

onresize	Tritt auf, wenn die Größe eines Elements verändert wurde.
Elemente	onresize kann in allen HTML-Elementen vorkommen, d. h. es gibt keine Einschränkungen zur Verwendung.
Kompatibilität	HTML 2.0 · X HTML 1.0

onscroll	Tritt auf, wenn der Inhalt eines Elements gescrollt wurde.
Elemente	onscroll kann in allen HTML-Elementen vorkommen, d. h. es gibt keine Einschränkungen zur Verwendung.
Besonderheiten	Dieses Event wird nur ausgelöst, wenn das Element einen Rollbalken besitzt.
Kompatibilität	HTML 2.0 · X HTML 1.0

onselect	Tritt auf, wenn Text in einem Element ausgewählt wurde.
Elemente	onselect kann in folgenden HTML-Elementen vorkommen: <body> | <input> | <keygen> | <textarea>
Kompatibilität	HTML 2.0 · X HTML 1.0

onstalled	Tritt auf, wenn der Browser versucht, Mediendaten zu holen, die Übertragung aber abgebrochen wurde.
Elemente	onstalled kann in folgenden HTML-Elementen vorkommen: <audio> | <video>
Kompatibilität	HTML · X HTML 5

`onsubmit`	Tritt auf, bevor der Inhalt eines Formulars übertragen wird.
Elemente	`onsubmit` kann in folgendem HTML-Element vorkommen: `<form>`
Kompatibilität	HTML 2.0, XHTML 1.0

`onsuspend`	Tritt auf, wenn der Browser aktuell keine Mediendaten holt, aber bereits Daten vorhanden sind.
Elemente	`onsuspend` kann in folgenden HTML-Elementen vorkommen: `<audio>` | `<video>`
Kompatibilität	HTML5, XHTML 5

`ontimeupdate`	Tritt auf, wenn sich die aktuelle Abspielposition einer Medienwiedergabe verändert hat.
Elemente	`ontimeupdate` kann in folgenden HTML-Elementen vorkommen: `<audio>` | `<video>`
Kompatibilität	HTML5, XHTML 5

`onunload`	Tritt vor dem Entladen (Verlassen) eines Dokuments auf.
Elemente	`onunload` kann in folgendem HTML-Element vorkommen: `<body>`
Besonderheiten	Aus Sicherheitsgründen ist dieses Event nicht abbrechbar.
Kompatibilität	HTML 2.0, XHTML 1.0

`onvolumechange`	Tritt auf, wenn die Lautstärke der Medienwiedergabe verändert wurde.
Elemente	`onvolumechange` kann in folgenden HTML-Elementen vorkommen: `<audio>` | `<video>`
Kompatibilität	HTML5, XHTML 5

`onwaiting`	Tritt auf, wenn der Browser auf den nächsten nicht vorhandenen Frame einer Medienwiedergabe wartet.
Elemente	`onwaiting` kann in folgenden HTML-Elementen vorkommen: `<audio>` | `<video>`
Kompatibilität	HTML5, XHTML 5

D CSS-Referenz

Die CSS-Referenz listet alle Eigenschaften des CSS-Standards 2.1 auf sowie eine Auswahl heute schon praxisrelevanter Eigenschaften von CSS3. Die nachfolgende Auflistung umfasst:

- alle Eigenschaften des CSS-2.1-Standards. Ausgenommen sind die Eigenschaften des Medientyps *aural*, der in CSS 2.1 als missbilligt (*deprecated*) gekennzeichnet ist und in CSS3 durch ein Set neuer Eigenschaften ersetzt werden soll.
- eine Auswahl von CSS3-Eigenschaften, die gegenwärtig oder in naher Zukunft praxisrelevant sind oder voraussichtlich sein werden.

`appearance`	Ändert das Aussehen eines Elements
Erlaubte Werte	• `normal` (ursprüngliche Darstellung) • `button` (Knopf) • `push-button` (Umschaltknopf) • `hyperlink` (Hyperlink) • `checkbox` (Kontrollkästchen) • `pop-up-menu` (Menü) • `list-menu` (Menü, aufklappbar) • `radio-group` (gruppierte Radioknöpfe) • `checkbox-group` (gruppierte Kontrollkästchen) • `field` (Eingabefeld) • `password` (Passworteingabefeld)
Kompatibilität	CSS 3.0

`background`	Zusammenfassende Eigenschaft für die Definition des Hintergrunds. Zusammenfassende Eigenschaft für folgende Detail-Eigenschaften: • `background-attachment` • `background-color` • `background-image` • `background-position` • `background-repeat`
Erlaubte Werte	Die einzelnen möglichen Werte sind bei den Detail-Eigenschaften beschrieben.
Kompatibilität	CSS 1.0 CSS 2.0 CSS 3.0

`background-attachment`	Verhalten des Hintergrunds
Erlaubte Werte	Einer der folgenden Werte (Defaultwert ist fett dargestellt): • **`scroll`** (der Hintergrund bewegt sich mit dem Element) • `fixed` (der Hintergrund wird fixiert) • `inherit` (wie beim Elternelement eingestellt)
Kompatibilität	CSS 1.0, CSS 2.0, CSS 3.0

`background-clip`	Bestimmt den Darstellungsbereich des Hintergrunds
Erlaubte Werte	• **`border-box`** (Darstellung bis zum Rand (inklusive)) • `padding-box` (Darstellung bis zum Rand (exklusive)) • `content-box` (Darstellung im Inhaltsbereich) • `no-clip` (Clip-Darstellung wird deaktiviert)
Kompatibilität	CSS 3.0, 9.0, 4.0, 5.0, 10.5

`background-color`	Definiert die Hintergrundfarbe eines Elements.
Erlaubte Werte	Einer der folgenden Werte (Defaultwert ist fett dargestellt): • **`transparent`** (durchsichtig) • `inherit` (vom Elternelement geerbt) oder Farbe, z. B. `background-color: #000000;`, `background-color: rgb(0, 127, 255);`, `background-color: rgb(80%, 40%, 20%);`, `background-color: blue;`
Kompatibilität	CSS 1.0, CSS 2.0, CSS 3.0

`background-image`	Legt ein Bild als Hintergrund eines Elements fest.
Erlaubte Werte	Einer der folgenden Werte (Defaultwert ist fett dargestellt): • **none** (kein Hintergrundbild) • `inherit` (vom Elternelement geerbt) oder URL-Adresse, z. B. `background-image:url(http://www.example.com/img/back.png)`
Kompatibilität	CSS 1.0, CSS 2.0, CSS 3.0

`background-origin`	Legt das linke obere Eck des Hintergrundes fest
Erlaubte Werte	Einer der folgenden Werte (Defaultwert ist fett dargestellt): • **`border-box`** (im Rahmen) • `padding-box` (direkt nach dem Rahmen) • `content-box` (in linken, oberen Eck des Inhaltbereichs)
Kompatibilität	CSS 3.0, 9.0, 4.0, 5.0, 11.0

`background-position`	Legt die Position des Hintergrundbildes fest
Erlaubte Werte	Üblicherweise wird eine Kombination des oberen und des linken Abstandes angegeben (`background-position: top left`). Nummerischer Wert mit einer der Maßeinheiten px, em, ex, %, in, cm, mm, pt, pc, z. B. `background-position: 3px;`, `background-position: 0.2cm;`, `background-position: 40%;` Der Wert 0 ist möglich ohne Maßeinheit. oder einer der folgenden Werte (Defaultwert ist fett dargestellt): **`0% 0%`** (oben, links) `bottom` (unterer Rand) `center` (zentriert) `left` (linksbündig) `right` (rechtsbündig) `top` (oberer Rand)
Kompatibilität	CSS 1.0, CSS 2.0, CSS 3.0

`background-repeat`	Legt die Art der Kachelung des Hintergrundbildes fest
Erlaubte Werte	Einer der folgenden Werte (Defaultwert ist fett dargestellt): • `inherit` (Die Einstellung des Elternelements wird geerbt) • `no-repeat` (keine Wiederholung) • **`repeat`** (Hintergrundbild horizontal und vertikal wiederholen) • `repeat-x` (Hintergrundbild horizontal wiederholen) • `repeat-y` (Hintergrundbild vertikal wiederholen)
Kompatibilität	CSS 1.0, CSS 2.0, CSS 3.0

background-size	Definiert die Größe des Hintergrundbildes
Erlaubte Werte	Es werden zwei Werte (Breite und Höhe) angegeben (background-size: 50% auto; Nummerischer Wert mit einer der Maßeinheiten px, em, ex, %, in, cm, mm, pt, pc, z. B. background-size: 3px 500px;, background-size: 0.2cm 2cm;, background-size: 40% auto; Der Wert 0 ist möglich ohne Maßeinheit. Das Schlüsselwort auto wird verwendet, um einen oder beide Werte automatisch zu berechnen.
Kompatibilität	CSS 3.0, 9.0, 4.0, 5.0, 10.5

border	Legt die Darstellung der vier Ränder eines Elements fest. Zusammenfassende Eigenschaft für folgende Detail-Eigenschaften: • border-width • border-style • border-color
Erlaubte Werte	Die genauen Werte sind bei den einzelnen Eigenschaften aufgeführt.
Kompatibilität	CSS 1.0, CSS 2.0, CSS 3.0

border-bottom	Legt die Darstellung des unteren Randes eines Elements fest Zusammenfassende Eigenschaft für folgende Detail-Eigenschaften: • border-bottom-width • border-bottom-style • border-bottom-color
Erlaubte Werte	Die genauen Werte sind bei den einzelnen Eigenschaften aufgeführt.
Kompatibilität	CSS 1.0, CSS 2.0, CSS 3.0

border-bottom-color	Legt die Farbe des unteren Randes fest
Erlaubte Werte	Farbe, z. B. border-bottom-color: #000000;, border-bottom-color: rgb(0, 127, 255);, border-bottom-color: rgb(80%, 40%, 20%);, border-bottom-color: blue; oder • inherit (vom Elternelement geerbt) • transparent (durchsichtig)
Kompatibilität	CSS 2.0, CSS 3.0

`border-bottom-style`	Legt die Art des unteren Randes fest
Erlaubte Werte	Einer der folgenden Werte (Defaultwert ist fett dargestellt): • `dashed` (gestrichelt) • `dotted` (punktiert) • `double` (doppelte Line) • `groove` (3D-Effekt erhaben) • `hidden` (der Rahmen wird versteckt) • `inherit` (vom Elternelement geerbt) • `inset` (3D-Effekt eingedrückt) • **none** (kein Rahmen) • `outset` (3D-Effekt herausgehoben) • `ridge` (3D-Effekt graviert) • `solid` (durchgezogen)
Kompatibilität	CSS 2.0 CSS 3.0

`border-bottom-width`	Legt die Breite der unteren Rahmenlinie fest
Erlaubte Werte	Nummerischer Wert mit einer der Maßeinheiten px, em, ex, %, in, cm, mm, pt, pc, z. B. `border-bottom-width: 3px;`, `border-bottom-width: 0.2cm;`, `border-bottom-width: 40%;` Der Wert 0 ist möglich ohne Maßeinheit. Oder einer der folgenden Werte (Defaultwert ist fett dargestellt): • `inherit` (vom Elternelement geerbt) • **`medium`** (mittel) • `thick` (dick) • `thin` (dünn)
Kompatibilität	CSS 1.0 CSS 2.0 CSS 3.0

`border-collapse`	Definiert das Verhalten des Rahmens. Diese Eigenschaft kann nur auf `<table>`-Elemente angewendet werden.
Erlaubte Werte	Einer der folgenden Werte (Defaultwert ist fett dargestellt): • `inherit` (vom Elternelement geerbt) • `collapse` (zwei aufeinandertreffende Rahmenlinien, werden zu einer zusammengefasst) • **`separate`** (jede Zelle erhält einen eigenen Rahmen) • `thin` (dünn)
Kompatibilität	CSS 2.0, CSS 3.0

`border-color`	Legt die Randfarbe fest.
Erlaubte Werte	Farbe, z. B. `border-color: #000000;`, `border-color: rgb(0, 127, 255);`, `border-color: rgb(80%, 40%, 20%);`, `border-color: blue;`
Kompatibilität	CSS 1.0, CSS 2.0, CSS 3.0

`border-image`	Legt ein Bild fest, das für die Rahmendarstellung verwendet werden soll. Zusammenfassende Eigenschaft für folgende Detail-Eigenschaften: • `border-image-source` • `border-image-slice` • `border-image-width` • `border-image-repeat` (horizontal) • `border-image-repeat` (vertikal)
Erlaubte Werte	Die einzelnen Werte werden bei den Detail-Eigenschaften beschrieben.
Kompatibilität	CSS 3.0 (wird nur mit proprietären Präfixes unterstützt)

`border-image-outset`	Legt die Breite des Bildes außerhalb des Rahmens fest.
Erlaubte Werte	Nummerischer Wert mit einer der Maßeinheiten px, em, ex, %, in, cm, mm, pt, pc, z. B. `border-image-outset: 3px;` , `border-image-outset: 0.2cm;`, `border-image-outset: 40%;` Der Wert 0 ist möglich ohne Maßeinheit.
Kompatibilität	CSS 3.0 (wird nur mit proprietären Präfixes unterstützt)

`border-image-repeat`	Wiederholung des Teilbilds für den Rahmen.
Erlaubte Werte	Einer der folgenden Werte (Defaultwert ist fett dargestellt): • `repeat` (wiederholen, kacheln) • `round` (wiederholen; wird der Bereich nicht ausgefüllt, wird das Teilbild skaliert) • `stretch` (dehnen) • `space` (wiederholen; nicht verwendeter Platz wird zwischen den Teilbildern eingefügt)
Kompatibilität	CSS 3.0 (wird nur mit proprietären Präfixes unterstützt)

`border-image-slice`	Aufteilen eines Bilds in Teilbilder zur Verwendung als Rahmen.
Erlaubte Werte	Es werden vier nummerische Werte benötigt. • der obere Abstand • der rechte Abstand • der untere Abstand • der linke Abstand An diesen Abständen wird das Bild zerschnitten. Aus den 9 Teilen wird der Rahmen zusammengesetzt. Nummerischer Wert mit einer der Maßeinheiten px, em, ex, %, in, cm, mm, pt, pc, z. B. `border-image-slice: 3px 10px 20px 100px;` , `border-image-slice: 0.2cm 0.5cm 1cm 1.5cm;`, `border-image-slice: 40% 12% 30% 20%;` Der Wert 0 ist möglich ohne Maßeinheit.
Kompatibilität	CSS 3.0 (wird nur mit proprietären Präfixes unterstützt)

`border-image-source`	Die externe Quelle des Bilds für den Rahmen.
Erlaubte Werte	URL-Adresse, z. B. `border-image-source:url(http://www.example.com/img/border.gif`
Kompatibilität	CSS 3.0 (wird nur mit proprietären Präfixes unterstützt)

`border-image-width`	Breite des Bildrahmens.
Erlaubte Werte	Nummerischer Wert mit einer der Maßeinheiten px, em, ex, %, in, cm, mm, pt, pc, z. B. `border-image-width: 3px;`, `border-image-width: 0.2cm;`, `border-image-width: 40%;` Der Wert 0 ist möglich ohne Maßeinheit.
Kompatibilität	CSS 3.0 (wird nur mit proprietären Präfixes unterstützt)

`border-left`	Legt die Darstellung des linken Randes eines Elements fest. Zusammenfassende Eigenschaft für folgende Detail-Eigenschaften: • `border-left-width` • `border-left-style` • `border-left-color`
Erlaubte Werte	Die genauen Werte sind bei den einzelnen Eigenschaften aufgeführt.
Kompatibilität	CSS 1.0 CSS 2.0 CSS 3.0

`border-left-color`	Legt die Farbe des linken Randes fest.
Erlaubte Werte	Farbe, z. B. `border-left-color: #000000;`, `border-left-color: rgb(0, 127, 255);`, `border-left-colcr: rgb(80%, 40%, 20%);`, `border-left-color: blue;` oder • `inherit` (vom Elternelement geerbt) • `transparent` (durchsichtig)
Kompatibilität	CSS 2.0 CSS 3.0

`border-left-style`	Legt die Art des linken Randes fest.
Erlaubte Werte	Einer der folgenden Werte (Defaultwert ist fett dargestellt): • `dashed` (gestrichelt) • `dotted` (punktiert) • `double` (doppelte Line) • `groove` (3D-Effekt erhaben) • `hidden` (der Rahmen wird versteckt) • `inherit` (vom Elternelement geerbt) • `inset` (3D-Effekt eingedrückt) • **none** (kein Rahmen) • `outset` (3D-Effekt herausgehoben) • `ridge` (3D-Effekt graviert) • `solid` (durchgezogen)
Kompatibilität	CSS 2.0 CSS 3.0

`border-left-width`	Breite der linken Rahmenlinie festlegen.
Erlaubte Werte	Nummerischer Wert mit einer der Maßeinheiten px, em, ex, %, in, cm, mm, pt, pc, z. B. `border-left-width: 3px;`, `border-left-width: 0.2cm;`, `border-left-width: 40%;` Der Wert 0 ist möglich ohne Maßeinheit. Oder einer der folgenden Werte (Defaultwert ist fett dargestellt): • `inherit` (vom Elternelement geerbt) • **`medium`** (mittel) • `thick` (dick) • `thin` (dünn)
Kompatibilität	CSS 2.0, CSS 3.0

`border-radius`	Legt die Rundung der Rahmenecken fest. Zusammenfassende Eigenschaft für folgende Detail-Eigenschaften: • `border-top-left-radius` • `border-top-right-radius` • `border-bottom-right-radius` • `border-bottom-left-radius`
Erlaubte Werte	Die erlaubten Werte sind bei den Detail-Eigenschaften angegeben.
Kompatibilität	CSS 3.0, 9.0, 4.0, 5.0, 10.5

`border-bottom-left-radius`	Legt die Rundung der linken unteren Rahmenecke fest.
Erlaubte Werte	Nummerischer Wert mit einer der Maßeinheiten px, em, ex, %, in, cm, mm, pt, pc, z. B. `border-bottom-left-radius: 3px;`, `border-bottom-left-radius: 0.2cm;`, `border-bottom-left-radius: 40%;` Der Wert 0 ist möglich ohne Maßeinheit.
Kompatibilität	CSS 3.0, 9.0, 4.0, 5.0, 10.5

`border-bottom-right-radius`	Legt die Rundung der rechten unteren Rahmenecke fest.
Erlaubte Werte	Nummerischer Wert mit einer der Maßeinheiten px, em, ex, %, in, cm, mm, pt, pc, z. B. `border-bottom-right-radius: 3px;`, `border-bottom-right-radius: 0.2cm;`, `border-bottom-right-radius: 40%;` Der Wert 0 ist möglich ohne Maßeinheit
Kompatibilität	CSS 3.0, 9.0, 4.0, 5.0, 10.5

`border-top-left-radius`	Legt die Rundung der linken oberen Rahmenecke fest.
Erlaubte Werte	Nummerischer Wert mit einer der Maßeinheiten px, em, ex, %, in, cm, mm, pt, pc, z. B. `border-top-left-radius: 3px;`, `border-top-left-radius: 0.2cm;`, `border-top-left-radius: 40%;` Der Wert 0 ist möglich ohne Maßeinheit.
Kompatibilität	CSS 3.0 · 9.0 · 4.0 · 5.0 · 10.5

`border-top-right-radius`	Legt die Rundung der rechten oberen Rahmenecke fest.
Erlaubte Werte	Nummerischer Wert mit einer der Maßeinheiten px, em, ex, %, in, cm, mm, pt, pc, z. B. `border-top-right-radius: 3px;`, `border-top-right-radius: 0.2cm;`, `border-top-right-radius: 40%;` Der Wert 0 ist möglich ohne Maßeinheit.
Kompatibilität	CSS 3.0 · 9.0 · 4.0 · 5.0 · 10.5

`border-right`	Legt die Darstellung des rechten Randes eines Elements fest. Zusammenfassende Eigenschaft für folgende Detail-Eigenschaften: • `border-right-width` • `border-right-style` • `border-right-color`
Erlaubte Werte	Die genauen Werte sind bei den einzelnen Eigenschaften aufgeführt.
Kompatibilität	CSS 1.0 · CSS 2.0 · CSS 3.0

`border-right-color`	Legt die Farbe des rechten Randes fest.
Erlaubte Werte	Farbe, z. B. `border-right-color: #000000;`, `border-right-color: rgb(0, 127, 255);`, `border-right-color: rgb(80%, 40%, 20%);`, `border-right-color: blue;` oder • `inherit` (vom Elternelement geerbt) • `transparent` (durchsichtig)
Kompatibilität	CSS 2.0 · CSS 3.0

border-right-style	Legt die Art des rechten Randes fest.
Erlaubte Werte	Einer der folgenden Werte (Defaultwert ist fett dargestellt): • dashed (strichliert) • dotted (punktiert) • double (doppelte Line) • groove (3D-Effekt erhaben) • hidden (der Rahmen wird versteckt) • inherit (vom Elternelement geerbt) • inset (3D-Effekt eingedrückt) • **none** (kein Rahmen) • outset (3D-Effekt herausgehoben) • ridge (3D-Effekt graviert) • solid (durchgezogen)
Kompatibilität	CSS 2.0, CSS 3.0

border-right-width	Breite der rechten Rahmenlinie festlegen.
Erlaubte Werte	Nummerischer Wert mit einer der Maßeinheiten px, em, ex, %, in, cm, mm, pt, pc, z. B. border-right-width: 3px;, border-right-width: 0.2cm;, border-right-width: 40%; Der Wert 0 ist möglich ohne Maßeinheit. Oder einer der folgenden Werte (Defaultwert ist fett dargestellt): • inherit (vom Elternelement geerbt) • **medium** (mittel) • thick (dick) • thin (dünn)
Kompatibilität	CSS 2.0, CSS 3.0

border-style	Legt die Art des Rahmens fest. Zusammenfassende Eigenschaft für folgende Detail-Eigenschaften: • border-top-style • border-right-style • border-bottom-style • border-left-style
Erlaubte Werte	Die erlaubten Werte sind bei den Detaileigenschaften angeführt.
Kompatibilität	CSS 1.0, CSS 2.0, CSS 3.0

`border-top`	Legt die Darstellung des oberen Randes eines Elements fest. Zusammenfassende Eigenschaft für folgende Detail-Eigenschaften: • `border-top-width` • `border-top-style` • `border-top-color`
Erlaubte Werte	Die genauen Werte sind bei den einzelnen Eigenschaften aufgeführt.
Kompatibilität	CSS 1.0, CSS 2.0, CSS 3.0

`border-top-color`	Legt die Farbe des oberen Randes fest.
Erlaubte Werte	Farbe, z. B. `border-top-color: #000000;`, `border-top-color: rgb(0, 127, 255);`, `border-top-color: rgb(80%, 40%, 20%);`, `border-top-color: blue;` oder • `inherit` (vom Elternelement geerbt) • `transparent` (durchsichtig)
Kompatibilität	CSS 2.0, CSS 3.0

`border-top-style`	Legt die Art des oberen Randes fest.
Erlaubte Werte	Einer der folgenden Werte (Defaultwert ist fett dargestellt): • `dashed` (gestrichelt) • `dotted` (punktiert) • `double` (doppelte Line) • `groove` (3D-Effekt erhaben) • `hidden` (der Rahmen wird versteckt) • `inherit` (vom Elternelement geerbt) • `inset` (3D-Effekt eingedrückt) • **none** (kein Rahmen) • `outset` (3D-Effekt herausgehoben) • `ridge` (3D-Effekt graviert) • `solid` (durchgezogen)
Kompatibilität	CSS 2.0, CSS 3.0

border-top-width	Breite der oberen Rahmenlinie festlegen.
Erlaubte Werte	Nummerischer Wert mit einer der Maßeinheiten px, em, ex, %, in, cm, mm, pt, pc, z. B. `border-top-width: 3px;`, `border-top-width: 0.2cm;`, `border-top-width: 40%;` Der Wert 0 ist möglich ohne Maßeinheit. Oder einer der folgenden Werte (Defaultwert ist fett dargestellt): • `inherit` (vom Elternelement geerbt) • **`medium`** (mittel) • `thick` (dick) • `thin` (dünn)
Kompatibilität	CSS 1.0, CSS 2.0, CSS 3.0

border-width	Legt die Breite des Rahmens fest. Zusammenfassende Eigenschaft für folgende Detail-Eigenschaften: • `border-top-width` • `border-right-width` • `border-bottom-width` • `border-left-width`
Erlaubte Werte	Die erlaubten Werte sind bei den Detail-Eigenschaften aufgeführt.
Kompatibilität	CSS 1.0, CSS 2.0, CSS 3.0

bottom	Abstand zwischen dem unteren Rand des Elements und dem unteren Rand des umgebenden Elements festlegen.
Erlaubte Werte	Nummerischer Wert mit einer der Maßeinheiten px, em, ex, %, in, cm, mm, pt, pc, z. B. `bottom: 3px;`, `bottom: 0.2cm;`, `bottom: 40%;` Der Wert 0 ist möglich ohne Maßeinheit.
Kompatibilität	CSS 2.0, CSS 3.0

box-decoration-break	Verhalten der Elementdarstellung bei einem Seitenumbruch.
Erlaubte Werte	Einer der folgenden Werte (Defaultwert ist fett dargestellt): • `slice` (Die Box wird unterbrochen) • `clone` (Der obere bzw. untere Rand wird an der jeweiligen Stelle des Umbruchs wiederholt)
Kompatibilität	CSS 3.0

`box-sizing`	Darstellung des Box-Modells.
Erlaubte Werte	Einer der folgenden Werte (Defaultwert ist fett dargestellt): • **`border-box`** (Darstellung bis zum Rand (inklusive)) • `padding-box` (Darstellung bis zum Rand (exklusive)) • `content-box` (Darstellung im Inhaltsbereich) • `no-clip` (Clip-Darstellung wird deaktiviert)
Kompatibilität	CSS 3.0 · IE 8.0 · Firefox · Chrome · Safari 5.0 · Opera 10.6 (teilweise nur mit proprietärem Präfix)

`caption-side`	Legt die Position der Tabellenüberschrift fest.
Erlaubte Werte	• `bottom` (unten) • `inherit` (vom Elternelement vererbt) • `top` (oben) Diese Eigenschaft kann nur beim `<table>`- Element mit einem `<caption>`-Element verwendet werden.
Kompatibilität	CSS 2.0 · CSS 3.0 · IE 8.0 · Firefox 3.0 · Chrome · Safari 3.0 · Opera 10.0

`clear`	Deaktiviert die `float`-Eigenschaft an der angegebenen Seite.
Erlaubte Werte	Einer der folgenden Werte (Defaultwert ist fett dargestellt): • `both` (`float` ist für beide Seiten deaktiviert) • `inherit` (Die Eigenschaft des Elternelements wird geerbt) • `left` (`float` ist für die linke Seite deaktiviert) • **none** (beide Seiten können `float` enthalten) • `right` (`float` ist für die rechte Seite deaktiviert)
Kompatibilität	CSS 1.0 · CSS 2.0 · CSS 3.0 · IE · Firefox · Chrome · Safari · Opera

`clip`	Legt den sichtbaren Bereich eines Elements fest. Diese Eigenschaft wirkt nur, wenn die Eigenschaft `overflow` nicht auf `visible` eingestellt ist.
Erlaubte Werte	Einer der folgenden Werte (Defaultwert ist fett dargestellt): • **`auto`** (automatisch, der ganze Bereich ist sichtbar) • `inherit` (vom Elternelement geerbt) • `shape` (das sicht bar Rechteck) `shape` ist über die Angabe der Abstände zum Elementrand mit `rect (oben, rechts, unten, links)` definiert. Die vier Angaben können nummerische Werte mit einer der Maßeinheiten px, em, ex, %, in, cm, mm, pt, pc sein, z. B. `clip: rect(10px, 15px, 20px, 33px);`, `clip: rect(0.2cm, 0.3cm, 0.1cm, 0.5cm);`, `clip: rect(40%, 3%, 5%, 17%);` Der Wert 0 ist möglich ohne Maßeinheit.
Kompatibilität	CSS 2.0 CSS 3.0

`column-count`	Legt die ideale Spaltenanzahl des Elementinhalts fest.
Erlaubte Werte	Einer der folgenden Werte (Defaultwert ist fett dargestellt): • **`auto`** (automatische Spaltenanzahl) • `Spalten` (eine ganze Zahl, größer als 0)
Kompatibilität	CSS 3.0 11.0 (teilweise nur mit proprietärem Präfix)

`column-gap`	Legt den Abstand zwischen Spalten fest. Wurde auch die Eigenschaft `column-rule` angegeben, wird sie genau in der Mitte des Abstandes angezeigt. Die Eigenschaft kann bei den angegebenen Browsern momentan nur mit dem Produktpräfix (-moz- bei Firefox, -webkit- bei Safari und Chrome) verwendet werden.
Erlaubte Werte	Einer der folgenden Werte (Defaultwert ist fett dargestellt): • **`normal`** (automatischer Abstand) • `nummerischer Wert` (eWert mit einer der Maßeinheiten px, em, ex, %, in, cm, mm, pt, pc, z. B. `column-gap: 3px;` , `column-gap: 0.2cm;`, `column-gap: 40%;`)
Kompatibilität	CSS 3.0 11.0 (teilweise nur mit proprietärem Präfix)

`column-rule`	Dies ist eine Zusammenfassung, um eine Linie zwischen Spalten zu definieren. Zusammenfassende Eigenschaft für folgende Detail-Eigenschaften: • `column-rule-width` • `column-rule-style` • `column-rule-color`
Erlaubte Werte	Die erlaubten Werte sind bei den Detail-Eigenschaften beschrieben.
Kompatibilität	CSS 3.0 11.0 (teilweise nur mit proprietärem Präfix)

`column-rule-color`	Legt die Farbe der Linie zwischen den Spalten fest.
Erlaubte Werte	Farbe, z. B. `column-rule-color: #000000;`, `column-rule-color: rgb(0, 127, 255);`, `column-rule-color: rgb(80%, 40%, 20%);`, `column-rule-color: blue;`
Kompatibilität	CSS 3.0 11.0 (teilweise nur mit proprietärem Präfix)

`column-rule-style`	Definiert die Art der Linie zwischen den Spalten.
Erlaubte Werte	Einer der folgenden Werte (Defaultwert ist fett dargestellt): • `dashed` (gestrichelt) • `dotted` (punktiert) • `double` (doppelte Line) • `groove` (3D-Effekt erhaben) • `hidden` (der Rahmen wird versteckt) • `inherit` (vom Elternelement geerbt) • `inset` (3D-Effekt eingedrückt) • **none** (kein Rahmen) • `outset` (3D-Effekt herausgehoben) • `ridge` (3D-Effekt graviert) • `solid` (durchgezogen)
Kompatibilität	CSS 3.0 11.0 (teilweise nur mit proprietärem Präfix)

`column-rule-width`	Legt die Breite der Linie zwischen den Spalten fest.
Erlaubte Werte	Nummerischer Wert mit einer der Maßeinheiten px, em, ex, %, in, cm, mm, pt, pc, z. B. `column-rule-width: 3px;`, `column-rule-width: 0.2cm;`, `column-rule-width: 40%;` Der Wert 0 ist möglich ohne Maßeinheit. Oder einer der folgenden Werte (Defaultwert ist fett dargestellt): • `inherit` (vom Elternelement geerbt) • **`medium`** (mittel) • `thick` (dick) • `thin` (dünn)
Kompatibilität	(teilweise nur mit proprietärem Präfix)

`column-span`	Das Element kann sich über mehrere Spalten erstrecken. Diese Eigenschaft kann nur für statische, nicht floatende Elemente verwendet werden.
Erlaubte Werte	Einer der folgenden Werte (Defaultwert ist fett dargestellt): • **`1`** (eine Spalte) • `all` (über alle Spalten)
Kompatibilität	(teilweise nur mit proprietärem Präfix)

`column-width`	Legt die ideale Breite der Spalten fest. Der Wert kann vom Browser erhöht werden, um verfügbaren Platz zu verwenden oder vermindert werden, um alle Spalten darstellen zu können.
Erlaubte Werte	Einer der folgenden Werte (Defaultwert ist fett dargestellt): • **`auto`** (automatische Spaltenanzahl) • `Wert` (Nummerischer Wert mit einer der Maßeinheiten px, em, ex, %, in, cm, mm, pt, pc, z. B. `column-width: 3px;`, `column-width: 0.2cm;`, `column-width: 4%;` – Der Wert 0 ist möglich ohne Maßeinheit).
Kompatibilität	(teilweise nur mit proprietärem Präfix)

`columns`	Diese ist die Kurzversion, um einen Spaltensatz zu definieren. Zusammenfassende Eigenschaft für folgende Detail-Eigenschaften: • `column-width` • `column-count`
Erlaubte Werte	Die erlaubten Werte sind bei den Detail-Eigenschaften festgelegt.
Kompatibilität	CSS 3.0 · 11.0 (teilweise nur mit proprietärem Präfix)

`content`	Legt den Inhalt fest, der vor oder nach einem Element angezeigt werden soll. Diese Eigenschaft kann nur innerhalb der Pseudoelemente `:before` bzw. `:after` eingesetzt werden.
Erlaubte Werte	Einer der folgenden Werte: • `attr(class)` (Attribut mit einem Identifier) • `close-quote` (schließendes Anführungszeichen) • `counter` (Zähler) • `inherit` (vom Elternelement geerbt) • `none` (keine Angabe) • `no-open-quote` (kein öffnendes Anführungszeichen) • `open-quote` (öffnendes Anführungszeichen) • `Text` (z. B. `content: "Beispieltext";`) • `URL` (z. B. `content: url(http://www.example.com/img/quote.gif)`
Kompatibilität	CSS 2.0 · CSS 3.0 · 8.0 · 3.0 · 9.0

`counter-increment`	Erhöht den Zähler um eins oder einen bestimmten Wert.
Erlaubte Werte	Einer der folgenden Werte (Defaultwert ist fett dargestellt): • `identifer Ganzzahl` (Der Name des Zählers und der Wert um den er erhöht werden soll) • `inherit` (vom Elternelement geerbt) • none (keine Erhöhung)
Kompatibilität	CSS 2.0 · CSS 3.0 · 8.0

`counter-reset`	Initialisiert den Zähler oder setzt ihn auf einen bestimmten Wert.
Erlaubte Werte	Einer der folgenden Werte (Defaultwert ist fett dargestellt): • `identifier Ganzzahl` (Name des Zähler und Startwert) • `inherit` (vom Elternelement geerbt) • none (keine Angabe)
Kompatibilität	CSS 2.0 · CSS 3.0

`cursor`	Den Mauszeiger über einem Element definieren.
Erlaubte Werte	Einer der folgenden Werte (Defaultwert ist fett dargestellt): • **`auto`** (automatisch vom Browser definiert) • `crosshair` (Fadenkreuz) • `default` (Standard) • `e-resize` (Pfeil nach rechts) • `help` (Hilfe, Pfeil mit Fragezeichen) • `move` (dicker vierfach Pfeil) • `n-resize` (Pfeil nach oben) • `ne-resize` (Doppelpfeil, links/rechts) • `nw-resize` (Pfeil, schräg nach links, oben) • `pointer` (Hand mit Zeigefinger) • `progress` (Pfeil mit Sanduhr) • `s-resize` (Pfeil nach unten) • `se-resize` (Pfeil schräg nach rechts, unten) • `sw-resize` (Pfeil schräg nach links, unten) • `text` (Einfügemarke) • `w-resize` (Pfeil nach links) • `wait` (Sanduhr) • `URL` (Adresse zu einem Bild, z. B. `cursor:url(http://www.example.com/img/arrow.gif)`
Kompatibilität	CSS 2.0 CSS 3.0

`direction`	Schreibrichtung und Abfolge der Tabellen- bzw. Textspalten festlegen.
Erlaubte Werte	Einer der folgenden Werte (Defaultwert ist fett dargestellt): • `inherit` (vom Elternelement geerbt) • **`ltr`** (von links nach rechts) • `rtl` (von rechts nach links)
Kompatibilität	CSS 2.0 CSS 3.0

`display`	Legt die Darstellungsart des Elements fest.
Erlaubte Werte	Einer der folgenden Werte (Defaultwert ist fett dargestellt): • `block` (Blockelement) • `compact` () • `inherit` (vom Elternelement geerbt) • **`inline`** (Inline-Element) • `inline-table` (Tabelle, als Inline-Element) • `list-item` (Listeintrag, wie <li>) • `marker` (Aufzählungszeichen) • `none` (nicht dargestellt, unsichtbar) • `run-in` (je nach Kontext als Inline- bzw. Blockelement) • `table` (Tabelle, wie <table>) • `table-caption` (Tabellenbeschriftung, wie <caption>) • `table-cell` (Tabellenzelle, wie <td>) • `table-column` (Tabellenspalte) • `table-column-group` (Spaltengruppe, wie <colgroup>) • `table-footer-group` (gruppierte Tabellenfusszeile) • `table-header-group` (gruppierte Tabellenkopfzeile) • `table-row` (Tabellenzeile) • `table-row-group` (gruppierte Tabellenzeile)
Kompatibilität	CSS 1.0 · CSS 2.0 · CSS 3.0

`empty-cells`	Legt die Darstellung leerer Tabellenzellen fest.
Erlaubte Werte	Einer der folgenden Werte: • `hide` (ausblenden) • `inherit` (vom Elternelement geerbt) • `show` (anzeigen)
Kompatibilität	CSS 2.0 · CSS 3.0

`float`	Festlegen des Textflusses; definiert, ob Elemente einander umfließen können.
Erlaubte Werte	Einer der folgenden Werte (Defaultwert ist fett dargestellt): • `inherit` (vom Elternelement geerbt) • `left` (Das Element steht links und wird rechts umflossen) • **none** (Umfließen ist deaktiviert) • `right` (Das Element steht rechts und wird links umflossen).
Kompatibilität	CSS 1.0 · CSS 2.0 · CSS 3.0

`font`	Festlegen der Eigenschaften der Schrift. Zusammenfassende Eigenschaft für folgende Detail-Eigenschaften: • `font-style` • `font-variant` • `font-weight` • `font-size` • `font-family`
Erlaubte Werte	Die einzelnen Eigenschaften sind bei den Detail-Eigenschaften festgelegt.
Kompatibilität	CSS 1.0 CSS 2.0 CSS 3.0

`font-family`	Festlegen der Schriftart

Erlaubte Werte	Einer der folgenden Werte (Defaultwert ist vom Betriebssystem und Browser abhängig):
	• `Familie` (Der Name der Schrift, Schriftnamen mit Leerzeichen müssen in Anführungszeichen eingeschlossen werden, z. B. `font-family: "Times Roman";`)
	• `Generisch` (Einer der folgenden allgemeinen Namen)
	  • `serif` (eine Schrift mit Serifen)
	  • `sans-serif` (eine Schrift ohne Serifen)
	  • `fantasy` (eine Schmuckschrift)
	  • `monospace` (Schrift mit fester Laufweite, gleichen Zeichenbreiten)
	• `inherit` (vom Elternelement geerbt)
	Es können mehrere Schriften in Folge angegeben werden. Vom Browser wird dann die erste verfügbare verwendet, z. B. `font-family: Times, "Times New Roman", serif;`

Kompatibilität	CSS 1.0 CSS 2.0 CSS 3.0

font-size	Schriftgröße definieren
Erlaubte Werte	Nummerischer Wert mit einer der Maßeinheiten px, em, ex, %, in, cm, mm, pt, pc, z. B. font-size: 13px;, font-size: 1.2em;, font-size: 140%; Der Wert 0 ist möglich ohne Maßeinheit. Oder einer der folgenden Werte (Defaultwert ist fett dargestellt): • inherit (vom Elternelement geerbt) • large (groß) • larger (größer) • **medium** (mittel) • small (klein) • smaller (kleiner) • x-large (viel größer) • x-small (viel kleiner) • xx-large (sehr groß) • xx-small (sehr klein)
Kompatibilität	CSS 1.0, CSS 2.0, CSS 3.0

font-style	Schriftlage festlegen.
Erlaubte Werte	Einer der folgenden Werte (Defaultwert ist fett dargestellt): • inherit (vom Elternelement geerbt) • italic (kursiv, als eigene Schriftart) • **normal** (normale, aufrechte Schreibweise) • oblique (geneigt, kursive Darstellung, aus der normalen Darstellung berechnet)
Kompatibilität	CSS 1.0, CSS 2.0, CSS 3.0

font-variant	Schreibweise mit Kapitälchen definieren.
Erlaubte Werte	Einer der folgenden Werte (Defaultwert ist fett dargestellt): • inherit (vom Elternelement geerbt) • **normal** (normale Groß-/Kleinschreibung) • small-caps (Schreibung mit unechten Kapitälchen)
Kompatibilität	CSS 1.0, CSS 2.0, CSS 3.0

font-weight	Schriftgewicht festlegen.
Erlaubte Werte	Einer der folgenden Werte (Defaultwert ist fett dargestellt): • 100 (extra dünn) • 200 (dünner) • 300 (dünn) • 400 (fein) • 500 (normal) • 600 (stark) • 700 (fett) • 800 (fetter) • 900 (extra fett) • bold (fett) • bolder (extra fett) • inherit (vom Elternelement geerbt) • lighter (extra dünn) • **normal** (normal)
Kompatibilität	CSS 1.0 CSS 2.0 CSS 3.0

height	Höhe des darstellbaren Inhalts.
Erlaubte Werte	Nummerischer Wert mit einer der Maßeinheiten px, em, ex, %, in, cm, mm, pt, pc, z. B. height: 3px; , height: 0.2cm;, height: 40%; Der Wert 0 ist möglich ohne Maßeinheit. Oder einer der folgenden Werte (Defaultwert ist fett dargestellt): • **auto** (automatische Höhe) • inherit (vom Elternelement geerbt)
Kompatibilität	CSS 1.0 CSS 2.0 CSS 3.0

icon	Ein Symbol anfügen.
Erlaubte Werte	URL-Adresse, z. B. icon:url(http://www.example.com/images/icon.gif
Kompatibilität	CSS 3.0

`left`	Der Abstand von der linken Kante des Elements zum linken Rand des umgebenden Elements.
Erlaubte Werte	Nummerischer Wert mit einer der Maßeinheiten px, em, ex, %, in, cm, mm, pt, pc, z. B. `left: 3px;`, `left: 0.2cm;`, `left: 40%;` Der Wert 0 ist möglich ohne Maßeinheit. Oder einer der folgenden Werte (Defaultwert ist fett dargestellt): • `auto` (automatisch) • `inherit` (vom Elternelement geerbt)
Kompatibilität	CSS 2.0, CSS 3.0

`letter-spacing`	Abstand zwischen den einzelnen Zeichen.
Erlaubte Werte	Nummerischer Wert mit einer der Maßeinheiten px, em, ex, %, in, cm, mm, pt, pc, z. B. `letter-spacing: 3px;`, `letter-spacing: 0.2cm;`, `letter-spacing: 40%;` Der Wert 0 ist möglich ohne Maßeinheit. Oder einer der folgenden Werte (Defaultwert ist fett dargestellt): • `normal` (normaler Abstand) • `inherit` (vom Elternelement geerbt)
Kompatibilität	CSS 1.0, CSS 2.0, CSS 3.0

`line-height`	Zeilenhöhe.
Erlaubte Werte	Nummerischer Wert mit einer der Maßeinheiten px, em, ex, %, in, cm, mm, pt, pc, z. B. `line-height: 3px;`, `line-height: 0.2cm;`, `line-height: 40%;` Der Wert 0 ist möglich ohne Maßeinheit. Oder einer der folgenden Werte (Defaultwert ist fett dargestellt): • `inherit` (vom Elternelement geerbt) • `normal` (normal)
Kompatibilität	CSS 1.0, CSS 2.0, CSS 3.0

`list-style`	Definiert das Aussehen einer Aufzählung. Zusammenfassende Eigenschaft für folgende Detail-Eigenschaften: • `list-style-type` • `list-style-position` • `list-style-image`
Erlaubte Werte	Die erlaubten Werte sind bei den Detail-Eigenschaften festgelegt.
Kompatibilität	CSS 1.0, CSS 2.0, CSS 3.0

`list-style-image`	Grafik für das Aufzählungszeichen eines Listenelements.
Erlaubte Werte	Einer der folgenden Werte (Defaultwert ist fett dargestellt): • `inherit` (vom Elternelement geerbt) • **none** (keine Grafik verwenden) oder URL-Adresse, z. B. `list-style-image:url(http://www.example.com/images/marker.png`
Kompatibilität	CSS 1.0, CSS 2.0, CSS 3.0

`list-style-position`	Position des Aufzählungszeichens bei einem Listenelement.
Erlaubte Werte	Einer der folgenden Werte (Defaultwert ist fett dargestellt): • `inherit` (vom Elternelement geerbt) • `inside` (innerhalb des Textes) • **`outside`** (außerhalb des Textes)
Kompatibilität	CSS 1.0, CSS 2.0, CSS 3.0

`list-style-type`	Legt die Art des Aufzählungszeichens für ein Listenelement fest.
Erlaubte Werte	Einer der folgenden Werte (Defaultwert ist fett dargestellt): • `armenian` (armenisch, für `<ol>`) • `circle` (Kreis, für `<ul>`) • `cjk-ideographic` (ideographische Zeichen, für `<ol>`) • `decimal` (dezimal, für `<ol>`) • `decimal-leading-zero` (dezimal mit führender Null, für `<ol>`) • **`disc`** (ausgefüllter Kreis, für `<ul>`) • `georgian` (gregorianisch, für `<ol>`) • `hebrew` (hebräisch, für `<ol>`) • `hiragana` (japanisch, für `<ol>`) • `hiragana-iroha` (japanisch, für `<ol>`) • `inherit` (vom Elternelement geerbt) • `katakana` (japanisch, für `<ol>`) • `katakana-iroha` (japanisch, für `<ol>`) • `lower-alpha` (Kleinbuchstaben, für `<ol>`) • `lower-greek` (kleine griechische Buchstaben, für `<ol>`) • `lower-latin` (Kleinbuchstaben, für `<ol>`) • `lower-roman` (kleine römische Zahlen, für `<ol>`) • `none` (keine) • `square` (Quadrat, für `<ul>`) • `upper-alpha` (Großbuchstaben, für `<ol>`) • `upper-latin` (Großbuchstaben, für `<ol>`) • `upper-roman` (große römische Zahlen, für `<ol>`)
Kompatibilität	CSS 1.0, CSS 2.0, CSS 3.0

`margin`	Äußerer Abstand/Rand eines Elements. Zusammenfassende Eigenschaft für folgende Detail-Eigenschaften: • `margin-top` • `margin-right` • `margin-bottom` • `margin-left`
Erlaubte Werte	Die erlaubten Werte sind bei den Detail-Eigenschaften festgelegt.
Kompatibilität	CSS 1.0, CSS 2.0, CSS 3.0

`margin-bottom`	Unterer Abstand/Rand eines Elements.
Erlaubte Werte	Nummerischer Wert mit einer der Maßeinheiten px, em, ex, %, in, cm, mm, pt, pc, z. B. `margin-bottom: 3px;`, `margin-bottom: 0.2cm;`, `margin-bottom: 40%;` Der Wert 0 ist möglich ohne Maßeinheit. Oder `inherit` (vom Elternelement geerbt)
Kompatibilität	CSS 1.0, CSS 2.0, CSS 3.0

`margin-left`	Linker Abstand/Rand eines Elements.
Erlaubte Werte	Nummerischer Wert mit einer der Maßeinheiten px, em, ex, %, in, cm, mm, pt, pc, z. B. `margin-left: 3px;`, `margin-left: 0.2cm;`, `margin-left: 40%;` Der Wert 0 ist möglich ohne Maßeinheit. Oder `inherit` (vom Elternelement geerbt)
Kompatibilität	CSS 1.0, CSS 2.0, CSS 3.0

`margin-right`	Rechter Abstand/Rand eines Elements.
Erlaubte Werte	Nummerischer Wert mit einer der Maßeinheiten px, em, ex, %, in, cm, mm, pt, pc, z. B. `margin-right: 3px;`, `margin-right: 0.2cm;`, `margin-right: 40%;` Der Wert 0 ist möglich ohne Maßeinheit. Oder `inherit` (vom Elternelement geerbt)
Kompatibilität	CSS 1.0, CSS 2.0, CSS 3.0

`margin-top`	Oberer Abstand/Rand eines Elements.
Erlaubte Werte	Nummerischer Wert mit einer der Maßeinheiten px, em, ex, %, in, cm, mm, pt, pc, z. B. `margin-top: 3px;`, `margin-top: 0.2cm;`, `margin-top: 40%;` Der Wert 0 ist möglich ohne Maßeinheit. Oder `inherit` (vom Elternelement geerbt)
Kompatibilität	CSS 1.0, CSS 2.0, CSS 3.0

`max-height`	Maximale Höhe, die ein Element erhalten kann.
Erlaubte Werte	Nummerischer Wert mit einer der Maßeinheiten px, em, ex, %, in, cm, mm, pt, pc, z. B. `max-height: 3px;`, `max-height: 0.2cm;`, `max-height: 40%;` Der Wert 0 ist möglich ohne Maßeinheit. Oder einer der folgenden Werte: • `inherit` (vom Elternelement geerbt) • `none` (keine Beschränkung)
Kompatibilität	CSS 2.0, CSS 3.0

`max-width`	Maximale Breite, die ein Element erhalten kann.
Erlaubte Werte	Nummerischer Wert mit einer der Maßeinheiten px, em, ex, %, in, cm, mm, pt, pc, z. B. `max-width: 3px;`, `max-width: 0.2cm;`, `max-width: 40%;` Der Wert 0 ist möglich ohne Maßeinheit. Oder einer der folgenden Werte: • `inherit` (vom Elternelement geerbt) • `none` (keine Beschränkung)
Kompatibilität	CSS 2.0, CSS 3.0

`min-height`	Minimale Höhe, die ein Element erhalten kann.
Erlaubte Werte	Nummerischer Wert mit einer der Maßeinheiten px, em, ex, %, in, cm, mm, pt, pc, z. B. `min-height: 3px;`, `min-height: 0.2cm;`, `min-height: 40%;` Der Wert 0 ist möglich ohne Maßeinheit. Oder einer der folgenden Werte: • `inherit` (vom Elternelement geerbt) • `none` (keine Beschränkung)
Kompatibilität	CSS 2.0, CSS 3.0

`min-width`	Minimale Breite, die ein Element erhalten kann.
Erlaubte Werte	Nummerischer Wert mit einer der Maßeinheiten px, em, ex, %, in, cm, mm, pt, pc, z. B. `min-width: 3px;`, `min-width: 0.2cm;`, `min-width: 40%;` Der Wert 0 ist möglich ohne Maßeinheit. Oder einer der folgenden Werte: • `inherit` (vom Elternelement geerbt) • `none` (keine Beschränkung)
Kompatibilität	CSS 2.0, CSS 3.0

`nav-down`	Legt die Position des aktuellen Elements in der Navigation des Dokuments fest.
Erlaubte Werte	Einer der folgenden Werte (Defaultwert ist fett dargestellt): • **`auto`** (automatisch) • `current` (Element ist das aktuelle Element) • `id` (ID eines Elements, inklusive dem #-Zeichen) • `inherit` (vom Elternelement geerbt) • `root` (Element ist das Wurzelelement, das erste Element der Navigation)
Kompatibilität	CSS 3.0

`nav-index`	Legt die Reihenfolge der Navigation fest. Diese Eigenschaft ist auch als TAB-Reihenfolge bekannt.
Erlaubte Werte	Einer der folgenden Werte (Defaultwert ist fett dargestellt): • **`auto`** (automatisch) • `inherit` (vom Elternelement geerbt) • `number` (eine Ganzzahl)
Kompatibilität	CSS 3.0

`nav-left`	Legt die Position des aktuellen Elements in der Navigation des Dokuments fest.
Erlaubte Werte	Einer der folgenden Werte (Defaultwert ist fett dargestellt): • **`auto`** (automatisch) • `current` (Element ist das aktuelle Element) • `id` (ID eines Elements, inklusive dem #-Zeichen) • `inherit` (vom Elternelement geerbt) • `root` (Element ist das Wurzelelement, das erste Element der Navigation)
Kompatibilität	CSS 3.0

nav-right	Legt die Position des aktuellen Elements in der Navigation des Dokuments fest.
Erlaubte Werte	Einer der folgenden Werte (Defaultwert ist fett dargestellt): • **auto** (automatisch) • current (Element ist das aktuelle Element) • id (ID eines Elements, inklusive dem #-Zeichen) • inherit (vom Elternelement geerbt) • root (Element ist das Wurzelelement, das erste Element der Navigation)
Kompatibilität	CSS 3.0

nav-up	Legt die Position des aktuellen Elements in der Navigation des Dokuments fest.
Erlaubte Werte	Einer der folgenden Werte (Defaultwert ist fett dargestellt): • **auto** (automatisch) • current (Element ist das aktuelle Element) • id (ID eines Elements, inklusive dem #-Zeichen) • inherit (vom Elternelement geerbt) • root (Element ist das Wurzelelement, das erste Element der Navigation)
Kompatibilität	CSS 3.0

opacity	Durchsichtigkeit des Elements und der davon abhängigen Kindelemente.
Erlaubte Werte	Einer der folgenden Werte (Defaultwert ist fett dargestellt): • **alphawert** (Eine Zahl zwischen 0 (durchsichtig) und 1 (undurchsichtig), z. B. opacity: 0.5;) • inherit (vom Elternelement geerbt)
Kompatibilität	CSS 3.0, 9.0, 3.0, 9.0

orphans	Mindestanzahl der Zeilen, die am Seitenende sichtbar sein müssen.
Erlaubte Werte	Einer der folgenden Werte (Defaultwert ist fett dargestellt): • inherit (vom Elternelement geerbt) • **zeilen** (Ganzzahl)
Kompatibilität	CSS 2.0, CSS 3.0, 8.0, 5.0

`outline`	Äußere Umrahmung für ein Element mit aktivem Fokus. Zusammenfassende Eigenschaft für folgende Detail-Eigenschaften: • `outline-color` • `outline-style` • `outline-width`
Erlaubte Werte	Die erlaubten Werte sind bei den Detail-Eigenschaften festgelegt.
Kompatibilität	CSS 2.0, CSS 3.0, 8.0

`outline-color`	Farbe des Rahmens für ein Element mit aktivem Fokus.
Erlaubte Werte	Farbe, z. B. `outline-color: #000000;`, `outline-color: rgb(0, 127, 255);`, `outline-color: rgb(80%, 40%, 20%);`, `outline-color: blue;` oder `invert` (invertiert den Rahmen gegenüber der Hintergrundfarbe)
Kompatibilität	CSS 2.0, CSS 3.0, 8.0

`outline-style`	Art der Liniendarstellung für ein Element mit aktivem Fokus.
Erlaubte Werte	• `dashed` (gestrichelt) • `dotted` (punktiert) • `double` (doppelte Line) • `groove` (3D-Effekt erhaben) • `hidden` (der Rahmen wird versteckt) • `inherit` (vom Elternelement geerbt) • `inset` (3D-Effekt eingedrückt) • `none` (kein Rahmen) • `outset` (3D-Effekt herausgehoben) • `ridge` (3D-Effekt graviert) • `solid` (durchgezogen)
Kompatibilität	CSS 2.0, CSS 3.0, 8.0

`outline-width`	Dicke des Rahmens für ein Element mit aktivem Fokus.
Erlaubte Werte	Nummerischer Wert mit einer der Maßeinheiten px, em, ex, %, in, cm, mm, pt, pc, z. B. `outline-width: 3px;`, `outline-width: 0.2cm;`, `outline-width: 40%;` Der Wert 0 ist möglich ohne Maßeinheit. Oder einer der folgenden Werte (Defaultwert ist fett dargestellt): • `inherit` (vom Elternelement geerbt) • **`medium`** (mittel) • `thick` (dick) • `thin` (dünn)
Kompatibilität	CSS 2.0, CSS 3.0, 8.0

`overflow`	Darstellung des Inhalts, wenn das Element zu klein dafür ist.
Erlaubte Werte	Einer der folgenden Werte (Defaultwert ist fett dargestellt): • `auto` (Rollbalken werden nur angezeigt, wenn der Inhalt nicht gesamt sichtbar ist) • `hidden` (nicht darstellbarer Inhalt wird abgeschnitten) • `inherit` (vom Elternelement geerbt) • `scroll` (Es werden Rollbalken angezeigt, auch wenn der Inhalt gesamt sichtbar ist) • **`visible`** (Das Element wird vergrößert und der Inhalt ist sichtbar)
Kompatibilität	CSS 2.0, CSS 3.0

`overflow-x`	Darstellung des Inhalts, wenn das Element in der Breite zu schmal dafür ist.
Erlaubte Werte	Einer der folgenden Werte (Defaultwert ist fett dargestellt): • `auto` (Rollbalken werden nur angezeigt, wenn der Inhalt nicht gesamt sichtbar ist} • `hidden` (nicht darstellbarer Inhalt wird abgeschnitten) • `scroll` (Es werden Rollbalken angezeigt, auch wenn der Inhalt gesamt sichtbar ist) • **`visible`** (Das Element wird vergrößert und der Inhalt ist sichtbar)
Kompatibilität	CSS 2.0, CSS 3.0

`overflow-y`	Darstellung des Inhalts, wenn das Element in der Höhe zu niedrig dafür ist.
Erlaubte Werte	Einer der folgenden Werte (Defaultwert ist fett dargestellt): • `auto` (Rollbalken werden nur angezeigt, wenn der Inhalt nicht gesamt sichtbar ist} • `hidden` (nicht darstellbarer Inhalt wird abgeschnitten) • `scroll` (Es werden Rollbalken angezeigt, auch wenn der Inhalt gesamt sichtbar ist) • **`visible`** (Das Element wird vergrößert und der Inhalt ist sichtbar)
Kompatibilität	CSS 2.0 CSS 3.0

`padding`	Abstand des Inhalts zum Rand des Elements. Zusammenfassende Eigenschaft für folgende Detail-Eigenschaften: • `padding-top` • `padding-right` • `padding-bottom` • `padding-left`
Erlaubte Werte	Die erlaubten Werte sind bei den Detail-Eigenschaften festgelegt.
Kompatibilität	CSS 1.0 CSS 2.0 CSS 3.0

`padding-bottom`	Abstand des Inhalts zum unteren Rand des Elements.
Erlaubte Werte	Nummerischer Wert mit einer der Maßeinheiten px, em, ex, %, in, cm, mm, pt, pc, z. B. `padding-bottom: 3px;`, `padding-bottom: 0.2cm;`, `padding-bottom: 40%;` Der Wert 0 ist möglich ohne Maßeinheit. Oder `inherit` (vom Elternelement geerbt)
Kompatibilität	CSS 1.0 CSS 2.0 CSS 3.0

`padding-left`	Abstand des Inhalts zum linken Rand des Elements.
Erlaubte Werte	Nummerischer Wert mit einer der Maßeinheiten px, em, ex, %, in, cm, mm, pt, pc, z. B. `padding-left: 3px;`, `padding-left: 0.2cm;`, `padding-left: 40%;` Der Wert 0 ist möglich ohne Maßeinheit. Oder `inherit` (vom Elternelement geerbt)
Kompatibilität	CSS 1.0 CSS 2.0 CSS 3.0

`padding-left`	Abstand des Inhalts zum rechten Rand des Elements.
Erlaubte Werte	Nummerischer Wert mit einer der Maßeinheiten px, em, ex, %, in, cm, mm, pt, pc, z. B. `padding-right: 3px;`, `padding-right: 0.2cm;`, `padding-right: 40%;` Der Wert 0 ist möglich ohne Maßeinheit. Oder `inherit` (vom Elternelement geerbt)
Kompatibilität	CSS 1.0, CSS 2.0, CSS 3.0

`padding-top`	Abstand des Inhalts zum oberen Rand des Elements.
Erlaubte Werte	Nummerischer Wert mit einer der Maßeinheiten px, em, ex, %, in, cm, mm, pt, pc, z. B. `padding-top: 3px;`, `padding-top: 0.2cm;`, `padding-top: 40%;` Der Wert 0 ist möglich ohne Maßeinheit. Oder `inherit` (vom Elternelement geerbt)
Kompatibilität	CSS 1.0, CSS 2.0, CSS 3.0

`page-break-after`	Seitenumbruch nach dem Element.
Erlaubte Werte	Einer der folgenden Werte (Defaultwert ist fett dargestellt): • `always` (erzwungener Seitenumbruch) • `auto` (nur wenn eine neue Seite begonnen wird) • `avoid` (Seitenumbruch soll vermieden werden) • `inherit` (vom Elternelement geerbt) • `left` (die nächste Seite muss auf der linken Seite beginnen, es werden ein oder zwei Seitenumbrüche eingefügt) • `right` (die nächste Seite muss auf der rechten Seite beginnen, es werden ein oder zwei Seitenumbrüche eingefügt)
Kompatibilität	CSS 2.0, CSS 3.0, Opera 9.0

`page-break-before`	Seitenumbruch vor dem Element.
Erlaubte Werte	Einer der folgenden Werte (Defaultwert ist fett dargestellt): • **`always`** (erzwungener Seitenumbruch) • `auto` (nur wenn eine neue Seite begonnen wird) • `avoid` (Seitenumbruch soll vermieden werden) • `inherit` (vom Elternelement geerbt) • `left` (die nächste Seite muss auf der linken Seite beginnen, es werden ein oder zwei Seitenumbrüche eingefügt) • `right` (Die nächste Seite muss auf der rechten Seite beginnen, es werden ein oder zwei Seitenumbrüche eingefügt)
Kompatibilität	CSS 2.0 · CSS 3.0 · 9.0

`page-break-inside`	Seitenumbruch innerhalb des Elements.
Erlaubte Werte	Einer der folgenden Werte (Defaultwert ist fett dargestellt): • **`always`** (erzwungener Seitenumbruch) • `auto` (nur wenn eine neue Seite begonnen wird) • `avoid` (Seitenumbruch soll vermieden werden) • `inherit` (vom Elternelement geerbt) • `left` (die nächste Seite muss auf der linken Seite beginnen, es werden ein oder zwei Seitenumbrüche eingefügt) • `right` (die nächste Seite muss auf der rechten Seite beginnen, es werden ein oder zwei Seitenumbrüche eingefügt)
Kompatibilität	CSS 2.0 · CSS 3.0 · 9.0

`position`	Art der Positionierung des Elements.
Erlaubte Werte	Einer der folgenden Werte (Defaultwert ist fett dargestellt): • `absolute` (Das Element wird relativ zum beinhaltenden Block positioniert. Es ist nicht mehr im Textfluss enthalten und beeinflusst die Darstellung der restlichen Elemente nicht.) • `fixed` (Das Element wird relativ zum Viewport positioniert. Es bleibt auch beim Rollen an derselben Stelle stehen, beim Ausdruck wird es auf jeder Seite wiederholt.) • `inherit` (vom Elternelement geerbt) • `relative` (Das Element wird relativ zum beinhaltenden Block positioniert. Es ist im Textfluss enthalten und beeinflusst die Darstellung der restlichen Elemente.) • **`static`** (Das Element ist nicht positioniert, sondern liegt im normalen Textfluss. Die Eigenschaften `top`, `right`, `bottom`, `left` und `z-index`) werden ignoriert.)
Kompatibilität	CSS 2.0 · CSS 3.0

`quotes`	Darstellung der Anführungszeichen.
Erlaubte Werte	Text, z. B. `quotes: "\00AB" "\00BB";` oder `quotes: "\201C" "\201D" "\2018" "\2019";` Es müssen das öffnende und das schließende Anführungszeichen in hexadezimaler Schreibweise angegeben werden. Bei verschachtelten Anführungszeichen müssen zwei Paare angegeben werden.
Kompatibilität	CSS 2.0, CSS 3.0, 8.0, 9.0

`resize`	Der Benutzer kann die Größe des Elements verändern.
Erlaubte Werte	Einer der folgenden Werte (Defaultwert ist fett dargestellt): • `both` (Höhe und Breite sind veränderbar) • `inherit` (vom Elternelement geerbt) • `horizontal` (Breite ist veränderbar) • none (deaktiviert) • `vertical` (Höhe ist veränderbar)
Kompatibilität	CSS 3.0, 4.0

`right`	Der Abstand von der rechten Kante des Elements zum rechten Rand des umgebenden Elements.
Erlaubte Werte	Nummerischer Wert mit einer der Maßeinheiten px, em, ex, %, in, cm, mm, pt, pc, z. B. `left: 3px;`, `left: 0.2cm;`, `left: 40%;` Der Wert 0 ist möglich ohne Maßeinheit. Einer der folgenden Werte (Defaultwert ist fett dargestellt): • **`auto`** (automatisch) • `inherit` (vom Elternelement geerbt)
Kompatibilität	CSS 2.0, CSS 3.0

`table-layout`	Methode zur Darstellung der Tabelle.
Erlaubte Werte	Einer der folgenden Werte (Defaultwert ist fett dargestellt): • **`auto`** (automatisch, die Breite ist durch den Inhalt veränderbar) • `fixed` (die festgelegte Breite der Tabelle wird immer eingehalten) • `inherit` (vom Elternelement geerbt)
Kompatibilität	CSS 2.0, CSS 3.0

`text-align`	Ausrichtung des Textes.
Erlaubte Werte	Einer der folgenden Werte: • `center` (zentriert) • `inherit` (vom Elternelement geerbt) • `justify` (Blocksatz) • `left` (linksbündig) • `right` (rechtsbündig)
Kompatibilität	CSS 1.0, CSS 2.0, CSS 3.0

`text-align-last`	Ausrichtung der letzten Zeile eines Absatzes bei Blocksatz.
Erlaubte Werte	Einer der folgenden Werte: • `center` (zentriert) • `end` (am rechten Rand ausrichten) • `inherit` (vom Elternelement geerbt) • `justify` (Blocksatz) • `left` (linksbündig) • `right` (rechtsbündig) • `start` (am linken Rand ausrichten)
Kompatibilität	CSS 3.0

`text-decoration`	Texteffekt.
Erlaubte Werte	Einer der folgenden Werte (Defaultwert ist fett dargestellt): • `blink` (blinken) • `inherit` (vom Elternelement geerbt) • `line-through` (durchstreichen) • `overline` (Linie oberhalb des Textes) • **none** (alle Texteffekte deaktivieren) • `underline` (unterstreichen)
Kompatibilität	CSS 1.0, CSS 2.0, CSS 3.0

`text-indent`	Einrückung der ersten Zeile eines Absatzes.
Erlaubte Werte	Nummerischer Wert mit einer der Maßeinheiten px, em, ex, %, in, cm, mm, pt, pc, z. B. `text-indent: 3px;`, `text-indent: 0.2cm;`, `text-indent: 40%;` Der Wert 0 ist möglich ohne Maßeinheit. Oder `inherit` (vom Elternelement geerbt).
Kompatibilität	CSS 1.0, CSS 2.0, CSS 3.0

text-justify	Art des Blocksatzes.
Erlaubte Werte	Einer der folgenden Werte (Defaultwert ist fett dargestellt): • **auto** (automatisch) • distribute (gleichmäßig verteilt) • inter-cluster (Ausgleich zwischen den Satzsegmenten) • inter-ideograph (Ausgleich zwischen den Zeichen) • inter-word (Ausgleich zwischen den Wörtern)
Kompatibilität	CSS 3.0

text-transform	Groß-/Kleinschreibung definieren.
Erlaubte Werte	Einer der folgenden Werte (Defaultwert ist fett dargestellt): • capitalize (erster Buchstabe jedes Wortes wird groß geschrieben) • inherit (vom Elternelement geerbt) • lowercase (alles in Kleinbuchstaben) • **none** (normale Schreibweise) • uppercase (alles in Großbuchstaben)
Kompatibilität	CSS 1.0, CSS 2.0, CSS 3.0

top	Der Abstand von der oberen Kante des Elements zum oberen Rand des umgebenden Elements.
Erlaubte Werte	Nummerischer Wert mit einer der Maßeinheiten px, em, ex, %, in, cm, mm, pt, pc, z. B. top: 3px;, top: 0.2cm;, top: 40%; Der Wert 0 ist möglich ohne Maßeinheit. Einer der folgenden Werte (Defaultwert ist fett dargestellt): • **auto** (automatisch) • inherit (vom Elternelement geerbt)
Kompatibilität	CSS 2.0, CSS 3.0

unicode-bidi	Erlaubt das Mischen von Text mit der Schreibrichtung links-nach-rechts und rechts-nach-links.
Erlaubte Werte	Einer der folgenden Werte (Defaultwert ist fett dargestellt): • bidi-override (überschreibt die generelle Schreibrichtung für das aktuelle und die Kind Elemente) • embed (das Kindelement bestimmt die Richtung mit der Eigenschaft direction) • inherit (vom Elternelement geerbt) • **normal** (normal)
Kompatibilität	CSS 2.0, CSS 3.0

`vertical-align`	Vertikale Ausrichtung des Inhalts.
Erlaubte Werte	Nummerischer Wert mit einer der Maßeinheiten px, em, ex, %, in, cm, mm, pt, pc, z. B. `vertical-align: 3px;` , `vertical-align: 0.2cm;`, `vertical-align: 40%;` Der Wert 0 ist möglich ohne Maßeinheit. Oder einer der folgenden Werte (Defaultwert ist fett dargestellt): • **`baseline`** (am unteren Rand der Schrift) • `bottom` (am unteren Rand des Elements) • `inherit` (vom Elternelement geerbt) • `middle` (in der Mitter des Elements) • `sub` (tiefgestellt) • `super` (hochgestellt) • `text-bottom` (am unteren Rand der Unterlänge) • `text-top` (am oberen Rand der Schrift) • `top` (am oberen Rand des Elements)
Kompatibilität	CSS 1.0 CSS 2.0 CSS 3.0

`visibility`	Sichtbarkeit des Elements.
Erlaubte Werte	Einer der folgenden Werte (Defaultwert ist fett dargestellt): • `collapse` (Das Element wird unsichtbar und aus dem Textfluss entfernt) • `hidden` (Das Element wird ausgeblendet, behält aber den reservierten Platz im Textfluss) • **`inherit`** (vom Elternelement geerbt) • `visible` (Das Element ist sichtbar)
Kompatibilität	CSS 2.0 CSS 3.0

`white-space`	Behandlung des Leerraums.
Erlaubte Werte	Einer der folgenden Werte (Defaultwert ist fett dargestellt): • `inherit` (vom Elternelement geerbt) • **`normal`** (normal) • `nowrap` (Leerräume werden zusammengefasst, aber Zeilenumbrüche werden unterdrückt) • `pre` (Leerraum bleibt erhalten, Zeilen werden nur bei einer neuen Zeile im Markup umbrochen) • `pre-line` (Leerraum wird zusammengefasst, Zeilen werden nur bei einer neuen Zeile im Markup umbrochen) • `pre-wrap` (Leerraum wird zusammengefasst, Zeilen werden, wo es für die Darstellung notwendig ist, und bei einer neuen Zeile im Markup umbrochen)
Kompatibilität	CSS 1.0 CSS 2.0 CSS 3.0

`widows`	Mindestanzahl der Zeilen, welche am Seitenanfang sichtbar sein müssen.
Erlaubte Werte	Einer der folgenden Werte (Defaultwert ist fett dargestellt): • `inherit` (vom Elternelement geerbt) • `zeilen` (Ganzzahl)
Kompatibilität	CSS 2.0 · CSS 3.0 · 8.0 · · 5.0 · 9.0

`width`	Breite des darstellbaren Inhalts.
Erlaubte Werte	Nummerischer Wert mit einer der Maßeinheiten px, em, ex, %, in, cm, mm, pt, pc, z. B. `width: 3px;`, `width: 0.2cm;`, `width: 40%;` Der Wert 0 ist möglich ohne Maßeinheit. Oder einer der folgenden Werte (Defaultwert ist fett dargestellt): • `auto` (automatische Höhe) • `inherit` (vom Elternelement geerbt)
Kompatibilität	CSS 1.0 · CSS 2.0 · CSS 3.0

`word-spacing`	Leerraum zwischen den Wörtern.
Erlaubte Werte	Nummerischer Wert mit einer der Maßeinheiten px, em, ex, %, in, cm, mm, pt, pc, z. B. `word-spacing: 3px;`, `word-spacing: 0.2cm;`, `word-spacing: 40%;` Der Wert 0 ist möglich ohne Maßeinheit. Oder einer der folgenden Werte (Defaultwert ist fett dargestellt): • `inherit` (vom Elternelement geerbt) • `normal` (normal)
Kompatibilität	CSS 1.0 · CSS 2.0 · CSS 3.0

`z-index`	Position des Elements auf der Z-Achse (Tiefenachse).
Erlaubte Werte	Einer der folgenden Werte (Defaultwert ist fett dargestellt): • `auto` (automatisch) • `index` (Ganzzahl zwischen 0 und 65535) • `inherit` (vom Elternelement geerbt)
Kompatibilität	CSS 2.0 · CSS 3.0

E HTML-Zeichenreferenz

Die Tabellen mit den benannten Zeichen enthalten das Zeichen selbst, die zugehörige *named entity* (`&Zeichenname;`), den zugehörigen nummerischen Code (hexadezimal und dezimal) sowie eine Angabe zum HTML-Standard, seit dem die benannten Zeichen im HTML-Standard erwähnt werden. Nicht angegeben sind die einzelnen Browser mit ihren Versionen. Der Grund ist, dass es nicht allein vom Browser abhängt, ob ein Zeichen angezeigt werden kann. Weitere Faktoren sind verfügbare Schriftarten, unterstützte Zeichenkodierungen auf dem verwendeten System und viele mehr.

Die Auflistung erhebt keinen Anspruch auf Vollständigkeit. Eine umfangreichere Version dieser Liste finden Sie im Web unter folgendem Link.

Links

Zeichenreferenz bei WebKompetenz
http://webkompetenz.wikidot.com/html-handbuch:html-zeichenreferenz

Kurzversion
http://bit.ly/cOtoqU

Infos

Wichtig

Benannte Zeichen stehen in HTML5 zur Verfügung, nicht jedoch in XHTML5, sofern es von einem XML-Parser verarbeitet wird. Der Grund ist eine fehlende XHTML5-DTD mit entsprechenden Entity-Definitionen. Wenn Sie XHTML 1.0 verwenden, können Sie benannte Zeichen benutzen, die hier in der Referenz mit einer HTML-Version kleiner 5 ausgewiesen sind.

E.1 Benannte Zeichen aus dem ASCII-Zeichensatz

Außer den benannten Zeichen für HTML-eigene Zeichen benötigen Sie eigentlich keine der hier aufgelisteten Umschreibungen. Es handelt sich um Zeichen des ASCII-Zeichensatzes, die Sie so auch ohne Entity-Kodierung eingeben können, solange Sie im entsprechenden Zeichensatz (bspw. UTF-8) speichern und auch codieren. Derzeit ist von den benannten Umschreibungen für HTML5 ohnehin noch abzuraten, da die Unterstützung in Browsern erst nach und nach anläuft.

Zeichen	*Benannte Entity*	*Dezimal*	*Hexadezimal*	*Version*
	` `	` `	` `	HTML5
	`
`	`
`	`
`	HTML5

Zeichen	Benannte Entity	Dezimal	Hexadezimal	Version
!	`!`	`!`	`!`	HTML5
"	`"`	`"`	`"`	HTML 2.0
#	`#`	`#`	`#`	HTML5
$	`$`	`$`	`$`	HTML5
%	`%`	`%`	`%`	HTML5
&	`&`	`&`	`&`	HTML 2.0
'	`'`	`'`	`'`	HTML5
(	`(`	`(`	`(`	HTML5
)	`)`	`)`	`)`	HTML5
*	`*`	`*`	`*`	HTML5
*	`*`	`*`	`*`	HTML5
+	`+`	`+`	`+`	HTML5
,	`,`	`,`	`,`	HTML5
.	`.`	`.`	`.`	HTML5
/	`/`	`/`	`/`	HTML5
:	`:`	`:`	`:`	HTML5
;	`;`	`;`	`;`	HTML5
<	`<`	`<`	`<`	HTML 2.0
=	`=`	`=`	`=`	HTML5

Zeichen	*Benannte Entity*	*Dezimal*	*Hexadezimal*	*Version*
>	>	>	>	HTML 2.0
?	?	?	?	HTML5
@	@	@	@	HTML5
[	[	[	[	HTML5
[	[	[	[	HTML5
\	\	\	\	HTML5
]	]	]	]	HTML5
]	]	]	]	HTML5
^	^	^	^	HTML5
_	_	_	_	HTML5
`	`	`	`	HTML5
`	`	`	`	HTML5
{	{	{	{	HTML5
{	{	{	{	HTML5
|							HTML5
|							HTML5
|							HTML5
}	}	}	}	HTML5
}	}	}	}	HTML5

E.2 Benannte Zeichen aus Latin-1

Die hier aufgelisteten Zeichen decken den dezimalen Zeichenbereich 160 bis 255 des Zeichensatzes ISO-8859-1 (Latin-1) ab. Das Set dieser benannten Zeichen wurde bereits mit HTML 3.2 eingeführt. Mit HTML5 sind einige zusätzliche Umschreibungen hinzugekommen.

Zeichen	Benannte Entity	Dezimal	Hexadezimal	Version
	` `	` `	` `	HTML5
	` `	` `	` `	HTML 3.2
¡	`¡`	`¡`	`¡`	HTML 3.2
¢	`¢`	`¢`	`¢`	HTML 3.2
£	`£`	`£`	`£`	HTML 3.2
¤	`¤`	`¤`	`¤`	HTML 3.2
¥	`¥`	`¥`	`¥`	HTML 3.2
¦	`¦`	`¦`	`¦`	HTML 3.2
§	`§`	`§`	`§`	HTML 3.2
¨	`¨`	`¨`	`¨`	HTML 3.2
¨	`¨`	`¨`	`¨`	HTML5
¨	`¨`	`¨`	`¨`	HTML 3.2
¨	`¨`	`¨`	`&#xA8`	HTML 3.2
©	`©`	`©`	`©`	HTML 3.2
ª	`ª`	`ª`	`ª`	HTML 3.2
«	`«`	`«`	`«`	HTML 3.2

Zeichen	Benannte Entity	Dezimal	Hexadezimal	Version
¬	¬	¬	¬	HTML 3.2
				HTML 3.2
®	®	®	®	HTML5
®	®	®	®	HTML 3.2
¯	‾	¯	¯	HTML5
¯	¯	¯	¯	HTML 3.2
¯	¯	¯	¯	HTML 3.2
°	°	°	°	HTML 3.2
±	±	±	±	HTML5
±	±	±	±	HTML 3.2
±	±	±	±	HTML 3.2
²	²	²	²	HTML 3.2
³	³	³	³	HTML 3.2
´	´	´	´	HTML5
´	´	´	´	HTML 3.2
µ	µ	µ	µ	HTML 3.2
¶	¶	¶	¶	HTML 3.2
·	·	·	·	HTML 3.2
·	·	·	·	HTML 3.2

Zeichen	Benannte Entity	Dezimal	Hexadezimal	Version
¸	¸	¸	¸	HTML5
¸	¸	¸	¸	HTML 3.2
¹	¹	¹	¹	HTML 3.2
º	º	º	º	HTML 3.2
»	»	»	»	HTML 3.2
¼	¼	¼	¼	HTML 3.2
½	½	½	½	HTML 3.2
½	½	½	½	HTML5
¾	¾	¾	¾	HTML 3.2
¿	¿	¿	¿	HTML 3.2
À	À	À	À	HTML 3.2
Á	Á	Á	Á	HTML 3.2
Â	Â	Â	Â	HTML 3.2
Ã	Ã	Ã	Ã	HTML 3.2
Ä	Ä	Ä	Ä	HTML 3.2
Å	Å	Å	Å	HTML 3.2
Æ	Æ	Æ	Æ	HTML 3.2
Ç	Ç	Ç	Ç	HTML 3.2
È	È	È	È	HTML 3.2

Zeichen	*Benannte Entity*	*Dezimal*	*Hexadezimal*	*Version*
É	É	É	É	HTML 3.2
Ê	Ê	Ê	Ê	HTML 3.2
Ë	Ë	Ë	Ë	HTML 3.2
Ì	Ì	Ì	Ì	HTML 3.2
Í	Í	Í	Í	HTML 3.2
Î	Î	Î	Î	HTML 3.2
Ï	Ï	Ï	Ï	HTML 3.2
Đ	Ð	Ð	Ð	HTML 3.2
Ñ	Ñ	Ñ	Ñ	HTML 3.2
Ò	Ò	Ò	Ò	HTML 3.2
Ó	Ó	Ó	Ó	HTML 3.2
Ô	Ô	Ô	Ô	HTML 3.2
Õ	Õ	Õ	Õ	HTML 3.2
Ö	Ö	Ö	Ö	HTML 3.2
×	×	×	×	HTML 3.2
Ø	Ø	Ø	Ø	HTML 3.2
Ù	Ù	Ù	Ù	HTML 3.2
Ú	Ú	Ú	Ú	HTML 3.2
Û	Û	Û	Û	HTML 3.2

Zeichen	Benannte Entity	Dezimal	Hexadezimal	Version
Ü	Ü	Ü	Ü	HTML 3.2
Ý	Ý	Ý	Ý	HTML 3.2
Þ	Þ	Þ	Þ	HTML 3.2
ß	ß	ß	ß	HTML 3.2
à	à	à	à	HTML 3.2
á	á	á	á	HTML 3.2
â	â	â	â	HTML 3.2
ã	ã	ã	ã	HTML 3.2
ä	ä	ä	ä	HTML 3.2
å	å	å	å	HTML 3.2
æ	æ	æ	æ	HTML 3.2
ç	ç	ç	ç	HTML 3.2
è	è	è	è	HTML 3.2
é	é	é	é	HTML 3.2
ê	ê	ê	ê	HTML 3.2
ë	ë	ë	ë	HTML 3.2
ì	ì	ì	ì	HTML 3.2
í	í	í	í	HTML 3.2
î	î	î	î	HTML 3.2

Zeichen	*Benannte Entity*	*Dezimal*	*Hexadezimal*	*Version*
ï	`ï`	`ï`	`ï`	HTML 3.2
ð	`ð`	`ð`	`ð`	HTML 3.2
ñ	`ñ`	`ñ`	`ñ`	HTML 3.2
ò	`ò`	`ò`	`ò`	HTML 3.2
ó	`ó`	`ó`	`ó`	HTML 3.2
ô	`ô`	`ô`	`ô`	HTML 3.2
õ	`õ`	`õ`	`õ`	HTML 3.2
ö	`ö`	`ö`	`ö`	HTML 3.2
÷	`÷`	`÷`	`÷`	HTML 3.2
÷	`÷`	`÷`	`÷`	HTML 3.2
ø	`ø`	`ø`	`ø`	HTML 3.2
ù	`ù`	`ù`	`ù`	HTML 3.2
ú	`ú`	`ú`	`ú`	HTML 3.2
û	`û`	`û`	`û`	HTML 3.2
ü	`ü`	`ü`	`ü`	HTML 3.2
ý	`ý`	`ý`	`ý`	HTML 3.2
þ	`þ`	`þ`	`þ`	HTML 3.2
ÿ	`ÿ`	`ÿ`	`ÿ`	HTML 3.2

E.3 Benannte Zeichen aus Latin Extended A/B

Die Zeichen dieses Unicode-Zeichenbereichs decken Zeichen aus den Latin-Zeichensätzen ISO-8859-2, ISO-8859-3, ISO-8859-4, ISO-8859-9 und ISO-8859-15 ab. Durch Latin Extended-A werden viele speziellere Zeichen der Sprachen mit lateinischem Schriftsystem abgedeckt, darunter zahlreicher Sprachen Europas, Nord- und Südamerikas sowie großer Teile Afrikas. Als benannte Zeichen sind diese Zeichen bis auf wenige Ausnahmen erst mit HTML5 eingeführt worden. Es ist vorläufig sicherer, die nummerische Notation zu wählen, um diese Zeichen zu notieren.

Aus dem zweiten Zeichenerweiterungs-Set für lateinische Schriftsysteme, Latin Extended-B, bietet HTML nur einige wenige Zeichen als benannte Zeichen an. Die untere Tabelle in diesem Abschnitt listet diese Entities, die mit HTML5 eingeführt wurden, auf.

E.3.1 Latin Extended A

Zeichen	*Benannte Entity*	*Dezimal*	*Hexadezimal*	*Version*
Ā	Ā	Ā	Ā	HTML5
ā	ā	ā	ā	HTML5
Ă	Ă	Ă	Ă	HTML5
ă	ă	ă	ă	HTML5
Ą	Ą	Ą	Ą	HTML5
ą	ą	ą	ą	HTML5
Ć	Ć	Ć	Ć	HTML5
ć	ć	ć	ć	HTML5
Ĉ	Ĉ	Ĉ	Ĉ	HTML5
ĉ	ĉ	ĉ	ĉ	HTML5
Ċ	Ċ	Ċ	Ċ	HTML5
ċ	ċ	ċ	ċ	HTML5

Zeichen	*Benannte Entity*	*Dezimal*	*Hexadezimal*	*Version*
Č	`Č`	`Č`	`Č`	HTML5
č	`č`	`č`	`č`	HTML5
Ď	`Ď`	`Ď`	`Ď`	HTML5
ď	`ď`	`ď`	`ď`	HTML5
Đ	`Đ`	`Đ`	`Đ`	HTML5
đ	`đ`	`đ`	`đ`	HTML5
Ē	`Ē`	`Ē`	`Ē`	HTML5
ē	`ē`	`ē`	`ē`	HTML5
Ė	`Ė`	`Ė`	`Ė`	HTML5
ė	`ė`	`ė`	`ė`	HTML5
Ę	`Ę`	`Ę`	`Ę`	HTML5
ę	`ę`	`ę`	`ę`	HTML5
Ě	`Ě`	`Ě`	`Ě`	HTML5
ě	`ě`	`ě`	`ě`	HTML5
Ĝ	`Ĝ`	`Ĝ`	`Ĝ`	HTML5
ĝ	`ĝ`	`ĝ`	`ĝ`	HTML5
Ğ	`Ğ`	`Ğ`	`Ğ`	HTML5
ğ	`ğ`	`ğ`	`ğ`	HTML5

Zeichen	Benannte Entity	Dezimal	Hexadezimal	Version
Ġ	Ġ	Ġ	Ġ	HTML5
ġ	ġ	ġ	ġ	HTML5
Ģ	Ģ	Ģ	Ģ	HTML5
Ĥ	Ĥ	Ĥ	Ĥ	HTML5
ĥ	ĥ	ĥ	ĥ	HTML5
Ħ	Ħ	Ħ	Ħ	HTML5
ħ	ħ	ħ	ħ	HTML5
Ĩ	Ĩ	Ĩ	Ĩ	HTML5
ĩ	ĩ	ĩ	ĩ	HTML5
Ī	Ī	Ī	Ī	HTML5
ī	ī	ī	ī	HTML5
Į	Į	Į	Į	HTML5
į	į	į	į	HTML5
İ	İ	İ	İ	HTML5
ı	ı	ı	ı	HTML5
ı	ı	ı	ı	HTML5
Ĳ	Ĳ	Ĳ	Ĳ	HTML5
ĳ	ĳ	ĳ	ĳ	HTML5

Zeichen	Benannte Entity	Dezimal	Hexadezimal	Version
Ĵ	Ĵ	Ĵ	Ĵ	HTML5
ĵ	ĵ	ĵ	ĵ	HTML5
Ķ	Ķ	Ķ	Ķ	HTML5
ķ	ķ	ķ	ķ	HTML5
ĸ	ĸ	ĸ	ĸ	HTML5
Ĺ	Ĺ	Ĺ	Ĺ	HTML5
ĺ	ĺ	ĺ	ĺ	HTML5
Ļ	Ļ	Ļ	Ļ	HTML5
ļ	ļ	ļ	ļ	HTML5
Ľ	Ľ	Ľ	Ľ	HTML5
ľ	ľ	ľ	ľ	HTML5
Ŀ	Ŀ	Ŀ	Ŀ	HTML5
ŀ	ŀ	ŀ	ŀ	HTML5
Ł	Ł	Ł	Ł	HTML5
ł	ł	ł	ł	HTML5
Ń	Ń	Ń	Ń	HTML5
ń	ń	ń	ń	HTML5
Ņ	Ņ	Ņ	Ņ	HTML5

Zeichen	Benannte Entity	Dezimal	Hexadezimal	Version
ņ	ņ	ņ	ņ	HTML5
Ň	Ň	Ň	Ň	HTML5
ň	ň	ň	ň	HTML5
ŉ	ŉ	ŉ	ŉ	HTML5
Ŋ	Ŋ	Ŋ	Ŋ	HTML5
ŋ	ŋ	ŋ	ŋ	HTML5
Ō	Ō	Ō	Ō	HTML5
ō	ō	ō	ō	HTML5
Ő	Ő	Ő	Ő	HTML5
ő	ő	ő	ő	HTML5
Œ	Œ	Œ	Œ	HTML 4.0
œ	œ	œ	œ	HTML 4.0
Ŕ	Ŕ	Ŕ	Ŕ	HTML5
ŕ	ŕ	ŕ	ŕ	HTML5
Ŗ	Ŗ	Ŗ	Ŗ	HTML5
ŗ	ŗ	ŗ	ŗ	HTML5
Ř	Ř	Ř	Ř	HTML5
ř	ř	ř	ř	HTML5

Zeichen	*Benannte Entity*	*Dezimal*	*Hexadezimal*	*Version*
Ś	Ś	Ś	Ś	HTML5
ś	ś	ś	ś	HTML5
Ŝ	Ŝ	Ŝ	Ŝ	HTML5
ŝ	ŝ	ŝ	ŝ	HTML5
Ş	Ş	Ş	Ş	HTML5
ş	ş	ş	ş	HTML5
Š	Š	Š	Š	HTML 4.0
š	š	š	š	HTML 4.0
Ţ	Ţ	Ţ	Ţ	HTML5
ţ	ţ	ţ	ţ	HTML5
Ť	Ť	Ť	Ť	HTML5
ť	ť	ť	ť	HTML5
Ŧ	Ŧ	Ŧ	Ŧ	HTML5
ŧ	ŧ	ŧ	ŧ	HTML5
Ũ	Ũ	Ũ	Ũ	HTML5
ũ	ũ	ũ	ũ	HTML5
Ū	Ū	Ū	Ū	HTML5
ū	ū	ū	ū	HTML5

Zeichen	Benannte Entity	Dezimal	Hexadezimal	Version
Ŭ	Ŭ	Ŭ	Ŭ	HTML5
ŭ	ŭ	ŭ	ŭ	HTML5
Ů	Ů	Ů	Ů	HTML5
ů	ů	ů	ů	HTML5
Ű	Ű	Ű	Ű	HTML5
ű	ű	ű	ű	HTML5
Ų	Ų	Ų	Ų	HTML5
ų	ų	ų	ų	HTML5
Ŵ	Ŵ	Ŵ	Ŵ	HTML5
ŵ	ŵ	ŵ	ŵ	HTML5
Ŷ	Ŷ	Ŷ	Ŷ	HTML5
ŷ	ŷ	ŷ	ŷ	HTML5
Ÿ	Ÿ	Ÿ	Ÿ	HTML 4.0
Ź	Ź	Ź	Ź	HTML5
ź	ź	ź	ź	HTML5
Ż	Ż	Ż	Ż	HTML5
ż	ż	Ų	ż	HTML5
Ž	Ž	Ž	Ž	HTML5
ž	ž	ž	ž	HTML5

E.3.2 Latin Extended B

Zeichen	Benannte Entity	Dezimal	Hexadezimal	Version
ƒ	`ƒ`	`ƒ`	`ƒ`	HTML5
Ƶ	`Ƶ`	`Ƶ`	`Ƶ`	HTML5
ǵ	`ǵ`	`ǵ`	`ǵ`	HTML5
ȷ	`ȷ`	`ȷ`	`ȷ`	HTML5

E.4 Benannte Zeichen für diakritische Zeichen

Diakritische Zeichen sind Modifizierer für Buchstaben, die z. B. eine spezielle Aussprache bewirken. In HTML gibt es benannte Zeichen für diakritische Elemente für Buchstaben des lateinischen Schriftsystems.

Zeichen	Benannte Entity	Dezimal	Hexadezimal	Version
ˆ	`ˆ`	`ˆ`	`ˆ`	HTML 4.0
ˇ	`ˇ`	`ˇ`	`ˇ`	HTML5
ˇ	`ˇ`	`ˇ`	`ˇ`	HTML5
˘	`˘`	`ˈ`	`˘`	HTML5
˘	`˘`	`ˈ`	`˘`	HTML5
˙	`˙`	`˙`	`˙`	HTML5
˙	`˙`	`˙`	`˙`	HTML5
˚	`˚`	`˚`	`˚`	HTML5
˛	`˛`	`˛`	`˛`	HTML5
˜	`˜`	`˜`	`˜`	HTML5
˜	`˜`	`˜`	`˜`	HTML 4.0

Zeichen	Benannte Entity	Dezimal	Hexadezimal	Version
˝	`˝`	`˝`	`˝`	HTML5
˝	`˝`	`˝`	`˝`	HTML5
□	`̑`	`̑`	`̑`	HTML5
□	`_`	`̲`	`̲`	HTML5
...	`⃛`	`⃛`	`⃛`	HTML5
...	`⃛`	`⃛`	`⃛`	HTML5
...	`⃜`	`⃜`	`⃜`	HTML5

E.5 Benannte Zeichen für griechische Buchstaben

Die benannten Zeichen für die Grundbuchstaben des griechischen Alphabets sind bereits seit HTML 4.0 Sprachbestandteil. Einige erweiterte Zeichen wurden mit HTML5 eingeführt.

Zeichen	Benannte Entity	Dezimal	Hexadezimal	Version
Α	`Α`	`Α`	`Α`	HTML 4.0
Β	`Β`	`Β`	`Β`	HTML 4.0
Γ	`Γ`	`Γ`	`Γ`	HTML 4.0
Δ	`Δ`	`Δ`	`Δ`	HTML 4.0
Ε	`Ε`	`Ε`	`Ε`	HTML 4.0
Ζ	`Ζ`	`Ζ`	`Ζ`	HTML 4.0
Η	`Η`	`Η`	`Η`	HTML 4.0
Θ	`Θ`	`Θ`	`Θ`	HTML 4.0

Zeichen	Benannte Entity	Dezimal	Hexadezimal	Version
Ι	`Ι`	`Ι`	`Ι`	HTML 4.0
Κ	`Κ`	`Κ`	`Κ`	HTML 4.0
Λ	`Λ`	`Λ`	`Λ`	HTML 4.0
Μ	`Μ`	`Φ`	`Μ`	HTML 4.0
Ν	`Ν`	`Ν`	`Ν`	HTML 4.0
Ξ	`Ξ`	`Ξ`	`Ξ`	HTML 4.0
Ο	`Ο`	`Ο`	`Ο`	HTML 4.0
Π	`Π`	`Π`	`Π`	HTML 4.0
Ρ	`Ρ`	`Ρ`	`Ρ`	HTML 4.0
Σ	`Σ`	`Σ`	`Σ`	HTML 4.0
Τ	`Τ`	`Τ`	`Τ`	HTML 4.0
Υ	`Υ`	`Υ`	`Υ`	HTML 4.0
Φ	`Φ`	`Φ`	`Φ`	HTML 4.0
Χ	`Χ`	`Χ`	`Χ`	HTML 4.0
Ψ	`Ψ`	`Ψ`	`Ψ`	HTML 4.0
Ω	`Ω`	`Ω`	`Ω`	HTML 4.0
α	`α`	`α`	`α`	HTML 4.0
β	`β`	`β`	`β`	HTML 4.0

Zeichen	*Benannte Entity*	*Dezimal*	*Hexadezimal*	*Version*
γ	`γ`	`γ`	`γ`	HTML 4.0
δ	`δ`	`δ`	`δ`	HTML 4.0
ε	`ε`	`ε`	`ε`	HTML 4.0
ε	`ϵ`	`ε`	`ε`	HTML 4.0
ε	`ϵ`	`ε`	`ε`	HTML 4.0
ζ	`ζ`	`ζ`	`ζ`	HTML 4.0
η	`η`	`η`	`η`	HTML 4.0
θ	`θ`	`θ`	`θ`	HTML 4.0
ι	`ι`	`ι`	`ι`	HTML 4.0
κ	`κ`	`κ`	`κ`	HTML 4.0
λ	`λ`	`λ`	`λ`	HTML 4.0
μ	`μ`	`μ`	`μ`	HTML 4.0
ν	`ν`	`ν`	`ν`	HTML 4.0
ξ	`ξ`	`ξ`	`ξ`	HTML 4.0
ο	`ο`	`ο`	`ο`	HTML 4.0
π	`π`	`π`	`π`	HTML 4.0
ρ	`ρ`	`ρ`	`ρ`	HTML 4.0
ς	`ς`	`ς`	`ς`	HTML 4.0

Zeichen	*Benannte Entity*	*Dezimal*	*Hexadezimal*	*Version*
ς	`ς`	`ς`	`ς`	HTML 4.0
ς	`ς`	`ς`	`ς`	HTML 4.0
σ	`σ`	`σ`	`σ`	HTML 4.0
τ	`τ`	`τ`	`τ`	HTML 4.0
υ	`υ`	`υ`	`υ`	HTML 4.0
υ	`υ`	`υ`	`υ`	HTML 4.0
φ	`φ`	`φ`	`φ`	HTML 4.0
φ	`ϕ`	`φ`	`φ`	HTML 4.0
φ	`ϕ`	`φ`	`φ`	HTML 4.0
χ	`χ`	`χ`	`χ`	HTML 4.0
ψ	`ψ`	`ψ`	`ψ`	HTML 4.0
ω	`ω`	`ω`	`ω`	HTML 4.0
ϑ	`ϑ`	`ϑ`	`ϑ`	HTML 4.0
ϑ	`ϑ`	`ϑ`	`ϑ`	HTML 4.0
ϑ	`ϑ`	`ϑ`	`ϑ`	HTML 4.0
ϒ	`ϒ`	`ϒ`	`ϒ`	HTML 4.0
ϒ	`ϒ`	`ϒ`	`ϒ`	HTML 4.0
φ	`ϕ`	`ϕ`	`ϕ`	HTML 4.0

Zeichen	Benannte Entity	Dezimal	Hexadezimal	Version
ϖ	ϖ	ϖ	ϖ	HTML 4.0
ϖ	ϖ	ϖ	ϖ	HTML 4.0
Ϝ	Ϝ	Ϝ	Ϝ	HTML5
ϝ	ϝ	ϝ	ϝ	HTML5
ϝ	ϝ	ϝ	ϝ	HTML5
ϰ	ϰ	ϰ	ϰ	HTML5
ϰ	ϰ	ϰ	ϰ	HTML5
ϱ	ϱ	ϱ	ϱ	HTML5
ϱ	ϱ	ϱ	ϱ	HTML5
ϵ	ε	ϵ	ϵ	HTML5
ϵ	ϵ	ϵ	ϵ	HTML5
϶	϶	϶	϶	HTML5
϶	϶	϶	϶	HTML5

E.6 Benannte Zeichen für kyrillische Buchstaben

Die benannten Zeichen für Buchstaben des kyrillischen Alphabets wurden alle erst mit HTML5 eingeführt.

Zeichen	Benannte Entity	Dezimal	Hexadezimal	Version
Ё	Ё	Ё	Ё	HTML5
Ђ	Ђ	Ђ	Ђ	HTML5

Zeichen	Benannte Entity	Dezimal	Hexadezimal	Version
Ѓ	Ѓ	Ѓ	Ѓ	HTML5
Є	Є	Є	Є	HTML5
Ѕ	Ѕ	Ѕ	Ѕ	HTML5
І	І	І	І	HTML5
Ї	Ї	Ї	Ї	HTML5
Ј	Ј	Ј	Ј	HTML5
Љ	Љ	Љ	Љ	HTML5
Њ	Њ	Њ	Њ	HTML5
Ћ	Ћ	Ћ	Ћ	HTML5
Ќ	Ќ	Ќ	Ќ	HTML5
Ў	Ў	Ў	Ў	HTML5
Џ	Џ	Џ	Џ	HTML5
А	А	А	А	HTML5
Б	Б	Б	Б	HTML5
В	В	В	В	HTML5
Г	Г	Г	Г	HTML5
Д	Д	Д	Д	HTML5
Е	Е	Е	Е	HTML5

Zeichen	Benannte Entity	Dezimal	Hexadezimal	Version
Ж	Ж	Ж	Ж	HTML5
З	З	&#1047	З	HTML5
И	И	&#1048	И	HTML5
Й	Й	&#1049	Й	HTML5
К	К	К	К	HTML5
Л	Л	Л	Л	HTML5
М	М	М	М	HTML5
Н	Н	Н	Н	HTML5
О	О	О	О	HTML5
П	П	П	П	HTML5
Р	Р	Р	Р	HTML5
С	С	С	С	HTML5
Т	Т	Т	Т	HTML5
У	У	У	У	HTML5
Ф	Ф	Ф	Ф	HTML5
Х	Х	Х	Х	HTML5
Ц	Ц	Ц	Ц	HTML5
Ч	Ч	Ч	Ч	HTML5

Zeichen	*Benannte Entity*	*Dezimal*	*Hexadezimal*	*Version*
Ш	`Ш`	`Ш`	`Ш`	HTML5
Щ	`Щ`	`Щ`	`Щ`	HTML5
Ъ	`Ъ`	`Ъ`	`Ъ`	HTML5
Ы	`Ы`	`Ы`	`Ы`	HTML5
Ь	`Ь`	`Ь`	`Ь`	HTML5
Э	`Э`	`Э`	`Э`	HTML5
Ю	`Ю`	`Ю`	`Ю`	HTML5
Я	`Я`	`Я`	`Я`	HTML5
а	`а`	`а`	`а`	HTML5
б	`б`	`б`	`б`	HTML5
в	`в`	`в`	`в`	HTML5
г	`г`	`г`	`г`	HTML5
д	`д`	`д`	`д`	HTML5
е	`е`	`е`	`е`	HTML5
ж	`ж`	`ж`	`ж`	HTML5
з	`з`	`з`	`з`	HTML5
и	`и`	`и`	`и`	HTML5
й	`й`	`й`	`й`	HTML5

Zeichen	*Benannte Entity*	*Dezimal*	*Hexadezimal*	*Version*
к	к	к	к	HTML5
л	л	л	л	HTML5
м	м	м	м	HTML5
н	н	н	н	HTML5
о	о	о	о	HTML5
п	п	п	п	HTML5
р	р	р	р	HTML5
с	с	с	с	HTML5
т	т	т	т	HTML5
у	у	у	у	HTML5
ф	ф	ф	ф	HTML5
х	х	х	х	HTML5
ц	ц	ц	ц	HTML5
ч	ч	ч	ч	HTML5
ш	ш	ш	ш	HTML5
щ	щ	щ	щ	HTML5
ъ	ъ	ъ	ъ	HTML5
ы	ы	ы	ы	HTML5

Zeichen	*Benannte Entity*	*Dezimal*	*Hexadezimal*	*Version*
ь	`ь`	`ь`	`ь`	HTML5
э	`э`	`э`	`э`	HTML5
ю	`ю`	`ю`	`ю`	HTML5
я	`я`	`я`	`я`	HTML5
ё	`ё`	`ё`	`ё`	HTML5
ђ	`ђ`	`ђ`	`ђ`	HTML5
ѓ	`ѓ`	`ѓ`	`ѓ`	HTML5
є	`є`	`є`	`є`	HTML5
ѕ	`ѕ`	`ѕ`	`ѕ`	HTML5
і	`і`	`і`	`і`	HTML5
ї	`ї`	`ї`	`ї`	HTML5
ј	`ј`	`ј`	`ј`	HTML5
љ	`љ`	`љ`	`љ`	HTML5
њ	`њ`	`њ`	`њ`	HTML5
ћ	`ћ`	`ћ`	`ћ`	HTML5
ќ	`ќ`	`ќ`	`ќ`	HTML5
ў	`ў`	`ў`	`ў`	HTML5
џ	`џ`	`џ`	`џ`	HTML5

E.7 Benannte Zeichen für Interpunktion

Zeichen für Interpunktion sind Symbole für die Typografie und auch Satzzeichen.

Zeichen	*Benannte Entity*	*Dezimal*	*Hexadezimal*	*Version*
&	&	&	&	HTML 2.0
»	„	„	„	HTML 4.0
¦	¦	¦	¦	HTML 3.2
•	•	•	•	HTML 4.0
©	©	©	©	HTML 3.2
				HTML 4.0
				HTML 4.0
!	!	!	!	HTML5
…	…	…	…	HTML 4.0
¡	¡	¡	¡	HTML 3.2
¿	¿	¿	¿	HTML 3.2
◎	⟨	〈	〈	HTML 4.0
«	«	«	«	HTML 3.2
«	“	“	“	HTML 4.0
↱	‎	‎	‎	HTML 4.0
‹	‹	‹	‹	HTML 4.0
‘	‘	‘	‘	HTML 4.0
–	—	—	—	HTML 4.0
				HTML 3.2
–	–	–	–	HTML 4.0

Zeichen	*Benannte Entity*	*Dezimal*	*Hexadezimal*	*Version*
‾	`‾`	`‾`	`‾`	HTML 4.0
ª	`ª`	`ª`	`ª`	HTML 3.2
º	`º`	`º`	`º`	HTML 3.2
¶	`¶`	`¶`	`¶`	HTML 3.2
′	`′`	`′`	`′`	HTML 4.0
″	`″`	`″`	`″`	HTML 4.0
?	`?`	`?`	`?`	HTML 4.0
◎	`⟩`	`〉`	`〉`	HTML 4.0
»	`»`	`»`	`»`	HTML 3.2
”	`”`	`”`	`”`	HTML 4.0
®	`®`	`®`	`®`	HTML 3.2
	`‏`	`‏`	`‏`	HTML 4.0
›	`›`	`›`	`›`	HTML 4.0
’	`’`	`’`	`’`	HTML 4.0
‚	`‚`	`‚`	`‚`	HTML 4.0

E.8 Benannte Zeichen für Zahlen

Die hier aufgelisteten Zeichen sind Entsprechungen für die Darstellung von Zahlen.

Zeichen	*Benannte Entity*	*Dezimal*	*Hexadezimal*	*Version*
½	`½`	`½`	`½`	HTML 3.2
⅓	`⅓`	`⅓`	`⅓`	HTML5
¼	`¼`	`¼`	`¼`	HTML 3.2

Zeichen	Benannte Entity	Dezimal	Hexadezimal	Version
⅕	⅕	⅕	⅕	HTML5
⅙	⅙	⅙	⅙	HTML5
⅛	⅛	⅛	⅛	HTML5
⅔	⅔	⅔	⅔	HTML5
⅖	⅖	⅖	⅖	HTML5
¾	¾	¾	¾	HTML 3.2
⅗	⅗	⅗	⅗	HTML5
⅜	⅜	⅜	⅜	HTML5
⅘	⅘	⅘	⅘	HTML5
⅚	⅚	⅚	⅚	HTML5
⅝	⅝	⅝	⅝	HTML5
⅞	⅞	⅞	⅞	HTML5
½	½	½	½	HTML5
^{1}	⊃	¹	¹	HTML5
^{2}	²	²	²	HTML 3.2
^{3}	³	³	³	HTML 3.2

E.9 Benannte Zeichen für Pfeilsymbole

Pfeilsymbole sind alle Zeichen, welche als Pfeile verwendet werden können.

Zeichen	Benannte Entity	Dezimal	Hexadezimal	Version
←	←	←	←	HTML 4.0
↑	↑	↑	↑	HTML5

Zeichen	*Benannte Entity*	*Dezimal*	*Hexadezimal*	*Version*
-->	→	→	→	HTML 4.0
↓	↓	↓	↓	HTML 4.0
↔	↔	↔	↔	HTML 4.0
↵	↵	↵	↵	HTML 4.0
⇐	⇐	⇐	⇐	HTML5
⇑	⇑	⇑	⇑	HTML5
⇒	⇒	⇒	⇒	HTML5
⇓	⇓	⇓	⇓	HTML5
⇔	⇔	⇔	⇔	HTML5

E.10 Benannte Zeichen für mathematische Symbole

Zeichen für mathematische Berechnungen. Die Erläuterung der Zeichen steht in Klammern.

Zeichen	*Benannte Entity*	*Dezimal*	*Hexadezimal*	*Version*
∀	∀ (für alle)	∀	∀	HTML 4.0
∂	∂ (teilweise)	∂	∂	HTML 4.0
∃	∃ (existiert)	∃	∃	HTML 4.0
∅	∅ (leer)	∅	∅	HTML 4.0
∇	∇ (nabla)	∇	∇	HTML 4.0
∈	∈ (Element von)	∈	∈	HTML5
∉	∉ (kein Element von)	∉	∉	HTML5
∏	∏ (Produkt)	∏	∏	HTML 4.0

Zeichen	*Benannte Entity*	*Dezimal*	*Hexadezimal*	*Version*
Σ	`∑` (Summe)	`∑`	`∑`	HTML 4.0
−	`−` (minus)	`−`	`−`	HTML 4.0
*	`∗` (Asterisk)	`∗`	`∗`	HTML 4.0
√	`√` (Quadratwurzel)	`√`	`√`	HTML 4.0
α	`∝` (proportional zu)	`∝`	`∝`	HTML 4.0
∞	`∞` (unendlich)	`∞`	`∞`	HTML 4.0
<	`∠` (Winkel)	`∠`	`∠`	HTML 4.0
∩	`∩` (Schnittpunkt)	`∩`	`∩`	HTML 4.0
∪	`∪` (Einheit)	`∪`	`∪`	HTML 4.0
∫	`∫` (Integral)	`∫`	`∫`	HTML 4.0
∴	`∴` (deshalb)	`∴`	`∴`	HTML 4.0
∼	`∼` (ähnlich wie)	`∼`	`∴`	HTML 4.0
≅	`≅` (annähernd gleich)	`≅`	`≅`	HTML 4.0
≈	`≈` (beinahe gleich)	`≈`	`≈`	HTML 4.0
≠	`≠` (ungleich)	`≠`	`≠`	HTML 4.0
≡	`≡` (identisch mit)	`≡`	`≡`	HTML5
≤	`≤` (kleiner gleich)	`≤`	`≤`	HTML 4.0
≥	`≥` (größer gleich)	`≥`	`≥`	HTML 4.0
⊂	`⊂` (Untermenge von)	`⊂`	`⊂`	HTML 4.0
⊃	`⊃` (Obermenge von)	`⊃`	`⊃`	HTML 4.0
⊄	`⊄` (keine Untermenge von)	`⊄`	`⊄`	HTML 4.0

Zeichen	*Benannte Entity*	*Dezimal*	*Hexadezimal*	*Version*
⊆	`⊆` (Untermenge von oder gleich mit)	`⊆`	`⊆`	HTML 4.0
⊇	`⊇` (Obermenge von oder gleich mit)	`⊇`	`⊇`	HTML 4.0
⊕	`⊕` (Direktsumme)	`⊕`	`⊕`	HTML5
⊗	`⊗` (Vektorprodukt)	`⊗`	`⊗`	HTML5
⊥	`⊥` (senkrecht zu)	`⊥`	`⊥`	HTML 4.0
⋅	`⋅` (Punkt-Operator)	`⋅`	`⋅`	HTML 4.0
◊	`◊` (Raute)	`◊`	`◊`	HTML 4.0

E.11 Benannte Zeichen für technische Symbole

Diese Symbole sind für technische Beschreibungen bzw. Darstellungen gedacht.

Zeichen	*Benannte Entity*	*Dezimal*	*Hexadezimal*	*Version*
⌈	`⌈`	`⌈`	`⌈`	HTML 4.0
⌉	`⌉`	`⌉`	`⌉`	HTML 4.0
⌊	`⌊`	`⌊`	`⌊`	HTML 4.0
⌋	`⌋`	`⌋`	`⌋`	HTML 4.0
〈	`⟨`	`〈`	`〈`	HTML 4.0
〉	`⟩`	`〉`	`〉`	HTML 4.0
∥	`∥`	`∥`	`∥`	HTML5

E.12 ASCII-Zeichensatz

Die Zeichen 0 bis 31 sind nicht druckbar. Hier sind die Zeichen von 32 – 127 dargestellt.

Zeichen	*Dezimal*	*Hexadezimal*
!	!	!
"	"	"
#	#	#
$	$	$
%	%	%
&	&	&
'	'	'
(	(	(
)	)	)
*	*	*
+	+	+
,	,	,
-	-	-
.	.	.
/	/	/
0	0	0
1	1	1
2	2	2
3	3	3
4	4	4
5	5	5
6	6	6
7	7	7
8	8	8
9	9	9
:	:	:
;	;	;
<	<	<
=	=	=
>	>	>
?	?	?
@	@	@
A	A	A
B	B	B
C	C	C

Zeichen	*Dezimal*	*Hexadezimal*
D	D	D
E	E	E
F	F	F
G	G	G
H	H	H
I	I	I
J	J	J
K	K	K
L	L	L
M	M	M
N	N	N
O	O	O
P	P	P
Q	Q	Q
R	R	R
S	S	S
T	T	T
U	U	U
V	V	V
W	W	W
X	X	X
Y	Y	Y
Z	Z	Z
[	[	[
\	\	\
]	]	]
^	^	^
_	_	_
`	`	`
a	a	a
b	b	b
c	c	c
d	d	d
e	e	e
f	f	f
g	g	g
h	h	h
i	i	i
j	j	j

<table>
<tr><th>Zeichen</th><th>Dezimal</th><th>Hexadezimal</th></tr>
<tr><td>k</td><td>k</td><td>k</td></tr>
<tr><td>l</td><td>l</td><td>l</td></tr>
<tr><td>m</td><td>m</td><td>m</td></tr>
<tr><td>n</td><td>n</td><td>n</td></tr>
<tr><td>o</td><td>o</td><td>o</td></tr>
<tr><td>p</td><td>p</td><td>p</td></tr>
<tr><td>q</td><td>q</td><td>q</td></tr>
<tr><td>r</td><td>r</td><td>r</td></tr>
<tr><td>s</td><td>s</td><td>s</td></tr>
<tr><td>t</td><td>t</td><td>t</td></tr>
<tr><td>u</td><td>u</td><td>u</td></tr>
<tr><td>v</td><td>v</td><td>v</td></tr>
<tr><td>w</td><td>w</td><td>w</td></tr>
<tr><td>x</td><td>x</td><td>x</td></tr>
<tr><td>y</td><td>y</td><td>y</td></tr>
<tr><td>z</td><td>z</td><td>z</td></tr>
<tr><td>{</td><td>{</td><td>{</td></tr>
<tr><td>|</td><td>|</td><td>|</td></tr>
<tr><td>}</td><td>}</td><td>}</td></tr>
<tr><td>~</td><td>~</td><td>~</td></tr>
<tr><td>⌂</td><td>&#127;</td><td>&#x7F;</td></tr>
</table>

F MIME-Typenreferenz

Das Kürzel **MIME** steht für *Multipurpose Internet Mail Extensions.* Aus dem Namen geht hervor, dass die Spezifikation ursprünglich für E-Mails gedacht war – und zwar für E-Mails mit Attachments (englisch für Anhang). Diese sogenannten Multipart-Mails enthalten die gesamten zu übertragenden Daten in einer Datei. Innerhalb der Datei musste eine Konvention gefunden werden, wie die einzelnen Teile (z. B. Text der E-Mail und angehängte ZIP-Datei) voneinander zu trennen sind. Dabei wurde auch ein Schema entwickelt, das der interpretierenden Software mitteilt, um welchen Datentyp es sich bei dem jeweils nächsten Teil der E-Mail handelt.

Das Schema erwies sich nicht nur für E-Mails als nützlich. Fast immer, wenn entfernte Programme (z. B. Web-Browser und Webserver) wegen einer bevorstehenden Datenübertragung miteinander kommunizieren, geht es auch um die Art der zu übertragenden Daten. Dabei hat sich im gesamten Internet das Schema der MIME-Typen durchgesetzt.

Verschiedene HTML-Elemente haben Attribute, die als Wertzuweisung die Angabe eines MIME-Typen erwarten. In JavaScript gibt es ein eigenes Objekt MIME-Typen, das es erlaubt, in JavaScript die verfügbaren MIME-Typen des Browsers zu ermitteln. Sowohl jeder Web-Browser als auch jeder Webserver führen eine Liste mit ihnen bekannten MIME-Typen. Bei der Kommunikation müssen sie sich darauf einigen, ob der Empfänger den MIME-Typ akzeptiert, den der Sender senden will. Moderne Browser akzeptieren zwar in der Regel jeden MIME-Typ und bieten dem Anwender einfach an, falls sie den MIME-Typ nicht kennen, die zu empfangenden Daten als Download-Datei abzuspeichern. Webserver sind dagegen meist empfindlicher. MIME-Typen, die sie nicht kennen, verarbeiten sie nicht. Gerade wenn auf dem Server-Rechner nicht alltägliche Dateiformate bereitgestellt werden, ist es wichtig, den MIME-Typ dafür in der Konfiguration des Webservers einzutragen.

Bei Standard-Dateiformaten sollten Sie unbedingt die MIME-Typ-Angaben verwenden, die dafür etabliert sind. Die Übersicht weiter unten listet viele bekannte MIME-Typen auf. Wenn Sie trotz Recherchen, zum Beispiel im IANA-Verzeichnis der Media-Typen, keinerlei Anhaltspunkte dafür finden, ob es zu einem Dateiformat einen bereits etablierten MIME-Typ gibt, können Sie selber einen festlegen. Gleiches gilt für völlig eigene Dateiformate.

Links

Verzeichnis der Medientyen bei der IANA
http://www.iana.org/assignments/media-types/index.html

Dazu müssen Sie das Schema der MIME-Typen kennen. Ein MIME-Typ besteht aus zwei Teilen: der Angabe eines **Medientyps** und der Angabe eines **Subtyps**. Beide Angaben werden durch einfachen Schrägstrich voneinander getrennt. Beispiele: `text/html`, `image/gif`.

Folgende bekannte **Medientypen** gibt es:

- `application` = für Dateien, die an ein bestimmtes Programm gebunden sind
- `audio` = für Sound-Dateien
- `example` = interner Typ für Beispielangaben, kein echter Medientyp
- `image` = für Grafikdateien
- `message` = für Nachrichten
- `model` = für Dateien, die mehrdimensionale Strukturen repräsentieren
- `multipart` = für mehrteilige Daten
- `text` = für Textdateien
- `video` = für Videodateien

Subtypen für servereigene Dateiformate, d. h. Dateitypen, die auf dem Server ausgeführt werden können, werden meist mit `x-` eingeleitet.

Das Schema der MIME-Typen wird in den Requests for Comments RFC 2045 und RFC 2046 festgelegt. Die Prozedur zum Registrieren neuer Medientypen (wenn man beispielsweise neue Dateiformate etablieren will) wird in RFC 4288 und RFC 4289 sowie RFC 4855 beschrieben.

Links

RFC 2045 – Multipurpose Internet Mail Extensions (MIME) Part One: Format of Internet Message Bodies
http://www.ietf.org/rfc/rfc2045.txt

RFC 2046 – Multipurpose Internet Mail Extensions (MIME) Part Two: Media Types
http://www.ietf.org/rfc/rfc2046.txt

RFC 4288 – Media Type Specifications and Registration Procedures
http://www.ietf.org/rfc/rfc4288.txt

RFC 4289 – Multipurpose Internet Mail Extensions (MIME) Part Four: Registration Procedures
http://www.ietf.org/rfc/rfc4289.txt

F.1 Übersicht der MIME-Typen

MIME-Typ	*Dateiendung(en)*	*Bedeutung*
`application/acad`	`*.dwg`	AutoCAD-Dateien (nach NCSA)
`application/applefile`		AppleFile-Dateien
`application/astound`	`*.asd *.asn`	Astound-Dateien
`application/dsptype`	`*.tsp`	TSP-Dateien
`application/dxf`	`*.dxf`	AutoCAD-Dateien (nach CERN)

MIME-Typ	*Dateiendung(en)*	*Bedeutung*
application/futuresplash	*.spl	Flash Futuresplash-Dateien
application/gzip	*.gz	GNU Zip-Dateien
application/listenup	*.ptlk	Listenup-Dateien
application/mac-binhex40	*.hqx	Apple-Binärdateien
application/mbedlet	*.mbd	Mbedlet-Dateien
application/mif	*.mif	FrameMaker Interchange Format-Dateien
application/msexcel	*.xls *.xla	Microsoft Excel-Dateien
application/mshelp	*.hlp *.chm	Microsoft Windows Hilfe-Dateien
application/mspowerpoint	*.ppt *.ppz *.pps *.pot	Microsoft Powerpoint- Dateien
application/msword	*.doc *.dot	Microsoft Word-Dateien
application/octet-stream	*.bin *.exe *.com *.dll *.class	Ausführbare Dateien
application/oda	*.oda	Oda-Dateien
application/pdf	*.pdf	Adobe PDF-Dateien
application/postscript	*.ai *.eps *.ps	Adobe PostScript-Dateien
application/rtc	*.rtc	RTC-Dateien
application/rtf	*.rtf	Microsoft RTF-Dateien
application/studiom	*.smp	Studiom-Dateien
application/toolbook	*.tbk	Toolbook-Dateien
application/vocaltec-media-desc	*.vmd	Vocaltec Mediadesc-Dateien
application/vocaltec-media-file	*.vmf	Vocaltec Media-Dateien
application/xhtml+xml	*.htm *.html *.shtml *.xhtml	XHTML-Dateien
application/xml	*.xml	XML-Dateien
application/x-bcpio	*.bcpio	BCPIO-Dateien
application/x-compress	*.z	zlib-komprimierte Dateien
application/x-cpio	*.cpio	CPIO-Dateien
application/x-csh	*.csh	C-Shellscript-Dateien
application/x-director	*.dcr *.dir *.dxr	Macromedia Director-Dateien
application/x-dvi	*.dvi	DVI-Dateien
application/x-envoy	*.evy	Envoy-Dateien
application/x-gtar	*.gtar	GNU tar-Archivdateien
application/x-hdf	*.hdf	HDF-Dateien

MIME-Typ	Dateiendung(en)	Bedeutung
application/x-httpd-php	*.php *.phtml	PHP-Dateien
application/x-javascript	*.js	serverseitige JavaScript-Dateien
application/x-latex	*.latex	LaTeX-Quelldateien
application/x-macbinary	*.bin	Apple-Binärdateien
application/x-mif	*.mif	FrameMaker Interchange Format-Dateien
application/x-netcdf	*.nc *.cdf	Unidata CDF-Dateien
application/x-nschat	*.nsc	NS Chat-Dateien
application/x-sh	*.sh	Bourne Shellscript-Dateien
application/x-shar	*.shar	Shell-Archivdateien
application/x-shockwave-flash	*.swf *.cab	Flash Shockwave-Dateien
application/x-sprite	*.spr *.sprite	Sprite-Dateien
application/x-stuffit	*.sit	Stuffit-Dateien
application/x-supercard	*.sca	Supercard-Dateien
application/x-sv4cpio	*.sv4cpio	CPIO-Dateien
application/x-sv4crc	*.sv4crc	CPIO-Dateien mit CRC
application/x-tar	*.tar	tar-Archivdateien
application/x-tcl	*.tcl	TCL-Scriptdateien
application/x-tex	*.tex	TeX-Dateien
application/x-texinfo	*.texinfo *.texi	Texinfo-Dateien
application/x-troff	*.t *.tr *.roff	TROFF-Dateien (Unix)
application/x-troff-man	*.man *.troff	TROFF-Dateien mit MAN-Makros (Unix)
application/x-troff-me	*.me *.troff	TROFF-Dateien mit ME-Makros (Unix)
application/x-troff-ms	*.me *.troff	TROFF-Dateien mit MS-Makros (Unix)
application/x-ustar	*.ustar	tar-Archivdateien (Posix)
application/x-wais-source	*.src	WAIS-Quelldateien
application/x-www-form-urlencoded		HTML-Formulardaten an CGI
application/zip	*.zip	ZIP-Archivdateien
audio/basic	*.au *.snd	Sound-Dateien
audio/echospeech	*.es	Echospeech-Dateien
audio/tsplayer	*.tsi	TS-Player-Dateien
audio/voxware	*.vox	Vox-Dateien

MIME-Typ	*Dateiendung(en)*	*Bedeutung*
audio/x-aiff	*.aif *.aiff *.aifc	AIFF-Sound-Dateien
audio/x-dspeech	*.dus *.cht	Sprachdateien
audio/x-midi	*.mid *.midi	MIDI-Dateien
audio/x-mpeg	*.mp2	MPEG-Dateien
audio/x-pn-realaudio	*.ram *.ra	RealAudio-Dateien
audio/x-pn-realaudio-plugin	*.rpm	RealAudio-Plugin-Dateien
audio/x-qt-stream	*.stream	Quicktime-Streaming-Dateien
audio/x-wav	*.wav	WAV-Dateien
drawing/x-dwf	*.dwf	Drawing-Dateien
image/cis-cod	*.cod	CIS-Cod-Dateien
image/cmu-raster	*.ras	CMU-Raster-Dateien
image/fif	*.fif	FIF-Dateien
image/gif	*.gif	GIF-Dateien
image/ief	*.ief	IEF-Dateien
image/jpeg	*.jpeg *.jpg *.jpe	JPEG-Dateien
image/png	*.png	PNG-Dateien
image/tiff	*.tiff *.tif	TIFF-Dateien
image/vasa	*.mcf	Vasa-Dateien
image/vnd.wap.wbmp	*.wbmp	Bitmap-Dateien (WAP)
image/x-freehand	*.fh4 *.fh5 *.fhc	Freehand-Dateien
image/x-icon	*.ico	Icon-Dateien (z. B. Favoriten-Icons)
image/x-portable-anymap	*.pnm	PBM Anymap-Dateien
image/x-portable-bitmap	*.pbm	PBM Bitmap-Dateien
image/x-portable-graymap	*.pgm	PBM Graymap-Dateien
image/x-portable-pixmap	*.ppm	PBM Pixmap-Dateien
image/x-rgb	*.rgb	RGB-Dateien
image/x-windowdump	*.xwd	X-Windows Dump
image/x-xbitmap	*.xbm	XBM-Dateien
image/x-xpixmap	*.xpm	XPM-Dateien
message/external-body		Nachricht mit externem Inhalt
message/http		HTTP-Headernachricht
message/news		Newsgroup-Nachricht
message/partial		Nachricht mit Teilinhalt
message/rfc822		Nachricht nach RFC 2822

MIME-Typ	*Dateiendung(en)*	*Bedeutung*
`model/vrml`	`*.wrl`	Visualisierung virtueller Welten (VRML)
`multipart/alternative`		mehrteilige Daten gemischt
`multipart/byteranges`		mehrteilige Daten mit Byte-Angaben
`multipart/digest`		mehrteilige Daten / Auswahl
`multipart/encrypted`		mehrteilige Daten verschlüsselt
`multipart/form-data`		mehrteilige Daten aus HTML-Formular (z. B. File-Upload)
`multipart/mixed`		mehrteilige Daten gemischt
`multipart/parallel`		mehrteilige Daten parallel
`multipart/related`		mehrteilige Daten / verbunden
`multipart/report`		mehrteilige Daten / Bericht
`multipart/signed`		mehrteilige Daten / bezeichnet
`multipart/voice-message`		mehrteilige Daten / Sprachnachricht
`text/comma-separated-values`	`*.csv`	kommaseparierte Datendateien
`text/css`	`*.css`	CSS Stylesheet-Dateien
`text/html`	`*.htm *.html *.shtml`	HTML-Dateien
`text/javascript`	`*.js`	JavaScript-Dateien
`text/plain`	`*.txt`	reine Textdateien
`text/richtext`	`*.rtx`	Richtext-Dateien
`text/rtf`	`*.rtf`	Microsoft RTF-Dateien
`text/tab-separated-values`	`*.tsv`	Tabulator-separierte Datendateien
`text/vnd.wap.wml`	`*.wml`	*.wml (für WAP-Seiten)
`application/vnd.wap.wmlc`	`*.wmlc`	WMLC-Dateien (WAP)
`text/vnd.wap.wmlscript`	`*.wmls`	WML-Scriptdateien (WAP)
`application/vnd.wap.wmlscriptc`	`*.wmlsc`	WML-Script-C-Dateien (WAP)
`text/xml`	`*.xml`	XML-Dateien
`text/xml-external-parsed-entity`		Extern geparste XML-Dateien
`text/x-setext`	`*.etx`	SeText-Dateien
`text/x-sgml`	`*.sgm *.sgml`	SGML-Dateien
`text/x-speech`	`*.talk *.spc`	Speech-Dateien

MIME-Typ	*Dateiendung(en)*	*Bedeutung*
video/mpeg	*.mpeg *.mpg *.mpe	MPEG-Dateien
video/quicktime	*.qt *.mov	Quicktime-Dateien
video/vnd.vivo	*.viv *.vivo	Vivo-Dateien
video/x-msvideo	*.avi	Microsoft AVI-Dateien
video/x-sgi-movie	*.movie	Movie-Dateien
workbook/formulaone	*.vts *.vtts	FormulaOne-Dateien
x-world/x-3dmf	*.3dmf *.3dm *.qd3d *.qd3	3DMF-Dateien
x-world/x-vrml	*.wrl	Visualisierung virtueller Welten (VRML) (veralteter MIME-Typ, aktuell ist model/vrml)

G Referenz: Sprachenkürzel

Die im Internet gültigen Sprachenkürzel werden gegenwärtig im RFC definiert. Obwohl es lediglich um eine Reihe von Abkürzungen geht, sind die Normierungsbemühungen und die dabei produzierte Literatur enorm. Die Referenz in diesem Buchteil beschränkt sich auf die Auflistung der ursprünglichen, zweibuchstabigen Sprachenkürzel, die für Angaben in HTML und CSS in aller Regel ausreichen. Beachten Sie, dass Sie Sprachvarianten notieren können, z. B. `en-US` für US-amerikanisches Englisch oder `de-AT` für österreichisches Deutsch.

Links

RFC 4646 – Tags for Identifying Languages
http://www.ietf.org/rfc/rfc4646.txt

Anmerkungstext zu RFC 4646
http://www.ietf.org/rfc/bcp/bcp47.txt

Kürzel	*Bedeutung*
aa	Afar
ab	Abchasisch
af	Afrikaans
am	Amharisch
ar	Arabisch
as	Assamesisch
ay	Aymara
az	Aserbaidschanisch
ba	Baschkirisch
be	Belorussisch (Weißrussland)
bg	Bulgarisch
bh	Biharisch
bi	Bislamisch
bn	Bengalisch
bo	Tibetanisch
br	Bretonisch
ca	Katalanisch
co	Korsisch
cs	Tschechisch
cy	Walisisch (Cymru)

Kürzel	*Bedeutung*
da	Dänisch
de	Deutsch
dz	Dzongkha, Bhutani
el	Griechisch (Ellenike)
en	Englisch
eo	Esperanto (Kunstsprache)
es	Spanisch
et	Estnisch
eu	Baskisch
fa	Persisch
fi	Finnisch
fj	Fiji
fo	Färöisch
fr	Französisch
fy	Friesisch
ga	Irisch
gd	Schottisches Gälisch
gl	Galizisch
gn	Guarani
gu	Gujaratisch

Kürzel	Bedeutung
ha	Haussa
he	Hebräisch
hi	Hindi
hr	Kroatisch (von Hrvatska)
hu	Ungarisch
hy	Armenisch
ia	Interlingua
id	Indonesisch
ie	Interlingue
ik	Inupiak
is	Isländisch
it	Italienisch
iu	Inuktitut (Inuit-Sprache)
iw	Hebräisch (veraltet, nun: he)
ja	Japanisch
ji	Jiddisch (veraltet, nun: yi)
jv	Javanisch
ka	Georgisch
kk	Kasachisch
kl	Kalaallisut (Grönländisch)
km	Kambodschanisch
kn	Kannada (in Südindien verbreitet)
ko	Koreanisch
ks	Kaschmirisch
ku	Kurdisch
ky	Kirgisisch
la	Lateinisch
ln	Lingala
lo	Laotisch
lt	Litauisch
lv	Lettisch
mg	Malagasisch
mi	Maorisch
mk	Mazedonisch
ml	Malajalam
mn	Mongolisch

Kürzel	Bedeutung
mo	Moldawisch
mr	Marathi
ms	Malaysisch
mt	Maltesisch
my	Burmesisch
na	Nauruisch
ne	Nepalesisch
nl	Holländisch
no	Norwegisch
oc	Okzitanisch
om	Oromo
or	Oriya
pa	Punjabisch
pl	Polnisch
ps	Paschtu
pt	Portugiesisch
qu	Quechua
rm	Rätoromanisch
rn	Kirundisch
ro	Rumänisch
ru	Russisch
rw	Kijarwanda
sa	Sanskrit
sd	Zinti
sg	Sango
sh	Serbokroatisch (veraltet)
si	Singhalesisch
sk	Slowakisch
sl	Slowenisch
sm	Samoanisch
sn	Schonisch
so	Somalisch
sq	Albanisch
sr	Serbisch
ss	Swasiländisch
st	Sesothisch
su	Sudanesisch

Kürzel	*Bedeutung*
sv	Schwedisch
sw	Suaheli
ta	Tamilisch
te	Tegulu
tg	Tadschikisch
th	Thai
ti	Tigrinja
tk	Turkmenisch
tl	Tagalog
tn	Sezuan
to	Tongaisch
tr	Türkisch
ts	Tsongaisch
tt	Tatarisch

Kürzel	*Bedeutung*
tw	Twi
ug	Uigur
uk	Ukrainisch
ur	Urdu
uz	Usbekisch
vi	Vietnamesisch
vo	Volapük (Kunstsprache)
wo	Wolof
xh	Xhosa
yi	Jiddisch
yo	Joruba
za	Zhuang
zh	Chinesisch
zu	Zulu

Stichwortverzeichnis

Fett gesetzte Seitenzahlen führen zur Referenz bzw. zur grundlegenden Definition des Stichwortes.

A